제2판

재무분석을 위한

재무회계

| 김경태 · 김세연 공저 |

FINANCIAL ACCOUNTING

창 민 사

제2판 머리말

본서의 초판을 출간하고 책을 통해 학생들, 그리고 독자들과 소통하면서 벌써 3년이라는 시간이 지나갔다.

초판의 머리말에서도 밝힌 바와 같이 회계정보의 작성과 회계정보의 이해와 활용은 별개의 독립적인 분야라고 하기보다는 보다 적극적인 상호 이해와 소통을 통해서 시너지를 낼 수 있게 해주는 보완적인 관계라고 생각한다.

이에 따라 본서는 회계정보의 작성, 그리고 회계정보의 이해와 활용이라는 두 가지 주제 가운데 회계정보를 작성하여 제공하는 내용을 더 중점적으로 다루는 동시에 두 주제의 상호 연관성을 제시하고자 하였다.

제2판에서도 초판과 마찬가지로 재무회계 분야에서 가장 기본적이면서 핵심적인 주제들을 중심으로 다루었다. 구체적으로 더 많고 다양한 주제들을 담기 이전에 가장 핵심적인 주제들을 가능한 자세하고 이해하기 쉽게 정리하고자 하였다. 더불어 수업을 통해서 공유된 개선 사항들과 회계기준의 제정 및 개정 내용들도 반영하고자 하였다.

본서를 준비하는 과정에서 책의 내용과 형식의 개선을 위해 많은 아이디어와 도움을 주신 박세진 회계사님과 서울시립대학교 경영학부 교수님들께 감사를 전한다. 책이 준비되고 출간되는 과정동안 최선을 다해 애써 주신 창민사의 윤동구 대표님과 직원 여러분들께도 감사드린다. 그리고 책을 준비해 나가는 동안 변함없이 곁에서 지지하여 준 가족들에게 감사하고 사랑한다는 말을 전하고 싶다.

이 책은 회계정보를 작성하는 시각, 그리고 작성된 바로 그 회계정보를 이해하고 활용하는 시각을 함께 담고 있다. 이 책을 통해서 당신이 회계정보의 작성과 활용에 대한 균형 있는 통찰력을 발전시킬 수 있게 되기를 기대한다.

2023. 2.

저자 일동

머리말

회계는 회계정보이용자들의 의사결정에 유용한 정보를 제공하는 것을 목적으로 한다. 회계에 관심을 가지고 공부하는 많은 사람들은 회계정보를 만들어서 제공하는 역할을 하게 되며, 그보다 더 많은 사람들은 자신의 의사결정에 회계정보를 이용하기 위하여 회계를 공부한다.

당연한 말이겠지만 회계정보이용자들이 회계정보를 의사결정에 이용하기 위해서는 회계정보가 만들어지는 것이 선행되어야 한다. 이를 위해서 많은 회계책들이 회계정보를 만들어서 제공하는 단계, 즉 회계정보 작성에 대한 흐름을 이해할 수 있도록 하는 내용을 독자들에게 전달하고자 노력하고 있으며 본서도 역시 그러하다.

본서는 회계원리에 이어지는 재무회계 단계의 회계정보 작성의 내용을 전달함에 있어서 재무회계정보를 만들어내는 사람이 이후 해당 회계정보가 어떻게 이용될 수 있는가를 살펴볼 수 있는 부분을 연계하여 제시하고자 노력하였다. 재무회계정보의 작성을 다루는 재무회계 책에서 회계정보의 이용에 대한 내용을 연계하여 다루는 이유는 다음과 같다.

자동차를 만드는 사람(자동차 제작자)이 자동차를 실제로 운행하는 소비자(자동차 이용자)의 운전습관이나 자동차 사용방식을 알 수 있다면 자동차 제작에 도움이 될 것이다. 옷을 만드는 사람(옷 제작자)이 옷을 입는 사람(옷 이용자)의 생활패턴을 알 수 있다면 옷을 만들 때에 참고할 수 있을 것이다. 이와 같이 회계정보를 만드는 사람(회계정보 작성자)도 해당 회계정보를 이용하는 사람(회계정보 이용자)이 회계정보를 이용하는 방식을 살펴보고 이해할 수 있다면 더 양질의 회계정보를 만들어 낼 수 있다고 생각한다.

그리고 상황을 바꾸어 자신의 의사결정에 회계정보를 이용하고자 하는 사람들에게도 회계정보의 작성방식에 대한 심도 깊은 이해는 회계정보를 이용한 의사결정의 효과를 더 강력하게 해줄 수 있을 것으로 판단된다.

이와 같이 회계정보의 작성과 회계정보의 이해와 활용은 별개의 독립적인 분야라고 하기보다는 오히려 상호 이해와 소통을 통해서 각각의 회계 행위에 있어 더 큰 시너지를 낼 수 있게 하여 주는 보완적인 관계라고 생각한다.

본서는 회계정보의 작성과 활용이라는 상호 보완적인 두 가지 주제에 대하여 제1부에서 재무회계정보를 작성하여 제공하는 내용을 담고 있으며, 제2부에서는 재무회계정보를 활용하는 내용을 담고 있는데 그 둘 간의 관계에서 재무회계정보의 작성 부분에 더 중점을 두고 있다.

본서를 준비하는 과정에서 많은 분들의 도움을 받았다. 책의 내용과 형식의 개선을 위해 도움을 주신 서울시립대학교 경영학부 교수님들과 경영학부 석사과정의 김지영 학생에게 감사를 전한다. 책을 출간할 수 있도록 애써 주신 창민사의 윤동구 대표님과 여러 직원분들께 감사하며 책을 준비하는 과정동안 격려하고 힘이 되어 준 가족들에게 감사를 전한다.

앞서 말한 바와 같이 본서는 재무회계, 즉 회계정보의 작성과 제공에 대한 내용을 담고 있으며 해당 내용의 더 깊은 이해를 위해서 회계정보의 이용에 대한 내용을 함께 제시하고 있다. 이 책을 읽는 독자들이 회계정보의 작성과 제공에 내용에 대한 지식을 체득함에 있어서 자신이 만들어내는 회계정보가 어떻게 활용되는가를 함께 살펴봄으로써 회계에 대한 더 깊은 이해와 관심을 가질 수 있게 되기를 기대한다.

2020. 2

저자 김세연, 김경태

차 례

|제1부| 재무회계의 이해

제1장 재무회계의 의의

제2장 재무보고를 위한 개념체계

제3장 화폐의 시간가치

제4장 현금과 수취채권

제5장 재고자산

제6장 유형자산

제7장 무형자산

제8장 투자자산

제9장 부 채

제10장 자 본

제11장 회계순환과정

| 제2부 | 재무회계의 활용

제12장 재무회계와 재무분석

제13장 현금흐름표

제 1 부

재무회계의 이해

제 1 장

재무회계의 의의

제1절 회계의 정의와 영역

제2절 재무회계와 회계원칙

제3절 재무회계정보의 효과

제4절 기업의 재무보고

제5절 우리나라의 GAAP과 K-IFRS

제1장에서는

재무회계는 회계의 한 분야로서 기업 외부의 회계정보이용자들의 의사결정에 필요한 정보를 제공하는 것을 목적으로 한다. 기업 외부의 회계정보이용자들은 다양한 목적의 의사결정을 위하여 재무회계정보를 이용하며, 그중의 하나가 본서에서 주목하고 있는 기업가치평가를 포함한 재무분석 분야이다.

재무분석이란 기업의 이해관계자들이 '회계정보'를 비롯한 재무적 정보를 분석하여 경제적 의사결정에 필요한 정보를 얻는 작업을 말하며, 이 중 기업가치평가는 이러한 재무정보를 통해 회사의 가치를 산정하는 작업을 말한다. 여기에서 이야기하는 '회계정보'의 대부분이 재무회계정보라고 할 수 있다.

본장에서는 기업 외부의 회계정보이용자들의 의사결정에 필요한 정보를 제공하는 재무회계의 의의를 알아보고, 재무회계의 기준이 되는 회계원칙에 대해 살펴본다.

제1절 회계의 정의와 영역

회계(accounting)는 "기업을 포함한 여러 경제 주체가 특정 기간 동안 발생한 경제활동과 그 경제적 영향에 대한 재무정보를 생산하고 정보이용자들에게 전달하는 정보시스템"을 의미한다. 회계는 크게 재무회계, 관리회계, 회계감사와 세무회계의 네 가지 분야로 나뉜다. 이와 같은 구분에 있어서 회계정보를 의사결정에 이용하는 정보이용자의 특성에 따라 회계는 크게 재무회계와 관리회계로 구분된다.

먼저 **재무회계**(financial accounting)는 기업 외부의 회계정보이용자들의 의사결정에 필요한 정보를 제공하는 것을 목적으로 한다. 기업에 자금을 공급하고자 하는 채권자는 투자 대상 기업이 투자를 해도 될만큼 재무상태가 안정적인가에 대한 정보를 필요로 하게 된다. 기업의 주식을 사고자 하는 투자자는 대상 기업이 미래에 성장 가능성이 높은지에 대한 정보를 필요로 하게 된다. 소비자는 제품 구입 시에 제품판매기업이 이후 상품을 사용하는 기간 동안 제품 수리보증 서비스 등을 안정적으로 제공할 수 있는 건실한 기업인지 궁금할 것이다. 재무회계는 이와 같이 다양한 기업 외부의 회계정보이용자들의 의사결정에 필요한

그림 1.1 **정보이용자의 특성에 따른 회계의 구분**

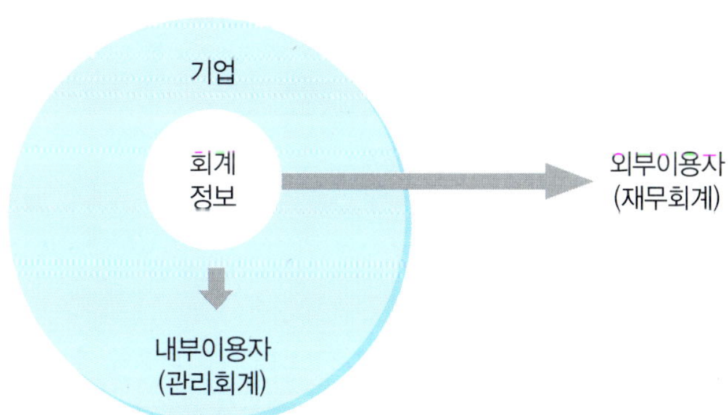

정보를 제공하는 역할을 수행한다.

다음으로 **관리회계**(management accounting)는 경영자를 포함한 기업 내부의 회계정보이용자들의 의사결정에 필요한 정보를 제공하는 것을 목적으로 한다. 경영자는 자신이 속한 기업에서 생산되고 있는 여러 제품들 가운데 어떤 제품의 이익이 가장 큰지, 제품 간에 제조원가가 어떻게 차이가 나는지에 대한 정보를 필요로 한다. 또한 경영자는 기업 내의 여러 부서의 경영성과에 대한 평가를 위한 정보도 필요로 한다. 관리회계는 기업 내부의 회계정보이용자들에게 제품의 제조원가, 부서별 경영성과 등과 같은 정보를 제공하는 역할을 수행한다.

앞서 살펴본 재무회계와 관리회계의 가장 큰 차이는 회계정보이용자가 기업의 내부이용자인가 아니면 기업의 외부이용자인가의 차이이다.

이 가운데 기업 외부의 정보이용자들은 기업에서 제공하는 회계정보가 정해진 회계기준에 따라 적정하게 작성되었는지 여부를 확인하기가 쉽지 않다. 만약, 기업 외부의 정보이용자들이 기업이 제공한 회계정보를 신뢰하지 않게 된다면 해당 기업의 회계정보를 의사결정에 사용하지 않을 것이다.[1)]

그림 1.2 재무회계와 회계감사

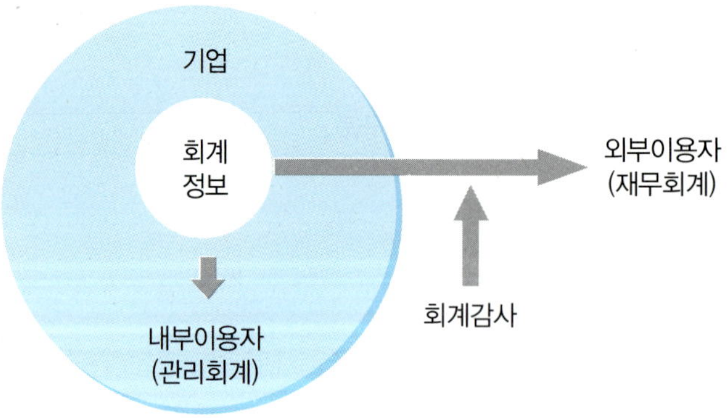

1) 실제로 기업의 입장에서 투명한 회계정보를 기업 외부의 정보이용자들에게 제공했음에도, 기업 외부의 정보이용자들이 해당 정보를 신뢰성 높은 정보로 받아들이지 않을 가능성도 존재한다.

그림 1.3 **재무회계와 세무회계**

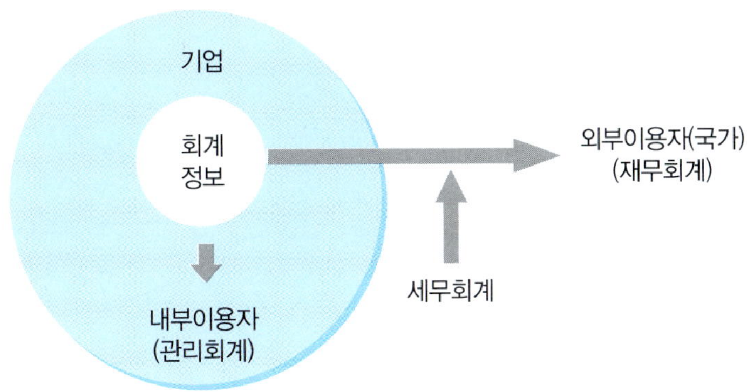

회계감사(auditing)는 회계정보를 제공하는 기업과 외부의 회계정보이용자들로부터 독립적이며 전문적인 제3자가 기업이 작성한 회계정보가 회계기준에 따라 적정하게 작성되었는가에 대하여 검토하고 적정 여부에 대한 의견을 제시하는 회계영역이다. 기업이 제공한 회계정보가 적정하게 작성된 것으로 독립적이며 전문적인 제3자에 의해 밝혀지면, 기업 외부의 회계정보이용자들의 해당 정보에 대한 신뢰가 높아지고 의사결정 시에 해당 정보를 반영하게 된다.

기업은 일정 기간 경영활동의 결과, 성과에 따른 세금을 납부하게 된다. **세무회계**(tax accounting)는 일정 기간 경영활동의 결과에 따라 국가에 납부해야 하는 세금을 산정하는 것을 내용으로 한다.

본서는 이상의 다양한 회계영역 가운데 기업 외부의 회계정보이용자들의 의사결정에 필요한 정보를 제공하는 재무회계의 내용을 중심으로 한다.

제2절 재무회계와 회계원칙

재무회계는 기업 외부의 회계정보이용자들의 의사결정에 필요한 정보를 제공하는 것을 목적으로 한다.

그림 1.4 재무회계와 회계정보이용자

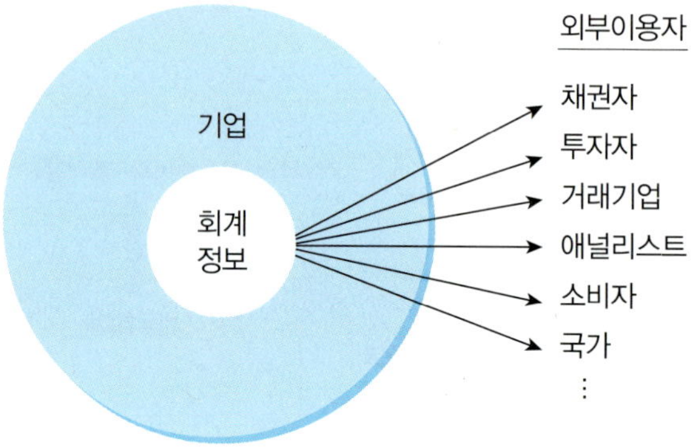

기업 내부의 회계정보이용자가 경영자 등 한정적인 대상인 것과는 달리 기업 외부에는 다양한 정보이용자들이 존재하며 각각의 정보이용자들이 의사결정에 이용하는 정보도 정보이용자들의 상황에 따라 차이가 있게 된다. 예로서 기업에 자금을 대여하고자 하는 채권자는 투자 대상 기업이 원금과 이자를 안전하게 지급할 수 있는 양호한 재무상태인가에 대한 정보가 필요할 수 있다. 기업의 주식을 구매하고자 하는 투자자는 해당 기업의 성과가 높고, 성장 가능성이 큰가에 대한 정보가 필요하고, 거래기업은 해당 기업과의 신용거래 시에 매출채권 등을 정해진 시기에 회수할 수 있을지에 대한 정보가 필요할 수 있다. 애널리스트는 재무분석을 위한 정보, 소비자는 제품보증 서비스를 안정적으로 받을 수 있을 만큼 기업이 건실한가에 대한 정보, 국가는 세금 관련 기업의 성과에 대한 정보가 필요할 수 있다.

그런데, 정보를 제공하는 기업의 입장에서 다양한 회계정보이용자들의 의사결정에 필요한 다양한 회계정보들을 각각 맞춤형으로 제공하는 것은 어려운 일이다.[2)]

---

2) 예로서 기업에 투자한 주주의 경우를 보면, 주주 가운데에서도 대주주와 소액주주, 기관투자자와 외국인투자자의 필요 정보가 각각 다를 수 있다. 기업 외부의 수많은 회계정보이용자들이 필요로 하는 다양한 정보들을 회계정보이용자 각각에 대하여 개별적으로 제공하는 것은 어려운 일이다.

이에 따라, 재무회계에서는 다양한 회계정보이용자들의 의사결정에 일반적으로 많이 사용되는 것으로 판단되는 정보들을 중심으로 회계정보를 제공하게 된다. 이와 같이 회계정보이용자들의 의사결정에 일반적으로 많이 사용되는 것으로 파악되어 회계정보이용자들에게 제공되는 회계정보를 **일반목적 재무제표**(general purpose financial statements)라고 한다.[3)]

기업이 일반목적 재무제표를 이용하여 회계정보를 만들고 전달할 때, 각 기업별로 자의적인 방법을 사용해서 재무제표를 만들게 되면, 각 기업이 각자의 경영활동을 자의적으로 평가할 가능성이 있다. 이 경우 오류의 발생 가능성이 높아지고, 기업 간 또는 동일 기업의 기간 간 비교 가능성은 낮아지며, 회계정보의 신뢰성도 낮아지게 된다. 이러한 문제점을 방지하기 위해서는 일반적으로 보편타당하며 합리적인 것으로 인정되는 일련의 회계기준(accounting standards)을 수립하고 이에 따라 회계정보를 만들게 된다. 이러한 이유에서 만들어진 회계기준을 **일반적으로 인정된 회계원칙**(generally accepted accounting principles; GAAP)이라고 한다.

회계정보, 나아가 회계기준은 다수의 이해관계자들에게 영향을 미치게 된다. 따라서 회계정보이용자들의 의사결정에 유용한 정보를 제공한다는 회계의 목적을 달성하기 위해서는 회계기준이 다수의 이해관계자들로부터 권위있는 지지를 받는 것이 필요하다. 상기 일반적으로 인정된 회계원칙에서 '일반적으로 인정된'이라는 의미는 해당 회계기준이 다수의 권위있는 지지를 받아서 사용되어 왔으며 하나의 원칙으로서 인정받는다는 것을 말한다. 또한 '일반적으로 인정된'이라는 의미는 회계원칙이 회계 관련 전문가들과 회계 관련 이해관계자들의 합의에 의해 공식적으로 인정된 기준임을 의미한다.

이상의 내용을 정리하면 일반적으로 인정된 회계원칙은 다수의 권위있는 지지와 합의에 따라 공식적으로 인정된 기준이며, 따라서 회계와 관련된 기업 및 외부의 이해관계자를 포함한 회계 주체들이 따라야 하는 기준임을 의미한다.

---

3) 일반목적 재무제표(이하 재무제표)는 기업의 재무상태와 경영성과 등을 통해 기업의 미래 현금흐름에 대한 정보를 제공하게 된다. 재무제표 관련 구체 내용은 본서의 2장에서 다룬다.

그림 1.5 **재무회계와 일반적으로 인정된 회계원칙**

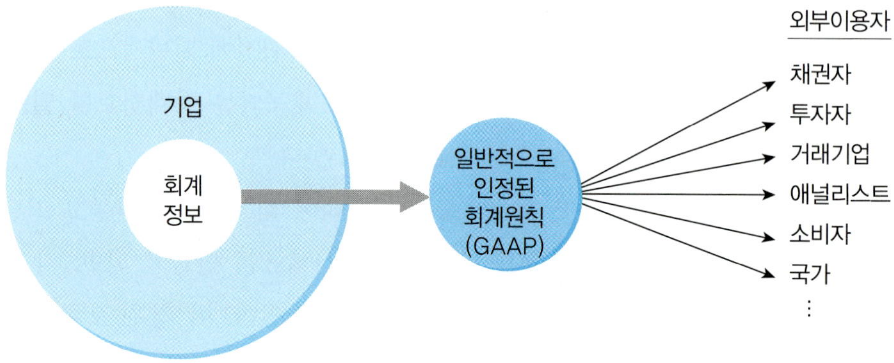

일반적으로 인정된 회계원칙의 제정에 따라 기업은 각각의 회계정보이용자들의 회계정보 요구에 개별적으로 대응하는 대신에, 〈그림 1.5〉에서 보여지는 바와 같이 광범위한 내용이 담겨 있는 일반적으로 인정된 회계원칙을 제공함으로써, 회계정보이용자들의 의사결정에 필요한 회계정보를 제공하게 된다.

회계정보이용자들의 입장에서는 일반적으로 인정된 회계원칙의 제정에 따라 회계정보의 이용을 통한 의사결정의 효과가 더 커지게 된다.

기업들이 동일한 회계기준(GAAP)에 따라 회계정보를 생산하고 제공함에 따라 회계정보이용자의 입장에서 기간 간, 기업 간 비교 가능성이 향상되는 면이 있다.

그림 1.6 **일반적으로 인정된 회계원칙(GAAP)과 비교 가능성**

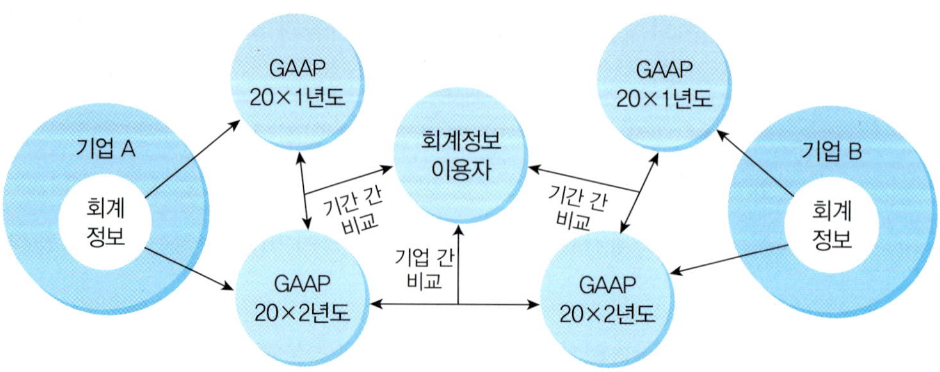

〈그림 1.6〉의 예에서 기업 A와 기업 B가 각각 20×1년과 20×2년에 동일한 회계기준(GAAP)에 따라 회계정보를 만들었다고 가정해 보자. 이 경우에 각 기업이 각 기간마다 자의적으로 회계정보를 만드는 경우와 비교 시에, 기간 간 비교 가능성(동일 기업의 복수 기간 간)과 기업 간 비교 가능성(복수 기업의 동일 기간 간)이 더 용이해짐을 이해할 수 있다. 만약 위의 예에서 또 다른 기업 C가 GAAP을 적용하지 않는다면 다른 기업들과 재무상태나 경영성과를 직접 비교해서 의사결정을 위한 판단을 내리는 것이 쉽지 않을 것이다.

제3절 재무회계정보의 효과

재무회계는 기업 외부의 회계정보이용자들의 의사결정에 유용한 정보를 제공하는 것을 목적으로 하고 있다. 이와 관련하여 회계정보이용자들에게 재무회계정보를 제공했을 때 어떠한 효과를 가져오는가에 대하여 살펴볼 필요가 있다.

재무회계의 정보가 가지는 효과를 살펴볼 때에는 먼저 '**정보의 비대칭**(information asymmetry)', 다시 말해서 '정보의 편재'라는 개념을 생각해 볼 필요가 있다. 재무회계정보를 기준으로 볼 때 기업 내부의 경영자 등은 상대적으로 많은 회계정보를 가지고 있는 반면, 기업 외부의 정보이용자들은 상대적으로 적은 회계정보를 가지게 된다. 기업에서 충분한 정보를 제공하면 기업 외부의 정보이용자들은 많은 회계정보를 가지게 되어 정보의 비대칭이 완화될 것이다. 반면 기업에서 충분히 정보를 제공하지 않는다면 기업 외부의 정보이용자들의 회계정보 활용은 제한적이게 되며 정보의 비대칭은 지속될 것이다. 또한 기업 외부의 정보이용자 간에도 정보수집 역량의 차이에 따라 활용할 수 있는 회계정보의 수준에 차이가 발생하게 되며, 결과적으로 기업을 중심으로 한 자본시장의 기능이 효율적으로 이루어질 수 없게 된다.[4] 따라서 기업 외부의 회계정보이용자들에게 충분한 정

4) 정보의 비대칭이 유발하는 시장실패의 대표적인 예로는 중고차시장 등의 경우로 설명할 수 있는 역선택을 들 수 있다.

보를 제공하여 정보의 비대칭 문제를 해소하는 것이 자본시장에서 희소한 자원을 효율적으로 배분하는 의사결정에 도움을 주는 방법이 된다.

다음으로 기업 외부의 회계정보이용자들에게 회계정보가 제대로 전달되지 않는다면, 기업의 수탁책임을 지고 있는 경영자는 자신이 가지고 있는 차별적인 정보를 소유주의 이익이 아닌 경영자 본인의 이익을 위하여 사용할 위험이 있다. 이러한 문제를 대리인문제라고 하는데, 앞서 살펴본 정보의 비대칭의 경우와 마찬가지로 대리인문제도 외부의 회계정보이용자들이 충분한 정보를 가지게 될 때 개선이 이루어질 수 있을 것이다.

제4절 기업의 재무보고

이상의 내용들은 기업의 재무회계정보가 기업 외부의 회계정보이용자들의 의사결정, 나아가 자본시장의 효율적인 운영에 기여함을 보여주고 있다. 이와 관련해서, 기업 외부의 회계정보이용자의 입장에서는 가용할 수 있는 많은 회계정보가 의사결정 시에 도움이 되겠지만, 기업 내부의 회계정보작성자의 입장은 다를 수 있다. 먼저, 기업에서 충분한 회계정보를 제공하는 것이 회계정보이용자들의 입장과 마찬가지로 기업의 입장에서도 도움이 된다면 기업은 자발적으로 많은 회계정보를 제공할 것이다. 이러한 주장을 **자발적 재무보고**의 주장이라고 한다. 반면, 기업에서 회계정보를 만들어내는 과정에서 많은 비용이 발생하지만, 회계정보의 제공에 따라 발생한 비용에 상응하는 수익이 예상되지 않는다면 기업은 충분한 회계정보가 아닌 기업 내부의 입장에서 꼭 필요한 만큼의 회계정보만을 만들고, 기업 외부에는 제한적으로 제공할 가능성도 존재한다. 이러한 경우에는 기업 외부의 회계정보이용자들이 필요한 회계정보를 이용할 수 있도록 기업에 일정 수준의 회계정보 제공을 강제해야 한다는 의견이 있는데, 이러한 주장을 **강제적 재무보고**의 주장이라고 한다.

자발적 재무보고의 주장은 경쟁적 자본시장 측면에서 생각해 볼 수 있다. 경쟁적 자본시장에서 기업은 자본을 조달하기 위해서 자본을 제공할 투자자와 채권자의 의사결정을 위해 충분한 회계정보를 이미 제공하고 있다는 주장이다. 만약 기업이 투자자와 채권자의 의사결정에 필요한 충분한 회계정보를 제공하지 못하는 경우에 자본조달은 실패하거나, 보다 불리한 조건의 자본조달이 이루어지게 될 것이다. 이러한 자본조달 실패를 막고자 기업은 회계정보를 포함한 기업의 정보를 자발적으로 충분히 제공한다는 것이다.

강제적 재무보고의 주장은 회계정보 외부효과 측면에서 살펴볼 수 있다. 앞서 살펴본 것처럼 기업이 회계정보를 만들어서 제공할 때에는 많은 비용이 소요되지만, 제공되는 회계정보는 공공재의 특성을 가지게 되고 회계정보 제공으로 인한 직접적인 수익의 획득은 쉽지 않다.

이에 따라 기업은 많은 비용을 지출하여 회계정보이용자들의 의사결정 시 활용을 위해 충분한 수준의 회계정보를 만들어내기보다는 기업에 필요한 만큼의 회계정보만을 만들어 낼 가능성이 있다는 것이다. 이러한 경우에 기업 외부의 회계정보이용자들이 필요로 하는 수준보다 적은 회계정보가 제공될 가능성에 대비하여 기업이 일정 수준 이상의 회계정보를 제공하도록 강제해야 한다는 것이다.

제5절 우리나라의 GAAP과 K-IFRS

우리나라의 일반적으로 인정된 회계원칙(GAAP)은 1958년에 재무부고시로 기업회계원칙이 공표된 후, 수차례의 개정을 거친 후에 1981년에 기업회계원칙에서 기업회계기준으로 명칭을 변경하였다. 그 후 기업회계기준은 지속적인 개정을 거치면서 일반적으로 인정된 회계원칙의 역할을 해왔다. 이후 1999년부터는 기업회계기준에 이어서 기업회계기준서가 발표되었다. 2007년 3월에 국제회계기준(International Financial Reporting Standards; IFRS)을 상장기업을 대상으로 전면 도입하기로 결정하고, 2008년부터는 IFRS를 한국어로 번역한 한국채택국제회계기준(K-IFRS)을 발행해 오고 있다.

IFRS의 전면 도입과 관련하여, 2009년부터 조기 도입이 실시되기 시작하였고, 2011년부터 상장기업들과 다수의 금융회사들은 K-IFRS를 의무적으로 적용하고 있으며, 이에 따라 회계정보(재무제표)를 작성해 오고 있다.

이와 관련하여 우리나라의 GAAP의 체계는 적용 대상 기업을 기준으로 할 때 다음의 〈표 1.1〉과 같이 구분된다.

표 1.1

구 분	대상 기업
한국채택국제회계기준 (K-IFRS)	상장회사(상장예정회사 포함), 금융회사
일반기업회계기준 (K-GAAP)	외부감사 대상 주식회사(K-IFRS 대상 기업 제외)
중소기업회계기준	외부감사 대상이 아닌 주식회사

한국채택국제회계기준을 적용하는 상장회사(상장예정회사 포함)와 금융회사 이외의 외부감사 대상 주식회사는 일반기업회계기준(K-GAAP)을 적용하고, 이에 따라 재무제표를 작성한다. 일반기업회계기준은 K-IFRS보다 간략한 회계기준으로서 대상 기업의 재무제표 작성 시에 작성 관련 업무를 줄이는 효과가 있다.

그리고, 중소기업회계기준은 외부감사 대상이 아닌 소규모 주식회사의 재무제표 작성을 위한 회계기준이다. 이와 관련하여 외부감사 대상이 아닌 주식회사는 중소기업회계기준을 적용해야 하는 법적 의무는 없고, 이에 따라 실무상 세법을 적용하여 회계처리하는 경우도 있다.

OX 문제

• 아래 문장이 맞으면 O, 틀리면 X로 답하고 틀린 곳은 바르게 고치시오.

1. 재무회계는 기업 외부의 회계정보이용자들의 의사결정에 필요한 정보를 제공하는 것을 목적으로 한다.

2. 관리회계는 경영자를 포함한 기업 내부의 회계정보이용자들의 의사결정에 필요한 정보를 제공하는 것을 목적으로 한다.

3. 회계감사는 일정 기간 경영활동의 결과에 따라 국가에 납부해야 하는 세금을 산정하는 것을 목적으로 한다.

4. 회계정보이용자들의 의사결정에 일반적으로 많이 사용되는 것으로 파악되어 회계정보이용자들에게 제공되는 회계정보를 일반목적 재무제표라고 한다.

5. 기업이 재무제표를 이용하여 회계정보를 만들고 전달할 때, 각 기업별로 자의적인 방법으로 재무제표를 만들게 되면, 각 기업이 각자의 경영활동을 자의적으로 평가할 가능성이 있다. 이 경우 오류의 발생 가능성이 낮아지는 장점이 있는 반면, 기업 간 또는 기간 간 비교 가능성은 낮아지게 된다.

6. 일반적으로 인정된 회계원칙의 세정에 따라 기업은 각각의 회계정보이용자들의 회계정보 요구에 대응하여, 각 회계정보이용자들의 의사결정에 필요한 회계정보를 개별적으로 제공하게 된다.

7. 기업 외부의 회계정보이용자들에게 충분한 정보를 제공하여 정보의 비대칭문제를 해소하는 것이 자본시장에서 희소한 자원을 효율적으로 배분하는 의사결정에 도움을 주는 방법이 된다.

8. 자발적 재무보고의 주장은 회계정보 외부효과 측면에서, 강제적 재무보고의 주장은 경쟁적 자본시장 측면에서 생각해 볼 수 있다.

제 2 장

재무보고를 위한 개념체계

제1절 재무보고를 위한 개념체계의 의의

제2절 재무보고를 위한 개념체계의 내용

제3절 재무제표

제2장에서는

본장의 내용은 재무회계정보를 이용하는 이용자들이 재무보고의 기초가 되는 개념을 정립할 수 있도록 해준다. 즉, 재무회계가 어떠한 목적과 특성을 갖고 있으며, 어떤 요소로 구성되는지를 밝히고 있다.

이는 재무회계의 이론적인 배경에 대한 설명 및 구체 회계 계정들과 관련된 내용이므로 회계를 처음 접하는 독자들이 이해하기에는 다소 난해할 수 있다. 따라서, 만약 회계원리를 이미 공부하고 이 책을 시작하는 독자가 아니라면, 이 책의 나머지 부분을 공부한 이후에 본장을 이어서 보는 것도 추천할 만한 접근방법이라고 생각한다.

제1절 재무보고를 위한 개념체계의 의의

재무보고를 위한 개념체계(the conceptual framework for financial reporting, 이하 개념체계)는 회계정보를 이용하는 외부이용자를 위하여 재무보고의 기초가 되는 개념을 정립하는 것을 목적으로 한다.[1] 재무보고를 위한 개념체계의 목적을 회계정보를 이용하는 다양한 사용자 측면에서 살펴보면 다음과 같다.[2]

① 한국회계기준위원회(이하 회계기준위원회)가 일관된 개념에 기반하여 한국채택국제회계기준(이하 회계기준)을 제·개정하는 데 도움을 준다.
② 특정 거래나 다른 사건에 적용할 회계기준이 없거나 회계기준에서 회계정책 선택이 허용되는 경우에 재무제표 작성자가 일관된 회계정책을 개발하는 데 도움을 준다.
③ 모든 이해관계자가 회계기준을 이해하고 해석하는 데 도움을 준다.[3]

이와 같이 개념체계는 회계정보를 이용하는 다양한 이용자 측면에서 재무제표의 작성과 표시에 있어 개념적 틀을 제공하는 역할을 수행한다. 그러나, 개념체계는 기준이 아니라 개념이므로 특정한 측정과 공시 문제에 대한 기준을 정하지 않는다. 이에 따라 개념체계는 어떤 경우에도 특정한 한국채택국제회계기준에 우선하지 않는다. 즉, 개념체계와 한국채택국제회계기준 간에 상충이 발생할

---

1) 재무보고를 위한 개념체계는 회계정보를 이용하는 외부이용자를 대상으로 한다. 회계정보를 이용하는 기업의 내부이용자와 관련된 내용은 원가회계와 관리회계에서 중점적으로 다룬다.

2) 한국채택국제회계기준 재무보고를 위한 개념체계 SP1.1.

3) 회계정보와 관련된 대표적인 이해관계자로는 회계정보(재무제표) 작성자, 감사인, 회계정보(재무제표) 이용자 등을 들 수 있다. 회계정보(재무제표) 작성자의 입장에서 개념체계는 회계기준의 적용 및 회계정보가 미비한 경우의 회계처리 시에 활용될 수 있다. 감사인의 입장에서 개념체계는 피감사기업의 재무제표가 회계기준을 준수하고 있는지에 대한 의견을 결정하는 데 활용될 수 있다. 회계정보(재무제표) 이용자의 입장에서 개념체계는 회계기준에 의하여 산출된 회계정보를 이해하고 해석하는 데 활용될 수 있다.

경우에는 어떠한 경우에도 한국채택국제회계기준, 즉 기준이 개념체계보다 우선한다는 것에 주의하여야 한다.

제2절 재무보고를 위한 개념체계의 내용

개념체계는 구체적으로 아래의 내용을 다룬다.

① 재무보고의 목적
② 유용한 재무보고의 질적 특성
③ 재무제표를 구성하는 요소의 정의, 인식 및 측정
④ 자본 및 자본유지의 개념

1. 재무보고의 목적

개념체계는 회계정보를 이용하는 외부이용자들의 의사결정을 돕기 위해서 재무보고의 기초가 되는 개념을 정립한다. 이와 관련하여 기업 외부의 정보이용자를 위해서 기업의 재무 관련 정보를 제공하는 것을 **일반목적 재무보고**(general purpose financial reporting)라고 한다.

개념체계의 대상이 되는 외부이용자는 크게 주요 이용자와 기타 당사자로 구분된다. 주요 이용자는 현재 및 잠재적 투자자, 대여자 및 기타 채권자인데, 이는 투자자, 대여자, 채권자의 의사결정이 사회 전체적으로 희소한 자원의 효율적인 배분을 달성하는 데 중요한 역할을 하기 때문이다. 반면 기타 당사자는 투자자, 대여자 및 기타 채권자가 아닌 일반대중, 감독당국 등으로서 일반목적 재무제표가 이들에게도 유용하다고 판단할 수 있지만 일반목적 재무제표는 이러한 기타 집단을 주요 대상으로 하고 있지는 않다.

따라서 일반목적 재무보고의 주요 목적은 현재 및 잠재적 투자자, 대여자 및 기타 채권자가 기업에 자원을 제공하는 것 등에 대한 의사결정을 할 때 유용한

그림 2.1 **일반목적 재무보고의 주요 대상**

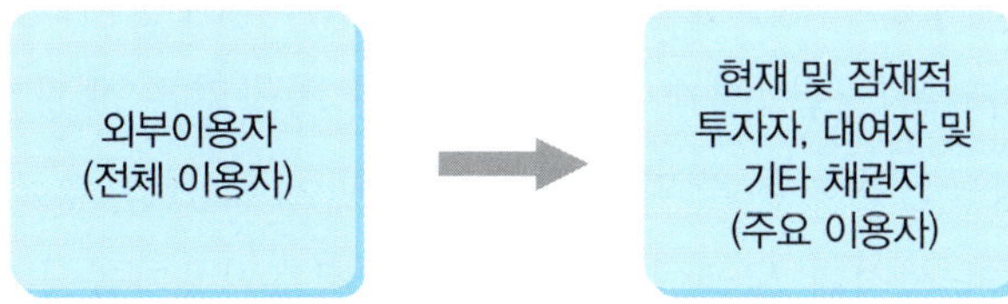

보고기업의 재무정보를 제공하는 것이 된다.

현재 및 잠재적 투자자, 대여자와 기타 채권자들은 지분상품 및 채무상품의 매도, 매수 또는 보유, 대여 및 기타 형태의 신용을 제공하거나 결제하는 것 등과 같은 수많은 의사결정을 하게 된다. 이들의 의사결정은 정보이용자가 가용할 수 있는 기업의 회계정보, 그 가운데 특히 기업에 유입될 미래 순현금유입의 금액, 시기 및 불확실성(전망)에 대한 평가에 달려 있다.

이에 따라 일반목적 재무보고의 주요 정보는 기업의 회계정보 가운데 특히 미래 순현금유입의 금액, 시기 및 불확실성에 대한 정보가 된다.

그런데 기업의 미래 순현금유입에 대한 정보는 구체적으로 어떻게 나타나는가? 한국채택국제회계기준은 현재 및 잠재적 투자자, 대여자 및 기타 채권자가 미래 순현금유입에 대한 기업의 전망을 평가하기 위하여 기업의 자원, 기업의 자원에 대한 청구권, 그리고 자원과 청구권의 변동에 관한 정보를 필요로 한다고 밝히고 있다. 따라서 일반목적 재무보고서는 상기 정보의 활용을 돕기 위해 보고기업의 재무상태 및 재무상태의 변동에 대한 정보를 제공한다.

그림 2.2 **일반목적 재무보고의 주요 정보**

기업의 재무상태란 기업의 경제적 자원과 경제적 자원에 대한 청구권을 의미한다. 기업의 재무상태와 관련된 정보는 재무상태표를 통해서 제공되는데 경제적 자원은 자산, 경제적 자원에 대한 청구권은 채권자의 청구권인 부채와 주주의 청구권인 자본을 의미한다. 기업의 재무상태, 즉 경제적 자원과 이에 대한 청구권의 성격과 금액에 대한 정보는 정보이용자들이 보고기업의 유동성과 지급능력, 추가적인 자금조달의 필요성 및 그 자금조달이 얼마나 성공적인지 평가하는 데 도움을 줄 수 있다.

다음으로 재무상태의 변동이란 기업의 경제적 자원(자산)과 이에 대한 청구권인 부채(채권자 청구권)와 자본(주주 청구권)의 변동을 의미한다. 재무상태의 변동에 대한 정보는 크게 재무성과에 대한 정보를 나타내는 포괄손익계산서와 자금조달에 대한 정보를 나타내는 자본변동표와 현금흐름표를 통해서 제공된다. 보고기업의 경제적 자원과 청구권의 변동은 재무성과, 채무상품 또는 지분상품의 발행 및 그밖의 사건 또는 거래에서 발생하게 된다. 이와 같은 보고기업의 재무성과에 대한 정보와 자금조달에 대한 정보는 그 기업이 경제적 자원에서 해당 기업이 창출한 수익을 정보이용자가 이해하는 데 도움을 준다. 특히 미래 현금흐름의 불확실성을 평가하는 데 있어 해당 수익의 변동성과 구성요소에 대한 정보가 중요하게 된다.

이상의 내용을 정리하면 다음과 같다.

일반목적 재무보고의 목적은 현재 및 잠재적 투자자, 대여자 및 기타 채권자의 의사결정에 유용한 보고기업 재무정보, 그 가운데 특히 미래 순현금유입에 대한 정보를 제공하는 것이다. 상기 목적을 달성하기 위해서 보고기업은 기업의 미래 순현금유입과 관련하여 기업의 재무상태와 재무상태의 변동에 대한 정보를 재무제표(재무상태표, 포괄손익계산서, 자본변동표, 현금흐름표 및 주석)를 이용하여 제공하게 된다.

2. 회계정보의 질적 특성

앞서 일반목적 재무보고의 목적이 정보이용자의 의사결정에 유용한 재무정보를 제공하는 것임을 살펴보았다. 이러한 재무보고의 목적이 달성되기 위해서는 제공되는 정보가 정보이용자들이 의사결정을 함에 있어서 유용해야 한다.

회계정보의 질적 특성(qualitative characteristics)이란 재무정보가 유용하기 위해서 가져야 할 특성을 의미한다.

한국채택국제회계기준에서는 회계정보의 질적 특성을 크게 근본적 질적 특성인 목적적합성과 충실성, 그리고 보강적 질적 특성인 비교 가능성, 검증 가능성, 적시성 및 이해 가능성 측면에서 설명하고 있다.

1) 근본적 질적 특성

근본적 질적 특성은 재무정보가 유용하기 위해서 가져야 할 근본적인 특성으로서 목적적합성과 충실성으로 구분된다.

(1) 목적적합성

목적적합성(relevance)이란 재무정보로 인하여 정보이용자들의 의사결정에 차이가 나타나게 되는 특성을 말한다. 구체적으로 정보이용자들이 미래의 결과를 예측하는 과정에서 재무정보를 사용할 수 있거나, 정보이용자들이 과거에 가지고 있던 기대치나 예측치에 대한 평가 시에 재무정보가 피드백을 제공한다면 재무정보가 정보이용자들의 의사결정에 차이를 가져올 수 있으므로 목적적합한 정보라고 할 수 있다.

이와 관련하여 정보이용자들이 재무정보를 이용하여 기업의 미래 결과를 예측할 수 있게 되는 특성을 **예측가치**(predictive value), 정보이용자들이 과거에 가지고 있던 기대치나 예측치에 대한 평가 시에 재무정보가 피드백을 제공하고 이에 따라 정보이용자들이 과거의 평가를 확인하거나 변경할 수 있게 되는 특성을 **확인가치**(feedback value)라고 한다.

목적적합성과 관련하여 **중요성**(materiality)이란 정보가 누락되거나 잘못 기재된 경우 특정 보고기업의 재무정보에 근거한 정보이용자의 의사결정에 영향을 미칠 수 있는 특성을 의미한다. 중요성의 판단 시에는 해당 정보와 관련된 항목의 규모뿐만 아니라 성격도 고려하여야 한다.

(2) 표현충실성

재무보고서는 경제적 현상, 즉 거래나 사건 등을 글과 숫자로 표현한다. **표현충실성**(representational faithfulness)이란 재무정보가 유용하기 위해서 나타내고자 하는 현상을 충실하게 표현해야 한다는 것이다. 재무정보가 표현충실성을 가지기 위해서는 재무정보의 서술에 있어 완전성, 중립성, 무오류라는 특성을 가져야 한다.

완전성(completeness)이란 표현된 기술과 설명이 정보이용자가 서술되는 현상을 이해하는 데 필요한 모든 정보를 포함해야 한다는 것이다. 예로서, 자산에 대한 정보가 완전성을 가지기 위해서는 자산의 특성에 대한 기술, 자산 집단 내 모든 자산의 수량적 서술, 그러한 수량적 서술이 표현하고 있는 기술 내용(예: 최초 원가, 조정 원가, 또는 공정가치)을 포함해야 한다.

중립성(neutrality)이란 재무정보의 선택이나 표시에 편의가 없는 것을 말한다. 구체적으로 중립적인 서술은, 정보이용자가 재무정보를 유리하거나 불리하게 받아들일 가능성을 높이기 위하여 편파적이 되거나, 편중되거나, 강조되거나, 경시되거나 그밖의 방식으로 조작되지 않는다는 것을 뜻한다.

무오류(free from error)란 재무정보 관련 현상의 기술에 오류나 누락이 없고, 보고 정보를 생산하는 데 사용되는 절차의 선택과 적용 시에 오류가 없다는 것을 의미한다. 여기에서 오류가 없다는 것이 재무정보가 모든 면에서 완벽하게 정확하다는 것을 의미하지는 않는다. 예로서 관측 불가능한 가격이나 가치의 추정치가 완벽하게 정확하다고 판단할 수 없다. 그러나 추정치로서 금액을 명확하게 기술하고, 추정 절차의 성격과 한계를 설명하며, 그 추정치를 도출하기 위한 적절한 절차를 선택하고 적용함에 있어 오류가 없다면, 해당 추정치의 표현은 충실하다고 할 수 있다.

2) 보강적 질적 특성

보강적 질적 특성은 근본적 질적 특성, 다시 말해 목적적합하고 충실하게 표현된 재무정보의 유용성을 보강하는 질적 특성을 의미한다. 보강적 질적 특성은 비교 가능성, 검증 가능성, 적시성과 이해 가능성 측면에서 살펴볼 수 있다.

(1) 비교 가능성

비교 가능성(comparability)이란 정보이용자가 항목 간의 유사점과 차이점을 식별하고 이해할 수 있게 하는 질적 특성을 의미한다. 정보이용자의 의사결정 시에 보고기업에 대한 정보를 다른 기업에 대한 유사한 정보나 동일 기업의 다른 기간이나 다른 일자의 유사한 정보와 비교할 수 있다면 유용할 것이다. 비교 가능성과 관련하여 **일관성**(consistency)은 한 보고기업 내에서 여러 기간 간 또는 같은 기간 동안 여러 기업 간에 동일한 항목에 대해 동일한 방법을 적용하는 것을 의미한다. 비교 가능성이 목표라면 일관성은 해당 목표를 달성하기 위한 수단이 된다.

(2) 검증 가능성

검증 가능성(verifiability)이란 합리적인 판단력이 있고, 독립적인 서로 다른 관찰자들이 어떤 서술이 충실하게 표현되었는지에 대하여 각자 가지게 되는 의견이 완벽하게 동일하지는 못하더라도 거의 일치할 수 있다는 것을 의미한다.

검증 가능성은 정보가 나타내고자 하는 경제적 현상을 충실하게 표현하는지를 정보이용자가 확인하는 데 도움을 준다. 계량화된 정보가 검증 가능하기 위해서 반드시 단일 점추정치여야 할 필요는 없으며, 가능한 금액의 범위 및 관련된 확률로 검증될 수도 있다.

(3) 적시성

적시성(timeliness)이란 재무정보가 의사결정에 영향을 미칠 수 있도록 의사결정자가 정보를 제때에 이용 가능하게 하는 것을 의미한다. 예로서 보고기업이 연차보고서뿐만 아니라 반기 및 분기 보고서를 제공하는 것은 정보이용자가 연차보고서가 작성되는 회계연도 말까지 기다리지 않고 재무정보를 적시에 의사결정에 이용할 수 있도록 돕는 역할을 한다. 재무정보는 일반적으로 오래될수록 유용성이 낮아지지만 일부 정보는 보고기간 말 후에도 오랫동안 적시성이 있을 수 있다. 예로서, 일부 정보이용자는 회계정보를 이용하여 특정 현상 등의 추세를 식별하고 평가할 필요가 있을 수 있는데, 이러한 경우에는 오래된 정보도 회계정보이용자의 의사결정에 유용하게 이용될 수 있다.

(4) 이해 가능성

이해 가능성(understandability)이란 정보를 명확하고 간결하게 분류하고, 특정지으며, 표시하여 정보이용자의 이해를 가능하게 하는 것을 의미한다. 한국채택국제회계기준에서 재무보고서는 사업활동과 경제활동에 대해 합리적인 지식이 있고, 부지런히 정보를 검토하고 분석하는 정보이용자를 위하여 작성된다고 언급하고 있다. 여기에서 이해 가능성의 대상이 되는 정보이용자를 일반적인 기업 외부의 정보이용자가 아니라 "사업활동과 경제활동에 대해 합리적인 지식이 있고, 부지런히 정보를 검토하고 분석하는 정보이용자"로 규정하고 있다. 그러나 때로는 박식하고 부지런한 정보이용자도 복잡한 경제적 현상에 대한 정보를 이해하기 위해 전문가의 도움을 받는 것이 필요할 수 있다.

이상의 보강적 질적 특성의 적용은 재무정보의 유용성을 향상시키기 위해 가능한 한 극대화되어야 한다. 그러나 보강적 질적 특성을 충실히 적용하였으나 오히려 정보가 목적적합하지 않거나 충실하게 표현되지 않는 상황, 즉 보강적 질적 특성과 근본적 질적 특성 간의 상충이 발생할 경우에는 질적 특성의 적용에 주의를 기울여야 한다. 구체적으로, 이러한 상충이 발생할 시에는 근본적 질적 특성의 적용이 보강적 질적 특성의 적용보다 우선하게 된다. 예로서 목적적합성 향상을 위해 기존의 재무보고기준과는 상이한 새로운 재무보고기준의 적용이 이루어질 경우에 비교 가능성이 일시적으로 감소된다면, 이러한 일시적인 비교 가능성(보강적 질적 특성)의 감소를 목적적합성(근본적 질적 특성)의 향상을 위해 감수할 수도 있다.

3. 재무제표를 구성하는 요소의 정의, 인식 및 측정

앞서 살펴본 바와 같이 재무보고의 주된 목적은 현재 및 잠재적 투자자, 대여자 및 기타 채권자가 기업에 자원을 제공하는 것 등에 대한 의사결정을 할 때 유용한 보고기업의 재무정보를 제공하는 것이다. 여기서 의사결정을 위한 유용한 정보는 구체적으로 기업의 미래 순현금흐름의 금액, 시기 및 불확실성의 예측에 도움을 줄 수 있는 정보를 의미한다.

재무제표는 회계정보이용자들에게 재무정보를 전달하는 여러 가지 방법 가운데 가장 기본적인 수단이다. 재무제표는 기업의 재무상태에 대한 정보를 나타내는 재무상태표, 기업의 성과에 대한 정보를 나타내는 포괄손익계산서, 재무상태 구성요소 가운데 자본의 변동에 대한 정보를 나타내는 자본변동표, 현금흐름의 변동을 나타내는 현금흐름표와 주석으로 구성된다. 재무제표 가운데 재무상태표는 일정 시점의 기업의 경제적 자원과 청구권에 대한 정보, 기타 재무제표들은 일정 기간 동안의 기업의 경제적 자원과 청구권의 변동에 대한 거래와 기타 사건의 영향에 대한 정보를 제공하는 것으로 그 특징을 구분해 볼 수도 있다.

이하의 내용에서 재무제표 구성요소의 정의, 인식 및 측정에 대하여 차례대로 살펴본다.

1) 재무제표의 요소

재무제표는 거래나 그밖의 사건의 재무적 영향을 경제적 특성에 따라 크게 분류하여 나타내는데 이러한 대분류를 재무제표의 요소라고 정의한다.

재무상태표에서 재무상태의 측정과 직접 관련된 요소는 자산, 부채 및 자본이다. 그리고 포괄손익계산서에서 성과의 측정과 직접 관련된 요소는 수익과 비용이 된다. 재무제표의 요소가 재무상태표와 포괄손익계산서에 표시될 때에 재무제표의 요소는 다시 소분류의 과정을 거치게 된다. 예로서, 자산과 부채는 기업이 영위하는 사업에서의 해당 항목의 성격이나 기능에 따라 이용자의 경제적 의사결정목적에 가장 유용하도록 당해 정보를 소분류하여 나타내는 방법으로 세분화할 수 있다.

재무상태의 측정에 직접 관련되는 요소인 자산, 부채 및 자본, 그리고 재무성과의 측정에 직접 관련되는 요소인 수익과 비용 각각의 정의는 다음과 같다.

(1) 자 산

자산(assets)이란 과거 사건의 결과로 기업이 통제하고 있고 미래 경제적 효익이 기업에 유입될 것으로 기대되는 자원을 의미한다. 여기에서 기업이 갖는 미래 경제적 효익이란 직접 또는 간접으로 미래 현금 및 현금성자산의 기업 유입에 기여하게 될 잠재력을 말한다. 이 잠재력은 기업의 생산능력일 수도 있고, 현금이나 현금성자산으로의 전환능력이거나, 대체적인 제조과정의 도입으로 생산원가가 절감되는 경우와 같이 현금유출을 감소시키는 능력일 수도 있다.

기업이 가지는 미래 경제적 효익이 기업에 유입되는 구체적인 예는 다음과 같다.

현금은 그밖의 자원에 대한 구매력을 가짐에 따라 그 자체로서 기업에 효익을 제공하므로 자산이 된다. 기업이 고객의 요구를 충족시킬 수 있는 재화 등을 제공하면 고객은 재화 등의 제공에 따른 대가를 지불할 것이므로 이에 따라 기업의 현금흐름이 창출된다. 이러한 면에서 재고자산은 자산이 된다.

유형자산을 포함한 많은 종류의 자산은 물리적인 형태를 가지고 경제적 효익을 창출한다. 그렇지만 특허권이나 영업권과 같이 물리적인 형태가 없는 무형자산의 경우에도 이로부터 경제적 효익이 창출되어 기업에 귀속되고 이러한 효익을 기업이 통제할 수 있다면 자산이 된다.

수취채권과 부동산을 포함한 많은 종류의 자산은 소유권 등 법률적 권리와 관련되어 있다. 그러나 소유권이 자산의 존재를 판단함에 있어 필수적인 것은 아니며, 경우에 따라서는 법률적인 권리가 없어도 자산의 정의를 충족시킬 수 있다. 예로서, 기업이 개발활동에서 습득한 핵심 지식은 이를 독점적으로 보유함에 따라 해당 지식으로부터 유입될 것으로 기대되는 효익을 통제할 수 있다면 자산의 정의를 충족하게 된다.

일반적으로 자산의 취득은 이를 위한 지출의 발생과 밀접하게 관련이 있으나 양자가 반드시 일치하는 것은 아니다. 즉 특정한 항목과 관련된 지출이 없더라도 해당 항목이 자산의 정의를 충족할 경우 재무제표상 자산으로 인식할 수 있다. 예로서, 무상으로 증여받은 재화는 자산의 정의를 충족할 수 있다.

(2) 부 채

부채(debt)란 과거 사건으로 생긴 현재 의무로서, 기업이 가진 경제적 효익이 있는 자원의 유출을 통해 그 이행이 예상되는 의무를 말한다. 부채는 과거의 거래나 그밖의 사건에서 발생하게 된다. 예로서, 재화를 외상으로 구입하거나 용역을 외상으로 제공받는 경우 향후 대가를 지불해야 하므로 매입채무가 발생하며, 은행대출을 받은 경우에는 향후 대출을 상환해야 할 의무가 발생한다. 또한 기업이 고객에 대한 연간 매출액에 따라 미래에 지급할 것으로 예상되는 환불액을 부채로 인식할 경우 고객에 대한 과거의 매출이 부채를 발생시키는 거래가 된다. 기업이 거래상대방의 요구에 따른 현재 의무를 이행하기 위해서는 일반적으로 미래 경제적 효익을 갖는 자원을 희생하게 된다. 현재 의무는 다양한 방법으로 이행될 수 있는데 의무 이행의 구체적 예로는 ① 현금 지급, ② 현금 이외의 자산의 이전, ③ 용역의 제공, ④ 다른 의무로 대체, ⑤ 자본으로의 전환 등이 있다. 또한 기업의 의무는 채권자의 권리포기나 권리상실 등 다른 방법에 의하여 소멸되기도 한다.

위에서 언급한 기업의 의무란 특정 방법으로 실행되거나 수행할 책무 또는 책임을 말한다. 의무는 구속력 있는 계약이나 법규에 따라 법률적 강제력이 있게 되는데, 때로는 정상적인 거래 실무, 관행 또는 원활한 거래관계를 유지하거나 공평한 거래를 하려는 의도에서 발생할 수도 있다. 예로서 어떤 기업이 보증기간이 명백히 경과한 후에 발생하는 제품하자에 대해서도 무상으로 수리해주기로 방침을 정한 경우에 이미 판매된 제품과 관련하여 미래에 지출될 것으로 예상되는 금액은 보증기간의 경과 여부와 무관하게 부채가 된다.

일부 부채는 상당한 정도의 추정을 해야만 측정이 가능할 수 있는데, 이러한 부채를 충당부채라고 한다. 어떤 충당부채가 현재 의무를 수반하며 부채의 나머지 정의를 충족한다면 금액을 추정해야 하더라도 부채가 된다. 이러한 예로서 제품보증에 따른 충당부채와 연금지급의무에 대한 충당부채 등이 있다.

(3) 자 본

자본(equity)은 기업의 자산에서 부채를 차감한 후의 잔여지분을 의미한다. 이러한 정의에 따라 재무상태표에 표시되는 자본의 금액은 자산과 부채 금액의 측정 결과에 따라 결정된다. 따라서 재무상태표에 표시되는 자본총액은 해당 기업이 발행한 주식의 시가총액, 또는 순자산을 나누어서 처분하거나 계속기업을 전제로 기업 전체를 처분할 때 받을 수 있는 총액과는 대부분 일치하지 않는다. 재무상태표에서는 자본을 소분류하여 표시할 수 있다. 예로서, 주식회사의 경우 소유주가 출연한 자본, 이익잉여금, 이익잉여금 처분에 의한 적립금, 자본유지 조정을 나타내는 적립료 등으로 구분하여 표시할 수 있다. 이러한 분류는 자본의 배당이나 그밖의 활용에 대한 법률적 또는 기타의 제한을 표시함으로써 재무제표이용자의 의사결정목적에 적합할 수 있다. 또한 이러한 분류 시에 배당금 수령이나 자본의 환급과 관련하여 기업의 각 지분보유자들이 상이한 권리를 갖는다는 사실을 반영할 수도 있다.

(4) 수 익

수익(income)은 자산의 증가 또는 부채의 감소에 따른 자본의 증가를 초래하는 특정 회계기간 동안에 발생한 경제적 효익의 증가로서, 지분참여자, 즉 주주에 의한 출연과 관련된 것은 제외한다. 수익의 발생에 따라 다양한 자산이 수취되거나 증가될 수 있는데, 구체적으로 재화나 용역의 제공대가로 받은 현금, 수취채권 및 기타의 재화나 용역 등을 예로 들 수 있다. 또한 수익은 부채의 상환에 따라 발생할 수도 있는데, 예로서, 재화나 용역의 판매대금으로 미리 수취해 놓은 선수금(부채)을 재화나 용역의 제공과 동시에 매출(수익)로 대체하는 것을 들 수 있다.

광의의 수익(income)의 정의에는 수익(revenue)과 차익(gains)이 모두 포함된다. 여기에서 **수익**(revenue)은 기업의 정상영업활동의 일환으로 발생하는 경제적 효용의 증가를 말하며, 매출액, 수수료수익, 이자수익, 배당수익, 로열티 수익 및 임대료수익 등 다양한 명칭으로 구분된다. **차익**(gains)은 광의의 수익(income)의 정의를 충족하는 그밖의 항목으로 기업의 정상영업활동 이외의 활동에서 발생할 수 있다.[4] 예로서, 차익은 비유동자산의 처분으로 인한 이익, 시장성있는 유가증권의 재평가나 장기성 자산의 장부금액 증가로 인한 미실현이익 등을 들 수 있다. 차익을 포괄손익계산서에 표시할 때에는 일반적으로 수익과 별도로 구분 표시하는데, 그 이유는 의사결정자가 해당 내용을 구분하여 알 수 있을 때 경제적 의사결정에 도움이 되기 때문이다. 차익은 흔히 관련 비용을 차감한 순액으로 보고된다.

(5) 비 용

비용(expense)은 자산의 감소 또는 부채의 증가에 따른 자본의 감소를 초래하는 특정 회계기간 동안에 발생한 경제적 효익의 감소로서, 지분참여자, 즉 주주에 대한 분배와 관련된 것은 제외한다. 광의의 비용(expense)의 정의에는 기업의 정상영업활동의 일환으로 발생하는 비용과 **차손**(loss)이 모두 포함된다. 기업의 정상영업활동의 일환으로 발생하는 비용의 예로는 매출원가, 급여 및 감가상각비 등이 있다. 비용은 일반적으로 현금 및 현금성자산, 재고자산 또는 유형자산과 같은 자산의 유출이나 소모의 형태로 나타난다. 차손은 광의의 비용의 정의를 충족하는 그밖의 항목으로 기업의 정상영업활동 이외의 활동에서 발생할 수 있다.[5] 예로서, 차손은 화재나 홍수와 같은 자연재해 또는 비유동자산의 처분 등을 통해 발생한다. 그리고 비용의 정의에는 미실현손실도 포함되는데, 예로서 기업의 외화차입금에 관련된 환율상승으로 인한 미실현손실을 들 수 있다. 차손을 포괄손익계산서에 표시하는 경우 일반적으로 비용과 별도로 구분 표시하는데 의사결정자가 이를 알면 경제적 의사결정에 도움이 되기 때문이다. 차손은 흔히 관련 수익을 차감한 순액으로 보고된다.

4) 차익(gains)도 경제적 효익의 증가를 나타내므로 본질적으로 수익(revenue)과 차이가 없다. 따라서 개념체계에서는 차익을 별개의 요소로 보지 아니한다.

5) 차손(loss)도 비용과 마찬가지로 경제적 효익의 감소를 나타내므로 본질적으로 다른 비용(expense)과 차이가 없다. 따라서 개념체계에서는 차손을 별개의 요소로 보지 아니한다.

2) 재무제표 요소의 인식기준

인식(recognition)은 재무제표 요소의 정의에 부합하고 인식을 위한 기준을 충족하는 항목을 재무상태표나 포괄손익계산서에 반영하는 과정을 의미한다. 이 과정은 해당 항목을 서술하는 계정명칭과 화폐금액으로 기술하고 그 금액을 재무상태표 또는 포괄손익계산서 총계에 산입하는 것을 포함한다. 인식기준을 충족하는 항목은 재무상태표나 포괄손익계산서에 인식되어야 한다.

재무제표 요소의 정의에 부합하는 항목이 다음 기준을 모두 충족한다면 재무제표에 인식되어야 한다.

- 해당 항목과 관련된 미래 경제적 효익이 기업에 유입되거나 기업으로부터 유출될 가능성이 높다.
- 해당 항목의 원가 또는 가치를 신뢰성 있게 측정할 수 있다.

(1) 미래 경제적 효익의 발생 가능성

재무제표 요소의 인식기준에는 발생 가능성의 개념이 사용된다. 발생 가능성이란 특정 항목과 관련된 미래 경제적 효익이 기업에 유입되거나 기업에서 유출될 불확실성의 정도를 의미한다. 이와 관련하여 미래 경제적 효익의 유입과 유출에 대한 불확실성 정도의 평가는 재무제표를 작성할 때 이용 가능한 증거에 기초하게 된다. 예로서, 기업이 보유하는 특정한 매출채권과 관련하여 대손이 발생할 가능성에 대한 증거가 없고 회수 가능성이 높다면 해당 매출채권을 자산으로 인식하는 것이 정당화된다. 반면 다수의 매출거래처가 존재하는 경우에는 어느 정도 대손이 발생할 가능성이 높은 것이 일반적이므로 대손으로 인하여 예상되는 경제적 효익의 감소를 나타내는 비용을 인식하여야 한다.

(2) 측정의 신뢰성

재무제표 요소의 인식을 위한 두 번째 기준은 신뢰성 있는 측정이 가능한 원가나 가치를 가지고 있어야 한다는 것이다. 인식과 관련하여 원가나 가치가 사전에 결정되어 있지 않은 경우에는 원가 또는 가치를 추정하여야 하는데 이 경우 재무제표 작성 시에 이루어지는 합리적인 추정은 신뢰성을 훼손하지 않는다. 그러나 합리적인 추정을 할 수 없는 경우에는 해당 항목을 재무상태표나 포괄손익계산서에서 인식할 수 없다. 예로서, 소송으로부터 예상되는 배상금이 자산과 수익의 정의에 부합하고 인식을 위한 미래 경제적 효익의 발생 가능성 기준을 충족한다고 해도 해당 인식을 위한 금액을 신뢰성 있게 측정할 수 없는 경우에는 이를 자산이나 수익으로 인식할 수 없다.

이와 관련하여 어떤 항목이 재무제표 요소에 부합하는 본질적 성격을 가지고 있으나 인식기준을 충족하지 못하는 경우, 재무제표 요소로 재무제표에서 인식하지는 못하지만, 해당 항목을 주석, 설명자료 또는 부속명세서에 공시할 수 있다. 이러한 공시는 재무제표의 이용자가 기업의 재무상태, 성과 및 재무상태 변동을 평가할 때 해당 항목에 대한 정보가 목적적합하다고 판단되는 경우에 이루어진다.

3) 재무제표 요소의 인식

(1) 자산의 인식

자산은 미래 경제적 효익이 기업에 유입될 가능성이 높고 해당 항목의 원가 또는 가치를 신뢰성 있게 측정할 수 있을 때 재무상태표에 인식한다. 특정 거래나 사건과 관련해서 지출이 발생하였지만 당해 회계기간 이후에 해당 지출과 관련된 경제적 효익이 기업에 유입될 가능성이 높지 않다고 판단되는 경우에는 해당 지출을 재무상태표에 자산으로 인식하지 않고 포괄손익계산서에 비용으로 인식한다. 이러한 회계처리가 경영진이 해당 지출과 관련하여 미래 경제적 효익을 창출하려는 의도가 없거나 경영진의 기존 의사결정이 잘못되었다는 것을 의미하는 것은 아니다. 이는 단지 당해 회계기간 이후에 특정 거래나 사건과 관련된 경제적 효익이 기업에 유입될 가능성의 정도가 자산을 인식하기에 불충분하다는 것을 의미하는 것이다.

(2) 부채의 인식

부채는 현재 의무의 이행에 따라 경제적 효익을 가지고 있는 자원의 유출가능성이 높고 결제될 금액에 대해 신뢰성 있게 측정할 수 있을 때 재무상태표에 인식한다. 이와 관련하여 실무에서는 주문 후 미인도한 재고자산과 같이 미이행된 계약상의 의무는 일반적으로 재무제표에 부채로 인식하지 않는다. 하지만 이와 같은 의무도 때로는 부채의 정의에 부합할 수 있으며 특정한 상황에서 인식기준이 충족된다면 재무제표에 인식될 수 있다. 이와 같은 상황에서는 미이행된 의무를 부채로 인식함과 동시에 미인도된 자산이나 연관 비용도 함께 자산으로 인식해야 한다.

(3) 수익의 인식

수익은 자산의 증가나 부채의 감소와 관련하여 미래 경제적 효익이 증가하고 이를 신뢰성 있게 측정할 수 있을 때 포괄손익계산서에 인식한다. 이는 수익의 인식이 실제로 자산의 증가 또는 부채의 감소에 대한 인식과 동시에 이루어짐을 의미한다. 예로서 재화나 용역의 매출에 따라 자산의 순증가가 인식되며, 미지급채무의 면제에 따라 부채의 감소가 인식된다. 실무에서 일반적으로 사용하는 수익 인식의 절차, 예로서 수익이 가득되어야 한다는 요건은 재무보고 개념체계에서 제시하는 인식기준을 적용한 것이다. 이러한 절차는 일반적으로 신뢰성 있는 측정이 가능하고 충분히 확실한 항목들만을 한정하여 수익으로 인식하기 위한 것이다.

(4) 비용의 인식

비용은 자산의 감소나 부채의 증가와 관련하여 미래 경제적 효익이 감소하고 이를 신뢰성 있게 측정할 수 있을 때 포괄손익계산서에 인식한다. 이는 비용의 인식이 실제로 부채의 증가 또는 자산의 감소에 대한 인식과 동시에 이루어짐을 의미한다. 예로서 종업원급여의 발생 시에 미지급된 급여에 대한 부채의 증가를 인식하며, 설비의 감가상각비 인식 시에 해당 설비 자산의 감소를 인식한다. 비용은 발생된 원가와 특정 수익 항목의 가득기간에 존재하는 직접적인 관련성을 기준으로 포괄손익계산서에 인식한다.[6] 수익에 원가를 대응시키는 과정에는 동일한 거래나 그밖의 사건에 따라 직접 그리고 공통으로 발생하는 수익과 비용을 동시에 또는 통합하여 인식하는 것이 포함된다. 재화의 판매에 따라 수익이 발생함과 동시에 매출원가를 구성하는 다양한 비용요소가 인식되는 것이 그 예이다.[7]

경제적 효익이 여러 회계기간에 걸쳐 발생할 것으로 기대되고 수익과의 관련성이 단지 포괄적으로 또는 간접적으로만 결정될 수 있는 경우에 비용은 수익에 직접적으로 대응시키는 것이 아니라 체계적이고 합리적인 배분절차를 기준으로 포괄손익계산서에 인식한다.[8] 이러한 비용 인식절차는 기계장치와 같은 유형자산이나 특허권과 같은 무형자산의 사용 등과 관련된 비용을 인식하기 위해서 자주 필요하다. 이러한 경우에 관련된 비용은 감가상각비 또는 무형자산상각비로 표시된다. 이 배분절차는 해당 자산 항목과 관련된 경제적 효익이 소비되거나 소멸되는 회계기간에 비용을 대응하여 인식하는 것을 목적으로 한다.

미래 경제적 효익이 기대되지 않는 지출이거나, 미래 경제적 효익이 기대되더라도 재무상태표에 자산으로 인식되기 위한 조건을 원래 충족하지 못하거나 더 이상 충족하지 못하는 부분은 즉시 포괄손익계산서에 비용으로 인식하여야 한다.

4) 재무제표 요소의 측정기준

측정(measurement)이란 재무상태표와 포괄손익계산서에 인식되고 평가되어야 할 재무제표 요소의 화폐금액을 결정하는 과정을 의미한다. 측정에는 특정 측정기준을 선택하는 과정이 포함된다. 이와 관련하여, 재무제표의 작성 시에는 다수의 측정기준이 다양한 방법으로 결합되어 사용되기도 한다. 측정기준은 크게 가치의 변동을 반영하지 않는 역사적 원가와 가치의 변동을 반영하는 현행가치로

---

6) 이러한 경우를 수익과 비용의 직접 대응이라고 한다.

7) 예로서 100원에 취득한 상품 1개를 150원을 받고 판매하였다고 가정해 보자. 이 경우에, 상품 1개를 판매하고 150원의 수익(매출)을 인식하는 시점에, 해당 수익을 얻기 위해 감소한 자산, 즉 판매된 상품의 취득원가에 해당하는 100원을 비용(매출원가)으로 인식하여 수익에 대응한다.

8) 이러한 경우를 수익과 비용의 간접 대응이라고 한다.

나뉘며, 현행가치 측정기준에는 공정가치, 자산의 사용가치 및 부채의 이행가치 그리고 현행원가가 포함된다.

(1) 역사적 원가

역사적 원가(historical cost)는 자산, 부채 및 관련 수익과 비용을 발생시키는 거래나 그밖의 사건의 가격에서 도출된 정보를 사용하여 자산, 부채 및 관련 수익과 비용에 관한 화폐적 정보를 제공한다. 자산을 취득하거나 창출할 때의 역사적 원가는 자산의 취득 또는 창출에 발생한 원가의 가치로서, 자산을 취득 또는 창출하기 위하여 지급한 대가와 거래원가를 포함한다. 부채가 발생하거나 인수할 때의 역사적 원가는 발생시키거나 인수하면서 수취한 대가에서 거래원가를 차감한 가치를 의미한다. 이어 살펴볼 현행가치와는 달리 역사적 원가는 자산의 손상이나 손실부담에 따른 부채와 관련되는 변동 이외는 가치의 변동을 반영하지 않는다.

금융자산과 금융부채에 적용하는 상각후원가(amortized cost)도 역사적 원가 측면에서 이해할 수 있다.[9] 금융자산과 금융부채의 상각후원가는 최초 인식시점에 결정된 이자율로 할인한 미래 현금흐름 추정치를 반영한다. 금융자산과 금융부채의 상각후원가는 이자의 발생, 금융자산의 손상 및 수취 또는 지급과 같은 후속 변동을 반영하기 위해 시간의 경과에 따라 갱신된다.

(2) 현행가치

현행가치(current value)는 측정일의 조건을 반영하기 위해 갱신된 정보를 사용하여 자산, 부채 및 관련 수익과 비용의 화폐적 정보를 제공한다. 이러한 갱신에 따라 자산과 부채의 현행가치는 이전 측정일의 변동, 즉 현행가치에 반영되는 현금흐름과 그밖의 요소의 추정치의 변동을 반영한다. 현행가치 측정기준에는 공정가치, 자산의 사용가치 및 부채의 이행가치 그리고 현행원가가 포함된다.

---

9) 금융자산과 금융부채는 본서의 제4장 보론에서 다루게 된다.

- 공정가치

공정가치(fair value)는 측정일에 시장참여자 사이의 정상적인 거래에서 자산을 매도할 때 수취하거나 부채를 이전할 때 지급하게 되는 가격이다. 공정가치는 기업이 접근할 수 있는 시장의 참여자 관점을 반영한다. 시장참여자가 경제적으로 최선의 행동을 한다면 자산이나 부채의 가격을 결정할 때 사용할 가정과 동일한 가정을 사용하여 그 자산이나 부채를 측정한다.

활성시장이 존재하는 경우에는 공정가치는 관측되는 가격으로 직접 결정될 수 있다. 그렇지 않은 경우에는 다음과 같은 요인들을 모두 반영하여 측정하는 방법인 현금흐름기준 측정기법을 사용하여 간접적으로 결정된다.[10)]

(1) 미래 현금흐름 추정치
(2) 측정 대상 자산이나 부채에 대한 미래 현금흐름의 추정 금액이나 시기가 그 현금흐름에 내재된 불확실성으로 인해 변동할 가능성
(3) 화폐의 시간가치
(4) 현금흐름에 내재된 불확실성을 부담하는 것에 대한 가격(위험 할증 또는 위험 할인).
(5) 그밖의 요소(예: 상황에 따라 시장참여자들이 유동성을 고려한다면 그 유동성)

- 사용가치

사용가치(value in use)는 기업이 자산의 사용과 궁극적인 처분으로 얻을 것으로 기대하는 현금흐름 또는 그밖의 경제적 효익의 현재가치이다. 이행가치(fulfillment value)는 기업이 부채를 이행할 때 이전해야 하는 현금이나 그밖의 경제적 자원의 현재가치이다. 이러한 현금이나 그밖의 경제적 자원의 금액은 거래상대방에게 이전되는 금액뿐만 아니라 기업이 그 부채를 이행할 수 있도록 하기 위해 다른 당사자에게 이전해야 할 것으로 기대하는 금액도 포함한다.

사용가치와 이행가치는 미래 현금흐름에 기초하기 때문에 자산을 취득하거나 부채를 인수할 때 발생하는 거래원가는 포함하지 않는다. 그러나 사용가치와

10) 한국채택국제회계기준 재무보고를 위한 개념체계 6.14.

이행가치에는 기업이 자산을 궁극적으로 처분하거나 부채를 이행할 때 발생할 것으로 기대되는 거래원가의 현재가치가 포함된다.

- 현행원가

자산의 현행원가(current cost)는 측정일 현재 동등한 자산의 원가로서 측정일에 지급할 대가와 그날에 발생할 거래원가를 포함한다. 부채의 현행원가는 측정일 현재 동등한 부채에 대해 수취할 수 있는 대가에서 그날에 발생할 거래원가를 차감한다. 현행원가는 역사적 원가와 마찬가지로 유입가치이다. 이는 기업이 자산을 취득하거나 부채를 발생시키는 시장의 가격을 반영한다.[11)]

일부의 경우, 현행원가는 활성시장에서 가격을 관측하여 직접 결정할 수 없으며 다른 방법을 통해 간접적으로 결정해야 한다. 예를 들어, 새로운 자산에 대한 가격만을 이용할 수 있는 경우, 기업이 보유하면서 사용하고 있는 자산의 현행원가는 자산의 현재 연령과 상태를 반영하기 위해 새로운 자산의 현재 가격을 조정하여 추정해야 할 수도 있다.

5) 재무제표 요소의 측정기준의 선택

재무제표 요소의 측정기준을 선택할 때에는 재무상태표와 손익계산서에서 만들어 낼 정보의 성격을 고려하는 것이 중요하다. 이와 관련하여 각 측정기준에 의해서 제공되는 정보의 특징에 대하여 살펴본다.

(1) 역사적 원가

역사적 원가는 자산이나 부채를 발생시킨 거래나 그밖의 사건의 가격에서 도출된 정보를 사용하기 때문에, 역사적 원가로 자산이나 부채를 측정하여 제공하는 정보는 재무제표이용자들에게 목적적합할 수 있다.

기업이 시장조건에 따라 최근 거래에서 자산을 취득한다면, 기업은 그 자산이 최소한 자산의 원가를 회수하는 데 충분한 경제적 효익을 제공할 것으로 기

11) 이런 이유로, 현행원가는 유출가치인 공정가치, 사용가치 또는 이행가치와 다르다. 그러나 현행원가는 최초 인식시점의 조건을 반영하는 역사적 원가와는 달리 측정일의 조건을 반영한다.

대한다. 마찬가지로, 시장조건에 따른 최근 거래의 결과로 부채를 발생시키거나 인수한다면, 기업은 일반적으로 부채를 이행하기 위해 경제적 자원을 이전해야 하는 의무의 가치가 수취한 대가에서 거래원가를 차감한 가치를 초과하지 않을 것으로 기대한다. 따라서 이러한 경우에 자산이나 부채를 역사적 원가로 측정하는 것은 자산과 부채를 발생시킨 거래의 가격에 대한 목적적합한 정보를 제공한다.

(2) 공정가치

공정가치로 자산과 부채를 측정하여 제공하는 정보는 예측가치를 가질 수 있다. 공정가치는 미래 현금흐름의 금액, 시기 및 불확실성에 대한 시장참여자의 현재 기대를 반영하기 때문이다. 이러한 기대치는 시장참여자의 현재 위험선호도를 반영하는 방식으로 가격에 반영된다. 또한 이러한 정보는 종전 기대에 대한 피드백을 제공함으로써 확인가치를 가질 수 있다.

시장참여자의 현재 기대를 반영한 수익과 비용은 미래의 수익과 비용을 예측할 때 투입요소로 사용될 수 있기 때문에 예측가치가 있을 수 있다. 이러한 수익과 비용은 기업의 경영진이 그 기업의 경제적 자원을 사용하는 책임을 얼마나 효율적이고 효과적으로 수행했는지를 평가하는 데 도움이 될 수 있다.

(3) 사용가치와 이행가치

사용가치는 자산의 사용과 궁극적인 처분으로부터 발생하는 추정 현금흐름의 현재가치에 관한 정보를 제공한다.[12] 이 정보는 미래 순현금유입에 대한 예상치를 평가하는 데 사용할 수 있기 때문에 예측가치를 가질 수 있다.

이행가치는 부채의 이행에 필요한 추정 현금흐름의 현재가치에 관한 정보를 제공한다. 따라서 이행가치는 부채가 이전되거나 협상으로 결제될 때보다는 특히 이행될 경우에 예측가치를 가질 수 있다.

사용가치나 이행가치 추정치가 미래 현금흐름의 금액, 시기와 불확실성으로 추정된 정보와 결합되어 갱신될 경우, 갱신된 추정치는 사용가치나 이행가치의

---

12) 현재가치에 대해서는 본서의 3장에서 구체적으로 다루게 된다.

종전 추정치에 관한 피드백을 제공하기 때문에 확인가치를 가질 수 있다.

(4) 현행원가

현행원가로 측정한 자산과 부채에 관한 정보는 현행원가가 측정일 현재 동등한 자산을 취득하거나 창출할 수 있는 원가를 반영하거나, 동등한 부채를 발생시키거나 인수하기 위해 수취할 대가를 반영하기 때문에 목적적합할 수 있다.

역사적 원가와 마찬가지로 현행원가는 소비된 자산의 원가나 부채의 이행에서 생기는 수익에 관한 정보를 제공한다. 이 정보는 현재 이익을 도출하는 데 사용될 수 있으며 미래 이익을 예측하는 데 사용될 수 있다. 역사적 원가와 달리 현행원가는 소비하거나 이행하는 시점의 일반적인 가격을 반영한다. 가격 변동이 유의적일 경우, 현행원가를 기반으로 한 이익은 역사적 원가를 기반으로 한 이익보다 미래 이익을 예측하는 데 더 유용할 수 있다.

기업이 재무제표를 작성할 때 가장 보편적으로 채택하고 있는 측정기준은 역사적 원가이나, 일반적으로 다른 측정기준과 함께 사용된다. 예로서 재고자산은 통상적으로 역사적 원가와 순실현가능가치를 비교하여 저가로 장부금액을 평가하며, 시장성 있는 유가증권은 역사적 원가가 아닌 공정가치로 평가되기도 한다. 또 다른 예로, 일부 기업은 비화폐성자산에 대한 가격변동효과를 반영하지 못하는 역사적 원가모형에 대한 대응책으로 현행원가기준을 적용하기도 한다.

다음의 〈예시 2.1〉은 재무제표 요소의 측정에 대해서 보여준다.

예시 2.1

(주)서울상사는 20×1년 1월 1일에 현금 1,000원을 지급하고 토지를 구입하였다. 20×2년 1월 1일에 (주)서울상사가 상기 토지와 동일한 지역의 동일한 크기의 토지를 추가로 구입하기 위해서는 1,200원이 필요하다. 반면 20×2년도 1월 1일에 (주)서울상사가 보유하고 있는 상기 토지를 정상적으로 매각할 경우에는 1,150원을 수취할 것으로 예상된다. 그리고 (주)서울상사가 보유하고 있는 상기 토지를 매각하지 않고 영업활동에 사용할 경우 창출할 것으로 예상되는 미래 순현금흐름의 현재할인가치는 20×2년 1월 1일 기준으로 1,300원이다. 20×2년 1월 1일 기준으로 다음의 금액을 구

하시오.

(1) 역사적 원가

역사적 원가를 측정기준으로 할 때의 금액은 취득의 대가로 취득 당시에 지급한 대가인 1,000원이 된다.

(2) 공정가치

공정가치를 측정기준으로 할 때의 금액은 해당 자산을 정상적으로 처분하는 경우에 수취할 것으로 예상되는 금액인 1,150원이 된다.

(3) 사용가치

사용가치를 측정기준으로 할 때의 금액은 기업의 영업과정에서 해당 자산의 사용을 통해 창출할 것으로 기대되는 미래 추정 현금유입액의 할인된 현재가치금액인 1,300원이 된다.

(4) 현행원가

현행원가를 측정기준으로 할 때의 금액은 동일하거나 또는 동등한 자산을 현재 시점에서 취득할 경우에 그 대가로 지급하여야 할 금액인 1,200원이 된다.

4. 자본유지의 개념

1) 자본유지와 이익

재무제표는 일반적으로 기업이 계속기업이며 예상 가능한 기간 동안 영업을 계속할 것으로 가정하고 작성된다. 이와 관련하여 기업이 경영활동을 청산하거나 축소하지 않고 지속적으로 영업을 운영하기 위해서는 기업의 순자산, 즉 자본의 유지가 필수적이다.

자본유지 개념은 기업이 유지하고자 하는 자본(순자산)을 어떻게 정의하는지와 밀접하게 관련된다. K-IFRS에서는 기업이 유지하고자 하는 자본(순자산)을 크게 두 가지로 제시하고 있다.

① **재무자본유지**: 재무자본유지는 유지해야 하는 자본 또는 순자산을 재무적 측정금액(화폐금액)의 시각에서 **명목화폐단위** 또는 **불변구매력단위**를 이용하여 측정한다. 따라서 재무자본유지 개념하에서 이익은 해당 기간 동안 소유주에게 배분하거나 소유주가 출연한 부분을 제외하고 기말 순자산의 재무적 측정금액(화폐금액)이 기초 순자산의 재무적 측정금액(화폐금액)을 초과하는 경우에 발생한다. 반면, 기말 순자산의 재무적 측정금액이 기초 순자산의 재무적 측정금액보다 작을 경우에는 손실이 발생한다.

② **실물자본유지**: 실물자본유지는 유지해야 하는 자본 또는 순자산을 기업의 실물생산능력이나 조업능력(또는 그러한 생산능력을 갖추기 위해 필요한 자원이나 기금)으로 측정한다. 따라서 실물자본유지 개념하에서 이익은 해당 기간 동안 소유주에게 배분하거나 소유주가 출연한 부분을 제외하고 기업의 기말 실물생산능력이나 조업능력이 기초 실물생산능력을 초과하는 경우에 발생한다. 기말 실물생산능력이 기초 실물생산능력에 미치지 못하는 경우에는 손실이 발생한다.

▶ 기초 순자산 − 소유주에 대한 배분 + 소유주에 의한 출연 < 기말 순자산 : 이익
▶ 기초 순자산 − 소유주에 대한 배분 + 소유주에 의한 출연 > 기말 순자산 : 손실

위에서 살펴본 바와 같이 자본유지 개념은 이익이 측정되는 준거기준을 제공함으로써 자본 개념과 이익 개념 간의 연결고리를 제공한다. 자본유지를 위해 필요한 금액 또는 실물생산능력을 초과하는 자산의 유입액은 이익으로 간주되며 결과적으로 자본(순자산)의 투자수익이 된다.

재무자본유지 개념과 실물자본유지 개념 간의 주된 차이는 앞서 살펴본 유지자본의 정의방식 이외에 기업의 자산과 부채에 대한 가격변동 영향의 처리방법에서 나타난다.

먼저 재무자본유지 개념과 관련하여, 자본을 명목화폐단위로 정의할 경우에 이익은 해당 기간 중 명목화폐자본의 증가액을 의미한다. 이 경우에 기간 중 보유한 자산가격의 증가부분인 보유이익은 개념적으로는 이익에 속하지만 실현주

의 개념에 따라서 교환거래에 의해 자산이 처분되기 전까지는 이익으로 인식되지 않는다.[13] 재무자본유지개념이 불변구매력 단위로 정의될 경우에 이익은 해당 기간 중 투자된 구매력의 증가를 의미하게 된다. 이 경우에 일반물가수준에 따른 가격 상승을 초과하는 자산가격의 증가부분이 이익으로 간주되고, 그 이외의 가격증가 부분은 자본의 일부인 자본유지조정으로 처리된다.

다음으로 자본을 실물생산능력으로 정의하는 실물자본유지 개념하에서 이익은 해당 기간 중 발생한 실물생산능력의 증가를 의미한다. 기업의 자산과 부채에 영향을 미치는 모든 가격변동은 해당 기업의 실물생산능력에 대한 측정치의 변동으로 간주되어 이익이 아니라 자본의 일부인 자본조정으로 처리된다.

다음의 〈예시 2.2〉는 자본유지 개념을 설명하고 있다.

예시 2.2

(주)서울상사는 20×1년 1월 1일에 5,000,000원을 출자하여 설립되었다. 20×1년 1월 1일에 구입단가가 10,000원인 상품 500개를 구입하고 20×1년 10월 1일에 보유하고 있던 상품 500개를 개당 14,000원에 모두 판매하였다. 20×1년도의 상품 관련 현행원가와 물가지수는 다음과 같다.

	단위당 현행원가(원)	물가지수
20×1. 1. 1	10,000	100
20×1. 12. 31	12,000	115

다음의 자본유지 개념에 의한 당기손익과 자본유지소성금액을 각각 구하시오.

(1) 재무자본유지(명목화폐 자본유지)

(2) 재무자본유지(불변구매력 자본유지)

(3) 실물자본유지

13) 예로서 (주)서울상사가 20×1년 1월 1일에 100원에 구입한 토지의 공정가치가 20×1년 12월 31일 현재 120원이 되었다고 가정해 보자. (주)서울상사의 입장에서 20원만큼 보유자산의 가격이 증가하였으므로 이익이 발생하였다고 생각할 수 있지만, 실제로 20원의 공정가치 상승분은 토지를 매각하는 시점에 비로소 실현되며, 그 이전까지는 실현되지 않은 것으로 본다.

각각의 자본유지 개념에 있어서 기말 순자산 대비 유지되어야 할 자본을 초과하는 금액(자본에 미달하는 금액)이 이익(손실)이 된다.

	재무자본유지 (명목화폐자본유지)	재무자본유지 (불변구매력자본유지)	실물자본유지
기말 순자산	7,000,000	7,000,000	7,000,000
− 유지되어야 할 자본	5,000,000	5,750,000	6,000,000
이익(손실)	2,000,000	1,250,000	1,000,000

재무자본유지와 관련해서 유지되어야 할 자본은 명목화폐자본유지의 경우에는 기초 명목화폐자본금액인 5,000,000원, 불변구매력자본유지의 경우에는 기초 명목화폐자본에 물가수준에 따른 가격상승을 적용한 금액인 5,750,000원(5,000,000×115/100)이 된다.

실물자본유지의 경우에는 기초 시점의 실물생산능력인 상품 500개에 해당하는 기말 시점의 실물생산능력금액인 6,000,000원(500개×12,000원)이 유지하여야 할 자본이 된다.[14)]

	재무자본유지 (명목화폐자본유지)	재무자본유지 (불변구매력자본유지)	실물자본유지
유지되어야 할 자본	5,000,000	5,750,000	6,000,000
− 기초 순자산	5,000,000	5,000,000	5,000,000
자본유지조정	0	750,000	1,000,000

각각의 자본유지 개념에서 기초에 가지고 있던 자본(기초 순자산)만큼을 기말에도 가지고 있다면 해당 기업의 자본이 유지된 것이며, 기초 자본을 유지하기 위해 필요한 부분을 초과하는 금액이 이익이 된다. 기업이 이익을 나타내는 회계기간에 기말에 유지되어야 할 자본금액과 기초 자본(기초 순자산)금액 간의 차이는 자본유지조정으로 인식된다.[15)]

14) 기초 시점의 실물생산능력인 상품 500개를 기말 시점에 보유(유지)하기 위해서는 6,000,000원이 필요하다.

15) 자본유지조정은 자본에 해당한다. 자본은 본서의 10장에서 다룬다.

제3절 재무제표

1. 재무제표의 목적과 제공 정보

재무제표는 기업의 재무상태와 재무성과를 체계적으로 표현한 것이다. 재무제표의 목적은 광범위한 정보이용자들의 경제적 의사결정에 유용한 기업의 재무상태, 재무성과와 재무상태 변동에 대한 정보를 제공하는 것이다. 그리고 재무제표는 소유주로부터 위탁받은 기업의 자원에 대한 경영자의 수탁책임 결과도 보여준다. 이와 같은 목적을 달성하기 위해서 재무제표는 다음과 같은 기업 정보를 제공한다.

① 자 산
② 부 채
③ 자 본
④ 차익(gain)과 차손(loss)을 포함한 광의의 수익(income)과 비용(expense)
⑤ 소유주로서의 자격을 행사하는 소유주에 의한 출자와 소유주에 대한 배분
⑥ 현금흐름

상기 정보들은 주석을 통해 제공하는 정보와 함께 재무제표이용자가 기업의 미래 현금흐름, 특히 그 시기와 확실성을 예측하는 데 도움을 준다. 기업의 전체 재무제표는 다음을 모두 포함하여야 한다.[16)]

① 기말 재무상태표
② 기간 포괄손익계산서
③ 기간 자본변동표
④ 기간 현금흐름표

16) 본서에서 재무상태표, 포괄손익계산서, 자본변동표는 11장, 현금흐름표는 13장에서 실제로 작성해 보도록 한다.

⑤ 주석 (유의적인 회계정책 및 그밖의 설명으로 구성)
⑥ 전기에 관한 비교정보
⑦ 회계정책을 소급하여 적용하거나, 재무제표의 항목을 소급하여 재작성 또는 재분류하는 경우 전기 기준 기초 재무상태표

상기 각각의 재무제표는 전체 재무제표에서 동등한 비중으로 표시한다.

2. 재무제표의 작성과 표시에 대한 일반사항

1) 공정한 표시와 한국채택국제회계기준의 준수

재무제표는 기업의 재무상태, 재무성과 및 현금흐름을 공정하게 표시해야 한다. 공정한 표시를 위해서는 '개념체계'에서 정한 자산, 부채, 수익과 비용에 대한 정의와 인식요건에 따라 거래, 그밖의 사건과 상황의 효과를 충실하게 표현해야 한다. 어떻게 재무제표를 작성해야 공정하게 표시하는 것인가? 재무제표를 한국채택국제회계기준에 따라 작성하면 공정하게 표시된 재무제표로 판단한다.

한국채택국제회계기준을 준수하여 재무제표를 작성하는 기업은 그러한 준수 사실을 주석에 명시적으로 제한 없이 기재하게 된다. 만약 재무제표가 한국채택국제회계기준의 요구사항을 모두 충족한 경우가 아니라면 한국채택국제회계기준을 준수하여 작성되었다고 기재해서는 안 된다. 극히 드문 상황으로서 한국채택국제회계기준의 요구사항을 준수하는 것이 오히려 '개념체계'에서 정하고 있는 재무제표의 목적과 상충되어 재무제표이용자의 오해를 유발할 수 있다고 경영진이 결론을 내리는 경우에, 관련 감독체계가 그 요구사항의 적용을 반드시 의무화하거나, 그 요구사항 이외의 방법을 적용하는 것을 절대적으로 금지하지 않는다면, 그 요구사항과 다른 방법을 적용할 수 있다. 구체적으로 한국채택국제회계기준의 요구사항과 다른 방법을 적용하는 경우에는 다음의 모든 항목을 공시한다.

> ① 재무제표가 기업의 재무상태, 재무성과 및 현금흐름을 공정하게 표시하고 있다고 경영진이 결론을 내렸다는 사실
> ② 공정한 표시를 위해 특정 요구사항을 달리 적용하는 것을 제외하고는 한국채택국제회계기준을 준수했다는 사실
> ③ 기업이 달리 적용하는 해당 한국채택국제회계기준의 제목, 그 한국채택국제회계기준에서 요구하는 회계처리의 방법과 이에 대한 일탈의 내용, 한국채택국제회계기준에서 요구하는 회계처리가 해당 상황에서 '개념체계'에서 정한 재무제표의 목적과 상충되어 재무제표이용자의 오해를 유발할 수 있는 이유, 그리고 실제로 적용한 회계처리방법
> ④ 표시된 각 회계기간에 대해, 한국채택국제회계기준 요구사항으로부터의 일탈이 이를 준수하였다면 보고되었을 재무제표의 각 항목에 미치는 재무적 영향

2) 계속기업

경영진은 재무제표를 작성할 때 계속기업으로서의 존속 가능성을 평가해야 한다. 경영진이 기업을 청산하거나 경영활동을 중단하려는 의도를 가지고 있지 않거나, 청산 또는 경영활동의 중단 이외의 경우에는 계속기업을 전제로 하여 재무제표를 작성한다. 만약 계속기업으로서의 존속능력에 유의적인 의문이 제기될 수 있는 사건이나 상황과 관련된 중요한 불확실성을 알게 된 경우에 경영진은 그와 같은 불확실성을 공시하여야 한다. 재무제표가 계속기업의 기준하에 작성되지 않는 경우에는 해당 사실과 함께 재무제표가 작성된 기준 및 그 기업을 계속기업으로 보지 않는 이유를 공시하여야 한다.

이와 관련해서 계속기업(going concern)의 가정이란 기업이 계속기업으로서 예상 가능한 기간 동안 영업을 계속할 것이라는 가정을 의미한다. 즉, 기업은 예상 가능한 기간 동안 경영활동을 청산하거나 중요하게 축소할 의도나 필요성을 가지고 있지 않다는 가정을 적용하게 된다. 이에 따라, 기업의 재무제표는 일반적으로 기업이 계속기업이며 예상 가능한 기간 동안 영업을 계속할 것이라는 가정하에 작성된다. 재무정보와 관련된 많은 회계원칙들은 계속기업의 가정을 기초로 하고 있다. 예로서 유형자산은 최초 취득 시에 발생한 취득대가를 자산으로 인식한 후, 이후 내용연수 동안 감가상각비라는 비용을 인식하게 된다. 만약

계속기업의 가정이 없다면, 향후 해당 기업이 얼마나 존속할지에 대하여 정확하게 알 수 없기 때문에, 감가상각을 위해 결정한 내용연수 동안 기업이 실제로 존속할 수 있을가에 대한 판단이나 예상도 할 수 없게 된다. 이러한 경우에는 신뢰성 있는 내용연수를 결정할 수 없게 되므로 감가상각을 적용할 수 없게 된다. 따라서 감가상각을 실시할 수 없는 해당 유형자산의 취득을 위해 발생한 취득대가를 자산으로 인식할 수 없고, 전액 당기의 비용으로 인식하게 될 것이다. 이상에서 살펴본 자산의 취득원가 및 감가상각뿐만 아니라 수익 · 비용의 대응 등 수많은 회계원칙들이 계속기업의 가정을 기초로 하고 있다. 이와 관련하여 만약 기업 스스로 경영활동을 청산하거나 중요하게 축소할 필요성이 있다면 재무제표는 계속기업을 가정한 기준과는 다른 기준을 적용하여 작성하는 것이 타당할 수 있으며, 이때 적용한 기준은 별도로 공시하여야 한다.

3) 발생기준 회계

기업은 현금흐름 정보를 제외하고는 발생기준 회계를 사용하여 재무제표를 작성한다. 따라서 현금흐름 정보를 나타내는 현금흐름표는 **현금기준** 회계를 사용하여 작성하며, 그 외의 재무제표인 재무상태표, 포괄손익계산서와 자본변동표는 발생기준 회계를 사용하여 작성한다.

4) 중요성과 통합표시

유사한 항목은 중요성 분류에 따라 재무제표에 구분, 또는 통합하여 표시하게 된다. 상이한 성격이나 기능을 가진 항목은 별도의 계정으로 구분하여 표시한다. 반면 상호 구분이 중요하지 않은 항목들은 성격이나 기능이 유사한 항목과 통합하여 표시할 수 있다.

5) 상 계

한국채택국제회계기준에서 요구하거나 허용하지 않는 한 자산과 부채, 그리고 수익과 비용은 상계하지 않는다. 상계를 하지 않는 이유는 상계의 실시에 따라 순액 표시되는 경우에 상계 이전과 비교하여 회계정보이용자가 의사결정에 이용할 수 있는 정보가 감소하기 때문이다. 한국채택국제회계기준에서 상계에 해당하지 않는다고 밝힌 예로는 감가상각누계액, 현재가치할인차금, 평가충당금, 대손충당금 등 차감계정을 관련 자산 계정과 상계하여 순액으로 표시하는 경우 등을 들 수 있다. 또한 유형자산 등의 처분 시에 처분손익은 처분대가에서 해당 자산의 장부금액과 처분부대비용 등을 상계하여 표시한다.

6) 보고빈도

비교정보를 포함한 전체 재무제표는 적어도 1년마다 작성한다. 보고기간 종료일을 변경하여 재무제표의 보고기간이 1년을 초과하거나 미달하게 되는 경우에는 재무제표 해당 기간과 함께 다음 사항을 추기로 공시한다.

① 보고기간이 1년을 초과하거나 미달하게 된 이유
② 재무제표에 표시된 금액이 완전하게 비교 가능하지 않다는 사실

7) 비교정보

한국채택국제회계기준이 다르게 허용하거나 요구하는 경우를 제외하고는 당기 재무제표에 보고되는 모든 금액에 대해 전기 비교정보를 공시한다. 이와 같은 비교정보의 공시를 통해 해당 회계정보의 기간별 비교 가능성이 높아지게 된다.

당기 재무제표를 이해하는 데 목적적합한 경우에는 서술형 정보의 비교정보도 공시에 포함한다.

8) 표시의 계속성

재무제표 항목의 표시와 분류는 다음의 경우를 제외하고는 매기 동일하여야 한다.

① 사업내용의 유의적인 변화나 재무제표를 검토한 결과 다른 표시나 분류방법이 더 적절한 것이 명백한 경우

② 한국채택국제회계기준에서 표시방법의 변경을 요구하는 경우

재무제표 항목의 표시와 분류를 매기 동일하게 하는 이유는 이와 같은 표시의 계속성을 통해서 재무제표의 기간별 비교 가능성이 높아지기 때문이다.

9) 재무제표의 식별

각각의 재무제표는 동일한 문서에 포함되어 함께 공표되는 그밖의 정보와 명확하게 구분되고 식별되어야 한다. 구체적으로 각각의 재무제표와 주석은 명확하게 식별되어야 한다. 그리고 아래의 정보가 명백하게 드러나야 하며, 정보의 이해를 위해서 필요할 때는 반복 표시하여야 한다.

① 보고기업의 명칭 또는 그밖의 식별수단과 전기 보고기간 말 이후 그러한 정보의 변경 내용
② 재무제표가 개별 기업에 대한 것인지 연결실체에 대한 것인지의 여부
③ 재무제표나 주석의 작성대상이 되는 보고기간 종료일 또는 보고기간
④ 표시통화
⑤ 재무제표의 금액 표시를 위하여 사용한 금액 단위

3. 재무상태표

1) 재무상태표 표시 정보

기업의 재무상태를 나타내는 **재무상태표**에는 다음에 해당하는 금액을 나타내는 항목을 표시한다.

① 유형자산
② 투자부동산
③ 무형자산
④ 금융자산(단, ⑤, ⑧ 및 ⑨를 제외)

⑤ 지분법에 따라 회계처리하는 투자자산
⑥ 생물자산
⑦ 재고자산
⑧ 매출채권 및 기타 채권
⑨ 현금및현금성자산
⑩ 매각예정으로 분류된 자산과 매각예정으로 분류된 처분자산집단에 포함된 자산의 총계
⑪ 매입채무 및 기타 채무
⑫ 충당부채
⑬ 금융부채(단, ⑪과 ⑫ 제외)
⑭ 당기 법인세와 관련한 부채와 자산
⑮ 이연법인세부채 및 이연법인세자산
⑯ 매각예정으로 분류된 처분자산집단에 포함된 부채
⑰ 자본에 표시된 비지배지분
⑱ 지배기업의 소유주에게 귀속되는 납입자본과 적립금

2) 유동과 비유동의 구분

기업이 재무상태표 작성 시에 유동 항목과 비유동 항목을 구분하는 방법에는 **유동/비유동구분법**과 **유동성배열법**이 있다. 유동/비유동구분법은 유동자산과 비유동자산, 유동부채와 비유동부채를 재무상태표에 구분하여 표시하는 방법이다. 반면, 유동성배열법은 오름차순이나 내림차순의 유동성 순서에 따른 표시방법이다. 기업이 명확히 식별 가능한 영업주기 내에서 재화나 용역을 제공하는 경우, 유동/비유동구분법을 이용한다. 또한 유동성배열법이 신뢰성 있고 더욱 목적적합한 정보를 제공하는 경우를 제외하고는 유동/비유동구분법을 이용하는 것이 일반적이다.

반면 금융회사와 같은 일부 기업의 경우에는 유동성배열법이 유동/비유동구분법보다 신뢰성 있고 더욱 목적적합한 정보를 제공한다. 그 이유는 이러한 특성을 가진 기업의 경우에 재화나 용역을 명확히 식별 가능한 영업주기 내에 제공하지 않기 때문이다.

3) 유동자산과 비유동자산

자산은 다음의 경우에 유동자산으로 분류하며, 그밖의 모든 자산은 비유동자산으로 분류한다.

> ① 기업의 정상영업주기 내에 실현될 것으로 예상하거나, 정상영업주기 내에 판매하거나 소비할 의도가 있다.
> ② 주로 단기매매목적으로 보유하고 있다.
> ③ 보고기간 후 12개월 이내에 실현될 것으로 예상한다.
> ④ 현금이나 현금성자산으로서, 교환이나 부채상환목적으로의 사용에 대한 제한기간이 보고기간 후 12개월 이상이 아니다.

여기서 영업주기란 영업활동을 위한 자산의 취득시점부터 그 자산이 현금이나 현금성자산으로 실현되는 시점까지 소요되는 기간을 의미한다. 정상영업주기를 명확히 식별할 수 없는 경우에는 그 기간이 12개월인 것으로 가정한다.

재고자산과 매출채권과 같이 정상적인 영업주기의 일부로서 판매, 소비 또는 실현되는 자산의 경우에는 보고기간 후 12개월 이내에 실현될 것으로 예상되지 않는 경우에도 유동자산에 포함한다. 또한 유동자산은 주로 단기매매목적으로 보유하고 있는 자산과 비유동금융자산의 유동성 대체 부분도 포함한다.

4) 유동부채와 비유동부채

부채는 다음의 경우에 유동부채로 분류하며, 그밖의 모든 부채는 비유동부채로 분류한다.

> ① 정상영업주기 내에 결제될 것으로 예상하고 있다.
> ② 주로 단기매매목적으로 보유하고 있다.
> ③ 보고기간 후 12개월 이내에 결제하기로 되어 있다.
> ④ 보고기간 후 12개월 이상 부채의 결제를 연기할 수 있는 무조건의 권리를 가지고 있지 않다.

여기서 기업의 정상영업주기가 명확하게 식별되지 않는 경우 그 주기는 12개월인 것으로 가정한다. 매입채무 및 그밖의 영업원가에 대한 미지급비용 등과 같은 부채는 기업의 정상영업주기 내에 사용되는 운전자본의 일부이므로 보고기간 후 12개월 후에 결제일이 도래하는 경우에도 유동부채로 구분한다. 기타 유동부채는 정상영업주기 이내에 결제되지는 않지만 보고기간 후 12개월 이내에 결제일이 도래하거나 주로 단기매매목적으로 보유한다. 이러한 예로는 단기매매 항목의 정의를 충족하는 금융부채, 당좌차월, 비유동금융부채의 유동성 대체 부분, 미지급배당금, 법인세, 기타 지급채무 등이 있다.

5) 자 본

재무상태표에서 자본은 납입자본과 적립금으로 나누어지는데, 납입자본과 적립금은 다시 자본금, 주식발행초과금, 적립금 등과 같이 다양한 분류로 세분화된다. 자본과 관련하여 재무상태표, 자본변동표, 또는 주석에 다음의 항목을 공시한다.

① 주식의 종류별로 다음의 사항
- (가) 수권주식수
- (나) 발행되어 납입 완료된 주식수와 발행되었으나 부분 납입된 주식수
- (다) 주당 액면가액 또는 무액면주식이라는 사실
- (라) 유통주식수의 기초 수량으로부터 기말 수량으로의 조정 내역
- (마) 배당의 지급 및 자본의 환급에 대한 제한을 포함하여 각 종류별 주식에 부여된 권리, 우선권 및 제한사항
- (바) 발행주식 중 당해 기업, 종속기업 또는 관계기업이 소유하고 있는 주식
- (사) 옵션과 주식 매도 계약에 따라 발행 예정된 주식(조건과 금액 포함)

② 자본을 구성하는 각 적립금의 성격과 목적에 대한 설명

4. 포괄손익계산서

1) 포괄손익계산서 표시 정보

기업의 당기 경영성과를 나타내는 **포괄손익계산서**는 크게 당기손익 부분과 기타포괄손익 부분으로 나뉜다. 포괄손익계산서를 표시하는 방법은 크게 두 가지가 있다. 먼저 단일의 포괄손익계산서 내에 당기손익 부분과 기타포괄손익 부분을 순차적으로 표시할 수 있다. 이때에는 당기손익과 기타포괄손익의 순서로 표시하고, 당기손익과 기타포괄손익을 합한 당기포괄손익을 표시한다. 다음으로 당기손익을 표시하는 **손익계산서**와 포괄손익을 표시하기 위한 별도의 계산서로 포괄손익계산서를 나타낼 수 있다. 이처럼 구분된 2개의 계산서를 이용하여 포괄손익계산서를 구성하는 경우에 포괄손익을 표시하는 보고서에는 당기손익의 세부 구성항목을 표시하지 않고 당기순이익(순손실) 금액만을 표시한다.

포괄손익계산서의 당기손익 부분이나 당기순손익을 별개의 보고서로 표시하는 경우의 손익계산서에는 한국채택국제회계기준서가 요구하는 항목에 추가하여 당해 기간의 다음 금액을 표시하는 항목을 포함한다.

① 수 익
② 금융원가
③ 지분법 적용 대상인 관계기업과 공동기업의 당기순손익에 대한 지분
④ 법인세비용
⑤ 중단영업의 합계를 표시하는 단일금액

다음으로 기타포괄손익 부분에는 성격별로 분류하고, 한국채택국제회계기준에 따라 구분한 기타포괄손익의 금액을 표시한다.

① 후속적으로 당기손익으로 재분류되지 않는 항목
② 특정 조건을 충족하는 경우에 후속적으로 당기손익으로 재분류되는 항목

2) 비용의 분류

포괄손익계산서에서 비용은 빈도, 손익의 발생 가능성 및 예측 가능성의 측면에서 서로 차이가 날 수 있는 재무성과의 구성요소들을 강조하기 위해서 세분류로 표시한다. 비용의 분류방법은 크게 성격별 분류와 기능별 분류로 나뉜다.

(1) 성격별 분류

개별 비용의 성격에 따라 분류가 이루어질 경우, 당기손익에 포함된 비용은 해당 비용이 가지는 차별적인 성격(예: 감가상각비, 원재료의 구입, 운송비, 종업원급여, 광고비 등)별로 통합하며, 기능별로 재배분하지 않는다.[17] 비용을 기능별로 재배분할 필요가 없기 때문에 적용이 간단할 수 있다. 다음은 비용의 성격별 분류의 예이다.

수 익		×××
기타 수익		×××
제품과 재공품의 변동	×××	
원재료와 소모품의 사용액	×××	
종업원급여비용	×××	
감가상각비와 기타 상각비	×××	
기타 비용	×××	
총비용		(×××)
법인세비용차감전순이익		×××

(2) 기능별 분류

기능별 분류법, 또는 매출원가법은 전체 비용을 구매 및 생산 기능과 관련된 매출원가, 물류기능과 관련된 물류원가, 관리기능과 관련된 관리활동원가 등과 같이 기업의 기능에 따라 분류한다.[18] 기능별 분류법에서는 적어도 매출원가를

17) 예로서 감가상각비와 운송비는 상호 간에 성격이 다른 비용이다. 또한 급여와 광고비도 상호 간에 성격이 다른 비용이다.

18) 예로서 기업의 생산기능과 판매기능은 상호 간에 구분되는 기능이다. 또한 일반 관리기능과

다른 비용과 구분하여 표시한다. 기능별 분류법은 성격별 분류보다 재무제표이용자에게 더욱 목적적합한 정보를 제공할 수 있지만, 비용을 기능별로 배분하는데 자의적인 배분과 상당한 정도의 판단이 개입될 수 있다.[19] 다음은 비용의 기능별 분류의 예이다.

수 익	×××
매출원가	(×××)
매출총이익	×××
기타 수익	×××
물류원가	(×××)
관리비	(×××)
기타 비용	(×××)
법인세비용차감전순이익	×××

상이한 유형의 기업의 특성에 따라 성격별 분류와 기능별 분류가 가지는 상대적인 장점이 있기 때문에, 한국채택국제회계기준은 성격별 분류와 기능별 분류 가운데 신뢰성이 있고 보다 목적적합한 표시방법을 경영진이 선택하도록 하고 있다. 그러나 비용의 성격에 대한 정보가 미래 현금흐름을 예측하는 데 유용하므로, 비용을 기능별로 분류하는 경우에는 감가상각비, 기타 상각비와 종업원급여비용을 포함하여 비용의 성격에 대한 추가 정보를 공시하게 된다.

물류기능도 상호 간에 구분되는 기능이다.

19) (주)서울상사의 1층 복도에는 생수통이 준비되어 있고, 일반관리부서와 물류부서가 같이 사용한다. 매월 10,000원의 생수 관련 비용이 발생한다면, 두 부서 간에 어떻게 비용을 배분해야 하는가? 양 부서가 5,000원씩 부담하면 되는가? 만약 상기 예에서 일반관리부서 직원이 30명, 물류부서 직원이 70명이라면 어떠한가? 일반관리부서에서 3,000원, 물류부서에서 7,000원을 부담하면 되는가? 만약 상기 예에서 일반관리부서는 외근이 거의 없는 반면 물류부서에서 외근이 많이 발생하면 어떻게 해야 하는가?

5. 자본변동표

자본변동표는 회계기간 중에 발생하는 자본의 변동, 예로서 주주의 출자와 주주에 대한 배당, 당기순이익이나 당기순손실의 발생 등에 따른 자본의 증가와 감소에 대한 세부 내역을 보여주는 재무제표이다. 자본변동표에는 다음의 정보를 포함한다.

① 지배기업의 소유주와 비지배지분에게 각각 귀속되는 금액으로 구분하여 표시한 해당 기간의 총포괄손익
② 자본의 각 구성요소별로 인식된 소급적용이나 소급재작성의 영향
③ 자본의 각 구성요소별로 다음의 각 항목에 따른 변동액을 구분하여 표시한, 기초 시점과 기말 시점의 장부금액 조정내역
(가) 당기순손익
(나) 기타포괄손익
(다) 소유주로서의 자격을 행사하는 소유주와의 거래

6. 현금흐름표

현금흐름정보는 기업의 현금및현금성자산 창출능력과 기업의 현금흐름 사용 필요성에 대한 정보를 재무제표이용자에게 제공한다. **현금흐름표**는 기업의 현금 유입 및 유출과 관련된 세부 내역을 영업활동, 투자활동 및 재무활동 각각에 관련된 현금흐름의 변동으로 구분하여 보여준다. 이 가운데 영업활동 현금흐름은 기업의 주된 영업활동으로부터 발생한 현금의 유입과 유출을 의미한다. 투자활동 현금흐름은 기업이 영업활동을 유지하고 성상시키기 위한 활동 등과 관련하여 발생한 현금의 유입과 유출을 의미한다. 그리고 재무활동 현금흐름은 기업이 영업활동과 투자활동을 원활히 수행하기 위한 사업자금의 조달과 관련하여, 소유주의 출자나 금융기관으로부터의 차입 등을 통해 발생한 현금의 유입과 유출을 의미한다. 재무제표는 원칙적으로 발생주의에 근거하여 회계정보를 작성한다. 이와 관련하여 당기에 순이익이 나타났지만 부채를 상환하기 위한 현금이

부족하여 발생하는 '흑자도산'과 같은 예는 발생주의에 근거한 회계정보가 회계정보이용자들의 의사결정에 필요한 정보로서 충분하지 않음을 보여주고 있다.[20] 현금흐름표는 이에 따라 현금주의에 근거하여 기업의 현금 유입과 유출 내역을 보여주는 역할을 하게 된다.

7. 주 석

주석은 다음과 같은 정보를 제공한다.

> ① 재무제표 작성 근거와 관련 문단에 따라 사용한 구체적인 회계정책에 대한 정보
> ② 한국채택국제회계기준에서 요구하는 정보이지만 재무제표 어느 곳에도 표시되지 않는 정보
> ③ 재무제표 어느 곳에도 표시되지 않지만 재무제표를 이해하는 데 목적적합한 정보

주석은 실무적으로 적용 가능한 한 체계적인 방법으로 표시한다. 체계적인 방법을 결정할 때, 재무제표의 이해 가능성과 비교 가능성을 고려하게 되는데, 주석을 체계적으로 배열하거나 집단으로 묶는 예는 다음과 같다.

> ① 특정한 영업활동에 대한 정보를 집단으로 묶는 것과 같이, 기업의 재무성과와 재무상태의 이해에 가장 목적적합할 것으로 판단되는 활동 분야를 부각시킨다.
> ② 공정가치로 측정되는 자산과 같이, 유사하게 측정되는 항목에 대한 정보를 집단으로 묶는다.
> ③ 포괄손익계산서와 재무상태표의 항목 순서를 따른다. 예를 들면, 다음과 같다.
> (가) 한국채택국제회계기준을 준수하였다는 사실

---

20) (주)서울상사는 20×1년 1월 10일에 보유하고 있던 장부가격 1,000원인 토지를 1,500원에 매각하고 매각대금 1,500원은 20×1년 2월 1일에 받기로 하였다. 위의 거래에서 (주)서울상사는 20×1년 1월에 토지 매각 관련 500원만큼의 수익(유형자산처분이익)이 발생하였다. 이 경우에 (주)서울상사의 20×1년 1월의 수익 500원은 동일 시점에 500원만큼의 현금 지급능력과는 아무런 상관이 없다. 현금 지급능력은 발생주의 기준의 수익이 아니라 실제 현금 보유수준에 달려 있다.

(나) 적용한 유의적인 회계정책

(다) 재무상태표, 포괄손익계산서, 자본변동표 및 현금흐름표에 표시된 항목에 대한 보충 정보. 재무제표의 배열 및 각 재무제표에 표시된 개별 항목의 순서에 따라 표시한다.

(라) 다음을 포함한 기타 공시

㉠ 우발부채와 재무제표에서 인식하지 아니한 계약상 약정사항

㉡ 비재무적 공시항목, 예를 들어 기업의 재무위험관리목적과 정책

OX 문제

• **아래 문장이 맞으면 O, 틀리면 X로 답하고 틀린 곳은 바르게 고치시오.**

1. 기업 외부의 정보이용자를 위해서 기업의 재무 관련 정보를 제공하는 것을 일반목적 재무보고라고 한다.

2. 일반목적 재무제표는 현재 및 잠재적 투자자, 대여자 및 일반대중, 감독당국 등과 같은 기타 집단을 주요 대상으로 하고 있다.

3. 일반목적 재무보고의 주요 목적은 현재 및 잠재적 투자자, 대여자 및 기타 채권자가 기업에 자원을 제공하는 것에 대한 의사결정을 할 때 유용한 보고기업 재무정보를 제공하는 것이 된다.

4. 일반목적 재무보고의 주요 정보는 기업의 회계정보 가운데 특히 미래 순현금유입의 금액, 시기 및 불확실성에 대한 정보이다.

5. 한국채택국제회계기준에서는 회계정보의 질적 특성을 크게 근본적 질적 특성인 목적적합성과 검증 가능성, 그리고 보강적 질적 특성인 비교 가능성, 충실성, 적시성 및 이해 가능성 측면에서 설명하고 있다.

6. 목적적합성이란 정보가 누락되거나 잘못 기재된 경우 특정 보고기업의 재무정보에 근거한 정보이용자의 의사결정에 영향을 줄 수 있는 특성을 의미한다.

7. 무오류란 재무정보 관련 현상의 기술에 오류나 누락이 없고, 보고 정보를 생산하는 데 사용되는 절차의 선택과 적용 시에 오류가 없다는 것을 의미하며 재무정보가 모든 면에서 완벽하게 정확하다는 것을 의미한다.

8. 보강적 질적 특성과 근본적 질적 특성 간의 상충이 발생할 경우에는 근본적 질적 특성의 적용이 보강적 질적 특성의 적용보다 우선하게 된다.

9. 수익은 특정 회계기간 동안에 발생한 경제적 효익의 증가로서, 자산의 증가 또는 부채의 감소에 따른 자본의 증가를 초래하게 된다. 그리고 수익은 지분참여자, 즉 주주에 의한 출연과 관련된 자본의 증가도 포함한다.

10. 현행원가를 측정기준으로 할 때 자산은 해당 자산을 정상적으로 처분하는 경우에 수취할 것으로 예상되는 현금이나 현금성자산의 금액으로 평가한다.

11. 이행가치는 자산의 사용과 궁극적인 처분으로부터 발생하는 추정 현금흐름의 현재가치에 관한 정보를 제공한다.

제 3 장

화폐의 시간가치

제1절 화폐의 시간가치의 의의

제2절 화폐의 시간가치의 응용

제3절 화폐의 시간가치의 회계 적용

제3장에서는

본서에서 다루는 다양한 회계 주제 가운데 많은 부분에서 화폐의 시간가치, 그 가운데 특히 현재가치 개념이 사용된다. 현재가치 개념이 많이 사용되는 이유는 회계정보의 작성과 평가의 시점이 미래가 아닌 "현재"이기 때문이다. 이러한 경우에 현재 시점에서의 회계처리를 위해 미래 시점의 현금금액을 현재 시점의 동일한 가치의 금액으로 평가하는 과정을 거치게 된다. 이러한 현재가치 평가는 미래 시점의 현금흐름의 금액과 시기를 정확히 알 수 있는 경우에 실시할 수 있다. 본장의 내용을 통해서 본서의 유가증권, 회사채, 장기차입금 등 다양한 주제에서 활용되는 화폐의 시간가치 개념과 활용에 대한 기초적인 이해를 해 보고자 한다.

제1절 화폐의 시간가치의 의의

본서의 제2장에서 측정기준 가운데 상각후원가, 공정가치, 사용가치와 이행가치를 적용함에 있어서 현재가치를 사용할 수 있음을 살펴본 바 있다. 측정 시에 현재가치를 사용하게 되는 이유는 측정의 대상이 되는 거래나 사건이 현재뿐 아니라 미래 시점에도 관련이 있기 때문이다.[1] 그리고 본서에서 앞으로 다루게 될 많은 주제에 있어서도 기업과 관련된 경제적 거래와 사건은 현재뿐 아니라 미래 시점에도 영향을 미치게 된다. 본장에서는 현재가치에 대한 이해와 적용에 대하여 화폐의 시간가치 측면에서 다루어본다.

1. 현재 시점과 미래 시점, 화폐의 시간가치

화폐의 시간가치와 현재가치에 대한 내용을 구체적으로 다루기에 앞서서, 먼저 현재 시점의 100원이 1년 뒤 미래 시점의 100원과 동일한 가치를 가지는가에 대하여 생각해 보자.

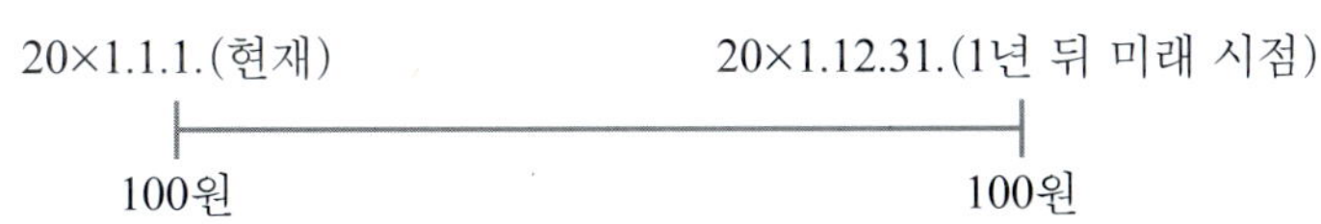

만약 본서를 읽고 있는 독자들에게 현재 시점의 100원과 1년 뒤 미래 시점의 100원 가운데 선택하라고 한다면, 대부분의 독자들은 현재 시점의 100원을 선택할 것이다. 그 이유는 현재 시점의 100원을 선택한 후, 해당 금액을 은행에 예금하게 되면 1년 뒤 미래 시점에는 이자 발생으로 인해 100원보다 더 큰 금액이 될 것으로 예상되기 때문이다. 즉, 현재 시점의 100원의 가치가 1년 뒤 미래 시점의 100원의 가치보다 더 크다고 판단하는 것이다.

---

1) 예로서 현재 시점에 토지 등 자산을 구입하면서, 구입대금을 3년 뒤에 지급하기로 계약하였다면, 경제적 거래의 영향은 현재뿐 아니라 미래 3년의 기간 동안 영향을 미치게 된다.

이와 같이 화폐의 가치가 시간의 경과에 따라 변화하는 특성을 **화폐의 시간가치**라고 한다.

앞서 살펴본 선택과 관련하여 좀 더 구체적으로 생각해 보도록 한다. 은행에 예금을 했을 때 1년간의 이자가 7%인 것으로 가정해 보자.[2)]

첫 번째로 현재 시점의 100원과 1년 뒤 시점의 100원 중 선택하라고 하면 현재 시점의 100원을 선택할 것이다. 그 이유는 현재 시점의 100원의 1년 뒤 가치가 107원으로서 현재 시점에 100원을 받는 것이 1년 뒤에 100원을 받는 것보다 유리하기 때문이다.

두 번째로 현재 시점의 100원과 1년 뒤 시점의 110원 중 선택하라고 하면 1년 뒤 시점의 110원을 선택할 것이다. 그 이유는 현재 시점의 100원의 1년 뒤 가치가 107원으로서 현재 시점에 100원을 받는 것이 1년 뒤에 110원을 받는 것보다 불리하기 때문이다.

세 번째로 현재 시점의 100원과 1년 뒤 시점의 107원 중 선택하라고 하면 앞서 다룬 두 가지 선택보다 더 가벼운 마음으로 개인의 선호에 따라 현재 시점의 100원 또는 1년 뒤 시점의 107원을 선택할 것이다. 세 번째 선택이 부담스럽지 않은 이유는 현재 시점의 100원의 1년 뒤 가치가 107원으로서, 현재 시점의 100원과 1년 뒤 시점의 107원의 가치가 동일하기 때문이다.[3)]

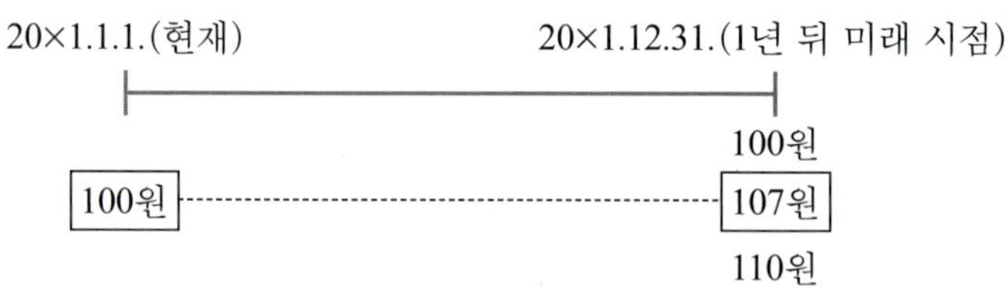

위 그림에서 현재 시점의 100원은 1년 뒤 미래 시점의 107원과 동일한 가치를 갖는다. 회계에서는 현재 시점의 100원을 기준으로 107원은 1년 뒤 시점의 미래가치가 된다. 또한 1년 뒤 미래 시점의 107원을 기준으로 100원은 1년 전 시

---

2) 이자수익에 대한 세금효과는 고려하지 않는다. 이하 본장의 내용에서 동일하다.

3) 동일한 가치를 가지는 두 다른 시점의 금액의 수취시점에 대한 개인별 선호는 상이할 수 있다.

점(현재)의 가치, 즉 현재가치가 된다. 이하의 내용에서는 화폐의 시간가치에 대하여 단일금액과 연금으로 구분하여 좀 더 자세히 살펴보도록 한다.

2. 단일금액의 미래가치

연이자율이 10%일 때, 현재 시점의 100원을 은행에 예금하면 1년 뒤에 원금 100원에 이자 10원(100원×10%)을 합하여 110원이 된다. 1년 뒤 시점의 110원을 은행에 계속 예금하면 1년 말 시점(2년 초 시점)의 예금금액인 110원에 이자 11원(110원×10%)을 합하여 2년 뒤에는 121원이 된다.[4] 즉 현재 시점의 100원은 1년 뒤 시점에는 동일한 가치가 110원으로 평가되며, 2년 뒤 시점에는 동일한 가치가 121원으로 평가된다.

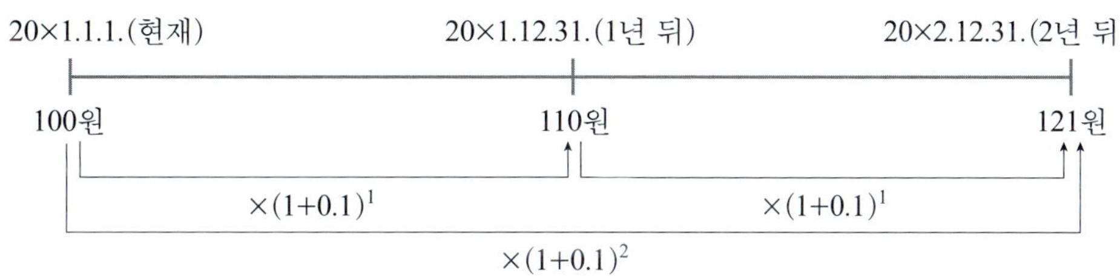

정리하면 단일금액의 미래가치란 현재 시점의 단일금액을 현재 시점의 가치가 아니라 미래 시점의 가치로 평가하는 것을 의미한다. 구체적으로 단일금액의 미래가치는 다음과 같이 계산한다.

$$\text{단일금액의 미래가치} = \text{단일금액의 현재가치} \times (1+\text{이자율})^{\text{기간}}$$

위에서 설명한 현재 시점의 100원의 1년 뒤 미래가치와 2년 뒤 미래가치를 상기 계산식을 이용하여 구하면 다음과 같다.

4) 본 내용과 관련하여 2년째 예금과 관련하여 이자가 최초 원금인 100원의 10%인 10원이 되어야 한다고 생각할 수도 있다. 이자의 적용방식 중 단리법은 원금에만 이자가 발생하며, 복리법은 이자에도 이자가 발생한다. 화폐의 시간가치와 관련해서는 복리법을 적용한다.

현재 시점의 100원의 1년 뒤 미래가치

$$100\times(1+0.1)^{1}=110\text{원}$$

- 100: 단일금액의 현재가치 (원금)
- 0.1: 이자율 10%
- 1: 기간 1년 (20×1.1.1.~20×1.12.31.)

현재 시점의 100원의 2년 뒤 미래가치

$$\{100\times(1+0.1)^{1}\}\times(1+0.1)^{1}=100\times(1+0.1)^{2}$$
$$=121\text{원}$$

- $\{100\times(1+0.1)^{1}\}$: 1년 뒤 시점의 원금(복리법)
- 첫 번째 1: 기간 1년 (20×1.1.1.~20×1.12.31.)
- 두 번째 1: 기간 1년 (20×2.1.1.~20×2.12.31.)
- 2: 기간 2년 (20×1.1.1.~20×2.12.31.)

3. 단일금액의 현재가치

단일금액의 현재가치란 미래 시점의 단일금액을 해당 미래 시점의 가치가 아니라 현재 시점의 가치로 평가하는 것을 의미한다. 구체적으로 단일금액의 현재가치는 다음과 같이 계산한다.

먼저 이미 살펴본 단일금액의 미래가치 계산방법은 다음과 같다.

$$\text{단일금액의 미래가치}=\text{단일금액의 현재가치}\times(1+\text{이자율})^{\text{기간}}$$

지금 구하고자 하는 단일금액의 현재가치는 단일금액의 미래가치로부터 현재 시점의 가치를 구하는 것이므로 위의 식의 양 변을 $(1+\text{이자율})^{\text{기간}}$으로 나누고 등호의 좌우 항목의 위치를 서로 바꾸면 다음과 같은 식이 도출된다.

$$\text{단일금액의 현재가치}=\frac{\text{단일금액의 미래가치}}{(1+\text{이자율})^{\text{기간}}}$$

연이자율이 10%일 때 2년 뒤의 121원은 1년 뒤의 110원, 그리고 현재 시점의 100원과 동일한 가치를 가진다. 앞서 살펴본 내용에서 현재 시점의 100원에 $(1+0.1)^2$을 곱해서 2년 뒤의 121원을 구해낸 방법을 응용해서, 2년 뒤의 121원을 $(1+0.1)^2$으로 나누면 현재 시점의 100원을 구할 수 있게 된다.

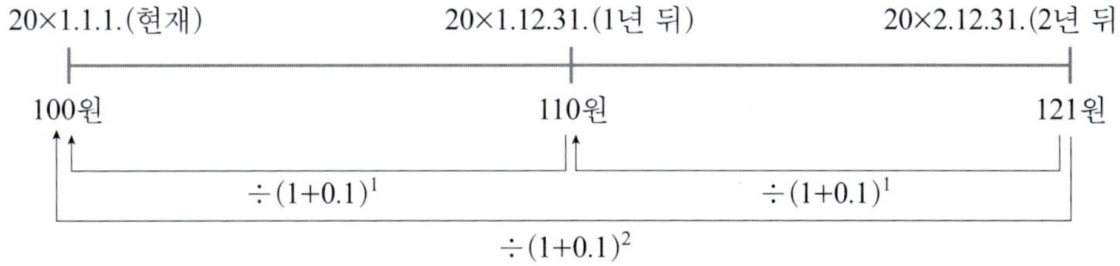

위에서 설명한 내용에 따라 1년 뒤 시점의 110원과 2년 뒤 시점의 121원의 현재 시점의 가치, 즉 현재가치는 다음과 같다.

1년 뒤 미래 시점의 110원의 현재가치

$$110 \div (1+0.1)^{①} = 100원$$

- ① → 기간 1년 (20×1.1.1.~20×1.12.31.)
- 0.1 → 이자율 10%

2년 뒤 미래 시점의 121원의 현재가치

$$\{121 \div (1+0.1)^{①}\} \div (1+0.1)^{①} = 121 \div (1+0.1)^{②} = 100원$$

- 첫 번째 ① → 기간 1년 (20×2.1.1.~20×2.12.31.)
- 두 번째 ① → 기간 1년 (20×1.1.1.~20×1.12.31.)
- ② → 기간 2년 (20×1.1.1.~20×2.12.31.)
- $\{121 \div (1+0.1)^1\}$ → 2년 뒤 미래 시점의 121원을 1년 뒤 미래 시점으로 할인한 금액

4. 연금의 미래가치

연금이란 매 기간마다 동일한 금액이 연속적으로 발생하는 현금흐름을 의미한다.[5)]

예로 20×1년부터 20×3년까지 매년 말에 100원씩의 현금흐름이 발생하는 연금의 20×3년 말 시점의 미래가치를 구해보도록 하자.[6)]

5) 매 기간마다 현금흐름이 연속적으로 발생하지만 매 기간별 금액이 동일하지 않은 경우에는 화폐의 시간가치에서는 연금이라고 부르지 않는다.

6) 동일한 금액이 매 기간의 말 시점에 연속적으로 발생하는 연금을 정상연금, 매 기간의 초 시점

연금의 미래가치

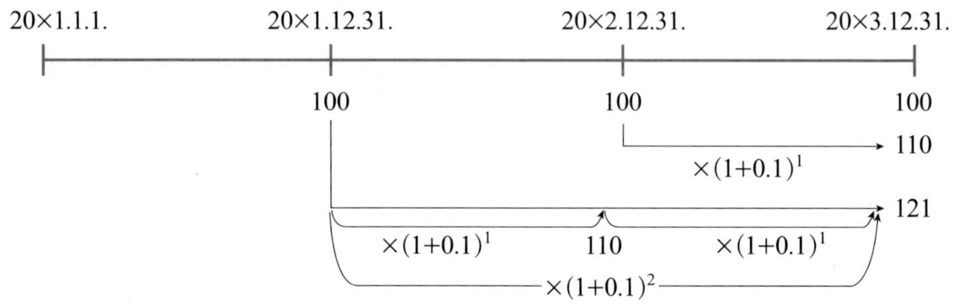

위의 그림에서 20×1년부터 20×3년까지 매년 말에 100원씩 발생하는 연금의 미래가치는 20×1년부터 20×3년까지 매 기간 말에 각각 100원씩 발생하는 단일 현금흐름의 미래가치의 합과 동일하다.

20×1년 말 100원의 20×3년 말 시점의 미래가치

$$: 100\times(1+0.1)^{2}=121$$

기간 2년 (20×1.12.31.~20×3.12.31.)

20×2년 말 100원의 20×3년 말 시점의 미래가치

$$: 100\times(1+0.1)^{1}=110$$

기간 1년 (20×2.12.31.~20×3.12.31.)

20×3년 말 100원의 20×3년 말 시점의 미래가치

$$: 100\times(1+0.1)^{0}=100\times1=100$$

기간 0년 (20×3.12.31.~20×3.12.31.)

상기 3년간의 단일금액의 미래가치의 합을 이용해서 연금의 미래가치를 구할 수 있게 된다.

$$100\times(1+0.1)^{2}+100\times(1+0.1)^{1}+100\times(1+0.1)^{0}$$
$$=100\times((1+0.1)^{2}+(1+0.1)^{1}+1)=331\text{원}$$

에 연속적으로 발생하는 연금을 이상연금이라고 한다. 본장에서는 정상연금형태의 연금을 중심으로 다룬다.

5. 연금의 현재가치

20×1년부터 20×3년까지 매년 말에 100원씩의 현금흐름이 발생하는 연금의 현재 시점의 가치, 즉 현재가치를 구하면 다음과 같다.

연금의 현재가치

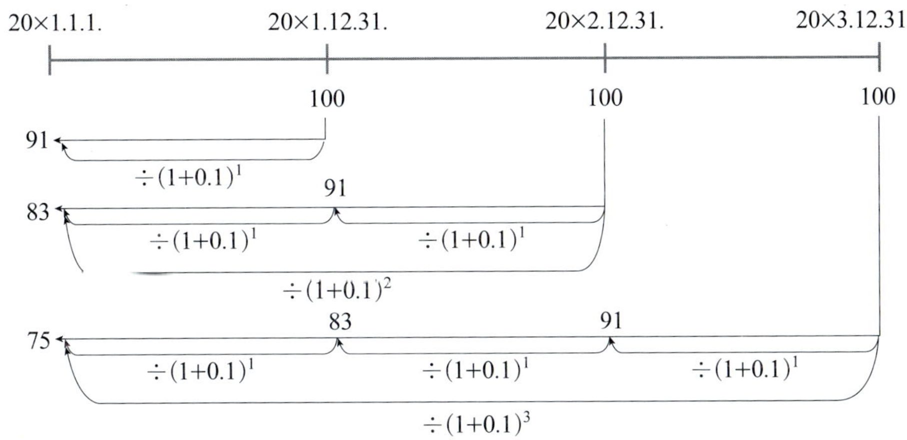

위의 그림에서 20×1년부터 20×3년까지 매년 말에 100원씩 발생하는 연금의 현재가치는 20×1년부터 20×3년까지 매 기간 말에 각각 100원씩 발생하는 단일 현금흐름의 현재가치의 합과 동일하다.

20×1년 말 100원의 20×1년 초 시점의 현재가치

: $100 \div (1+0.1)^{1} = 91$ → 기간 1년 (20×1.1.1.~20×1.12.31.)

20×2년 말 100원의 20×1년 초 시점의 현재가치

: $100 \div (1+0.1)^{2} = 83$ → 기간 2년 (20×1.1.1.~20×2.12.31.)

20×3년 말 100원의 20×1년 초 시점의 현재가치

: $100 \div (1+0.1)^{3} = 75$ → 기간 3년 (20×1.1.1.~20×3.12.31.)

상기 3년간의 단일금액의 현재가치의 합을 이용해서 연금의 현재가치를 구할 수 있게 된다.

$$100 \div (1+0.1)^1 + 100 \div (1+0.1)^2 + 100 \div (1+0.1)^3$$
$$= 100 \times \left(\frac{1}{(1+0.1)^1} + \frac{1}{(1+0.1)^2} + \frac{1}{(1+0.1)^3} \right) = 249\text{원}$$

이상에서 살펴본 단일금액의 미래가치와 현재가치, 그리고 연금의 미래가치와 현재가치는 본서의 부록 I의 단일금액의 미래가치표, 단일금액의 현재가치표, 연금의 미래가치표, 그리고 연금의 현재가치표를 이용하여 구할 수 있다.

예로서 이자율이 10%일 때 3년간 매 기간 말에 100원이 발생하는 연금의 현재가치를 앞서 다음과 같이 계산하여 구하였다.

$$100 \times \left(\frac{1}{(1+0.1)^1} + \frac{1}{(1+0.1)^2} + \frac{1}{(1+0.1)^3} \right) = 249\text{원}$$ [7)]

이와 관련하여 위의 현재가치는 연금의 현재가치표에서 10%, 3년에 해당하는 값(10%, 3년, 연금현가)인 2.4869를 기간당 연금금액인 100원에 곱하여 주면 편하게 구할 수 있다.

즉 연금의 현재가치표에서 가져온 2.4869(10%, 3년, 연금현가)는 아래의 식에서 기간당 연금금액에 곱하여 주는 값을 미리 계산해 놓은 것으로 이해하면 된다.

$$100 \times \left(\frac{1}{(1+0.1)^1} + \frac{1}{(1+0.1)^2} + \frac{1}{(1+0.1)^3} \right)$$
$$= 100 \times 2.4869(10\%,\ 3\text{년},\ \text{연금현가})$$
$$= 249\text{원}$$

제2절 화폐의 시간가치의 응용

다음은 화폐의 시간가치의 응용에 대한 예시이다.

7) 금액은 소수점 첫째 자리에서 반올림하여 계산하였다.

예시 3.1

김성실 씨는 20×1년 1월 1일에 한근면 씨로부터 토지를 구입하는 대가로 20×5년 12월 31일에 2,400,000원을 지급하기로 하였다. 김성실 씨는 20×2년 1월 1일에 은행에 2,000,000원을 예금하였고, 20×5년 12월 31일에 예금을 인출하여 한근면 씨에게 토지 구입대가를 지급할 예정이다.

시장이자율이 5%일 때 김성실 씨는 본인의 예금을 이용해서 한근면 씨에게 지급할 금액을 모두 지급할 수 있을까?

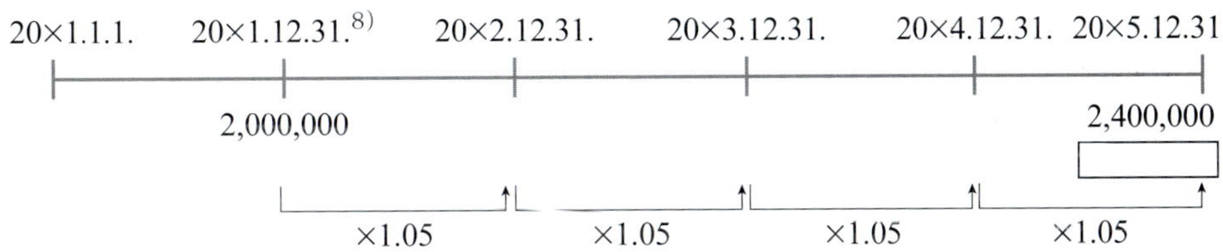

본 예시는 김성실 씨가 20×2년 1월 1일에 은행에 예금한 2,000,000원이 20×5년 12월 31일에 지급해야 할 금액인 2,400,000원 이상이 되는지 여부를 확인하는 것이다. 20×2년 1월 1일의 금액 2,000,000원으로부터 20×5년 12월 31일의 금액(미래가치)을 구하는 방법은 다음과 같다.

$$2{,}000{,}000\text{원}\times 1.05^4 = 2{,}000{,}000\text{원}\times 1.2155\text{(5\%, 4년, 단일금액의 미래가치)}$$
$$= 2{,}431{,}000\text{원}$$

20×2년 1월 1일의 금액 2,000,000원이 20×5년 12월 31일에 2,431,000원이 되므로 한근면 씨에게 지급해야 할 2,400,000원을 모두 지급할 수 있다.

예시 3.2

김성실 씨는 20×1년 1월 1일에 나신뢰 씨로부터 투자 제안을 받았다. 투자 제안 내용은 다음과 같다.

- 20×1년 1월 1일 2,750,000원 투자
- 20×9년 12월 31일 5,000,000원 회수

---

8) 20×1년 12월 31일과 20×2년 1월 1일은 동일한 시점을 의미한다. 20×1년 12월 31일이 끝나는 시점은 20×2년 1월 1일이 시작되는 시점과 동일하다고 판단하기 때문이다.

김성실 씨는 나신뢰 씨의 투자 제안을 수락해야 하는가? 단, 20×1년 1월 1일 기준으로 시장이자율은 7%로 가정한다.

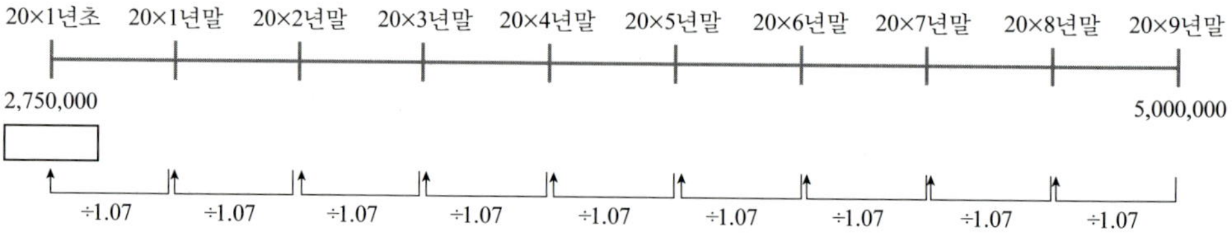

본 예시는 김성실 씨의 투자로부터 얻게 되는 수익이 초기 투자비용보다 큰지 여부를 확인하는 것이다. 20×9년 말에 얻게 되는 금액인 5,000,000원이 현재(투자시점)의 금액으로 얼마와 같은지 구하는 방법은 다음과 같다.

$$5{,}000{,}000 \div 1.07^9 = 5{,}000{,}000 \times 0.5439 \text{(7\%, 9년, 단일금액의 현재가치)}$$
$$= 2{,}719{,}500\text{원}$$

20×1년 1월 1일 시점으로 환산한 투자수익 2,719,500원이 동일 시점의 투자금액인 2,750,000원보다 작으므로, 김성실 씨는 나신뢰 씨의 투자 제안을 수락하지 않아야 한다.

예시 3.3

김성실 씨는 20×1년 1월 1일에 나신뢰 씨로부터 투자 제안을 받았다. 투자 제안 내용은 다음과 같다.

- 20×1년 1월 1일 1,200,000원 투자
- 20×5년 12월 31일 1,750,000원 회수 또는 20×1년부터 20×5년까지 5년간 매년말 300,000원 회수. 회수방식은 투자자인 김성실 씨가 결정한다. 단, 20×1년 1월 1일 현재 기준으로 시장이자율은 8%로 가정한다.

김성실 씨는 나신뢰 씨의 투자 제안을 수락해야 하는가? 만약 수락한다면 회수방식은 어떤 방식을 선택해야 하는가?

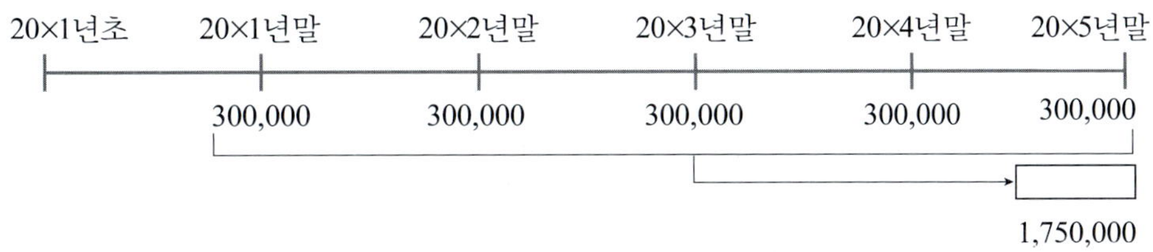

본 예시는 두 가지 투자회수방식 가운데 유리한 방식을 선택하는 결정, 그리고 투자금액을 투자로부터 회수되는 금액과 비교하여 투자 여부를 판단하는 결정을 다루고 있다.

먼저 두 가지 투자회수방식 가운데 유리한 방식의 선택과 관련하여, 20×1년부터 20×5년까지 5년간 매년 말 300,000원씩 회수하는 총금액이 단일금액 1,750,000원을 회수하는 20×5년 말 시점에 얼마와 같은지 구하는 방법은 다음과 같다.

$$300{,}000\times(1+1.08^{1}+1.08^{2}+1.08^{3}+1.08^{4})$$
$$=300{,}000\times5.8666\text{(8\%, 5년, 연금의 미래가치)}$$
$$=1{,}759{,}980\text{원}$$

5년간 매년 말 300,000원씩 회수하는 방법이 단일금액을 회수하는 방법보다 더 높은 수익을 내기 때문에 김성실 씨는 투자 시에 5년간 회수하는 방법을 선택한다.

다음으로 투자를 통해 얻게 되는 수익이 투자시점인 20×1년 1월 1일에 얼마와 같은지를 구하는 방법은 다음과 같다.

$$1{,}759{,}980\div1.08^{5}=1{,}759{,}980\times0.6806\text{(8\%, 5년, 단일금액의 현재가치)}$$
$$=1{,}197{,}842\text{원}$$

투자를 통해 얻을 수 있는 수익의 최댓값인 1,759,980원의 현재가치금액인 1,197,842원이 투자금액 1,200,000원보다 작으므로 투자 제안에 응하지 않는다.

예시 3.4

김성실 씨는 20×1년 1월 1일에 한근면 씨로부터 건물을 구입하였다. 건물 구입과 관련, 한근면 씨는 건물 구입대가로 20×1년 1월 1일에 2,000,000원을 지급하는 방법과 20×1년부터 20×7년까지 매년 말에 350,000원씩 지급하는 방법 가운데 김성실 씨가 선호하는 방법을 선택할 것을 일임하였다. 만약 김성실 씨가 지급방법을 선택하지 않으면 한근면 씨가 선택하겠다고 한다. 김성실 씨는 어떻게 해야 하는가? 단, 20×1년 1월 1일 기준으로 시장이자율은 5%로 가정한다.

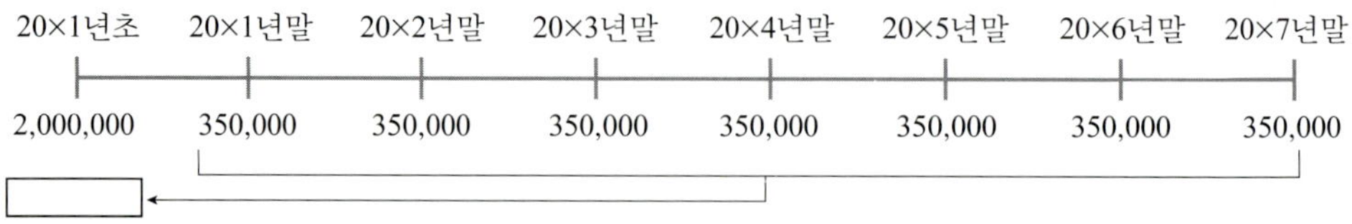

본 예시는 건물 구입대가의 지급방식 중 유리한 방법을 선택하는 것이다. 20×1년부터 20×7년까지 매년 말에 350,000원씩 지급하는 총금액이 단일금액 2,000,000원을 지급하는 20×1년 1월 1일 시점에 얼마와 같은지 구하는 방법은 다음과 같다.

$$350{,}000\times\left(\frac{1}{1.05}+\frac{1}{1.05^2}+\frac{1}{1.05^3}+\frac{1}{1.05^4}+\frac{1}{1.05^5}+\frac{1}{1.05^6}+\frac{1}{1.05^7}\right)$$

$$=350{,}000\times5.7864\,(5\%,\ 7\text{년},\ \text{연금현가})$$

$$=2{,}056{,}740\text{원}$$

20×1년부터 20×7년까지 매년 말에 350,000원씩 지급하는 방식은 지급하는 총금액을 20×1년 1월 1일 시점으로 환산한 금액이 2,056,740원임을 고려하면 동일 시점에 2,000,000원을 지급하는 방법보다 더 큰 금액을 지급하는 것이다.

따라서 김성실 씨는 20×1년 1월 1일에 2,000,000원을 지급하는 방법으로 건물 구입대가를 지급한다.

제3절 화폐의 시간가치의 회계 적용

지금까지 현재 시점과 미래 시점에 발생하는 현금흐름에 대하여 평가하는 예시들을 살펴보았다. 우리가 공부하는 구체적인 회계처리방식 가운데 많은 부분에서 화폐의 시간가치, 그 가운데 특히 현재가치 개념이 사용된다. 현재가치 개념이 많이 사용되는 이유는 회계정보의 작성과 평가의 시점이 미래가 아닌 "현재"이기 때문이다. 예를 들어 지금(현재) 자산을 구입하면서 현금을 지급한다고 가정하면, 자산의 취득시점도 현재이고 현금의 지급시점도 현재이므로 각 계정의 금액을 이용하여 회계처리를 실시하면 된다. 그런데 만약 지금(현재) 자산을 구입하면서 현금을 미래에 지급한다고 가정하면, 자산의 취득시점은 현재이지만 현금의 지급시점은 미래가 되므로 지급하는 현금금액은 미래 시점의 금액이 된다. 이러한 경우에 현재 시점에서의 회계처리를 위해 미래 시점의 현금금액을 현재 시점의 동일한 가치의 금액으로 평가하는 과정을 거치게 된다. 이러한 현재가치 평가는 미래 시점의 현금흐름의 금액과 시기를 정확히 알 수 있는 경우에 실시할 수 있다.

다음은 토지를 구입하면서 구입대금을 미래에 지급하는 예시를 통해서 미래 현금흐름의 현재가치 평가가 회계에 적용되는 내용을 살펴본다.

예시 3.5

(주)서울상사는 20×1년 1월 1일에 토지를 구입하였다. 토지(유형자산)의 취득원가는 취득시점에 지급한 대가의 공정가치, 즉 지급한 대가의 현재가치이다. 다음의 각 경우에 대하여 각 시점별로 필요한 분개를 실시하시오. 단, 20×1년 1월 1일 시점의 시장이자율은 7%이며, 금액은 소수점 첫째 자리에서 반올림한다.[9)]

(1) 구입대가로 300원을 20×3년 12월 31일에 지급하는 경우

이 경우, 토지 구입과 관련한 시기별 현금흐름은 다음과 같다.

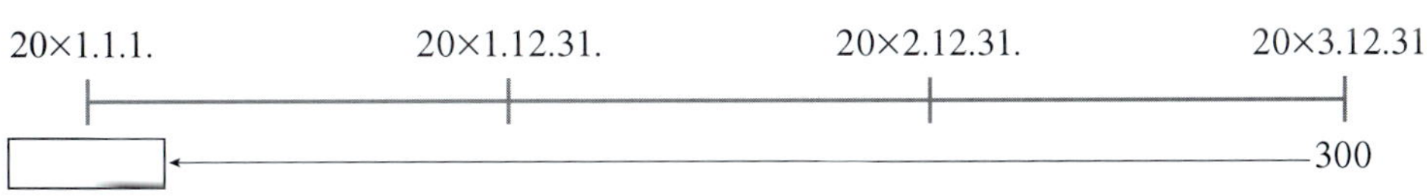

토지의 구입시점 및 회계처리시점은 현재이고, 구입시점 즉 현재의 회계처리 시 중요한 사항은 미래 시점의 지급금액이 아니라 그 금액을 지금(현재) 지급하면 얼마인가 하는 것이다.[10)]

앞서 나누어 본 예시에서 다루었던 방식과 같은 방식을 적용하면 20×3년 12월 31일의 300원의 현재가치는 다음과 같다.

9) 분개 시에 장기미지급금의 유동성대체는 생략한다. 본서의 이하 내용에서 동일하다.

10) 유형자산의 (취득)원가는 인식시점(취득시점)의 현금가격 상당액이다(기업회계기준서 제1016호 23.).

$$300 \div 1.07^3 = 300 \times 0.8163(7\%,\ 3년,\ 단일금액의\ 현재가치) = 245원$$

즉, 20×3년 12월 31일에 300원을 지급하는 효과는 현재 시점에 245원을 지급하는 것과 동일한 효과가 있음을 의미한다. 이러한 내용을 정리하면 현재 시점에 토지를 구입하면서 지급하는 대가의 현재가치가 245원이므로 토지의 취득원가는 245원이 됨을 알 수 있다. 이와 관련해서 결국 20×3년 12월 31일에 300원을 지급하게 되므로 토지의 취득원가를 300원으로 인식해도 괜찮지 않을까 하는 생각을 해볼 수 있다. 결론부터 말하면 상기 예시의 취득원가는 300원이 아닌 245원이 된다. 그 이유를 살펴보고자 만약 (주)서울상사가 토지를 구입하면서 구입대금을 3년 뒤가 아닌 구입시점(현재)에 지급했다면 얼마를 지급할 것인가를 생각해 보자. 3년 뒤에 300원을 지급할 결정을 하였다면, 3년 뒤의 300원과 동일한 현재의 금액인 245원을 지급하는 결정이 현재 300원을 지급하는 결정보다 더 타당한 결정임을 알 수 있다. 그렇다면 (주)서울상사는 3년 뒤에 왜 취득원가인 245원이 아닌 300원을 지급해야 하는가? 그 이유를 살펴보고자 만약 (주)서울상사가 토지를 구입하면서 구입대금 245원을 토지판매자에게 구입시점에 지급하였다고 가정해보자. 이 경우 토지판매자는 토지 판매대금으로 수령한 245원을 은행에 예금하고 시장이자율만큼의 이자를 얻을 수 있게 된다. 하지만, 실제로 (주)서울상사는 토지를 구입하면서 구입대금인 245원을 토지판매자에게 구입시점에 지급하지 않았다. 이 경우 토지판매자는 토지 판매대금 245원을 수령하지 못했으므로 은행에 예금할 수도, 이자를 얻을 수도 없게 된다. 동시에, (주)서울상사는 토지를 구입하면서 구입대금인 245원을 지급하지 않았기 때문에 토지판매자에게 미래에 토지 구입대금으로 현금 245원을 지급해야 할 현재 의무, 즉 부채 245원이 발생하게 된다.

참고

화폐의 시간가치와 유효이자율

상기 예시 3.5에서 3년 후의 금액인 300원과 동일한 현재의 금액인 245원을 제시할 때 앞서 언급한 시장이자율 7%를 이용하여 할인을 실시하였다. 이와 관련하여 화폐의 시간가치를 다룰 때 할인 시 사용되는 이자율을 유효이자율이라고 하는데 유효이자율이란 미래 시점의 현금흐름을 현재 시점의 장부금액과 정확하게 일치시키는 이자율을 의미한다. 독자들은 화폐의 시간가치를 다루면서 예로서 상기 예시 3.5의 전개가 ① 미리 알고 있는 미래 시점의 금액과 동일한 현재 시점의 금액을 구하고자 ② (현재 시점의 금액보다 미리 알고 있는) 할인율, 예컨대 시장이자율을 이용해서 ③ (순서상 미리 알고 있는 시장이자율보다 나중에) 현재 시점의 금액을 구한다(계산한다)고 생각하기가 쉬운데 실제로는 ① 미래 시점의 현금흐름 및 현재 시점의 장부금액이 사전에 정해져 있는 상태에서 ② 미래 시점의 현금흐름과 현재 시점의 장부금액를 동일한 금액으로 만들어 주는 이자율(유효이자율)을 사후적으로 찾아내서 회계정보를 만들어내는 데에 사용하는 것이다. 예시 3.5의 (1)을 예로 든다면 3년 뒤 구입대가인 300원과 동일한 현재 시점의 금액이 얼마인지 모르는 상태에서 미리 알고 있는 시장이자율 7%를 이용해서 할인을 실시해서 현재 시점의 동일한 금액 245원을 찾아내는 것이 아니라, 3년 뒤에 지급할 때 3년 뒤 필요한 금액이 300원이라는 것과 현재 지급한다면 당장 필요한 금액이 245원이라는 것(지금 지급한다면 245원 내면 되고, 3년 뒤 지급한다면 300원 내면 됨)을 알고 있는 상태에서 두 금액을 동일한 가치로 만들어 주는 이자율(유효이자율)이 7%인 것을 사후적으로 찾아내서 이후 화폐의 시간가치와 관련된 회계처리 시 해당 이자율을 활용하는 것이다.

그럼에도 불구하고, 예시 3.5와 이후의 내용에서 시장이자율을 제시한 이유는 첫째, 유효이자율을 구해내는 것이 쉽지 않으며(기간이 3년이면 3차 방정식, 기간이 5년이면 5차 방정식의 해를 구해야 한다), 둘째, 아직 독자들이 익숙하지 않은 유효이자율보다 좀 더 직관적으로 쉽게 의미를 이해할 수 있는 시장이자율을 통해서 화폐의 시간가치와 할인의 개념을 살펴보고자 하였기 때문이다.

이하의 내용에서도 일단 시장이자율의 개념을 이용해서 화폐의 시간가치에 대하여 이해하여 보겠으나, 우리가 할인 시 사용하는 이자율 7%가 (당장 이해가 가지 않더라도) 유효이자율임은 잊지 말기 바란다. 유효이자율에 대한 정의가 정확히 이해가 되지 않는다면 일단은 "유효이자율은 현재 시점의 장부금액과 미래 시점의 금액을 동일하게 만들어주는 이자율"이라는 정도로 생각해 주기 바란다. 유효이자율에 대해서는 본서의 제8장에서 다시 다루어 보도록 한다.

토지 구입대금인 245원을 지급하지 않고 한 회계기간이 경과한 시점에서 (주)서울상사는 부채에 대한 이자비용을 인식하게 된다. 이자비용은 기초 시점의 부채 장부금액에 시장이자율을 곱한 금액이 된다.[11)]

---

11) 이 금액은 토지판매자가 토지 매각시점에 현금을 수취해서 은행에 예금했다면 한 회계기간이 경과한 시점에 얻을 수 있는 이자수익금액과 동일하다. 당신이 유효이자율에 대하여 숙지하

본 예시의 앞부분을 이용하여 20×1년 1월 1일 토지 취득 시와 20×1년 말 이자비용 인식 시의 분개를 하면 다음과 같다.

20×1. 1. 1.

(차) 토 지	245	(대) 장기미지급금	245

20×1. 12. 31.

(차) 이자비용	17*	(대) 장기미지급금	17

* 245×7%(유효이자율)=17원

(주)서울상사는 20×1년 토지를 취득하면서 발생한 부채 245원에 대한 7%의 이자비용 17원을 인식한다. 그런데 이자비용 인식시점인 20×1년 12월 31일에 (주)서울상사가 이자비용을 현금으로 지급하지 않으므로 미지급된 이자비용 17원은 미래에 지급할 의무(부채)를 발생시키고, 결과적으로 장기미지급금(부채)이 증가된다.

다음 상각표는 (주)서울상사가 매 회계기간에 인색해야 할 이자비용과 해당 기간의 장기미지급금의 변동을 보여주고 있다. 상각표를 작성하고 이해하는 방법을 예시 3.5의 (1)을 이용하여 살펴보면 다음과 같다.

① 부채의 기초 장부금액에 유효이자율을 곱하면 해당 기간에 부담(인식)하게 되는 이자비용, 즉 유효이자금액이 구하여진다. 아래의 상각표에서 20×1년을 예로 보면 20×1년 기초 시점의 장부금액인 245원에 유효이자율 7%를 곱해서 17원이 나왔는데 이 금액이 20×1년에 (주)서울상사가 부담하여야 할 유효이자금액이 된다.

② 부채의 액면금액에 액면이자율(명시적으로 지급하는 것으로 표시된 이자율)을 곱하면 대상 부채 관련 해당 기간에 실제 현금으로 이자지급이 이루어진 금액, 즉 현금이자금액이 구하여진다. 아래의 상각표에서 20×1년을 예로 보면 (주)서울상사의 액면이자율은 0%이므로 현금으로 이자지급이 이루어진 금액은 없다.

③ 상기 ①과 ②에서 구한 유효이자와 현금이자의 차이만큼 부채의 장부금액을 가감한다. 아래의 상각표에서 20×1년을 예로 보면 (주)서울상사가 인식하는 유효이자는 17원인 반면, 실제로 지급한 현금이자는 없으므로 양 금액의 차이, 즉 지급되지 않은 17원만큼 부채(지급의무)를 증가시키게 된다.

고 있다면 이자비용은 기초 시점의 부채 장부금액에 '유효이자율'을 곱한 금액으로 이해하면 된다.

〈상각표〉

일 자	유효이자(7%)	액면이자(0%)	장부금액 변경	장기미지급금 장부금액
20×1. 1. 1.				245
20×1. 12. 31.	17	0	17	262
20×2. 12. 31.	18	0	18	280
20×3. 12. 31.	20	0	20	300

상기 상각표에 따라 20×2년과 20×3년의 이자비용 인식에 대한 분개를 실시하면 다음과 같다.

20×2. 12. 31.

(차) 이자비용	18	(대) 장기미지급금	18

20×3. 12. 31.

(차) 이자비용	20	(대) 장기미지급금	20

20×1년부터 20×3년까지 이자비용을 인식하고, 이에 따라 장기미지급금의 장부금액을 변경한 결과 20×3년 말에 장기미지급금의 장부금액은 300원이 된다.

20×3년의 장기미지급금 상환의 분개를 실시하면 다음과 같다.

20×3. 12. 31.

(차) 장기미지급금	300	(대) 현 금	300

이상에서 살펴본 바와 같이 20×3년 말에 (주)서울상사가 지급하는 현금 300원 가운데 토지의 구입대금은 245원이다. 추가적으로 지급하는 55원은 토지의 구입대금이 아니라 토지의 구입 관련 대금의 미지급으로 인한 부채 발생 후 기간 경과에 따라 발생하는 이자비용에 해당함에 주의하여야 한다.[12)]

(2) 구입대가로 20×3년 말에 300원을 지급하고, 매년도 말에 300원(액면금액, 만기 지급금액)에 대하여 5%의 액면이자를 지급하는 경우

이 경우, 토지 구입과 관련된 시기별 현금흐름은 다음과 같다.

12) (유형자산의 취득 관련) 대금 지급이 일반적인 신용기간을 초과하여 이연되는 경우, 현금가격 상당액과 실제 총지급액과의 차액은 기업회계기준서 제1023호에 따라 자본화하지 않는 한 신용기간에 걸쳐 이자로 인식한다(기업회계기준서 제1016호 23.).

* 300(액면금액, 만기 지급금액)×5%(액면이자율)=15원

앞서 다루어 본 예시에서 실시하였던 방식과 같은 방식을 적용하면 상기 시기별 현금흐름의 현재가치는 다음과 같다.

300×0.8163(7%, 3년, 단일금액의 현가)+15×2.6243(7%, 3년, 연금현가)=284원

즉, 20×1년부터 20×3년까지 매년 말에 15원의 이자를 지급하고, 20×3년 12월 31일에 300원을 지급하는 효과는 현재 시점에 284원을 지급하는 것과 동일한 효과가 있음을 의미한다. 상기 예시에서 20×1년 1월 1일 토지 취득 시와 20×1년 말 이자비용 인식 시의 분개를 하면 다음과 같다.

20×1. 1. 1.

(차) 토 지	284	(대) 장기미지급금	284

20×2. 12. 31.

(차) 이자비용	20*	(대) 현 금	15**
		장기미지급금	5

* 284×7%(유효이자율)=20원

** 300×5%(액면이자율)=15원

(주)서울상사는 20×1년에 토지를 취득하면서 발생한 부채 284원에 대한 7%의 이자비용 20원을 인식한다. 그런데, 이자비용 인식시점인 20×1년 12월 31일에 (주)서울상사는 발생한 이자비용 20원 가운데 15원만을 현금으로 지급하였으므로, 발생한 이자비용 가운데 아직 미지급된 이자비용 5원은 미래에 지급할 의무(부채)를 발생시키고, 결과적으로 장기미지급금(부채)이 증가된다.

다음 상각표는 상기 예시에서 (주)서울상사가 매 회계기간에 인식해야 할 이자비용과 해당 기간에 걸쳐서 발생하는 장기미지급금 장부금액의 변동을 보여주고 있다. 상각표를 작성하고 이해하는 방법을 예시 3.5의 (2)를 이용하여 살펴보면 다음과 같다.

① 부채의 기초 장부금액에 유효이자율을 곱하면 해당 기간에 부담(인식)하게 되

는 이자비용, 즉 유효이자금액이 구하여진다. 아래의 상각표에서 20×1년을 예로 보면 20×1년 기초 시점의 장부금액인 284원에 유효이자율 7%를 곱해서 20원이 나왔는데 이 금액이 20×1년에 (주)서울상사가 부담하여야 할 유효이자금액이 된다.

② 부채의 액면금액에 액면이자율(명시적으로 지급하는 것으로 표시된 이자율)을 곱하면 대상 부채 관련 해당 기간에 실제 현금으로 이자지급이 이루어진 금액, 즉 현금이자금액이 구하여진다. 아래의 상각표에서 20×1년을 예로 보면 부채의 액면금액인 300원에 액면이자율 5%를 곱해서 15원이 나왔는데 이 금액이 (주)서울상사가 20×1년에 현금으로 지급한 이자금액이다.

③ 상기 ①과 ②에서 구한 유효이자와 현금이자의 차이만큼 부채의 장부금액을 가감한다. 아래의 상각표에서 20×1년을 예로 보면 (주)서울상사가 부담(인식)하는 유효이자는 20원인 반면, 실제로 지급한 현금이자는 15원이므로 양 금액의 차이, 즉 지급되지 않은 5원만큼 부채(지급의무)를 증가시키게 된다.

〈상각표〉

일 자	유효이자(7%)	액면이자(5%)	장부금액 변경	장기미지급금 장부금액
20×1. 1. 1.				284
20×1. 12. 31.	20	15	5	289
20×2. 12. 31.	20	15	5	294
20×3. 12. 31.	21	15	6	300

상기 상각표에 따라 20×2년과 20×3년의 이자비용 인식과 이에 대한 분개를 실시하면 다음과 같다.

20×2. 12. 31.

(차) 이자비용	20	(대) 현 금	15
		장기미지급금	5

20×3. 12. 31.

(차) 이자비용	21	(대) 현 금	15
		장기미지급금	6

20×1년부터 20×3년까지 이자비용을 인식하고, 매 기간 미지급된 이자비용을 장기미지급금의 장부금액에 반영한 결과 20×3년 말에 장기미지급금의 장부금액은 300원이 된다.

20×3년 장기미지급금 상환분개를 실시하면 다음과 같다.

20×3. 12. 31.

(차)	장기미지급금	300	(대)	현 금	300

(3) 구입대가로 20×1년, 20×2년, 20×3년 말에 각각 100원씩 지급하는 경우

이 경우, 토지 구입과 관련된 시기별 현금흐름은 다음과 같다.

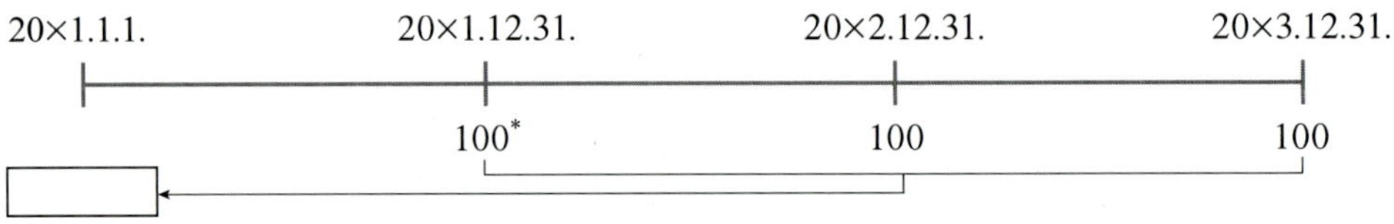

* 매년 말 지급금액

앞서 다루어 본 예시에서 실시하였던 방식과 같은 방식을 적용하면 상기 시기별 현금흐름의 현재가치는 다음과 같다.

$$100 \times 2.6243(7\%, 3년, 연금현가) = 262원$$

즉, 20×1년부터 20×3년까지 매년 말에 100원씩 지급하는 효과는 현재 시점에 262원을 지급하는 것과 동일한 효과가 있음을 의미한다.

상기 예시에서 20×1년 1월 1일 토지 취득 시와 20×1년 말 이자비용 인식 시의 분개를 하면 다음과 같다.

20×1. 1. 1.

(차)	토 지	262	(대)	장기미지급금	262

20×1. 12. 31.

(차)	이자비용	18*	(대)	현 금	100
	장기미지급금	82**			

* 262×7%(유효이자율)=18원

** 100(20×1년 말 지급금액)−18(이자비용)=82원

(주)서울상사는 20×1년에 토지를 취득하면서 발생한 부채 262원에 대한 7%의 이자비용 18원을 인식한다. 그런데, 20×1년 12월 31일에 (주)서울상사가 지급한 총 100원 가운데 이자비용에 해당하는 18원을 제외하면, 82원을 추가 지급하였음을 알 수 있다. 이러한 추가 지급금액은 장기미지급금(부채)의 원금을 상환하는 효과가 있으므로, 장기미지급금(부채)을 감소시킨다.

다음 상각표는 상기 예시에서 (주)서울상사가 매 회계기간에 인식해야 할 이자비용과 해당 기간의 장기미지급금 변동을 보여주고 있다. 상각표를 작성하고 이해하는 방법을 예시 3.5의 (3)을 이용하여 살펴보면 다음과 같다.

① 아래의 상각표에서 20×1년을 예로 보면 (주)서울상사가 총 100원을 지급하였다.

② 부채의 기초 장부금액에 유효이자율을 곱하면 해당 기간에 부담(인식)하게 되는 이자비용, 즉 유효이자금액이 구하여진다. 아래의 상각표에서 20×1년을 예로 보면 20×1년 기초 시점의 장부금액인 262원에 유효이자율 7%를 곱해서 18원이 나왔는데 이 금액이 20×1년에 (주)서울상사가 부담하여야 할 유효이자금액이 된다.

③ 상기 ①과 ②에서 볼 때 (주)서울상사가 지급한 총 100원 가운데 18원은 20×1년에 부담하여야 할 이자 때문에 지급한 것으로 볼 수 있으므로 추가 지급한 82원은 부채 원금을 상환한 것으로 판단하고 부채(지급의무)를 감소시키게 된다. 액면이자율(명시적으로 지급하는 것으로 표시된 이자율)이 제시되어 있지 않아 액면이자가 없는 것에 대해서 신경이 쓰인다면 유효이자(18원)와 액면이자(0원)금액 간의 차이, 즉 이자로 지급되지 않은 18원만큼 부채(지급의무)를 증가시키고, 동 기간의 총지급액인 100원만큼 부채(지급의무)를 감소시키는 것으로 이해해도 되며, 결과는 동일하다.

〈상각표〉

일 자	총지급액	유효이자(7%)	원금지급액	장기미지급금의 장부금액
20×1. 1. 1.				262
20×1. 12. 31.	100	18	82	180
20×2. 12. 31.	100	13	87	93
20×3. 12. 31.	100	7	93	0

상기 상각표에 따라 20×2년과 20×3년의 이자비용 인식과 장기미지급금 상환에 대한 분개를 실시하면 다음과 같다.

20×2. 12. 31.

(차)	이자비용	13	(대) 현 금	100
	장기미지급금	87		

20×3. 12. 31.

(차)	이자비용	7	(대) 현 금	100
	장기미지급금	93		

20×1년부터 20×3년까지 이자비용을 인식하고 기간별 총지급금액에서 이자비용에 해당하는 금액을 초과하여 지급한 금액을 장기미지급금의 장부금액에 반영한 결과 20×1년부터 20×3년까지 장기미지급금을 전액 상환하게 되어 20×3년 말에 장기미지급금의 최종 장부금액은 0원이 된다.

(4) 구입대가로 20×1년, 20×2년 20×3년 말에 각각 100원씩 지급하고 매 기간 기준 미지급 액면금액에 대하여 5%의 액면이자를 지급하는 경우

이 경우, 토지 구입과 관련된 시기별 현금흐름은 다음과 같다.

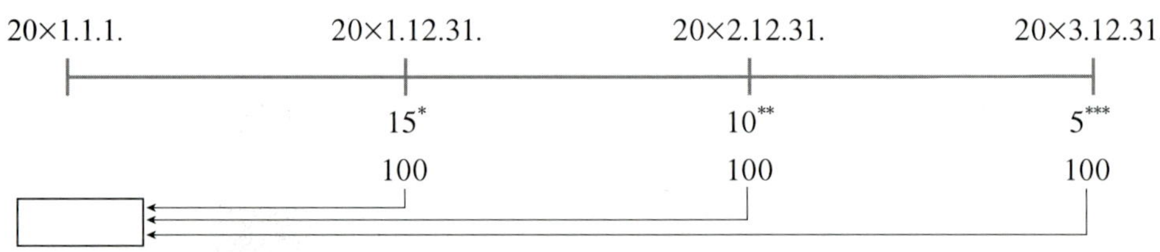

* 20×1년 전체 기간 동안 미지급 액면금액은 300원임.
300×5%=15원

** 20×1년 12월 31일에 액면금액 100원을 지급하였으므로 20×2년 전체 기간 동안 미지급 액면금액은 200원임.
200×5%=10원

*** 20×1년 12월 31일과 20×2년 12월 31일에 각각 액면금액 100원씩을 지급하였으므로 20×3년 전체 기간 동안 미지급 액면금액은 100원임.
100×5%=5원

앞서 다루어 본 예시에서 실시하였던 방식과 같은 방식을 적용하면 상기 시기별 현금흐름의 현재가치는 다음과 같다.

115×0.9346(7%, 1년, 단일금액의 현재가치)+110×0.8734(7%, 2년, 단일금액의 현재가치)
+105×0.8163(7%, 3년, 단일금액의 현재가치)
=289원

즉, 상기 예시의 조건에 따라 20×1년부터 20×3년까지 지급하는 효과는 현재 시점에 289원을 지급하는 것과 동일한 효과가 있다.

상기 예시에서 20×1년 1월 1일 토지 취득 시와 20×1년 말 이자비용 인식 시의 분개를 하면 다음과 같다.

20×1. 1. 1.

(차) 토 지	289	(대) 장기미지급금	289

20×1년 12월 31일에는 액면이자 15원과 추가로 100원을 지급하게 된다. 먼저 액면이자 15원을 지급한 것과 관련된 분개는 다음과 같다.

20×1. 12. 31.

(차) 이자비용	20	(대) 현 금	15
		장기미지급금	5

(주)서울상사는 20×1년에 토지를 취득하면서 발생한 부채 289원에 대한 이자비용 20원을 인식한다. 그런데, 이자비용 인식시점인 20×1년 12월 31일에 (주)서울상사가 명시적으로 이자비용으로 지급한 금액은 15원이다. 이에 대하여, (주)서울상사가 발생한 이자비용 20원 가운데 아직 미지급한 이자비용 5원은 미래에 지급할 의무(부채)를 발생시키고, 결과적으로 장기미지급금(부채)이 증가된다.

다음으로 장기미지급금 관련 추가로 100원을 지급한 것과 관련된 분개는 다음과 같다.

20×1. 12. 31.

(차) 장기미지급금	100	(대) 현 금	100

참고로 상기 20×1년 12월 31일의 두 분개를 다음과 같이 하나의 분개로 표시할 수도 있다.

20×1. 12. 31.

(차) 이자비용	20	(대) 현 금	115
장기미지급금	95		

다음 상각표는 상기 예시에서 (주)서울상사가 매 회계기간에 인식해야 할 이자비용과 해당 기간의 장기미지급금 변동을 보여주고 있다. 상각표를 작성하고 이해하는 방법을 예시 3.5의 (4)를 이용하여 살펴보면 다음과 같다.

① 부채의 기초 장부금액에 유효이자율을 곱하면 해당 기간에 부담(인식)하게 되는 이자비용, 즉 유효이자금액이 구하여진다. 아래의 상각표에서 20×1년을 예로 보면 20×1년 기초 시점의 장부금액인 289원에 유효이자율 7%를 곱해서 20원이 나왔는데 이 금액이 20×1년에 (주)서울상사가 부담하여야 할 유효이자금액이 된다.

② 부채의 액면금액에 액면이자율(명시적으로 지급하는 것으로 표시된 이자율)을 곱하면 대상 부채 관련 해당 기간에 실제 현금으로 이자지급이 이루어진 금액, 즉 현금이자금액이 구하여진다. 아래의 상각표에서 20×1년을 예로 보면 부채의 액면금액인 300원에 액면이자율 5%를 곱해서 15원이 나왔는데 이 금액이 (주)서울상사가 20×1년에 현금으로 지급한 이자금액이다.

③ 상기 ①과 ②에서 구한 유효이자와 현금이자의 차이만큼 부채의 장부금액을 가감한다. 아래의 상각표에서 20×1년을 예로 보면 (주)서울상사가 부담(인식)하는 유효이자는 20원인 반면, 실제로 지급한 현금이자는 15원이므로 양 금액의 차이, 즉 지급되지 않은 5원만큼 부채(지급의무)를 증가시키게 된다. 단, 상각표에서 20×1년 말의 부채의 장부금액으로 제시된 194원은 20×1년 초의 부채의 장부금액 289원에 유효이자와 액면이자의 차이, 즉 미지급된 이자 5원을 가산한 후, 20×1년 말에 이루어진 100원의 지급으로 인한 부채의 감소 효과가 추가로 반영된 금액이므로 주의할 필요가 있다.

〈상각표〉

일 자	유효이자(7%)	액면이자(5%)	장부금액 변경	장기미지급금 장부금액
20×1. 1. 1.				289
20×1. 12. 31.	20	15	5	194
20×2. 12. 31.	14	10	4	98
20×3. 12. 31.	7	5	2	0

상기 상각표에 따라 20×2년과 20×3년의 이자비용 인식과 장기미지급금 상환에 대한 분개를 실시하면 다음과 같다.

20×2. 12. 31.

(차) 이자비용	14	(대) 현 금	10
		장기미지급금	4
(차) 장기미지급금	100	(대) 현 금	100

20×3. 12. 31.

(차) 이자비용	7	(대) 현 금	5
		장기미지급금	2
(차) 장기미지급금	100	(대) 현 금	100

20×1년부터 20×3년까지 이자비용을 인식하고 기간별 총지급금액에서 이자비용에 해당하는 금액을 초과하여 지급한 금액의 효과를 장기미지급금의 장부금액에 반영한 결과 20×1년부터 20×3년까지 장기미지급금을 전액 상환하게 되어 20×3년 말에 장기미지급금의 최종 장부금액은 0원이 된다.

OX 문제

• **아래 문장이 맞으면 O, 틀리면 X로 답하고 틀린 곳은 바르게 고치시오.**

1. 화폐의 시간가치와 관련한 이자의 적용방식은 원금에만 이자가 발생하고 이자에는 이자가 발생하지 않는 단리법을 적용한다.

2. 연금이란 매 기간마다 동일, 또는 상이한 금액이 연속적으로 발생하는 현금흐름을 의미한다.

3. 동일한 금액이 매 기간의 말 시점에 연속적으로 발생하는 연금을 정상연금, 매 기간의 초 시점에 연속적으로 발생하는 연금을 이상연금이라고 한다.

4. 회계처리방식 가운데 많은 부분에서 화폐의 시간가치, 그 가운데 특히 현재가치 개념이 사용된다. 현재가치 개념이 많이 사용되는 이유는 회계정보의 작성과 평가의 시점이 현재가 아닌 미래이기 때문이다.

5. 유효이자율이란 현재 시점의 장부금액과 미래 시점의 금액을 동일하게 만들어주는 이자율이다. 따라서 미래 시점에 발생하는 금액과 사전에 알고 있는 유효이자율을 이용해서 사후적으로 현재 시점의 장부금액을 구할 수 있게 된다.

연습문제

1. 김성실 씨는 20×1년 1월 1일에 한근면 씨로부터 건물을 구입하는 대가로 20×8년 12월 31일에 12,500,000원을 지급하기로 하였다. 김성실 씨는 20×1년 1월 1일 현재 6,750,000원을 예금한 상태이며, 향후 이 예금을 20×8년 12월 31일에 인출하여 한근면 씨로부터 구입한 건물 구입대가를 지급할 예정이다. 시장이자율이 8%일 때 김성실 씨는 본인의 예금을 이용하여 20×8년 12월 31일에 한근면 씨에게 지급할 금액을 모두 지급할 수 있을까?

2. 김성실 씨는 한근면 씨, 또는 나신뢰 씨에게 건물을 매각할 예정이다. 한근면 씨는 20×1년 1월 1일 거래시점에 7,000,000원을 지급하는 조건이고, 나신뢰 씨는 거래시점으로부터 5년 후인 20×5년 12월 31일에 9,900,000원을 지급하는 조건이다. 시장이자율이 7%일 때, 김성실 씨는 누구에게 건물을 매각해야 하는가?

3. 김성실 씨는 20×1년 1월 1일에 나신뢰 씨로부터 투자 제안을 받았다. 투자 제안내용은 다음과 같다.

   - 20×1년 1월 1일 1,000,000원 투자
   - 20×1년 12월 31일과 20×5년 12월 31일에 각각 520,000원씩 회수, 또는 20×1년부터 20×5년까지 5년간 매년 말 210,000원씩 회수.
   - 회수방식은 투자자인 김성실 씨가 투자시점인 20×1년 1월 1일에 결정한다.

   김성실 씨는 나신뢰 씨의 투자 제안을 수락해야 하는가? 만약 수락한다면 회수방식은 어떤 방식을 선택해야 하는가? 단, 20×1년 1월 1일 기준으로 시장이자율은 1%로 가정한다.

4. 김성실 씨는 20×1년 1월 1일에 한근면 씨로부터 토지를 구입하였다. 토지 구입과 관련하여 한근면 씨는 토지 구입대가로 20×3년 1월 1일에 1,400,000원을 지급하는 방법과 20×1년부터 20×5년까지 매년 말에 300,000원씩 지급하는 방법 가운데 김성실 씨가 선호하는 방법을 선택할 것을 일임하였다. 만약 김성실 씨가 지급방법

을 선택하지 않으면 한근면 씨가 선택하겠다고 한다. 김성실 씨는 어떻게 해야 하는가? 단 20×1년 1월 1일 기준으로 시장이자율은 5%로 가정한다.

5. (주)세연메디컬은 20×1년 1월 1일에 토지를 구입하였다. 토지(유형자산)의 취득원가는 취득시점에 지급할 대가의 공정가치, 즉 지급한 대가의 현재가치이다. 다음의 각 경우에 대하여 토지 구입 관련 회계처리가 필요한 각 시점별로 해야 할 분개를 실시하시오. 단, 20×1년 1월 1일 시점의 유효이자율은 7%이며, 금액은 소수점 첫째 자리에서 반올림한다.

물음

(1) 구입대가로 2,000원을 20×3년 12월 31일에 지급한 경우

(2) 구입대가로 3,000원을 20×3년 12월 31일에 지급하고, 매년 말에 3,000원(액면금액, 만기 지급금액)에 대하여 5%의 액면이자를 지급하는 경우

(3) 구입대가로 20×1년, 20×2년, 20×3년 말에 각각 1,000원씩 지급하는 경우

(4) 구입대가로 20×1년, 20×2년, 20×3년 말에 각각 300원씩 지급하고 매 기간 기준 미지급 액면금액에 대하여 5%의 액면이자를 지급하는 경우

제 4 장

현금과 수취채권

제4장에서는

현금이란 통화 및 통화의 유동성에 준하는 특성을 가진 현금인출가능 요구불예금, 타인발행수표 등을 의미하며, 수취채권이란 기업이 상품이나 제품의 판매, 용역의 제공 등과 같은 기업의 주된 영업활동 과정에서의 수입의 대가로 미래에 현금을 수취하기로 한 권리, 기업의 주된 영업활동과정 이외의 외상거래로부터 발생한 현금 수취권리, 다른 기업이나 개인 등에 대하여 대여 또는 보증의 조건으로 지급한 대여금과 보증금 등을 총괄하는 의미를 가진다. 재무분석의 측면에서 살펴보면, 현금과 수취채권(대여금 제외)은 운전자본에 해당한다.

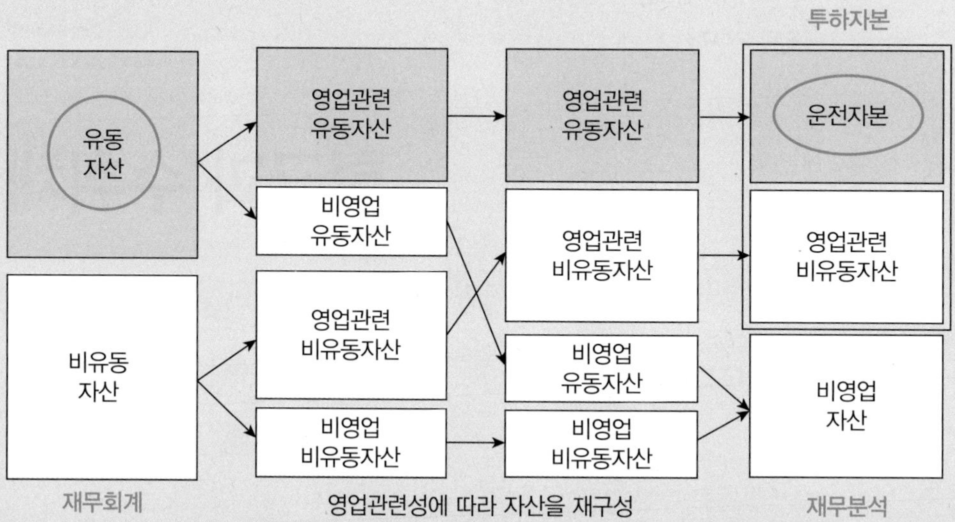

반면, 대여금은 재무회계상에서는 유동자산에 해당하고, 재무분석상에서는 비영업자산에 속하는 계정이다.

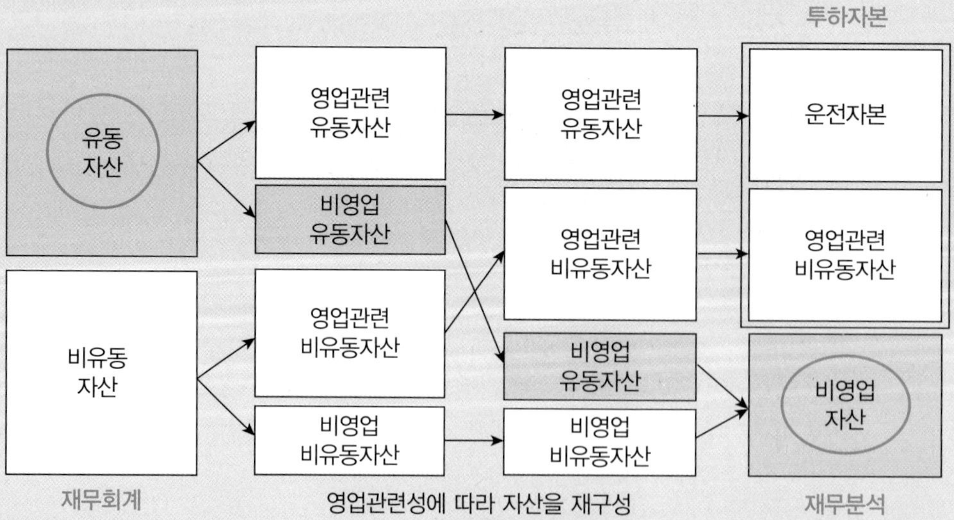

본장에서는 현금과 수취채권의 개념과 회계처리에 대해 살펴본다.

제1절 현금 및 현금성자산

회계에서 **현금**(cash)이란 통화 및 통화의 유동성에 준하는 특성을 가진 현금인출가능 요구불예금, **타인발행수표** 등을 의미한다. 타인발행수표의 대표적인 예로는 기업이 은행과 당좌계약을 체결한 후 당좌예금 계좌를 개설하여 발행하게 되는 당좌수표와 은행이 고객의 요구에 의해 발행하는 자기앞수표 등이 있다.

현금은 높은 유동성이라는 장점을 가지고 있지만 현금을 보유하고 있는 기업은 현금의 보유에 따라 나타날 수 있는 분실, 도난 등의 발생을 막기 위해 필요한 통제를 하게 된다. 현금의 안전한 보유와 편리한 사용을 위해 가장 먼저 취할 수 있는 방법은 현금을 수취하는 즉시 은행에 예금하고 현금을 지출해야 하는 시점에 예금 인출이나 계좌이체 등을 통해 지급을 실시하는 것이다.

이러한 현금 보유, 사용 및 관리의 효율성을 더 높이기 위한 방법으로는 당좌예금제도와 전도금(소액현금)제도를 들 수 있다.

1. 당좌예금

당좌예금제도는 기업이 현금의 보유와 사용 시의 효율성을 높이기 위해 기업이 발행하는 수표를 사용하는 방법이다. 구체적으로 기업은 은행과 당좌계약을 체결한 후 당좌예금(checking account) 계좌를 개설하게 된다. 당좌예금 계좌를 개설한 후에 기업은 은행으로부터 당좌수표 용지를 받아서 당좌수표를 발행할 수 있게 된다.

기업이 발행한 당좌수표가 제시되었을 때 당좌계약 체결은행은 기업의 당좌예금 계좌 잔고 이내의 금액에 대해서 지급을 실시하게 된다.

다음은 당좌예금과 관련된 분개의 예시이다.

예시 4.1

(주)서울상사는 20×1년 1월 1일에 주거래은행인 A은행과 당좌계약을 체결하고 당좌예금 계좌를 개설한 후 현금 2,000원을 예금하였다. 20×1년 1월 15일에 거래처인 (주)부산물류로부터 상품 1,000원어치를 구입하고 20×1년 1월 15일에 당좌수표를 발행하여 지급하였다.[1] 20×1년 1월 1일과 20×1년 1월 15일에 (주)서울상사가 해야 할 분개를 실시하시오.

20×1. 1. 1.

(차) 당좌예금	2,000	(대) 현 금	2,000

20×1. 1. 15.

(차) 상 품	1,000	(대) 당좌예금	1,000

그림 4.1 당좌수표 발행 관련 업무 흐름

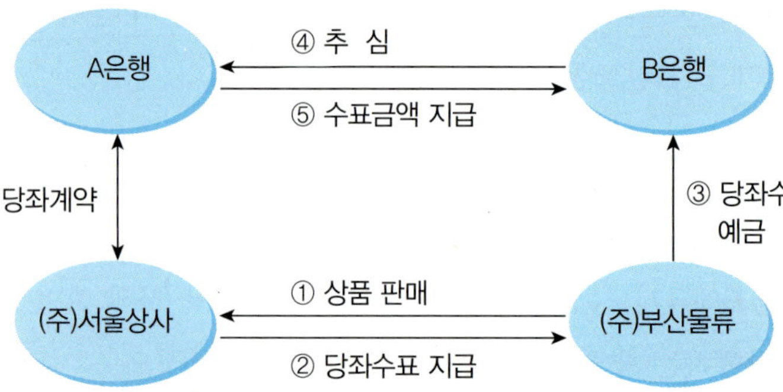

당좌예금 잔액을 초과하는 당좌수표가 은행에 제시되는 경우에는 은행이 지급거절하게 되는 상황, 즉 부도 처리되는 상황이 발생하게 된다. 기업은 이와 같은 부도의 발생을 미연에 방지하기 위해 당좌계약을 체결한 은행과 **당좌차월**(overdraft) 계약을 체결할 수 있다. 당좌차월 계약은 기업이 은행과 당좌예금 잔

1) (주)서울상사가 발행하여 지급한 당좌수표를 수취하는 (주)부산물류의 입장에서는 타인발행수표를 수취한 것이므로 현금을 수취한 것이 된다.

액을 초과하는 일정 금액에 대한 지급을 보증하는 약정을 사전에 체결하는 것을 의미한다. 당좌예금 계좌에 잔고가 없는 상황에서 은행이 당좌차월 계약에 따라 지급을 실시한 경우에 기업의 입장에서 해당 금액은 은행에 대해 지급의무가 있는 부채(단기차입금)가 된다.

다음은 당좌차월과 관련한 분개의 예시이다.

예시 4.2

(주)서울상사는 20×1년 1월 1일에 주거래은행과 당좌계약을 체결하고 당좌예금 계좌를 개설한 후 현금 2,000원을 예금하였다. 동 일자에 (주)서울상사는 주거래은행과 3,000원에 해당하는 당좌차월 약정을 체결하였다. 20×1년 1월 15일에 거래처인 (주)부산물류로부터 상품 3,000원어치를 구입하고 당좌수표를 발행하였다. 20×1년 1월 20일에 당좌예금 계좌에 현금 1,500원을 예금하였다. 20×1년 1월 1일, 20×1년 1월 15일 및 20×1년 1월 20일에 (주)서울상사가 해야 할 분개를 하시오.

20×1. 1. 1.

(차) 당좌예금	2,000	(대) 현 금	2,000

20×1. 1. 15.

(차) 상 품	3,000	(대) 당좌예금	2,000
		당좌차월	1,000

20×1. 1. 20.

(차) 당좌차월	1,000	(대) 현 금	1,500
당좌예금	500		

당좌차월 발생 후 예금을 실시하는 경우에는 당좌차월(부채)을 먼저 감소시킨 후, 당좌예금(자산) 계정을 증가시키게 된다.

2. 전도금(소액현금)제도

기업이 현금 보유 및 사용 시의 분실, 도난 등을 예방하는 동시에 현금 사용의 장점인 유동성을 확보하기 위해 활용하는 당좌예금제도를 살펴보았다. 이와 관련하여 기업의 각 부서의 일상 운영 시에 발생하는 교통비, 회식비 등과 같은 소액의 현금 지출 발생의 경우에는 당좌수표 발행보다 현금의 사용이 더 유용할 수 있다.

이와 같이 기업의 각 부서의 일상적인 운영에서 발생하는 소액의 현금 지출을 위해 각 부서가 회계부서로부터 일정 금액의 현금을 수령하여 현금 지출 발생 시에 지급하고 이후 기 지급된 현금금액만큼을 회계부서로부터 다시 수령하는 제도를 **전도금제도** 또는 소액현금(petty cash)제도라고 한다.

전도금제도를 실시하는 부서의 회계담당자는 회계부서로부터 소액의 현금을 수령한 뒤 부서 내에서 현금을 지출하고 이후 현금 지출 시의 증빙 영수증 등을 회계부서에 제출하고 지출된 현금만큼을 회계부서로부터 다시 수령하게 된다.

예시 4.3

(주)서울상사는 20×1년 1월 1일부터 구매부서에서 소액현금제도를 운영하게 되었다. 20×1년 1월 1일에 구매부서는 회계부서로부터 현금 100,000원을 수령하였다. 구매부서는 20×1년 1월 9일에 출장비로 20,000원을 지급하였고, 20×1년 1월 20일에 접대비로 50,000원을 지급하였다. 20×1년 1월 31일에 구매부서는 20×1년 1월 9일과 1월 20일의 지급내역 관련 영수증을 회계부서에 제출하고 70,000원의 현금을 수령하였다. 20×1년 1월 1일, 20×1년 1월 9일, 1월 20일 및 20×1년 1월 31일에 (주)서울상사에 분개가 필요한 경우 실시하시오.

20×1. 1. 1.

(차) 소액현금*	100,000	(대) 현 금	100,000

* 소액현금 계정을 개별 부서에서 사용하는 현금이라는 의미로 현금 계정과 구분하지만, 이러한 구분 이외의 특성은 현금과 동일하다.

20×1. 1. 9.

분개없음*

20×1. 1. 20.

분개없음*

* 본 예시에서 (주)서울상사의 분개는 회계부서에서 이루어진다. 따라서 상기 1월 9일과 1월 20일의 구매부서 내의 소액현금 지출 시에는 분개가 이루어지지 않는다.

20×1. 1. 31.

(차) 출장비	20,000	(대) 현 금	70,000
접대비	50,000		

* 20×1년 1월 31일의 분개는 회계부서에서 이루어진다. 구매부서로부터 증빙 영수증을 수령하고 현금을 지급하는 1월 31일에 회계부서는 비용의 발생과 이로 인한 현금 지출에 대한 분개를 실시한다.

3. 현금성자산

현금성자산(cash equivalents)은 현금과 동일한 수준은 아니지만, 현금과 유사한 수준의 유동성을 가지는 자산을 의미한다. 현금성자산은 취득 당시 만기일이 3개월 이내인 자산으로서 현금으로 쉽게 전환될 수 있는 금융기관의 예금상품과 수익증권을 지칭한다.

구체적인 현금성자산의 예로는 **양도성예금증서**(certificate of deposit), **초단기수익증권**(money market fund, cash management account), **환매조건부채권**(repurchase agreement) 등이 있다.

금융기관의 예금상품과 수익증권으로서 취득 당시 만기일이 3개월을 초과하고 1년 이내인 경우에는 **단기금융상품**으로, 취득 당시 만기가 1년을 초과하는 경우에는 **장기금융상품**으로 분류하게 된다.

제2절 수취채권

수취채권(receivables)이란 기업이 상품이나 제품의 판매, 용역의 제공 등과 같은 기업의 주된 영업활동과정에서 수입의 대가로 미래에 현금을 수취하기로 한 권리, 기업의 주된 영업활동과정 이외의 외상거래로부터 발생한 현금 수취권리, 다른 기업이나 개인 등에 대하여 대여 또는 보증의 조건으로 지급한 대여금과 보증금 등을 총괄하는 의미를 가진다. 수취채권은 크게 받을어음과 외상매출금으로 구성되어 있는 **매출채권**(trade receivables)과 미수금, 미수수익, 대여금, 보증금 등의 **비매출채권**(non-trade receivables)으로 구분된다.

1. 매출채권

매출채권은 기업이 상품이나 제품의 판매, 용역의 제공 등과 같은 기업의 주된 영업활동과정에서 수행의 대가로 미래에 현금을 수취하기로 한 권리를 의미한다.

매출채권은 외상거래 시의 거래행태에 따라 크게 **받을어음**(notes receivable)과 **외상매출금**(accounts receivables)으로 구분된다.

받을어음 계정은 외상거래 발생 시에 거래상대방에게서 미래의 현금 지급시기와 금액을 명기한 **약속어음**(notes)을 수령하는 경우에 사용한다. 반면 외상매출금 계정은 외상거래 발생 시에 거래상대방에게서 약속어음을 받지 않고 신용으로만 거래하는 경우에 사용한다. 기업은 기중에 받을어음 계정과 외상매출금 계정을 구분하여 사용할 경우에도, 기말 재무제표 작성 시에는 외상매출금 계정과 받을어음 계정을 더하여 매출채권 계정으로 작성한다.

매출채권과 관련하여 고려할 사항으로는 매출채권의 조기 회수와 매출채권의 손상 등이 있다.

1) 매출채권의 조기 회수

기업이 상품이나 제품의 판매, 용역의 제공 등과 같은 기업의 주된 영업활동과정에서 외상거래로 인해 거래상대방으로부터 약속어음을 받게 되면, 해당 약속어음의 만기일에 어음을 은행에 제시하고 현금을 수취하게 된다. 이와 관련하여 약속어음을 받은 기업이 어음의 만기 이전에 자금이 필요하거나 어음을 만기까지 관리하는 데 소요되는 노력과 비용으로 인해 만기 이전에 약속어음을 조기회수하는 경우가 있다. 이와 같이 기업이 보유하고 있는 약속어음을 만기 이전에 은행 등 금융기관에 양도하고 할인수수료를 제한 현금을 조기에 회수하는 경우가 발생하는데, 이러한 경우를 어음할인이라고 부른다.

어음할인과 관련하여 약속어음을 받은 기업이 금융기관에 어음을 양도한 후에 어음의 만기일에 최초 어음 발행인이 어음의 양수인에게 어음에 명기된 금액을 지급하지 못하는 경우가 발생할 수 있다. 이와 같은 경우에, 만약 어음의 양도 시에 어음의 양수인이 **상환청구권**(recourse)을 가지는 경우에는 어음의 양도자에게 어음에 명시된 금액을 지급할 것을 요구할 권리를 가지게 된다. 반면, 상환청구권이 없이 어음을 양도한 경우에는 어음의 만기일에 현금이 지급되지 않는 경우에 어음의 양수인은 어음의 양도자에게 어음에 명기된 금액의 지급을 요구할 수 없다.

예시 4.4

(주)서울상사는 20×1년 1월 1일에 (주)부산물류에 용역을 제공하고 그 대가로 20×1년 3월 31일에 10,000원을 받게 되는 받을어음을 수취하였다. (주)서울상사는 20×1년 2월 1일에 상기 받을어음을 은행에 할인수수료 100원을 제한 9,900원에 매각하였고, 은행은 20×1년 3월 31일에 (주)부산물류로부터 10,000원을 수령하였다. 상환청구권이 없는 경우와 상환청구권이 있는 경우 각각에 대하여 (주)서울상사가 20×1년 1월 1일, 2월 1일과 3월 31일에 해야 할 분개를 하시오.

(1) 상환청구권이 없는 경우

20×1. 1. 1.

(차)	매출채권	10,000	(대) 용역매출	10,000

20×1. 2. 1.

(차)	현 금	9,900	(대) 매출채권	10,000
	매출채권처분손실	100		

20×1. 3. 31.

분개 없음

상환청구권이 없는 경우에는 20×1년 2월 1일의 어음할인이 실질적으로 어음의 매각에 해당하므로 해당 일에 매출채권(받을어음)을 제거하고 받을어음에 명시된 금액과 실제 수취금액 간의 차이를 매출채권처분손실로 인식한다. 20×1년 2월 1일에 매각이 이루어졌으므로 이후 어음의 지급일인 20×1년 3월 31일에 은행이 (주)부산물류로부터 10,000원을 수령할 때에 (주)서울상사의 입장에서 추가적인 분개는 이루어지지 않게 된다.

(2) 상환청구권이 있는 경우

20×1. 1. 1.

(차) 매출채권	10,000	(대) 용역매출	10,000

20×1. 2. 1.

(차) 현 금	9,900	(대) 단기차입금	10,000
이자비용	100		

20×1. 3. 31.

(차) 단기차입금	10,000	(대) 매출채권	10,000

상환청구권이 있는 경우에는 20×1년 2월 1일의 어음할인은 받을어음을 담보로 하는 차입에 해당하며 실질적인 어음의 매각에 해당하지 않는다. 이 경우에는 차입거래 관련 담보로 제공한 매출채권(받을어음)을 제거하지 않고 받을어음에 명시된 금액에 해당하는 단기차입금을 인식하며 인식된 단기차입금과 실제 수취금액 간의 차이를 이자비용으로 인식한다. 즉, 20×1년 2월 1일에는 매각이 아닌 받을어음을 담보로 한 차입이 이루어졌으며 상환청구권으로 인해 (주)서울상사의 입장에서는 20×1년 2월 1일 이후에도 잠재적인 의무가 존재하게 된다. 이후 20×1년 3월 31일에 은행이 (주)부산물류로부터 10,000원을 수령하는 시점에 (주)서울상사는 상환청구권에 기인한 잠재적인 의무가 해소되고 비로소 매출채권을 제거하면서 단기차입금을 감소시키는 분개를 실시하게 된다.

받을어음의 조기 회수와 마찬가지로 외상매출금도 은행과 같은 금융기관 등에 할인수수료를 제한 현금을 받고 회수할 수 있다. 이 경우 외상매출금의 조기 회수는 팩토링(factoring)이라고 하며, 팩토링의 경우에도 만기에 외상매출금에 대한 현금을 받을 수 없는 상황에 대해 외상매출금 양수인이 상환청구권을 가지는지 여부를 사전에 정하게 된다.

2) 매출채권의 손상

기업은 상품이나 제품의 판매나 용역의 제공 시 외상거래가 발생하면 해당 매출채권에 대하여 이후 현금을 받게 되지만 거래처의 재무상황 악화 등에 따라서 정해진 금액을 회수할 수 없는 경우가 발생할 수도 있다.

기업은 보유 중인 매출채권 가운데 미래에 현금 회수가 불가능할 것으로 추정되는 금액에 대하여 다음과 같이 회계처리한다.

(차) 대손상각비	×××	(대) 대손충당금	×××

매출채권 중 회수 불가능할 것으로 예상되는 금액을 차변에 **대손상각비**라는 비용 계정으로 인식하게 된다. 대변의 **대손충당금**은 자산 차감계정으로서 매출채권 금액으로부터 미래에 수취하지 못할 것으로 예상되는 금액을 차감시켜 매출채권을 실제 받을 수 있을 것으로 예상되는 금액으로 낮추는 역할을 한다.[2] 대손 측정시점에 미래 회수가 어려울 것으로 판단하여 대손 측정을 실시한 이후에 실제로 거래상대방으로부터 매출채권을 회수하는 것이 불가능한 것으로 확정될 시에는 해당 금액을 매출채권의 장부금액에서 감소시키는 대손 확정 분개를 실시한다. 이때 주의할 점은 매출채권 감소로 인한 대손상각비(비용)를 대손 측정시점에 이미 인식하였으므로 대손 확정시점에는 비용을 다시 인식하지 않고 대손충당금을 차감하는 분개를 실시하게 된다.

(차) 대손충당금	×××	(대) 매출채권	×××

대손 추정 시에는 먼저 기업의 매출채권 가운데 회수 불가능할 것으로 예상되는 **기대신용손실**(expected credit loss)을 추정한 후에, 추정된 기대신용손실이 당해 시점의 대손충당금의 잔액과 같아지도록 대손충당금의 잔액을 조정하게 된다.

기업의 기대신용손실을 추정하는 대표적인 방법으로는 **연령분석법**(aging

2) 대손상각비 인식 시에 대변에서 회수 불가능할 것으로 예상되는 금액만큼 매출채권을 직접 차감하지 않는 이유는, 해당 매출채권이 미래에 회수 불가능할 가능성이 높을 것으로 예상되는 것이지, 아직 실제로 회수 불가능한 것으로 확정된 것은 아니기 때문이다.

method)이 있다. 연령분석법은 기업이 보유하고 있는 매출채권을 추정시점을 기준으로 하여 경과 기간별로 구분한 후, 구분된 각 구간별로 매출원가의 잔액에 과거의 채무불이행률이나 미래의 경기전망 등을 기초로 하여 추정된 구간별 채무불이행률을 곱하는 방식으로 기대신용손실을 추정하는 방법이다.

다음은 연령분석법의 작성과 관련된 예시이다.

예시 4.5

(주)서울물산은 20×1년 1월 말 현재 30,000,000원의 매출채권을 가지고 있다. (주)서울물산은 보유 중인 매출채권을 만기 경과일수를 기준으로 하여 총 4개 구간으로 구분하고, 과거의 채무불이행률 자료와 미래의 경기전망 등을 기초로 하여 구간별 채무불이행률을 아래와 같이 산정하였다.

경과기간	매출채권 장부금액(원)	추정 채무불이행률(%)
만기도래 이전	10,000,000	1
1~30일 연체	15,000,000	5
31~120일 연체	4,000,000	10
120일 초과 연체	1,000,000	50
합 계	30,000,000	

(주)서울물산의 20×1년 1월 말 기준 기대신용손실은 구간별 매출원가의 잔액에 채무불이행률을 곱하여 구간별 기대신용손실을 추정하고, 구간별로 추정한 기대신용손실을 모두 더해서 총기대신용손실을 구하게 된다.

경과기간	매출채권 장부금액	추정 채무불이행률(%)	추정 기대신용손실
만기도래 이전	10,000,000	1	100,000
1~30일 연체	15,000,000	5	750,000
31~120일 연체	4,000,000	10	400,000
120일 초과 연체	1,000,000	50	500,000
합 계	30,000,000		1,750,000

위의 예시에서 20×1년 1월 말 총기대신용손실은 1,750,000원이다. 기대신용손실을 추정한 후에는 추정된 기대신용손실이 해당 시점의 대손충당금 잔액과 같아지도록 대손충당금을 조정하는 수정분개를 실시하게 된다.

만약, 위의 예시에서 20×1년 1월 말에 기대신용손실을 추정하기 전에 대손충당금 잔액이 1,000,000원이라면 20×1년 1월 말에 대손추정과 관련해서 다음과 같은 분개를 실시한다.

(차)	대손상각비	750,000	(대)	대손충당금	750,000

상기 분개의 결과 20×1년 1월 말에 매출채권 계정의 장부금액은 30,000,000원, 자산 차감계정인 대손충당금 계정의 잔액은 1,750,000원이 되어 매출채권 가운데 1,750,000원을 미래에 회수하지 못할 것으로 예상하는 정보를 반영하게 된다.

만일 위의 예시에서 20×1년 1월 말 기대신용손실 총액인 1,750,000원을 각각 대손상각비와 대손충당금으로 인식하게 되면, 기말의 대손충당금 계정의 잔액은 기존 대손충당금 계정의 잔액인 1,000,000원에 추가로 1,750,000원이 더해진 2,750,000원으로 되는데, 이러한 결과는 20×1년 1월 말 현재 30,000,000원의 매출채권 가운데 2,750,000원은 미래에 회수 불가능할 것으로 예상한다는 정보를 주게 된다. 따라서 대손상각비와 대손충당금을 인식하는 분개 시에는 해당 시점의 추정된 기대신용손실이 대손충당금 잔액과 같아지게 되도록 주의를 기울여야 한다.

만일, 매출채권의 대손추정 시에 추정된 기대신용손실금액보다 대손추정 전 대손충당금이 더 클 경우에는 어떻게 처리해야 하는가? 이러한 상황은 과거 시점에 미래의 기대신용손실을 매우 크게 예상하고 그에 따라 큰 금액의 대손상각비와 대손충당금을 이미 인식하였음을 의미한다. 이와 같은 경우에는 추정된 기대신용손실금액이 해당 시점의 대손충당금 잔액과 같아지도록 대손충당금 잔액을 감소시키는 수정분개를 실시한다. 이때 대변에는 대손충당금환입이라는 수익계정으로 분개한다.

위의 예시에서 20×1년 1월 말에 1,750,000원의 기대신용손실 금액을 예측했을 때 기존의 대손충당금 잔액이 2,000,000원이었다면 다음과 같은 분개를 실시하게 된다.

(차) 대손충당금	250,000	(대) 대손충당금환입	250,000

기존의 대손충당금 잔액이 2,000,000원이라는 것은 이미 과거 시점에 2,000,000원의 미래 기대신용손실을 대손상각비라는 비용으로 인식하였음을 의미한다.

그 결과 대손충당금 잔액이 2,000,000원이 있는 상태에서 20×1년 1월 말 시점의 기대신용손실금액이 1,750,000원이라는 것은 과거 시점에 미래의 기대신용손실을 너무 높게 측정하고 이미 비용처리했음을 의미하는 것이다. 따라서 이러한 경우에는 과거에 이미 비용처리된 금액 중 20×1년 1월 말 시점에서 예상되는 미래의 기대신용손실을 초과되는 부분만큼 대손충당금을 감소시키고 해당 효과를 수익(대손충당금환입)으로 인식하게 된다.

2. 비매출채권

비매출채권은 기업의 주된 영업활동 이외의 외상거래로부터 발생한 현금 수취권리, 다른 기업이나 개인 등에 대하여 대여 또는 보증의 건으로 지급한 금액 등을 총괄하는 의미를 가진다. 대표적인 비매출채권으로는 미수금, 미수수익, 대여금, 보증금 등이 있다.

미수금(non-trade receivable)은 과거 외상거래의 결과, 미래에 현금을 수취할 권리를 나타낸다는 점에서 앞서 살펴본 매출채권과 공통점이 있다. 하지만 매출채권이 기업의 주된 영업활동과 관련된 상품이나 제품의 판매, 용역의 제공 등의 과정에서 발생하는 수취채권인 것과는 달리, 미수금은 기업의 주된 영업활동 이외의 외상거래로부터 발생하는 수취채권이라는 점에서 차이점이 존재한다. 예로서 기계 제조기업이 기계장치를 외상거래로 판매하면 매출채권이 발생한다. 그러나 기계 제조기업이 보유 중인 건물을 외상거래로 판매하면 미수금이 발생하게 된다. 그 이유는 기계 제조기업의 기계 판매는 주된 영업활동에 속하는 반면, 기계 제조기업의 건물 판매는 주된 영업활동 이외의 활동에 해당한다고 판단되기 때문이다.

다음 〈예시 4.6〉은 미수금과 관련된 회계처리를 보여주고 있다.

예시 4.6

기계 제조업체인 (주)서울기계는 20×1년 1월 5일에 (주)부산물류에 기계를 판매하고 판매대금 100,000원을 2월 5일에 수령하였다. 해당 기계의 장부금액은 70,000원이다. (주)서울기계는 재고자산의 회계처리방법으로 계속기록법을 적용한다.[3]

1월 10일에는 (주)광주상회에 사용 중인 장부금액 150,000원인 토지를 200,000원에 매각하고 매각대금 200,000원을 2월 10일에 수령하였다. (주)서울기계는 토지에 대해서 역사적원가법을 적용한다.[4]

(주)서울기계가 20×1년 1월 5일, 1월 10일, 2월 5일, 2월 10일에 해야 할 분개를 실시하시오.

20×1. 1. 5.

(차)	매출채권	100,000	(대) 매출액	100,000
	매출원가	70,000	제 품	70,000

주된 영업활동에 속하는 외상거래이므로 매출채권이 발생한다.

20×1. 1. 10.

(차)	미수금	200,000	(대) 토 지	150,000
			유형자산처분이익	50,000

주된 영업활동 이외의 활동에 해당하는 외상거래이므로 미수금이 발생한다.

20×1. 2. 5.

(차)	현 금	100,000	(대) 매출채권	100,000

20×1. 2. 10.

(차)	현 금	200,000	(대) 미수금	200,000

3) 재고자산의 회계처리방법은 본서의 제5장에서 다룬다.

4) 유형자산의 회계처리방법은 본서의 제6장에서 다룬다.

미수수익(accured revenues)은 기중에 이미 수익이 발생하였지만, 기말까지 현금 수취가 이루어지지 않아 기말에 수정분개를 통해 인식하게 되는 수취채권이다. 예로서 기중에 은행에 예금을 하였는데 이자수령일이 다음 회계기간에 도래한다면, 해당 회계기간의 기말에 다음과 같이 이자수익과 미수수익(미수이자)을 인식하는 수정분개를 실시하게 된다.[5)]

(차) 미수이자	×××	(대) 이자수익	×××

미수수익의 예로는 미수이자, 미수임대료 등이 있다.

대여금(loans)은 기업이 종업원, 임원, 주주, 관계기업 등에게 대여해준 금액을 의미한다. 대여금은 미래 만기시점에 현금을 수취하게 되는데, 만기시점이 1년 이내인 경우는 단기대여금, 1년을 초과하는 경우에는 장기대여금으로 구분한다.

예시 4.7

(주)서울상사는 20×1년 1월 2일에 거래처인 (주)부산물류에 1년 만기로 1,000만원을 대여해 주었다. 연이자율은 3%이고, 매월 초에 이자를 수취하며 첫 이자수취일은 2월 1일이다. (주)서울상사가 20×1년 1월 2일, 1월 말과 2월 1일에 해야 할 분개를 각각 실시하시오.

20×1. 1. 2.

(차) 대여금	10,000,000	(대) 현 금	10,000,000

거래처에 대여해 준 거래로 인해 대여금(자산)이 발생한다.

20×1. 1. 31.

(차) 미수이자	25,000*	(대) 이자수익	25,000

* 10,000,000×3%×1/12 = 25,000원

기말까지 이자를 현금으로 수취하지 않았지만 해당 기간(1월) 동안 발생한 이자

---

5) 다음 회계기간에 실제 이자를 수령하는 때에는 다시 이자수익을 인식하는 것이 아니라 다음과 같이 분개한다.

(차) 현 금	×××	(대) 미수이자	×××

수익을 인식한다.

20×1. 2. 1.

(차) 현 금	25,000	(대) 미수이자	25,000

예치금(deposit paid)은 기업이 계약체결 시 지급보증, 손실보전 등 계약이행을 목적으로 지급한 금액을 의미한다. 예치금은 기간이 만료되거나 계약이 이행되면 현금을 돌려받게 되는데, 만기시점이 1년 이내인 경우는 단기예치금, 1년을 초과하는 경우에는 장기예치금으로 구분한다.

제3절 기타유동자산

매출채권과 비매출채권은 거래나 계약의 결과 미래에 현금을 수취할 권리를 가지게 되는 자산이다.[6] 그러나 거래나 계약의 결과 미래에 받게 되는 경제적 효용이 반드시 현금인 것은 아니다. 거래나 계약의 결과 미래에 현금이 아닌 다른 경제적 효용, 예로서 재화나 용역을 제공받게 되는 대표적 자산으로 선급금과 선급비용이 있다.

선급금(advance payment)은 기업이 상품, 제품 등 재화의 구입, 용역의 제공 등에 대하여 거래상대방과 약정하고 사전에 지출한 금액을 말한다. 매출채권이나 비매출채권은 거래상대방으로부터 미래 현금을 수취할 권리를 나타내는 반면, 선급금은 거래상대방으로부터 미래에 현금이 아닌 재화나 용역을 제공받을 권리를 나타낸다는 점에서 차이가 있다.

다음 〈예시 4.8〉은 선급금과 관련된 회계처리를 보여주고 있다.

---

6) 앞서 살펴본 현금 및 현금성자산과 미래에 현금을 수취하게 될 권리를 가지는 자산인 매출채권과 비매출채권은 금융자산에 포함된다. 금융자산의 의미와 내용에 대해서는 본장의 〈보론〉에서 다룬다.

예시 4.8

(주)서울상사는 (주)부산물류로부터 20×1년 2월 1일에 구입하는 기계장치와 관련하여 20×1년 1월 1일에 1,000원을 미리 지급하고 20×1년도 2월 1일 기계장치 수령시에 2,000원을 지급하기로 하였다. (주)서울상사가 20×1년 1월 1일과 20×1년 2월 1일에 해야 할 분개를 하시오.

20×1. 1. 1.

(차) 선급금	1,000	(대) 현 금	1,000

아직 구입한 자산의 수령이 이루어지기 이전이므로 미리 지급한 1,000원을 선급금으로 분개한다.

20×1. 2. 1.

(차) 기계장치	3,000	(대) 현 금	2,000
		선급금	1,000*

* 선급금(자산)이 미래에 가져오는 경제적 효용은 현금이 아닌 기계장치(재화)임을 알 수 있다.

선급비용(prepaid expenses)은 기중에 이미 현금을 지급하였지만, 기말까지 현금 지급의 대가인 용역의 제공 등이 이루어지지 않은 경우에 인식하게 된다. 대표적인 선급비용으로는 선급보험료, 선급임차료 등이 있다. 현금 지급시점에 비용으로 인식한 금액 가운데 기말까지 용역의 제공 등이 이루어지지 않은 부분을 선급비용이라는 자산으로 수정분개한 후, 이후 용역의 제공이 이루어지는 시기에 선급비용을 감소시키고 비용으로 인식하게 된다.

예로서 20×1년 1월 15일에 건물을 한 달간 임차하고 1개월에 해당하는 임차료 10,000원을 현금 지급한 경우에 다음과 같이 분개한다.

20×1. 1. 15.

(차) 임차료	10,000	(대) 현 금	10,000

20×1. 1. 31.

(차) 선급임차료	5,000	(대) 임차료	5,000

20×1. 2. 1.

(차) 임차료	5,000	(대) 선급임차료*	5,000

* 선급임차료(자산)는 미래에 가져오는 경제적 효용이 현금이 아닌 건물임차서비스(용역)임을 알 수 있다.

선급금과 선급비용은 미래에 재화나 용역이라는 경제적 효용을 받을 권리가 있으므로 자산에 해당되지만, 현금을 수취할 권리는 아니므로 금융자산이 아닌 비금융자산에 해당된다.

보 론 금융상품과 금융자산

1. 금융상품의 의의

한국채택국제회계기준에서는 **금융상품**을 "거래당사자 어느 한쪽에게는 금융자산이 생기게 하고 거래상대방에게 금융부채나 지분상품이 생기게 하는 모든 계약"으로 정의하고 있다.[7]

〈금융상품〉

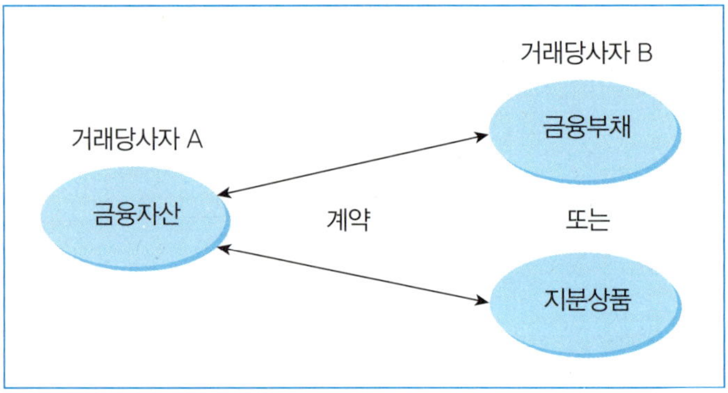

금융상품이 가지는 특징으로는 첫째, 금융상품이라는 계약을 통해 거래당사자가 현금을 포함하는 금융자산을 받게 될 권리, 또는 지급하여야 하는 의무가 발생한다는 점이다. 즉 금융상품이라는 계약의 결과 거래의 일방에게는 **금융자산**이, 또 다른 거래의 일방에게는 **금융부채**나 지분상품이 발생하게 된다. 한 예로서 (주)서울상사가 (주)부산물류로부터 상품 100원어치를 외상으로 구입했다고 가정해 보자. 이 거래(계약)의 결과, (주)서울상사에게는 (주)부산물류에게 금융자산인 현금 100원을 지급할 의무(금융부채)가 생기고 (주)부산물류에게는 (주)서울상사로부터 금융자산인 현금 100원을 수취할 권리(금융자산)가 발생하게 된다.

7) 기업회계기준서 제1032호 11.

금융상품이 가지는 또 다른 특징은 금융상품이 계약에 근거한다는 점이다. 즉 계약상 권리와 의무에서 발생하는 금융상품에서 계약은 명확한 경제적 결과와 법적인 구속력을 가지게 된다. 따라서 상기 계약은 경제적 결과를 회피하기 어려운 둘 이상의 거래당사자 간의 합의를 통해 이루어지게 된다. 이와 관련하여 계약상 권리와 의무가 아닌 법적 권리와 의무는 금융상품에 속하지 않는다. 한 예로서 (주)서울상사가 20×1년에 발생한 법인세 100만원을 아직 납부하지 않아 미지급법인세라는 부채가 100만원이 있다고 가정해보자. 이 경우 (주)서울상사에게는 금융자산인 현금 100만원을 지급할 의무가 있지만 해당 의무가 거래당사자 간의 계약상 의무가 아닌 법적 의무이기 때문에 금융상품에 해당하지 않는다. 법적 권리와 의무 이외에 금융상품에 속하지 않는 또 다른 예로는 다음과 같은 것들이 있다.

첫째, 재고자산, 유형자산, 무형자산은 그 자체로 계약에 의해 현금 등 금융자산을 수취할 권리가 아니므로 금융상품이 아니다.[8)]

둘째, 선급금과 선급비용, 선수금과 선수수익 등은 해당 계약의 결과, 현금 등 금융자산을 수취할 권리나 지급할 의무가 아니라 재화나 용역을 수취할 권리나 지급할 의무이므로 금융상품이 아니다.

셋째, 계약상 의무가 아닌 의제의무, 예로서 의류판매점에서 계약 없이 관례적으로 무상 수선을 해왔다면, 해당 의무는 계약상의 의무가 아니기 때문에 금융상품이 아니다.

금융상품의 구성요소 가운데 본장에서는 금융자산과 금융부채를 중심으로 정리하고, 지분상품은 제10장에서 정리한다.

---

8) 예로서 기업의 재고자산 보유 자체가 계약에 의한 현금 등 금융자산을 수취할 권리를 의미하는 것은 아니다. 재고자산의 보유와는 별개로 기업이 재고자산을 판매했을 때 비로소 현금 등 금융자산을 수취하게 되는 것이다.

2. 금융자산

1) 금융자산의 정의

금융자산은 계약상의 권리와 의무에 기인하여 발생한 계약상의 권리로서 다음과 같은 자산을 말한다.[9)]

① 현　금
② 다른 기업의 지분상품
③ 다음 중 어느 하나에 해당하는 계약상 권리
　(가) 거래상대방에게서 현금 등 금융자산을 수취할 계약상 권리
　(나) 잠재적으로 유리한 조건으로 거래상대방과 금융자산이나 금융부채를 교환하기로 한 계약상 권리
④ 기업 자신의 지분상품(주식)으로 결제하거나 결제할 수 있는 다음 중 하나의 계약
　(가) 수취할 자기지분상품의 수량이 변동 가능한 비파생상품
　(나) 확정 수량의 자기지분상품을 확정 금액의 현금 등 금융자산과 교환하여 결제하는 방법 외의 방법으로 결제하거나 결제할 수 있는 파생상품

현금과 다른 기업의 지분상품(주식)은 그 자체로 금융자산에 속한다.[10)] 이와는 달리 다른 금융자산들은 거래당사자 중 일방이 금융자산을 인식할 때, 또 다른 거래의 일방은 금융부채나 지분상품을 인식하게 된다.

거래상대방에게서 현금 등 금융자산을 수취할 계약상의 권리의 대표적인

9) 요약하면, 금융자산은 현금, 다른 기업의 지분상품, 계약에 의해 금융자산을 수취할 권리 등이라고 할 수 있다. 상기 정의에 근거하여 인식하는 다양한 금융자산은 본서의 여러 부분에서 나누어서 다루며 금융자산에 해당하는 개별자산 관련 구체 내용은 해당 장에서 다룬다.

10) 예로서 (주)서울상사가 주식시장에서 다른 기업, 즉 (주)부산물류의 지분상품(주식)을 구입하였다고 가정해보자. 이 경우 (주)서울상사가 구입한 다른 기업의 지분상품(주식)은 금융상품 거래의 결과가 아니라 그 자체가 금융자산에 해당한다.

예로는 수취채권이 있으며 수취채권은 다시 매출채권과 비매출채권으로 나눈다.

구 분	대표적인 계정	상대 금융부채
매출채권	매출채권(받을어음, 외상매출금)	매입채무(지급어음, 외상매입금)
비매출채권	미수금, 미수수익, 대여금, 예치금 등	미지급금, 미지급비용, 차입금 등

2) 금융자산의 분류기준

금융자산은 최초 인식 시에 공정가치로 측정한다. 이후 금융자산의 계약상 현금흐름 특성과 관리를 위한 사업모형에 근거하여 금융자산을 후속적으로 상각후원가 측정 금융자산, 기타포괄손익-공정가치 측정 금융자산, 당기손익-공정가치 측정 금융자산 등 가운데 하나로 분류하고 후속 측정을 실시한다.[11]

금융자산의 분류근거와 관련하여 계약상 현금흐름 특성이란 '금융자산의 계약조건에 따라 특정일에 원금과 원금 잔액에 대한 이자 지급만으로 구성되어 있는 현금흐름의 발생'을 의미한다.[12]

앞서 살펴본 금융자산의 종류 가운데 매출채권, 미수금, 미수수익, 대여금, 예치금과 채무상품(회사채) 등은 계약상 현금흐름 특성을 나타내는 반면, 다른 기업의 지분상품이나 일부 파생상품 등의 경우에는 계약상 현금흐름 특성이 나타나지 않는 경우도 있다.

3) 계약상 현금흐름 특성을 나타내는 금융자산(채무상품 등)의 분류

먼저 채무상품 등 계약상 현금흐름 특성을 나타내는 금융상품의 경우에는 다음과 같이 상각후원가 측정 금융자산, 기타포괄손익-공정가치 측정 금융자산, 당기손익-공정가치 측정 금융자산 중 하나로 분류한 후 후속 측정을 실시하게 된다.[13]

---

11) 기업회계기준서 제1109호 4.1.1.

12) 기업회계기준서 제1109호 4.1.2.

13) 금융자산 분류별 구체 분개는 본서의 8장. 투자자산의 유가증권 부분에서 구체적으로 다루어

(1) 상각후원가 측정 금융자산[14)]

상각후원가 측정 금융자산은 보유하는 금융자산이 다음 두 가지 조건을 모두 충족하는 경우에 해당한다.

① 계약상 현금흐름을 수취하기 위해 보유하는 것이 목적인 사업모형하에서 금융자산을 보유

② 금융자산의 계약조건에 따라 특정일에 원금과 원금 잔액에 대한 이자 지급(이하 '원리금 지급')만으로 구성되어 있는 현금흐름이 발생

예로서 기업이 타기업이 발행한 회사채를 만기까지 원금과 이자를 수취할 목적으로 구입하였다면 이 경우 보유하는 회사채는 상각후원가 측정 금융자산으로 분류한다.[15)] 기업이 금융자산을 상각후원가 측정 금융자산으로 분류한 경우에는 분류 이후에 공정가치 평가를 실시하지 않고, 만기까지 원리금과 이자의 수령에 대한 분개를 실시하게 된다.[16)]

진다.

14) 금융자산의 분류별 정의가 어렵게 느껴진다면 우선은 다음과 같이 생각해 보도록 하자. 상각후원가 측정 금융자산은 해당 금융자산으로부터 얻게 되는 계약상의 현금흐름을 수취하기 위한 단일 목적으로 보유하는 자산으로서 시세차익을 얻기 위해 해당 금융자산을 매각할 의도가 없다. 당기손익-공정가치 측정 금융자산은 해당 금융자산을 시세차익을 얻고 매도한다는 단일 목적으로 보유하는 자산이다. 기타포괄손익-공정가치 측정 금융자산은 상각후원가 측정 금융자산과 당기손익-공정가치 측정 금융자산의 정의에 부합하지 않는 금융자산(예: 계약상 현금흐름의 수취와 금융자산의 매도 둘 다를 목적으로 하는 경우 등)이다.

15) 계약상 현금흐름 특성을 나타내는 금융자산 중 채무증권(회사채 등) 이외의 매출채권, 미수금, 미수수익, 대여금, 예치금 등의 금융자산은 일반적으로 상각후원가 측정 금융자산으로 분류된다.

16) 만기까지 계약상 원금과 이자라는 현금흐름을 수취할 목적으로 보유하고 있으며, 보유기간 중 해당 금융자산의 공정가치가 변한다고 해도 시세차익을 얻고 매각할 의도가 없으므로 공정가치 평가의 의미가 없다. 반면 타 금융자산(기타포괄손익-공정가치 측정 금융자산, 당기손익-공정가치 측정 금융자산)은 단기 시세차익을 얻고 매각할 의도가 있으므로 공정가치 평가의 의미가 있다.

(2) 기타포괄손익-공정가치 측정 금융자산

기타포괄손익-공정가치 측정 금융자산은 보유하는 금융자산이 다음 두 가지 조건을 모두 충족하는 경우에 해당한다.

① 계약상 현금흐름의 수취와 금융자산의 매도 둘 다를 통해 목적을 이루는 사업모형하에서 금융자산을 보유

② 금융자산의 계약조건에 따라 특정일에 원리금 지급만으로 구성되어 있는 현금흐름이 발생

예로서 기업이 타기업이 발행한 회사채를 만기까지 원금과 이자를 수취할 목적 및 단기 시세차익을 얻고 매도할 두 가지 목적으로 구입하였다면 이 경우 보유하는 회사채는 기타포괄손익-공정가치 측정 금융자산으로 분류한다. 기업이 금융자산을 기타포괄손익-공정가치 측정 금융자산으로 분류한 경우에는 분류 이후에 공정가치 평가를 실시하며, 공정가치 평가 시에 발생한 평가손익은 당기순손익이 아닌 기타포괄손익(자본)으로 인식한다. 회사채 등 채무증권을 보유하는 목적은 만기까지 원금과 이자의 수취인 경우도 있고 단기 시세차익을 얻고 매도하기 위한 경우도 있다. 이때 사업모형에 따라 상각후원가 측정 금융자산, 또는 기타포괄손익-공정가치 측정 금융자산으로 분류하게 되는데 어느 쪽으로 분류하든지 매 기간의 성과에 미치는 영향이 동일하도록 하기 위해서 공정가치 평가 시에 발생한 손익을 당기순손익이 아닌 기타포괄손익(자본)으로 인식하게 된다.[17)]

(3) 당기손익-공정가치 측정 금융자산

기업이 금융자산을 보유할 시에 상각후원가 측정 금융자산이나 기타포괄손익-공정가치 측정 금융자산으로 인식하는 경우가 아니라면 해당 금융자산을 **당**

---

17) 기타포괄손익-공정가치 측정 금융자산으로 분류 시에 공정가치의 증감은 당기 성과(손익)가 아닌 기타포괄손익(자본)에 포함된다. 이후 해당 자산을 처분하는 시점에 자본에 포함되어 있던 공정가치의 증감효과(금융자산 평가손익)는 당기손익으로 재분류됨에 따라, 처분시점에 상각후원가 측정 금융자산과 기타포괄손익-공정가치 측정 금융자산의 처분손익(당기 성과(손익)에 미치는 영향)은 동일하게 된다. 구체 내용은 본서의 제8장에서 다룬다.

기손익-공정가치 측정 금융자산으로 분류한다.

예로서 기업이 타기업이 발행한 회사채를 단기 시세차익을 얻고 매도할 목적으로 구입하였다면 기업의 사업모형은 상각후원가 측정 금융자산 및 기타포괄손익-공정가치 측정 금융자산의 목적에 부합하지 않게 되고, 따라서 당기손익-공정가치 측정 금융자산으로 분류하게 된다. 기업이 금융자산을 당기손익-공정가치 측정 금융자산으로 분류한 경우에는 분류 이후에 공정가치 평가를 실시하며, 공정가치 평가 시에 발생한 평가손익은 당기순손익으로 인식한다.[18)]

금융자산의 분류와 관련, 동일한 경제주체에게 금융자산과 금융부채가 동시에 존재할 수 있다. 이와 관련해서 금융자산과 금융부채 각각에 대해 상이한 분류에 따른 측정을 실시하고 이에 따른 손익을 인식한다면 측정과 인식에 있어 불일치가 발생할 수 있는데 이를 회계불일치라고 한다. 회계불일치를 제거하거나 유의적으로 감소시킬 수 있다면, 최초에 상각후원가 측정 금융자산이나 기타포괄손익-공정가치 측정 금융자산의 특성을 가지는 금융자산(채무상품)을 당기손익-공정가치 측정 금융자산으로 분류할 수 있으며, 일단 분류가 이루어진 이후에는 취소할 수 없다.[19)]

4) 계약상 현금흐름 특성을 나타내지 않는 금융자산(지분상품 등)의 분류

앞서 살펴본 채무상품 등과는 달리 계약상 현금흐름 특성을 나타내지 않는

18) 당기손익-공정가치 측정 금융자산의 공정가치 평가 시의 평가손익은 당기순손익이 되는 반면, 기타포괄손익-공정가치 측정 금융자산의 평가손익은 당기순손익이 아닌 기타포괄손익(자본)으로 인식한다. 이러한 차이는 금융자산 보유 시에 시세차익을 실현하고자 하는 의도가 당기손익-공정가치 측정 금융자산이 상대적으로 더 크기 때문이다. 즉 시세차익을 실현하고자 하는 의도가 상대적으로 큰 당기손익-공정가치 측정 금융자산의 평가손익(미실현손익)은 조만간 실현될 가능성이 더 높기 때문에 평가시점에 평가손익(미실현손익) 관련 정보가 회계정보이용자들의 의사결정에 반영될 수 있도록 해당 기간의 당기순손익에 포함시키는 것이다.

19) 동일한 기업이 금융자산에 대해서는 기타포괄손익-공정가치 측정 금융자산으로, 금융부채에 대해서는 당기손익-공정가치 측정 금융부채로 분류하고 있다고 생각해 보자. 만약 금융자산과 금융부채에 대해서 동일하게 당기손익-공정가치 측정 금융자산(부채)으로 분류한다면 회계정보이용자들의 의사결정에 보다 유용한 정보를 제공할 수 있게 될 것이다.

그림 4.2 채무증권의 분류

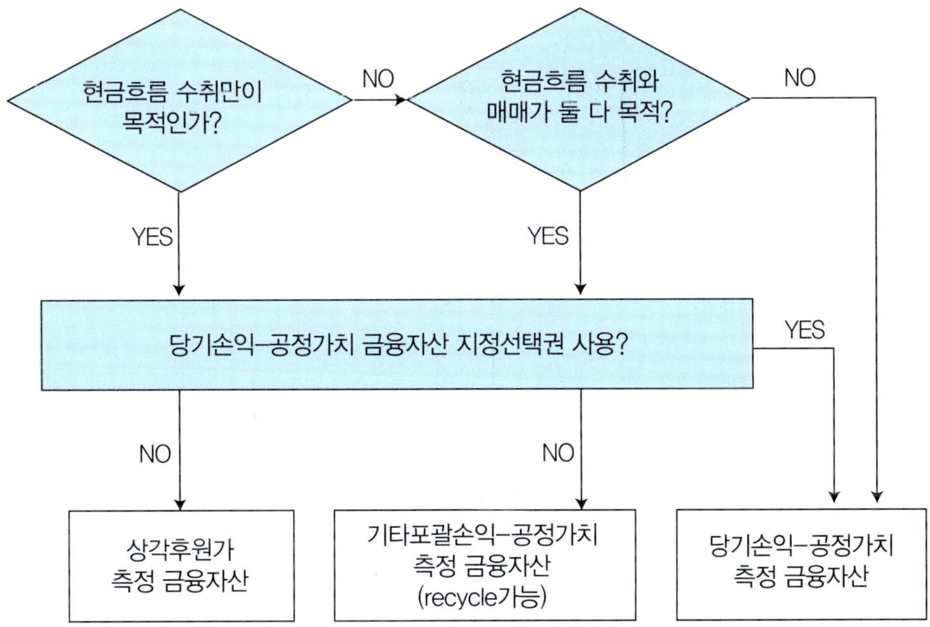

지분상품 등과 같은 금융상품의 경우에는 당기손익-공정가치 측정 금융자산, 기타포괄손익-공정가치 측정 금융자산, 관계기업투자 가운데 하나로 분류한 후 후속 측정을 실시하게 된다.[20]

지분상품 등 계약상 현금흐름 특성을 나타내지 않는 금융자산을 단기 시세차익을 얻고 매도할 목적 등의 사업모형을 가지고 있는 경우에는 해당 금융상품의 공정가치의 변동이 단기간 내에 실현될 가능성이 높다. 이 경우에 공정가치의 변동을 당기의 성과로 제공하는 정보가 회계정보이용자들의 의사결정에 유용할 수 있기 때문에 해당 금융상품을 당기손익-공정가치 측정 금융자산으로 분류한다.

20) 기업이 다른 기업의 의사결정에 중대한 영향력을 행사하고자 20~50%에 해당하는 지분율을 보유하는 경우가 있다. 이러한 경우에는 해당 지분증권을 **관계기업투자**(investment in associate)로 분류한다. 관계기업투자는 **지분법회계**(equity method)라는 특수한 회계를 이용하게 되는데 이와 관련한 구체 내용은 고급회계에서 다루어진다.

그림 4.3 **지분증권의 분류**

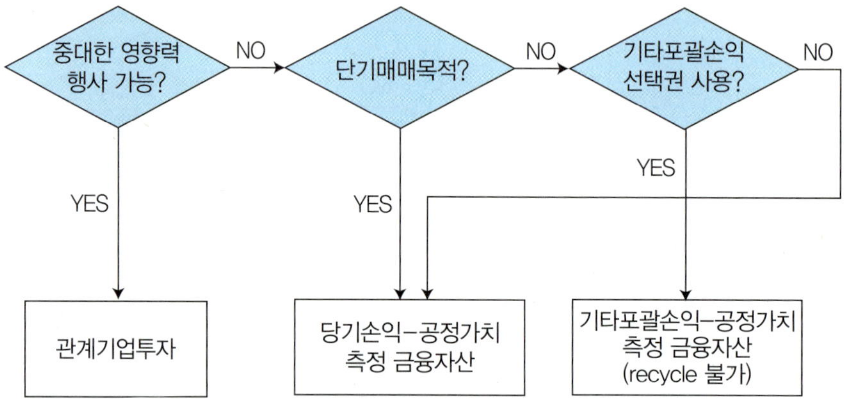

이와 관련하여 지분상품을 당기손익-공정가치 측정 금융자산으로 분류한 후 보유하고 있는 기업이 해당 금융상품을 단기간에 매도하지 않고 장기간 동안 보유하면서 공정가치의 변동을 당기의 성과로 인식하는 경우를 생각해 보자. 이 경우, 미실현손익이 장기간 기업의 성과 변화에 영향을 미치면서 당기의 성과로 제공하는 정보가 회계정보이용자들의 의사결정에 미치는 유용성이 저하될 가능성이 존재한다.

이에 따라 기업이 단기 시세차익을 얻고 매도할 목적이나 다른 기업의 의사결정에 중대한 영향력을 행사하려는 목적 없이 지분상품을 보유하는 경우에는 공정가치 평가 시에 발생한 평가손익을 당기순손익이 아닌 기타포괄손익(자본)으로 인식하는 기타포괄손익-공정가치 측정 금융자산으로 분류할 수 있으며, 일단 분류가 이루어진 이후에는 취소할 수 없다.

3. 금융부채

1) 금융부채의 정의

금융부채는 계약상의 권리와 의무에 기인하여 발생한 계약상의 의무로서 다음과 같은 부채를 말한다.[21)]

① 거래상대방에게 현금 등 금융자산을 인도하기로 한 계약상 의무

② 잠재적으로 불리한 조건으로 거래상대방과 금융자산이나 금융부채를 교환하기로 한 계약상 의무

③ 결제할 자기지분상품의 수량이나 대가가 변동적인 계약(파생상품 및 비파생상품). 단, 확정 수량의 자기지분상품을 확정 금액의 현금 등 금융자산과 교환하여 결제하는 경우는 금융부채가 아닌 지분상품으로 분류

거래상대방에게 현금 등 금융자산을 인도하기로 한 계약상 의무의 대표적인 예로는 지급채무가 있으며 지급채무는 다시 매입채무와 비매입채무로 나누어진다.

구 분	대표적인 계정	상대 금융자산
매입채무	매입채무(지급어음, 외상매입금)	매출채권(받을어음, 외상매출금)
비매입채무	미지급금, 미지급비용, 차입금 등	미수금, 미수수익, 대여금, 예치금 등

다음은 금융부채 가운데 자기지분으로 결제하는 계약의 분개를 보여주고 있다.

예시 4.9

(주)서울상사는 20×1년 1월 1일에 (주)부산물류로부터 14,400원에 해당하는 상품을 구입하였고, 20×1년 2월 1일에 자기지분상품(주식)을 발행하여 구입대가를 지급하기로 하였다. 다음 각 경우의 분개를 실시하시오.

(1) 20×1년 2월 1일에 공정가치 14,400원에 해당하는 자기지분상품(주식)을 지급하기로 한 경우. 이와 관련하여 20×1년 2월 1일의 주식 1주당 공정가치는 1,200원이라고 가정한다.

20×1. 1. 1.

(차) 상 품	14,400	(대) 금융부채	14,400

(주)서울상사가 결제할 자기지분상품의 수량이 확정되지 않았고 결제시점의 주

---

21) 요약하면, 금융부채는 계약에 의해 거래상대방에게 현금 등 금융자산을 지급할 의무 등이라고 할 수 있다. 상기 정의에 근거하여 인식하는 다양한 금융부채는 본서의 여러 부분에서 나누어서 다루며 개별 금융부채 관련 내용은 해당 장에서 다룬다.

식의 공정가치에 따라 지급수량이 변동될 수 있기 때문에 본 거래는 금융부채로 분류한다. 이 경우에 자기지분상품은 상품 취득대가인 14,400원의 지급수단으로 이용된다.

20×1. 2. 1.

(차)	금융부채	14,400	(대) 자본금	12,000
			주식발행초과금	2,400

20×1년 2월 1일에 (주)서울상사가 자기지분상품(주식) 12주(1,200×12주 = 14,400원)를 결제하는 시점에 20×1년 1월 1일에 인식하였던 금융부채를 자본금 등 자본항목으로 대체한다.

(2) 20×1년 2월 1일에 자기지분상품(주식) 10주(액면금액 1,000원)를 지급하기로 결정한 경우

20×1. 1. 1.

(차)	상 품	14,400	(대) 기타자본항목(지분상품)	14,400

(주)서울상사가 결제할 자기지분상품의 수량이 10주로, 지급대가가 14,400원으로 모두 확정되었으므로 지분상품으로 분류한다.

20×1. 2. 1.

(차)	기타자본항목	14,400	(대) 자본금	10,000
			주식발행초과금	4,400

20×1년 2월 1일에 (주)서울상사가 자기지분상품(주식) 10주를 결제하는 시점에 20×1년 1월 1일에 인식하였던 기타자본항목(지분상품)을 자본금 등 타 자본 항목으로 대체한다.

2) 금융부채의 분류

금융부채는 최초 인식 시에 공정가치로 측정한다. 이후 해당 자산의 성격에 따라 상각후원가 측정 금융부채, 당기손익-공정가치 측정 금융부채 등으로 분류하고 후속 측정을 실시한다.[22),23)]

22) 금융부채는 상각후원가 측정 금융부채와 당기손익-공정가치 측정 금융부채 이외에도 ① 금융

(1) 상각후원가 측정 금융부채

기업이 회사채, 차입금, 매입채무 등의 금융부채를 상각후원가 측정 금융부채로 분류한 경우에는 분류 이후에 공정가치 평가를 실시하지 않고, 만기까지 원리금 지급에 대한 분개를 실시하게 된다. 회사채나 차입금 등과 같은 금융부채에 대하여 발행기업의 입장에서 공정가치 평가를 할 수 있으나 금융부채의 공정가치 평가는 주로 금융기관 등을 중심으로 이루어진다.

(2) 당기손익-공정가치 측정 금융부채

금융부채의 분류와 관련해서 금융부채를 당기손익-공정가치 측정 금융부채로 지정함에 따라 서로 다른 기준에 따라 자산이나 부채를 측정하거나 그에 따른 손익을 인식하여 생길 수 있는 인식이나 측정의 불일치(회계불일치)를 제거하거나 제공하는 정보를 유의적으로 더 목적적합하게 하는 경우에는 금융부채를 최초 인식시점에 상각후원가 측정 금융부채로 분류하지 않고 당기손익-공정가치 측정 금융부채로 지정할 수 있다. 다만 일단 당기손익-공정가치 측정 금융부채로 지정하면 이후 이를 취소할 수 없다. 당기손익-공정가치 측정 금융부채로 지정하게 되면 후속적으로 공정가치 평가를 실시하며 공정가치의 변동을 당기의 성과(손익)로 인식한다.

4. 금융자산과 금융부채의 상계

금융자산과 금융부채는 원칙적으로 상계하지 않는다. 이와 관련하여 아래의 조건을 모두 충족하는 경우에는 상계를 실시하며 재무상태표에는 상계 후의 순

자산의 양도가 제거조건을 충족하지 못하거나 지속적 관여 접근법이 적용되는 경우에 생기는 금융부채, ② 금융보증계약, ③ 시장이자율보다 낮은 이자율로 대출하기로 한 약정, ④ 사업결합에서 취득자가 인식하는 조건부 대가 등이 규정되어 있다(기업회계기준서 제1109호 4.2.1). 본서에서는 상각후원가 측정 금융부채와 당기손익-공정가치 측정 금융부채를 중심으로 금융부채를 정리한다.

23) 금융부채 분류별 구체 분개는 본서의 10장. 부채의 제3절 사채 부분에서 구체적으로 다루어진다.

액으로 표시하게 된다.

(1) 인식한 자산과 부채에 대해 법적으로 집행 가능한 상계권리를 현재 보유하고 있음

(2) 순액으로 결제하거나, 자산을 실현하는 동시에 부채를 결제할 의도를 가지고 있음

OX 문제

• **아래 문장이 맞으면 O, 틀리면 X로 답하고 틀린 곳은 바르게 고치시오.**

1. 당좌예금 계좌에 잔고가 없는 상황에서 은행이 당좌차월 계약에 따라 지급을 실시한 경우에 기업의 입장에서 해당 금액은 은행에 대해 지급의무가 있는 부채(단기차입금)가 된다.

2. 현금성자산은 취득 당시 만기일이 1개월 이내인 자산으로서 현금으로 쉽게 전환될 수 있는 금융기관의 예금상품과 수익증권을 지칭한다.

3. 금융기관의 예금상품과 수익증권으로서 취득 당시 만기일이 3개월을 초과하고 1년 이내인 경우에는 단기금융상품으로, 취득 당시 만기가 1년을 초과하는 경우에는 장기금융상품으로 분류하게 된다.

4. 매출채권은 기업이 상품이나 제품의 판매, 용역의 제공 등과 같은 기업의 주된 영업활동 수행의 대가로 미래에 현금을 수취하기로 한 권리를 의미한다.

5. 매출채권과 관련하여, 외상매출금 계정은 외상거래 발생 시에 거래상대방에게서 미래의 현금 지급시기와 금액을 명기한 약속어음을 수령하는 경우에 사용한다.

6. 대손충당금은 자산 차감계정으로서 매출채권금액으로부터 미래에 수취하지 못할 것으로 예상되는 금액을 차감시켜 매출채권을 실제 받을 수 있을 것으로 예상되는 금액으로 낮추는 역할을 한다.

7. 미수금은 기중에 이미 수익이 발생하였지만, 기말까지 현금 수취가 이루어지지 않아 기말에 수정분개를 통해 인식하게 되는 수취채권이다.

8. 선급비용은 기업이 상품, 제품 등 재화의 구입, 용역의 제공 등에 대하여 거래상대방과 약정하고 사전에 지출한 금액을 말한다.

9. 미지급법인세는 계약상 의무가 아닌 법적 의무에 해당하므로 금융상품에 속하지 않는다.

10. 선급금과 선급비용, 선수금과 선수수익 등은 해당 계약의 결과, 현금 등 금융자산을 수취할 권리나 지급할 의무가 아니라 재화나 용역을 수취할 권리나 지급할 의무이므로 금융상품이 아니다.

11. 금융상품이란 거래당사자 어느 한쪽에게는 금융자산이나 지분상품이 생기게 하고 거래상대방에게 금융부채가 생기게 하는 모든 계약을 의미한다.

연습문제

1. (주)세연메디컬은 20×1년 1월 1일에 주거래은행과 당좌계약을 체결하고, 10,000원에 해당하는 당좌차월 약정을 체결하였다.
다음은 20×1년 1월의 거래 내역이다.

20×1. 1. 1.	주거래은행의 당좌예금 계좌에 3,000원을 입금하다.
20×1. 1. 5.	거래처A로부터 상품 2,000원어치를 구입하고 당좌수표를 발행하다.
20×1. 1. 7.	거래처B로부터 상품 7,000원어치를 구입하고 당좌수표를 발행하다.
20×1. 1. 15.	거래처A로부터 상품 3,000원어치를 구입하고 당좌수표를 발행하다.
20×1. 1. 21.	주거래은행의 당좌예금 계좌에 20,000원을 입금하다.

물음

각 일자별로 필요한 분개를 하시오.

2. (주)세연메디컬은 20×1년 1월 1일부터 마케팅부서에서 소액현금제도를 운영하게 되었다. 20×1년 1월 7일에 마케팅부서는 회계부서로부터 현금 500,000원을 수령하였다. 마케팅부서는 20×1년 1월 9일에 출장비로 230,000원을 지급하였고 20×1년 1월 27일에 접대비로 250,000원을 지급하였다. 20×1년 1월 31일에 마케팅부서는 20×1년 1월 9일과 1월 21일의 지급내역 관련 영수증을 회계부서에 제출하고 480,000원의 현금을 수령하였다.

물음

(1) 상기 소액현금제도 실시 관련 분개를 실시하는 주체가 마케팅부서인지, 아니면 회계부서인지 밝히시오.

(2) 각 일자별로 필요한 분개를 하시오.

3. (주)세연메디컬은 20×1년 1월 말 현재 20,000,000원의 매출채권을 보유하고 있다. (주)세연메디컬은 보유 중인 매출채권을 만기 경과일수를 기준으로 하여 총 5개 구간으로 구분하고, 과거의 채무불이행률 자료와 미래의 경기전망 등을 기초로 하여

구간별 채무불이행률을 다음과 같이 산정하였다.

경과기간	매출채권 장부금액(원)	추정 채무불이행률(%)
만기도래 이전	7,000,000	0.1
1～30일 연체	5,000,000	2
31～90일 연체	4,000,000	5
91～180일 연체	3,000,000	15
180일 초과 연체	1,000,000	40
합 계	20,000,000	

물음

(1) 20×1년 1월 말 총기대신용손실금액을 구하시오.

(2) 20×1년 1월 말에 기대신용손실을 추정하기 전에 대손충당금 잔액이 0일 경우, 1,000,000원일 경우, 2,000,000원일 경우 각각에 대하여 상기 채무불이행 관련 분개를 실시하시오.

4. (주)세연메디컬은 20×1년 1월 2일에 은행에 1,000,000원을 예금하였다. 해당 예금 관련 이자율은 연 3%이며 이자는 매달 1일에 지급한다(첫 이자지급일은 20×1년 2월 1일이다).

물음

상기 예금과 관련하여 (주)세연메디컬이 20×1년 1월 31일과 20×1년 2월 1일에 해야 할 분개를 하시오.

5. (주)세연메디컬은 20×1년 2월 1일에 건물을 임차하고, 1년 치 임차료에 해당하는 2,400,000원을 현금 지급하였다. (주)세연메디컬은 매월 단위로 임차료비용을 인식한다.

물음

상기 건물 임차와 관련하여 (주)세연메디컬이 20×1년 2월 1일, 2월 28일, 3월 1일에 해야 할 분개를 각각 하시오.

제5장

재고자산

제5장에서는

재고자산은 재화의 판매를 목적으로 하는 기업이 주된 영업과정에서 판매를 위하여 보유하고 있는 완성품, 생산 중인 자산, 그리고 생산에 사용될 원재료나 소모품을 의미한다. 재무분석의 측면에서 살펴보면, 재고자산은 기업의 영업에 필수불가결한 전형적인 운전자본에 해당한다.

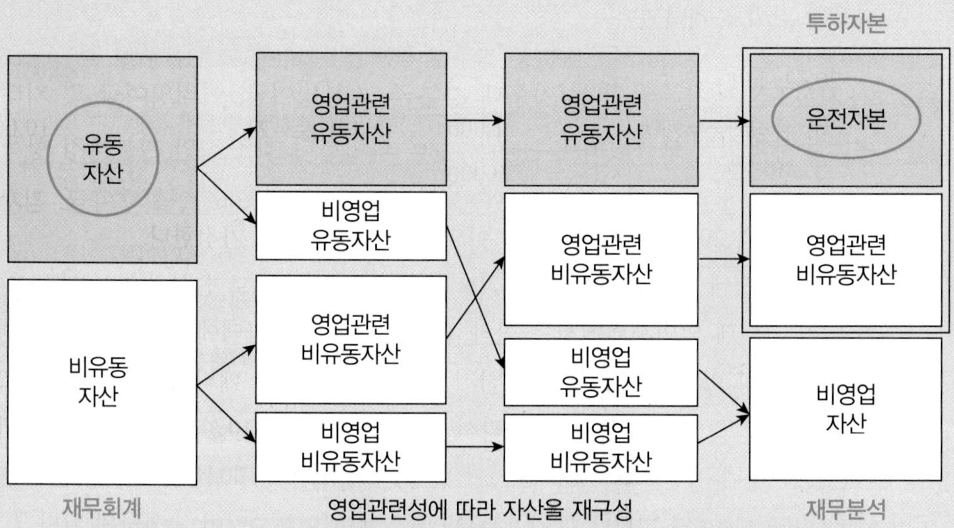

본장에서는 재무회계상 유동자산에 해당하고, 재무분석상 운전자본(투하자본에 속함)에 해당하는 재고자산의 개념과 회계처리에 대해 살펴본다.

제1절 재고자산의 정의와 종류

재고자산(inventory)이란 기업이 주된 영업과정에서 판매를 위해 보유하고 있는 자산, 판매를 위하여 생산 중인 자산, 그리고 생산이나 용역 제공 시에 사용될 원재료나 소모품을 의미한다. 구체적으로 재고자산은 상품, 제품, 재공품, 원재료, 저장품과 미착품 등으로 구분될 수 있다.

기업의 성격에 따라 재고자산을 구분하면 다음과 같이 정리될 수 있다. 먼저 상거래기업의 경우에는 기업 내에서 재고자산을 생산하지 않고 외부의 기업에서 완성품을 구입한 후 보유 및 재판매를 하게 된다. **상품**(merchandise)은 기업이 통상적인 영업과정에서 판매를 하기 위하여 외부의 기업으로부터 완성품을 구입한 후에 보유하고 있는 자산을 의미한다.

다음으로 제조기업의 경우에는 기업 내에서 재고자산을 직접 생산한 후에 보유 및 판매를 하게 된다. 제조기업이 재고자산을 생산하는 과정에 따라 나타나는 재고자산을 정리하면 다음과 같다. 먼저 **원재료**(raw material)는 기업이 아직 생산공정에 투입하지 않은 원자재를 의미한다. **재공품**(work-in-process)은 실제 생산이 진행되는 과정에서 생산공정에 원재료 등이 투입된 후 아직 완성되지 않고 제조과정 중에 있는 상태를 의미한다. **제품**(finished goods)은 기업이 전체 생산과정을 자체적으로 진행하거나 부분적으로 외주 과정을 거친 후 생산된 완성품을 의미한다. **반제품**(semi-finished goods)은 제조기업이 자체적으로 생산 후 보유 중인 부분품, 중간제품 등을 의미한다. **저장품**(supplies)은 기업이 생산 시에 사용하는 소모성 자산들을 의미하는데 구체적인 예로는 소모성 부품, 소모성 공구, 소모성 기구 등을 들 수 있다.[1)]

〈그림 5.1〉은 상거래기업의 대표적인 재고자산인 상품과 제조기업의 대표적

---

1) 기업이 보유하고 있는 예비부품, 대기성장비 및 수선용구 등의 항목은 유형자산의 정의를 충족할 시에는 유형자산으로 분류하며, 그렇지 않을 시에는 재고자산으로 분류한다(기업회계기준서 제1016호 8.).

그림 5.1 재고자산 계정흐름

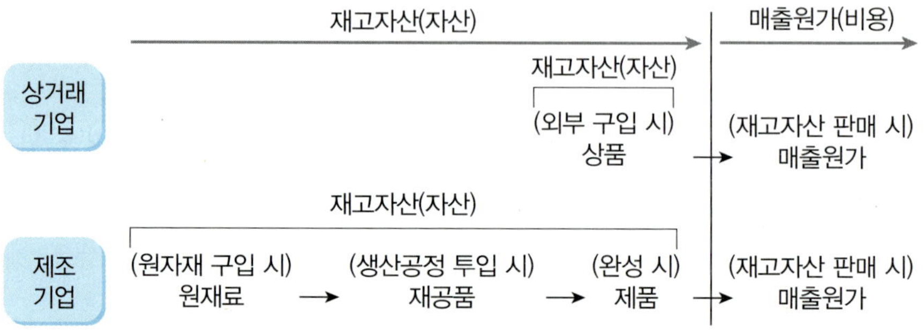

인 재고자산인 원재료, 재공품, 제품과 관련된 계정흐름을 보여주고 있다.[2)]

재고자산의 종류 가운데 **미착품**(goods in transit)은 원재료나 상품 등을 해외 판매자 등 기업 외부로부터 구입하는 경우에 구입 재화의 운송계약조건과 관계가 있다. 기업이 원재료나 상품 등을 기업 외부로부터 구입할 시에 구입 재화의 운송계약조건은 **선적지 인도조건**(FOB(Free On Board) shipping point)과 **도착지 인도조건**(FOB(Free On Board) destination)으로 나뉜다. 선적지 인도조건은 판매기업이 물품을 선적할 시에 재고자산의 소유권이 판매기업으로부터 구매기업으로 변경되는 조건을 의미하며, 도착지 인도조건은 물품이 구매자 지역에 도착하였을 때 재고자산의 소유권이 판매기업으로부터 구매기업으로 변경되는 조건을 의미한다. 회계기간 말 등 특정 회계시점에 구매기업이 선적지 인도조건으로 주문한 재고자산이 이미 선적이 이루어진 후에 운송 중에 있고 아직 도착하지 않은 경우에 운송 중인 물품과 관련하여 미착품이라는 재고자산 계정으로 구분한다. 미착품은 구매기업의 입장에서 실제로 해당 물품이 도착한 것은 아니지만 선적시

---

2) 제조기업의 재고자산을 이해하기 위해서는 전환원가라는 개념을 숙지할 필요가 있다. 제조기업의 제조 관련 소요 원가는 크게 재료원가(원재료), 노무원가(인건비), 그리고 제조간접원가(재료원가와 노무원가 이외의 원가)로 구성된다. 이 가운데 노무원가와 제조간접원가를 합쳐서 전환원가라고 하며, 전환원가는 원재료로부터 제품으로의 전환(생산)이 이루어지는 과정에서 재료원가와 함께 해당 재고자산(제품)의 원가에 포함된다. 제조기업의 재고자산과 관련된 구체 내용은 원가회계에서 다루어진다.

점부터 법적인 소유권이 이미 구매기업에 있기 때문에 구매기업의 재고자산으로 구분된다.

제2절 재고자산의 금액측정방법

기업이 재고자산을 얼마만큼 판매하였는지, 그리고 재고자산을 얼마만큼 보유하고 있는지는 재고자산의 금액을 이용하여 파악하게 된다.

재고자산의 금액은 재고자산의 수량에 단가를 곱해서 구하게 된다. 이를 다시 말하면 재고자산의 금액은 재고자산의 수량과 단가에 의해서 결정된다는 것이다.

재고자산금액 = 재고자산의 수량 × 재고자산의 단가

먼저 재고자산의 수량을 파악하는 대표적인 방법으로는 계속기록법과 실지재고조사법이 있다. 계속기록법은 재고자산의 증가와 감소를 **재고수불부**를 이용해서 계속 기록하는 방법이다. 계속기록법을 이용하면 기업은 장부를 이용해서 재고자산의 수량을 파악할 수 있게 된다.

〈표 5.1〉은 재고수불부의 예시를 보여주고 있다. 예로서 5월 3일의 재고수불부를 기준으로 하면, 기초재고 100개에 5월 3일의 입고수량 200개가 더해져서 총 300개의 재고자산을 보유하고 있음을 알 수 있다.

반면, 실지재고조사법은 기말 등의 시점에 재고자산에 대한 실지 조사를 통해서 판매되지 않고 보유 중인 재고자산 수량을 파악하고 판매가능 재고자산 수량 중 보유 중인 재고자산 수량을 제외한 수량을 판매된 것으로 처리하는 방법이다.

위와 같이 재고자산의 수량파악방법이 두 가지로 구분되어 있지만 실무적으로는 두 가지 방법을 모두 사용하는 경우가 많다. 즉, 기중에 재고수불부를 작성하여 입출고 수량을 지속적으로 파악하고(계속기록법), 기말에 재고수불부상의

표 5.1 재고수불부

일 자	입 고		출 고		잔 고		
	수량	단가	수량	단가	수량	단가	금액
기초재고					100	1,000	100,000
5.3.	200	1,060			100 200	1,000 1,060	100,000 212,000
5.7.			100 100	1,000 1,060	100	1,060	106,000
5.12.	700	1,120			100 700	1,060 1,120	106,000 784,000
5.19.			100 400	1,060 1,120	300	1,120	336,000

기말 잔고수량을 실지 재고조사를 통해 확인하는 작업(실지재고조사법)을 수행하는 것이다.

다음으로 재고자산의 단가를 파악하는 대표적인 방법으로 선입선출법, 가중평균법, 개별법이 있다.

재고자산의 단가를 파악하는 이유는 재고자산의 매입시기마다 매입단가가 달라지는 경우가 많기 때문이다. 매입시기마다 매입단가가 다른 상태에서 기업은 보유하고 있는 재고자산, 또는 판매하는 재고자산의 단가를 임의로 정하지 않고, 재고자산의 입출흐름에 대한 일정한 가정을 하고 이에 따라 보유하고 있는 재고자산이나 판매하는 재고자산의 단가를 구하게 된다.

선입선출법은 먼저 매입한 재고자산이 먼저 판매되는 것으로 가정하여 재고자산의 단가를 구하게 된다. 가중평균법은 재고자산의 매입시기별로 상이한 매입단가를 가중평균하여 산출된 평균값을 상품의 단가로 적용하는 방법이다. 가중평균법은 다시 이동평균법과 총평균법으로 나누어진다.[3)]

3) 재고자산의 단가를 파악하는 방법에 대한 내용은 본장의 '제4절 재고자산의 입출흐름에 대한 가정'에서 구체적으로 다룬다.

다음으로 개별법은 재고자산의 단가를 파악할 시에 선입선출법이나 가중평균법과는 달리 재고자산의 입출흐름에 대한 가정을 하지 않는다. 개별법은 통상적으로 상호 교환될 수 없는 구별되는 특성을 가진 재고자산들을 보유 및 거래함에 따라서 상품 각각의 매입단가를 입출흐름에 대한 가정을 적용하지 않고도 파악할 수 있게 된다. 예로서 기업이 서로 구별되는 공예품들을 매매하고 있다면 상호 구별되는 재고자산별 구입단가를 입출흐름에 대한 가정 없이도 개별상품 각각의 매입단가를 파악할 수 있다.

제3절 재고자산의 회계처리방법

많은 회계 관련 교재에서 재고자산의 회계처리방법으로 계속기록법과 실지재고조사법을 제시하고 있다. 이와 관련하여 계속기록법과 실지재고조사법은 앞서 살펴본 바와 같이 원래는 재고자산의 수량을 파악하는 방법이며, 대부분의 기업들은 두 가지 방법을 모두 사용하고 있다.[4)]

그러나 재고자산의 회계처리방법을 지칭함에 있어서도 계속기록법과 실지재고조사법이라는 용어가 사용되는 이유는 재고자산의 수량파악방법으로 계속기록법만을 사용하는 기업의 경우에는 기중 상품판매 시에 매출원가를 인식할 수 있는 반면, 재고자산의 수량파악방법으로 실지재고조사법만을 사용하는 기업의 경우에는 매출원가를 기중에 인식하지 못하고 기말에 인식할 수밖에 없기 때문이다. 따라서 재고자산의 회계처리방법으로 계속기록법과 실지재고조사법이라는 재고자산 수량파악 용어보다는 예로서 기중매출원가기록법과 기말매출원가기록법 등 다른 명칭을 사용하는 것이 동일한 용어를 수량파악방법과 회계처리

4) 계속기록법을 사용하는 기업이 재고자산의 실지 재고에 대한 조사를 전혀 하지 않거나, 실지재고조사법을 사용하는 기업이 재고자산에 대한 아무런 사전 정보 없이 실지 재고조사 결과만으로 재고자산의 수량에 대한 측정과 의사결정을 하기보다는 가용할 수 있는 모든 정보를 이용하여 의사결정을 하는 것이 더 타당한 방법이다.

방법에 같이 사용하는 경우에 발생할 수 있는 혼선을 줄일 수 있을 것으로 생각한다. 그러나 앞서 언급했듯이 대부분의 독자들이 회계처리방법에 대한 명칭으로 계속기록법과 실지재고조사법에 친숙한 것을 고려하여 본서에서도 재고자산의 회계처리방법에 대한 명칭으로 계속기록법과 실지재고조사법을 사용한다.

1. 재고자산의 기본적 회계처리

재고자산은 기업이 판매할 목적으로 보유하고 있는 자산을 의미한다. 이 가운데 상품은 기업이 통상적인 영업과정에서 판매를 하기 위하여 외부의 기업으로부터 완성품을 구입한 후에 보유하고 있는 자산을 의미한다.[5] 상품의 회계처리 시에 상품을 구입한 경우에는 자산으로 기록하고 상품이 판매된 시점에 **매출원가**(cost of goods sold)라는 비용으로 기록된다.

〈그림 5.2〉는 재고자산의 회계처리와 관련하여 재고자산의 기본적인 변동내용을 보여주고 있다.

그림 5.2 재고자산의 흐름

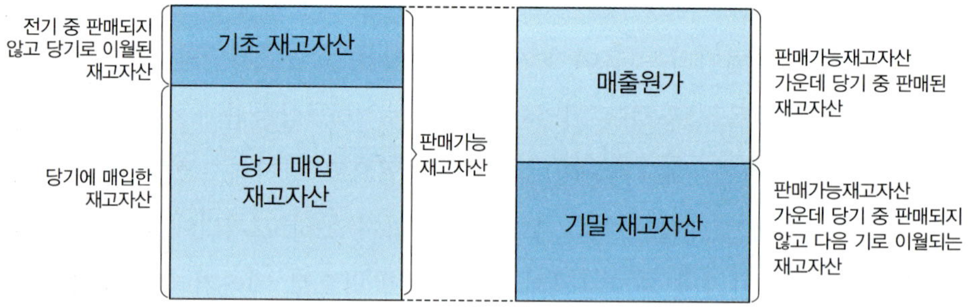

전기에 판매되지 않고 당기로 이월되어 넘어온 재고자산을 기초 재고자산이라고 한다. 기초 재고자산에 기중 구입한 당기 매입 재고자산을 더한 금액을 **판**

5) 본서는 재고자산 가운데 상거래기업의 재고자산인 상품을 중심으로 구성되어 있다. 제조기업의 재고자산과 관련된 내용은 원가회계에서 다룬다.

매가능재고자산이라고 하는데, 이는 기중에 판매할 수 있는 재고자산의 최대 금액을 의미한다. 판매가능재고자산 가운데 당기 중에 판매된 부분은 매출원가라는 비용으로 인식하며, 당기 중에 판매되지 않고 다음 기로 이월되는 재고자산은 기말 재고자산이라고 한다.

재고자산의 회계처리방법으로는 계속기록법(기중매출원가기록법)과 실지재고조사법(기말매출원가기록법)이 있는데 아래의 〈예시 5.1〉에서는 계속기록법(기중매출원가기록법)을 이용하여 재고자산의 기본적인 회계처리방법을 익혀보도록 한다.

예시 5.1

상거래기업인 (주)서울상사는 20×1년 1월 초에 전기로부터 이월된 기초 재고자산 상품 100개(개당 구입단가 1,000원)를 보유하고 있다. (수)서울상사는 20×1년 1월 10일에 상품 300개를 개당 1,000원에 구입하였고, 20×1년 1월 15일에 250개의 상품을 개당 1,500원을 받고 판매하였다.

20×1년 1월 10일에 (주)서울상사는 다음과 같은 분개를 실시한다.

20×1. 1. 10.

(차) 상 품	300,000	(대) 현 금	300,000

20×1년 1월 15일의 분개와 관련하여 다음과 같은 분개를 생각해 볼 수 있다.

20×1. 1. 15.

(차) 현 금	375,000*	(대) 상 품	250,000**
		매출총이익	125,000

* 250개×1,500원
** 250개×1,000원

개당 1,000원씩 주고 사온 상품 250개를 개당 1,500원씩 받고 팔았기 때문에 판매된 250개의 상품에 대해서 개당 500원씩 총 125,000원의 이익을 거두었다는 의미이다. 하지만 재고자산의 판매 시에는 이와 같이 분개하지 않는다. 그 이유는 이와 같이 분개를 하게 될 경우에 손익계산서상에서 해당 성과의 평가에 필요한 정보가 충분하지 않기 때문이다.

손익계산서

⋮

매출총이익 125,000

⋮

이에 따라 재고자산의 판매 시 분개는 판매를 통해 발생한 수익의 총액, 위의 예에서는 20×1년 1월 15일에 판매를 통해 벌어들인 금액 전체인 375,000원을 매출이라는 수익으로 인식하고, 해당 수익을 얻기 위해서 나타난 재고자산의 감소금액인 250,000원 전체를 매출원가라는 비용으로 인식한다.

(차) 현 금	375,000	(대) 매 출(수익)	375,000
(차) 매출원가(비용)	250,000	(대) 상 품	250,000

손익계산서

⋮

매출액	375,000
매출원가	250,000
매출총이익	125,000

⋮

위와 같이 분개를 하게 되면 손익계산서상에서 매출총이익이 125,000원이 나오게 되는 내역을 상세히 알 수 있게 된다. 재고자산이 기업의 주된 영업활동과정에서 판매를 위해 보유하고 있는 자산이며, 따라서 기중에 빈번한 판매가 이루어지는 것을 감안할 때, 손익계산서상에서 당기 성과인 매출총이익의 근거를 자세히 알 수 있는 것은 큰 이점이 된다.

반면 재고자산 이외의 타 자산의 매각 시에는 위에서 살펴본 재고자산 판매 시의 분개와는 달리 다음과 같은 분개를 실시한다. 예로서 기업이 보유하고 있던 장부금액 250,000원인 토지를 현금 375,000원을 받고 매각하였다면 다음과 같이 분개한다.

(차) 현 금	375,000	(대) 토 지	250,000
		유형자산처분이익	125,000

재고자산 이외의 자산의 매각 시에 재고자산의 판매 분개와 같이 매출액과 매출원가 계정을 쓰지 않는 이유는 재고자산 이외의 타 자산의 경우에는 판매를 목적으로 하지 않으며 거래가 자주 발생하지 않으므로, 실제 매각 시에 기업의 성과에 미치는 영향, 즉 위의 예에서 나타난 유형자산처분이익의 근거를 상대적으로 쉽게 파악할 수 있기 때문이다.

앞서 언급한 바와 같이 재고자산 회계처리방법은 계속기록법(기중매출원가기록법)과 실지재고조사법(기말매출원가기록법)이 있다. 아래의 (주)서울상사의 거래내역을 이용하여 각각의 회계처리방법을 살펴본다.

(주)서울상사는 단일 상품을 유통하는 상거래기업이다,

다음은 (주)서울상사의 5월 중 거래내역이다.

날 짜	거래 내역
5월 1일	5월의 기초 상품은 300개이다. 구입단가는 개당 1,000원이다.
5월 3일	(주)부산상회로부터 상품 100개를 개당 1,000원에 현금을 주고 구입하였다.
5월 7일	(주)천안마트에 상품 200개를 개당 1,500원에 현금을 받고 판매하였다.
5월 12일	(주)부산상회로부터 상품 700개를 개당 1,000원에 현금을 주고 구입하였다.
5월 19일	(주)인천마트에 상품 500개를 개당 1,500원에 현금을 받고 판매하였다.

5월 말에 상품 창고에 대한 실사를 실시한 결과 기말 상품의 수량은 400개인 것으로 밝혀졌다.

2. 계속기록법(기중매출원가기록법)

계속기록법은 기중에 상품의 구입과 판매가 이루어질 때에 발생하는 상품의 증가와 감소를 상품 계정을 통해서 계속 기록하고 판매가 이루어질 때마다 감소한 상품의 원가를 매출원가로 인식하게 된다.

상품 구입 시

(차) 상 품	×××	(대) 현금 등	×××

상품 판매 시

(차) 현금 등	×××	(대) 매출(수익)	×××
매출원가(비용)	×××	상 품	×××

상기 (주)서울상사의 5월 중 거래를 계속기록법을 이용하여 분개한 결과는 다음과 같다.

날 짜	차 변		대 변	
5월 3일	상 품	100,000	현 금	100,000
5월 7일	현 금	300,000	매 출	300,000
	매출원가	200,000	상 품	200,000
5월 12일	상 품	700,000	현 금	700,000
5월 19일	현 금	750,000	매 출	750,000
	매출원가	500,000	상 품	500,000

(주)서울상사가 재고자산 거래의 기록방법으로 계속기록법을 사용하는 경우에 5월의 기중 거래에 따른 상품 계정의 증가와 감소를 반영한 후 5월 말 총계정원장의 상품 계정은 다음과 같다.

상 품

차 변			대 변		
기 초		300,000	5월 7일	매출원가	200,000
5월 3일	현 금	100,000	5월 19일	매출원가	500,000
5월 12일	현 금	700,000			
차변합계		1,100,000	대변합계		700,000
계정잔액		400,000			

상품 계정은 기초 재고 300,000원에서 5월 3일과 12일의 증가, 5월 7일과 19일의 감소를 가감하여 기말 금액인 400,000원이 나오게 된다. 그리고 이러한 총계정원장상의 계정잔액은 추후 다루게 될 재고자산의 감모가 발생하지 않은 경우에는 기말 실사금액인 400,000원(400개(기말상품 실사 수량)×1,000원(구입단

가)=400,000원)과 일치하게 된다.[6)]

계속기록법을 사용할 경우에는 상품을 구입하거나 판매하는 시점에 상품 계정에 해당 변경내용을 계속 기록하게 되므로 상품 계정은 항상 해당 시점의 보유상품금액을 보여주게 된다. 그리고 계속기록법을 사용할 경우에는 상품의 판매 시에 상품 계정을 감소시키면서 해당 금액만큼 손익계산서의 비용 계정인 매출원가 계정을 인식하게 된다.

매출원가

차 변			대 변	
기 초		0		
5월 7일	상 품	200,000		
5월 19일	상 품	500,000		
차변합계		700,000	대변합계	0
계정잔액		700,000		

정리하면 상품의 기초 재고분에 당기에 매입한 상품을 더한 판매가능상품 1,100,000원 가운데 700,000원은 판매되어 상품 계정을 감소시키면서 비용인 매출원가로 인식하게 되고 400,000원에 해당하는 상품은 판매되지 않고 다음 회계기간의 기초 상품으로 이월되는 것이다.

3. 실지재고조사법(기말매출원가기록법)

실지재고조사법의 기록방법은 상품의 구입과 판매가 이루어질 때에 발생하는 상품의 증가와 감소를 상품 계정을 통해서 계속 기록하는 계속기록법과는 차이가 있다.

실지재고조사법에서는 먼저 상품의 구입이 이루어질 경우에는 해당 금액을 상품 계정이 아니라 일종의 비용 계정으로 볼 수 있는 **매입**(purchase) 계정에 기

---

6) 재고자산감모손실에 대한 내용은 본장 6절에서 구체적으로 다룬다.

록한다.[7)]

그리고 상품의 판매가 이루어지는 경우에는 판매를 통해서 얻게 되는 매출수익을 기록하는 것은 계속기록법과 동일하지만, 계속기록법과는 달리 판매에 따른 상품의 감소에 대한 분개와 매출원가 인식에 대한 분개는 실시하지 않는다.

상품 구입 시

(차) 매 입	×××	(대) 현금 등	×××

상품 판매 시

(차) 현금 등	×××	(대) 매출(수익)	×××

상기 (주)서울상사의 5월 중 거래를 실지재고조사법을 이용하여 분개한 결과는 다음과 같다.

날짜	차 변		대 변	
5월 3일	매 입	100,000	현 금	100,000
5월 7일	현 금	300,000	매 출	300,000
5월 12일	매 입	700,000	현 금	700,000
5월 19일	현 금	750,000	매 출	750,000

(주)서울상사가 재고자산 거래의 기록방법으로 실지재고조사법을 사용하는 경우에 5월의 기중 거래에 따른 분개를 실시한 후 5월 말 총계정원장의 상품 계정, 매입 계정, 매출원가 계정은 각각 다음과 같다.

상 품

차 변		대 변	
기 초	300,000		
차변합계	300,000	대변합계	0
계정잔액	300,000		

7) 교재에 따라서는 매입 계정이 아닌 매출원가 계정에 기록하는 방법을 제시하기도 한다.

매 입

차 변			대 변	
기 초		0		
5월 3일	현 금	100,000		
5월 12일	현 금	700,000		
차변합계		800,000	대변합계	0
계정잔액		800,000		

매출원가

차 변		대 변	
기 초	0		
차변합계	0	대변합계	0
계정잔액	0		

먼저 상품 계정은 기말 실사결과 판매되지 않고 남아있는 금액인 400,000원이 아닌 300,000원을 나타내고 있는데 이 금액은 기초 상품금액인 300,000원에서 기중 상품의 증가 및 감소의 변화가 반영되지 않은 결과임을 알 수 있다. 이와 관련하며 매입 계정의 잔액 800,000원은 상품 구입 시에 해당 내용을 상품 계정이 아닌 매입 계정에 분개한 결과이며, 매출원가 계정의 잔액 0원은 상품 판매 시에 상품의 감소를 매출원가로 인식하는 분개를 하지 않은 결과이다.

실지재고조사법을 이용하여 재고자산의 분개를 실시하는 경우에는 기말 시점에 실지 재고에 대한 조사(실사)를 실시한 후 해당 금액을 상품 계정에 반영하는 수정분개를 다음과 같이 실시하여야 한다

기말 수정분개

(차)	매출원가	×××	(대)	상품(기초)	×××
	매출원가	×××		매 입	×××
	상품(기말)	×××		매출원가	×××

실지재고조사법의 기말 수정분개는 다음과 같은 순서로 이루어진다.

첫째, 기중 거래를 마친 후 나타나는 상품 계정의 잔액, 즉 기초 상품금액만

큼이 모두 판매되었다고 가정하고 상품 계정을 감소시킨다. 이 경우 해당 금액이 판매되었음을 가정하므로 동 금액을 매출원가로 차변에 기록한다.

둘째, 매입 계정에 나타나 있는 당기의 상품 매입액을 모두 판매되었다고 가정하여 매입 계정을 감소시킨다. 이 경우 역시 해당 금액이 판매되었음을 가정하므로 동 금액을 매출원가로 차변에 기록한다. 상기 두 분개를 통해 상품 계정과 매입 계정의 기존 잔액인 300,000원과 800,000원은 모두 0으로 감소되는 동시에 동 금액의 합계금액인 1,100,000원은 매출원가로 모이게 된다. 매출원가 계정으로 분개되는 1,100,000원은 기초 상품금액과 당기 매입금액의 합계인 판매가능상품금액을 의미한다. 따라서 매출원가로 1,100,000원을 인식하는 것은 기말 시점에서 판매가능상품이 모두 판매되었음을 나타내게 된다.

그러나 앞서 나온 예제에서 살펴본 바와 같이 판매가능상품이 모두 판매된 것은 아니다. 따라서 기말 시점의 상품 재고, 즉 판매되지 않는 상품을 실지 재고에 대한 조사를 통해서 파악한 후 해당 금액만큼 상품 계정으로 기록하고 매출원가 계정은 감소시키는 분개를 실시한다. 상품에 대한 실지 재고가 400,000원임을 확인한 후 실지재고조사법에서 실시하는 기말 수정분개는 다음과 같다.

날짜	차 변		대 변	
5월 31일	매출원가	300,000	상품(기초)	300,000
5월 31일	매출원가	800,000	매 입	800,000
5월 31일	상품(기말)	400,000	매출원가	400,000

실지재고조사법에서 기말 수정분개를 실시한 후 나타나는 총계정원장상의 상품, 매입, 매출원가 계정은 다음과 같다.

상 품

차 변			대 변		
기 초		300,000	5월 31일	매출원가	300,000
5월 31일	매출원가	400,000			
차변합계		700,000	대변합계		300,000
계정잔액		400,000			

매 입

차 변			대 변		
기 초		0	5월 31일	매출원가	800,000
5월 3일	현 금	100,000			
5월 12일	현 금	700,000			
차변합계		800,000	대변합계		800,000
계정잔액		0			

매출원가

차 변			대 변		
기 초		0	5월 31일	상품(기말)	400,000
5월 31일	상품(기초)	300,000			
5월 31일	매 입	800,000			
차변합계		1,100,000	대변합계		400,000
계정잔액		700,000			

실지재고조사법의 기중 분개 및 기말 수정분개를 마친 후의 상품 계정과 매출원가 계정의 기말 잔액은 계속기록법을 사용한 경우의 금액과 동일해짐을 알 수 있다.[8)]

제4절 재고자산의 입출흐름에 대한 가정

앞서 살펴본 재고자산의 기록방법에서 살펴볼 때, 재고자산의 회계 가운데

8) 재고자산에서 감모가 발생했을 시에 계속기록법의 경우에는 실사를 하지 않으면 장부상 감모의 파악이 불가능하다. 그리고 실지재고조사법의 경우에는 기말 실사의 결과 파악되지 않은 재고자산은 자동적으로 매출원가로 인식되므로 감모 자체를 파악할 수 없다. 따라서 계속기록법의 경우에는 실지 재고에 대한 실사, 실지재고조사법의 경우에는 기중 재고자산의 입출수량 파악을 통해서 각 회계처리방법의 단점을 보완하게 된다.

중요한 부분 중 하나는 기업이 판매할 수 있는 재고자산, 즉 판매가능상품 가운데 판매된 부분(금액)을 매출원가로, 미판매된 부분(금액)을 기말 상품으로 구분하는 것이다.

이와 관련하여 앞서 살펴본 (주)서울상사의 경우에는 상품의 매입 시에 개당 단가가 매번 1,000원으로 일정하였으므로 판매시점에 판매수량만 파악이 되면 변동없이 고정된 개당 단가인 1,000원을 곱하여 매출원가를 구할 수 있었다. 그러나 실제 기업운영 시에는 매번 거래하는 상품이 동일하다고 해도 구매수량이나 구매조건, 물가수준의 변동 등 다양한 이유로 구입단가가 변동할 가능성은 언제나 존재한다. 이 경우 동일 상품의 구입시점별 구입단가가 상이한 경우에 이후 판매 시에 매출원가로 인식해야 할 상품의 구입금액(매입단가)을 결정해야 하는 문제가 발생한다.[9] 이 경우에 판매된 상품의 구입 당시의 매입단가를 정확히 파악하는 것이 어려우며, 따라서 정확한 매출원가를 인식하는 데에도 어려움이 발생하게 된다. 이러한 문제점을 해결하기 위해서 한국채택국제회계기준에서는 단위원가 결정 시에 재고자산의 입출흐름에 대하여 기업이 가정할 수 있도록 하고 있다. 한국채택국제회계기준에서 제시된 **재고자산의 입출흐름에 대한 가정**으로는 선입선출법과 가중평균법이 있다.[10]

아래의 (주)광주상사는 앞서 살펴본 (주)서울상사의 경우와는 달리 상품의 구입 시에 구입단가가 동일하지 않고 변동되는 모습을 보여주고 있다. (주)광주상사는 단일 상품을 유통하는 상거래기업으로 다음은 5월 중 거래내역이다.

---

9) 예로서 동일 상품으로서 개별 단가가 1,000원인 기초 상품 100개와 개별 단가가 1,200원으로 인상된 후 당기에 매입한 200개의 상품을 보유 중에 80개의 상품을 판매하였다면 80개의 상품 중 몇 개가 1,000원에 해당하며 몇 개가 1,200원에 해당하는가를 판단하여야 매출원가를 결정할 수 있게 된다.

10) 재고자산의 입출흐름에 대한 가정으로 선입선출법과 가중평균법 외에 후입선출법이라는 가정이 있다. 후입선출법은 한국채택국제회계기준에서는 허용하고 있지 않지만 우리나라의 일반기업회계기준에서는 허용하고 있다. 본서에서는 후입선출법의 가정에 대해서도 살펴보도록 한다.

날 짜	거래내역
5월 1일	5월의 기초 상품은 100개이다. 구입단가는 개당 1,000원이다.
5월 3일	(주)부산상회로부터 상품 200개를 개당 1,060원에 현금을 주고 구입하였다.
5월 7일	(주)천안마트에 상품 200개를 개당 1,500원에 현금을 받고 판매하였다.
5월 12일	(주)부산상회로부터 상품 700개를 개당 1,120원에 현금을 주고 구입하였다.
5월 19일	(주)인천마트에 상품 500개를 개당 1,500원에 현금을 받고 판매하였다.

5월 말에 상품 창고에 대한 실사를 실시한 결과 기말 상품의 수량은 300개인 것으로 밝혀졌다.

위의 예와 같이 매입시점별로 매입단가가 상이한 경우에는 상품 판매와 관련하여 매출원가를 계산할 시에 추가적으로 고려해야 할 사항이 발생한다. 위의 예에서 5월의 기초 상품 100개는 개당 단가가 1,000원이었으며 5월 3일에 매입한 200개의 개당 단가는 1,060원이다. 5월 7일에 판매된 상품 200개 가운데 기초 상품과 5월 3일에 매입한 상품이 각각 몇 개씩 판매되었는가? 실무상 이에 대하여 정확하게 파악하는 것이 불가능하다면 매출원가를 신뢰성 있게 측정할 수 없게 된다. 이에 따라, 만약 실무에서 동일한 상품을 매입시점별로 정확히 관리하고자 하는 경우에는 부가적으로 많은 시간과 비용을 필요로 하게 된다. 한국채택국제회계기준에서는 상품 등 재고자산의 단위원가를 결정하기 위하여 선입선출법이나 가중평균법과 같은 재고자산의 입출흐름에 대한 가정을 적용하도록 하고 있으며 우리나라의 일반기업회계기준에서는 후입선출법의 적용도 허용하고 있다.[11)]

1. 선입선출법

기업에서 **선입선출법**(first-in-first-out)을 적용할 경우에는 시기적으로 먼저 매입한 상품 순서에 따라 순차적으로 판매되는 것으로 가정한다.[12)]

---

11) 기업회계기준서 제1016호 25.

12) 선입선출법 적용 시에 먼저 매입한 상품이 먼저 판매되는 것으로 가정하는 것이며 먼저 매입한 상품을 물리적으로 먼저 판매하는 것을 의미하는 것은 아니다. 선입선출법의 적용 이유는

매출원가를 인식하는 시기에 따라 회계처리방법은 다음과 같이 구분된다.

1) 계속기록법(기중매출원가기록법)을 적용 시

계속기록법에서는 상품의 매입과 판매를 상품 계정에서 계속 기록 및 관리하므로 상품 계정을 통해 상품의 증감에 대한 파악이 가능하다. 위의 예에서 (주)광주상사가 상품의 입출흐름에 대하여 선입선출법을 가정할 경우 구입단가가 1,000원인 기초 상품 100개와 구입단가 1,060원인 5월 3일 매입 상품 200개가 있는 가운데 5월 7일에 200개가 판매된다면 우선 매입순서가 빠른 기초 상품 100개가 먼저 팔리고 그다음으로 5월 3일 매입 상품 100개가 순차적으로 판매되는 것으로 가정하고 매출원가를 계산하게 된다.

위의 예에서 (주)광주상사는 5월 중에 5월 7일 200개와 5월 19일 500개, 총 700개의 상품을 판매하였다. (주)광주상사가 선입선출법을 적용하는 경우에 5월에 판매된 700개의 상품에 해당하는 매출원가는 매입순서에 따라 기초 상품 100개, 5월 3일 매입 상품 200개, 5월 12일 매입 상품 400개의 구입단가를 순차적으로 적용하여 다음과 같이 계산된다.

	수 량		매입단가		금 액
기초 상품	100개	×	1,000원	=	100,000원
5월 3일 매입 상품	200개	×	1,060원	=	212,000원
5월 12일 매입 상품	400개	×	1,120원	=	448,000원
5월의 매출원가					760,000원

위와 같은 계산결과, 매입시기로 볼 때 가장 최근에 매입한 5월 12일 매입 상품 300개는 순서상 판매되지 않은 것으로 가정되고, 매입 당시의 매입단가인 1,120원을 적용한 금액은 기말 상품금액으로 계산된다.

시기별 매입단가의 차이가 발생하는 상황에서 판매 시에 합리적으로 매입단가 및 매출원가를 결정하려는 것이지, 물리적으로 상품의 판매순서를 정하려는 것은 아니다.

	수 량		매입단가		금 액
5월 12일 매입 상품	300개	×	1,120원	=	336,000원
5월의 기말 상품					336,000원

2) 실지재고조사법(기말매출원가기록법)을 적용 시

실지재고조사법을 적용할 경우에는 기중 구입과 판매에 따른 변화를 상품 계정에서 파악하지 않는다. 따라서 계속기록법에서 살펴본 바와는 달리 선입선출법 적용 시에는 판매시기별 매출원가의 계산이 불가능하다.

실지재고조사법에서 선입선출법을 적용할 시에는 다음과 같은 방법으로 매출원가와 기말 상품금액을 산출한다.

첫째, 매입시점의 순서에 따라 당기의 판매가능상품을 나열한다. 둘째, 기말 실지 재고조사에 따라 밝혀진 기말 상품은 선입선출법의 가정상 시기적으로 가장 최근 매입분에 해당하므로 최근 매입순서에 따라 조사된 기말 재고수량에 해당되는 구입단가를 적용하여 기말 상품을 계산한다. 위 사례의 경우에는 회계기간 말 실사결과 밝혀진 상품 수량이 300개이며 해당 상품이 최근 매입분인 5월 12일 매입 상품에 해당한다고 가정하고 300개에 5월 12일 매입단가인 1,120원을 곱한 336,000원을 기말 상품금액으로 계산한다.

그림 5.3 선입선출법을 이용한 매출원가와 기말 재고자산 계산

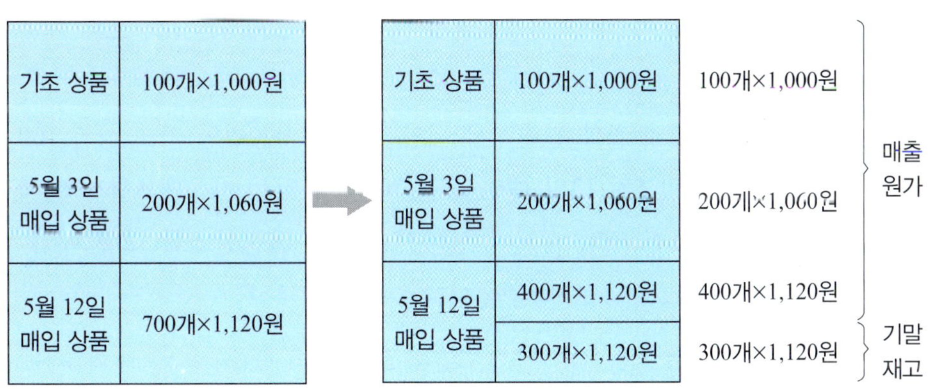

이에 따라 시기적으로 먼저 매입되고 먼저 팔린 것으로 가정된 상품은 해당 시기의 매입단가를 적용하여 매출원가로 계산된다. 위의 사례에서는 최근 매입분으로서 기말 상품금액으로 계산된 5월 12일 매입 상품 300개를 제외하고 기초 상품 100개, 5월 3일 매입 상품 200개, 5월 12일 매입 상품 400개가 판매된 것으로 가정한다. 판매된 것으로 가정된 상품별로 해당되는 시기의 매입단가를 곱하여 매출원가인 760,000원을 구하게 된다.

2. 후입선출법

기업에서 **후입선출법**(last-in-first-out)을 적용할 경우에는 시기적으로 나중에 매입한 상품 순서에 따라 순차적으로 판매되는 것으로 가정한다.[13)]

매출원가를 인식하는 시기에 따라 회계처리방법은 다음과 같이 구분된다.

1) 계속기록법

계속기록법에서는 상품의 매입과 판매를 상품 계정에서 계속 기록 및 관리하므로 상품 계정을 통해 상품의 증감에 대한 파악이 가능하다. 위의 예에서 (주)광주상사가 상품의 입출흐름에 대하여 후입선출법을 가정할 경우 구입단가가 1,000원인 기초 상품 100개와 구입단가 1,060원인 5월 3일 매입 상품 200개가 있는 가운데 5월 7일에 200개가 판매된다면 우선 매입 순서가 최근인 5월 3일 매입 상품이 먼저 팔리고 필요한 경우 그다음으로 기초 상품이 순차적으로 판매되는 것으로 가정하고 5월 7일의 매입 상품 200개를 대상으로 매출원가를 계산하게 된다.

5월 19일 매출과 관련해서 구입단가가 1,000원인 기초 상품 100개와 구입단가 1,120원인 5월 12일 매입 상품 700개가 있는 가운데 5월 19일에 500개가 판매된다면 우선 매입 순서가 상대적으로 더 최근인 5월 12일 매입 상품이 먼저

13) 후입선출법 적용 시에 나중에 매입한 상품이 먼저 판매되는 것으로 가정하는 것이며 나중에 매입한 상품을 물리적으로 먼저 판매하는 것을 의미하는 것은 아니다.

팔리고 필요한 경우 그다음으로 기초 상품이 순차적으로 판매되는 것으로 가정하고 5월 12일의 매입 상품 500개를 대상으로 매출원가를 계산하게 된다.

위의 예에서 (주)광주상사는 5월 중에 5월 7일 200개와 5월 19일 500개, 총 700개의 상품을 판매하였다. (주)광주상사가 후입선출법을 적용하는 경우에 5월에 판매된 700개의 상품에 해당하는 매출원가는 각 거래시점 기준 나중에 매입한 순서에 따라 5월 3일 매입 상품 200개와 5월 12일 매입 상품 500개의 구입단가를 적용하여 다음과 같이 계산된다.

	수 량		매입단가		금 액
5월 3일 매입 상품	200개	×	1,060원	=	212,000원
5월 12일 매입 상품	500개	×	1,020원	=	560,000원
5월의 매출원가				=	772,000원

위와 같은 계산결과, 매입시기로 볼 때 기초 상품 100개와 5월 12일에 매입한 매입 상품 200개는 판매되지 않은 것으로 가정되고, 각 상품별 매입 당시의 매입단가를 적용한 금액을 기말 상품금액으로 계산한다.

	수 량		매입단가		금 액
기초 상품	100개	×	1,000원	=	100,000원
5월 12일 매입 상품	200개	×	1,020원	=	224,000원
5월의 기말 상품				=	324,000원

상기 내용을 재고수불부로 정리하면 다음의 〈표 5.2〉와 같다.

2) 실지재고조사법

실지재고조사법을 적용할 경우에는 기중 구입과 판매에 따른 변화를 상품 계정에서 파악하지 않는다. 따라서 계속기록법에서 살펴본 후입선출법 적용 시에 판매시기별 매출원가의 계산은 불가능하다.

실지재고조사법에서 후입선출법을 적용할 시에는 다음과 같은 방법으로 매출원가와 기말 상품금액을 산출한다.

표 5.2 재고수불부(후입선출법 적용 시)

일자	입고		출고		잔고		
	수량	단가	수량	단가	수량	단가	금액
기초재고					100	1,000	100,000
5.3.	200	1,060			100	1,000	100,000
					200	1,060	212,000
5.7.			200	1,060	100	1,000	100,000
5.12.	700	1,120			100	1,000	100,000
					700	1,120	784,000
5.19.			500	1,120	100	1,000	100,000
					200	1,120	224,000

그림 5.4 후입선출법을 이용한 매출원가와 기말재고자산 계산

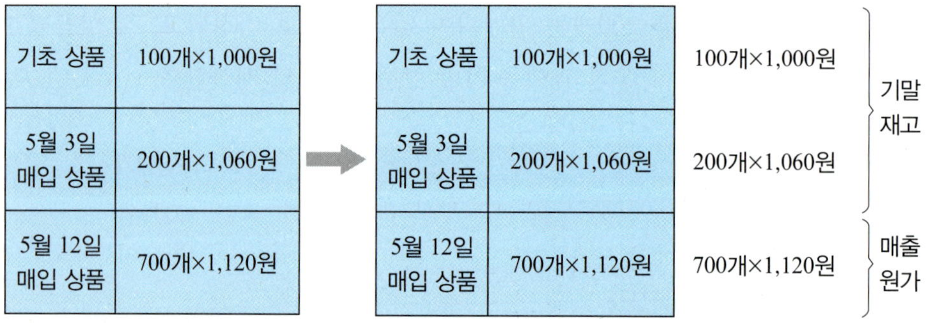

첫째, 매입시점의 순서에 따라 당기의 판매가능상품을 나열한다. 둘째, 기말 실지 재고조사에 따라 밝혀진 기말 상품은 후입선출법의 가정상 시기적으로 가장 이른 매입분에 해당하므로 매입 순서에 따라 조사된 기말 재고수량에 해당되는 구입단가를 적용하여 기말 상품을 계산한다. 위 사례의 경우에는 회계기간 말 실사결과 밝혀진 상품 수량이 300개이며 해당 상품이 시기적으로 먼저 매입한 순서대로 기초 상품 100개와 5월 3일 매입 상품 200개에 해당한다고 가정한다. 100개에 기초 상품 매입단가인 1,000원을 곱한 100,000원과 200개에 5월 3

일 매입단가인 1,060원을 곱한 212,000원을 더한 312,000원을 기말 상품금액으로 계산한다.

이에 따라 시기적으로 최근에 매입되고 먼저 팔린 것으로 가정된 상품은 해당 시기의 매입단가를 적용하여 매출원가로 계산된다. 위의 사례에서는 최근 매입분인 5월 12일 매입 상품 700개가 판매된 것으로 가정한다. 판매된 것으로 가정된 5월 12일 매입 상품 700개에 해당 시기의 매입단가인 1,120원를 곱하여 매출원가인 784,000원을 구하게 된다.[14)]

3. 가중평균법

가중평균법(average cost method)은 기업이 가지고 있는 상품의 구입시기별로 상이한 매입단가를 가중평균하여 산출된 평균값을 상품의 매입단가로 적용하는 방법이다. 가중평균법은 매출원가를 인식하는 시기에 따라 다시 **이동평균법**(moving average method)과 **총평균법**(weighted average method)으로 나눈다.

1) 계속기록법(기중매출원가기록법) 적용 시: 이동평균법

이동평균법은 상품을 매입하는 시점에 매입 전 보유 상품과 신규 매입 상품 간에 매입단가의 차이가 발생할 때마다 상품의 가중평균 매입단가를 산출한 후, 이후 상품이 판매될 때에는 산출된 가중평균 매입단가를 적용하여 매출원가를 산출하게 된다.

(주)광주상사의 5월 거래내역에 대해서 이동평균법을 이용하여 매출원가와 기말 상품금액을 계산하면 다음과 같다.

---

14) 후입선출법을 적용할 경우 기말 상품이 최근의 매입단가와 관련성이 낮은 금액으로 표시되며, 재고자산의 매입단가가 상승하는 경우에 재고자산의 매입을 줄이면 매입원가가 상대적으로 낮은 기초 상품이 매출원가로 대체되어 당기의 성과를 증가시킬 수 있다는 문제점이 있으므로 적용 시 주의를 요한다.

5월 3일 매입시점에 판매가능상품 300개의 가중평균 매입단가

판매가능상품 가액: (100개×1,000원)+(200개×1,060원)=312,000원

가중평균 매입단가: 312,000원÷300개=1,040원

5월 3일에 가중평균 매입단가를 적용함에 따라 5월 3일에 보유하고 있는 300개의 상품의 개당 단가는 300개 공히 1,040원으로 가정한다.

5월 7일 매출시점의 매출원가와 보유상품금액

5월 7일 판매된 상품 200개의 매출원가: 200개×1,040원=208,000원

5월 7일 판매 후 보유하고 있는 상품 100개의 원가: 100개×1,040원=104,000원

5월 12일 매입시점에 판매가능상품 800개의 가중평균 매입단가

판매가능상품 가액: (100개×1,040원)+(700개×1,120원)=888,000원

가중평균 매입단가: 888,000원÷800개=1,110원

5월 12일에 가중평균 매입단가를 적용함에 따라 5월 12일에 보유하고 있는 800개의 상품의 개당 단가는 800개 공히 1,110원으로 가정한다.

5월 19일 매출시점의 매출원가와 보유상품금액

5월 19일 판매된 상품 500개의 매출원가: 500개×1,110원=555,000원

5월 19일 판매 후 보유하고 있는 상품 300개의 원가: 300개×1,110원=333,000원

5월의 매출원가: 208,000원(5월 7일 매출)+555,000원(5월 19일 매출)=763,000원

5월의 기말 상품: 333,000원

2) 실지재고조사법(기말매출원가기록법) 적용 시: 총평균법

총평균법은 매입단가의 차이가 발생할 때마다 가중평균 매입단가를 계산하는 이동평균법과는 달리, 회계기간의 말 시점에 해당 회계기간의 판매가능상품 전체를 대상으로 가중평균 매입단가를 한 번 계산하며, 실지재고조사법(기말매출원가기록법)에서 주로 사용된다.

총평균법을 적용할 시에는 다음과 같은 순서에 따라 매출원가와 기말 상품을 산출한다.

첫째, 기말에 당기 판매가능상품 전체를 대상으로 하여 가중평균 매입단가를

그림 5.5 총평균법을 이용한 매출원가와 기말 재고자산 계산

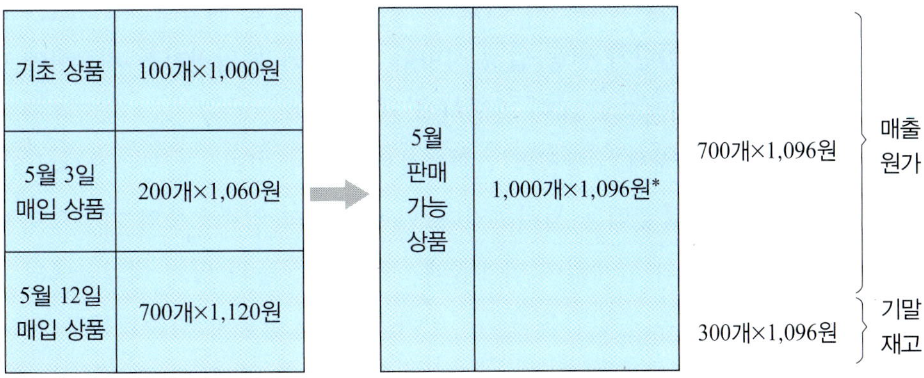

* (100개×1,000원+200개×1,060원+700개×1,120원)÷1,000개=1,096원

산출한다. 둘째, 기말 실지 재고조사에 따라 밝혀진 기말 상품수량과 판매상품수량 각각에 대하여 앞서 산출한 가중평균 매입단가를 적용하여 기말 상품금액과 매출원가금액을 산출한다.

위의 사례에서 (주)광주상사의 판매가능상품 전체 금액인 1,096,000원을 판매가능 전체 수량 1,000개로 나누면 가중평균 매입단가 1,096원이 된다. 이어서 (주)광주상사의 기말 상품금액은 실지 재고조사 결과 밝혀진 기말 보유상품수량인 300개에 가중평균 매입단가 1,096원을 적용한 328,800원이 되며, 매출원가는 총판매가능상품 수량 1,000개 중 기말 보유수량인 300개를 제외한 700개에 가중평균 매입단가 1,096원을 적용한 767,200원이 된다.[15)]

이동평균법은 총평균법에 비하여 매입단가 변동 시마다 해당 시기의 판매가

15) 총평균법은 기말에 가중평균 매입단가를 한 번 구하게 되는데, 이와 관련하여 특정 시점에 판매되는 상품에 적용되는 가중평균 매입단가에 판매시점 이후에 구입한 상품의 매입단가가 영향을 미치는 상황이 발생할 수 있다. 위의 예에서 5월 7일에 판매되는 상품 200개는 1,096원의 가중평균 매입단가를 적용하게 되는데, 해당 가중평균 매입단가의 결정에는 5월 7일 판매 이후의 시기인 5월 12일에 구입한 700개의 매입단가가 포함되어 있다. 현행 회계기준에서는 특정 판매시점 이후 구입된 상품의 매입단가가 해당 판매시점의 단가 적용 시 포함된다는 비현실적인 가정에도 불구하고 기업이 판매가능상품금액을 판매 부분과 보유 부분으로 구분하기 위한 하나의 방법으로 총평균법을 사용할 수 있도록 하고 있다.

능상품의 가중평균 매입단가를 구함에 따라 해당 시기의 신뢰성 있는 매입단가를 구할 수 있다. 그러나 기말에 한 번 가중평균 매입단가를 계산하는 총평균법과 달리 매입단가 변동 발생 시마다 가중평균 매입단가를 계산함에 따라 시간과 비용이 상대적으로 많이 발생하게 된다.

〈표 5.3〉에서는 상품의 입출흐름의 가정에 따라 (주)광주상사의 5월 매출원가와 기말 상품금액을 정리하였다. 먼저 상품의 입출흐름의 가정으로 어떤 방법을 적용하는가와 관계없이 합계금액, 즉 기초 상품과 당기 매입금액의 합인 판매가능상품금액은 동일함을 알 수 있다. 그러나 상품의 입출흐름의 가정 차이에 따라 매출원가와 기말 상품의 금액은 차이가 발생함을 볼 수 있다.

표 5.3 상품의 입출흐름에 대한 가정에 따른 매출원가와 기말 상품

입출흐름에 대한 가정	합계(판매가능상품금액)	매출원가	기말 상품
선입선출법	1,096,000원	760,000원	336,000원
이동평균법	1,096,000원	763,000원	333,000원
총평균법	1,096,000원	767,200원	328,800원
후입선출법[16)]	1,096,000원	772,000원	324,000원

위의 〈표 5.3〉에서 매출원가는 선입선출법, 이동평균법, 총평균법, 후입선출법의 순서로 증가하고 있고, 기말 상품은 선입선출법, 이동평균법, 총평균법, 후입선출법의 순서로 감소하고 있다. 이러한 결과는 (주)광주상사의 예에서 5월 상품의 매입단가가 기초 재고로부터 5월 3일 매입 상품, 5월 12일 매입 상품의 순서로 1,000원, 1,060원, 1,120원으로 변동함에 따라 발생하게 된다. 매출원가를 예로 들면 선입선출법의 경우에는 매출이 발생할 시에 본 예에서는 구입단가가 낮은 기초 상품이 먼저 팔린다고 가정하고 해당 매입단가를 매출원가로 적용하는 반면, 이동평균법이나 총평균법에서는 매입에 따른 구입단가 인상효과가 이후 매출이 발생할 시에 상품의 가중평균 단가계산 시에 반영되므로 매출원가가 상대

16) 상기 금액은 계속기록법하에서 후입선출법을 적용할 경우에 기초하여 제시되었다.

적으로 커지는 것이다. 후입선출법의 경우에는 매출이 발생할 시에 구입단가가 높은 최근 매입 상품이 먼저 팔린다고 가정하므로 매출원가의 상승효과가 가장 크게 나타난다.

〈표 5.3〉은 기업이 상품 입출흐름에 대한 가정을 결정함에 따라 특정 회계기간의 비용으로 인식되는 매출원가와 자산으로 인식되는 기말 상품의 금액 구분이 상이하게 나타남을 보여주었다. 이와 관련하여, 기업은 상품의 입출흐름에 대한 가정을 선택할 수 있지만, 한번 선택한 방법은 자주 변경할 수 없고 지속적으로 사용하여야 한다.

4. 개별법

일반적으로 대량 거래되는 상품에 대한 입출흐름의 가정으로 선입선출법과 가중평균법을 사용하는 것과는 달리 통상적으로 상호 교환될 수 없는 재고자산 항목의 원가에 대해서는 **개별법**(specific identification method)을 적용하여 단위원가를 결정한다. 개별법은 식별되는 각각의 개별 재고자산별로 식별되는 개별 원가를 부과하는 방법이다. 개별적으로 식별되는 개별 상품에 대해서는 상품 각각의 매입단가를 파악할 수 있기 때문에 상품 입출흐름에 대한 가정을 적용하지 않고도 판매된 상품(매출원가)과 미판매된 상품(기말 상품)금액을 파악할 수 있다.

(주)서울상회는 수공예품을 거래하는 상거래기업이다. 다음은 (주)서울상회의 5월 중 거래내역이다

날 짜	거래내역
5월 1일	5월의 기초 상품은 10개이다. 구입단가는 개당 1,000원이다.
5월 3일	(주)부산상회로부터 상품 20개를 개당 1,100원에 현금을 주고 구입하였다
5월 7일	(주)친인마트에 기초 상품 중 5개와 5월 3일 매입 상품 중 10개를 개당 1,500원에 현금을 받고 판매하였다.
5월 12일	(주)부산상회로부터 상품 50개를 개당 1,200원에 현금을 주고 구입하였다.
5월 19일	(주)인천마트에 5월 3일 매입 상품 중 5개와 5월 12일 매입 상품 중 20개를 개당 1,500원에 현금을 받고 판매하였다.

5월 말에 상품 창고에 대한 실사를 실시한 결과 기말 상품의 수량은 40개인 것으로 밝혀졌다.

위의 예에서 볼 때 판매시점에 구입시점별 수량이 구분되는 것으로 보아 구입시점별 상품인 수공예품은 구입시기별로 식별 가능한 것으로 판단된다. 이와 같이 구입시기별 식별이 가능한 경우에 개별법을 적용할 경우 매출원가는 기초상품 5개, 5월 3일 매입 상품 15개, 5월 12일 매입 상품 20개의 구입시점별 매입단가를 적용한 금액인 45,500원이 된다. 이와 관련하여 앞서 살펴본 선입선출법과 가중평균법을 적용하였던 상품에 대해서도 개별법을 적용하는 것을 생각해 볼 수 있다. 그러나 통상적으로 상호 교환 가능한 대량의 상품(재고자산)에 개별법을 적용하는 것은 상이한 매입단가를 가지는 판매 가능상품 가운데 기말 재고로 남아있는 항목을 자의적으로 선택하는 방식을 이용하여 당기손익을 조정할 수 있기 때문에 적절하지 않다.[17)]

제5절 재고자산의 취득원가

재고자산의 취득원가는 매입원가, 전환원가 및 재고자산을 경영자가 의도하는 장소와 상태에 이르게 하는 데 발생한 기타원가 모두를 포함한다.[18)]

재고자산의 매입원가는 구입 시 매입가격, 수입관세, 매입운임, 하역료에 원재료, 완제품, 용역의 취득과정에 직접적으로 관련된 기타 원가를 가산한 금액을 의미한다. 매입 시에 매입할인, 리베이트 등이 발생한 경우에는 매입원가의 측정 시에 차감한다.

---

17) 기업회계기준서 제1016호 24.

18) 재고자산의 취득원가 가운데 전환원가는 제조기업의 제품 생산과정에서 직접노무원가 등 생산량과 직접 관련된 원가 및 원재료를 완제품으로 전환하는 과정에서 들어가는 고정 및 변동 제조간접원가의 체계적인 배부액을 포함한다. 본 교재는 상거래기업의 재고자산을 중심으로 다루며, 제조기업의 재고자산 관련 구체 내용은 원가회계에서 다룬다.

그러나 재고자산의 취득과 관련이 있다고 해도 취득과정에 직접적으로 관련이 있는 것으로 인정되지 않는 경우에는 재고자산의 취득원가에 포함하지 않고 발생한 기간의 비용으로 인식하여야 하는데 이러한 원가의 예는 다음과 같다.

① 재료원가, 노무원가 및 기타 제조원가 중 비정상적으로 낭비된 부분
② 후속 생산단계에 투입하기 전에 보관이 필요한 경우 이외의 보관원가
③ 재고자산을 현재의 장소와 상태로 이르게 하는 데 기여하지 않은 관리간접원가
④ 판매원가

재고자산의 취득 시에는 **매입할인**(purchase discounts), **매입에누리**(purchase allowance)와 **매입환출**(purchase returns) 등의 조정항목들이 발생할 수 있다. 매입할인, 매입에누리와 매입환출 등이 발생한 경우에는 재고자산의 취득원가 측정 시에 해당 내용을 반영하게 된다. 매입할인은 외상으로 재고자산을 구입한 후에 구매기업이 일정 현금할인기간 내에 판매기업에게 재고자산 구입대금을 지급하는 경우에 판매가격의 일부를 할인하여 주는 것을 의미한다.[19] 매입에누리란 구입한 재고자산에 하자가 발생하는 등 불만족으로 인하여 재고자산 구입 관련 거래대금을 감액하는 것을 의미한다. 매입환출이란 구입한 재고자산에 하자가 발생하는 등 불만족으로 인하여 구입하였던 재고자산을 반품하는 것을 의미한다.

외상매입의 경우에 계속기록법과 실지재고조사법에서 매입할인, 매입에누리, 매입환출을 회계처리하는 방법은 다음과 같다.

	계속기록법		실지재고조사법	
매입할인	매입채무 ×××	상 품 ×××	매입채무 ×××	매입할인 ×××
매입에누리	매입채무 ×××	상 품 ×××	매입채무 ×××	매입에누리 ×××
매입환출	매입채무 ×××	상 품 ×××	매입채무 ×××	매입환출 ×××

19) 예로서 거래조건이 '3/10, n/45'인 경우를 들어 보자. 이 내용은 구매기업이 재고자산을 외상매입한 시점부터 10일 이내에 매입대금을 지급할 경우에 대금의 3%를 할인해 주며, 외상매입대금은 45일 이내에 지급하여야 함을 나타내고 있다.

실지재고조사법을 적용하는 경우, 이후 매입 계정(총매입액)에서 매입할인, 매입에누리 및 매입환출을 차감하여 순매입액을 구하게 된다.

제6절 재고자산감모손실과 평가손실

1. 재고자산감모손실

기업이 재고자산을 보유하는 과정에서 분실, 파손, 증발, 도난 등의 발생에 따라 재고자산의 수량이 감소하는 경우가 발생할 수 있다. 이와 같이 분실, 파손, 증발, 도난 등의 원인으로 장부상의 수량보다 실제 수량이 부족하게 되는 경우를 재고자산의 감모라고 한다. 재고자산의 감모가 발생하는 경우에는 부족한 재고자산의 수량에 해당하는 금액을 재고자산의 장부금액으로부터 줄이고 해당 금액을 **재고자산감모손실**(loss from inventory shrinkage)이라는 계정을 이용하여 비용으로 인식하게 된다.

다음의 〈예시 5.2〉는 재고자산의 감모에 대한 회계처리를 보여주고 있다.

예시 5.2

(주)서울상사는 20×1년 1월 중 회계처리의 결과, 1월 말 총계정원장에서 재고자산 계정의 잔액은 100,000원이며 상품수불부의 내용에서 구입단가가 1,000원인 재고자산 100개를 보유하고 있는 것으로 나타났다. (주)서울상사가 1월 말에 재고자산의 실사를 실시한 결과 기말 재고자산의 수량이 80개인 것으로 나타났다. (주)서울상사가 재고자산의 실사 이후 해야 할 분개를 하시오.

20×1. 1. 31.

(차) 재고자산감모손실	20,000	(대) 재고자산	20,000

(주)서울상사는 부족한 20개의 수량에 해당하는 금액인 20,000원(20개×1,000원)만큼 재고자산을 감소시키고, 해당 금액만큼 **재고자산감모손실**이라는 비용을 인식하게 된다. 이러한 분개의 결과, 재고자산은 실제 보유 중인 80개에 해당하는 80,000원이

장부에 남게 되며, 부족한 부분에 해당하는 금액은 비용(재고자산감모손실)으로 처리된다. 이와 관련하여 만약 (주)서울상사가 재고자산의 수량파악방법으로 실지재고조사법만을 사용한다면 기말 재고실사 시 남아있는 80개의 금액에 해당하는 80,000원이 기말 재고자산이 되며, 재고자산의 감모 부분은 파악할 수 없고 자동적으로 매출원가에 포함된다. 이와 같이 재고자산의 수량파악방법으로 실지재고조사법만을 사용할 경우 재고자산의 감모 부분을 파악할 수 없기 때문에 대부분의 기업들은 두 방법을 모두 사용하는 것이다.

2. 재고자산평가손실(저가법)

기업은 재고자산을 보유하는 중에 다음과 같은 경우 등이 발생하면 재고자산의 취득원가를 회수하기가 어렵게 될 수 있다.

① 물리적으로 손상된 경우
② 완전히 또는 부분적으로 진부화된 경우
③ 판매가격이 하락한 경우
④ 완성하거나 판매하는 데 필요한 원가가 상승한 경우

위에서 본 바와 같이 재고자산의 판매를 통해 취득원가를 회수할 수 없게 될 것으로 예상되는 경우에 재고자산을 재무상태표에 취득원가금액으로 표시하게 되면 장부상의 취득원가금액이 이후 판매 시 회수가능한 금액(순실현가능가치)을 초과하기 때문에 재고자산의 가치가 장부상에 과대 계상되는 문제점이 생긴다.[20]

이와 같이 재고자산의 취득원가가 순실현가능가액보다 낮아지는 경우에, 기

20) 순실현가능가치란 재고자산의 판매를 통해 받게 되는 대가에서 판매부대비용 등을 차감한 후 최종적으로 획득하게 되는 금액을 의미한다. 재고자산의 취득원가금액, 그리고 순실현가능가치와 관련해서 과거에 100원에 취득하여 보유 중인 상품을 미래에 판매했을 때 최종적으로 70원(순실현가능가치)을 획득할 것으로 예상된다고 가정해 보자. 이 경우, 미래 경제적 효용을 가져오는 자산(상품)의 장부금액을 '미래에 가져올 경제적 효용의 수준'이라는 시각에서 100원과 70원 중 얼마로 하는 것이 타당할지에 대하여 생각해 보기 바란다.

업은 두 금액의 차이만큼 **재고자산평가손실**(loss from decline in value of inventory)이라는 계정으로 비용 처리하고, 같은 금액을 대변에 **재고자산평가충당금**이라는 재고자산의 차감계정으로 기록한다.[21)]

(차) 재고자산평가손실 ××× (대) 재고자산평가충당금 ×××

만약 재고자산평가손실을 인식한 후에 평가손실을 인식하던 이유와 상반되는 사건의 발생으로 상품의 순실현가능가액이 상승하게 되면, 순실현가능가액의 상승으로 인한 변동금액만큼 재고자산의 차감계정인 재고자산평가충당금을 차감해서 재고자산의 금액을 증가시키고 대변에는 재고자산평가충당금환입이라는 수익 계정으로 분개한다.[22)]

(차) 재고자산평가충당금 ××× (대) 재고자산평가충당금환입 ×××

다음의 〈예시 5.3〉은 재고자산평가손실에 대한 회계처리를 보여주고 있다.

예시 5.3

(주)서울상사는 20×1년 1월 31일 현재 구입단가가 개당 1,000원인 상품 100개를 보유하고 있다. 해당 상품의 판매가격은 1,200원이다. (주)서울상사가 보유하고 있는 상품과 관련하여 경쟁업체에서 (주)서울상사의 보유 상품보다 신제품을 개당 1,000원에 판매할 계획을 발표함에 따라 20×1년 1월 31일에 (주)서울상사는 보유하고 있는 상품을 개당 900원에 할인판매하는 것으로 결정하였다. 상기 상품의 판매 시에는 개당 20원의 판매부대비용이 발생한다. (주)서울상사가 할인판매를 결정한 후 해야

21) 재고자산감모손실 발생 시에 재고자산 계정을 직접 차감하였던 것과는 달리 재고자산평가손실에서는 재고자산을 줄이는 차감적 평가계정인 재고자산평가충당금 계정을 사용한다. 그 이유는 재고자산의 수량이 실제로 감소한 감모손실과는 달리, 평가손실의 경우에는 재고자산의 수량이 아닌 가치가 감소하였기 때문이다. 이와 관련하여 하락하였던 재고자산의 가치가 이후 다시 상승하는 경우도 발생할 수 있다. 만약 재고자산감모손실 발생 시에 재고자산 계정을 직접 차감하였다면 이후 재고자산의 금액(가치)을 증가시키는 회계처리가 복잡해질 가능성이 존재한다.

22) 장부금액의 상향 조정(재고자산평가충당금의 감소)은 최초 취득가액을 한도로 이루어진다. 상품(재고자산)의 평가 시에 상품의 취득원가와 순실현가능가액 가운데 낮은 값(저가)을 장부금액으로 평가하게 되므로 재고자산평가손실 관련 회계방법을 저가법이라고 부른다.

할 분개를 하시오.

(주)서울상사가 할인판매를 결정한 후, 상품 판매를 통해 얻게 되는 순실현가능가액이 개당 880원(900원(할인판매 시 취득금액) − 20(판매부대비용))으로서 취득원가인 1,000원보다 개당 120원만큼 낮아지게 되었으므로 다음과 같이 분개한다. 상품(재고자산)의 평가 시에 상품의 취득원가(1,000원)와 순실현가능가액(880원) 가운데 낮은 값(저가)인 순실현가능가액을 장부금액으로 평가하고 장부금액의 감소를 재고자산평가손실로 인식하게 된다.

20×1. 1. 31.

(차) 재고자산평가손실	12,000*	(대) 재고자산평가충당금	12,000

* 120원(아래 계산식 참고)×100개 = 12,000원

** 재고자산평가손실(개당): 1,000(취득원가) − 880(순실현가능가액) = 120원

(주)서울상사가 20×1년 1월 31일에 재고자산평가손실을 인식한 후, 20×1년 2월에 경쟁업체의 신제품 출시 및 판매가 장기간 지연될 것으로 예상됨에 따라, (주)서울상사는 20×1년 2월 28일에 개당 판매가격을 상향 조정하기로 하였다. 개당 판매가격을 950원으로 상향 조정하는 경우와 1,100원으로 상향 조정하는 경우 각각에 대하여 분개를 하시오. 단, 상기 상품의 판매 시에는 개당 20원의 판매부대비용이 발생하며, 20×1년 1월 31일과 20×1년 2월 28일 사이에 상품의 매입 및 매출은 발생하지 않은 것으로 가정한다.

(1) 개당 판매가격을 950원으로 상향 조정하는 경우

(주)서울상사가 판매가격의 상향 조정을 결정한 후, 상품 판매를 통해 얻게 되는 순실현가능가액이 개당 930원으로서 기존 장부가격인 880원보다 개당 50원만큼 높아지게 되었으므로 다음과 같이 분개한다. 상품(재고자산)의 평가 시에 상품의 취득원가(1,000원)와 순실현가능가액(930원) 가운데 낮은 값(저가)을 장부금액으로 평가하게 된다.

20×1. 2. 28.

(차) 재고자산평가충당금	5,000*	(대) 재고자산평가충당금환입	5,000

* 50원(아래 계산식 참고)×100개 = 5,000원

** 재고자산평가충당금환입(개당): MIN(1,000(취득원가), 930(순실현가능가액)) − 880(기존 장부금액) = 50원

(2) 개당 판매가격을 1,100원으로 상향 조정하는 경우

(주)서울상사가 판매가격의 상향 조정을 결정한 후, 상품 판매를 통해 얻게 되는 순실현가능가액이 개당 1,080원으로서 기존 장부가격인 880원보다 개당 200원만큼 높아지게 되었다. 이와 관련하여 장부금액의 상향 조정(재고자산평가충당금의 감소)은 최초 취득가액인 1,000원을 한도로 이루어지므로 다음과 같이 분개한다. 상품(재고자산)의 평가 시에 상품의 최초 취득원가(1,000원)와 순실현가능가액(1,080원) 가운데 낮은 금액(저가)을 장부금액으로 평가하게 된다.

20×1. 2. 28.

(차) 재고자산평가충당금	12,000*	(대) 재고자산평가충당금환입	12,000

* 120원(아래 계산식 참고)×100개＝12,000원

** 재고자산평가충당금환입(개당): MIN(1,000(취득원가), 1,080(순실현가능가액))－880(기존 장부금액)＝120원

3. 재고자산감모손실과 재고자산평가손실

만약 재고자산감모손실과 재고자산평가손실이 동시에 발생하면 어떻게 회계처리하여야 하는가? 이 경우에는 먼저 재고자산감모손실을 인식한 후 이어서 재고자산평가손실을 인식하게 된다. 그 이유는 먼저 재고자산감모손실을 생각해 보면, 감모가 발생해서 부족해진 재고자산 수량에 대해 해당 재고자산의 취득원가만큼 손실을 인식하는 것이 타당할 것이다. 그리고 재고자산평가손실은 향후 판매 시에 순실현가능가액이 취득원가보다 낮아서 발생하는 것임을 고려할 때 해당 손실은 판매 가능한, 즉 감모수량을 제외한 실제 보유수량을 기준으로 파악하는 것이 타당할 것으로 보인다.

다음의 〈예시 5.4〉는 재고자산감모손실과 재고자산평가손실이 동시에 발생하는 경우의 회계처리를 보여주고 있다.

예시 5.4

(주)서울상사는 재고자산의 회계처리방법으로 계속기록법을 사용하고 있다. 20×1년 1월 중 회계처리의 결과, 1월 말 총계정원장에서 재고자산 계정의 잔액은 100,000

원이며 상품수불부의 내용에서 구입단가가 1,000원인 재고자산 100개를 보유하고 있는 것으로 나타났다. (주)서울상사가 1월 말에 재고자산의 실사를 실시한 결과 기말 재고자산의 수량이 80개인 것으로 나타났다. 그리고 (주)서울상사는 상품 1개당 1,200원씩 받아왔는데, 경쟁업체에서 최근 (주)서울상사의 상품보다 신제품을 개당 1,000원에 판매함에 따라 20×1년 1월 31일에 (주)서울상사는 보유하고 있는 상품을 개당 900원에 할인판매하기로 결정하였다. 상기 상품의 판매 시에는 개당 20원의 판매부대비용이 발생한다.

(주)서울상사가 20×1년 1월 31일에 해야 할 분개를 하시오.

• 재고자산감모손실

20×1. 1. 31.

(차) 재고자산감모손실 20,000 (대) 재고자산 20,000

재고자산감모손실 처리결과 (주)서울상사의 재고자산은 실제 보유 중인 80개의 수량에 개당 취득원가 1,000원을 곱한 80,000원이 된다.

그림 5.6 재고자산감모손실과 재고자산평가손실

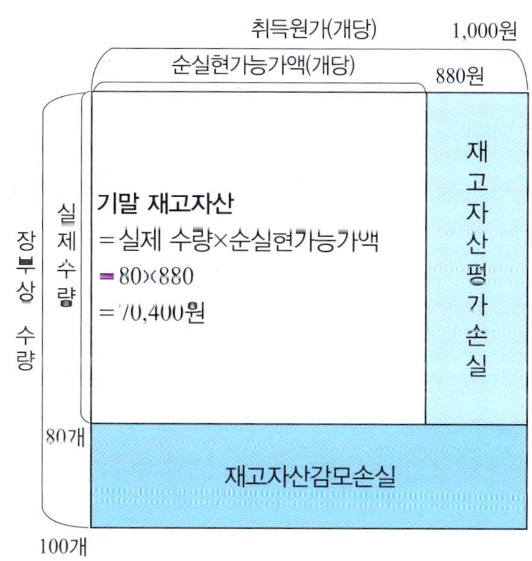

• 재고자산평가손실

20×1. 1. 31.

(차) 재고자산평가손실 9,600 (대) 재고자산평가충당금 9,600

실제 보유 중인 80개의 수량에 개당 평가손실 120원(취득원가 − 순실현가능가액)을 곱한 금액만큼 재고자산평가손실을 인식한다. 재고자산평가손실 처리결과 (주)서울상사의 재고자산은 실제 보유 중인 80개의 수량에 개당 순실현가능가액 880원을 곱한 70,400원이 된다. 이 금액은 재고자산감모손실과 재고자산평가손실 인식 전 재고자산금액인 100,000원에서 재고자산감모손실 20,000원과 재고자산평가손실 9,600원을 차감한 금액이다.

앞의 〈그림 5.6〉은 재고자산감모손실과 재고자산평가손실의 관계를 보여주고 있다.

제7절 재고자산의 추정

기업은 재고자산을 정확하게 평가하고 관리하기 위하여 재고자산에 대한 실사를 실시하는 등의 많은 노력을 기울인다. 이와 관련하여 재고자산의 평가를 위하여 실사가 아닌 추정을 실시하는 경우가 있다. 재고자산 평가를 위하여 추정을 실시하는 대표적인 방법으로 소매재고법(매출원가환원법)과 매출총이익법이 있다.

1. 소매재고법(매출가격환원법)

1) 소매재고법에 의한 재고자산의 추정

기업에서 재고자산과 관련하여 매출원가와 기말 재고자산금액을 계산하기 위하여 상품 입출흐름의 가정으로 선입선출법과 가중평균법을 사용함을 살펴보았다. 이와 관련하여 백화점, 대형마트, 슈퍼마켓과 같이 여러 품종의 상품(재고자산)을 취급하는 업종에서 기업이 보유하고 있는 수많은 상품 각각에 대하여 앞서 살펴본 방법을 이용하여 상품 입출흐름의 가정을 적용하는 것은 쉽지 않다.[23)] 소매재고법(retail inventory method)은 이와 같이 여러 종류의 상품을 취급하는 업종에서 재고자산의 평가 시에 유용하게 사용할 수 있는 방법이다. 소매재고법은 상품 입출흐름의 가정에 따라 평균원가소매재고법과 선입선출소매재고법으로 구분된다. 먼저 상품 입출흐름의 가정으로 평균법을 적용하는 기업의 소매재고법(평균원가소매재고법)에 의한 재고자산의 추정은 다음과 같은 순서로 이루어진다.

① 기초 상품과 당기 매입 상품 각각에 대한 원가(매입가격)와 매가(매출가격)를 정리한다.
② 기초 상품과 당기 매입 상품의 원가와 매가를 이용하여, 원가율(원가/매가)을 산출한다.[24)]
③ 매가로 측정된 당기 판매가능상품에서 매출액을 차감하여 매가로 측정된 기말 상품금액을 산출한다.
④ 매가로 측정된 기말 상품금액에 원가율을 곱해서 원가로 측정된 기말 상품금액을 구한다.

이와는 달리 상품 입출흐름의 가정으로 선입선출법을 적용하는 기업의 소매재고법(선입선출소매재고법) 실시 경우에는 원가율의 설정 시에 당기 매입 상품의 원가와 매가를 이용하고 기초 상품의 원가와 매가는 고려하지 않는다. 그 이유는 선입선출법의 가정상 기초 상품은 먼저 판매된 것이므로, 매가로 측정된 기말 상품은 주로 당기 매입 상품으로 구성되어 있다고 가정하기 때문이다. 이 경우에는 당기 매입 상품의 원가율을 이용하는 것이 기초 재고를 포함한 당기 판

---

23) 상품의 종류가 1,000가지이면 상품 입출흐름의 가정을 상품의 종류별로 1,000번 적용하여야 한다.

24) 원가율 산정 시에는 원가율 산정에 사용되는 각 재고자산의 원가율이 완벽하게 동일하지는 않더라도 유사하다고 가정하게 된다. 만약 각 재고자산 간 원가율이 크게 상이한 상태에서 전체 재고자산을 대상으로 하나의 원가율을 산정하여 내면 해당 원가율의 효용은 떨어지게 된다. 이러한 경우에는 원가율이 유사한 재고자산별로 원가율을 산정하고 소매재고법을 적용하는 방법을 고려할 수 있다.

매가능상품을 이용하여 산출된 원가율을 적용하는 것보다 더 타당하다고 본다. 다음은 상품 입출흐름의 가정에 따른 소매재고법의 예시이다.

예시 5.5

(주)서울백화점은 다품종의 상품을 보유 및 판매하고 있다. 다음은 (주)서울백화점의 5월 중 재고자산의 원가와 매가에 대한 금액 자료이다(단위: 원).

	기초 상품	당기 매입
원 가	140	820
매 가	200	1,000

(주)서울백화점의 당기 매출금액은 700원이다.

(주)서울백화점이 상품 입출의 가정으로 가중평균법과 선입선출법을 이용하는 경우 각각에 대해서 소매재고법을 적용 시의 기말 상품금액을 추정하시오.

(1) 가중평균법을 이용하는 경우(평균원가소매재고법)

기업이 가중평균법을 적용하는 경우에 원가율은 기초 상품과 당기 매입 상품을 이용하여 다음과 같이 계산한다.

$(140+820)/(200+1,000)=0.8(80\%)$

당기 판매가능상품의 매가에서 판매된 상품의 매가인 매출액을 차감하여 기말 재고자산의 매가를 다음과 같이 계산한다.

$(200+1,000)-700=500$원

기말 재고자산의 매가에 원가율을 곱하여 기말 재고자산금액을 측정한다.

$500\times0.8=400$원

(2) 선입선출법을 이용하는 경우(선입선출소매재고법)

기업이 선입선출법을 적용하는 경우에 원가율은 당기 매입 상품을 이용하여 다음과 같이 계산한다.

$820/1,000=0.82(82\%)$

기말 재고자산의 매가에 원가율을 곱하여 기말 재고자산금액을 측정한다.

$500\times0.82=410$원

2) 판매가격 변동 시 소매재고법의 적용

앞에서 살펴본 소매재고법에서는 매가, 즉 판매가격의 변동이 없는 경우를 기초로 한 것이다, 하지만 실제 판매가격은 최초에 결정된 판매가격를 유지하는 경우도 있지만 최초 판매가격으로부터 인상되거나 인하될 수도 있으며 인상된 판매가격이 취소되거나(인상 취소) 인하된 판매가격이 취소되는 경우(인하 취소)도 있다. 인상된 판매가격이 취소되는 금액은 기존에 인상된 금액을 초과할 수 없으며, 인하된 판매가격이 취소되는 경우에도 기존에 인하된 금액을 초과할 수는 없다. 이 과정에서 순인상액은 인상금액에서 인상취소금액을 차감한 금액을 의미하며, 순인하액은 인하금액에서 인하취소금액을 차감한 금액을 의미한다.

예로서 최초 1,000원이었던 재고자산의 판매가격이 900원으로 낮아졌다가 1,200원까지 올라갔다가 다시 1,050원으로 낮아졌다면 인상(취소)금액과 인하(취소)금액은 다음의 〈그림 5.7〉과 같이 정리될 수 있다.

재고자산의 판매가격이 인상 또는 인하되는 경우에 상품 입출흐름의 가정(평균법/선입선출법) 및 저가법 적용 여부(원가기준/저가기준)에 따라 계산되는 소매재고법 적용 시 산정되는 원가율은 다음과 같다.[25]

그림 5.7 판매가격(매가)의 변동

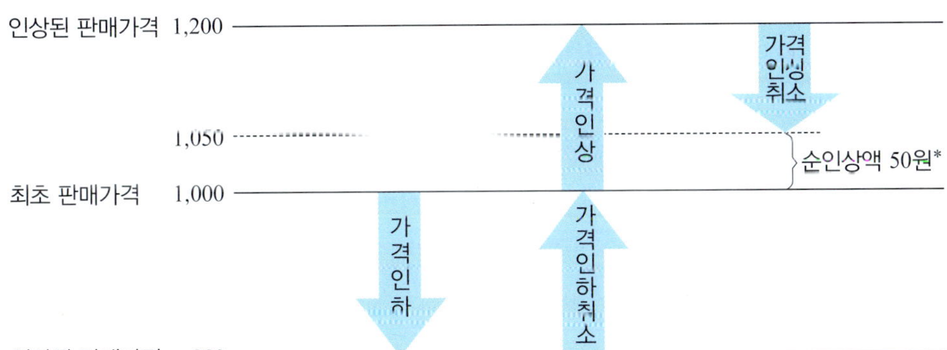

* 순인상액 = 인상금액 − 인상취소금액
순인하액 = 인하금액 − 인하취소금액

(1) 원가기준 평균원가소매재고법

원가율 = [기초 상품(원가) + 당기 매입(원가)] / [기초 상품(매가) + 당기 매입(매가) + 순인상액 − 순인하액]

원가기준 평균원가소매재고법을 적용할 경우, 앞서 살펴본 평균원가소매재고법의 원가율의 매가 부분에 매가의 순인상액과 순인하액이 가감되었음을 알 수 있다.

(2) 원가기준 선입선출소매재고법

원가율 = [당기 매입(원가)] / [당기 매입(매가) + 순인상액 − 순인하액]

원가기준 선입선출소매재고법을 적용할 경우, 앞서 살펴본 선입선출소매재고법의 원가율의 매가 부분에 매가의 순인상액과 순인하액이 가감되었음을 알 수 있다.

(3) 저가기준 평균원가소매재고법

원가율 = [기초 상품(원가) + 당기 매입(원가)] / [기초 상품(매가) + 당기 매입(매가) + 순인상액]

저가기준 평균원가소매재고법을 적용할 경우, 앞서 살펴본 평균원가소매재고법의 원가율의 매가 부분에 매가의 순인상액을 가산하지만 순인하액은 반영하지 않음을 알 수 있다. 소매재고법에서 저가법 적용 시 이와 같이 순인하액을 반영하지 않는 이유는 다음과 같다. 앞서 살펴 보았던 재고자산의 저가법 적용의 경우를 생각해 보면, 저가법이 적용되는 상황은 판매가격이 하락해서 순실현

25) 본서에서는 소매재고법 실시과정 가운데 원가율 산정 시 저가법을 적용하지 않으면 원가기준으로, 저가법을 적용하면 저가기준으로 표시한다.

가능가치가 취득원가보다 낮아지는 경우이다. 이러한 상황에서 순실현가능가치와 취득원가 간의 차이만큼을 재고자산평가손실이라는 비용으로 인식하고 재고자산의 장부금액을 순실현가능가치로 낮추어 주었음을 기억할 것이다. 소매재고법 적용 시에 판매가격의 하락을 반영하는 순인하액만큼을 원가율 산정 시 차감하지 않게 되면 해당 원가율 계산 시 분모가 커지고 원가율은 상대적으로 낮아지게 된다. 이에 따라 낮아진 원가율의 효과가 반영된 기말 재고자산금액 역시 낮아지게 되어 저가법 시각에서의 판매가격 감소의 영향을 재고자산금액 감소로 반영하게 되는 것이다.

(4) 저가기준 선입선출소매재고법

원가율 = [당기 매입(원가)] / [당기 매입(매가) + 순인상액]

저가기준 선입선출소매재고법을 적용할 경우, 앞서 살펴본 선입선출소매재고법의 원가율의 매가 부분에 매가의 순인상액을 가산하지만 순인하액은 반영하지 않음을 알 수 있다.

다음은 재고자산의 판매가격이 인상 또는 인하되는 경우에 원가흐름의 가정 및 저가법 적용 여부에 따른 소매재고법의 예시이다.

예시 5.6

(주)서울백화점은 다품종의 상품을 보유 및 판매하고 있다. 다음은 (주)서울백화점의 5월 중 재고자산의 원가와 매가에 대한 금액 자료이다(단위: 원).

	기초 상품	당기 매입
원 가	140	820
매 가	200	1,000

(주)서울백화점의 당기 매출금액은 700원이다.

5월 중 (주)서울백화점의 상품의 매가와 관련 인상액 70원, 인상취소액 30원, 인하액 50원, 인하취소액 20원이 발생하였다.

(주)서울백화점이 상품 입출의 가정으로 가중평균법과 선입선출법을 이용하는 경우 및 원가기준과 저가기준을 적용하는 경우 각각에 대해서 소매재고법을 적용 시의 기말 상품금액을 추정하시오. 단 원가율은 소수점 다섯 번째 자리에서 반올림하고 금액은 소수점 첫 번째 자리에서 반올림하시오.

① 원가기준 평균원가소매재고법

당기 판매가능상품의 매가에서 판매된 상품의 매가인 매출액을 차감하고 순인상액과 순인하액을 반영하여 기말 재고자산의 매가를 다음과 같이 계산한다.

(200 + 1,000) − 700 + (70 − 30) − (50 − 20) = 510원

원가기준 평균원가소매재고법을 적용하는 경우에 원가율은 기초 상품과 당기 매입 상품을 이용하여 다음과 같이 계산한다.

(140 + 820)/(200 + 1,000 + 40원(순인상액) − 30원(순인하액)) = 0.7934(79.34%)

기말 재고자산의 매가에 원가율을 곱하여 기말 재고자산금액을 측정한다.

510 × 0.7934 = 405원

② 원가기준 선입선출소매재고법

원가기준 선입선출소매재고법을 적용하는 경우에 원가율은 당기 매입 상품을 이용하여 다음과 같이 계산한다.

820/(1,000 + 40원(순인상액) − 30원(순인하액)) = 0.8119(81.19%)

기말 재고자산의 매가에 원가율을 곱하여 기말 재고자산금액을 측정한다.

510 × 0.8119 = 414원

③ 저가기준 평균원가소매재고법

저가기준 평균원가소매재고법을 적용하는 경우에 원가율은 기초 상품과 당기 매입 상품을 이용하여 다음과 같이 계산한다. 저가기준 적용 시에는 매가의 순인하액을 원가율 계산 시 고려하지 않는다.

(140 + 820)/(200 + 1,000 + 40원(순인상액)) = 0.7742(77.42%)

기말 재고자산의 매가에 원가율을 곱하여 기말 재고자산금액을 측정한다.

510 × 0.7742 = 395원

④ 저가기준 선입선출소매재고법

저가기준 선입선출소매재고법을 적용하는 경우에 원가율은 당기 매입 상품을 이

용하여 다음과 같이 계산한다. 저가기준 적용 시에는 매가의 순인하액을 원가율 계산 시 고려하지 않는다.

820/(1,000+40원(순인상액))=0.7885(78.85%)

기말 재고자산의 매가에 원가율을 곱하여 기말 재고자산금액을 측정한다.

510×0.7885=402원

2. 매출총이익법

매출총이익법(gross profit method)은 화재, 도난, 재해 등으로 인하여 재고자산이 소실되었을 때, 발생한 재고자산의 손실을 측정하기 위하여 사용된다. 기업이 계속기록법을 사용할 경우에는 장부상 금액으로부터 소실된 재고자산을 측정할 수 있지만, 실지재고조사법을 이용할 시에는 이와 같은 측정이 쉽지 않다.

매출총이익법에 의한 재고자산의 측정은 다음과 같은 순서로 이루어진다.

① 과거 시점의 매출총이익률에 근거하여 원가율(1-매출총이익률)을 구한다.
② 당기의 매출액에 원가율을 곱하여 당기의 매출원가를 추정한다.
③ 당기의 판매가능 재고자산에서 추정된 당기의 매출원가를 차감하여 당기의 기말 재고자산을 추정한다.

매출총이익법은 소실된 재고자산의 측정을 용이하게 해주며 감사상 필요한 경우에 감사인이 재고자산을 추정할 수 있도록 해준다는 이점이 있는 반면 다음과 같은 단점도 있다. 첫째, 과거 시점의 매출총이익률이 변화되지 않고 당기에 동일하게 유지된다는 보장이 없음에도 그대로 사용하게 된다.

둘째, 매출총이익법에 의해 추정된 재고자산 보유금액은 재고자산의 감모 부분을 구분하지 못하고 모두 보유하고 있었던 것으로 측정한다.

다음은 매출총이익법의 예시이다.

예시 5.7

(주)서울상사는 20×1년 1월 31일에 재고자산 창고에 화재가 발생하여 보유하고 있던 재고자산이 전소되었다. (주)서울상사의 20×1년 1월의 기초 재고자산은 20,000

원이었고 20×1년 1월 동안 추가로 70,000원의 상품을 매입하였다. 20×1년 1월 동안 (주)서울상사는 상품 판매를 통해 100,000원의 매출(수익)을 거두었으며, (주)서울상사의 매출총이익률은 25%이다. (주)서울상사의 소실된 상품의 추정 금액을 구하시오.

- 원가율 = (1 - 매출총이익률) = (1 - 0.25) = 0.75(75%)
- 추정된 매출원가 = 매출액×원가율 = 100,000×0.75 = 75,000원
- 추정된 기말 재고 = (기초 재고 + 당기 매입 재고자산) - 추정된 매출원가
  = (20,000 + 70,000) - 75,000 = 15,000원

OX 문제

• **아래 문장이 맞으면 O, 틀리면 X로 답하고 틀린 곳은 바르게 고치시오.**

1. 재고자산이란 기업이 주된 영업과정에서 판매를 위해 보유하고 있는 자산과 판매를 위하여 생산 중인 자산을 의미하며 생산이나 용역 제공 시에 사용될 원재료나 소모품은 포함하지 않는다.

2. 재고자산 가운데 제품은 기업이 통상적인 영업과정에서 판매를 하기 위하여 외부의 기업으로부터 완성품을 구입한 후에 보유하고 있는 자산을 의미한다.

3. 재고자산 가운데 저장품은 기업이 생산공정에 투입하지 않은 원자재를 의미한다.

4. 계속기록법을 사용할 경우에는 상품을 구입하거나 판매하는 시점에 상품 계정에 해당 변경 내용을 계속 기록하게 되므로 상품 계정은 항상 해당 시점의 보유상품 금액을 보여주게 된다.

5. 기업에서 선입선출법을 적용할 경우에는 시기적으로 먼저 매입한 상품 순서에 따라 순차적으로 판매한다.

6. 총평균법은 상품을 매입하는 시점에 매입 전 보유 상품과 신규 매입 상품 간에 매입단가의 차이가 발생할 때마다 상품의 가중평균 매입단가를 산출한 후, 이후 상품이 판매될 때에는 산출된 가중평균 매입단가를 적용하여 매출원가를 산출하게 된다.

7. 매입할인이란 구입한 재고자산에 하자가 발생하는 등 불만족으로 인하여 재고자산 구입 관련 거래대금을 감액하는 것을 의미한다.

8. 매입환출이란 구입한 재고자산에 하자가 발생하는 등 불만족으로 인하여 구입하였던 재고자산을 반품하는 것을 의미한다.

9. 재고자산의 취득원가가 순실현가능가액보다 낮아지는 경우에, 기업은 두 금액의 차이만큼 재고자산감모손실이라는 계정으로 비용처리한다.

10. 소매재고법은 화재, 도난, 재해 등으로 인하여 재고자산이 소실되었을 때, 발생한 재고자산의 손실을 추정하기 위하여 사용된다.

11. 소매재고법에 의해서 재고자산을 측정할 때에 저가법을 적용하면 원가율의 매가 부분에 매가의 순인상액을 가산하지만 순인하액은 반영하지 않는다.

연습문제

1. (주)세연메디컬은 단일 상품을 유통하는 상거래기업이다. 다음은 (주)세연메디컬의 1월 중 거래내역이다.

날 짜	거래내역
1월 1일	1월의 기초 상품은 200개이다. 구입단가는 개당 500원이다.
1월 3일	거래처A에 상품 100개를 개당 700원에 외상으로 판매하였다.
1월 7일	거래처B로부터 상품 300개를 개당 500원에 외상으로 구입하였다.
1월 20일	거래처A에 상품 250개를 개당 800원에 외상으로 판매하였다.
1월 30일	거래처B로부터 상품 150개를 개당 500원에 외상으로 구입하였다.

물음

1월 31일에 상품 창고에 대한 실사를 실시한 결과 300개의 상품이 있는 것으로 확인되었다. 다음의 회계처리방법에 따라 1월의 분개를 실시하시오.

(1) 계속기록법

(2) 실지재고조사법

2. (주)세연메디컬은 단일 상품을 유통하는 상거래기업이다. 다음은 (주)세연메디컬의 1월 중 거래내역이다.

날 짜	거래내역
1월 1일	1월의 기초 상품은 200개이다. 구입단가는 개당 2,000원이다.
1월 5일	거래처A로부터 상품 400개를 개당 2,120원에 외상으로 구입하였다.
1월 6일	거래처B에 상품 400개를 개당 3,000원에 외상으로 판매하였다.
1월 14일	거래서A로부터 상품 1,400개를 개당 2,240원에 외상으로 구입하였다.
1월 25일	거래처B에 상품 1,000개를 개당 3,000원에 외상으로 판매하였다.

1월 31일에 상품 창고에 대한 실사를 실시한 결과 기말 상품의 수량은 600개인 것으로 확인되었다.

물음

다음의 회계처리방법과 재고자산의 입출흐름에 대한 가정에 따라 1월의 분개를 실시하고, 1월의 매출원가와 기말 재고자산금액을 제시하시오.

(1) 계속기록법 – 선입선출법
(2) 계속기록법 – 이동평균법
(3) 계속기록법 – 후입선출법
(4) 실지재고조사법 – 선입선출법
(5) 실지재고조사법 – 총평균법
(6) 실지재고조사법 – 후입선출법

3. (주)세연메디컬은 단일 상품을 유통하는 상거래기업이다. 다음은 (주)세연메디컬의 1월 중 거래내역이다.

날 짜	거래내역
1월 1일	1월의 기초 상품은 100개이다. 구입단가는 개당 3,000원이다.
1월 7일	거래처A로부터 상품 200개를 개당 3,180원에 외상으로 구입하였다.
1월 10일	거래처B에 상품 200개를 개당 5,000원에 현금을 받고 판매하였다.
1월 11일	거래처A로부터 상품 700개를 개당 3,360원에 현금을 주고 구입하였다.
1월 25일	거래처B에 상품 500개를 개당 5,000원에 외상으로 판매하였다.

1월 말에 상품 창고에 대한 실사를 실시한 결과 기말 상품의 수량은 300개인 것으로 밝혀졌다. (주)세연메디컬은 재고자산의 회계처리방법으로 계속기록법을, 재고자산의 입출흐름에 대한 가정으로 이동평균법을 적용하고 있다.

물음

(1) 1월의 분개를 실시하고, 매출원가와 기말 재고자산금액을 제시하시오.
(2) 1월 말에 상품 창고에 대한 실사결과 기말 상품의 수량이 250개인 것으로 밝혀진 경우에 필요한 분개를 실시하고, 기말 재고자산금액을 제시하시오.
(3) 1월 말에 경쟁사의 신제품 출시로 인해 보유하고 있는 상품의 개당 순실현가능가액이 3,000원인 것으로 밝혀졌으며, 1월 말 상품 창고에 대한 실사결과 기말 상품수량은 300개인 것으로 밝혀졌다. 필요한 분개를 실시하고 기말 재고자산금액을 제시하시오.

(4) 1월 말에 경쟁사의 신제품 출시로 인해 보유하고 있는 상품의 개당 순실현가능가액이 3,000원인 것으로 밝혀졌으며, 1월 말 상품 창고에 대한 실사결과 기말 상품수량은 250개인 것으로 밝혀졌다. 필요한 분개를 실시하고 기말 재고자산금액을 제시하시오.

4. (주)세연메디컬은 다품종의 상품을 보유 및 판매하고 있다. 다음은 (주)세연메디컬의 1월 중 재고자산의 원가와 매가에 대한 금액 자료이다(단위: 원).

	기초 상품	당기 매입
원 가	110,000	240,000
매 가	180,000	320,000

물음

(주)세연메디컬의 당기 매출금액은 280,000원이다. (주)세연메디컬이 소매재고법을 적용하는 경우 다음 각 방법에 따라 1월의 기말 재고자산과 매출원가를 추정하시오.

(1) 선입선출법

(2) 가중평균법

5. (주)세연상사는 다품종의 상품을 보유 및 판매하고 있다. 다음은 (주)세연상사의 1월 중 재고자산의 원가와 매가에 대한 금액 자료이다(단위: 원).

	기초 상품	당기 매입
원 가	110,000	240,000
매 가	180,000	320,000

(주)세연상사의 당기 매출금액은 280,000원이다.

1월 중 (주)세연상사의 상품의 매가와 관련 인상액 7,000원, 인상취소액 4,500원, 인하액 5,000원, 인하취소액 1,300원이 발생하였다.

물음

(주)세연상사가 소매재고법을 적용하는 경우 다음 각 방법에 따라 1월의 기말 재고자산을 구하시오. 단 원가율은 소수점 다섯 번째 자리에서 반올림하고 금액은 소수

점 첫 번째 자리에서 반올림하시오.

(1) 원가기준 평균원가소매재고법
(2) 원가기준 선입선출소매재고법
(3) 저가기준 평균원가소매재고법
(4) 저가기준 선입선출소매재고법

6. (주)세연메디컬은 20×1년 1월 31일에 재고자산 창고에 화재가 발생하였다. 화재의 결과 재고자산 중 일부가 소실되고 남아있는 재고자산의 금액은 90,000원인 것으로 밝혀졌다. 다음은 (주)세연메디컬의 재고자산 관련 자료이다(단위: 원).

20×1년 1월	기초 재고자산	320,000
	당기 매입액	490,000
	당기 매출액	750,000

물음

(주)세연메디컬의 매출총이익률이 15%일 때 (주)세연메디컬의 소실된 상품의 추정 금액을 구하시오.

제6장

유형자산

제6장에서는

유형자산은 기업이 재화의 생산이나 용역의 제공 또는 관리활동에 사용할 목적으로 보유하는 물리적 형태가 있는 자산으로서 한 회계기간을 초과하여 사용할 것이 예상되는 자산을 의미한다. 재무분석의 측면에서 살펴보면, 유형자산은 영업관련 비유동자산에 해당한다.

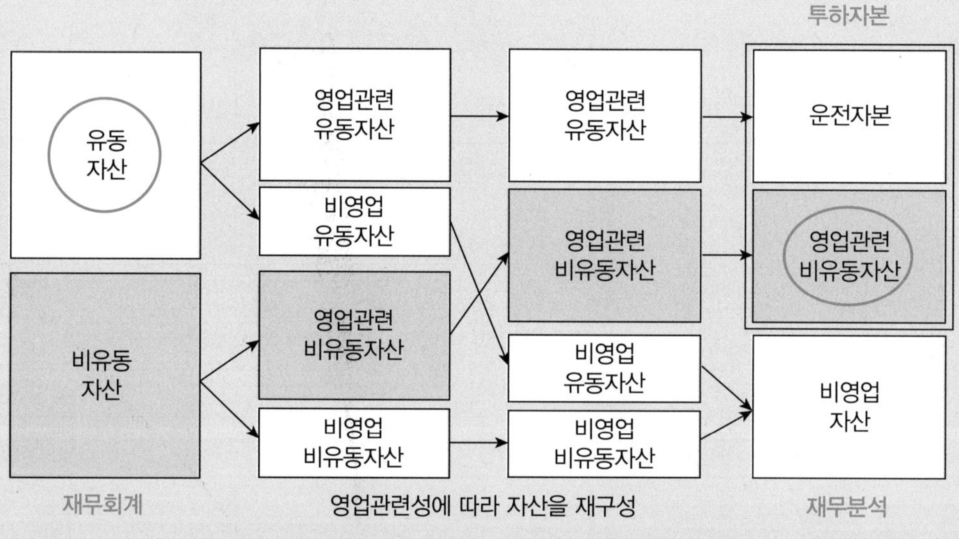

본장에서는 재무회계상 비유동자산에 해당하고, 재무분석상 영업관련 비유동자산(투하자본에 속함)에 해당하는 유형자산의 개념과 회계처리에 대해 살펴본다.

제1절 유형자산의 정의와 종류

유형자산(property, plant and equipment)이란 기업이 재화의 생산이나 용역의 제공, 타인에 대한 임대, 또는 관리활동에 사용할 목적으로 보유하는 물리적 형태가 있는 자산으로서 한 회계기간을 초과하여 사용할 것이 예상되는 자산을 의미한다.

유형자산은 기업이 영업활동에 사용하기 위하여 보유하고 있는 자산을 의미하므로, 판매를 목적으로 하여 보유하고 있는 자산은 유형자산이 아닌 재고자산으로 분류된다. 예로서 자동차소매업을 영위하는 기업이 동일한 차량 2내를 보유하고 있는데, 한 대는 기업에서 외근 시 사용하기 위하여 보유하고 있고 또 다른 한 대는 판매를 위하여 보유하고 있다고 가정해 보자. 이 경우에, 전자는 기업의 영업활동에 사용하기 위하여 보유하고 있으므로 유형자산이 되며, 후자는 판매를 위하여 보유하고 있으므로 재고자산으로 분류된다.

유형자산은 물리적 형태가 있는 자산을 의미하므로 기업의 영업활동에 사용하기 위하여 보유하는 자산이 물리적 형태가 없는 경우, 예로서 특허권이나 소프트웨어 등은 유형자산이 아닌 무형자산으로 분류된다.

유형자산은 한 회계기간을 초과하여 사용할 것이 예상되는 장기성 자산이다. 이와 같이 유형자산은 한 회계기간을 초과하는 장기간 동안 기업의 영업활동에 사용되어 기업에 경제적 효용을 창출하게 되므로 유형자산의 취득원가는 해당 유형자산을 영업활동에 사용하는 기간에 걸쳐 상기적으로 감가상각을 실시하여 기간별 비용(감가상각비)을 인식하게 된다. 이와는 달리 기업이 영업활동에 사용하지만 한 기간 내에 사용이 완료될 것으로 예상되는 경우에는 유형자산이 아닌 소모품으로 인식하게 된다.[1)]

---

1) 소모품(자산)은 감가상각을 실시하지 않고, 사용시점에 소모품비 계정으로 비용처리한다.

〈구입 시〉

(차) 소모품	×××	(대) 현금 등	×××

유형자산의 종류는 기업의 영업에 있어서 유사한 특성과 용도에 따라 구분하게 된다. 대표적인 유형자산의 구분 예로서 토지, 구축물, 건물, 기계장치, 공구와기구, 차량운반구, 비품, 건설중인자산 등을 들 수 있다. **토지**(land)가 건물 부지와 같이 영구적이거나 반영구적인 시설을 의미하는 반면, **구축물**(land improvements)은 토지에 설치된 상하수도 시설이나 주차장 등과 같이 내용연수가 유한한 토목설비 등을 의미한다. 토지는 감가상각을 실시하지 않지만 구축물은 감가상각을 실시한다는 차이가 있다. **건물**(buildings)은 공장 등의 건물과 건물 부속설비를 포함하며, **기계장치**(machinery)는 기계와 컨베이어 등을 포함한다. **건설중인자산**(construction in process)은 기업이 자체 사용목적으로 제작하는 경우 등과 같이 건설과정에 있는 유형자산을 위해 지출한 금액을 의미한다.

제2절 유형자산의 인식

1. 유형자산 취득 시 구성항목

유형자산은 기업이 해당 자산으로부터 발생하는 미래 경제적 효익이 기업에 유입될 가능성이 높고, 자산의 원가를 신뢰성 있게 측정할 수 있을 때 인식한다.

유형자산을 최초 취득할 시에 취득원가는 해당 자산을 경영진이 의도하는 방식으로 가동할 수 있는 장소와 상태에 이르기까지 소요된 모든 원가로 구성된다. 유형자산의 취득 시에 유형자산의 취득원가에 포함되는 주요 구성항목들은 다음과 같다.[2)]

〈사용 시〉

(차) 소모품비	×××	(대) 소모품	×××

2) 기업회계기준서 제1016호 16.

- 관세 및 환급 불가능한 취득 관련 세금을 가산하고 매입할인과 리베이트 등을 차감한 구입가격
- 경영진이 의도하는 방식으로 자산을 가동하는 데 필요한 장소와 상태에 이르게 하는 데 직접 관련되는 원가
- 자산을 해체, 제거하거나 부지를 복구하는 데 소요될 것으로 최초에 추정되는 원가. 회사가 자산을 해체, 제거하거나 부지를 복구할 의무는 해당 유형자산을 취득한 시점에 또는 해당 유형자산을 특정 기간 동안 재고자산 생산 이외의 목적으로 사용한 결과로서 발생한다.

상기 유형자산 취득원가 구성항목 가운데 경영진이 의도하는 방식으로 자산을 가동하는 데 필요한 장소와 상태에 이르게 하는 데 직접 관련되는 원가의 예로서 유형자산의 취득과 관련하여 발생한 종업원 급여, 설치장소 준비 원가, 최초의 운송 및 취득 관련 원가, 설치원가 및 조립원가, 시운전비, 전문가에게 지급하는 수수료 등을 들 수 있다.

반면, 다음의 원가는 유형자산의 취득과 관련이 있을지라도 유형자산의 취득과정에서 경영진이 의도하는 방식으로 자산을 가동하는 데 필요한 장소와 상태에 이르게 하는 데 직접적으로 관련되어 있다고 보기 어려우므로 유형자산의 원가에 포함하지 않고 당기손익으로 인식한다.

- 새로운 시설을 개설하는 데 소요되는 원가
- 새로운 상품과 서비스를 소개하는 데 소요되는 원가
- 새로운 지역에서 또는 새로운 고객층을 대상으로 영업을 하는 데 소요되는 원가
- 관리 및 기타 일반간접원가

경영진이 의도하는 방식으로 유형자산을 가동할 수 있는 장소와 상태에 이른 후에 발생한 다음과 같은 원가는 유형자산의 취득원가에 포함하지 않고 당기손익으로 인식한다.

- 유형자산이 경영진이 의도하는 방식으로 가동될 수 있으나, 아직 실제로 사용되지는 않고 있는 경우 또는 가동수준이 완전조업도 수준에 미치지 못하는 경우에 발생하는 원가
- 유형자산과 관련된 산출물에 대한 수요가 형성되는 과정에서 발생하는 가동손실과 같은 초기 가동손실
- 기업의 영업 전부 또는 일부를 재배치하거나 재편성하는 과정에서 발생하는 원가

2. 유형자산 취득 유형별 취득원가

유형자산의 취득원가는 인식시점의 현금가격 상당액이다. 구체적으로 취득원가는 취득 시 지급한 대가의 공정가치로 결정하게 된다. 유형자산의 다양한 취득방법에 따른 취득원가의 측정과 회계처리는 다음과 같다.

1) 교환에 의한 취득

유형자산을 취득할 때에 하나 이상의 비화폐성 자산이나 화폐성 자산과 비화폐성 자산이 결합한 대가와 **교환**하는 경우가 있다. 이 경우에는 취득하는 자산의 공정가치와 제공하는 자산(대가)의 공정가치 가운데 더 명확한 금액을 취득하는 유형자산의 원가로 측정한다. 취득하는 자산의 취득원가와 제공하는 자산의 장부금액 간의 차이는 유형자산처분손익으로 인식한다. 반면, 교환거래 시 상업적 실질이 결여된 경우와 취득한 자산과 제공한 자산의 공정가치를 모두 신뢰성 있게 측정할 수 없는 경우에는 제공하는 자산의 장부금액을 취득하는 자산의 취득원가로 한다.[3] 이 경우에는 취득하는 자산의 취득원가와 제공하는 자산의 장부금액이 동일하므로 유형자산처분손익이 발생하지 않는다.

다음은 교환에 의한 취득의 회계처리의 예시이다.

---

3) 교환거래 시에 다음 ① 또는 ②에 해당하면서 ③을 충족하는 경우에는 상업적 실질이 있다.
① 취득한 자산과 관련된 현금흐름의 구성(위험, 유출입시기, 금액)이 제공한 자산과 관련된 현금흐름의 구성과 다르다.
② 교환거래의 영향을 받는 영업 부분의 기업특유가치가 교환거래의 결과로 변동한다.
③ 위 ①이나 ②의 차이가 교환된 자산의 공정가치에 비하여 중요하다.

예시 6.1

(주)서울상사는 보유 중인 토지를 제공하고 (주)부산물류의 건물을 취득하였다. 다음은 교환거래 시 (주)서울상사의 토지와 (주)부산물류의 건물의 장부금액과 공정가치이다. 다음의 각 경우, 교환에 의한 취득 시에 분개를 하시오(단위: 원).

	장부금액	공정가치
토 지	1,000	1,200
건 물	1,300	1,400

(1) 토지의 공정가치가 더 명확한 경우[4)]

(차) 건 물	1,200	(대) 토 지	1,000
		유형자산처분이익	200

제공하는 토지의 공정가치가 더 명확하므로 토지의 공정가치가 취득하는 건물의 취득원가가 된다.

(2) 건물의 공정가치가 더 명확한 경우

(차) 건 물	1,400	(대) 토 지	1,000
		유형자산처분이익	400

취득하는 건물의 공정가치가 더 명확하므로 건물의 공정가치가 취득원가로 된다.

(3) 교환거래 시 상업적 실질이 없는 경우

(차) 건 물	1,000	(대) 토 지	1,000

상업적 실질이 없는 경우에는 제공하는 자산의 장부금액이 취득하는 자산의 취득원가가 된다.

(4) 교환거래 시 두 자산의 공정가치가 명확하지 않은 경우

(차) 건 물	1,000	(대) 토 지	1,000

교환거래 시 두 자산의 공정가치가 명확하지 않은 경우에는 제공하는 자산의 장부금액이 취득하는 자산의 취득원가가 된다.

4) 교환 시에 다양한 조건에 따라 취득하는 자산의 취득원가는 달라질 수 있지만, 제공하는 자산의 경우에는 모든 경우에 동일하게 장부금액이 제거된다.

유형자산 간 교환거래 시에 추가로 현금의 수수가 발생하는 경우가 있다. 교환 시 제공하는 자산의 공정가치가 더 명확한 경우에는 제공 자산의 공정가치에 현금수수금액을 가감한 금액을 취득 자산의 원가로 한다. 반면 교환 시 취득하는 자산의 공정가치가 더 명확한 경우에는 취득하는 자산의 공정가치를 취득원가로 한다.

다음은 현금수수가 발생하는 교환거래의 회계처리의 예시이다.

예시 6.2

(주)서울상사는 보유 중인 토지를 (주)부산물류의 건물과 교환하면서, 추가로 현금 100원을 지급하였다. 다음은 교환거래 시 (주)서울상사의 토지와 (주)부산물류의 건물의 장부금액과 공정가치이다. 다음의 각 경우, 교환거래 관련 분개를 하시오(단위: 원).

	장부금액	공정가치
토 지	1,000	1,200
건 물	1,300	1,400

(1) 토지의 공정가치가 더 명확한 경우

(차) 건 물	1,300	(대)	토 지	1,000
			현 금	100
			유형자산처분이익	200

제공하는 자산의 명확한 공정가치 1,200원에 현금 100원을 추가로 지급하게 되므로 취득하는 자산의 취득원가는 1,300원이 된다.

(2) 건물의 공정가치가 더 명확한 경우

(차) 건 물	1,400	(대)	토 지	1,000
			현 금	100
			유형자산처분이익	300

취득하는 자산의 명확한 공정가치 1,400원을 취득 자산의 원가로 한다. 취득하는 자산의 취득원가 결정에 있어서 취득하는 자산의 명확한 공정가치금액이 그대로 취득원가가 되며 현금수수금액을 추가로 가감하지 않는다.

2) 주식발행(현물출자)에 의한 취득

유형자산의 취득 시에 주식을 발행하여 지급하는 경우, 취득하는 자산의 취득원가는 발행하여 제공하는 주식의 공정가치와 취득하는 자산의 공정가치 가운데 더 명확한 금액으로 한다.

다음은 주식발행에 의한 취득 관련 회계처리의 예시이다.

예시 6.3

(주)서울상사는 기계장치를 취득하면서 액면금액 1,000원인 주식 100주를 지급하였다. 다음의 각 경우, 기계장치의 취득 관련 분개를 하시오.

(1) 기계장치의 공정가치가 300,000원으로서 명확한 경우

(차) 기계장치	300,000	(대) 자본금	100,000
		주식발행초과금	200,000

취득하는 기계장치의 공정가치 300,000원이 명확한 경우에는 해당 금액이 취득원가가 된다. 대변의 자본금은 발행주식수에 액면금액을 곱한 금액을 의미한다. 주식발행초과금은 자본 중 자본잉여금에 해당하는 계정으로서 본서의 제10장 자본에서 다룬다.

(2) 취득시점에 주식 1주당 시가가 2,500원인 경우

(차) 기계장치	250,000	(대) 자본금	100,000
		주식발행초과금	150,000

취득하는 기계장치의 취득원가는 취득시점의 제공 주식의 시가인 250,000원(2,500원×100주)이 된다.

3) 일괄구입에 의한 취득

유형자산을 개별 취득하는 경우와는 달리 복수의 자산을 일괄구입에 의해 취득할 때에는 취득 시 지급대가를 취득한 자산별로 배분하게 된다. 구입 시 지급대가를 자산별로 배분 시에는 취득 후 사용하게 되는 자산별 공정가치의 비율에 따라 총지급대가를 배분하게 된다.

다음은 일괄구입에 의한 취득 시 회계처리의 예시이다.

예시 6.4

(주)서울상사는 (주)부산물류가 소유하고 있던 자산 가운데 다음의 자산을 일괄구입조건으로 현금 250,000원에 취득하였다. 일괄구입에 의해 취득한 자산의 구체적인 내용은 다음과 같다(단위: 원).

	장부가액	공정가치
토 지	39,000	70,000
건 물	51,000	100,000
기계장치	20,000	30,000

(1) 취득 후 토지, 건물, 기계장치를 모두 사용하는 경우 분개를 실시하시오.

- 토지의 취득원가: 250,000×(70,000 / 200,000) = 87,500
- 건물의 취득원가: 250,000×(100,000 / 200,000) = 125,000
- 기계장치의 취득원가: 250,000×(30,000 / 200,000) = 37,500

(차) 토 지	87,500	(대) 현 금	250,000
건 물	125,000		
기계장치	37,500		

(2) 취득 즉시 건물을 철거하여 새 건물을 건축할 예정이며, 기계장치는 계속 사용하는 경우 분개를 하시오.

- 토지의 취득원가: 250,000×((70,000 + 100,000)[5] / 200,000) = 212,500
- 건물의 취득원가: 건물은 계속 사용하지 않으므로 취득원가를 배분하지 않는다.
- 기계장치의 취득원가: 250,000×(30,000 / 200,000) = 37,500

---

5) 철거되는 건물의 공정가치 부분을 토지의 취득원가 비율산정 시에 포함한다. 그 이유는 경영자가 원하는 방식으로 토지를 사용하기 위해서 건물의 구입 및 철거가 필수적이기 때문이다. 본 예시에는 포함되지 않았지만, 건물 철거 시에 철거와 관련된 지출이 발생한다면 해당 지출도 토지의 취득원가에 포함된다.
예로서 취득 즉시 건물을 철거하면서 상기 (2)의 내용에 추가하여 별도의 현금 지출이 70,000원 발생하였다면 해당 지출을 다음과 같이 토지의 취득원가로 추가 산입한다.

(차) 토 지	70,000	(대) 현 금	70,000

(차) 토 지	212,500	(대) 현 금	250,000
기계장치	37,500		

4) 장기후불조건에 의한 취득

유형자산의 대금지급이 일반적인 신용기간을 초과하여 이연되는 경우에는 장기후불조건에 의해 지급되는 실제 총지급액의 현금가격 상당액을 취득원가로 한다.

이 경우 유형자산의 취득원가로 인식되는 현금가격 상당액과 실제 총지급액과의 차액은 장기후불조건에 의해 대금을 지급하는 기간, 즉 신용기간에 걸쳐 이자비용으로 인식하게 된다.

다음은 장기후불조건에 의한 취득 시 회계처리의 예시이다.

예시 6.5

(주)서울상사는 20×1년 1월 1일에 이후 3년간 매년 말 300,000원씩 지불하는 조건으로 건물을 취득하였다. (주)서울상사가 건물을 취득하는 시점의 시장이자율은 8%이다. 장기미지급금과 관련하여 20×1년 1월 1일, 20×1년 말, 20×2년 말, 20×3년 말에 해야 할 분개를 실시하시오. (현금가격 상당액: 300,000×2.5771(3년, 8%, 연금현가)=773,130) 단, 분개 시에는 현재가치할인차금 계정을 사용하시오.

〈상각표〉[6]

	총지급액	이자비용(8%)	원금상환액	장기미지급금 장부금액
20×1. 1. 1.				773,130
20×1. 12. 31.	300,000	61,850	238,150	534,980
20×2. 12. 31.	300,000	42,798	257,202	277,778
20×3. 12. 31.	300,000	22,222	277,778	0

20×1. 1. 1.[7]

(차) 기계장치	773,130	(대) 장기미지급금	900,000
현재가치할인차금	126,870		

6) 화폐의 시간가치와 관련된 구체 내용은 본서의 제3장에서 다루었다.

20×1. 12. 31.

(차) 이자비용	61,850	(대) 현재가치할인차금	61,850
(차) 장기미지급금	300,000	(대) 현 금	300,000

20×2. 12. 31.

(차) 이자비용	42,798	(대) 현재가치할인차금	42,798
(차) 장기미지급금	300,000	(대) 현 금	300,000

20×3. 12. 31.

(차) 이자비용	22,222	(대) 현재가치할인차금	22,222
(차) 장기미지급금	300,000	(대) 현 금	300,000

5) 무상취득 및 증여에 의한 취득

자산을 무상으로 취득하거나 증여받게 되는 경우가 있다. 유형자산의 취득원가가 인식시점에 지급한 현금가격 상당액임을 고려하면 취득원가는 0이 된다. 하지만 이러한 경우에도 취득 이후 재평가과정을 통해서 재평가시점의 공정가치를 유형자산의 장부금액으로 인식할 수 있게 된다.

상기 무상취득 및 증여를 통한 유형자산의 취득과 관련해서 해당 유형자산의 공정가치에 해당하는 금액을 취득원가로 인식하고 이에 대응하는 대변 항목으로 당기의 수익에 해당하는 자산수증이익(수익 항목)이나 수증자본(자본 항목)을 인식하는 방법도 생각해 볼 수 있다.[8)]

---

7) 분개 시에 현재가치할인차금 계정을 사용하지 않는 경우, 20×1년 1월 1일과 20×1년 12월 31일의 분개는 각각 다음과 같다.

20×1. 1. 1.

(차) 기계장치	773,130	(대) 장기미지급금	773,130

20×1. 12. 31.

(차) 이자비용	61,850	(대) 장기미지급금	61,850
(차) 장기미지급금	300,000	(대) 현 금	300,000

8) 자산수증이익에 해당하는 금액을 해당 자산의 내용연수 동안에 걸쳐서 수익으로 인식하는 방법도 있다.

(차) 유형자산	×××(공정가치)	(대) 자산수증이익(수익)	×××

또는

(차) 유형자산	×××(공정가치)	(대) 수증자본(수익)	×××

이와 관련해서 한국채택국제회계기준에서는 유형자산의 원가를 "자산을 취득하기 위하여 자산의 취득시점이나 건설시점에서 지급한 현금 또는 현금성자산이나 제공한 기타 대가의 공정가치"라고 명기하고 있으므로 적용 시에는 주의를 기울일 필요가 있다.[9)]

6) 자산의 해체, 제거 및 복구 관련 추정원가

유형자산의 사용이 완료된 후에 자산을 사용 전 상태로 원상복구하기 위해서 해당 자산을 해체, 제거하거나 부지를 복구하는 데 소요될 것으로 추정되는 미래 지출금액의 현재가치금액을 자산의 취득원가에 포함하게 된다. 기업이 자산을 해체, 제거하거나 부지를 복구할 의무는 해당 유형자산을 취득한 시점에 또는 해당 유형자산을 특정 기간 동안 재고자산 생산 이외의 목적으로 사용한 결과로서 발생한다.[10)]

자산의 해체, 제거 및 복구와 관련된 원가는 해당 지출로 인해 미래에 경제적 효익을 가져오는 것은 아니지만 관련 자산을 경영자가 원하는 장소와 상태에 이르게 하는 데 직접적으로 관련되는 지출이다. 따라서 유형자산의 취득시점에 해당 자산의 해체, 제거 및 원상복구에 소요될 것으로 추정되는 미래 시점의 지출의 현재가치금액을 최초 취득원가에 포함하고 복구충당부채로 인식하게 된다.

〈취득시점〉

(차) 유형자산	×××	(대) 현금, 미지급금	×××
		복구충당부채	×××

9) 기업회계기준서 제1016호 6.

10) 예로서 발전소나 해양구조물 등의 유형자산은 해당 자산의 사용이 완료된 후에 오염 등을 유발할 가능성이 있으며 이에 따라 환경보전, 안전 등을 위해서 해당 자산에 대한 해체, 제거 및 원상회복이 이루어지게 된다.

자산의 해체, 제거 및 원상복구 등과 관련하여 최초 취득원가에 포함된 금액에 대해서는 이후 유형자산을 사용하는 기간, 즉 내용연수 동안 감가상각이 이루어지게 된다. 그리고 복구충당부채과 관련하여 이후 내용연수 동안 기초 장부금액에 유효이자율을 곱한 금액을 이자비용으로 인식하고 복구충당부채금액을 증가시키게 된다. 이를 통해서 유형자산의 사용이 종료되는 시점에 복구충당부채의 장부금액은 원상복구 등이 이루어지는 시점의 지출금액을 나타내게 된다.

〈매 기간 말〉

(차) 이자비용	×××	(대) 복구충당부채	×××

〈원상복구 등 실시시점〉

(차) 복구충당부채	×××	(대) 현　금	×××[11]

예시 6.6

(주)서울상사는 20×1년 1월 1일에 이후 5년간 사용 후 해체 및 원상복구를 해야 하는 구축물을 현금 300,000원을 지급하고 취득하였다. 상기 취득 시 지출된 300,000원과는 별도로 (주)서울상사는 해당 자산의 해체 및 원상복구를 위해서 5년 뒤 시점에 50,000원이 소요될 것으로 해당 자산의 취득시점인 20×1년 1월 1일에 추정하였다. 자산의 해체 및 원상복구 관련 지출의 현재가치 계산 시에는 7%의 할인율을 적용한다. 단, 20×6년 초에 실제 복구 관련 지출금액은 51,000원이 발생하였다.

20×1년 1월 1일(취득시점)

취득원가는 취득 시 지출한 금액에 해당 자산의 해체, 제거 및 원상복구에 소요될 것으로 추정되는 미래 시점의 지출의 현재가치금액을 더해서 구하게 된다.

취득 시 지출한 금액: 300,000원

해당 자산의 해체, 제거 및 원상복구에 소요될 것으로 추정되는 미래 시점의 지출의 현재가치금액: 50,000원×0.7130 (7%, 5년, 단일금액의 현재가치)=35,650원

---

11) 만약 원상복구 등이 이루어지는 시점의 실제 지출금액이 최초 추정했던 금액보다 작을 경우에는 그 차액을 원상복구 등이 이루어지는 시점에 복구공사이익으로 인식하고, 최초 추정했던 금액보다 클 경우에는 그 차액을 원상복구 등이 이루어지는 시점에 복구공사손실로 인식한다.

해당 자산의 해체, 제거 및 원상복구에 소요될 것으로 추정되는 미래 시점의 지출의 현재가치는 취득시점에 자산의 취득원가에 포함되며, 미래의 의무이므로 복구충당부채로 인식하게 된다.

20×1. 1. 1.

(차) 구축물	335,650	(대) 현 금	300,000
		복구충당부채	35,650

20×1년 12월 31일(20×1년 말)

복구충당부채과 관련하여 이후 내용연수 동안 기초 장부금액에 유효이자율을 곱한 금액을 이자비용으로 인식하고 복구충당부채금액을 증가시키게 된다. 참고로, 이러한 과정을 거치게 되면 내용연수가 완료된 시점인 20×5년 말 복구충당부채의 장부금액은 최초 추정했던 50,000원이 된다.

일 자	유효이자(7%)	장부금액 변경	복구충당부채 장부금액
20×1. 1. 1.			35,650
20×1. 12. 31.	2,496	2,496	38,146
20×2. 12. 31.	2,670	2,670	40,816
20×3. 12. 31.	2,857	2,857	43,673
20×4. 12. 31.	3,057	3,057	46,730
20×5. 12. 31.	3,271	3,271	50,001

* 단수 차이로 1원의 오차가 발생하였음

20×1. 12. 31.

(차) 이자비용	2,496	(대) 복구충당부채	2,496

원상복구 실시시점(20×6년 초)

원상복구 등이 이루어지는 시점의 실제 지출금액이 최초 추정했던 금액보다 작을 경우에는 그 차액을 원상복구 등이 이루어지는 시점에 복구공사이익으로 인식하고, 최초 추정했던 금액보다 클 경우에는 그 차액을 원상복구 등이 이루어지는 시점에 복구공사손실로 인식한다.

20×6년 초

(차)	복구충당부채	50,000	(대) 현 금	51,000
	복구공사손실	1,000		

만약 실제 복구 관련 지출금액이 49,500원이 발생하였다면 원상복구 실시시점(20×6년 초)에 해야 할 분개는 다음과 같다.

20×6년 초

(차)	복구충당부채	50,000	(대) 현 금	49,500
			복구공사이익	500

3. 취득시점 이후의 지출

유형자산을 취득한 이후 점검이나 수리 등을 실시하는 경우에는 지출이 발생하게 된다. 유형자산을 취득한 이후 발생하는 지출은 해당 지출의 특성에 따라 **자본적 지출**(capital expenditures)과 **수익적 지출**(revenue expenditures)로 나누어진다.

수익적 지출은 해당 자산의 경제적 효용을 현재 상태로 유지하기 위한 지출을 의미한다. 경제적 효용이 유지되는 예로는 소모성 부품의 교환, 도색 등을 들 수 있다. 이 경우에는 발생한 지출을 해당 회계기간의 비용으로 인식한다.

반면 자본적 지출은 해당 지출을 통해서 자산의 경제적 효용이 개선되는 지출을 의미한다. 경제적 효용의 개선의 예로는 성능의 개선(예: 단위시간당 생산량 증가), 자산의 내용연수의 증가, 불량률 감소 등을 들 수 있다. 이 경우에는 발생한 지출을 자산의 장부금액에 더하게 된다.

다음은 유형자산 취득 이후 지출에 대한 회계처리의 예시이다.

예시 6.7

(1) (주)서울상사는 20×1년 1월 1일에 구입한 기계장치와 관련하여 20×1년 7월 1일에 수리를 실시하고 1,000원을 지출하였다. 수리내용은 소모품의 교체이며 교체 이후 기계장치는 기존 성능수준을 유지하고 있다. 20×1년도 7월 1일의 분개를 하시오.

(차) 수리비(비용)	1,000	(대) 현 금	1,000

소모품의 교체로 해당 자산의 경제적 효용이 유지되므로 해당 기간의 비용으로 처리한다.

(2) (주)부산물류는 20×1년 1월 1일에 구입한 기계장치와 관련하여 20×1년 7월 1일에 수리를 실시하고 1,000원을 지출하였다. 수리내용은 핵심 부품의 교체이며 교체 이후 기계장치는 기존 성능 대비 시간당 생산량이 1.5배 수준으로 증가하였다. 20×1년 7월 1일의 분개를 하시오.

(차) 기계장치(자산)	1,000	(대) 현 금	1,000

핵심 부품의 교체로 성능의 개선(생산량 증가)이 이루어졌으므로 발생한 지출을 자산의 장부금액에 더한다.

제3절 감가상각

일반적으로 내용연수가 무한한 토지를 제외한 타 유형자산은 해당 자산을 재화나 용역의 생산이나 제공, 타인에 대한 임대 또는 관리활동에 사용하는 과정에서 자산에 내재되어 있던 경제적 효익이 지속적으로 감소하게 된다.[12)]

감가상각(depreciation)은 유형자산을 보유 및 사용하는 과정에서 발생하는 경제적 효익의 감소 영향을 그 자산의 내용연수에 걸쳐 체계적으로 배분, 즉 비용으로 인식하는 것을 의미한다. 감가상각을 실시하는 기간에 걸쳐 유형자산의 장부금액은 지속적으로 감소하게 되며 감소되는 자산금액은 감가상각비로 비용처리된다.

감가상각을 실시하기 위해서는 먼저 다음의 내용들이 정리되어야 한다.

12) 토지가 매립장이나 채석장과 같은 형태일 경우에는 내용연수가 유한하므로 감가상각을 실시한다. 그리고 토지 이외에도 유형자산 가운데 건설중인자산은 감가상각을 실시하지 않는다.

① 감가상각 대상금액

감가상각 대상금액은 감가상각을 통해 내용연수 동안 비용으로 인식하는 대상금액을 의미한다. 감가상각 대상금액은 해당 유형자산의 원가에서 잔존가치를 차감한 금액으로 정의된다. 여기서 **잔존가치**(salvage value)는 해당 유형자산의 내용연수가 끝나는 시기에 처분을 통하여 수취하는 금액에서 처분 관련 부대비용을 차감한 금액의 측정치를 의미한다. 감가상각 시에 감가상각 대상금액에서 잔존가치를 제외하는 이유는 잔존가치만큼은 소멸되지 않고 처분 시에 현금 등의 자산을 수취하게 되므로 감가상각을 통해 비용화되는 금액이 아니기 때문이다.

② 내용연수

내용연수(useful life)는 기업이 유형자산에 대하여 감가상각을 실시하는 기간으로서 기업이 자산을 사용할 것으로 예상하는 기간을 의미한다.

내용연수는 크게 물리적 내용연수와 경제적 내용연수로 구분된다. **물리적 내용연수**는 해당 유형자산을 물리적으로 사용할 수 있는 기간을 의미하며, **경제적 내용연수**는 해당 유형자산을 사용하여 기업이 경제적 효용을 획득하게 되는 기간을 의미한다. 감가상각 시에 적용하게 되는 내용연수는 경제적 내용연수이다. 예로서 어떤 기업이 30년 동안 사용할 수 있는 내구성을 가진 기계장치를 구입하였다. 이 기업은 기계를 이용하여 생산하는 제품의 유행이 10년간 유지될 것으로 예상한다면 해당 기계장치의 감가상각을 위한 내용연수는 30년(물리적 내용연수)이 아닌 10년(경제적 내용연수)이 된다.[13)]

③ 감가상각방법

유형자산의 감가상각방법은 해당 자산의 미래 경제적 효익이 소비될 것으로 예상하는 형태를 반영하여 결정하게 된다. 감가상각방법으로는 **정액법**(straight-line method), **체감상각법**(declining balance method), **생산량비례법**(units-of-production method) 등이 있다.

---

13) 왜냐하면, 기계를 30년 동안 사용할 수는 있지만, 기계를 이용하여 생산하는 제품의 유행이 10년간 유지된다면 10년간 기계를 사용한 후에는 더 이상 사용하지 않게 되기 때문이다.

정액법은 잔존가치가 변동하지 않는다고 가정할 때 자산의 내용연수 동안 매 기간 동일한 일정액의 감가상각액을 계상하는 방법이다. 구체적으로 취득원가에서 잔존가액을 차감한 감가상각 대상금액을 내용연수로 나누어서 매 연도별 감가상각비를 계산한다.

체감상각법은 연도별로 감가상각되는 금액이 자산의 내용연수 동안 매 기간에 걸쳐 지속적으로 감소하는 방법으로서, 대표적인 체감상각법으로 **정률법**(constant percentage method), **연수합계법**(sum-of-the years' digits method)과 이중체감법(double declining balance method)이 있다.

생산량비례법은 유형자산의 예상 총조업도나 예상 총생산량에 기초하여 총조업도 또는 총생산량 대비 감가상각 대상기간의 실제 조업도나 생산량의 비율을 이용하여 기간별 감가상각비를 구하는 방법이다.

감가상각방법은 해당 자산에 내재되어 있는 미래 경제적 효익의 예상 소비형태를 가장 적절하게 반영하는 방법으로 선정하고, 적어도 매년 기존 감가상각방법이 적절한지에 대한 검토를 실시한다.

1. 감가상각 회계처리

다음은 감가상각방법에 따른 기간별 감가상각비의 회계처리 예시이다.

예시 6.8

(주)서울기계는 20×1년 1월 1일에 내용연수 3년, 잔존가치 10%인 기계장치를 500,000원에 구입하였다. (주)서울기계는 향후 3년간 해당 기계장치를 이용하여 총 700개의 제품을 생산할 것으로 예상하였다. 실제 (주)서울기계는 해당 기계를 사용하여 20×1년에 140개, 20×2년에 350개, 20×3년에 210개의 제품을 생산하였다.

(1) 정액법 이용 시 연도별 감가상각비를 구하시오.

정액법은 취득원가에서 잔존가치를 차감한 감가상각 대상금액을 내용연수로 나누어 각 연도의 감가상각비를 구한다.

$$\text{연도별 감가상각비(정액법)} = \frac{\text{감가상각 대상금액(취득원가} - \text{잔존가치)}}{\text{내용연수}}$$
$$= \frac{(500{,}000 - 50{,}000)}{3}$$
$$= 150{,}000\text{원}$$

20×1년, 20×2년, 20×3년에 기계장치에 대한 감가상각비는 연도별로 동일하게 150,000원이다. 연도별 감가상각비는 비용으로 인식되며 대변에는 자산의 차감계정인 감가상각누계액 계정으로 인식한다. 연도별 감가상각비는 매 기간 자산 차감계정인 감가상각누계액 계정에 합산되어 해당 자산의 장부금액을 감소시키게 된다. 정액법 적용 시 매 기간의 분개는 아래와 같이 동일하다.

(차) 감가상각비	150,000	(대) 감가상각누계액	150,000

(2) 정률법 이용 시 연도별 감가상각비를 구하시오.

정률법은 유형자산의 기간별 기초 장부금액에 매 기간 동일한 비율(정률)을 곱하여 해당 기간의 감가상각비를 구하게 된다. 상기 매 기간 동일한 비율(정률)을 **감가상각률**이라고 하며 정률법 사용 시에 적용하는 감가상각률은 다음과 같이 구한다.

$$\text{감가상각률} = 1 - \sqrt[n]{\frac{\text{잔존가치}}{\text{취득원가}}} \ (n\text{: 내용연수})$$

본 예시에서 사용하는 감가상각률은 다음과 같다.

$$1 - \sqrt[3]{\frac{50{,}000}{500{,}000}} = 1 - 0.4642 = 0.5358$$

매 연도의 감가상각비는 해당 연도의 기초 장부금액에 감가상각률을 곱한 금액으로 계산한다.

	기초 장부금액	감가상각비	감가상각누계액	기말 장부금액
20×1년	500,000	267,900	267,900	232,100
20×2년	232,100	124,359	392,259	107,741
20×3년	107,741	57,741	450,000	50,000

20×1년에는 기초 장부금액인 500,000원에 감가상각률 0.5358을 곱하여 267,900원의 감가상각비를 구하고 기말 장부금액은 해당 기간의 기초 장부금액으로부터 해당 기간에 비용화한 감가상각비금액을 차감한 232,100원이 된다.

20×2년에는 기초 장부금액인 232,100원에 감가상각률 0.5358을 곱하여 124,359원의 감가상각비를 구하고 기말 장부금액은 해당 기간의 기초 장부금액으로부터 해당 기간에 비용화한 감가상각비금액을 차감한 107,147원이 된다.

20×3년도는 감가상각 대상 유형자산의 내용연수 가운데 마지막 연도인데, 해당 연도의 기말 장부금액은 잔존가치가 되어야 한다. 이에 따라 20×3년도의 감가상각비는 20×3년도의 기초 장부금액인 107,147원에 감가상각률 0.5358을 곱하여 구하는 방법을 사용하지 않는다. 그 대신 먼저 20×3년도의 기말 장부금액을 잔존가액인 50,000원으로 결정한 후에 20×3년도의 기초 장부금액인 107,741원에서 잔존가액인 50,000원을 차감하여 양 금액의 차이인 57,741원을 최종 기간의 감가상각비로 구하게 된다.

(3) 연수합계법 이용 시 연도별 감가상각비를 구하시오.

연수합계법은 연도별 감가상각률의 결정 시에, 첫해인 20×1년도에는 본 예시의 감가상각 대상연수 중 가장 큰 값인 3을 감가상각 대상연수의 합계인 6(1+2+3)으로 나눈 값이 감가상각률이 되며, 두 번째 해인 20×2년도에는 그다음 큰 감가상각 대상연수인 2를 감가상각 대상연수의 합계인 6으로 나눈 값이 감가상각률이 된다.

20×1년의 감가상각률: $\dfrac{3}{1+2+3}=\dfrac{3}{6}$

20×2년의 감가상각률: $\dfrac{2}{1+2+3}=\dfrac{2}{6}$

20×3년의 감가상각률: $\dfrac{1}{1+2+2}=\dfrac{1}{6}$

20×1년의 감가상각비: $450{,}000\times\dfrac{3}{6}=225{,}000$

20×2년의 감가상각비: $450{,}000\times\dfrac{2}{6}=150{,}000$

20×3년의 감가상각비: $450{,}000\times\dfrac{1}{6}=75{,}000$

이와 같은 과정을 거쳐 내용연수 가운데 최종 연도인 20×3년에는 감가상각 대상연수 중 가장 작은 값인 1을 감가상각 대상연도의 합계인 6으로 나눈 값이 감가상각률이 된다.

연수합계법은 감가상각 대상금액에 위에서 구한 각 기간별 감가상각률을 곱하여 기간별 감가상각비를 구하게 된다.

체감상각법에 속하는 정률법과 연수합계법은 모두 시간의 경과에 따라 기간별 감가상각비가 체감한다. 이와 관련하여 정률법은 동일한 감가상각률에 곱해지는 해당 시기의 기초 장부금액이 점점 감소되어 감가상각비가 감소되는 반면, 연수합계법의 경우에는 연도별로 동일한 감가상각 대상금액에 곱해주는 연도별 감가상각률이 점점 감소되어 감가상각비가 감소된다는 차이가 있다.

자산의 내용연수에 걸쳐서 매 기간마다 감가상각이 지속적으로 체감하는 체감잔액법에는 정률법, 연수합계법과 함께 이중체감법도 있다.

이중체감법은 기본적으로 기간별 감가상각비 도출의 방법에 있어 정률법과 유사한 점이 있다. 즉 정률법과 마찬가지로 기초 장부금액에 감가상각률을 곱해서 각 기간의 감가상각비를 구하며, 마지막 연도에는 해당 연도의 기초 장부금액에서 잔존가치를 차감하여 최종 감가상각 대상기간의 감가상각비를 구한다. 이중체감법과 정률법의 차이는 적용하는 감가상각률의 상이함에 있다. 이중체감법에서는 정률법에서 사용하는 감가상각률과는 달리 정액법에서 매년 감가상각시키는 비율(1/내용연수)의 두 배를 감가상각률로 적용한다.

$$\text{감가상각률(이중체감법)} = \left(\frac{1}{\text{내용연수}}\right) \times 2$$

본 예시에서는 내용연수가 3년이므로 정액법 적용 시에 매년 감가상각 대상금액의 1/3씩 감가상각이 됨을 알 수 있다. 따라서 이 경우에 이중체감법을 적용할 때에는 1/3의 두 배인 2/3를 감가상각률로 적용한다. 이중체감법은 정률법보다 더 편리하게 감가상각률을 구하면서도 정률법과 유사한 방식으로 기간별 감가상각비를 구해낼 수 있는 특성이 있다.

다음은 이중체감법을 이용하여 구한 매 연도의 감가상각비이다.

	기초 장부금액	감가상각비	감가상각누계액	기말 장부금액
20×1년	500,000	333,333*	333,333	166,667
20×2년	166,667	111,111	444,444	55,556
20×3년	55,556	5,556**	450,000	50,000

* 500,000× 2/3(이중체감법의 상각률)=333,333원

** 55,556(기초 장부금액)-50,000(잔존가치)=5,556원

(4) 생산량비례법 이용 시 연도별 감가상각비를 구하시오.

생산량비례법은 유형자산의 예상 총조업도나 예상 총생산량에 기초한 감가상각 대상기간의 실제 조업도나 생산량의 비율을 이용하여 기간별 감가상각비를 계산한다. 본 예제에서 생산량비례법을 이용한 연도별 감가상각비는 다음과 같다.

감가상각률=해당 회계연도의 실제 생산량 / 예상 총생산량

감가상각비: 감가상각 대상금액×감가상각률

20×1년의 감가상각비: $450,000 \times \frac{140}{700} = 90,000$

20×2년의 감가상각비: $450,000 \times \frac{350}{700} = 225,000$

20×3년의 감가상각비: $450,000 \times \frac{210}{700} = 135,000$

〈그림 6.1〉은 (수)서울기계의 사료를 기초로 정액법, 정률법, 연수합계법과 생산량비례법에 따라 계산된 연도별 감가상각비의 현황을 그래프로 보여주고 있다. 정액법은 매년 감가상각비가 동일한 반면, 체감잔액법인 정률법과 연수합계법은 내용연수의 초반에는 정액법보다 감가상각비가 크지만 내용연수의 후반에는 정액법보다 감가상각비가 작아지는 모습을 보여주고 있다. 생산량비례법은 각 연도의 실제 생산량의 수준에 비례하는 감가상각비를 보여주고 있다.

그림 6.1 감가상각방법별 연도별 감가상각비 비교

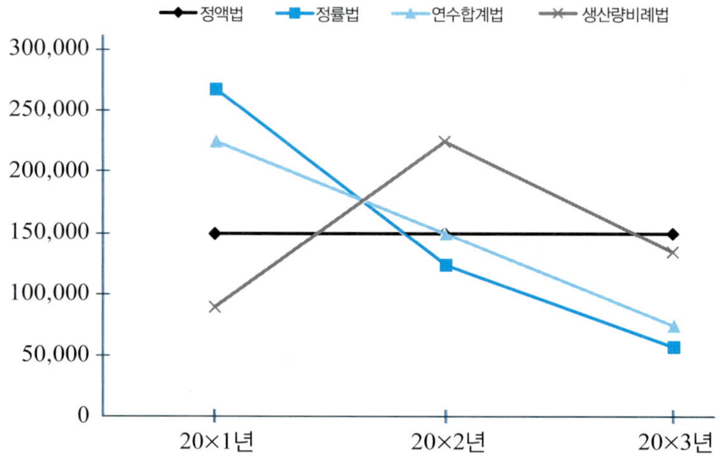

2. 유형자산을 회계기간 중에 구입한 경우의 감가상각 회계처리

유형자산을 회계기간 중에 취득한 경우에는 전체 회계기간 중 유형자산을 취득한 이후의 기간을 기준으로 감가상각비를 안분하여 계산한다.

다음의 〈예시 6.9〉는 유형자산을 회계기간 중 취득한 경우 감가상각방법에 따른 기간별 감가상각비의 회계처리 예시이다.

예시 6.9

(주)서울기계는 20×1년 9월 1일에 내용연수 3년, 잔존가치 10%인 기계를 500,000원에 구입하였다. (주)서울기계는 향후 3년간 해당 기계장치를 이용하여 총 700개의 제품을 생산할 것으로 예상하였다. 실제 (주)서울기계는 해당 기계를 사용하여 20×1년에 35개, 20×2년에 350개, 20×3년에 210개, 20×4년에 105개의 제품을 생산하였다.

(1) 정액법 이용 시 연도별 감가상각비를 구하시오.

$$\text{연도별 감가상각비(정액법)} = \frac{(500{,}000 - 50{,}000)}{3} = 150{,}000$$

이때 20×1년은 12개월 중 4개월 동안 해당 기계장치를 사용하게 되며, 20×2년과 20×3년은 12개월 모두 해당 기계장치를 사용하게 되고, 20×4년에는 12개월 중 8개월 동안 해당 기계장치를 사용하게 된다.

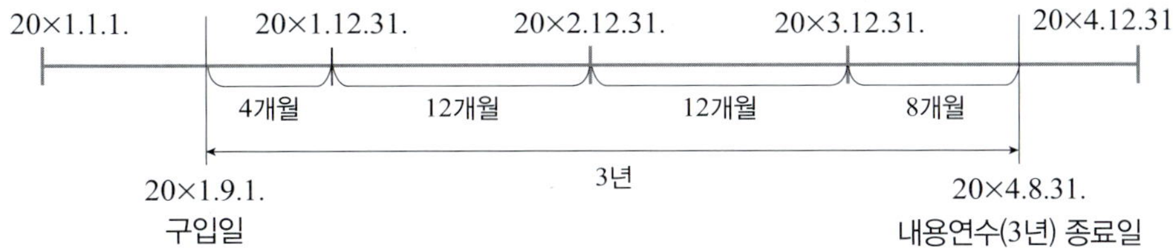

따라서 연도별 감가상각비는 다음과 같다.

$$20\times1\text{년}: \frac{(500{,}000-50{,}000)}{3}\times\frac{4}{12}=50{,}000$$

$$20\times2\text{년}, 20\times3\text{년}: \frac{(500{,}000-50{,}000)}{3}\times\frac{12}{12}=150{,}000$$

$$20\times4\text{년}: \frac{(500{,}000-50{,}000)}{3}\times\frac{8}{12}=100{,}000$$

(2) 연수합계법 이용 시 연도별 감가상각비를 구하시오.

$$1\text{년 차 감가상각비}=(500{,}000-50{,}000)\times\frac{3}{(1+2+3)}=225{,}000$$

$$2\text{년 차 감가상각비}=(500{,}000-50{,}000)\times\frac{2}{(1+2+3)}=150{,}000$$

$$3\text{년 차 감가상각비}=(500{,}000-50{,}000)\times\frac{1}{(1+2+3)}=75{,}000$$

각 연차별 감가상각비와 회계기간 간의 관계는 다음과 같다.

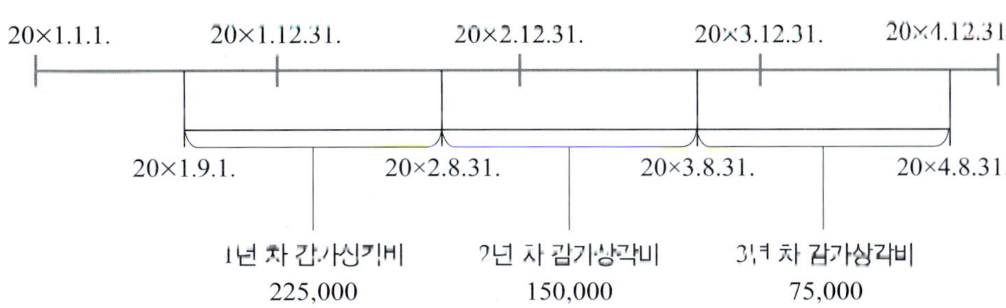

위의 그림에서 보여지는 바와 같이 1년 차 감가상각비 225,000원은 20×1 회계연도에 4개월, 그리고 20×2 회계연도에 8개월이 걸쳐 있다. 이와 마찬가지로 2년 차 감

가상각비 150,000원은 20×2 회계연도에 4개월, 그리고 20×3 회계연도에 8개월이 걸쳐 있다. 이와 같은 관계를 바탕으로 각 회계연도별로 감가상각비를 집계하면 다음과 같다.

$$20\times1\text{년}: \left((500{,}000-50{,}000)\times\frac{3}{1+2+3}\right)\times\frac{4}{12}=75{,}000$$

$$20\times2\text{년}: \left((500{,}000-50{,}000)\times\frac{3}{1+2+3}\right)\times\frac{8}{12}+\left((500{,}000-50{,}000)\times\frac{2}{1+2+3}\right)\times\frac{4}{12}=200{,}000$$

$$20\times3\text{년}: \left((500{,}000-50{,}000)\times\frac{2}{1+2+3}\right)\times\frac{8}{12}+\left((500{,}000-50{,}000)\times\frac{1}{1+2+3}\right)\times\frac{4}{12}=125{,}000$$

$$20\times4\text{년}: \left((500{,}000-50{,}000)\times\frac{1}{1+2+3}\right)\times\frac{8}{12}=50{,}000$$

(3) 정률법 이용 시 연도별 감가상각비를 구하시오. 단, 정률법에 사용하는 감가상각률은 0.5358을 적용하시오.

회계기간 중 취득한 유형자산에 대하여 정률법을 적용할 때에는 취득원가에 감가상각률을 곱해서 나온 금액에 취득 후 기간을 안분하여 취득한 연도(본 예시의 20×1년)의 감가상각비를 계산해낸다. 그리고 이후 기간(본 예시의 20×2년과 20×3년)에는 정상적으로 기초 장부금액에 감가상각률을 곱해서 해당 연도의 감가상각비를 구하고, 마지막 연도(본 예시의 20×4년)에는 마지막 연도의 기초 장부금액에서 잔존가치를 차감하여 감가상각비를 계산한다.

	기초 장부금액	감가상각비	감가상각누계액	기말 장부금액
20×1년	500,000*	89,300**	89,300	410,700
20×2년	410,700	220,053	309,353	190,647
20×3년	190,647	102,149	411,502	88,498
20×4년	88,498	38,498***	450,000	50,000

* 20×1년 9월 1일 취득금액

** $500{,}000\times0.5358\times\frac{4}{12}=89{,}300$원

*** 88,498(기초 장부금액) − 50,000(잔존가치) = 38,498원

(4) 생산량비례법 이용 시 연도별 감가상각비를 구하시오.

생산량비례법은 유형자산의 예상 총조업도나 예상 총생산량에 기초한 감가상각 대상기간의 실제 조업도나 생산량의 비율을 이용하여 기간별 감가상각비를 계산한다.

20×1년: $450,000 \times \frac{35}{700} = 22,500$

20×2년: $450,000 \times \frac{350}{700} = 225,000$

20×3년: $450,000 \times \frac{210}{700} = 135,000$

20×4년: $450,000 \times \frac{105}{700} = 67,500$

제4절 유형자산의 재평가

앞서 살펴본 바와 같이 유형자산의 취득 시에는 지급한 대가의 현금 상당액이 해당 유형자산의 가치를 적절하게 반영하는 것으로 보아 동 금액을 취득원가로 인식한다. 취득 이후에 유형자산의 장부금액을 기록하는 방법으로는 원가모형과 재평가모형이 있다.

1. 원가모형

기업이 원가모형을 적용할 경우 유형자산의 취득 시에는 지급한 대가의 현금 상당액이 해당 유형자산의 가치를 적절하게 반영하는 것으로 보아 동 금액을 취득원가로 인식한다. 기업이 원가모형을 적용할 경우 취득시점 이후 유형자산을 보유하는 기간 동안 유형자산은 원가에서 감가상각누계액과 손상차손누계액을 차감한 금액을 해당 자산의 장부금액으로 한다. 이 경우 취득시점 이후의 기간 동안 발생하는 공정가치의 변동을 장부금액에 반영하지 않는다.[14] 그 이유는 취

14) 원가모형 적용 여부와 관계없이 개별자산이 시장에서 독립된 당사자들 간에 거래되는 금액,

득시점의 지급대가, 즉 취득원가가 상대적으로 신뢰성이 매우 높고 객관적인 회계정보이기 때문이다.[15] 본서에서 앞서 살펴본 유형자산의 취득 및 감가상각 등의 과정에서 공정가치의 변동에 대하여 고려하지 않았음을 알 수 있을 것이다. 이러한 회계처리는 원가모형에 근거한 것이다.

2. 재평가모형

기업이 재평가모형을 적용할 경우에도 원가모형을 적용할 경우와 마찬가지로 유형자산의 취득 시에는 지급한 대가의 현금 상당액이 해당 유형자산의 가치를 적절하게 반영하는 것으로 보아 동 금액을 취득원가로 인식한다.[16] 반면 재평가모형을 적용하는 경우에는 취득시점 이후, 즉 유형자산을 보유하는 기간 중 발생하는 공정가치의 변동을 장부금액에 반영하게 된다.[17] 그 이유는 자산을 보유하고 있는 과정에서 나타나는 매 시기의 공정가치가 회계정보이용자들의 의사결정 시에 매우 유용하고 목적적합한 회계정보일 수 있기 때문이다.[18] 한국채택국제회계기준 적용 전에는 대부분의 경우에 원가법을 적용하고 있었다. 그러한 이유로 한국채택국제회계기준 적용에 따라 유형자산에 대하여 원가모형이나

즉 공정가치는 수많은 이유로 언제든지 변할 가능성이 있으며 또한 실제로 변하기도 한다.

15) 10년 전 10,000원에 구입한 토지의 취득원가는 10,000원이며 원가법 적용 시 현재의 장부금액 역시 10,000원이다. 상기 토지의 장부금액인 10,000원과 관련해서 취득시점의 공정가치이자 취득원가인 10,000원을 실제로 지급한 근거를 명확히 제시할 수 있다. 반면 현재 시점의 토지의 공정가치가 30,000원일 수 있는데 이 금액은 해당 자산의 현재 시세이며 실제로 거래가 되어 당신이 보유하고 있는 금액은 아니다. 30,000원이 시세라는 사실이 해당 토지가 30,000원에 매각이 성사되어 당신이 30,000원을 취득하게 된다는 것과 동일한 의미는 아니다.

16) 이에 따라 유형자산의 취득 시 분개는 해당 자산에 대하여 원가법 또는 재평가법을 적용하는지 여부에 관계없이 동일하다.

17) 여기서 공정가치란 측정일에 시장참여자 사이의 정상거래에서 자산을 매도할 때 받거나 부채를 이전할 때 지급하게 될 가격으로 정의된다(기업회계기준서 제1113호 9.).

18) 10년 전에 구입한 토지의 당시 취득원가가 10,000원이었으며 현재 토지의 시세가 30,000원이라면 당신이 지금 해당 토지와 관련된 의사결정(예: 토지 매각을 통한 자금확보 실시 여부 결정 등)을 함에 있어서 10,000원과 30,000원 가운데 어떠한 금액이 당신의 의사결정에 더 적합하다고 생각하는가?

재평가모형 중 하나를 회계정책으로 선택한다는 것은 첫째, 기존에 적용하고 있던 원가모형을 계속 적용하거나, 기존에 적용하고 있던 원가모형과는 상이한 재평가모형을 새롭게 선택한다는 의미가 될 것이다. 이러한 면에서 후자의 경우, 즉 원가모형을 적용하고 있다가 새롭게 재평가모형을 적용하는 시점은 그 시점이 언제이든 간에 재평가모형을 최초로 적용하게 되는 것이므로 최초 재평가 시점이 된다. 최초 재평가 시의 시세, 즉 공정가치는 기존의 원가모형에 근거한 동일 시점의 장부금액보다 클 수도, 작을 수도 있다. 이하의 내용에서는 유형자산의 최초 재평가 시 공정가치가 동일 시점의 장부금액보다 더 높은 경우와 낮은 경우에 대하여 각각 살펴보도록 한다.

① 유형자산 평가증

유형자산의 최초 재평가 시 장부금액보다 공정가치가 더 높은 경우에는 유형자산의 재평가로 인한 증가금액만큼 유형자산의 장부금액을 증가시키고 재평가로 인한 평가이익을 당기 이익으로 인식하지 않고 재평가잉여금이라는 기타포괄손익 항목으로 인식한다. 이후 유형자산 재평가 시 장부금액보다 공정가치가 더 낮아지게 되면 과거 **재평가잉여금**으로 인식했던 금액만큼은 재평가잉여금을 감소시키고, 이후 추가 감소 부분은 **재평가손실**로 인식하게 된다.

② 유형자산 평가감

유형자산의 최초 재평가 시 장부금액보다 공정가치가 더 낮은 경우에는 유형자산의 재평가로 인한 감소금액만큼 유형자산의 장부금액을 감소시키고 재평가로 인한 평가손실을 재평가손실이라는 당기손실 항목으로 인식한다. 이후 유형자산 재평가 시 장부금액보다 공정가치가 더 높아지게 되면 과거 재평가손실로 인식했던 금액만큼은 **재평가이익**이라는 당기 이익 항목으로 인식한 후, 추가 증가 부분은 재평가잉여금으로 인식하게 된다.

상기 유형자산의 최초 재평가 시 평가증 및 평가감에 대한 회계처리와 관련하여, 공정가치가 동일 시점의 장부금액보다 낮은 경우(평가감)에는 비용으로 인식하는 반면, 공정가치가 동일 시점의 장부금액보다 높은 경우(평가증)에는 왜

그림 6.2 유형자산의 재평가

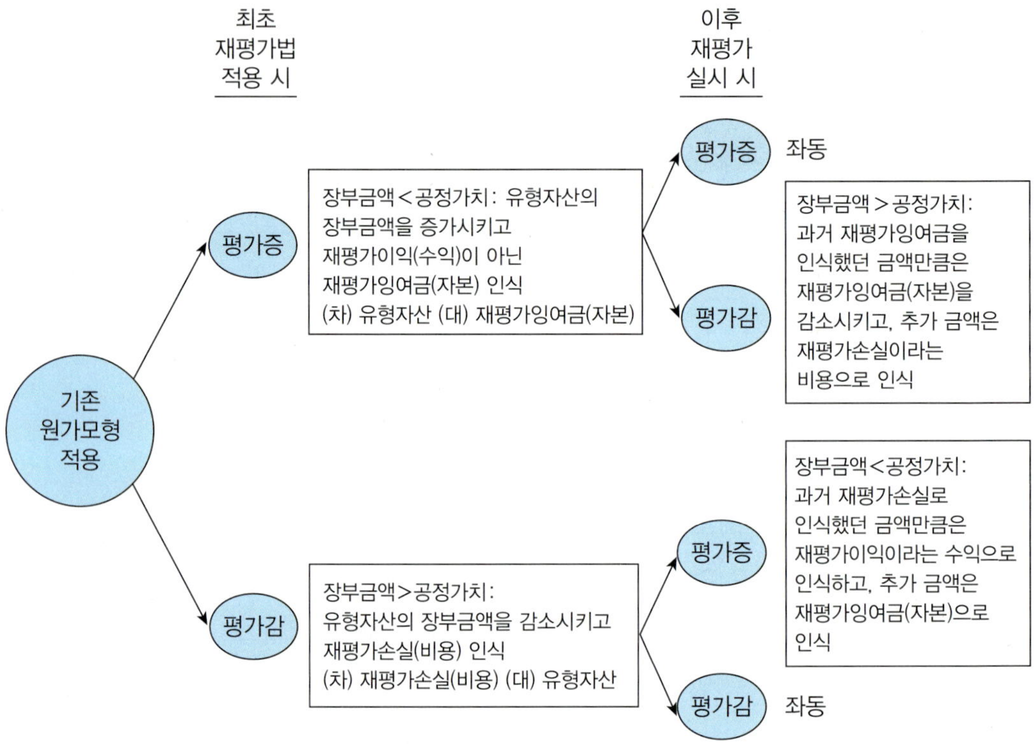

수익으로 인식하지 않고 재평가잉여금이라는 자본을 인식하는가에 대하여 의문이 생길 수 있다.

이와 관련하여 유형자산의 재평가에 대하여 다음과 같이 주식과 비교하면서 생각해 보도록 하자. 유형자산이라는 자산도 공정가치가 변하고 주식이라는 자산도 공정가치가 변한다. 이때 주식의 가격, 즉 주가가 매일, 아니 매 순간 상승하거나 하락하는 것은 시장에서 실제로 발생하고 있는 수많은 거래가 반영된 결과이다. 반면 유형자산이나 무형자산과 같은 자산은 매년, 또는 몇 년에 한 번 거래가 발생할 수도 있는 상황에서 재평가를 실시하는 시점이나 실시 주체에 따라서 평가금액이 달라질 수 있고, 이에 따라 평가증 또는 평가감되는 금액도 달라질 수 있다는 잠재적인 불확실성(위험)이 존재한다.

이러한 상황에서 회계는 보수주의를 표방하고 있는데, 보수주의의 관점에서 당기순이익을 과대 계상할 가능성이 있는 재평가로 인한 평가이익은 성과(수익)로 인식하지 않는 것이다. 반면 재평가로 인한 평가손실은 기업의 투자자와 채권자를 포함하는 회계정보이용자들에게 부정적인 상황의 가능성에 대한 정보를 신속하게 전달한다는 측면에서 성과(비용)에 포함하여 인식하고 있는 것이다.

1) 토지의 재평가모형

다음은 토지의 재평가모형의 회계처리 예시이다.

예시 6.10

(주)서울상사는 20×1년 1월 1일에 토지를 100,000원의 현금을 지급하고 구입하였다. 20×1년 12월 31일과 20×2년 12월 31일에 토지의 공정가치가 각각 120,000원과 90,000원이다. (주)서울상사가 상기 토지에 대하여 원가모형과 재평가모형을 적용하는 각각의 경우에 있어서 20×1년 1월 1일, 20×1년 12월 31일과 20×2년 12월 31일에 필요한 분개를 실시하시오.

(1) (주)서울상사가 원가모형을 적용하는 경우

20×1. 1. 1.

(차)	토 지	100,000	(대) 현 금	100,000

- 20×1년 12월 31일: 분개 없음
- 20×2년 12월 31일: 분개 없음

원가모형은 공정가치의 변동을 해당 자산의 장부금액에 반영하지 않는다.

(2) (주)서울상사가 재평가모형을 적용하는 경우

20×1. 1. 1.				
(차)	토 지	100,000	(대) 현 금	100,000
20×1. 12. 31.				
(차)	토 지	20,000	(대) 재평가잉여금	20,000
20×2. 12. 31.				
(차)	재평가잉여금	20,000	(대) 토 지	30,000
	재평가손실	10,000		

예시 6.11

(주)서울상사는 20×1년 1월 1일에 토지를 100,000원에 구입하였다. 20×1년 12월 31일과 20×2년 12월 31일에 토지의 공정가치가 각각 80,000원과 110,000원이다. (주)서울상사가 상기 토지에 대하여 원가모형과 재평가모형을 적용하는 각각의 경우에 있어서 20×1년 1월 1일, 20×1년 12월 31일과 20×2년 12월 31일에 필요한 분개를 실시하시오.

(1) (주)서울상사가 원가모형을 적용하는 경우

20×1. 1. 1.

(차) 토 지	100,000	(대) 현 금	100,000

- 20×1년 12월 31일: 분개 없음
- 20×2년 12월 31일: 분개 없음

(2) (주)서울상사가 재평가모형을 적용하는 경우

20×1. 1. 1.

(차) 토 지	100,000	(대) 현 금	100,000

20×1. 12. 31.

(차) 재평가손실	20,000	(대) 토 지	20,000

20×2. 12. 31.

(차) 토 지	30,000	(대) 재평가이익	20,000
		재평가잉여금	10,000

2) 감가상각 대상 유형자산의 재평가모형

감가상각 대상 유형자산을 재평가할 때에는 다음 중 하나의 방법으로 회계처리한다.

① 비례수정법

재평가 전 장부금액을 재평가 시의 공정가치금액으로 조정할 때에 해당 자산계정의 장부금액(총장부금액)과 감가상각누계액의 장부금액을 동일한 비율로 수정하는 방법이다.[19)]

② 감가상각누계액 제거법

재평가 전 장부금액을 재평가 시의 공정가치금액으로 조정할 때에 감가상각누계액을 먼저 전액 삭제하고 차액만큼을 해당 자산 계정의 장부금액(총장부금액)으로 조정하는 방법이다.

다음은 감가상각 대상 유형자산의 재평가분개 예시이다.

예시 6.12

(주)서울상사는 20×1년 1월 1일에 현금 1,000,000원을 지급하고 기계장치를 구입하였다. 기계장치의 내용연수는 5년이고 잔존가치는 0이다. (주)서울상사는 기계장치의 감가상각방법으로 정액법을 이용한다. 20×1년 12월 31일과 20×2년 12월 31일에 기계의 공정가치가 각각 880,000원과 495,000원일 때 20×1년 12월 31일과 20×2년 12월 31일에 해야 할 분개를 하시오. 단, (주)서울상사는 기계장치의 평가방법으로 재평가법을 사용하고 있다.

(1) 비례수정법

20×1. 12. 31.

(차) 감가상각비	200,000*	(대)	감가상각누계액	200,000

* $1{,}000{,}000 \times \frac{1}{5} = 200{,}000$원

	재평가 전			재평가 후
총장부금액	1,000,000	…10%↑…	100,000	1,100,000
감가상각누계액	(200,000)	…10%↑…	(20,000)	(220,000)
장부금액	800,000	10%↑…**	80,000*	880,000

* 880,000 − 800,000 = 80,000원(증가)

** 80,000/800,000 = 10% 증가

(차) 기계장치	100,000	(대)	감가상각누계액	20,000
			재평가잉여금	80,000

---

19) 기계장치의 총장부금액은 총계정원장의 기계장치 계정의 금액, 기계장치의 장부금액은 총계정원장의 기계장치 계정의 금액에서 감가상각누계액 계정의 금액을 차감한 금액을 의미한다.

20×2. 12. 31.

(차)	감가상각비	220,000*	(대) 감가상각누계액	220,000

$* \ 880,000 \times \frac{1}{4(\text{잔존내용연수})} = 220,000$원

	재평가 전			재평가 후
총장부금액	1,100,000	…25% ↓…	(275,000)	825,000
감가상각누계액	(440,000)	…25% ↓…	110,000	(330,000)
장부금액	660,000	…25% ↓…**	(165,000)*	495,000

* 495,000 − 660,000 = −165,000원 (감소)

** −165,000/660,000 = −0.25(−25%) (감소)

(차)	감가상각누계액	110,000	(대) 기계장치	275,000
	재평가잉여금	80,000		
	재평가손실	85,000		

(2) 감가상각누계액 제거법을 사용하는 경우

20×1. 12. 31.

(차)	감가상각비	200,000	(대) 감가상각누계액	200,000

	재평가 전		재평가 후
총장부금액	1,000,000	(120,000)	880,000
감가상각누계액	(200,000)	200,000	0
장부금액	800,000	80,000	880,000

(차)	감가상각누계액	200,000	(대) 기계장치	120,000
			재평가잉여금	80,000

20×2. 12. 31.

(차)	감가상각비	220,000	(대) 감가상각누계액	220,000

	재평가 전		재평가 후
총장부금액	880,000	(385,000)	495,000
감가상각누계액	(220,000)	220,000	0
장부금액	660,000	(165,000)	495,000

(차) 감가상각누계액	220,000	(대) 기계장치	385,000
재평가잉여금	80,000		
재평가손실	85,000		

기업은 보유하고 있는 유형자산에 대하여 구분되는 유형 단위로 원가모형이나 재평가모형 중 하나를 회계정책으로 선택하여 적용하게 된다. 예로 기업에서 보유하는 유형자산을 토지, 건물, 기계장치 유형으로 구분했다고 할 경우 토지와 건물은 원가모형, 기계장치는 재평가모형을 적용할 수 있다. 그러나 동일한 유형, 예로 보유하고 있는 건물 각각에 대해서는 동일하게 원가모형 또는 재평가모형을 적용하게 된다.

재평가모형 적용 시에는 자산의 장부금액과 공정가치 간에 중요한 차이가 나타나지 않도록 주기적으로 평가를 실시한다. 이와 관련하여 공정가치의 변동이 빈번하게 발생하는 경우에는 매년 재평가가 필요할 수도 있으며, 공정가치의 변동이 크지 않은 경우에는 기업의 상황에 맞추어, 예컨대 3년이나 5년 등의 주기로 재평가를 실시할 수도 있다.

재평가모형 적용과정에서 인식한 재평가잉여금은 이후 재평가손실 발생 시에 차감될 수는 있지만 당기손익으로 재분류되지는 않는다. 해당 유형자산의 처분 시에 있어서도 과거 인식한 재평가잉여금을 또 다른 자본 항목인 이익잉여금으로 대체할 수는 있으나 유형자산처분이익으로 대체할 수는 없다.

제5절 유형자산의 손상

기업이 유형자산을 보유하는 과정에서 물리적 마모나 성능 저하, 해당 자산을 이용하여 생산하는 제품의 단종, 기술환경 변화로 인한 진부화, 영업환경 변화에 따른 경쟁력 약화 등과 같은 여러 가지 이유로 인해 해당 자산의 가치가 감소할 가능성이 존재한다. 이와 같은 경우에 회계정보로서 보여지는 재무제표상의 장부금액이 해당 자산의 실제 가치보다 크게 될 경우 해당 자산은 과대 평가될 수 있다. 이러한 점에서 유형자산의 실제 가치가 하락하는 경우에 해당 자산의 재무제표상의 장부금액을 낮추고 이에 대한 비용을 인식하는 것이 회계정보 이용자들의 의사결정에 더 유용할 수 있다.

유형자산의 장부금액이 자산을 매각하거나 사용하여 회수될 금액으로 추정되는 가치를 초과하면, 자산의 장부금액은 그 자산의 실제 가치보다 더 많은 금액으로 표시된 것이다. 이러한 경우를 자산이 손상되었다고 하며, 이때에는 해당 자산의 재무제표상의 장부금액을 실제 추정된 가치에 해당하는 금액까지 낮추고 이에 대해 손상차손이라는 비용을 인식하게 된다.[20]

먼저 자산의 가치가 감소할 가능성이 있는 상황, 즉 자산 손상징후의 예시는 다음과 같다.[21]

- 회계기간 중에 자산의 가치가 시간의 경과나 정상적인 사용에 따라 하락할 것으로 예상되는 수준보다 유의적으로 더 하락하였다는 관측 가능한 징후가 있다.
- 기업이 영업하는 기술·시장·경제·법률 환경이나 해당 자산을 사용하여 재화나 용역을 공급하는 시장에서 기업에 불리한 영향을 미치는 유의적 변화가 회계기간 중에 일어났거나 가까운 미래에 일어날 것으로 예상된다.
- 기업의 순자산 장부금액이 기업의 시가총액보다 많다.
- 자산이 진부화하거나 물리적으로 손상된 증거를 얻을 수 있다.
- 자산의 사용범위나 사용방법에서 기업에 불리한 영향을 미치는 유의적 변화가 회계기간 중에 일어났거나 가까운 미래에 일어날 것으로 예상된다. 이 변화에는 자산의 유휴화, 자산을 사용하는 영업부문을 중단하거나 구조조정할 계획, 예상 시점보다 앞서 자산을 처분할 계획 등을 포함한다.
- 자산의 경제적 성과가 예상 수준에 미치지 못하거나 못할 것으로 예상되는 증거를 내부보고에서 얻을 수 있다.

이와 같은 자산 손상의 징후가 나타나는 경우에는 장부금액과 비교하기 위해

---

20) 기업회계기준서 제1036호 1.

21) 기업회계기준서 제1036호 12.

해당 자산의 가치를 추정하게 되는데 이를 **회수가능액**(recoverable amount)이라고 한다. 추정한 회수가능액이 동일한 시점의 장부금액보다 작은 경우에는 **손상차손**(impairment loss)을 인식하게 된다. 여기에서 자산의 회수가능액은 사용가치와 순공정가치 가운데 더 큰 금액을 말한다.

자산의 회수가능액 = MAX (사용가치, 순공정가치)

사용가치(value in use)란 해당 자산을 영업활동과정에서 사용함에 따라 획득하게 되는 미래 경제적 효익의 현재가치를 말한다. **순공정가치**(fair value less cost to sell)란 해당 자산을 사용하지 않고 독립된 경제적 주체 간의 거래에 따라 처분한 후 치분대기에서 처분과 관련한 부대비용을 차감한 금액을 의미한다.

유형자산에 대하여 원가모형을 적용하는 경우와 재평가모형을 적용하는 경우의 손상 관련 회계처리는 다음과 같다.

1. 원가모형 적용 시의 손상차손

원가모형을 적용하는 유형자산의 경우에 손상이 발생했을 시에는 손상된 금액을 **손상차손**이라는 비용계정으로 인식하고 동 금액을 자산 차감계정인 **손상차손누계액** 계정으로 분개하여 장부금액을 감소시킨다.

(차) 손상차손	×××	(대) 손상차손누계액	×××

손상차손 = 현재 장부금액 − 회수가능액

기업은 손상차손을 인식한 이후 기간에 과거 시점의 손상차손 관련 변동발생 여부를 지속적으로 평가하게 된다. 만약 손상차손 인식 시에 나타난 징후가 감소되는 경우에는 자산의 회수가능액을 추정하고 추정된 회수가능액이 해당 자산의 장부금액보다 더 큰 경우는 장부금액을 다시 증가시키는 분개를 다음과 같이 실시한다.

(차) 손상차손누계액 ××× (대) 손상차손환입 ×××

손상차손환입 인식 시에는 손상차손환입 분개를 통해서 증가된 장부금액이 최초 손상차손을 인식하지 않았을 때 나타나게 되는 동 시점의 장부금액을 초과할 수 없음에 주의하여야 한다.[22] 손상차손환입금액을 측정할 때에는 회수가능액과 손상차손을 인식하지 않았을 때 나타나게 되는 장부금액 중 작은 금액과 손상차손환입 인식 전 장부금액 간의 차이 금액을 손상차손환입금액으로 인식하게 된다.

손상차손환입 = MIN (회수가능액, 손상차손 미인식 시 장부금액) − 현재 장부금액

다음의 〈예시 6.13〉은 원가모형을 적용하는 경우의 손상차손과 관련한 회계처리를 보여준다.

예시 6.13

(주)세연메디컬은 20×1년 1월 1일에 내용연수 5년, 잔존가액 10,000원인 기계장치를 100,000원에 취득하였다. (주)세연메디컬은 기계장치에 대한 감가상각방법으로 정액법을 적용한다. 20×2년 12월 31일에 해당 기계장치를 이용하여 생산하는 제품의 단종계획에 따라 기계장치의 사용가치는 30,000원, 순공정가치는 55,000원인 것으로 추정되었다. 그런데 20×3년 12월에 상기 기계장치를 이용하여 신제품을 생산할 수 있게 되었다는 보고에 따라 20×3년 12월 31일에 해당 제품의 사용가치는 47,000원, 순공정가치는 45,500원으로 추정되었다. (주)세연메디컬은 유형자산의 평가방법으로 원가법을 이용한다.

(주)세연메디컬이 20×1년 1월 1일, 20×1년 12월 31일, 20×2년 12월 31일, 20×3년 12월 31일, 20×4년 12월 31일에 해야 할 분개를 각각 하시오.

---

22) 상기 내용은 역사적원가법 적용 시의 손상차손 및 손상차손환입 관련 분개를 설명하고 있다. 만약 손상차손환입을 인식할 시에, 손상차손을 인식하지 않았을 때 나타나게 되는 장부금액을 초과하는 회수가능액까지 장부금액을 증가시키면, 그 결과는 역사적원가법이 아니라 공정가치를 장부금액으로 인식하는 재평가법을 적용한 것이 된다.

20×1. 1. 1.

(차) 기계장치	100,000	(대) 현　금	100,000

20×1. 12. 31.

(차) 감가상각비	18,000*	(대) 감가상각누계액	18,000

* (100,000 − 10,000) ÷ 5 = 18,000원

20×2년에는 손상차손이 발생할 가능성이 있는데 손상차손 여부를 판단하기 위해 회수가능액과 비교하는 장부금액은 손상차손이 예상되는 20×2년 말 시점의 금액이어야 한다. 따라서 20×2년 말 장부금액을 파악하기 위해 손상차손 관련 분개보다 20×2년의 감가상각비를 인식하는 분개가 먼저 이루어진다.

20×2. 12. 31.

(차) 감가상각비	18,000	(대) 감가상각누계액	18,000

- 20×2년 말 기계장치 장부금액 = 100,000 − (18,000 + 18,000) = 64,000원
- 회수가능액 = MAX(사용가치, 순공정가치) = MAX(30,000, 55,000) = 55,000원

회수가능액이 장부금액에 미치지 못하므로 손상차손을 인식한다.

20×2. 12. 31.

(차) 손상차손	9,000	(대) 손상차손누계액	9,000

20×3년에는 손상차손환입이 발생할 가능성이 있는데 손상차손환입 여부를 판단하기 위해 회수가능액과 비교하는 장부금액은 손상차손환입이 예상되는 20×3년 말 시점의 금액이어야 한다. 따라서 20×3년 말 장부금액을 파악하기 위해 손상차손환입 관련 분개보다 20×3년의 감가상각비를 인식하는 분개가 먼저 이루어진다.

20×3. 12. 31.

(차) 감가상각비	15,000*	(대) 감가상각누계액	15,000

* $(\underbrace{100{,}000}_{\text{취득가액}} - \underbrace{18{,}000 - 18{,}000}_{\text{감가상각누계액}} - \underbrace{9{,}000}_{\text{손상차손누계액}} - \underbrace{10{,}000}_{\text{잔존가치}}) \div \underbrace{3}_{\text{잔존내용연수}} = 15{,}000$원

20×3년 말 기계의 장부금액

$= (100{,}000 - \underbrace{18{,}000 - 18{,}000 - 15{,}000}_{\text{감가상각누계액}} - \underbrace{9{,}000}_{\text{손상차손누계액}}) = 40{,}000$원

회수가능액 = MAX(사용가치, 순공정가치) = MAX(47,000, 45,500) = 47,000원

단, 손상차손환입 인식 시에는 손상차손 환입분개를 통하여 증가된 장부금액이 최초 손상차손을 인식하지 않았을 때 나타나게 되는 동 시점의 장부금액을 초과할 수 없음에 주의하여야 한다.

손상차손환입 = MIN(회수가능액, 손상차손 미인식 시 장부금액) − 현재 장부금액
= MIN(47,000 , 46,000*) − 40,000 = 6,000원

* (100,000 − 18,000 − 18,000 − 18,000) = 46,000
(18,000 − 18,000 − 18,000: 손상차손이 없었을 경우의 3년간 감가상각누계액)

20×3. 12. 31.

(차) 손상차손누계액	6,000	(대) 손상차손환입	6,000

20×4. 12. 31.

(차) 감가상각비	18,000*	(대) 감가상각누계액	18,000

* (100,000 − 18,000 − 18,000 − 15,000 − 3,000 − 10,000) ÷ 2 = 18,000원
(100,000: 취득가액 / 18,000 − 18,000 − 15,000: 감가상각누계액 / 3,000: 손상차손 누계액 / 10,000: 잔존가치 / 2: 잔존 내용연수)

이상의 내용을 그래프를 이용하여 나타내면 다음과 같다.

그림 6.3 손상차손과 손상차손환입

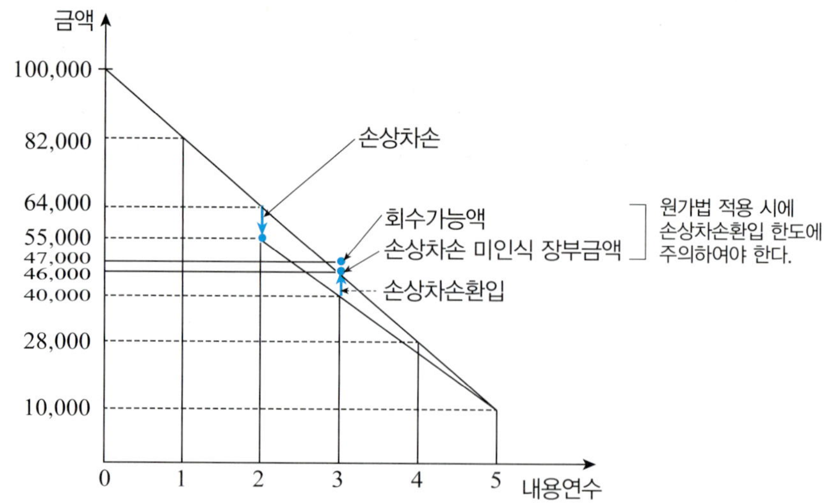

2. 재평가모형 적용 시의 손상차손

재평가모형을 적용하는 유형자산의 경우에 손상차손 발생 시에는 손상차손 인식에 앞서서 해당 기간의 재평가를 먼저 실시하게 된다. 이어서 재평가가 반영된 장부금액과 회수가능액 간의 차이, 즉 손상된 금액을 유형자산**손상차손**이라는 비용계정으로 인식하고 동 금액을 자산 차감계정인 유형자산**손상차손누계액** 계정으로 분개하여 장부금액을 감소시킨다. 단, 손상차손 인식과 관련해서 기존에 재평가잉여금이 있는 경우에는 재평가잉여금을 먼저 감액한 후에 손상차손을 인식한다. 이와 같은 분개를 실시하게 되는 이유는 재평가자산의 손상차손에 대한 당기손익 인식 시에 해당 손실을 재평가감소액으로 처리해야 하기 때문이다.[23] 따라서 재평가 회계처리에서 재평가손실을 인식할 때 기존의 재평가잉여금을 먼저 차감한 후에 재평가손실을 인식하는 것처럼 손상차손 회계에서 손상차손을 인식할 때에는 기존의 재평가잉여금을 먼저 차감한 후에 손상차손을 인식하게 된다.

(차) 재평가잉여금	×××	(대) 유형자산손상차손누계액	×××
유형자산손상차손	×××		

기업은 손상차손을 인식한 이후 기간에 과거 시점의 손상차손 관련 변동발생 여부를 지속적으로 평가하게 된다. 원가모형 적용 시에는 손상차손 인식 시에 나타난 징후가 감소되는 경우에는 자산의 회수가능액을 측정하고 측정된 회수가능액이 측정된 장부금액보다 더 큰 경우는 장부금액을 다시 증가시키며 손상차손환입이라는 수익을 인식하는 다음과 같은 회계처리를 살펴본 바 있다.[24]

---

23) 손상차손은 곧바로 당기손익으로 인식한다. 다만 자산이 자산손상에 대한 기준서인 제1036호 이외의 다른 한국채택국제회계기쥬서(예: 기업회계기준서 제1016호의 재평가모형)에 따라 재평가금액을 장부금액으로 하는 경우에는 재평가자산의 손상차손은 그 다른 한국채택국제회계기준서에 따라 재평가감소액으로 처리한다. 재평가되지 않는 자산의 손상차손은 당기손익으로 인식한다. 그러나 재평가자산의 손상차손은 해당 자산에서 생긴 재평가잉여금에 해당하는 금액까지는 기타포괄손익으로 인식한다. 기타포괄손익으로 인식하는 재평가자산의 손상차손은 그 자산의 재평가잉여금을 감액한다(기업회계기준서 제1036호 60, 61.).

24) 원가모형에서 장부금액을 회수가능액(한도: 손상차손이 발생하지 않았을 때의 장부금액)까지 증가시키면서 손상차손환입이라는 수익을 인식한다.

(차) 유형자산손상차손누계액 ××× (대) 유형자산손상차손환입 ×××

반면 재평가모형을 적용 시에는 측정된 회수가능액이 측정된 장부금액(재평가 실시 금액)보다 더 큰 경우에는 재평가 관련 회계처리 이외에 손상차손환입과 관련하여 별도의 회계처리를 하지 않는다.[25] 그 이유는 첫째, 손상차손환입을 인식할 상황은 회수가능액이 상승한 것이고, 회수가능액이 증가할 상황이라면 공정가치도 상승하였을 것이므로 공정가치를 반영하는 재평가 회계처리를 통해서 회수가능액의 상승효과가 대부분 반영되었을 것으로 판단할 수 있다.[26] 둘째, 재평가모형의 장부금액은 원칙적으로 공정가치를 장부금액으로 반영하는 것이며 공정가치보다 높은 회수가능액을 장부금액으로 반영하는 것은 아니다.[27]

다음의 〈예시 6.14〉는 재평가모형을 적용하는 경우의 손상차손과 관련된 회계처리를 보여준다.

예시 6.14

(주)서울상사는 20×1년 1월 1일에 현금 1,000,000원을 지급하고 기계장치를 구입하였다. 기계장치의 내용연수는 5년이고 잔존가치는 0이다. (주)서울상사는 기계장치의 감가상각방법으로 정액법을 이용한다. 20×2년 12월 31일에 해당 기계장치를 이용하여 생산하는 제품의 단종계획에 따라 기계장치의 사용가치는 550,000원, 순공정가치는 570,000원인 것으로 평가되었다. 그런데 20×3년 12월에 상기 기계장치를 이용하여 신제품을 생산할 수 있게 되었다는 보고에 따라 20×3년 12월 31일에 해당 제품의 사용가치는 415,000원, 순공정가치는 400,000원으로 평가되었다. (주)서울상사는 기계장치의 평가방법으로 재평가법을 이용하며 회계처리방법으로 감가상각누계액

25) 이와 관련해서 재평가모형 적용 시 회수가능액이 상승하는 경우에 손상차손환입 관련 분개를 먼저 실시하여 회수가능액까지 장부금액을 조정한 후에 재평가 관련 분개를 이어서 실시해서 공정가치까지 장부금액을 조정하는 회계처리방법도 있다.

26) 기업회계기준서에서도 손상차손이 재평가액 감소인지 아니면 용역잠재력 감소인지를 식별하기 어려움을 밝힌 바 있다. 이는 손상차손 및 손상차손환입의 효과가 재평가로 인한 효과와 구분되는 별개의 효과로 구분하는 것이 쉽지 않음을 나타낸다. 이에 따라 재평가자산의 손상차손(손상차손환입)을 재평가감소액(재평가증가액)으로 처리하도록 결정하였다(기업회계기준서 제1136호 BCZ111.).

27) 장부금액보다 회수가능액이 낮을 때 장부금액에 반영(손상 인식)하는 이유는 앞서 밝힌 바 있다.

제거법을 사용한다.

기계장치의 일자별 공정가치가 다음과 같을 때 (주)서울상사가 20×1년 1월 1일, 20×1년 12월 31일, 20×2년 12월 31일, 20×3년 12월 31일, 20×4년 12월 31일에 해야 할 분개를 각각 하시오.

	20×1년 12월 31일	20×2년 12월 31일	20×3년 12월 31일
공정가치	880,000	585,000	410,000

20×1. 12. 31.

(차)	감가상각비	200,000	(대) 감가상각누계액	200,000

	재평가 전		재평가 후
총장부금액	1,000,000	(120,000)	880,000
감가상각누계액	(200,000)	200,000	0
장부금액	800,000	80,000	880,000

(차)	감가상각누계액	200,000	(대) 기계장치	120,000
			재평가잉여금	80,000

20×2. 12. 31.

(차)	감가상각비	220,000*	(대) 감가상각누계액	220,000

* 880,000원/4년(잔존내용연수)＝220,000원

	재평가 전	재평가	재평가 후	손상차손	손상차손 후
총장부금액	880,000	(295,000)	585,000		585,000
감가상각누계액	(220,000)	220,000	0		0
손상차손누계액	0		0	(15,000)	(15,000)
장부금액	660,000	(75,000)	585,000	(75,000)	570,000

(차)	감가상각누계액	220,000	(대) 기계장치	295,000
	재평가잉여금	75,000		
(차)	재평가잉여금	5,000*	(대) 손상차손누계액	15,000
	손상차손	10,000		

* 재평가모형에서는 손상차손(비용)을 재평가감소액으로 처리, 즉 재평가 시 회계처리방식에 준하여 실시한다. 구체적으로 재평가 시 재평가손실 인식 이전에 재평가잉여금을 먼저 차감하는 방식을 준용하여 손상차손(비용)을 인식하기에 앞서서 재평가잉여금이 존재하면 먼저 차감한다.

20×3. 12. 31.

(차)	감가상각비	190,000	(대) 감가상각누계액	190,000

재평가모형에서는 회수가능액이 상승하는 경우에 생각할 수 있는 손상차손환입(수익)의 효과를 별도의 손상차손환입 계정으로 인식되는 것이 아니라 해당 자산의 재평가 시 공정가치의 상승에 회수가능액의 상승효과도 반영된다고 본다. 따라서 손상차손환입(수익) 효과는 재평가 실시 시에 재평가증가액으로 처리, 즉 재평가 시 회계처리과정에서 반영된다. 구체적으로 재평가 시 재평가잉여금 인식 이전에 기존에 재평가손실이 발생하였으면 해당 금액만큼 재평가이익을 인식하는 방식을 준용하여 기존에 손상차손이 발생하였으면 해당 금액만큼 재평가이익으로 인식(재평가증가액으로 처리)한 후에 추가적으로 재평가잉여금을 인식한다.

	재평가 전	재평가	재평가 후
총장부금액	585,000	(175,000)	410,000
감가상각누계액	(190,000)	190,000	0
손상차손누계액	(15,000)	15,000	0
장부금액	380,000	30,000	410,000*

(차)	감가상각누계액	190,000	(대) 기계장치	175,000
	손상차손누계액	15,000**	재평가이익	10,000***
			재평가잉여금	20,000

* 재평가모형의 장부금액은 공정가치금액이다. 회수가능액이 공정가치보다 높을 경우에 회수가능액까지 장부금액을 증가시키는 것은 아니다.

** 재평가 분개 관련, 감가상각누계액을 제거할 시에 손상차손누계액도 함께 제거하였다.

*** 재평가모형에서는 손상차손환입(수익) 효과를 재평가증가액으로 처리, 즉 재평가 시 회계처리방식에 준하여 실시한다. 구체적으로 재평가 시 재평가잉여금 인식 이전에 기존에 재평가손실이 발생하였으면 해당 금액만큼 재평가이익을 인식하는 방식을 준용하여 기존에 손상차손이 발생하였으면 해당 금액만큼 재평가이익으로 인식(재평가증가액으로 처리)한 후에 추가적으로 재평가잉여금을 인식한다. 따라서 원가모형에서 사용하였던 손상차손환입(수익) 계정이 재평가모형에서는 나타나지 않는다.

제6절 유형자산의 제거

유형자산은 해당 자산을 처분할 때, 그리고 사용이나 처분으로 인한 미래 경제적 효익이 기대되지 않을 때 재무상태표에서 제거하게 된다. 유형자산의 제거 시에는 유형자산의 총매각대금에서 수수료 등 매각 관련 부대비용을 차감한 금액인 순매각금액과 장부금액 간의 차이 금액을 유형자산처분이익 또는 유형자산처분손실로 하여 자산 제거시점에 당기손익으로 인식한다.

주된 영업활동과정에서 임대목적으로 보유하던 유형자산(예: 렌탈업체가 보유하고 있는 임대용 복사기)을 매각하기로 결정한 경우에는 해당 유형자산의 보유목적이 타인에게 임대하는 것에서 판매로 변경되는 시점에 해당 유형자산의 장부금액을 재고자산으로 변경하고 이후 보유 및 판매 시에는 재고자산에 해당하는 분개를 실시하게 된다.

유형자산을 사용 중 바로 매각이 진행되지 않고 매각 결정 후 일정 기간에 걸쳐 매각과정이 진행될 때에는 해당 유형자산을 매각예정비유동자산으로 분류한다. 매각예정비유동자산으로 분류한 이후에는 해당 자산에 대하여 감가상각을 실시하지 않고 순공정가치로 평가하게 된다.

다음은 유형자산의 처분 관련 회계처리에 대한 예시이다.

예시 6.15

(주)서울상사는 20×1년 1월 1일에 300,000원에 취득한 기계장치를 20×4년 1월 1일에 현금 230,000원을 받고 매각하였다. 해당 유형자산의 내용연수는 10년, 잔존가액은 0이며 (주)서울상사는 해당 유형자산을 정액법으로 상각한다. 20×4년 1월 1일 기계장치 매각 시의 분개를 하시오. 판매과정에서 판매수수료 5,000원을 현금으로 지급하였다.

20×4년 1월 1일

(차) 현 금	225,000	(대) 기계장치	300,000
감가상각누계액	90,000	유형자산처분이익	15,000

유형자산 순매각금액 225,000원(230,000－5,000(판매수수료))과 유형자산의 장부금액 210,000원(300,000－90,000(감가상각누계액)) 간의 차이인 15,000원을 유형자산처분이익으로 인식한다.

예시 6.16

(주)서울렌탈은 20×1년 1월 1일에 영업활동에서 타인에게 임대할 목적으로 기계장치(복사기)를 300,000원에 취득하였다. 해당 유형자산의 내용연수는 10년, 잔존가액은 0이며 (주)서울렌탈은 해당 유형자산을 정액법으로 상각한다. (주)서울렌탈은 20×4년 1월 1일에 해당 유형자산의 임대를 중지하고 판매하기로 결정하였다. (주)서울렌탈은 20×4년 2월 1일에 해당 유형자산을 현금 230,000원을 받고 매각하였다. 20×4년 1월 1일과 20×4년 2월 1일에 해야 할 분개를 하시오.

20×4년 1월 1일

(차)	재고자산	210,000	(대)	기계장치	300,000
	감가상각누계액	90,000			

임대목적으로 보유하던 유형자산을 매각하기로 결정한 경우에는 해당 유형자산의 보유목적이 타인에게 임대하는 것에서 판매로 변경되는 시점에 해당 유형자산의 장부금액을 재고자산으로 변경한다.

20×4년 2월 1일

(차)	현 금	230,000	(대)	매출액	300,000
	매출원가	210,000		재고자산	210,000

임대목적으로 보유하던 유형자산(예: 렌탈업체가 보유하고 있는 임대용 복사기)을 매각하기로 결정한 이후 보유 및 판매 시에는 재고자산에 해당하는 분개를 실시하게 된다.

보 론 차입원가

1. 차입원가의 의의

1) 차입원가의 개요

앞서 살펴본 바와 같이 유형자산의 취득 시 취득원가는 해당 자산을 경영진이 의도하는 방식으로 가동할 수 있는 장소와 상태에 이르기까지 소요된 모든 원가로 구성된다.[28] 예로서 기업이 사용할 건물을 신축하는 데 1,000만원이 소요되었다면 건물의 취득원가는 1,000만원이 될 것이다. 이와 관련하여 만약 기업이 건물을 건설하는 데 소요된 1,000만원을 은행으로부터 차입하여 사용하였고, 차입의 결과로 이자 10만원이 발생했다면, 해당 이자의 회계처리에 대해서는 다양한 주장이 존재한다.

먼저, 명시적으로 발생한 이자를 건물의 취득원가에 포함, 즉 자본화시키는 방법이다. 이러한 주장의 근거는 이자의 발생이 자금의 차입에 따라 이루어졌으며, 차입된 자금은 건물의 취득에 사용되었으므로, 이자의 지출은 해당 자산의 취득에 직접적으로 관련이 있다는 것이다.

다음으로, 해당 이자를 건물의 취득원가에 포함시키지 않고 당기 비용으로 인식하는 방법이다. 이러한 주장의 근거는 소요된 자금의 원천이 달라짐에 따라 자산의 취득원가가 달라지는 문제점을 방지한다는 것이다. 예로서, 상기 건물의 취득 시 소요되는 1,000만원을 은행에서 차입하지 않고, 신주를 발행하여 조달하였다고 하면, 해당 자금에 대한 명시적인 이자는 발생하지 않는다. 이 경우에 앞서 살펴본 은행 차입 경우의 이자 10만원을 자산의 취득원가에 포함시킬 경우에, 자금을 차입을 통해 조달하면 해당 자산의 취득원가는 1,010만원, 자금을 신주 공모를 통해 조달하는 경우에는 해당 자산의 취득원가가 1,000만원으로 자금

28) 유형자산의 취득 시 취득원가에 대한 내용은 본장의 제2절에서 정리하였다.

조달 원천에 따라 취득원가가 달라지는 현상이 나타난다는 것이다.

세 번째로, 명시적으로 발생한 이자(타인자본비용)뿐만 아니라 암묵적인 자기자본비용을 포함한 모든 금융비용을 자산의 취득원가에 포함시키는 방법이다. 그러나 암묵적인 자기자본비용의 측정에 주관적인 판단이 영향을 미칠 수 있고, 실제로 지출되지 않은 비용을 자산의 취득원가에 포함시킨다는 문제점이 있다.

2) 차입원가의 의미

이상의 논의와 관련하여 **차입원가**(borrowing cost)는 기업이 자산을 취득, 건설 또는 생산하는 과정에서 자금을 차입했을 때 발생하는 이자원가 등의 금융비용을 의미한다.

3) 차입원가의 자본화

한국채택국제회계기준에서는 발생하는 차입원가 가운데 적격자산의 취득, 건설 또는 생산과 직접 관련되는 차입원가는 해당 자산의 원가에 포함시키도록 하고 있는데, 이를 차입원가의 자본화라고 한다. 차입원가를 자본화시키는 구체 내용을 다루기에 앞서 차입원가의 자본화에 관련되는 내용을 먼저 살펴본다.

(1) 차입원가 항목

자본화시킬 수 있는 차입원가에는 다음과 같은 항목들이 있다.

① 유효이자율법을 사용하여 계산된 이자비용
② 리스부채 관련 이자
③ 외화차입금과 관련되는 외환차이 중 이자원가의 조정으로 볼 수 있는 부분

(2) 적격자산

적격자산(qualifying assets)이란 의도된 용도로 사용하거나 또는 판매 가능하게 하는 데 상당한 기간을 필요로 하는 자산을 의미한다. 예로서 기업이 사용할 건물을 건설하거나 판매할 선박을 제조하는 경우에는 사용 또는 판매 가능한 시기

까지 상당한 기간을 필요로 하는 경우가 있다. 구체적으로 경우에 따라 적격자산이 될 수 있는 자산은 다음과 같다.[29)]

① 재고자산	② 제조설비자산
③ 전력생산설비	④ 무형자산
⑤ 투자부동산	⑥ 생산용 식물

(3) 자본화기간

차입원가를 자본화시키는 기간, 즉 자본화기간은 자본화 개시일로부터 종료일까지이다.

차입원가는 자본화 개시일로부터 적격자산 원가의 일부로 자본화시킨다. 자본화 개시일은 최초로 다음 조건을 모두 충족시키는 날이 된다.

① 적격자산에 대하여 지출한다.
② 차입원가를 발생시킨다.
③ 적격자산을 의도된 용도로 사용 또는 판매 가능하게 하는 데 필요한 활동을 수행한다.

상기 차입원가의 자본화기간 관련, 적격자산에 대한 적극적인 개발활동을 중단한 기간에는 차입원가의 자본화를 중단한다. 그리고 적격자산을 의도된 용도로 사용 또는 판매 가능하게 하는 데 필요한 대부분의 활동이 완료된 시점에 차입원가의 자본화를 종료하게 된다.

2. 자본화가능차입원가

적격자산의 취득, 건설 또는 생산과 직접 관련된 차입원가는 당해 적격자산

---

29) 금융자산과 단기간 내에 제조되거나 다른 방법으로 생산되는 재고자산은 적격자산에 해당하지 않는다. 취득시점에 의도된 용도로 사용하거나 또는 판매 가능한 자산의 경우도 적격자산에 해당하지 않는다.

과 관련된 지출이 발생하지 않았다면 부담하지 않았을 원가이다. 이와 같이 차입원가 가운데 당해 적격자산과 관련된 지출이 발생하지 않았다면 부담하지 않았을 원가를 **자본화가능차입원가**라고 한다. 기업이 특정 적격자산을 획득하기 위한 목적으로 특정하여 자금을 차입하는 경우 해당 적격자산과 관련된 차입원가는 쉽게 식별할 수 있다. 이와 같은 경우의 차입금을 특정목적차입금이라고 부른다. 하지만 경우에 따라서는 개별 차입금과 적격자산 간의 직접적인 관련성을 식별하기 어려울 수도 있다. 예로서, 자금조달이 특정 자산의 취득을 목적으로 이루어지지 않고 본부 차원에서 이루어지는 기업의 경우를 들 수 있다. 또한 연결실체 차원에서 다양한 금리의 자금을 차입한 후 연결실체 내의 기업들에게 해당 자금을 다양한 방식으로 대여하는 경우에도 개별 차입금과 적격자산 간의 직접적인 관련성을 식별하는 데 어려움이 있을 수 있다. 이러한 경우의 차입금을 일반목적차입금이라고 부른다. 한국채택국제회계기준에서는 특정목적차입금과 함께 일반목적차입금도 자본화시키도록 하고 있다.

1) 특정목적차입금의 자본화차입원가

적격자산을 취득하기 위한 목적으로 특정하여 차입한 자금, 즉 특정목적차입금의 경우에 회계기간 동안 해당 차입금으로부터 실제 발생한 차입원가에서 해당 차입금의 일시적 운용에서 생긴 투자수익을 차감한 금액을 자본화가능차입원가라고 한다.

구체적인 차입원가의 계산은 다음과 같이 이루어진다.

> 특정목적차입금의 자본화차입원가 = 특정목적차입금 × 이자율 × 자본화기간
> − 일시적 운용에서 생긴 투자수익

특정목적차입금에 이자율을 곱하면 1년간의 이자금액이 나온다. 차입원가의 자본화는 자본화기간에 한정되어 이루어지기 때문에 자본화기간을 고려하여 자본화차입원가를 계산하게 된다. 기업이 차입한 자금을 적격자산에 지출하기 이전에 차입금을 일시적으로 운용하여 획득한 투자수익은 자본화차입원가의 계산

시에 차감된다.

다음의 〈예시 6.17〉은 특정목적차입금의 자본화차입원가와 관련된 예시이다.

예시 6.17

(주)서울상사는 20×1년 1월 1일부터 1년 2개월간 신사옥 건축을 실시하였다. 신사옥 건축에 지출하기 위한 자금 100,000원을 20×1년 4월 1일에 은행으로부터 차입하였는데, 이자율은 3%이며 차입기간은 1년이다. (주)서울상사는 차입한 자금의 일시적인 운용으로 20×1년의 자본화기간 중 100원의 투자수익이 발생하였다. 20×1년과 20×2년의 자본화차입원가를 각각 구하시오.

먼저 연도별 자본화기간은 다음과 같다.

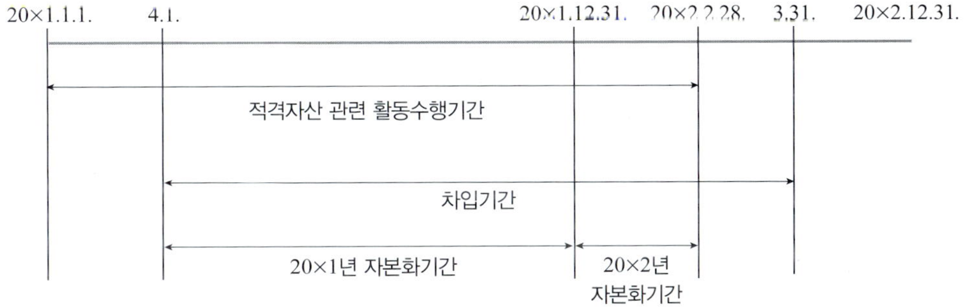

연도별 자본화차입원가는 다음과 같다.

20×1년: 100,000×3%×9/12 − 100원(투자수익) = 2,150원

20×2년: 100,000×3%×2/12 − 0 = 500원

본 예시에서 만약 신사옥 건축이 20×1년 7월 1일부터 1년 2개월간 이루어진다면 연도별 자본화기간과 자본화차입원가는 다음과 같다.

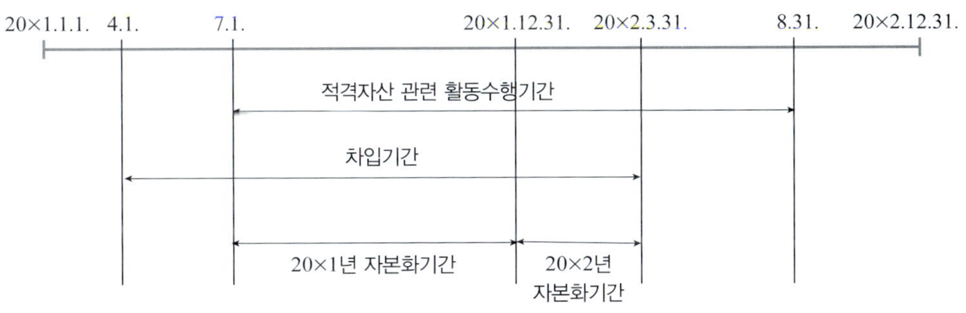

연도별 자본화차입원가는 다음과 같다.

20×1년: 100,000×3%×6/12 − 100원(투자수익) = 1,400원

20×2년: 100,000×3%×3/12 − 0 = 750원

2) 일반목적차입금의 자본화차입원가

일반적인 목적으로 자금을 차입한 경우에는 이를 적격자산의 취득을 위해 사용하는 경우에 한하여 차입원가를 자본화시킨다. 그러나 일반목적차입금이 어느 시점에, 어떤 금액만큼 적격자산의 취득을 위해 사용되었는지 규명하는 것은 쉽지 않다. 따라서 일반목적차입금의 자본화차입원가는 일반목적차입금의 차입이 직접적으로 특정 적격자산의 획득을 위해 이루어진 것은 아니더라도, 차입된 금액 중 일정 부분이 적격자산의 획득을 위해 사용된 것으로 간주하고 해당 부분에 대한 차입원가를 자본화시켜야 한다는 의미로 이해할 수 있다. 다시 말해서 일반목적으로 차입한 차입금이 적격자산의 취득에 사용된 것으로 간주하는 것이다. 이 경우 일반목적차입금의 자본화차입원가는 당해 적격자산 관련 지출액에 자본화이자율을 곱하는 방식으로 결정된다.

> 일반목적차입금의 자본화차입원가 = 적격자산 관련 지출액의 평균 × 자본화이자율

먼저 적격자산 지출액은 적격자산 관련 지출액의 연평균금액으로 한다. 그 이유는 적격자산 지출액에 곱해지는 **자본화이자율**이 연이자율이므로 이자율에 대응하는 지출액도 연단위 평균금액으로 하는 것이다. 이때 특정목적차입금이 존재하는 경우는 적격자산 지출액 가운데 특정목적차입금이 일반목적차입금보다 먼저 사용되었음을 가정하므로 해당 부분만큼은 일반목적차입금의 자본화차입원가 계산 시에 제외한다.

> 일반목적차입금의 자본화차입원가 = (적격자산 관련 지출액의 평균 − 특정목적차입금의 평균) × 자본화이자율

다음으로 일반목적차입금의 자본화이자율은 당해 회계기간에 존재하는 기업의 모든 차입금 가운데 특정목적차입금을 제외한 차입금으로부터 발생한 이자비용을 가중평균하여 산정한다. 즉 기업이 당해 회계기간 동안 상이한 조건으로 여러 차례에 걸쳐 일반목적차입금을 차입했을 때 당해 회계기간에 발생한 총이자비용을 각 차입금별로 차입기간에 따라 가중평균한 일반목적차입금의 평균으로 나누어 산정하게 된다.

$$\text{자본화이자율} = \frac{\text{일반목적차입금 총이자비용}}{\text{일반목적차입금 평균}}$$

일반목적차입금의 자본화이자율을 계산함에 있어서 일반목적차입금의 이자비용과 평균을 구할 때는 특정목적차입금의 경우와는 달리 차입기간과 취득기간이 겹치는 기간으로 제한하지 않는다. 그 이유는 상이한 여러 일반목적차입금이 언제 어떤 적격자산의 취득에 사용되었는지 확인하는 것이 어렵기 때문이다.

그리고 일반목적차입금 자본화차입원가의 인식은 당해 연도에 일반목적차입금으로 인해 실제 발생한 이자비용금액을 한도로 이루어진다.[30]

다음의 〈예시 6.18〉은 일반목적차입금의 자본화차입원가와 관련된 예시이다.

예시 6.18

(주)서울상사는 20×1년 2월 1일부터 20×2년 7월 31일까지 자사의 상품 보관 및 유통을 위한 물류창고를 건축하였다. (주)서울상사는 물류창고 건축과 관련하여 다음

---

30) 예로서 20×1년도에 일반목적차입금과 관련하여 실제로 지출한 이자비용이 100원인데, 20×1년도의 적격자산 평균지출액에 일반목적차입금의 자본화이자율을 곱해서 구한 금액이 120원이라면, 초과되는 20원을 실제 이자비용으로 지출하지도 않았으면서 차입원가(이자)로 인식할 수는 없을 것이다. 이와 같은 경우는 적격자산 관련 지출액의 일부는 일반목적차입금으로, 나머지 일부분은 해당 기업의 보유재원으로 충당한 경우 등을 유추해 볼 수 있다.

과 같은 공사비 지출을 실시하였다(단위: 원).

날 짜	금 액
20×1. 4. 1.	10,000
20×1. 7. 1.	20,000
20×2. 2. 1.	30,000

물류창고 건축과 관련된 특정목적차입금은 없으며, (주)서울상사의 20×1년과 20×2년의 일반목적차입금은 다음과 같다.

	금 액	차입기간	이자율
차입금1	15,000	20×1. 2. 1.~20×2. 2. 28.	5%
차입금2	25,000	20×1. 10. 1.~20×3. 9. 30.	3%

물류창고 건축 관련 20×1년과 20×2년의 일반목적차입금의 자본화차입원가를 각각 구하시오. 자본화이자율 계산 시 소수점 다섯째 자리에서, 금액은 소수점 첫째 자리에서 반올림하시오.

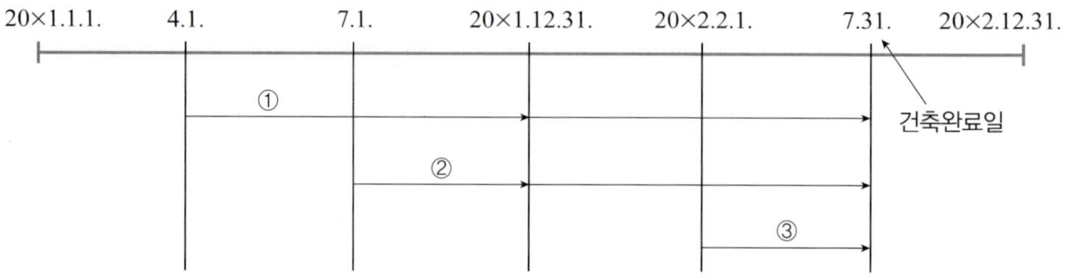

① 20×1년

일반목적차입금의 자본화차입원가는 특정목적차입금 이외의 일반목적차입금이 적격자산의 취득과정에서 사용된다는 가정하에, 일반목적차입금 관련 발생이자도 적격자산의 취득에 관여되었으므로 앞서 살펴본 특정목적차입금 관련 발생이자와 같이 자본화시킨다는 것이다.

상기 내용에서 일반목적차입금이 적격자산의 취득과정에서 사용된다는 가정을 다시 정리하면, 적격자산 취득 관련 지출액이 일반목적차입금, 즉 차입한 자금을 재원으로 하여 지출된다는 것을 의미한다. 적격자산 관련 특정목적차입금의 차입원가를 자본화시키는 것과 마찬가지로, 적격자산의 취득에 사용되는 일반목적차입금의 차입원가도 자본화시키는 것이 타당할 것이다.

일반목적차입금이 얼마나 적격자산의 취득에 사용되었는가를 판단하기 위하여 먼저 20×1년도의 적격자산 관련 지출액을 연평균금액으로 환산한다. 이 과정은 적격자산 관련 지출액이 일반목적차입금으로부터 지출되었다고 가정하고, 적격자산 관련 지출에 소요된 연평균 차입금액을 구하는 과정이다.[31)]

- 20×1년도 적격자산 평균지출액 = 10,000 × 9/12 + 20,000 × 6/12 = 17,500원

다음으로 연평균금액으로 환산된 적격자산 평균지출액에 자본화이자율을 곱하여 적격자산 취득과 관련된 일반목적차입금의 자본화차입원가를 구하게 된다. 이를 위해서는 자본화이자율을 구해야 하는데, 자본화이자율은 일반목적차입금 관련 실제 이자비용을 일반목적차입금의 연평균금액으로 나누어 구하게 된다. 즉, 일반목적차입금 관련 20×1년 동안 지출한 이자비용을 일반목적차입금의 연평균금액, 즉 동일한 금액의 일반목적차입금을 20×1년 동안 지속적으로 차입했을 경우에 해당하는 금액으로 나누어서 자본화이자율을 구한다는 것이다.[32)]

---

31) 차입금액을 연평균금액으로 환산하는 이유는 자본화시키는 차입원가를 구하기 위해서 상기 차입금액에 곱하여 주는 이자율이 연이자율(12개월, 즉 1년 동안의 이자율)이므로, 1년간 지속되는 평균 차입금액을 구해서 연단위 이자율에 곱해주는 것이다.

예로서 20×1년 1월 1일부터 20×1년 12월 31일까지 연이자율 4.38%에 10,000원을 빌린 경우를 가정하여 생각해 보자.

(10,000×4.38%)×9/12 = (10,000×9/12)×4.38%

10,000원에 4.38%를 곱하면 1년 치 이자비용이 계산되고 여기에 9/12를 곱하면 9개월 치 이자비용이 계산된다. 10,000원에 9/12를 곱한 금액(10,000×9/12)이 차입금액의 연평균금액을 의미하며 차입금의 연평균금액에 연이자율 4.38%를 곱하면 앞서 계산된 금액과 동일한 금액이 도출된다.

32) 당신이 20×1년 4월 1일부터 20×1년 12월 1일까지 12,000원을 빌리고, 20×1년 10월 1일부터 20×1년 12월 31일까지 4,000원을 빌리면서, 20×1년 동안 상기 두 건의 차입에 대하여 총 500원의 이자비용을 지출한 경우에, 당신이 20×1년도에 차입 관련 부담하는 이자율은 몇 %인가? 또 다른 경우로 당신이 20×1년 1월 1일부터 20×1년 12월 31일까지 10,000원을 빌리고 20×1년 동안 500원의 이자비용을 지출한 경우에 당신이 20×1년도에 차입 관련 부담하는 이자율은 몇 %인가?

20×1년 4월 1일부터 20×1년 12월 31일까지 12,000원을 빌리고, 20×1년 10월 1일부터 20×1년 12월 1일까지 4,000원을 빌리는 경우, 두 차입금을 연평균금액으로 환산하면 10,000원(12,000×9/12 + 4,000×3/12)이 된다.

- 20×1년도 이자비용 = 15,000 × 5% × 11/12 + 25,000 × 3% × 3/12 = 876원
- 20×1년도 일반목적차입금 평균금액 = 15,000 × 11/12 + 25,000 × 3/12 = 20,000원
- 20×1년도 일반목적차입금 자본화이자율 = 876 ÷ 20,000 = 4.38%(0.0438)

이자비용의 계산 시에는 특정목적차입금의 경우와는 달리 적격자산 공사기간과의 관계를 고려하지 않는다. 그 이유는 일반목적차입금의 자본화차입원가 계산 시에 어떤 일반목적차입금이 어떤 적격자산 관련 지출에 사용되었는지 판단하기가 어렵기 때문이다. 그리고 일반목적차입금의 연평균금액 환산은 이자비용을 산출하는 식에서 이자율 수치를 제외한 식을 이용하여 도출할 수 있다. 일반목적차입금 관련 실제 지출된 이자비용을 일반목적차입금의 연평균금액으로 나누어 본 예시의 20×1년도 일반목적차입금의 자본화이자율인 4.38%를 구하게 된다.

- 20×1년도 일반목적차입금 자본화차입원가(한도 고려 전) = 17,500 × 4.38% = 767원

20×1년도 일반목적차입금의 자본화차입원가는 앞서 구한 20×1년도의 적격자산 평균지출액에 일반목적차입금의 자본화이자율을 곱하여 구하게 된다. 이때 일반목적차입금 자본화차입원가의 인식금액은 당해 연도에 발생한 일반목적차입금 관련 이자비용금액을 한도로 한다. 20×1년도의 일반목적차입금 자본화차입원가 계산액인 767원이 당해 연도의 일반목적차입금 이자비용인 876원보다 작으므로 전액을 일반목적차입금 자본화차입원가로 인식한다.

② 20×2년

20×2년도 적격자산 평균지출액은 다음과 같다.

- 20×2년도 적격자산 평균지출액

7개월(20×2.1.1.~20×2.7.31.) 공사 만료일

$$= (10{,}000 + 20{,}000) \times \frac{7}{12} + 30{,}000 \times \frac{6}{12} = 32{,}500\text{원}$$

6개월(20×2.2.1.~20×2.7.31.) 공사 만료일

20×2년의 적격자산 평균지출액을 계산할 시에는 당해 연도인 20×2년의 지출액뿐만 아니라 전년도인 20×1년의 지출액 30,000원(10,000원 + 20,000원)도 포함하여야 한다. 그 이유는 일반목적차입금 자본화차입원가를 계산 시에 일반목적차입금을 이용하여 적격자산 관련 지출이 이루어졌다고 가정하기 때문이다. 즉, 20×1년도의 적격자산 지출이 일반목적차입금을 이용하여 이루어졌다면, 해당 부채(일반목적차입금)

에 대한 이자비용은 당해 연도인 20×1년뿐만 아니라 다음 연도인 20×2년에도 인식하여야 함을 의미하는 것이다.

- 20×2년도 이자비용 = 15,000 × 5% × 2/12 + 25,000 × 3% × 12/12 = 875원
- 20×2년도 일반목적차입금 평균액 = 15,000 × 2/12 + 25,000 × 12/12 = 27,500원
- 20×2년도 일반목적차입금 자본화이자율 = 875 ÷ 27,500 = 3.18%(0.0318)
- 20×2년도 일반목적차입금 자본화차입원가(한도 고려 전) = 32,500 × 3.18% = 1,034원

이때 일반목적차입금 자본화차입원가의 한도는 당해 연도에 발생한 일반목적차입금 이자비용을 한도로 한다. 20×2년도의 일반목적차입금 자본화차입원가 계산액인 1,034원이 당해 연도의 일반목적차입금 이자비용인 875원보다 크기 때문에 한도금액인 875원을 일반목적차입금 자본화차입원가로 인식한다.

3) 특정목적차입금과 일반목적차입금의 자본화차입원가

다음의 예시는 특정목적차입금과 일반목적차입금이 동시에 있는 경우를 보여준다.

예시 6.19

(주)서울상사는 20×1년 1월 1일부터 20×2년 9월 30일까지 신사옥을 건축하였다. (주)서울상사는 신사옥 건축과 관련하여 다음과 같은 공사비 지출을 실시하였다(단위: 원).

날 짜	금 액
20×1. 3. 1.	120,000
20×1. 10. 1.	360,000
20×2. 2. 1.	1,440,000
20×2. 4. 1.	1,800,000

다음은 (주)서울상사의 20×1년과 20×2년의 차입금 관련 내역이다.

	금 액	차입기간	이자율
차입금1	100,000	20×1. 4. 1.~20×2. 3. 31.	3%
차입금2	500,000	20×1. 2. 1.~20×2. 1. 31.	5%
차입금3	2,000,000	20×1. 7. 1.~20×3. 12. 31.	7%

차입금1과 관련해서 (주)서울상사는 신사옥 건축에 지출하기 위한 자금 100,000원을 20×1년 4월 1일에 은행으로부터 차입하였는데, 이자율은 3%이며 차입기간은 1년이다. 차입금1 이외의 차입금은 신사옥 건축과 직접적인 관련성이 없다.

신사옥 건축 관련 20×1년과 20×2년도의 자본화차입원가를 각각 구하시오. 자본화이자율 계산 시에는 소수점 다섯째 자리에서, 금액은 소수점 첫째 자리에서 반올림하시오. 20×1년과 20×2년에 (주)서울상사의 차입금 관련 자금의 일시 운용으로 인한 투자수익은 발생하지 않았다.

① 20×1년

- 특정목적차입금의 자본화차입원가(차입금1 해당)

  100,000원 × 3% × 9/12 = 2,250원

  20×1년에 건설기간은 1월부터 시작되었지만, 차입기간은 4월부터 시작되었다. 따라서 두 기간이 겹치는 4월부터 12월까지의 9개월이 자본화기간에 해당한다.

- 일반목적차입금과 자본화차입원가(차입금2, 차입금3에 해당)

  20×1년도 적격자산 평균지출액 = 120,000원 × 10/12 + 360,000원 × 3/12

  = 190,000원

  20×1년도 일반목적차입금의 이자비용

  = 500,000원 × 5% × 11/12 + 2,000,000원 × 7% × 6/12 = 92,917원

  20×1년도 일반목적차입금 평균액 = 500,000원 × 11/12 + 2,000,000원 × 6/12

  = 1,458,333원

  20×1년도 일반목적차입금 자본화이자율 = 92,917 ÷ 1,458,333 = 6.37%

  20×1년도 특정목적차입금 평균액 = 100,000 × 9/12 = 75,000

  20×1년도 일반목적차입금 자본화차입원가(한도 고려 전)

  = (190,000 − 75,000*) × 6.37% = 7,326원

* 일반목적차입금의 자본화차입원가를 구할 때, 특정목적차입금이 있는 경우에는 적격자산 관련 지출액의 평균에서 특정목적차입금의 평균을 먼저 차감한 후, 자본화이자율을 곱해 주어야 함에 주의하여야 한다.

이때, 일반목적차입금 자본화차입원가의 한도는 당해 연도에 발생한 일반목적차입금 이자비용을 한도로 한다. 20×1년도의 일반목적차입금 자본화차입원가 계산액인 7,326원이 당해 연도의 일반목적차입금 이자비용인 92,917원보다 작으므로 전액을 일반목적차입금 자본화차입원가로 인식한다.

- 20×1년도의 자본화차입원가 = 2,250원(특정목적차입금의 자본화차입원가)
  + 7,326원(일반목적차입금의 자본화차입원가)
  = 9,576원

② 20×2년

- 특정목적차입금의 자본화차입원가(차입금1 해당)
  100,000원 × 3% × 3/12 = 750원
  20×2년에 건설기간은 9월까지 해당하지만, 차입기간은 3월에 끝난다. 따라서 두 기간이 겹치는 1월부터 3월까지의 3개월이 자본화기간에 해당한다.
- 일반목적차입금의 자본화차입원가(차입금2, 차입금3 해당)
  20×2년도 적격자산 평균지출액 = (120,000 + 360,000)* × 9/12 + 1,440,000 × 8/12
  + 1,800,000 × 6/12 = 2,220,000원
  20×2년도 일반목적차입금의 이자비용 = 500,000 × 5% × 1/12 + 2,000,000 × 7%
  × 12/12 = 142,083원
  20×2년도 일반목적차입금 평균액 = 500,000 × 1/12 + 2,000,000 × 12/12
  = 2,041,667원
  20×2년도 일반목적차입금 자본화이자율 = 142,083 ÷ 2,041,667 = 6.96%
  20×2년도 특정목적차입금 평균액 = 100,000원 × 3/12 = 25,000원
  20×2년도 일반목적차입금 자본화차입원가(한도 고려 전)
  = (2,220,000 − 25,000)** × 6.96% = 152,772원

* 20×2년도 적격자산 평균지출액 계산 시에 전년도(20×1년도) 적격자산 관련 지출액 포함
** 일반목적차입금의 자본화차입원가를 구할 때, 적격자산 평균지출액으로부터 특정목적차입금의 평균액을 먼저 차감

이때, 일반목적차입금 자본화차입원가의 한도는 당해 연도에 발생한 일반목적차입금 이자비용을 한도로 한다. 20×2년도의 일반목적차입금 자본화차입원가 계산액인 152,772원이 당해 연도의 일반목적차입금 이자비용인 142,083원보다 크기 때문에 한도금액인 142,083원을 일반목적차입금 자본화차입원가로 인식한다.

- 20×2년도의 자본화차입원가 = 750원(특정목적차입금의 자본화차입원가)
  + 142,083원(일반목적차입금의 자본화차입원가)
  = 142,833원

OX 문제

• **아래 문장이 맞으면 O, 틀리면 X로 답하고 틀린 곳은 바르게 고치시오.**

1. 유형자산이란 기업이 재화의 생산이나 용역의 제공, 타인에 대한 임대, 또는 관리 활동에 사용할 목적으로 보유하는 물리적 형태가 있는 자산으로서 한 회계기간을 초과하여 사용할 것이 예상되는 자산을 의미한다.

2. 구축물은 토지에 설치된 상하수도 시설이나 주차장 등과 같이 내용연수가 유한한 토목설비 등을 의미한다.

3. 유형자산과 관련된 산출물에 대한 수요가 형성되는 과정에서 발생하는 가동손실과 같은 초기 가동손실은 유형자산의 취득원가에 포함한다.

4. 교환거래 시 상업적 실질이 결여된 경우와 취득한 자산과 제공한 자산의 공정가치를 모두 신뢰성 있게 측정할 수 없는 경우에는 제공하는 자산의 장부금액을 취득하는 자산의 취득원가로 한다.

5. 유형자산 간 교환거래 시에 추가로 현금의 수수가 발생하는 경우가 있다. 교환 시 취득하는 자산의 공정가치가 더 명확한 경우에는 취득 자산의 공정가치를 취득 자산의 원가로 한다.

6. 유형자산은 개별 취득하는 경우와는 달리 복수의 자산을 일괄구입에 의해 취득할 때에는 취득 시 지급대가를 취득한 자산별로 배분하게 된다. 구입 시 지급대가를 자산별로 배분 시에는 취득 후 사용하게 되는 자산별 장부금액의 비율에 따라 총 지급대가를 배분하게 된다.

7. 자산을 무상으로 취득하거나 증여받게 되는 경우가 있다. 유형자산의 취득원가가 인식시점에 지급한 현금가격 상당액임을 고려할 때 취득원가는 0이 되고 유형자산의 보유기간 동안 장부금액은 취득원가인 0을 유지해야만 한다.

8. 물리적 내용연수와 경제적 내용연수 가운데 감가상각 시에 적용하게 되는 내용연수는 경제적 내용연수이다.

9. 기업에서 보유하고 있는 유형자산은 구분된 유형 단위별 원가모형 또는 재평가모형을 적용하게 되며, 재평가모형을 적용하는 경우에는 매년 재평가를 실시한다.

10. 기업이 유형자산을 보유하는 과정에서 제품의 단종, 기술환경 변화로 인한 진부화, 영업환경 변화에 따른 경쟁력 약화 등과 같은 자산 손상의 징후가 나타나는 경우에는 해당 자산의 회수가능액을 추정한다. 추정한 회수가능액이 측정된 장부금액보다 작은 경우에는 손상차손을 인식하게 된다. 여기에서 자산의 회수가능액은 사용가치와 순공정가치 가운데 작은 금액을 말한다.

11. 재평가모형 적용 시의 손상차손 인식과 관련해서 기존에 재평가잉여금이 존재하는 경우에는 재평가잉여금을 먼저 감액한 후에 손상차손을 인식한다.

12. 적격자산이란 의도된 용도로 사용하거나 또는 판매 가능하게 하는데 상당한 기간을 필요로 하는 자산을 의미한다.

연습문제

1. (주)세연메디컬은 20×1년 1월 15일에 보유하고 있던 토지를 제공하고 (주)서울상사의 기계장치를 취득하였다. 다음은 교환거래 시 (주)세연메디컬의 토지와 (주)서울상사의 기계장치의 장부금액과 공정가치이다. (주)세연메디컬은 교환거래 시에 현금 1,000원을 추가 지급하였다(단위: 원).

	장부금액	공정가치
토 지	50,000	55,000
기계장치	53,000	57,000

물음

다음의 각 경우에 (주)세연메디컬이 교환거래 시 해야 할 회계처리를 하시오.

(1) 토지의 공정가치가 더 명확한 경우

(2) 기계장치의 공정가치가 더 명확한 경우

(3) 토지와 기계장치의 공정가치를 모두 확인할 수 없는 경우

2. (주)세연상사는 20×1년 1월 20일에 건물을 취득하면서 액면금액 500원인 주식 10,000주를 지급하였다.

물음

다음은 각 경우, 건물의 취득 관련 분개를 하시오.

(1) 건물의 공정가치가 7,000,000원으로 명확한 경우

(2) 건물 취득시점의 주식 1주당 시가가 570원인 경우

3. (주)세연메디컬은 (주)서울상사가 소유하고 있던 자산 가운데 다음의 자산을 일괄구입조건으로 800,000원에 외상 취득하였다. 일괄구입에 의해 취득한 자산의 구체적인 내용은 다음과 같다(단위: 원).

	장부금액	공정가치
토 지	240,000	294,000
건 물	158,000	238,000
기계장치	110,000	168,000

물음

다음의 각 경우에 (주)세연메디컬이 해야 할 분개를 실시하시오.

(1) 취득 후 토지, 건물, 기계장치를 모두 사용하는 경우

(2) 취득 후 즉시 건물을 철거하여 새 건물을 건축할 예정이며, 기계장치를 계속 사용하는 경우. 단, 취득 후 즉시 건물을 철거하면서 50,000원의 철거비용이 발생하였음.

4. (주)세연메디컬은 20×1년 1월 1일에 기계장치를 취득하였다. (주)세연메디컬이 기계장치를 취득하는 시점의 시장이자율은 10%이다.

물음

(1) 20×1년부터 20×3년까지 3년간 매년 말에 500,000원씩 지급하는 조건으로 기계장치를 취득한 것으로 가정하여, 20×1년 1월 1일, 20×1년 말, 20×2년 말, 20×3년 말에 장기미지급금과 관련한 분개를 실시하시오.

(2) 20×3년 말에 1,500,000원을 지급하는 조건으로 기계장치를 취득한 것으로 가정하여, 20×1년 1월 1일, 20×1년 말, 20×2년 말, 20×3년 말에 장기미지급금과 관련한 분개를 실시하시오.

5. (주)서울상사는 20×1년 1월 1일에 이후 4년간 사용 후 해체 및 원상복구를 해야 하는 구축물을 현금 1,000,000원을 지급하고 취득하였다. 해당 자산의 내용연수는 4년, 잔존가치는 0이며 (주)서울상사는 해당 자산의 감가상각방법으로 정액법을 적용한다. 상기 취득 시 지출된 1,000,000원과는 별도로 (주)서울상사는 해당 자산의 해체 및 원상복구를 위해서 4년 뒤 시점에 200,000원이 소요될 것으로 해당 자산의 취득시점인 20×1년 1월 1일에 추정하였다. 자산의 해체 및 원상복구 관련 지출의 현재가치 계산 시에는 7%의 할인율을 적용한다.

물음

(1) 상기 내용에 대해서 (주)서울상사가 20×1년 1월 1일, 20×1년 12월 31일과 원상복구 실시시점(20×5년 초)에 해야 할 분개를 모두 하시오. 단, 20×5년 초에 실제 복구 관련 지출금액은 210,000원이 발생했다.

(2) 상기 (1)과 관련 20×5년 초에 실제 복구 관련 지출금액이 210,000원이 아닌 195,000원이 발생한 경우에 원상복구 실시시점(20×5년 초)에 해야 할 분개를 모두 하시오.

6. (주)세연메디컬은 20×1년 1월 1일에 내용연수 4년, 잔존가치 5%인 기계장치를 1,000,000원에 구입하였다. (주)세연메디컬은 향후 4년간 해당 기계장치를 총 1,000시간 사용할 것으로 예상하였다. 실제 (주)세연메디컬은 해당 기계를 20×1년에 400시간, 20×2년에 250시간, 20×3년에 200시간, 20×4년에 150시간을 사용하였다.

물음

다음의 각 경우에 연도별 감가상각비를 인식하는 분개를 하시오.

(1) 정액법

(2) 정률법(감가상각률로 0.4377 적용)

(3) 이중체감법

(4) 연수합계법

(5) 생산량비례법

7. (주)세연메디컬은 20×1년 10월 1일에 내용연수 4년, 잔존가치 5%인 기계장치를 1,000,000원에 구입하였다. (주)세연메디컬은 향후 4년간 해당 기계장치를 총 1,000시간 사용할 것으로 예상하였다. 실제 (주)세연메디컬은 해당 기계를 20×1년에 250시간, 20×2년에 300시간, 20×3년에 200시간, 20×4년에 150시간, 20×5년에 100시간을 사용하였다.

물음

다음의 각 경우에 연도별 감가상각비를 구하시오.

(1) 정액법

(2) 정률법(감가상각률로 0.4377 적용)

(3) 이중체감법
(4) 연수합계법
(5) 생산량비례법

8. (주)세연메디컬은 20×1년 1월 1일에 내용연수 5년, 잔존가치는 없는 기계장치를 900,000원에 구입하였다. (주)세연메디컬은 기계장치의 감가상각방법으로 정액법을 사용한다. 20×1년 12월 31일과 20×2년 12월 31일의 기계의 공정가치가 각각 936,000원과 456,300원일 때, 다음의 방법에 따라 20×1년 12월 31일과 20×2년 12월 31일에 해야 할 분개를 하시오. 단, (주)세연메디컬은 기계장치의 평가방법으로 재평가법을 사용하고 있다.

물음

(1) 비례수정법
(2) 감가상각누계액 제거법

9. (주)세연메디컬은 20×1년 1월 1일에 내용연수 10년, 잔존가액 58,000원인 기계장치를 1,000,000원에 취득하였다. (주)세연메디컬은 기계장치에 대한 감가상각방법으로 정액법을 적용한다. 20×3년 12월 31일에 손상차손의 징후가 발생하였고 동 시점의 사용가치는 688,000원, 순공정가치는 678,000원인 것으로 평가되었다. 그런데 20×4년 12월 31일에 전년도에 발생하였던 손상차손 징후가 일부 해소됨에 따라 사용가치는 618,800원, 순공정가치는 624,000원으로 추정되었다. (주)세연메디컬은 유형자산의 평가방법으로 원가법을 이용한다.

물음

(주)세연메디컬이 20×3년 12월 31일, 20×4년 12월 31일, 20×5년 12월 31일에 해야 할 분개를 각각 하시오.

10. (주)세연정밀은 20×1년 1월 1일에 현금 1,000,000원을 지급하고 기계장치를 구입하였다. 기계장치의 내용연수는 10년이고 잔존가치는 0이다. (주)세연정밀은 기계장치의 감가상각방법으로 정액법을 이용한다. 20×2년 12월 31일에 해당 기계장치를 이용하여 생산하는 제품의 단종계획에 따라 기계장치의 사용가치는 785,000원, 순공정가치는 796,000원인 것으로 평가되었다. 그런데 20×3년 12월에 상기 기계

장치를 이용하여 신제품을 생산할 수 있게 되었다는 보고에 따라 20×3년 12월 31일에 해당 제품의 사용가치는 710,000원, 순공정가치는 698,800원으로 추정되었다. (주)세연정밀은 기계장치의 평가방법으로 재평가법을 이용하며 회계처리방법으로 감가상각누계액 제거법을 사용한다.

물음

(주)세연정밀의 일자별 공정가치가 다음과 같을 때 20×1년 1월 1일, 20×1년 12월 31일, 20×2년 12월 31일, 20×3년 12월 31일에 해야 할 분개를 각각 하시오(단위: 원).

	20×1년 12월 31일	20×2년 12월 31일	20×3년 12월 31일
공정가치	918,000	804,000	701,000

11. (주)세연메디컬은 20×1년 4월 1일부터 1년 3개월간 물류센터 건축을 실시하였다. (주)세연메디컬은 물류센터 건축에 지출하기 위한 자금 200,000원을 은행으로부터 차입하였는데, 이자율은 4%이며, 차입기간은 1년 2개월이다. (주)세연메디컬은 차입한 자금의 일시적인 운용으로 20×1년과 20×2년의 자본화기간 중 각각 50원과 30원의 투자수익이 발생하였다.

물음

(1) 은행으로부터의 차입일이 20×1년 2월 1일인 경우, 20×1년과 20×2년의 자본화차입원가를 각각 구하시오.

(2) 은행으로부터의 차입일이 20×1년 10월 1일인 경우, 20×1년과 20×2년의 자본화차입원가를 각각 구하시오.

12. (주)세연메디컬은 20×1년 1월 1일부터 20×2년 9월 30일까지 신사옥을 건축하였다. (주)세연메디컬은 신사옥 건축과 관련하여 다음과 같은 공사비 지출을 실시하였다(단위: 원).

날 짜	금 액
20×1. 3. 1.	120,000
20×1. 9. 30.	360,000
20×2. 1. 31.	1,440,000
20×2. 4. 1.	1,800,000

신사옥 건축과 관련된 특정목적차입금은 없으며, 일반목적차입금은 다음과 같다.

	금 액	차입기간	이자율
차입금1	500,000	20×1. 2. 1.~20×2. 1. 31.	5%
차입금2	2,000,000	20×1. 7. 1.~20×3. 6. 30.	7%

물음

신사옥 건축 관련 20×1년과 20×2년도의 일반목적차입금의 자본화차입원가를 각각 구하시오. 자본화이자율 계산 시에는 소수점 다섯째 자리에서, 금액은 소수점 첫째 자리에서 반올림하시오.

13. (주)세연메디컬은 20×1년 2월 1일부터 20×2년 9월 30일까지 물류센터 건축을 실시하였다. (주)세연메디컬은 물류센터 건축과 관련하여 다음과 같은 공사비 지출을 실시하였다(단위: 원).

날 짜	금 액
20×1. 4. 1.	200,000
20×1. 8. 31.	450,000
20×2. 3. 31.	1,700,000
20×2. 7. 1.	4,500,000

(주)세연메디컬은 물류센터 건축에 지출하기 위한 자금 200,000원을 20×1년 7월 1일에 은행으로부터 차입하였는데, 이자율은 4%이며 차입기간은 1년이다. 상기 1건 이외의 차입금은 물류센터 건축과 직접적인 관련성이 없다. 다음은 (주)세연메디컬의 20×1년과 20×2년의 차입금 관련 내역이다.

	금 액	차입기간	이자율
차입금1	200,000	20×1. 7. 1.~20×2. 6. 30.	4%
차입금2	500,000	20×1. 1. 1.~20×2. 6. 30.	5%
차입금3	2,500,000	20×1. 10. 1.~20×2. 9. 30.	7%

물류센터 건축 관련 20×1년과 20×2년도의 자본화차입원가를 각각 구하시오.
자본화이자율 계산 시에는 소수점 다섯째 자리에서, 금액은 소수점 첫째 자리에서 반올림하시오. 20×1년과 20×2년에 (주)세연메디컬의 차입금 관련 자금의 일시 운용으로 인한 투자수익은 발생하지 않았다.

제7장

무형자산

제7장에서는

무형자산은 물리적 실체는 없지만 식별할 수 있는 비화폐성자산으로서 재화의 공급, 용역의 제공 등 영업활동과 관리활동에 사용할 목적으로 기업이 보유하고 있는 자산을 의미한다. 재무분석의 측면에서 살펴보면, 무형자산 역시 유형자산과 마찬가지로 전형적인 영업관련 비유동자산에 해당한다.

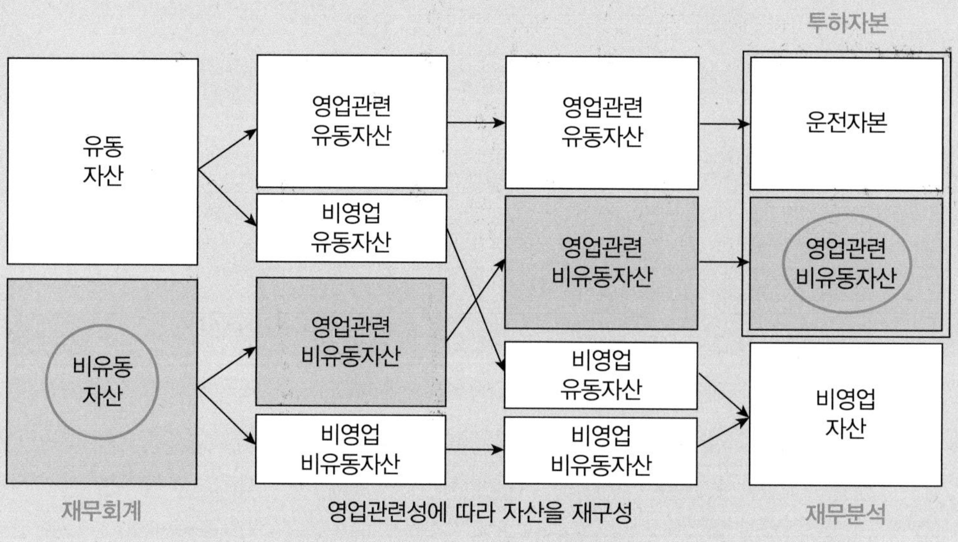

본장에서는 재무회계상 비유동자산에 해당하고, 재무분석상 영업관련 비유동자산(투하자본에 속함)에 해당하는 무형자산의 개념과 회계처리에 대해 살펴본다.

제1절 무형자산의 정의와 종류

무형자산(intangible asset)이란 물리적 실체는 없지만 식별할 수 있는 비화폐성 자산으로서 재화의 공급, 용역의 제공 등 영업활동과 관리활동에 한 회계기간을 초과하여 사용할 목적으로 기업이 보유하고 있는 자산을 의미한다.

1. 무형자산의 종류

무형자산은 〈표 7.1〉에서 보여지는 바와 같이 크게 기업 외부로부터의 **개별 취득 무형자산**, 내부창출 무형자산(개발비) 및 영업권으로 구분되는데, 개별 취득 무형자산과 내부창출 무형자산(개발비)은 식별 가능한 반면 영업권은 식별 가능하지 않다는 차이가 있다. 그리고 내부창출 무형자산(개발비)은 기업 내부에서 창출해낸 자산인 반면 그 이외의 식별 가능한 무형자산들은 기업 외부로부터 취득한 자산이라는 점에 차이가 있다.

개별 취득 무형자산의 예로는 특허권, 실용신안권 등 산업재산권, 라이선스, 프랜차이즈, 저작권, 컴퓨터 소프트웨어, 시설이용권 등을 들 수 있다.[1] **특허권**(patents)은 특허법에 근거한 독점적인 발명을 이용하여 일정 기간 동안 제품을 제조하고 판매할 수 있는 독점적 권리를 말한다. **실용신안권**은 실용신안법에 근거한 독점적인 고안 등을 일정 기간 동안 사용할 수 있는 권리를 말한다. **라이선스**(license)는 특정한 지식이나 기술을 정해진 기간 동안 사용할 수 있는 권리로서 기계장치 등의 유형자산의 구입과 함께 이루어지는 경우가 많다. **프랜차이즈**(franchise)란 특정한 사업 주체로부터 사업권을 획득하고 일정한 지역 내에서 상품이나 용역을 제공할 수 있는 독점적 권리를 말한다. **저작권**(copyright)이란 저작

1) 산업재산권에는 특허권과 실용신안권 이외에도 디자인에 대한 의장법상의 권리를 나타내는 **의장권**(design right)과 상표법상의 권리를 나타내는 **상표권**(trade mark) 및 기업의 명칭을 일정 지역 내에서 독점적으로 사용할 수 있는 상법상의 권리인 상호권 등이 있다.

표 7.1 무형자산의 종류

식별 가능 여부에 의한 구분	취득방식에 의한 구분	종 류
식별 가능 무형자산	개별(외부) 취득 무형자산	특허권
		실용신안권
		라이선스
		프랜차이즈
		저작권
		컴퓨터 소프트웨어
		시설이용권
	내부창출 무형자산	개발비
식별 가능하지 않은 무형자산	합병 및 인수 시에 발생하는 무형자산	영업권

권법에 의한 영화, 음반, 서적 등의 창작물에 대한 일정 기간 동안의 독점적 사용권한을 말한다. **컴퓨터 소프트웨어**(computer software)는 컴퓨터 소프트웨어를 생산하는 기업으로부터 유상으로 구입한 소프트웨어에 대한 사용권을 의미한다.[2] **시설이용권**이란 스포츠센터, 골프장, 호텔 등의 시설을 이용할 수 있는 권리를 의미한다.

개발비(development cost)란 기업이 신제품이나 신기술을 개발하기 위해서 연구와 개발을 수행하는 과정 중 개발단계에서 나타나는 **내부창출 무형자산**(internally generated intangible assets)을 의미한다.

영업권(goodwill)은 기업이 다른 기업을 합병(merger)하거나 인수(acquisition)하는 경우에 해당 사업결합의 대가가 사업결합 시에 취득하는 식별 가능 자산의 공정가치에서 부채의 공정가치를 차감한 금액(순자산 공정가치)보다 큰 경우, 초과로 지급한 금액을 의미한다. 영업권은 기업의 다른 자산들과는 달리 개별적으

---

2) 무형자산이 기계장치나 저장장치 등을 통해 제공되어 해당 자산이 유형의 특성과 무형의 특성을 함께 가지고 있을 때는 유형의 특성과 무형의 특성 가운데 더 중요한 특성이 무엇인가에 따라 유형자산 또는 무형자산으로 인식한다.

로 식별할 수 없다는 특징을 가지고 있다.

2. 무형자산의 정의와 인식

무형자산의 정의와 관련된 개념으로 식별 가능성, 자원에 대한 통제, 미래 경제적 효익의 발생 가능성 등이 있다. 이 가운데 자원에 대한 통제와 미래 경제적 효익의 발생 가능성은 다른 종류의 자산에서도 동일하게 적용되는 개념이지만, 자산에 대한 식별 가능성은 무형자산의 정의와 인식 시에 주로 적용되는 개념이다. 그 이유는 무형자산은 물리적 실체가 없으므로 물리적 실체가 있는 다른 자산들과 비교 시에 해당 자산을 식별할 수 있는지 여부가 자산의 정의에 있어서 중요한 조건이 되기 때문이다.

1) 식별 가능성

기업에서 영업권 이외의 무형자산이 정의되기 위해서는 해당 무형자산이 식별 가능해야 한다. 무형자산은 다음 중 하나에 해당하는 경우에 식별 가능하다고 본다.

① 해당 자산이 분리 가능하다. 즉, 해당 자산은 기업에서 분리하거나 분할할 수 있고, 개별적으로 혹은 관련된 계약, 식별 가능한 자산이나 부채와 함께 매각, 이전, 라이선스, 임대 또는 교환할 수 있다.

② 해당 자산이 계약상의 권리나 기타 법적 권리로부터 발생한다. 이러한 권리의 발생 시에는 해당 권리가 이전 가능한지 여부나 기업 또는 기타 권리와 의무에서 분리 가능한지 여부는 고려하지 아니한다.

이와 관련하여 무형자산 중 영업권은 합병 등 사업결합 시에 지급한 사업결합의 대가가 사업결합 시에 피취득기업의 순자산의 공정가치를 초과할 경우에 초과로 지급한 금액을 의미한다. 이러한 영업권은 사업결합과정에서 개별적으로 식별하거나 별도로 인식하는 것이 불가능하므로 영업권의 인식 시에는 식별 가능성을 충족하지 않게 된다.

2) 자원에 대한 통제

기업에서 무형자산이 정의되기 위해서는 기업이 해당 자산에 대한 통제권을 가지고 있어야 한다. 기업이 해당 자산을 통제하고 있을 때 해당 자산으로부터 유입되는 미래 경제적 효용을 얻을 수 있고, 이러한 경제적 효용에 대한 타인(제3자)의 접근을 통제할 수 있게 된다.

3) 미래 경제적 효익의 발생 가능성

기업에서 무형자산이 정의되기 위해서는 해당 자산으로부터 발생하는 미래 경제적 효익이 기업에 유입될 가능성이 높아야 한다.

제2절 무형자산의 취득원가

무형자산을 최초로 인식할 때에는 원가로 측정한다. 무형자산의 원가는 구입가격(매입할인과 리베이트를 차감하고 수입관세와 환급받을 수 없는 제세금 포함)과 경영자가 해당 무형자산을 의도한 목적에 사용할 수 있도록 준비하는 데 직접 관련되는 원가를 포함한다. 해당 무형자산을 경영자가 의도하는 방식으로 운용할 때까지 직접적으로 관련되는 원가의 예는 다음과 같다.[3)]

- 그 자산을 사용 가능한 상태로 만드는 데 직접적으로 발생하는 종업원 급여
- 전문가 수수료
- 그 자산이 적절하게 기능을 발휘하는지 검사하는 데 발생하는 원가

---

3) 무형자산의 원가 인식은 해당 자산을 경영자가 의도하는 방식으로 운용할 수 있는 상태가 되면 중지한다. 따라서 경영자가 의도하는 방식으로 해당 자산을 운용할 수 있게 된 시점 이후에 무형자산을 사용하거나 재배치하는 과정에서 발생하는 원가는 자산의 장부금액에 포함하지 아니한다.

무형자산의 인식과 관련은 있지만 무형자산의 원가에 포함하지 않고 당해 연도의 비용으로 인식하는 지출의 예는 다음과 같다.

- 새로운 제품이나 용역의 홍보원가
- 새로운 지역이나 새로운 계층의 고객을 대상으로 사업수행 시 발생하는 원가
- 관리원가와 기타 일반경비원가
- 경영자가 의도하는 방식으로 운용될 수 있으나 아직 사용하지 않고 있는 기간에 발생한 원가
- 자산의 산출물에 대한 수요가 확립되기 전까지 발생하는 손실과 같은 초기 영업 손실

1. 개별 취득 무형자산

다음은 개별 취득 무형자산의 취득원가 관련 예시이다.

예시 7.1

(주)서울상사는 구매시스템 개선을 위한 소프트웨어를 구입하였다. (주)서울상사는 소프트웨어 구입과 관련하여 다음과 같은 비용을 지출하였다(단위: 원).

항목	금액
소프트웨어 구입가격	100,000
소프트웨어 구입 관련 관세	20,000
소프트웨어 설치 시 지급한 전문가 수수료	50,000
소프트웨어 구입과 직접 관련된 종업원 급여	32,000
소프트웨어 정상작동 검사비용	5,000
소프트웨어 운용 직원 교육훈련비	27,000
소프트웨어 홍보원가	51,000

(주)서울상사는 소프트웨어 취득 시에 14,000원의 매입할인이 발생하였다. (주)서울상사의 소프트웨어 구입 시 취득원가를 구하시오.

무형자산인 소프트웨어의 구입원가에는 해당 무형자산의 구입원가 및 경영자가 해당 무형자산을 의도하는 방식으로 운용할 때까지 직접적으로 관련된 지출을 포함

한다. 상기 (주)서울상사의 경우에는 구입가격에 관세, 전문가 수수료, 직접 관련 종업원 급여 및 검사비용이 포함되며 매입할인은 차감된다.

> 소프트웨어 취득원가 = 100,000 + 20,000 + 50,000 + 32,000 + 5,000 − 14,000
> = 193,000원

이와 관련하여 소프트웨어 관련 교육훈련비와 홍보원가는 경영자가 해당 무형자산을 의도하는 방식으로 운영하는 데에 직접적으로 관련된 지출로 보기 힘들다.[4] 이에 따라 해당 지출은 무형자산의 취득원가에 포함되지 않고 당해 회계연도의 비용으로 인식한다.

2. 영업권

영업권은 사업결합과정에서 개별적으로 식별하여 별도로 인식하는 것이 불가능하지만 미래 경제적 효익을 나타내는 무형자산을 의미한다. 영업권이 개별적으로 식별 불가능하다는 점은 앞서 다룬 개별 취득 무형자산이나 내부창출 무형자산이 식별 가능하다는 점과는 차이가 있다.[5]

영업권의 취득원가는 사업결합 시에 지급한 사업결합의 대가가 사업결합 시에 취득하는 식별 가능 자산의 공정가치에서 부채의 공정가치를 차감한 금액(순자산 공정가치)보다 큰 경우, 초과로 지급한 금액으로 측정한다.[6]

> 영업권의 취득원가 = 사업결합 시 지급대가 − 취득하는 순자산 공정가치
> (자산 공정가치 − 부채 공정가치)

4) 예로서 소프트웨어 홍보원가가 소프트웨어의 취득과 관련이 있지만, 경영자가 원하는 방식으로 소프트웨어를 운영하는 데 있어 홍보원가가 직접 관련되어 있다고 보기는 어렵다.

5) 이에 따라 영업권은 무형자산의 인식기준인 식별 가능성을 충족하지 않게 된다.

6) 초과 지급금액의 대상 계정을 식별할 수 있는 경우에는 영업권이 아닌 식별된 대상 계정으로 인식할 것이다.

위의 식은 사업결합 시에 취득하는 순자산(자산－부채)의 공정가치를 초과하는 금액을 사업결합의 대가로 지급하고 있음을 의미한다. 이와 같이 취득하는 순자산의 공정가치를 초과하는 금액을 지급하는 이유는 사업결합을 통해 우수한 경영진, 기술력, 고객충성도, 사업결합 시너지 효과 등 피인수기업의 장부에서 식별할 수 없는 효과를 통해서 미래 경제적 효익을 창출할 수 있기 때문이다. 이때 해당 효과를 영업권이라는 무형자산으로 인식하게 된다.[7)8)]

다음은 영업권 관련 회계처리의 예시이다.

예시 7.2

(주)서울상사는 20×1년 1월 1일에 (주)부산물류를 인수하였다. 인수 시에는 사업결합으로 인한 이전대가인 현금 7,000,000원을 지급하였다. 사업결합시점을 기준으로 (주)부산물류의 재무상태표상 자산과 부채의 장부금액과 공정가치는 아래에 정리되어 있다(단위: 원).

계 정	장부금액	공정가치
매출채권	1,000,000	1,000,000
토 지	2,000,000	3,500,000
건 물	2,000,000	1,700,000
차량운반구	5,000,000	4,900,000
미지급이자	1,300,000	1,300,000
차입금	4,500,000	4,500,000

(주)부산물류는 비용처리했지만 (주)서울상사의 입장에서는 무형자산으로 인식하는 상호권(브랜드) 500,000원이 존재한다. (주)서울상사가 (주)부산물류와 사업결합을 실시할 시에 필요한 분개를 하시오.

---

7) 이와는 달리, 순자산의 공정가치보다 작은 금액을 사업결합의 대가로 지급하는 경우에는 해당 차이를 염가매수차익이라고 한다. 염가매수차익은 발생한 회계기간의 수익으로 인식한다.

8) 자산과 부채의 인식은 인수기업의 입장에서 실시된다. 예로서 피인수기업이 무형자산이 아닌 비용으로 인식한 대상이 인수기업의 입장에서는 자산인식요건을 갖춘 것으로 판단될 때는 해당 자산의 공정가치만큼을 사업결합 시에 개별 무형자산으로 인식하게 된다.

사업결합을 통하여 식별 가능한 (주)부산물류의 자산과 부채를 (주)서울상사의 자산과 부채로 인식한다. 인식 시에는 각 자산과 부채의 공정가치금액으로 취득원가를 측정하게 된다. 아래의 분개 결과에서 사업결합 결과 취득하게 되는 식별 가능한 순자산(자산−부채)의 공정가치가 5,800,000원인 반면 지급대가는 7,000,000원으로서 1,200,000원을 초과 지급하게 된다. 사업결합 시에 순자산의 공정가치를 초과하여 지급하게 되면 해당 초과지급금액의 구체적인 지급 대상을 식별할 수 없음에도 불구하고 영업권이라는 무형자산으로 인식하게 된다.

20×1. 1. 1.

(차)	매출채권	1,000,000	(대)	차입금	4,500,000
	토 지	3,500,000		미지급이자	1,300,000
	건 물	1,700,000		현 금	7,000,000
	차량운반구	4,900,000			
	상호권	500,000			
	영업권	1,200,000			

3. 내부창출 무형자산(개발비)

기업이 외부에서 무형자산을 취득하는 것과는 달리 내부적으로 창출한 무형자산이 인식기준을 충족하는지를 평가하는 것은 용이하지 않다.

그 이유는 첫째로 무형자산을 내부창출할 시에 미래 경제적 효익을 창출할 식별 가능한 자산이 있는지와 식별 가능한 자산이 있는 경우 해당 자산의 인식 시점을 파악하는 것이 어렵다. 둘째로는 내부창출 무형자산의 원가를 신뢰성 있게 결정하는 것이 어렵다.

어떤 경우에는 무형자산을 내부적으로 창출하기 위해 지출된 원가를 일상적인 경영관리활동에서 발생하는 원가와 구별할 수 없는 경우도 있다. 예로서 무형자산 내부창출 관련 업무를 담당하는 직원이 일상적인 경영관리활동도 수행했다면, 해당 직원에게 지출된 원가 중 얼마만큼이 무형자산의 내부창출과 관련되어 있는가를 결정하는 것은 쉽지 않을 것이다.

그림 7.1 내부창출 무형자산의 단계

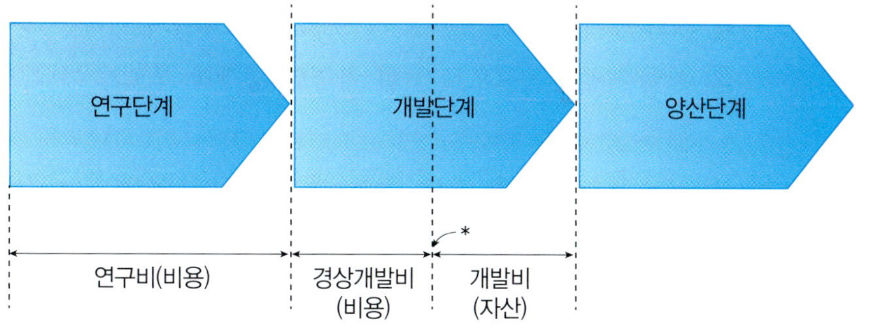

* 개발단계 중 6가지 사항을 모두 제시할 수 있게 되는 시점

이와 같이 내부적으로 창출한 무형자산이 인식기준을 충족하는지 평가하는 것이 용이하지 않기 때문에, 내부창출 무형자산의 인식 시에는 <그림 7.1>과 같이 무형자산의 창출과정을 연구단계와 개발단계로 구분한 후 다음과 같은 과정을 거쳐 무형자산을 인식하게 된다.

무형자산을 내부창출하는 과정 중 연구단계에서 발생한 지출은 무형자산으로 인식하지 못하고 당기 비용으로 인식한다. 그 이유는 연구단계에서는 미래 경제적 효익을 창출할 무형자산이 존재한다는 것을 제시할 수 없기 때문이다.

연구단계의 예는 다음과 같다.

① 새로운 지식을 얻고자 하는 활동
② 연구결과나 기타 지식을 탐색, 평가, 최종 선택, 응용하는 활동
③ 재료, 장치, 제품, 공정, 시스템이나 용역에 대한 여러 가지 대체안을 탐색하는 활동
④ 새롭거나 개선된 재료, 장치, 제품, 공정, 시스템이나 용역에 대한 여러 가지 대체안을 제안, 설계, 평가, 최종 선택하는 활동

다음으로 개발단계는 연구단계보다 훨씬 더 진전이 되어 있는 상태이다. 개발활동의 예는 다음과 같다.

① 생산이나 사용 전의 시제품과 모형을 설계, 제작, 시험하는 활동
② 새로운 기술과 관련된 공구, 주형, 금형 등을 설계하는 활동
③ 상업적 생산목적으로 실현 가능한 경제적 규모가 아닌 시험공장을 설계, 건설, 가동하는 활동
④ 신규 또는 개선된 재료, 장치, 제품, 공정, 시스템이나 용역에 대하여 최종적으로 선정된 안을 설계, 제작, 시험하는 활동

개발단계 진행 중 무형자산을 식별할 수 있고, 그 무형자산이 미래 경제적 효익을 창출할 수 있음을 제시할 수 있다면 무형자산으로 인식하게 된다. 구체적으로 개발단계 중 다음 6가지 사항을 모두 제시할 수 있는 경우, 해당 시점 이후 개발단계 완료시점까지의 지출을 개발비라는 무형자산으로 인식한다.[9)]

① 무형자산을 사용하거나 판매하기 위해 그 자산을 완성할 수 있는 기술적 실현 가능성
② 무형자산을 완성하여 사용하거나 판매하려는 기업의 의도
③ 무형자산을 사용하거나 판매할 수 있는 기업의 능력
④ 무형자산이 미래 경제적 효익을 창출하는 방법
⑤ 무형자산의 개발을 완료하고 그것을 판매하거나 사용하는 데 필요한 기술적, 재정적 자원 등의 입수 가능성
⑥ 개발과정에서 발생한 무형자산 관련 지출을 신뢰성 있게 측정할 수 있는 기업의 능력

다음은 개발비와 관련한 분개의 예시이다.

---

9) 내부적으로 창출한 브랜드, 제호, 출판표제, 고객목록 및 이와 실질이 유사한 항목은 무형자산으로 인식하지 않는다. 그 이유는 해당 항목과 관련하여 발생한 지출은 사업을 전체적으로 개발하는 데 발생한 지출과 구별할 수 없기 때문이다.

예시 7.3

(주)서울상사는 20×1년에 물류시스템 혁신을 위한 차세대 소프트웨어 개발을 시작하였으며 20×1년 말 현재 개발을 진행 중이다. 소프트웨어 개발 관련 지출내역은 다음과 같다(단위: 원).

새로운 지식을 알고자 하는 활동	1,000,000
여러 가지 대체안을 탐색하는 활동	2,200,000
시제품을 시험하는 활동	1,500,000
최종적으로 설정된 안을 시험하는 활동	2,000,000

상기 지출 이외에 연구단계와 개발단계의 구분이 어려운 지출 300,000원이 있다. 20×1년 9월 1일에 (주)서울상사는 내부창출 무형자산 인식을 위한 6가지 사항을 모두 제시할 수 있게 되었다. 20×1년 9월 1일 이후 20×1년 말까지 개발단계의 지출은 총 1,700,000원이 발생하였다. 소프트웨어 개발 관련 필요한 분개를 하시오.

(차)	연구비	3,500,000	(대) 현 금	7,000,000
	경상개발비	1,800,000		
	개발비	1,700,000		

연구단계의 지출 3,200,000원과 연구 및 개발 단계의 구분이 어려운 지출 300,000원을 포함한 3,500,000원은 연구비로 비용처리된다. 개발단계의 지출 3,500,000원 가운데 6가지 인식요건을 충족하기 이전에 지출한 1,800,000원은 경상개발비라는 비용으로 처리되며 6가지 인식기준을 충족한 이후 지출한 1,700,000원은 개발비라는 내부창출 무형자산으로 인식하게 된다.[10]

10) 기업이 내부적으로 영업권을 창출하는 경우, 해당 영업권은 내부창출 무형자산으로 인식하지 않는다. 그 이유는 내부적으로 창출한 영업권은 유상으로 취득한 것이 아니므로 원가를 신뢰성 있게 측정할 수 없고, 개별적으로 식별 가능하지 않기 때문이다.

제3절 무형자산의 상각

무형자산의 **상각**(amortization)은 유형자산에서 살펴본 감가상각과 같이 무형자산의 상각대상금액을 그 자산의 내용연수에 걸쳐서 체계적으로 배분하는 것을 의미한다.

무형자산의 상각에 있어서 해당 자산의 내용연수가 유한한지 또는 비한정인지에 따라 회계처리가 달라지게 된다.

1. 내용연수가 유한한 무형자산

내용연수가 유한한 무형자산은 해당 자산의 상각대상금액을 내용연수 동안 체계적인 방법으로 배분하게 된다. 여기에서 상각대상금액은 해당 무형자산의 원가에서 잔존가치를 뺀 금액이나 원가를 대체하는 다른 금액에서 잔존가치를 뺀 금액을 의미한다.

상각은 해당 무형자산을 사용할 수 있는 때, 즉 자산이 경영자가 의도하는 방식으로 운영할 수 있는 장소와 상태에 이르렀을 때부터 시작한다.

무형자산의 상각대상금액을 내용연수 동안 체계적으로 배분하기 위해 정액법, 체감감액법, 생산량비례법과 같은 다양한 방법을 사용할 수 있다. 무형자산의 상각방법은 자산이 가지고 있는 미래 경제적 효익의 예상되는 소비형태에 따라 선택한다. 그리고 선택 이후 미래 경제적 효익의 예상되는 소비형태가 달라지지 않는다면 매 회계기간에 일관성 있게 적용한다. 만약 무형자산이 가지고 있는 미래 경제적 효익의 예상되는 소비형태를 신뢰성 있게 파악하기 어려운 경우에는 상각방법으로 정액법을 적용한다.

다음은 무형자산의 상각에 대한 회계처리의 예시이다.

예시 7.4

(주)서울상사는 20×1년 1월 1일에 구매기능 개선을 위한 소프트웨어를 현금 1,000,000원을 지급하고 구입하였다. 해당 소프트웨어의 내용연수는 5년이고 잔존가치는 취득원가의 10%이다.

(1) 정액법 이용 시 연도별 상각비를 구하시오.

정액법은 취득원가에서 잔존가치를 차감한 상각대상금액을 내용연수로 나누어 각 연도의 상각비를 구한다.

$$\text{연도별 감가상각비(정액법)} = \frac{\text{상각대상금액(취득원가)} - \text{잔존가치}}{\text{내용연수}}$$

$$= \frac{(1{,}000{,}000 - 100{,}000)}{5} = 180{,}000$$

정액법을 사용할 경우 매 연도의 상각비는 180,000원으로 동일하다. 정액법 적용 시 매 기간의 분개는 다음과 같이 동일하다.

(차) 소프트웨어상각비	180,000	(대) 소프트웨어상각누계액	180,000

(2) 정률법 이용 시 연도별 상각비를 구하시오.

정률법은 무형자산의 기간별 기초 장부금액에 매 기간 동일한 비율(정률)을 곱하여 해당 기간의 상각비를 구하게 된다. 상기 매 기간 동일한 비율(정률)을 상각률이라고 하며 정률법 사용 시에 적용하는 상각률은 다음과 같이 구한다.

$$\text{상각률} = 1 \quad \sqrt[n]{\frac{\text{잔존가치}}{\text{취득원가}}} \quad (n\text{: 내용연수})$$

본 예시에서 사용하는 상각률은 다음과 같다.

$$1 - \sqrt[5]{\frac{100{,}000}{1{,}000{,}000}} = 1 - 0.631 = 0.369$$

매 연도의 상각비는 해당 연도의 기초 장부금액에 상각률을 곱한 금액으로 계산한다.

	기초 장부금액	상각비	상각누계액	기말 장부금액
20×1년	1,000,000	369,000	369,000	631,000
20×2년	631,000	232,839	601,839	398,161
20×3년	398,161	146,921	748,760	251,240
20×4년	251,240	92,708	841,468	158,532
20×5년	158,532	58,532	900,000	100,000

20×1년에는 기초 장부금액인 1,000,000원에 상각률 0.369를 곱하여 369,000원의 상각비를 구하고 기말 장부금액을 해당 기간의 기초 장부금액으로부터 해당 기간에 비용으로 인식한 상각비금액을 차감한 631,000원이 된다.

20×2년부터 20×4년까지의 기간에 걸쳐 20×1년의 경우와 마찬가지로 해당 기간의 기초 장부금액에 상각률 0.369를 곱하여 해당 기간의 상각비를 구하고, 해당 기간의 기초 장부금액으로부터 해당 기간의 상각비를 차감하여 해당 기간의 기말 장부금액을 구하게 된다.

20×5년은 내용연수의 마지막 연도인데, 해당 연도의 기말 장부금액은 잔존가치가 되어야 한다. 이에 따라 20×5년도의 상각비를 상기 이전 연도의 상각비 도출방식을 사용하지 않는다. 그 대신 20×5년도의 기말 장부금액을 잔존가치인 100,000원으로 결정하고, 20×5년도의 기초 장부금액인 158,532원에서 잔존가액인 100,000원을 차감한 58,532원을 20×5년의 상각비로 구하게 된다.

(3) 연수합계법 이용 시 연도별 감가상각비를 구하시오.

연수합계법은 연도별 감가상각률의 결정 시에, 첫해인 20×1년도에는 상각대상연수 중 가장 큰 값인 5를 상각대상연수의 합계인 15(1+2+3+4+5)로 나눈 값이 되며, 두 번째 해인 20×2년도에는 그다음 큰 상각대상연수인 4를 상각대상연수의 합계인 15로 나눈 값이 상각률이 된다. 이와 같이 상각률 계산 시 분자에 해당하는 값을 순차적으로 낮추어 연도별 상각률을 구하게 된다.

상각대상금액 900,000원(1,000,000−100,000)에 연도별 상각률을 곱해서 연도별 상각비를 구하게 된다.

연수합계법 이용 시 각 연도별 감가상각비는 다음과 같다.

$$20\times1\text{년의 감가상각비: } (1{,}000{,}000-100{,}000)\times\frac{5}{(1+2+3+4+5)}=300{,}000$$

$$20\times2\text{년의 감가상각비: } (1{,}000{,}000-100{,}000)\times\frac{4}{(1+2+3+4+5)}=240{,}000$$

$$20\times3\text{년의 감가상각비: } (1{,}000{,}000-100{,}000)\times\frac{3}{(1+2+3+4+5)}=180{,}000$$

$$20\times4\text{년의 감가상각비: } (1{,}000{,}000-100{,}000)\times\frac{2}{(1+2+3+4+5)}=120{,}000$$

$$20\times5\text{년의 감가상각비: } (1{,}000{,}000-100{,}000)\times\frac{1}{(1+2+3+4+5)}=60{,}000$$

(4) 이중체감법 이용 시 연도별 상각비를 구하시오.

이중체감법은 기본적으로 기간별 상각비 도출의 방법에 있어 정률법과 유사한 점이 있다. 이중체감법과 정률법의 차이는 각 기간의 상각비를 결정하는 상각률 도출방법이다. 이중체감법은 정률법에서 사용하는 상각률과는 달리 정액법에서 매년 상각시키는 비율의 두 배를 상각률로 적용한다.

본 예시에서는 내용연수가 5년이므로 정액법 적용 시에 매년 상각대상금액의 1/5씩 상각됨을 알 수 있다. 따라서 이 경우에 이중체감법을 적용할 때에는 1/5×2인 2/5를 상각률로 적용한다.

$$\text{상각률(이중체감법)}=\left(\frac{1}{\text{내용연수}}\right)\times2=\frac{1}{5}\times2=\frac{2}{5}$$

다음은 이중체감법을 이용하여 구한 매 연도의 상각비이다.

	기초 장부금액	상각비	상각누계액	기말 장부금액
20×1년	1,000,000	400,000*	400,000	600,000
20×2년	600,000	240,000	640,000	360,000
20×3년	360,000	144,000	784,000	216,000
20×4년	216,000	86,400	870,400	129,600
20×5년	129,600	29,600**	900,000	100,000

* $1{,}000{,}000\times\frac{2}{5}$(이중체감법의 상각률) = 400,000원

** 129,600(기초 장부금액) − 100,000(잔존가치) = 29,600원

내부창출 무형자산의 인식 및 상각과 관련해서 내부창출 무형자산의 개발 과정 또는 결과로 특허권 등을 취득하게 되는 경우가 있다. 이 경우, 내부적으로 무형자산을 창출하는 과정에서 발생한 지출은 개발비라는 무형자산으로 인식하게 되며, 특허권 취득 시의 취득원가에는 영향을 미치지 않는다. 따라서 이후 무형자산의 상각 시에는 각 무형자산별로 상각대상금액에 대한 상각을 실시하게 된다.

다음은 개발비(내부창출 무형자산)와 특허권을 함께 취득하는 경우의 상각에 대한 회계처리의 예시이다.

예시 7.5

(주)서울상사는 20×1년 7월 1일에 물류시스템 혁신을 위한 차세대 소프트웨어 개발을 시작하고 20×1년 7월 말에 해당 개발을 완료하였다. 20×1년 7월 중에 연구단계의 지출 300,000원과 개발단계의 지출 1,200,000원이 발생하였고, 개발단계의 지출은 모두 내부창출 무형자산 인식을 위한 6가지 사항을 제시할 수 있게 된 시점 이후에 발생하였다. (주)서울상사는 20×1년 8월 1일에 상기 물류시스템 혁신기술에 기초한 특허권을 취득하였고, 취득과정에서 240,000원이 지출되었다. (주)서울상사의 개발비와 특허권의 내용연수는 각각 10년과 5년이며 개발비와 특허권 모두 잔존가치는 없는 것으로 파악되었다. (주)서울상사는 월 단위로 상각비를 인식한다. (주)서울상사가 20×1년 7월 연구비와 개발비 지출시점 및 20×1년 8월 31일에 해야 할 분개를 하시오.

20×1년 7월 지출시점

(차)	연구비	300,000	(대)	현 금	1,500,000
	개발비	1,200,000			

20×1. 8. 31.

(차)	개발비상각비	10,000*	(대)	개발비상각누계액	10,000
	특허권상각비	4,000**		특허권상각누계액	4,000

* $1,200,000 \times \frac{1}{10} \times \frac{1}{12} = 10,000$원

** $240,000 \times \frac{1}{5} \times \frac{1}{12} = 4,000$원

위의 예시에서 (주)서울상사가 특허권을 취득하게 된 것은 내부창출 무형자산의 취득과정에서 얻게 된 기술과 밀접한 관계를 가지고 있다. 그렇지만 내부창출 무형자산의 취득과정에서 발생한 개발비 등 지출을 특허권의 취득원가에 포함하지는 않고, 개발비라는 무형자산 계정으로 인식하게 된다. 이에 따라 특허권의 취득원가는 해당 특허권의 취득과 직접적으로 관련되어 있는 지출금액이 된다.[11]

다음은 미래 경제적 효익의 소비형태를 예상하기 어려운 무형자산의 상각에 대한 회계처리의 예시이다.

예시 7.6

(주)서울상사는 20×1년 1월 1일에 소발명에 따른 실용신안권을 300,000원을 지출하고 취득하였다. 해당 무형자산의 내용연수는 10년이고 잔존가치는 0이다. (주)서울상사는 해당 무형자산이 가지고 있는 미래 경제적 효익의 예상 소비형태를 신뢰성 있게 판단하는 것이 어려운 상황이다. 20×1년도 12월 31일 해당 무형자산의 상각 관련 분개를 하시오.

상각대상 무형자산이 가지고 있는 미래 경제적 효익의 예상되는 소비형태를 신뢰성 있게 판단하는 것이 어려운 경우에는 상각방법으로 정액법을 적용한다.

• 20×1년의 상각비(정액법): [상각대상금액(취득원가 − 잔존가치)] ÷ 내용연수
= (300,000 − 0) ÷ 10 = 30,000

20×1. 12. 31.

(차) 실용신안권상각비	30,000	(대) 실용신안권상각누계액	30,000

2. 내용연수가 비한정인 무형자산

내용연수가 비한정인 무형자산은 상각하지 아니한다. 여기서 내용연수가 '비한정'이라는 의미는 내용연수가 '무한'한 것을 의미하지 않는다. 내용연수가 비

---

11) 20×1. 8. 1.

(차) 특허권	240,000	(대) 현 금	240,000

한정이라는 것은 불확실성으로 인해 내용연수를 신뢰성 있게 측정할 수 없음을 의미한다. 내용연수가 비한정인 무형자산은 매년 회수가능액과 장부금액을 비교하여 손상검사를 실시하여야 한다.[12)]

상각하지 않는 무형자산은 해당 자산의 내용연수가 비한정이라는 평가를 계속하여 매 회계기간에 검토하게 된다. 만약 사건과 상황에 따라 내용연수가 비한정이라는 평가가 정당하지 않다고 판단된 경우에는 비한정 내용연수를 유한 내용연수로 변경하고 변경시점부터 이후의 기간에 걸쳐 상각을 실시하게 된다.[13)]

제4절 무형자산의 재평가

기업은 보유하고 있는 무형자산에 대하여 앞서 살펴본 유형자산과 동일하게 원가모형이나 재평가모형 중 하나를 회계정책으로 선택하여 무형자산의 유형 단위로 적용하게 된다. 예로 기업에서 보유하는 무형자산을 상표권, 특허권, 소프트웨어 유형으로 구분했다고 할 경우 상표권과 특허권은 원가모형, 소프트웨어는 재평가모형을 적용할 수 있다. 그러나 동일한 유형, 예로 보유하고 있는 소프트웨어 각각에 대해서는 동일하게 원가모형 또는 재평가모형을 적용하게 된다. 무형자산의 재평가모형 적용 시에 유형자산의 경우와 상이한 점은 무형자산에 대하여 재평가모형을 적용하기 위해서는 해당 무형자산에 대한 활성시장이 존재하여야 한다는 것이다. 재평가모형을 적용하는 동일 유형 내의 무형자산을 그 자산에 대한 활성시장이 없어서 재평가할 수 없는 경우에는 원가에서 상각누계액과 손상차손누계액을 차감한 금액으로 표시한다.[14)] 재평가한 무형자산의 공

---

12) 내용연수가 유한한 무형자산의 경우에는 영업환경 변화에 따른 경쟁력 약화, 기술환경 변화로 인한 진부화 등 손상을 시사하는 징후가 있을 때 손상검사를 실시하여야 한다.

13) 무형자산의 비한정 내용연수를 유한 내용연수로 변경하는 것은 기업회계기준서 제1008호에 따라 회계추정의 변경으로 회계처리하게 된다.

14) 기업회계기준서 제1038호 81.

정가치를 더 이상 활성시장을 기초로 하여 측정할 수 없는 경우에는 자산의 장부금액은 활성시장이 존재할 시의 최종 재평가일의 재평가금액에서 이후의 상각누계액과 손상차손누계액을 차감한 금액으로 하며, 이후 자산의 공정가치를 활성시장을 기초로 하여 측정할 수 있는 경우에는 그날부터 재평가모형을 적용한다.[15] 이와 관련하여 무형자산의 특성상 활성시장이 존재하는 경우는 흔치 않으므로 무형자산에 대하여 재평가모형을 적용하는 것이 유형자산의 경우처럼 일반적이지 않을 수 있다.[16]

무형자산에 대하여 재평가모형을 적용하는 경우에는 유형자산의 재평가모형 회계처리방법과 동일한 방법을 적용한다.

다음은 무형자산에 대하여 재평가모형을 적용하는 경우의 회계처리 예시이다.

예시 7.7

(주)서울상사는 20×1년 1월 1일에 현금 2,000,000원을 지급하고 소프트웨어를 구입하였다. 소프트웨어의 내용연수는 5년이고 잔존가치는 0이다. (주)서울상사는 소프트웨어의 상각방법으로 정액법을 이용한다. 20×1년 12월 31일, 20×2년 12월 31일과 20×3년 12월 31일에 소프트웨어의 공정가치가 각각 1,760,000원, 990,000원과 858,000원일 때 20×1년 12월 31일, 20×2년 12월 31일과 20×3년 12월 31일에 해야 할 분개를 하시오. 단, 소프트웨어의 활성시장이 존재하며 (주)서울상사는 소프트웨어의 평가방법으로 재평가법을 사용하고 있다.

(1) 비례수정법

20×1. 12. 31.

(차) 상각비	400,000	(대) 상각누계액	400,000

15) 기업회계기준서 제1038호 문단 82, 84.

16) 예로서 특허권이나 상표권과 같은 무형자산을 생각해 보면, 복수의 기업들이 동일한 특허나 동일한 상표를 동시에 보유하는 것이 아니므로 활성시장이 존재하기 어렵다. 무형자산에 대한 거래는 흔치 않으며 거래가 되는 경우에 있어서도 활성시장을 통한 거래라기보다는 개별적인 거래당사자 간의 협의에 의해 가격이 결정되는 형식이므로 거래대가가 공정가치에 따라 결정되는 것이라고 보기 어렵다.

	재평가 전			재평가 후
총장부금액[17)]	2,000,000	…10% ↑…	200,000	2,200,000
상각누계액	(400,000)	…10% ↑…	(40,000)	(440,000)
장부금액	1,600,000	…10% ↑…**	160,000*	1,760,000

* 1,760,000 − 1,600,000 = 160,000원 (증가)
** 160,000/1,600,000 = 10% 증가

(차) 소프트웨어	200,000	(대) 상각누계액	40,000
		재평가잉여금	160,000

20×2. 12. 31.

(차) 상각비	440,000	(대) 상각누계액	440,000

	재평가 전			재평가 후
총장부금액	2,200,000	…25% ↓…	(550,000)	1,650,000
상각누계액	(880,000)	…25% ↓…	220,000	(660,000)
장부금액	1,320,000	…25% ↓…**	(330,000)*	990,000

* 990,000 − 1,320,000 = −330,000원 (감소)
** −330,000/1,320,000 = −0.25(−25%) (감소)

(차) 상각누계액	220,000	(대) 소프트웨어	550,000
재평가잉여금	160,000		
재평가손실	170,000		

20×3년 12월 31일

(차) 상각비	330,000	(대) 상각누계액	330,000

	재평가 전			재평가 후
총장부금액[18)]	1,650,000	…30% ↑…	495,000	2,145,000
상각누계액	(990,000)	…30% ↑…	(297,000)	(1,287,000)
장부금액	660,000	…30% ↑…**	198,000*	858,000

---

17) 소프트웨어의 총장부금액은 총계정원장의 소프트웨어 계정의 금액, 소프트웨어의 장부금액은 총계정원장의 소프트웨어 계정의 금액에서 상각누계액 계정의 금액을 차감한 금액을 의미한다.

* 858,000 − 660,000 = 198,000원 (증가)

** 198,000/660,000 = 30% 증가

(차)	소프트웨어	495,000	(대) 상각누계액	297,000
			재평가이익	170,000
			재평가잉여금	28,000

(2) 상각누계액 제거법을 사용하는 경우

20×1. 12. 31.

(차)	상각비	400,000	(대) 상각누계액	400,000

	재평가 전		재평가 후
총장부금액	2,000,000	(240,000)	1,760,000
상각누계액	(400,000)	400,000	0
장부금액	1,600,000	160,000	1,760,000

(차)	상각누계액	400,000	(대) 소프트웨어	240,000
			재평가잉여금	160,000

20×2. 12. 31.

(차)	상각비	440,000	(대) 상각누계액	440,000

	재평가 전		재평가 후
총장부금액	1,760,000	(770,000)	990,000
상각누계액	(440,000)	440,000	0
장부금액	1,320,000	(330,000)	990,000

(차)	상각누계액	440,000	(대) 소프트웨어	770,000
	재평가잉여금	160,000		
	재평가손실	170,000		

20×3. 12. 31.

(차)	상각비	330,000	(대) 상각누계액	330,000

18) 총장부금액은 총계정원장의 소프트웨어 계정의 금액, 장부금액은 소프트웨어 계정의 금액에서 상각누계액 계정의 금액을 차감한 소프트웨어의 장부금액을 의미한다.

	재평가 전		재평가 후
총장부금액	990,000	(132,000)	858,000
상각누계액	(330,000)	330,000	0
장부금액	660,000	198,000	858,000

(차) 상각누계액	330,000	(대) 소프트웨어	132,000
		재평가이익	170,000
		재평가잉여금	28,000

제5절 무형자산의 손상

무형자산 가운데 내용연수가 비한정인 무형자산이나 아직 사용할 수 없는 무형자산과 영업권에 대하여는 매년, 그리고 내용연수가 유한한 무형자산의 경우에는 손상징후가 있을 때 손상검사를 수행하게 된다.

내용연수가 비한정인 무형자산은 해당 무형자산이 미래 경제적 효익을 창출하는 기간을 추정하는 것이 임의적이며, 이에 따라 상각되어 나타난 영업권상각비라는 비용이 기업의 성과를 왜곡시킬 가능성이 있다.

영업권의 경우에는 상각을 통해 인위적으로 비용을 인식하지 않고, 손상검사를 통해 해당 무형자산에 손상이 발생한 경우에 무형자산손상차손이라는 비용을 인식하게 된다.[19)]

이와는 달리 내용연수가 유한한 무형자산의 경우에는 손상징후가 있을 시에 손상검사를 수행하고 장부금액과 회수가능액을 비교해서 필요시 손상차손을 인식하게 된다. 무형자산에 대하여 원가모형을 적용하는 경우와 재평가모형을 적용하는 경우의 손상 관련 회계처리는 각각 유형자산에 대하여 원가모형을 적용

19) 무형자산의 손상여부를 결정하기 위해서는 기업회계기준서 제1036호를 적용한다. 해당 기업회계기준서는 자산의 장부금액의 검토 시기와 방법, 자산의 회수가능액의 결정방법과 손상차손 및 손상차손환입의 인식시기를 설명하고 있다.

하는 경우와 재평가모형을 적용하는 경우의 손상 관련 회계처리를 준용하게 된다. 그 이유는 유형자산과 무형자산이 손상 관련 회계처리에 있어 동일한 회계기준을 적용하기 때문이다.[20]

다음은 무형자산에 대하여 원가모형을 적용하는 경우와 재평가모형을 적용하는 경우의 손상 관련 회계처리의 예시이다.

예시 7.8

(주)서울상사는 20×1년에 물류시스템 혁신을 위한 차세대 소프트웨어 개발을 시작하였다. (주)서울상사는 20×1년에 연구단계에서 1,000,000원을 지출하였고 개발단계에서 2,000,000원을 지출하였는데 개발단계의 지출 중 차세대 소프트웨어가 무형자산의 인식기준을 충족했다는 6가지 사실을 제시할 수 있게 된 시점 이후의 지출금액은 1,500,000원이다. 20×1년 말에 차세대 소프트웨어의 회수가능액(해당 소프트웨어가 사용 가능하기 전에 해당 공정을 완료하기 위한 미래 현금유출액 포함)은 1,200,000으로 측정되고 있다. 20×1년 말 현재 차세대 소프트웨어 개발을 진행 중이다.

(주)서울상사가 20×2년에 차세대 소프트웨어 개발을 위해 지출한 금액은 800,000원이며 전액이 개발단계에서 무형자산의 인식기준을 충족했다는 6가지 사실을 제시할 수 있게 된 시점 이후의 지출금액이다. 20×2년 말에 차세대 소프트웨어의 회수가능액(해당 소프트웨어가 사용 가능하기 전에 해당 공정을 완료하기 위한 미래 현금유출액 포함)은 2,200,000원이다. 20×2년 말 현재 차세대 소프트웨어 개발을 진행 중이다.

(1) (주)서울상사가 20×1년과 20×2년에 차세대 소프트웨어 개발과 관련하여 해야 할 분개를 하시오. 단, (주)서울상사는 무형자산에 대하여 원가모형을 적용한다.

20×1년 지출시점

(차)	연구비	1,000,000	(대) 현 금	3,000,000
	경상개발비	500,000		
	개발비	1,500,000		

20×1. 12. 31.

(차)	개발비손상차손	300,000*	(대) 개발비손상차손누계액	300,000

* 1,500,000(개발비 장부금액) − 1,200,000(회수가능액) = 300,000원

20) 기업회계기준서 제1036호 59, 60.

20×2년 지출시점

(차) 개발비	800,000	(대) 현 금	800,000

20×2. 12. 31.

(차) 개발비손상차손누계액	200,000	(대) 개발비손상차손환입	200,000*

* 2,200,000(회수가능액) − 2,000,000(개발비 장부금액) = 200,000원

(2) 20×2년 말 회수가능액이 2,500,000원인 경우에 20×2년의 분개를 하시오.

20×2년 지출시점

(차) 개발비	800,000	(대) 현 금	800,000

20×2. 12. 31.

(차) 개발비손상차손누계액	300,000	(대) 개발비손상차손환입	300,000*

* 2,500,000(회수가능액) − 2,000,000(개발비 장부금액) = 500,000원

이와 관련하여, 원가모형을 적용하는 무형자산의 손상차손환입 인식 시에는 손상차손환입 분개를 통해서 증가된 장부금액이 최초 손상차손을 인식하지 않았을 때 나타나게 되는 동 시점의 장부금액을 초과할 수 없음에 주의하여야 한다.

손상차손환입 = MIN(2,500,000(회수가능액), 2,300,000(손상차손 미인식 시 장부금액)) − 2,000,000(현재 장부금액) = 300,000원

예시 7.9

(주)서울상사는 20×1년 1월 1일에 현금 1,000,000원을 지급하고 소프트웨어를 구입하였다. 소프트웨어의 내용연수는 5년이고 잔존가치는 0이다. (주)서울상사는 소프트웨어의 상각방법으로 정액법을 이용한다. 20×2년 12월 31일에 해당 소프트웨어 관련 손상징후가 발생하여 손상검사를 수행한 결과 사용가치는 산출할 수 없었고, 순공정가치는 570,000원인 것으로 평가되었다. 그런데 20×3년 12월에 상기 소프트웨어를 활용할 수 있는 새로운 기법을 찾게 됨에 따라 20×3년 12월 31일에 해당 제품의 사용가치는 415,000원인 것으로 평가되었으며 동 시점의 순공정가치는 407,000원이다. 상기 소프트웨어에 대해서는 활성시장이 존재한다. (주)서울상사는 소프트웨어의 평가방법으로 재평가법을 이용하며 회계처리방법으로 상각누계액 제거법을 사용한다.

일자별 소프트웨어의 공정가치가 다음과 같을 때 (주)서울상사가 20×1년 1월 1일, 20×1년 12월 31일, 20×2년 12월 31일, 20×3년 12월 31일에 해야 할 분개를 각각

하시오.

	20×1년 12월 31일	20×2년 12월 31일	20×3년 12월 31일
공정가치	880,000	585,000	410,000

20×1. 12. 31.

(차)	상각비	200,000	(대) 상각누계액	200,000

	재평가 전		재평가 후
총장부금액	1,000,000	(120,000)	880,000
상각누계액	(200,000)	200,000	0
장부금액	800,000	80,000	880,000

(차)	상각누계액	200,000	(대) 소프트웨어	120,000
			재평가잉여금	80,000

20×2. 12. 31.

(차)	상각비	220,000*	(대) 상각누계액	220,000

* 880,000원/4년(잔존내용연수) = 220,000원

	재평가 전	재평가	재평가 후	손상차손	손상차손 후
총장부금액	880,000	(295,000)	585,000		585,000
상각누계액	(220,000)	220,000	0		0
손상차손누계액	0		0	(15,000)	(15,000)
장부금액	660,000	(75,000)	585,000	(15,000)	570,000

(차)	상각누계액	220,000	(대) 소프트웨어	295,000
	재평가잉여금	75,000		
(차)	재평가잉여금	5,000*	(대) 손상차손누계액	15,000
	손상차손	10,000		

* 재평가모형에서는 손상차손(비용)을 재평가감소액으로 처리, 즉 재평가 시 회계처리방식에 준하여 실시한다. 구체적으로 재평가 시 재평가손실 인식 이전에 재평가잉여금을 먼저 차감하는 방식을 준용하여 손상차손(비용)을 인식하기에 앞서서 재평가잉여금이 존재하면 먼저 차감한다.

20×3. 12. 31.

(차) 상각비	190,000	(대) 상각누계액	190,000

재평가모형에서는 회수가능액이 상승하는 경우에 생각할 수 있는 손상차손환입(수익)의 효과를 별도의 손상차손환입 계정으로 인식되는 것이 아니라 해당 자산의 재평가 시 공정가치의 상승에 회수가능액의 상승효과도 반영된다고 본다. 따라서 손상차손환입(수익) 효과는 재평가 실시 시에 재평가증가액으로 처리, 즉 재평가 시 회계처리과정에서 반영된다. 구체적으로 재평가 시 재평가잉여금 인식 이전에 기존에 재평가손실이 발생하였으면 해당 금액만큼 재평가이익을 인식하는 방식을 준용하여 기존에 손상차손이 발생하였으면 해당 금액만큼 재평가이익으로 인식(재평가증가액으로 처리)한 후에 추가로 재평가잉여금을 인식한다.

	재평가 전	재평가	재평가 후
총장부금액	585,000	(175,000)	410,000
상각누계액	(190,000)	190,000	0
손상차손누계액	(15,000)	15,000	0
장부금액	380,000	30,000	410,000*

(차) 상각누계액	190,000	(대) 소프트웨어	175,000
손상차손누계액	15,000**	재평가이익	10,000***
		재평가잉여금	20,000

* 재평가모형의 장부금액은 공정가치금액이다. 회수가능액이 공정가치보다 높을 경우에 회수가능액까지 장부금액을 증가시키는 것은 아니다.

** 재평가 분개 관련, 상각누계액을 제거할 시에 손상차손누계액도 함께 제거하였다.

*** 재평가모형에서는 손상차손환입(수익) 효과를 재평가증가액으로 처리, 즉 재평가 시 회계처리방식에 준하여 실시한다. 구체적으로 재평가 시 재평가잉여금 인식 이전에 기존에 재평가손실이 발생하였으면 해당 금액만큼 재평가이익을 인식하는 방식을 준용하여 기존에 손상차손이 발생하였으면 해당 금액만큼 재평가이익으로 인식(재평가증가액으로 처리)한 후에 추가로 재평가잉여금을 인식한다. 따라서 원가모형에서 사용하였던 손상차손환입(수익) 계정이 재평가모형에서는 나타나지 않는다.

제6절 무형자산의 제거

무형자산은 해당 자산을 처분할 때, 그리고 사용이나 처분으로 인한 미래 경제적 효익이 기대되지 않을 때 재무상태표에서 제거하게 된다. 무형자산의 제거 시에는 무형자산의 순매각금액과 장부금액 간의 차이 금액을 무형자산처분이익 또는 무형자산처분손실로 하여 자산 제거시점에 당기손익으로 인식한다.

다음은 무형자산의 처분 관련 회계처리에 대한 예시이다.

예시 7.10

(주)서울상사는 20×1년 1월 1일에 300,000원에 취득한 실용신안권을 20×4년 1월 1일에 현금 230,000원을 받고 매각하였다. 해당 무형자산의 내용연수는 10년, 잔존가액은 0이며 (주)서울상사는 해당 무형자산을 정액법으로 상각한다.

(1) 20×4년 1월 1일 실용신안권 매각 시의 분개를 하시오.

20×4. 1. 1.

(차)	현 금	230,000	(대)	실용신안권	300,000
	실용신안권상각누계액	90,000		무형자산처분이익	20,000

무형자산 순매각금액 230,000과 무형자산의 장부금액 210,000원(300,000－90,000(상각누계액)) 간의 차이인 20,000원을 무형자산처분이익으로 인식한다.

(2) 무형자산의 매각 시 추가로 처분부대비용 30,000원이 발생하였을 경우 분개를 실시하시오.

20×4. 1. 1.

(차)	현 금	200,000	(대)	실용신안권	300,000
	실용신안권상각누계액	90,000			
	무형자산처분손실	10,000			

처분부대비용 30,000원을 고려할 때 매각 시 무형자산의 순매각금액은 200,000원(230,000－30,000(처분부대비용))이 된다.

OX 문제

• **아래 문장이 맞으면 O, 틀리면 X로 답하고 틀린 곳은 바르게 고치시오.**

1. 무형자산은 크게 기업 외부로부터의 개별 취득 무형자산, 내부창출 무형자산(개발비) 및 영업권으로 구분되는데, 개별 취득 무형자산은 식별 가능한 반면 내부창출 무형자산(개발비)과 영업권은 식별 가능하지 않다는 차이가 있다.

2. 라이선스는 특정한 사업 주체로부터 사업권을 획득하고 일정한 지역 내에서 상품이나 용역을 제공할 수 있는 독점적 권리를 말한다.

3. 영업권은 기업이 다른 기업을 합병하거나 인수하는 경우에 해당 사업결합의 대가가 사업결합 시에 취득하는 식별 가능 자산의 공정가치에서 부채의 공정가치를 차감한 금액보다 큰 경우, 초과로 지급한 금액을 의미한다.

4. 영업권은 무형자산의 인식기준인 식별 가능성을 충족하지 않는다.

5. 무형자산을 내부창출하는 과정 중 연구단계의 예로서 새로운 기술과 관련된 공구, 주형, 금형 등을 설계하는 활동 등을 들 수 있다.

6. 기업이 내부적으로 영업권을 창출하는 경우, 해당 영업권은 내부창출 무형자산으로 인식하지 않는다.

7. 개발단계 진행 중 무형자산을 식별할 수 있고, 그 무형자산이 미래 경제적 효익을 창출할 수 있음을 제시할 수 있게 되는 경우, 개발단계의 전체 지출을 개발비라는 무형자산으로 인식한다.

8. 내용연수가 비한정인 무형자산은 상각하지 아니한다.

9. 내용연수가 비한정인 무형자산은 해당 자산의 내용연수가 비한정이라는 평가를

계속하여 매 회계기간에 검토하게 된다. 만약 사건과 상황에 따라 내용연수가 비한정이라는 평가가 정당하지 않다고 판단된 경우에는 비한정 내용연수를 유한 내용연수로 변경하고 변경 이전 시점까지 소급하여 상각을 실시하게 된다.

10. 무형자산에 대하여 재평가모형을 적용하기 위해서는 해당 무형자산에 대한 활성시장이 존재해야 한다.

11. 재평가모형 적용 시의 손상차손환입(수익)의 효과는 재평가 실시 시에 재평가증가액으로 처리된다.

12. 무형자산의 제거 시에는 무형자산의 순매각금액과 장부금액 간의 차이 금액을 무형자산처분이익 또는 무형자산처분손실로 하여 자산 제거시점에 당기손익으로 인식한다.

연습문제

1. (주)세연메디컬은 20×1년 1월 1일에 구매시스템 개선을 위한 소프트웨어를 구입하였다. (주)세연메디컬은 소프트웨어 구입과 관련하여 20×1년 1월 1일에 다음과 같은 비용을 지출하였다(단위: 원).

소프트웨어 구입가격	300,000
소프트웨어 구입 관련 관세	40,000
소프트웨어 설치 시 지급한 전문가 수수료	10,000
소프트웨어 구입과 직접 관련된 종업원 급여	28,000
소프트웨어 정상작동 검사비용	5,000
소프트웨어 운용 직원 교육훈련비	27,000
소프트웨어 홍보원가	51,000

(주)세연메디컬은 소프트웨어 취득 시에 14,000원의 리베이트가 발생하였다. (주)세연메디컬은 20×1년 1월 1일부터 소프트웨어를 경영자가 원하는 방식으로 운용할 수 있었으나 20×1년 1월에 실제로 사용하지는 않았으며, 20×1년 1월 2일부터 20×1년 1월 31일에 상기 비용 이외에 10,000원의 비용이 발생하였다.

물음

(주)세연메디컬의 소프트웨어 취득원가를 구하시오.

2. (주)세연메디컬은 20×1년 1월 1일에 (주)부산물류를 인수하였다. 인수 시에는 사업결합으로 인한 이전대가인 현금 10,000,000원을 지급하였다. 사업결합시점을 기준으로 (주)부산물류의 재무상태표상 자산과 부채의 장부금액과 공정가치는 다음과 같다(단위: 원).

계 정	장부금액	공정가치
매출채권	1,000,000	1,000,000
토 지	3,000,000	4,500,000

계 정	장부금액	공정가치
건 물	2,000,000	1,500,000
차량운반구	5,000,000	3,900,000
미지급이자	1,300,000	1,300,000
차입금	500,000	500,000

위의 자산 외에 (주)부산물류는 장부금액 2,000,000원에 해당하는 소프트웨어를 보유하고 있다. 해당 소프트웨어 계정의 잔액은 3,500,000원이며, 소프트웨어와 관련하여 소프트웨어감가상각누계액 계정의 잔액은 1,500,000원이다. (주)세연메디컬은 상기 (주)부산물류의 소프트웨어가 무형자산의 인식기준을 충족하지 못한다고 판단하고 있다.

물음

(주)세연메디컬이 (주)부산물류와 사업결합을 실시할 시에 필요한 분개를 하시오.

3. (주)세연메디컬은 20×1년에 물류시스템 혁신을 위한 차세대 소프트웨어 개발을 시작하였으며 20×1년 말 현재 개발을 진행 중이다. 소프트웨어 개발 관련 지출내역은 다음과 같다(단위: 원).

시스템과 용역에 대한 여러 가지 대체안을 탐색하는 활동	1,000,000
시제품과 모형을 설계, 제작하는 활동	2,200,000
상업적 생산목적으로 실현 가능한 경제적 규모가 아닌 시험공장을 설계, 건설하는 활동	1,500,000
최종적으로 선정된 안을 시험하는 활동	2,000,000

상기 지출 이외에 연구단계와 개발단계의 구분이 어려운 지출 300,000원이 있다. 20×1년 9월 1일에 (주)세연메디컬은 내부창출 무형자산 인식을 위한 6가지 사항을 모두 제시할 수 있게 되었다. 20×1년 9월 1일 이후 20×1년 말까지 개발단계의 지출은 총 1,900,000원이 발생하였다.

물음

(1) 상기 지출과 관련하여 비용으로 인식할 금액과 자산으로 인식할 금액을 각각

구하시오.

(2) 상기 지출과 관련하여 해야 할 분개를 하시오.

4. (주)세연메디컬은 20×1년 1월 1일에 생산 효율성 혁신을 위한 소프트웨어를 현금 20,000,000원을 지급하고 구입하였다. 해당 소프트웨어의 내용연수는 4년이고 잔존가치는 취득원가의 10%이다. 해당 소프트웨어의 총사용 예상시간은 2,000시간이고, 20×1년에는 800시간, 20×2년에는 400시간, 20×3년에는 550시간, 20×4년에는 250시간을 사용하였다.

물음

(1) 정액법 이용 시 연도별 상각비를 구하고, 20×4년에 해야 할 분개를 하시오.

(2) 정률법 이용 시 연도별 상각비를 구하고, 20×4년에 해야 할 분개를 하시오. 단, 정률법 적용을 위한 상각률은 0.4377을 사용하시오.

(3) 연수합계법 이용 시 연도별 상각비를 구하고, 20×4년에 해야 할 분개를 하시오.

(4) 이중체감법 이용 시 연도별 상각비를 구하고, 20×4년에 해야 할 분개를 하시오.

(5) 생산량비례법 이용 시 연도별 상각비를 구하고, 20×4년에 해야 할 분개를 하시오.

5. (주)세연메디컬은 20×1년 10월 1일에 판매 효율성 개선을 위한 소프트웨어를 현금 20,000,000원을 지급하고 구입하였다. 해당 소프트웨어의 내용연수는 4년이고 잔존가치는 취득원가의 10%이다.

물음

(1) 정액법 이용 시 연도별 상각비를 구하고, 20×4년 1월 1일 기준 소프트웨어의 장부금액을 제시하시오.

(2) 정률법 이용 시 연도별 상각비를 구하고, 20×4년 1월 1일 기준 소프트웨어의 장부금액을 제시하시오. 단, 정률법 적용을 위한 상각률은 0.4377을 사용하시오.

(3) 연수합계법 이용 시 연도별 상각비를 구하고, 20×4년 1월 1일 기준 소프트웨어의 장부금액을 제시하시오.

(4) 이중체감법 이용 시 연도별 상각비를 구하고, 20×4년 1월 1일 기준 소프트웨어의 장부금액을 제시하시오.

6. (주)세연메디컬은 20×1년 7월 1일에 생산공정 혁신을 위한 차세대 소프트웨어 개발을 시작하고 20×1년 7월 말에 해당 개발을 완료하였다. 20×1년 7월 중에 연구단계의 지출 300,000,000원과 개발단계의 지출 1,200,000,000원이 발생하였고, 개발단계의 지출 관련 내부창출 무형자산 인식을 위한 6가지 사항을 모두 제시할 수 있게 된 시점 이후에 발생한 금액은 120,000,000원이다. (주)세연메디컬은 20×1년 8월 1일에 상기 생산공정 혁신기술과 관련된 특허권을 취득하였고, 취득과정에서 240,000원이 지출되었다. (주)세연메디컬의 개발비와 특허권의 내용연수는 각각 10년과 20년이며 개발비와 특허권 모두 잔존가치가 없는 것으로 파악되었다.

물음

(주)세연메디컬이 20×1년 7월 연구비와 개발비 지출시점, 20×1년 8월 1일 및 20×1년 12월 31일에 해야 할 분개를 하시오.

7. (주)세연메디컬은 20×1년 1월 1일에 2,000,000원을 지출하고 변리사를 통해 의장권을 취득하였다. 해당 무형자산의 내용연수는 5년이고 잔존가치는 취득원가의 10%이다. (주)세연메디컬은 해당 무형자산이 가지고 있는 미래 경제적 효익의 예상되는 소비형태를 신뢰성 있게 판단하는 것이 어려운 상황이다. (주)세연메디컬은 해당 무형자산의 상각을 해야 하는가? 해야 한다면 20×1년도 12월 31일 해당 무형자산의 상각 관련 분개를 하시오.

8. (주)세연메디컬은 20×1년에 인사시스템 혁신을 위한 차세대 소프트웨어 개발을 시작하였다. (주)세연메디컬은 20×1년에 연구단계에서 1,000,000원을 지출하였고 개발단계에서 2,000,000원을 지출하였는데 개발단계의 지출 중 차세대 소프트웨어가 무형자산의 인식기준을 충족했다는 6가지 사실을 제시할 수 있게 된 시점 이후의 지출금액은 500,000원이다. 20×1년 말에 차세대 소프트웨어와 회수가능액(해당 소프트웨어가 사용 가능하기 전에 해당 공정을 완료하기 위한 미래 현금유출액 포함)은 300,000원으로 측정되고 있다. 20×1년 말 현재 차세대 소프트웨어 개발을 진행 중이다.

(주)세연메디컬이 20×2년에 차세대 소프트웨어 개발을 위해 지출한 금액은 800,000원이며 전액이 개발단계에서 무형자산의 인식기준을 충족했다는 6가지 사실을 제시할 수 있게 된 시점 이후의 지출금액이다. 20×2년 말에 차세대 소프트웨

어의 회수가능액(해당 소프트웨어가 사용 가능하기 전에 해당 공정을 완료하기 위한 미래 현금유출액 포함)은 1,200,000원이다. 20×2년 말 현재 차세대 소프트웨어 개발을 진행 중이며, (주)세연메디컬은 소프트웨어에 대하여 원가모형을 적용한다.

물음

(1) (주)세연메디컬이 20×1년과 20×2년에 차세대 소프트웨어 개발과 관련하여 해야 할 분개를 하시오.

(2) 20×2년 말 회수가능액이 1,400,000원인 경우에 20×2년의 분개를 하시오.

9. (주)서울상사는 20×1년 1월 1일에 현금 2,000,000원을 지급하고 소프트웨어를 구입하였다. 소프트웨어의 내용연수는 4년이고 잔존가치는 0이다. (주)서울상사는 소프트웨어의 상각방법으로 정액법을 이용한다. 20×2년 12월 31일에 해당 소프트웨어 관련 손상징후가 발생하여 손상검사를 수행한 결과 사용가치는 915,000원으로 평가되었고, 순공정가치는 930,000원인 것으로 평가되었다. 그런데 20×3년 12월에 상기 소프트웨어를 활용할 수 있는 새로운 기법을 찾게 됨에 따라 20×3년 12월 31일에 해당 제품의 사용가치는 495,000원인 것으로 평가되었으며 동 시점의 순공정가치는 487,000원이다. 상기 소프트웨어에 대해서는 활성시장이 존재한다. (주)서울상사는 소프트웨어의 평가방법으로 재평가법을 이용하며 회계처리방법으로 상각누계액 제거법을 사용한다.

일자별 소프트웨어의 공정가치가 다음과 같을 때 20×1년, 20×2년 20×3년과 20×4년에 손익에 미치는 금액을 각각 구하시오(단위: 원).

	20×1년 12월 31일	20×2년 12월 31일	20×3년 12월 31일
공정가치	1,650,000	985,000	490,000

10. (주)서울상사는 20×1년 1월 1일에 300,000원에 취득한 실용신안권을 20×4년 10월 31일에 현금 190,000원을 받고 매각하였다. 해당 무형자산의 내용연수는 10년, 잔존가액은 0이며 (주)서울상사는 해당 무형자산을 정액법으로 상각한다.

물음

(1) 20×4년 10월 31일 실용신안권 매각 시의 분개를 하시오.

(2) 상기 무형자산의 매각 시 추가로 처분부대비용 10,000원이 발생하였을 경우 실용신안권 매각 시의 분개를 실시하시오.

제 8 장

투자자산

제8장에서는

투자자산이란 장기적으로 보유하면서 투자수익을 얻거나, 타기업을 지배하기 위해서 보유하고 있는 자산을 의미한다. 재무분석의 측면에서 살펴보면, 투자자산은 기업의 목적사업에 필요한 자산이 아니라 투자수익 등을 위해 보유하고 있는 자산이므로 비영업자산에 해당한다.

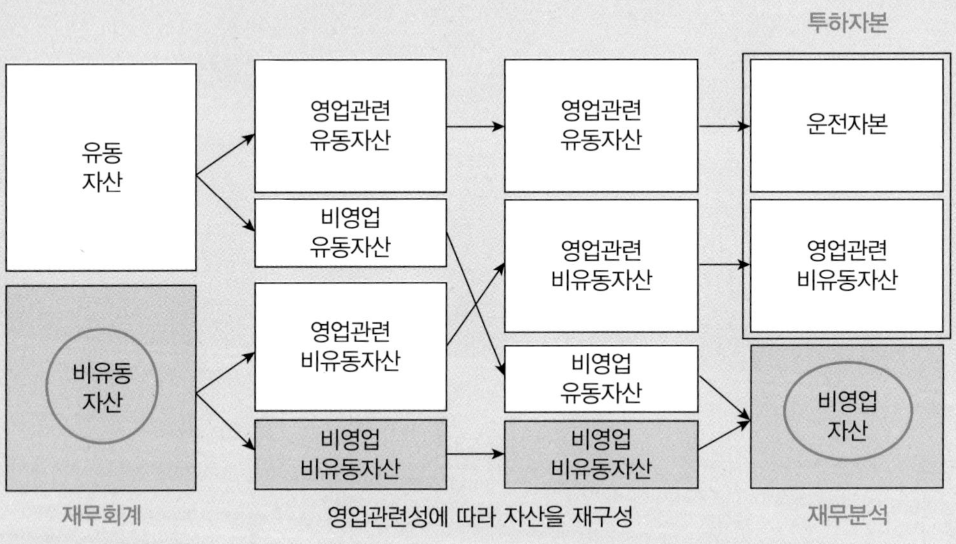

투자자산은 대부분은 비유동자산에 속하지만, 유동성측면에서 볼 때 1년 이내에 현금화할 의도와 가능성이 존재한다면 유동자산에 속하는 투자자산도 있을 수 있다. 본장에서는 재무회계상 대부분 비유동자산에 해당하고, 재무분석상 비영업자산에 해당하는 투자자산의 개념과 회계처리에 대해 살펴본다.

제1절 투자자산의 의의

투자자산이란 장기적으로 보유하면서 투자수익을 얻거나, 타기업을 지배하기 위해서 보유하고 있는 자산을 의미한다. 투자자산은 해당 자산을 장기적으로 보유한다는 점에서는 다른 비유동자산인 유형자산 및 무형자산과 공통점이 있다. 그러나 유형자산과 무형자산은 재화의 생산이나 용역의 제공 등 영업활동에 사용할 목적으로 보유하는 반면, 투자자산은 투자수익을 얻거나 다른 기업을 지배하기 위해서 보유하고 있다는 점에서 상이하다. 대표적인 투자자산으로는 투자부동산과 유가증권 등이 있다.[1)]

제2절 투자부동산

1. 투자부동산의 의의

투자부동산은 임대수익이나 시세차익을 얻기 위해 기업이 보유하거나 운용리스제공자가 리스제공용 자산으로 보유하고 있는 토지와 건물 등 부동산을 의미한다. 투자부동산은 다른 자산들과는 차별적으로 경제적 효용을 창출하는 특성을 가지고 있다. 경제적 효용창출방식에 있어 임대수익이나 시세차익을 얻기 위해서 보유하고 있는 부동산은 투자부동산으로 분류하는 반면, 재화나 용역의 생산 또는 제공이나 관리목적으로 보유하는 부동산은 유형자산으로, 통상적인 영업과정에서 판매목적으로 보유하는 부동산은 재고자산으로 분류한다.

한국채택국제회계기준에서 투자부동산과 투자부동산이 아닌 항목으로 예시

---

1) 한국채택국제회계기준에서는 자산을 구분할 시에 투자자산이라는 명칭으로 구분하지 않고 투자부동산과 유가증권을 각각 독립적인 특성을 가진 자산으로 구분하고 있다. 본서에서는 재무분석과 관련하여 투자자산이 가지는 특성을 이해하는 취지에서 투자자산이라는 주제로 다룬다.

한 사항은 다음과 같다.[2)]

	예 시
투자부동산	(1) 장기 시세차익을 얻기 위하여 보유하고 있는 토지[3)] (2) 장래 용도를 결정하지 못한 채로 보유하고 있는 토지 (3) 직접 소유하고 운용리스로 제공하는 건물 (4) 운용리스로 제공하기 위하여 보유하는 미사용 건물 (5) 미래에 투자부동산으로 사용하기 위하여 건설 또는 개발 중인 부동산
투자부동산이 아닌 항목	(1) 통상적인 영업과정에서 판매하기 위한 부동산이나 이를 위하여 건설 또는 개발 중인 부동산 (2) 자가사용부동산 (3) 금융리스로 제공한 부동산

부동산 중 일부분은 임대수익이나 시세차익을 얻기 위하여 보유하고, 나머지 부분은 재화나 용역의 생산 또는 제공이나 관리목적에 사용하기 위하여 보유하는 경우가 있다. 이와 같은 경우에는 각 부분별로 분리하여 매각하거나 금융리스로 제공할 수 있으면 각 부분별로 분리하여 회계처리한다. 그러나 부분별로 분리하여 매각할 수 없다면 재화나 용역의 생산 또는 제공이나 관리목적에 사용하기 위하여 보유하는 부분이 경미할 경우에는 해당 부동산을 투자부동산으로, 그렇지 않은 경우에는 자가사용부동산으로 분류한다.

2. 투자부동산의 인식과 측정

투자부동산은 투자부동산에서 생기는 미래 경제적 효익의 유입 가능성이 높고 투자부동산의 원가를 신뢰성 있게 측정할 수 있을 때 자산으로 인식한다. 투자부동산은 최초 인식시점에 원가로 측정하며, 거래원가는 최초 원가 측정치에 포함된다.

투자부동산의 인식 시에는 원가모형과 **공정가치모형** 중 하나를 선택하여 모든

2) 기업회계기준서 제1040호 8, 9.

3) 통상적인 영업과정에서 단기간에 판매하기 위하여 보유하는 토지는 제외한다.

투자부동산에 적용하게 된다. 투자부동산의 주된 보유목적은 임대수익이나 시세차익을 얻는 것이므로 공정가치의 변동은 임대료의 산정이나 매도의사결정 시에 유용한 정보가 될 수 있다. 이와 같은 이유로 투자부동산의 인식 시에 공정가치모형을 적용할 수 있으며, 이 경우에 투자부동산의 장부금액은 해당 시점의 공정가치의 변동을 반영하게 된다.

이와 관련하여 투자부동산에 공정가치를 반영하는 공정가치모형과 유형자산에 공정가치를 반영하는 재평가법 사이에는 다음과 같은 차이가 존재한다.

첫째, 투자부동산의 공정가치 변동으로 인해 발생하는 손익은 모두 발생한 기간의 당기손익에 반영된다. 반면, 유형자산의 재평가 시에 공정가치의 하락은 재평가손실이라는 비용으로 인식하지만, 공정가치의 상승은 재평가잉여금이라는 기타포괄손익(자본)으로 인식하며 수익으로 인식하지 않는다.

둘째, 유형자산의 재평가모형 적용 시에는 감가상각을 실시하지만 투자부동산의 공정가치모형 적용 시에는 감가상각을 실시하지 않는다. 그 이유는 투자부동산의 경우에 공정가치 변동으로 인해 발생하는 손실과 이익이 모두 발생한 기간의 손익에 반영되므로, 감가상각 실시 여부가 투자부동산의 장부금액과 당기손익에 영향을 미치지 않기 때문이다.[4]

셋째, 유형자산의 재평가모형 적용 시 재평가 주기는 기업의 상황에 맞추어 정할 수 있지만 투자부동산의 공정가치모형 적용 시에는 매 보고기간마다 평가를 실시한다.

반면, 투자부동산의 평가에 공정가치가 중요함에도 평가 시에 원가모형을 적용할 수 있다. 투자부동산을 원가모형으로 평가하는 경우에는 유형자산의 원가

---

4) 예로서 1,000원에 구입한 투자부동산의 기말 공정가치가 1,100원이라고 가정해 보자. 해당 기간의 감가상각비가 200원이라면, 감가상각 후 투자부동산의 장부금액은 800원이 된다. 기말 공정가치가 1,100원이므로 300원의 투자부동산평가이익을 인식하면 투자부동산의 장부금액은 1,100원이 되고 당기손익은 100원(투자부동산평가이익 300원 − 감가상각비 200원)이 된다. 반면, 감가상각을 실시하지 않을 경우, 투자부동산의 장부금액 1,000원과 기말 공정가치 1,100원의 차이인 100원을 투자부동산평가이익으로 인식하면 투자부동산의 장부금액은 1,100원, 당기손익은 100원의 이익으로서 감가상각 실시 여부가 투자부동산의 기말 장부금액과 당기손익에 영향을 미치지 않음을 볼 수 있다.

모형을 준용하며, 투자부동산을 원가모형으로 평가할 시에도 해당 투자부동산의 공정가치를 주석으로 공시하여야 한다.

다음은 투자부동산의 평가에 대한 예시이다.

예시 8.1

(주)서울상사는 20×1년 1월 1일에 임대수익과 시세차익을 얻을 목적으로 건물을 100,000원의 현금을 주고 취득하였다. 해당 건물의 내용연수는 10년이고 잔존가치는 취득가액의 10%로 예상하였다. (주)서울상사는 건물의 감가상각방법으로 정액법을 적용하고 있다.

(1) 상기 건물에 대하여 원가모형 적용 시 20×1년 12월 31일에 해야 할 분개를 하시오.

(차) 감가상각비	9,000*	(대) 감가상각누계액	9,000

* 90,000(취득원가 100,000원 − 잔존가액 10,000원) ÷ 10년 = 9,000원

투자부동산에 대하여 원가모형을 적용할 시에는 유형자산의 원가모형을 준용한다.

(2) 상기 건물에 대하여 공정가치모형 적용 시 20×1년 12월 31일과 20×2년 12월 31일에 해야 할 분개를 각각 하시오. 단 20×1년 12월 31일과 20×2년 12월 31일의 공정가치는 각각 80,000원과 110,000원이다.

20×1. 12. 31.

(차) 투자부동산평가손실	20,000*	(대) 투자부동산	20,000

* 공정가치 80,000원 − 장부금액 100,000원 = −20,000원

20×2. 12. 31.

(차) 투자부동산	30,000	(대) 투자부동산평가이익	30,000*

* 공정가치 110,000원 − 장부금액 80,000원 = 30,000원

투자부동산에 대하여 공정가치모형을 적용할 시에는 감가상각을 실시하지 않고 공정가치 변동으로 인해 발생하는 손익을 모두 발생한 기간의 당기손익으로 반영한다.

3. 투자부동산의 계정대체

기업이 부동산을 자산으로 보유할 시에는 보유목적에 따라 유형자산, 재고자산 또는 투자부동산 가운데 하나로 구분하게 된다. 이와 관련하여 기업의 부동산 보유목적, 즉 용도가 변경될 때에는 유형자산, 재고자산 및 투자부동산 간에 계정대체가 발생하게 된다.

한국채택국제회계기준에서 제시한 용도변경의 예는 다음과 같다.

용도변경 증거	계정대체방법
(1) 자가사용의 개시나 자가사용을 목적으로 개발 시작	투자부동산에서 자가사용부동산(유형자산)으로 대체
(2) 통상적인 영업과정에서 판매할 목적으로 개발 시작	투자부동산에서 재고자산으로 대체
(3) 자가사용의 종료	자가사용부동산(유형자산)에서 투자부동산으로 대체
(4) 재고자산에 대한 운용리스 제공 약정	재고자산에서 투자부동산으로 대체

투자부동산을 원가모형으로 평가하는 경우, 투자부동산과 자가사용부동산(유형자산) 간의 계정대체, 또는 투자부동산과 재고자산 간의 계정대체가 발생하는 경우에는 계정대체 이전 시점의 장부금액을 그대로 대체 후 장부금액으로 가져오게 되고 계정대체에 따른 손익이 발생하지 않는다.

반면 투자부동산을 공정가치모형으로 평가하는 경우에 투자부동산의 대체거래 관련 회계처리는 다음과 같다.

(1) 공정가치 평가 투자부동산을 자가사용부동산이나 재고자산으로 대체	용도변경시점의 공정가치를 자가사용부동산이나 재고자산의 원가로 인식
(2) 자가사용부동산을 공정가치 평가 투자부동산으로 대체	자가사용부동산의 장부금액과 투자부동산 공정가치의 차액을 재평가 회계처리와 동일한 방식으로 회계처리

(3) 재고자산을 공정가치 평가 투자부동산으로 대체	재고자산의 장부금액과 대체시점의 공정가치의 차액을 당기손익으로 인식
(4) 건설, 개발이 완료된 건설중인자산을 공정가치 평가 투자부동산으로 대체	대체되는 부동산의 공정가치와 기존 장부금액의 차액을 당기손익으로 인식

다음 예시는 건설중인자산(투자부동산)을 개발 완료시점에 투자부동산으로 대체하는 회계처리의 예시이다.

예시 8.2

(주)서울상사는 임대목적으로 건물을 신축하기로 하고, 20×1년부터 20×2년에 걸쳐 공사를 진행하였다. 건물 신축공사는 20×2년 3월 31일에 종료되었으며 20×1년과 20×2년에 발생한 원가는 각각 70,000원과 30,000원으로서 모두 현금으로 지출되었다. 건물은 공사 종료 다음 날인 20×2년 4월 1일부터 임대목적으로 사용하였다. 상기 건물의 내용연수는 10년, 잔존가치는 없으며, 감가상각방법으로는 정액법을 적용한다.

(1) (주)서울상사가 20×1년부터 20×2년 3월 31일까지 해야 할 분개를 하시오.

20×1년 지출 발생시점

(차) 건설중인자산(투자부동산)	70,000	(대) 현 금	70,000

20×2년 지출 발생시점

(차) 건설중인자산(투자부동산)	30,000	(대) 현 금	30,000

(2) (주)서울상사가 투자부동산에 원가모형을 적용할 경우에 20×2년 4월 1일과 20×2년 12월 31일의 분개를 하시오.

20×2. 4. 1.

(차) 투자부동산	100,000	(대) 건설중인자산(투자부동산)	100,000

20×2. 12. 31.

(차) 감가상각비	7,500*	(대) 감가상각누계액	7,500

* 100,000÷10×9/12=7,500원

(3) (주)서울상사가 투자부동산에 공정가치모형을 적용할 경우에 20×2년 4월 1일과 20×2년 12월 31일의 분개를 하시오. 단, 20×2년 4월 1일과 20×2년 12월 31일의 공정가치는

각각 120,000원과 110,000원이다.

20×2. 4. 1.

(차) 투자부동산	120,000	(대) 건설중인자산(투자부동산)	100,000
		투자부동산평가이익	20,000

20×2. 12. 31.

(차) 투자부동산평가이익	10,000	(대) 투자부동산	10,000

참고로 20×3년 초에 공정가치로 평가하던 투자부동산을 115,000원에 판매하였다면 다음과 같이 분개한다.

20×3년 초.

(차) 현 금	115,000	(대) 투자부동산	110,000
		투자부동산처분이익	5,000

다음 예시는 공정가치 평가 투자부동산을 자가사용부동산(유형자산)으로 대체하는 회계처리를 보여주고 있다.

예시 8.3

(주)서울상사는 20×1년 1월 1일에 임대목적으로 건물을 취득하고 현금 100,000원을 지급하였다. (주)서울상사는 해당 건물에 공정가치모형을 적용한다. 20×2년 4월 1일에 (주)서울상사는 동 건물을 자가사용하기로 결정하고, 동 일자로 사용을 시작하였다. 20×2년 4월 1일 현재 건물의 내용연수는 5년, 잔존가치는 없으며 감가상각방법은 정액법을 적용한다. 다음은 각 시기별 해당 건물의 공정가치이다.

20×1년 12월 31일: 130,000원

20×2년 4월 1일: 120,000원

(1) 20×1년 12월 31일과 20×2년 4월 1일에 해야 할 분개를 하시오.

20×1. 12. 31.

(차) 투자부동산	30,000	(대) 투자부동산평가이익	30,000

20×2. 4. 1.

(차) 건물(유형자산)	120,000	(대) 투자부동산	130,000

투자부동산평가손실	10,000

(2) (주)서울상사가 유형자산에 대하여 원가모형을 적용한다고 가정하고 20×2년 12월 31일의 분개를 하시오.

20×2. 12. 31.

(차)	감가상각비	18,000*	(대) 감가상각누계액	18,000

* 120,000÷5×9/12=18,000

(3) (주)서울상사가 유형자산에 대하여 재평가모형을 적용한다고 가정하고 20×2년 12월 31일의 분개를 하시오. 단 20×2년 12월 31일 기존 건물의 공정가치는 91,800원이다. 재평가 시에는 총장부금액과 감가상각누계액을 비례하여 조정하는 방법으로 회계처리하시오.

20×2. 12. 31.

(차)	감가상각비	18,000	(대) 감가상각누계액	18,000
	감가상각누계액	1,800	건　물	12,000
	재평가손실	10,200		

다음 예시는 자가사용부동산(유형자산)을 공정가치 평가 투자부동산으로 대체하는 회계처리를 보여주고 있다.

예시 8.4

(주)서울상사는 20×1년 1월 1일에 자가사용목적으로 건물을 취득하고 현금 100,000원을 지급하였다. 건물의 내용연수는 10년, 잔존가치는 없는 것으로 추정되며, 감가상각방법으로 정액법을 사용한다. 20×2년 4월 1일에 (주)서울상사는 동 건물을 임대목적으로 사용하기로 결정하고, 동 일자로 사용을 시작하였다. (주)서울상사는 투자부동산에 대하여 공정가치모형을 적용한다. 다음은 각 시기별 해당 건물의 공정가치이다.

20×1년 12월 31일: 94,500원

20×2년 4월 1일: 85,000원

(1) (주)서울상사가 유형자산에 대하여 원가모형을 적용한다고 가정하고 20×1년 12월 31일과 20×2년 4월 1일의 분개를 하시오.

20×1. 12. 31.

(차) 감가상각비	10,000	(대) 감가상각누계액	10,000

20×2. 4. 1.

(차) 감가상각비	2,500	(대) 감가상각누계액	2,500
(차) 투자부동산	85,000	(대) 건물(유형자산)	100,000
감가상각누계액	12,500		
재평가손실*	2,500		

* 자가사용부동산을 공정가치 평가 투자부동산으로 대체하는 경우, 자가사용부동산(유형자산)에 원가법을 적용하여 온 경우에도, 자가사용부동산의 장부금액과 대체시점의 투자부동산의 공정가치 간의 차액을 재평가 회계처리와 동일한 방식으로 회계처리한다.

(2) (주)서울상사가 유형자산에 대하여 재평가모형을 적용한다고 가정하고 20×1년 12월 31일과 20×2년 4월 1일의 분개를 하시오. 재평가모형 적용 시에는 감가상각누계액을 전액 제거하는 방법으로 회계처리하시오.

20×1. 12. 31.

(차) 감가상각비	10,000	(대) 감가상각누계액	10,000
(차) 감가상각누계액	10,000	(대) 건물(유형자산)	5,500
		재평가잉여금	4,500

	재평가 전		재평가 후
총장부금액	100,000	(5,500)	94,500
감가상각누계액	(10,000)	10,000	0
장부금액	90,000	4,500	94,500

20×2. 4. 1.

(차) 감가상각비	2,625*	(대) 감가상각누계액	2,625
(차) 투자부동산	85,000	(대) 건물(유형자산)	94,500
감가상각누계액	2,625		
재평가잉여금	4,500		
재평가손실	2,375		

* 94,500 × 1/9(잔존내용연수) × 3/12 = 2,625원

(3) 20×2년 12월 31일에 해당 건물의 공정가치가 87,000원이라고 할 때 (주)서울상사가 해야 할 분개를 하시오.

20×2. 12. 31.

(차) 투자부동산	2,000	(대) 투자부동산평가이익	2,000

제3절 유가증권

재산권의 표시, 유통 및 이용 등을 도모하는 증서인 유가증권은 크게 발행 주체에 따라서 **채무증권**(debt securities)과 **지분증권**(equity securities)으로 구분된다. 지분증권은 타기업 발행주식을 의미하며, 채무증권은 정부, 지방자치단체, 타기업 등이 자금조달을 목적으로 발행한 국공채, 회사채 등의 채권을 의미한다.

1. 지분증권

유가증권 중 지분증권은 보유목적에 따라서 크게 당기손익-공정가치 측정 금융자산(financial assets measured at fair value through profit and loss; 이하 **FVPL 금융자산**)과 기타포괄손익-공정가치 측정 금융자산(financial assets measured at fair value through other comprehensive income; 이하 **FVOCI 금융자산**)으로 나뉜다.[5)6)]

1) FVPL 금융자산

기업이 다른 기업의 주식을 해당 기업의 의사결정에 중대한 영향력을 행사하

5) 기업회계기준서 제1109호 4.1.

6) 기업이 다른 기업의 의사결정에 중대한 영향력을 행사하고자 20~50%에 해당하는 지분율을 보유하는 경우가 있다. 이러한 경우에는 해당 지분증권을 **관계기업투자**(investment in associate)로 분류한다. 관계기업투자는 **지분법회계**(equity method)라는 특수한 회계를 이용하게 되며 구체 내용은 고급회계에서 다룬다.

기 위해서 보유하는 것이 아니고, 해당 주식을 단기간 내에 매매하여 시세차익을 얻기 위하여 보유하는 경우에는 당기손익-공정가치 측정 금융자산(FVPL 금융자산)으로 구분한다.

당기손익-공정가치 측정 금융자산의 경우에는 기업이 해당 주식을 취득한 이후 보유하는 기간 동안 발생하는 공정가치의 변동을 금융자산의 장부금액에 가감하며, 공정가치 변동으로 인한 평가손익(금융자산평가손익-PL)을 포괄손익계산서에 기타수익이나 기타손실, 즉 당기손익으로 인식한다.

FVPL 금융자산의 평가손익을 포괄손익계산서상의 당기손익으로 인식하는 이유는 다음과 같다. FVPL 금융자산의 보유 중 평가 시에 이전 장부금액 대비 공정가치의 변동으로 인해서 평가이익 또는 평가손실이 발생한 경우, 해당 평가손익은 아직 실현되지 않은 미실현손익이나. 하지만 FVPL 금융자산의 보유목적이 단기매매를 통한 시세차익의 실현임을 감안하면 상기 미실현된 손익은 단기간 내에 실현될 가능성이 크므로 해당 손익정보를 당기손익으로 반영하는 것이 회계정보이용자들의 의사결정에 유용한 정보를 제공하는 것으로 판단되기 때문이다.

다음은 FVPL 금융자산의 평가 관련 예시이다.

예시 8.5

(주)서울상사는 20×1년 1월 1일에 단기 시세차익을 얻을 목적으로 (주)부산물류의 주식 100주를 500,000원에 현금으로 구입하였다. 20×1년 1월 31일 현재 (주)서울상사는 (주)부산물류의 주식을 매각하지 않고 보유하고 있으며 20×1년 1월 31일의 (주)부산물류 주식의 주당 시가는 7,000원이다.

(1) 20×1년 1월 1일과 1월 31일에 필요한 분개를 하시오.

20×1. 1. 1.

(차) FVPL 금융자산	500,000	(대) 현 금	500,000

20×1. 1. 31.

(차) FVPL 금융자산	200,000	(대) 금융자산평가이익-PL	200,000

20×1년 1월 31일에 공정가치 변동 200,000원만큼 FVPL 금융자산의 장부금액을

증가시키며, 금융자산평가이익-PL은 포괄손익계산서상의 당기이익에 반영된다.

(2) 위의 예시에서 20×1년 1월 31일의 (주)부산물류 주식의 주당 시가가 4,000원이라고 가정하고 20×1년 1월 31일의 분개를 다시 하시오.

20×1. 1. 31.

(차) 금융자산평가손실 - PL 100,000 (대) FVPL 금융자산 100,000

20×1년 1월 31일에 공정가치 변동 100,000원만큼 FVPL 금융자산의 장부금액을 감소시키며, 금융자산평가손실-PL은 포괄손익계산서상의 당기손실에 반영된다.

2) FVOCI 금융자산

기업이 다른 기업의 주식을 보유하는 목적이 해당 기업의 의사결정에 중대한 영향력을 행사하기 위한 것이 아니며, 단기간에 매매하여 시세차익을 얻기 위한 것이 아닌 경우에는 기타포괄손익-공정가치 측정 금융자산(FVOCI 금융자산)으로 구분하는 것을 선택할 수 있다.

기타포괄손익-공정가치 측정 금융자산은 기업이 해당 주식을 취득한 이후 보유하는 기간 동안 발생하는 공정가치의 변동을 금융자산의 장부금액에 가감하며 공정가치 변동으로 인한 평가손익(금융자산평가손익-OCI)을 당기손익이 아닌 기타포괄손익으로 인식한다.

FVOCI 금융자산의 평가손익을 당기손익으로 인식하지 않고 기타포괄손익(자본 항목)으로 인식하는 이유는 다음과 같다. FVOCI 금융자산의 보유 중 발생한 평가손익은 FVPL 금융자산 평가손익과 마찬가지로 평가시점에 아직 실현되지 않은 미실현손익이다. 그러나 단기매매를 통한 시세차익의 실현이 목적인 FVPL 금융자산과는 달리 FVOCI 금융자산의 보유목적은 단기 시세차익의 실현이 아니므로 해당 미실현평가손익이 단기간 내에 실현될 가능성이 FVPL 금융자산보다 상대적으로 낮다고 볼 수 있다.[7] 따라서 해당 금융자산의 공정가치 변

7) 다른 기업의 주식을 보유하는 목적이 단기매매를 통한 시세차익의 실현인 경우에는 FVPL 금융자산으로 분류한다.

동에 따른 자산의 변동을 당기손익이 아닌 자본(기타포괄손익)의 변동으로 인식하는 것이 회계정보이용자들의 의사결정에 유용한 것으로 판단된다. 그리고 이 결과로 FVOCI 금융자산으로 분류하는 경우에는 평가손익에 따른 기간별 성과(당기손익)의 변동성이 감소하게 된다. 기타포괄손익으로 인식한 평가손익(금융자산평가손익-OCI)은 이후 보유기간과 매도시점에 해당 기간의 성과(당기손익)로 재분류하지 않는다. 그 이유는 평가손익을 매도시점에 해당 기간의 성과로 재분류할 수 있다면 기업이 보유하고 있는 FVOCI 금융자산 가운데 금융자산평가이익(기타포괄이익)이 발생한 자산 또는 금융자산평가손실(기타포괄손실)이 발생한 자산을 취사선택하여 처분함으로써 당기 성과를 조정할 가능성이 있기 때문이다.

다음은 FVOCI 금융자산의 평가 관련 예시이다.

예시 8.6

(주)서울상사는 20×1년 1월 1일에 (주)부산물류의 주식 100주를 500,000원에 현금으로 구입하였다. (주)서울상사의 주식구입목적은 (주)부산물류의 의사결정에 중대한 영향력 행사, 또는 단기 시세차익 실현이 아니며 (주)부산물류의 주식 구입 시에 FVOCI 금융자산으로 구분하였다. 20×1년 1월 31일에 (주)부산물류 주식의 주당 시가는 7,000원이다.

(1) 20×1년 1월 1일과 1월 31일에 필요한 분개를 하시오.

20×1. 1. 1.

(차) FVOCI 금융자산	500,000	(대) 현 금	500,000

20×1. 1. 31.

(차) FVOCI 금융자산	200,000	(대) 금융자산평가이익-OCI	200,000

20×1년 1월 31일에 공정가치 변동 200,000원만큼 FVOCI 금융자산의 장부금액을 증가시키며, 금융자산평가이익-OCI 200,000원은 포괄손익계산서상의 당기이익이 아닌 기타포괄손익(자본)에 반영한다.

(2) 위의 예시에서 20×1년 1월 31일의 (주)부산물류의 주당 시가가 4,000원이라고 가정하고 20×1년 1월 31일의 분개를 다시 하시오.

20×1. 1. 31.

(차) 금융자산평가손실-OCI 100,000 (대) FVOCI 금융자산 100,000

20×1년 1월 31일에 공정가치 변동 100,000원만큼 FVOCI 금융자산의 장부금액을 감소시키며, 금융자산평가손실-OCI 100,000원을 포괄손익계산서상의 당기손실이 아닌 기타포괄손익(자본)에 반영한다.

2. 채무증권

유가증권 중 채무증권과 같이 계약상의 현금흐름(원금과 이자)을 조건으로 하는 금융자산은 보유목적에 따라서 크게 **상각후원가 측정 금융자산**(financial assets measured at amortized cost; 이하 **AC 금융자산**), FVPL 금융자산, FVOCI 금융자산으로 구분한다.[8)]

보유목적	채무증권
계약상 현금흐름 수취목적	상각후원가 측정 금융자산 (AC 금융자산)
계약상 현금흐름 수취와 매도목적	기타포괄손익-공정가치 측정 금융자산(FVOCI 금융자산)
기 타	당기손익-공정가치 측정 금융자산(FVPL 금융자산)

1) AC 금융자산

기업이 다른 기업의 채무증권을 만기까지 계약상의 현금흐름, 즉 이자와 원금을 수취하기 위한 목적으로 보유하는 경우에 해당 채무증권을 상각후원가 측정 금융자산(AC 금융자산)으로 구분한다. AC 금융자산을 포함한 채무증권의 보유 시에는 이자가 발생한다. 기업회계기준서 1109호에서는 AC 금융자산의 이자수익을 인식할 때 금융자산의 총장부금액(기초 장부금액)에 유효이자율을 곱해서

8) 기업회계기준서 제1109호 4.1.

이자를 계산하는 유효이자율법을 적용할 것을 명시하고 있다. 여기에서 유효이자율이란 본서의 제3장에서 이미 살펴본 바와 같이 미래 시점의 현금흐름을 현재 시점의 장부금액과 정확하게 일치시키는 이자율을 의미한다. 회사채의 최초 발행금액의 측정과 관련해서 회사채로 인해 발생하는 미래의 이자와 연금을 유효이자율로 할인하여 구한 현재가치가 회사채의 최초 발행금액이 되는 것으로 생각해 볼 수 있다. 그런데 본서의 제3장에서 이미 다루어 본 것처럼 회사채 계약상의 미래의 현금흐름을 사전에 알고 있는 유효이자율로 할인해서 회사채의 최초 발행금액을 구하는 것이 아니다. 사전에 알고 있는 회사채 계약상의 미래의 현금흐름과 회사채의 최초 발행금액을 동일한 가치로 나타나게 하여 주는 유효이자율을 사후적으로 구하게 되는 것이다.

예로서 액면금액 10,000원, 만기 3년, 매년 말 7%를 지급하는 회사채를 9,254원에 발행하였다면 유효이자율은 다음의 등식으로부터 도출하여 낸 할인율(i)을 의미하는 것이다.

$$9,254 = 700 \times \frac{1}{(1+i)^1} + 700 \times \frac{1}{(1+i)^2} + 700 \times \frac{1}{(1+i)^3} + 10,000 \times \frac{1}{(1+i)^3}$$

회사채 계약상의 미래의 현금흐름과 회사채의 최초 발행금액을 동일한 가치로 나타나게 하여 주는 유효이자율인 i를 구해내면 7%가 된다. 이와 같이 회사채의 최초 발행금액을 아는 상태에서 사후적으로 유효이자율을 구하는 순서인에도 불구하고 유효이자율을 처음 이해하고 이와 관련해서 회사채 등 화폐의 시간가치를 적용하는 경우에 있어서는 다음의 예시 8.7과 같이 유효이자율을 먼저 제시하고 회사채의 최초 발행금액을 구해내는 순서를 따르게 된다.[9] 따라서 독자들은 관련 내용을 숙지함에 있어 회사채 계약상의 미래의 현금흐름과 회사

---

9) 회사채의 최초 발행금액을 아는 상태에서 사후적으로 유효이자율을 구하는 순서를 따르게 되면 개별 상황을 다루거나 문제를 풀 때마다 최초 발행금액과 이후 기간의 현금흐름금액을 이용해서 계약기간에 해당하는 방정식(계약기간이 3년이면 3차 방정식, 5년이면 5차 방정식)의 해인 유효이자율을 구하게 된다.

채의 최초 발행금액을 사전에 아는 상황에서 사후적으로 유효이자율을 구하는 것임을 이해할 수 있기 바란다. AC 금융자산은 FVPL 금융자산이나 FVOCI 금융자산과는 달리 공정가치의 변동분을 장부금액에 가감하지 않는다. 그 이유는 AC 금융자산의 보유목적이 만기까지 계약상의 현금흐름의 수취이고 시세차익을 얻을 목적이 아니므로 보유 중 공정가치의 변동이 가지는 영향이 크지 않기 때문이다.

다음은 AC 금융자산의 분개 관련 예시이다.

예시 8.7

(주)서울상사는 20×1년 1월 1일에 만기까지 계약상의 현금흐름인 원금과 이자를 수취하기 위한 목적으로 (주)부산물류가 발행한 회사채 1주를 9,254원에 구입하였다. (주)부산물류의 회사채의 액면금액은 10,000원, 만기는 3년이며, 매년 말 7%의 액면이자를 지급한다. (주)서울상사가 회사채를 매입할 당시 회사채에 대한 유효이자율은 10%이다. 20×1년 1월 1일, 20×1년 12월 31일, 20×2년 12월 31일, 20×3년 12월 31일에 해야 할 분개를 각각 하시오.

회사채의 발행금액: 10,000원×0.7513(10%, 3년, 단일금액의 현가)
+700원×2.4869(10%, 3년, 연금현가)
=9,254원[10)]

〈상각후 원가표〉

	기초장부금액	유효이자(10%)	액면이자(7%)	장부금액 변경	기말장부금액
20×1. 1. 1					9,254
20×1. 12. 31	9,254	925	700	225	9,479
20×2. 12. 31	9,479	948	700	248	9,727
20×3. 12. 31	9,727	973	700	273	10,000

10) 실제로는 회사채 계약상의 미래 현금흐름과 회사채의 최초 발행금액인 9,254원을 사전에 알고 있는 상황에서 사후적으로 유효이자율인 10%를 구하는 것이다.

20×1. 1. 1.

(차) AC 금융자산	9,254	(대) 현 금	9,254

20×1. 12. 31.

(차) 현 금	700	(대) 이자수익	925
AC 금융자산	225		

20×1년 1월 1일에 (주)서울상사가 AC 금융자산을 9,254원을 지급하고 취득했다는 것은 (주)부산물류에 9,254원만큼을 빌려주었다는 의미로 해석할 수 있다. 20×1년 12월 31일에 (주)서울상사는 기초 시점의 채권액, 즉 (주)부산물류에 빌려준 금액인 9,254원에 유효이자율인 10%를 곱해서 구한 금액을 이자수익으로 인식한다. 그런데 이자수익으로 인식하는 925원 가운데 700원만을 현금으로 수취하였으므로 아직 수취하지 못한 이자수익 부분인 225원은 자산으로 인식하고 이후 수취하게 된다.[11)]

20×2. 12. 31.

(차) 현 금	700	(대) 이자수익	948
AC 금융자산	248		

20×3. 12. 31.

(차) 현 금	700	(대) 이자수익	973
AC 금융자산	273		
(차) 현 금	10,000	(대) AC 금융자산	10,000

20×1년부터 20×3년까지 이자 인식분개를 통해 AC 금융자산의 장부금액은 10,000원이 되고 20×3년도 12월 31일에 원금 10,000원을 수취하게 된다.

만약 (주)서울상사가 상기 채무증권을 만기까지 보유하지 않고 20×3년 1월 1일에 9,750원을 받고 매각했다면 다음과 같이 분개한다.

20×3. 1. 1.

(차) 현 금	9,750	(대) AC 금융자산	9,727
		금융자산처분이익	23

11) 수취하지 못한 이자 225원은 미래에 받게 된다. 이와 관련하여 미래에 경제적 효용이 증가하기 때문에 미수취 발생시점(20×1년 12월 31일)에는 미수취한 금액을 자산으로 인식하게 된다.

2) FVOCI 금융자산

기업의 채무증권 보유 시 계약상의 현금흐름 수취와 시세차익을 위한 매도목적 둘 다를 가지는 경우 등 채무증권이 그 성격상 AC 금융자산이나 PL 금융자산에 해당하지 않는 경우에는 FVOCI 금융자산으로 구분한다. 기업이 채무증권을 FVOCI 금융자산으로 구분하는 경우에는 지분증권의 경우와 같이 공정가치의 변동을 금융자산의 장부금액에 반영하며 공정가치 변동으로 인한 평가손익(금융자산평가손익-OCI)은 당기손익이 아닌 기타포괄손익으로 인식한다. 기타포괄손익으로 인식한 평가손익(금융자산평가손익-OCI)은 이후 해당 금융자산(채무증권)을 매도할 시에 장부에서 제거하게 되는데, 이는 기타포괄손익이 후속적으로 매도시점의 성과(처분손익)로 재분류되는 것을 의미한다. 이 결과, 채무증권을 AC 금융자산으로 분류한 경우와 FVOCI 금융자산으로 분류한 경우 각각에 있어 보유기간과 매도시점의 성과(손익)에 미치는 효과는 동일하게 된다.

다음은 FVOCI 금융자산의 평가 관련 예시이다.

예시 8.8

(주)서울상사는 20×1년 1월 1일에 계약상의 현금흐름 수취와 시세차익을 위한 매도목적 둘 다를 가지고 (주)부산물류가 발행한 회사채 1주를 9,254원에 구입하였다. (주)부산물류의 회사채의 액면금액은 10,000원, 만기는 3년이며, 매년 말 7%의 액면이자를 지급한다. (주)서울상사가 회사채를 매입할 당시 회사채에 대한 유효이자율은 10%이다. 20×1년 말과 20×2년 말에 (주)부산물류의 회사채의 공정가치는 각각 9,500원과 9,700원이다.

(1) 20×1년 1월 1일, 20×1년 12월 31일, 20×2년 12월 31일에 해야 할 분개를 각각 하시오.

20×1. 1. 1.

(차)	FVOCI 금융자산	9,254	(대) 현 금	9,254

20×1. 12. 31.

(차)	현 금	700	(대) 이자수익	925
	FVOCI 금융자산	225		
(차)	FVOCI 금융자산	21	(대) 금융자산평가이익–OCI	21*

* 20×1년 12월 31일에 공정가치 평가를 실시하기 전, FVOCI 금융자산의 장부금액은 9,479원(9,254원+225원)이다. 평가 전 장부금액 9,479원과 공정가치금액인 9,500원 간의 차이 21원만큼 금융자산의 장부금액을 증가시키고 공정가치 변동으로 인한 평가이익을 당기이익이 아닌 기타포괄손익(자본)으로 인식한다.

20×2. 12. 31.

(차)	현 금	700	(대) 이자수익	948*
	FVOCI 금융자산	248		
(차)	금융자산평가이익-OCI	21	(대) FVOCI 금융자산	48**
	금융자산평가손실-OCI	27		

* 이자수익은 공정가치 변동분 반영과 무관하게 기존 유효이자율법을 이용하여 인식한다.

** 20×2년 12월 31일에 공정가치 평가를 실시하기 전, FVOCI 금융자산의 장부금액은 9,748원(9,500원+248원)이다. 평가 전 장부금액 9,748원과 공정가치금액인 9,700원 간의 차이 48원만큼 금융자산의 장부금액을 감소시키고 공정가치 변동으로 인한 평가손실을 당기손실이 아닌 기타포괄손익(자본)으로 인식한다. 본 예시에서 48원만큼의 금융자산평가손실을 인식할 때에는, 전기에 인식하였던 금융자산평가이익(자본) 21원을 먼저 감소시킨 이후에, 추가 금액인 27원을 금융자산평가손실(자본)로 인식한다.

(2) (주)서울상사가 20×3년 1월 1일에 (주)부산물류의 회사채를 9,750원을 받고 매각하였을 경우 분개를 실시하시오.

20×3. 1. 1.

(차)	현 금	9,750	(대) FVOCI 금융자산	9,700
			금융자산평가손실-OCI	27*
			금융자산처분이익	23

* FVOCI 금융자산을 처분 시에는 자본으로 분류되었던 금융자산평가손실은 제거한다. 금융자산평가손익의 제거 결과 AC 금융자산으로 분류했을 시와 동일한 처분손익을 나타내게 된다.

3) FVPL 금융자산

기업의 채무증권 보유 시 시세차익을 위한 매도목적을 가지는 경우에는 FVPL 금융자산으로 구분한다. 기업이 채무증권을 FVPL 금융자산으로 구분하는 경우에는 지분증권의 경우와 같이 공정가치의 변동을 금융자산의 장부금액에 반영하며 공정가치 변동으로 인한 평가손익은 당기손익으로 인식한다.

다음은 FVPL 금융자산의 평가 관련 예시이다.

예시 8.9

(주)서울상사는 20×1년 1월 1일에 시세차익을 위한 매도목적을 가지고 (주)부산물류가 발행한 회사채 1주를 9,254원에 구입하였다. (주)부산물류의 회사채의 액면금액은 10,000원, 만기는 3년이며, 매년 말 7%의 액면이자를 지급한다. (주)서울상사가 회사채를 매입할 당시 회사채에 대한 유효이자율은 10%이다. 20×1년 말과 20×2년 말에 (주)부산물류의 회사채의 공정가치는 각각 9,500원과 9,700원이다.

(1) 20×1년 1월 1일, 20×1년 12월 31일, 20×2년 12월 31일에 해야 할 분개를 각각 하시오.

20×1. 1. 1.

(차)	FVPL 금융자산	9,254	(대) 현 금	9,254

20×1. 12. 31.

(차)	현 금	700	(대) 이자수익	925
	FVPL 금융자산	225		
(차)	FVPL 금융자산	21	(대) 금융자산평가이익–PL	21*

* 20×1년 12월 31일에 공정가치 평가를 실시하기 전, FVPL 금융자산의 장부금액은 9,479원(9,254원+225원)이다. 평가 전 장부금액 9,479원과 공정가치금액인 9,500원 간의 차이 21원만큼 금융자산의 장부금액을 증가시키고 공정가치 변동으로 인한 평가이익을 당기이익으로 인식한다.

20×2. 12. 31.

(차)	현 금	700	(대) 이자수익	948*
	FVPL 금융자산	248		
(차)	금융자산평가손실–PL	48	(대) FVPL 금융자산	48**

* 이자수익은 공정가치 변동분 반영과 무관하게 기존 유효이자율법을 이용하여 인식한다.

** 20×2년 12월 31일에 공정가치 평가를 실시하기 전, FVPL 금융자산의 장부금액은 9,748원(9,500원+248원)이다. 평가 전 장부금액 9,748원과 공정가치금액인 9,700원 간의 차이 48원만큼 금융자산의 장부금액을 감소시키고 공정가치 변동으로 인한 평가손실을 전액 당기손실로 인식한다.

(2) (주)서울상사가 20×3년 1월 1일에 (주)부산물류의 회사채를 9,750원을 받고 매각하였을 경우 분개를 실시하시오.

20×3. 1. 1.

(차) 현 금	9,750	(대) FVPL 금융자산	9,700
		금융자산처분이익	50*

* FVPL 금융자산을 처분 시에는 장부금액을 초과하여 수령한 50원은 금융자산처분이익(당기수익)으로 인식한다.

채무상품 가운데 AC 금융자산과 FVOCI 금융자산은 이자수익 인식 시에 유효이자율을 적용하도록 기준에서 명시한 것과는 달리 FVPL 금융자산은 이자수익 인식방법에 대한 명시적인 규정이 존재하지 않는다. 따라서 기업이 채무증권을 FVPL 금융자산으로 분류한 후 이자수익 인식 시에 유효이자율을 적용하지 않고 지급한 액면이자를 사용하여도 무방할 것으로 판단된다. 본 예시에서 20×1년 기준 이자비용을 지급한 액면이자를 사용하여 인식한다면 다음과 같다.

20×1. 1. 1.

(차) 현 금	700	(대) 이자수익	700
FVPL 금융자산	246	금융자산평가이익-PL	246*

* 9,500(20×1년 말 공정가치) − 9,254(20×1년 말 장부금액) = 246원

상기 예시에서 FVPL 금융자산의 이자수익 인식을 유효이자율을 적용하는 경우와 액면이자를 사용하는 경우에 있어서 당기 성과에 미치는 영향은 상호 동일하다. 예로서 20×1년을 들면 유효이자율을 적용했을 경우, 당기 성과에 미치는 영향은 이자수익(유효이자) 925원과 금융자산평가이익-PL 21원을 합한 946원이 된다. 그리고 액면이자를 사용했을 경우, 당기 성과에 미치는 영향은 이자수익(액면이자) 700원과 금융자산평가이익-PL 246원을 합한 946원이 된다.[12)]

12) 본서에서는 FVPL 금융자산의 이자수익 인식 시에 AC 금융자산 및 FVOCI 금융자산과의 비교를 위해 유효이자율법을 적용하여 정리하였다.

OX 문제

• 아래 문장이 맞으면 O, 틀리면 X로 답하고 틀린 곳은 바르게 고치시오.

1. 투자자산이란 장기적으로 보유하면서 투자수익을 얻거나, 타기업을 지배하기 위해서 보유하고 있는 자산을 의미한다.

2. 기업이 보유하고 있는 토지와 건물 등 부동산은 임대수익을 얻을 목적으로 보유하는 경우에는 유형자산, 시세차익을 얻을 목적으로 보유하는 경우에는 투자부동산으로 분류한다.

3. 장기 시세차익을 얻기 위하여 보유하고 있는 토지는 투자부동산으로, 장래 용도를 결정하지 못한 채로 보유하고 있는 토지는 유형자산으로 분류한다.

4. 부동산 중 일부분은 임대수익이나 시세차익을 얻기 위하여 보유하고, 나머지 부분은 재화나 용역의 생산 또는 제공이나 관리목적에 사용하기 위하여 보유하는 경우가 있다. 만약 부분별로 분리하여 매각할 수 없다면 재화나 용역의 생산 또는 제공이나 관리목적에 사용하기 위하여 보유하는 부분이 경미할 경우에는 해당 부동산을 투자부동산으로, 그렇지 않은 경우에는 자가사용부동산으로 분류한다.

5. 투자부동산의 공정가치 평가 시에 공정가치의 하락은 비용으로 인식하고, 공정가치의 상승은 재평가잉여금이라는 기타포괄손익(자본)으로 인식한다.

6. 유형자산의 재평가모형 적용 시에는 감가상각을 실시하지만 투자부동산의 공정가치모형 적용 시에는 감가상각을 실시하지 않는다.

7. 투자부동산의 평가에 공정가치가 중요함에도 평가 시에 원가모형을 적용할 수 있다. 투자부동산을 원가모형으로 평가하는 경우에는 유형자산의 원가모형을 준용한다.

8. 기업이 다른 기업의 주식을 해당 기업의 의사결정에 중대한 영향력을 행사하기 위해서 보유하는 것이 아니고, 해당 주식을 단기간 내에 매매하여 시세차익을 얻기 위하여 보유하는 경우에는 당기손익-공정가치 측정 금융자산(FVPL 금융자산)으로 구분한다.

9. 기타포괄손익-공정가치 측정 금융자산은 기업이 해당 주식을 취득한 이후 보유하는 기간 동안 발생하는 공정가치의 변화를 금융자산의 장부금액에 가감하며 공정가치 변화로 인한 평가손익을 당기손익으로 인식한다.

10. AC 금융자산은 FVPL 금융자산이나 FVOCI 금융자산과는 달리 공정가치의 변동분을 장부금액에 가감하지 않는다.

11. AC 금융자산으로 분류된 채무증권의 처분 시에 인식하는 처분손익금액은 동일한 채무증권을 FVPL 금융자산으로 분류하였을 경우에 인식하는 처분손익금액과 동일하다.

연습문제

1. (주)세연메디컬은 20×1년 1월 1일에 임대수익과 시세차익을 얻을 목적으로 건물을 100,000원의 현금을 주고 취득하였다. 해당 건물의 내용연수는 10년이고 잔존가치를 취득가액의 10%로 예상하였다. (주)세연메디컬은 건물의 감가상각방법으로 이중체감법을 적용하고 있다.

물음

(1) (주)세연메디컬이 20×1년 1월 1일에 해야 할 분개를 하시오.

(2) 상기 건물에 대하여 원가모형 적용 시 20×1년 12월 31일에 해야 할 분개를 하시오.

(3) 상기 건물에 대하여 공정가치모형 적용 시 20×1년 12월 31일과 20×2년 12월 31일에 해야 할 분개를 각각 하시오. 단, 20×1년 12월 31일과 20×2년 12월 31일의 공정가치는 각각 105,000원과 70,000원이다.

2. (주)세연메디컬은 20×1년 1월 1일에 100,000원의 현금을 주고 건물을 취득하였다. 해당 건물의 총면적 가운데 30%는 임대수익과 시세차익을 얻을 목적으로 사용할 예정이며, 나머지 70%는 (주)세연메디컬의 상품 판매를 위한 매장으로 사용할 예정이다. 상기 구분에 따라 각 부분은 분리하여 매각 가능하다. 해당 건물의 내용연수는 10년이고 잔존가치는 취득가액의 10%로 예상하였다. (주)세연메디컬은 유형자산에 대하여 원가모형을 적용하며 건물의 감가상각방법으로 이중체감법을 적용하고 있다.

물음

(1) (주)세연메디컬이 20×1년 1월 1일에 해야 할 분개를 하시오.

(2) (주)세연메디컬이 보유하는 투자부동산에 대하여 원가모형 적용 시 20×1년 12월 31일에 해야 할 분개를 하시오.

(3) (주)세연메디컬이 보유하는 투자부동산에 대하여 공정가치모형 적용 시 20×1년 12월 31일과 20×2년 12월 31일에 해야 할 분개를 각각 하시오. 단, 해당 건물의 총면적 가운데 임대수익과 시세차익을 얻을 목적으로 사용하는 부분의

20×1년 12월 31일과 20×2년 12월 31일의 공정가치는 각각 32,000원과 27,000원이다.

3. (주)세연메디컬은 임대목적으로 건물을 신축하기로 하고, 20×1년부터 20×2년에 걸쳐 공사를 진행하였다. 건물 신축공사는 20×2년 9월 30일에 종료되었으며 20×1년과 20×2년에 발생한 원가는 각각 530,000원과 270,000원으로서 모두 현금으로 지출되었다. 건물은 공사 종료 다음 날인 20×2년 10월 1일부터 임대목적으로 사용하였다. 상기 건물의 내용연수는 5년, 잔존가치는 취득원가의 5%이며, 감가상각방법으로는 정액법을 적용한다.

물음

(1) (주)세연메디컬이 20×1년부터 20×2년 9월 30일까지 해야 할 분개를 하시오.

(2) (주)세연메디컬이 투자부동산에 원가모형을 적용할 경우에 20×2년 10월 1일과 20×2년 12월 31일의 분개를 하시오.

(3) (주)세연메디컬이 투자부동산에 공정가치모형을 적용할 경우에 20×2년 10월 1일과 20×2년 12월 31일의 분개를 하시오. 단, 20×2년 10월 1일과 20×2년 12월 31일의 공정가치는 각각 790,000원과 825,000원이다.

(4) 20×3년 초에 공정가치로 평가하던 투자부동산을 815,000원에 판매하였을 경우에 해야 할 분개를 하시오.

4. (주)세연메디컬은 20×1년 1월 1일에 임대목적으로 건물을 취득하고 현금 500,000원을 지급하였다. (주)세연메디컬은 해당 건물에 공정가치모형을 적용한다. 20×2년 10월 1일에 (주)세연메디컬은 동 건물을 자사 상품의 판매를 위한 매장으로 사용하기로 결정하고, 동 일자로 사용을 시작하였다. 20×2년 10월 1일 현재 건물의 내용연수는 5년, 잔존가치는 없으며 감가상각방법은 정액법을 적용한다. 다음은 각 시기별 해당 건물의 공정가치이다.

- 20×1년 12월 31일: 450,000원
- 20×2년 10월 1일: 600,000원

물음

(1) 20×1년 12월 31일과 20×2년 10월 1일에 해야 할 분개를 하시오.

(2) (주)세연메디컬이 유형자산에 대하여 원가모형을 적용한다고 가정하고 20×2

년 12월 31일의 분개를 하시오.

(3) (주)세연메디컬이 유형자산에 대하여 재평가모형을 적용한다고 가정하고 20×2년 12월 31일의 분개를 하시오. 단, 20×2년 12월 31일 기준 건물의 공정가치는 612,000원이다. 재평가 시에는 감가상각누계액을 전액 제거하는 방법으로 회계처리하시오.

5. (주)세연메디컬은 20×1년 1월 1일에 자가사용목적으로 건물을 취득하고 현금 500,000원을 지급하였다. 건물의 내용연수는 10년, 잔존가치는 20,000원으로 추정되며, 감가상각방법으로 정액법을 사용한다. 20×2년 10월 1일에 (주)세연메디컬은 동 건물을 임대목적으로 사용하기로 결정하고, 동 일자로 사용을 시작하였다. (주)세연메디컬은 투자부동산에 대하여 공정가치모형을 적용한다. 다음은 각 시기별 해당 건물의 공정가치이다.

- 20×1년 12월 31일: 440,000원
- 20×2년 10월 1일: 430,000원

물음

(1) (주)세연메디컬이 유형자산에 대하여 원가모형을 적용한다고 가정하고 20×1년 12월 31일과 20×2년 10월 1일의 분개를 하시오.

(2) (주)세연메디컬이 유형자산에 대하여 재평가모형을 적용한다고 가정하고 20×1년 12월 31일과 20×2년 10월 1일의 분개를 하시오. 재평가모형 적용 시에는 감가상각누계액을 전액 제거하는 방법으로 회계처리하시오.

(3) 20×2년 12월 31일에 해당 건물의 공정가치가 410,000원이라고 할 때 (주)세연메디컬이 해야 할 분개를 하시오.

6. (주)세연메디컬은 20×1년 1월 1일에 단기에 시세차익을 얻을 목적으로 (주)부산물류의 주식 100주를 500,000원에 현금으로 구입하였다. 20×1년 12월 31일 현재 (주)세연메디컬은 (주)부산물류의 주식을 매각하지 않고 보유하고 있으며 20×1년 12월 31일의 (주)부산물류 주식의 주당 시가는 8,000원이다.

물음

(1) 20×1년 1월 1일과 12월 31일에 필요한 분개를 하고 발생한 평가손익이 당기손익에 미치는 영향을 설명하시오.

(2) 20×1년 12월 31일의 (주)부산물류 주식의 주당 시가가 3,500원이라고 가정하고 20×1년 12월 31일에 필요한 분개를 하고 발생한 평가손익이 당기손익에 미치는 영향을 설명하시오.

7. (주)세연메디컬은 20×1년 1월 1일에 (주)부산물류의 주식 100주를 500,000원에 현금으로 구입하였다. (주)세연메디컬의 주식구입목적은 (주)부산물류의 의사결정에 중대한 영향력을 행사하기 위함이 아니며, (주)부산물류의 주식구입 시에 FVOCI 금융자산으로 구분하였다. 20×1년 12월 31일 현재 (주)세연메디컬은 (주)부산물류의 주식을 매각하지 않고 보유하고 있으며 20×1년 12월 31일 현재 (주)부산물류 주식의 주당 시가는 3,900원이다.

물음

(1) 20×1년 1월 1일과 12월 31일에 필요한 분개를 하고 발생한 평가손익이 당기손익에 미치는 영향을 설명하시오.

(2) 20×1년 12월 31일에 필요한 분개를 하고 발생한 평가손익이 당기손익에 미치는 영향을 설명하시오. 단, 20×1년 12월 31일의 (주)부산물류 주식의 주당 시가가 5,500원이라고 가정한다.

8. (주)세연메디컬은 20×1년 1월 1일에 만기까지 계약상의 현금흐름인 원금과 이자를 수취하기 위한 목적으로 (주)부산물류가 발행한 회사채 1주를 9,747원에 구입하였다. (주)부산물류의 회사채의 액면금액은 10,000원, 만기는 3년이며, 매년 말 8%의 액면이자를 지급한다. (주)세연메디컬이 회사채를 매입할 당시 회사채에 대한 유효이자율은 9%이다.

물음

(1) 회사채를 만기까지 보유 시 20×1년 1월 1일, 20×1년 12월 31일, 20×2년 12월 31일, 20×3년 12월 31일에 해야 할 분개를 각각 하시오.

(2) (주)세연메디컬이 20×3년 1월 1일 (주)부산물류의 회사채를 9,930원을 받고 매각하였을 경우의 분개를 하시오.

9. (주)세연메디컬은 20×1년 1월 1일에 만기까지 계약상의 현금흐름인 원금과 이자를 수취하기 위한 목적과 단기 시세차익을 위한 매도목적 둘 다를 가지고 (주)부산

물류가 발행한 회사채 1주를 9,747원에 구입하였다. (주)부산물류의 회사채의 액면금액은 10,000원, 만기는 3년이며, 매년 말 8%의 액면이자를 지급한다. (주)세연메디컬이 회사채를 매입할 당시 회사채에 대한 유효이자율은 9%이다. 20×1년 말과 20×2년 말에 (주)부산물류의 회사채의 공정가치는 각각 9,700원과 9,950원이다.

물음

(1) 20×1년 1월 1일, 20×1년 12월 31일, 20×2년 12월 31일에 해야 할 분개를 하시오.

(2) (주)세연메디컬이 20×3년 1월 1일에 (주)부산물류의 회사채를 9,930원을 받고 매각하였을 경우 분개를 하시오.

10. (주)세연메디컬은 20×1년 1월 1일에 시세차익을 위한 매도목적을 가지고 (주)부산물류가 발행한 회사채 1주를 9,747원에 구입하였다. (주)부산물류의 회사채의 액면금액은 10,000원, 만기는 3년이며, 매년 말 8%의 액면이자를 지급한다. (주)세연메디컬이 회사채를 매입할 당시 회사채에 대한 유효이자율은 9%이다. 20×1년 말과 20×2년 말에 (주)부산물류의 회사채의 공정가치는 각각 9,700원과 9,950원이다.

물음

(1) 20×1년 1월 1일, 20×1년 12월 31일, 20×2년 12월 31일에 해야 할 분개를 하시오.

(2) (주)세연메디컬이 20×3년 1월 1일에 (주)부산물류의 회사채를 9,930원을 받고 매각하였을 경우 분개를 하시오.

제9장

부 채

제9장에서는

부채는 과거 사건의 결과 기업이 가진 경제적 효익이 있는 자원의 유출을 통해 이행이 예상되는 현재 의무를 의미한다. 부채는 재무회계상 유동성에 따라 유동부채와 비유동부채로 구분되는데, 재무분석의 측면에서 살펴보면, 이자를 지급하는 이자부부채와 이자를 지급하지 않는 무이자부부채로 구분할 수 있다.

유동부채 중 매입채무, 기타금융부채, 기타유동부채와 비유동부채 중 충당부채는 무이자부부채에 해당하며, 무이자부부채는 재무분석의 측면에서 (–)운전자본에 해당한다.

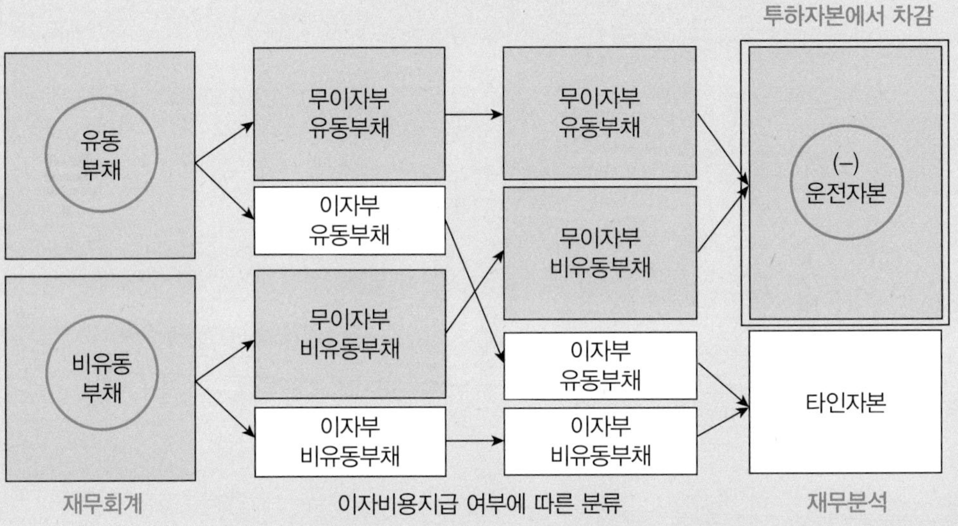

반면 유동부채 중 단기차입금과 비유동부채 중 사채, 장기차입금, 장기매입채무, 장기미지급금은 이자부부채에 해당하며, 이자부부채는 재무분석의 측면에서 타인자본에 해당한다.

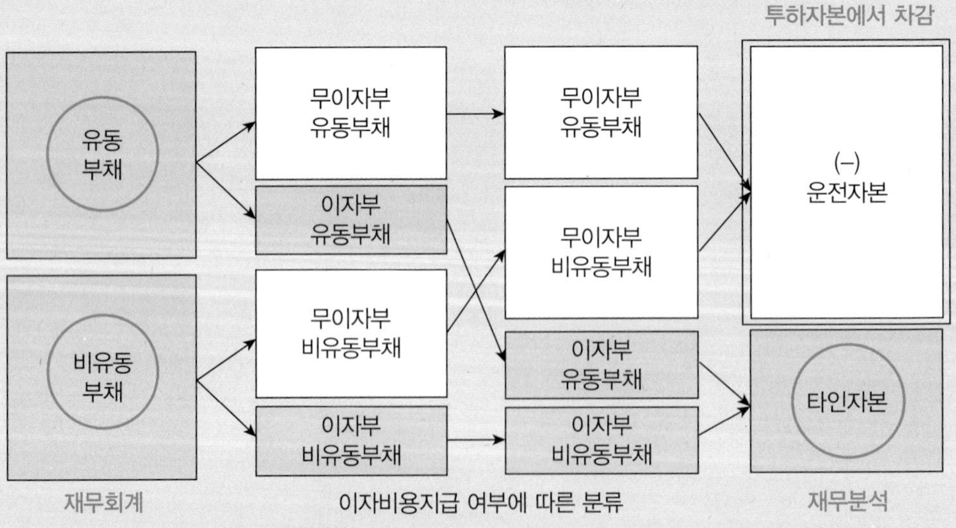

본장에서는 부채의 개념과 회계처리에 대해 살펴본다.

제1절 부채의 의의와 구분

부채는 과거 사건의 결과, 기업이 가진 경제적 효익이 있는 자원의 유출을 통해 이행이 예상되는 현재 의무를 의미한다. 기업의 현재 의무는 일반적으로 미래 경제적 효익이 있는 자원을 희생함으로써 이행된다. 현재 의무를 이행하는 대표적인 방법으로는 현금의 지급, 다른 자산의 이전, 용역의 제공, 다른 의무로 대체, 부채의 자본전환 등이 있다.

부채는 첫째, 현재 의무의 이행에 따라 경제적 효익을 가지고 있는 자원의 유출 가능성이 높고, 둘째, 결제될 금액에 대해 신뢰성 있게 측정할 수 있을 때 재무상태표에서 인식하게 된다.

1. 유동부채와 비유동부채

현재 의무의 이행시기가 재무제표 작성일을 기준으로 1년 이내에 도래할 경우에는 **유동부채**(current liabilities)로, 1년 이후의 기간에 도래할 경우에는 **비유동부채**(non-current liabilities)로 구분한다.[1]

상기 구분과 같이 부채는 지급시기를 기준으로 유동부채와 비유동부채로 구분되는데, 한국채택국제회계기준에서는 다음의 조건 중 적어도 하나에 해당할 경우에는 유동부채로, 그렇지 않을 경우에는 비유동부채로 구분한다.[2]

① 정상영업주기 내에 결제될 것으로 예상

② 주로 단기매매목적으로 보유

③ 보고기간 후 12개월 이내에 결제하기로 되어 있음

④ 보고기간 후 12개월 이상 부채의 결제를 연기할 수 있는 무조건의 권리를

1) 이러한 정의에도 불구하고 정상영업주기 내에 의무이행시기가 도래하는 경우에는, 의무이행시기가 12개월을 초과하는 경우에도 유동부채로 구분한다.

2) 기업회계기준서 제1001호 69.

가지고 있지 않음

예로서 매입채무나 종업원 및 그밖의 영업원가에 대한 미지급비용과 같은 부채는 기업의 정상영업주기 내에 사용되는 운전자본의 일부이므로, 보고기간 후 12개월 후에 결제일이 도래하는 경우에도 유동부채로 분류한다. 이때 기업의 정상영업주기가 명확하게 식별되지 않는 경우에는 그 주기가 12개월인 것으로 가정한다.

2. 금융부채와 비금융부채

부채는 미래에 이행하게 되는 의무의 내용에 따라 **금융부채**와 **비금융부채**로 구분된다. 금융부채는 거래상대방에게 현금 등 금융자산을 인도하기로 하는 계약상의 의무를 의미한다. 대표적인 금융부채로는 매입채무, 차입금, 미지급비용, 회사채 등이 있다. 이와 관련하여 현금과 같은 금융자산을 인도하게 되는 의무 가운데, 해당 의무가 계약상의 의무가 아닌 법적 의무나 의제의무인 경우에는 설령 금융자산을 인도하는 의무라도 금융부채로 구분하지 않는다. 이와 같은 법적 의무에 기인한 대표적인 부채로는 미지급법인세를 들 수 있다. 미지급법인세는 미래에 현금 등 금융자산을 인도해야 하지만, 해당 의무는 계약상의 의무가 아닌 법적 의무에 해당하며, 금융부채로 구분하지 않는다. 비금융부채는 거래상대방에게 현금 등 금융자산이 아니라 재화나 용역 등 다른 경제적 효용을 지급하기로 하는 의무를 의미한다. 대표적인 비금융부채로는 선수금, 선수수익, 예수금 등이 있다.

일부 부채의 경우에는 상당한 정도의 추정을 해야만 측정이 가능한 경우가 있다. 이러한 부채를 충당부채라고 하는데, 어떤 충당부채가 현재 의무를 수반하며 부채의 나머지 조건을 충족한다면 금액을 추정해야 함에도 불구하고 부채가 된다. 이러한 예로서 제품보증에 대한 충당부채와 연금지급의무에 대한 충당부채 등이 있다.

제2절 유동부채

유동부채(current liabilities)는 과거 사건의 결과, 기업이 가진 경제적 효익이 있는 자원의 유출을 통한 의무의 이행시기가 재무제표 작성일을 기준으로 1년 이내에 도래하는 부채를 의미한다. 대표적인 유동부채로는 매입채무, 단기차입금, 금융부채, 기타유동부채 등이 있다.

1. 매입채무

매입채무(trade payable)란 원재료나 상품의 구입과 같은 기업의 주된 영업활동 과정에서 발생하는 외상거래에 따라 미래에 현금을 지급하기로 한 현재 의무를 의미한다.

매입채무는 외상거래 시의 거래형태에 따라 크게 **지급어음**(note payable)과 **외상매입금**(account payable)으로 구분된다. 지급어음 계정은 외상거래 발생 시에 거래상대방에게 미래의 현금흐름 지급 시기와 금액을 명기한 약속어음(notes)을 발행하는 경우에 사용한다. 반면 외상매입금 계정은 외상거래 발생 시에 거래상대방에게 약속어음을 발행하지 않고 신용으로만 거래하는 경우에 사용한다. 기업은 기중에 지급어음 계정과 외상매입금 계정을 구분하여 사용하는 경우에도, 기말 재무제표 작성 시에는 외상매입금 계정과 지급어음 계정을 합산하여 매입채무 계정으로 작성한다.

약속어음은 해당 어음을 발행하는 목적을 기준으로 **진성어음**과 **융통어음**으로 구분된다. 앞서 살펴본 매입채무와 관련하여 재화 및 용역의 외상거래 발생 시에 발행한 약속어음은 진성어음으로 구분한다. 반면, 기업이 재화나 용역의 외상거래와는 관련없이 자금을 조달할 목적으로 발행한 약속어음은 융통어음으로 구분한다.

2. 단기차입금

차입금은 자금조달 등의 목적으로 금융기관 등에서 차입한 금액을 의미한다. **차입금**은 최초 부채 발생 시 만기가 재무제표 작성일을 기준으로 1년 이내인 경우에는 **단기차입금**으로, 1년을 초과하는 경우에는 **장기차입금**으로 구분한다.

재화와 용역의 외상구입과 같은 외상거래의 발생과는 상관없이 자금조달목적으로 금융기관을 상대로 약속어음을 발행한 경우에는 융통어음으로 구분한다. 융통어음은 어음차입금 계정에 해당하는데 만기가 1년 이내인 경우에는 단기차입금으로, 그렇지 않은 경우에는 장기차입금으로 구분한다.[3)]

그리고 기업이 당좌예금 개설은행과 당좌차월 계약을 체결한 이후에, 기업의 당좌예금 계좌에 잔고가 부족함에도 불구하고 은행에서 당좌차월 계약에 따라 지급 요청된 당좌수표를 결제한 경우, 기업의 당좌차월금액은 은행에서 단기간에 걸쳐 차입한 금액으로서 단기차입금에 해당한다.

3. 금융부채

금융부채(financial liability)는 앞서 살펴본 매입채무와 차입금을 포함하여 거래상대방에게 미래에 현금 등 금융자산을 지급할 계약상의 의무를 의미한다. 매입채무, 차입금과 함께 대표적인 금융부채로는 미지급금, 미지급비용, 미지급배당금, 예수보증금, 회사채 등이 있다.

1) 미지급금

미지급금(accrued payables)은 과거에 발생한 외상거래의 결과로 미래에 현금을 지급할 의무를 나타낸다는 점에서 앞서 살펴본 매입채무와 유사한 점이 있다. 하지만 매입채무가 기업의 주된 영업활동과 관련된 원재료나 상품 등의 구입, 용역실시과정에서 발생하는 지급채무인 것과는 달리, 미지급금은 기업의 주된 영업활

3) 이와는 달리 재화와 용역의 외상거래 시에 발행하는 약속어음은 지급어음으로서 단기차입금이 아닌 매입채무에 해당한다.

동 이외의 외상거래에서 발생하는 지급채무라는 점에서 차이점이 존재한다.

예로서 상품매매기업이 판매를 목적으로 하는 상품을 외상거래로 구매하면 매입채무가 발생한다. 그러나 비품 구입 등 기업의 주된 영업활동 이외의 외상거래에서는 미지급금이 발생하게 된다. 이와 같은 차이가 발생하는 이유는 상품매매기업의 상품 구입은 정상적인 영업활동에 속하는 반면, 비품 구입은 기업의 주된 영업활동 이외의 활동에 해당한다고 판단되기 때문이다.

2) 미지급비용

미지급비용(accrued expenses)은 기중에 이미 비용이 발생하였지만, 기말까지 현금 시급이 이루어지지 않아 기말에 수정분개를 통해 인식하게 되는 지급채무이다. 예로서 기중에 은행에서 대출을 받았는데 이자지급일이 다음 회계기간 초라면, 기말에 다음과 같이 이자비용과 미지급비용(미지급이자)을 인식하는 수정분개를 실시하게 된다.

(차) 이자비용	×××	(대) 미지급이자	×××

미지급비용의 예로는 미지급이자, 미지급임차료, 미지급보험료 등이 있다. 다음의 〈예시 9.1〉은 미지급금과 미지급비용의 인식과 관련된 분개의 예시이다.

예시 9.1

(주)서울상사는 20×1년 1월 2일에 비품을 구입하였고 구입대금 3,000원을 20×1년 2월 1일에 지급하기로 하였다. 비품의 내용연수는 5년이며 잔존가치는 0이다. (주)서울상사는 비품에 대하여 정액법으로 감가상각을 실시한다.

(주)서울상사는 20×1년 1월 2일에 사무실로 사용할 건물을 1년간 임차하였다. 임차조건은 임차기간 동안 총 24,000원의 임차료를 매월 분할하여 지급하는 것이며, 첫 임차료 지급일은 20×1년 2월 1일이다. (주)서울상사가 20×1년 1월에 해야 할 분개를 하시오.

20×1. 1. 2.

(차) 비 품	3,000	(대) 미지급금	3,000

20×1. 1. 31.

(차) 임차료	2,000*	(대) 미지급임차료	2,000
비품감가상각비	50**	비품감가상각누계액	50

* 24,000 × 1/12 = 2,000원
** 3,000 × 1/5 × 1/12 = 50원

참고로 (주)서울상사가 20×1년 2월 1일에 해야 할 분개는 다음과 같다.

20×1. 2. 1.

(차) 미지급금	3,000	(대) 현 금	3,000
(차) 미지급임차료	2,000	(대) 현 금	2,000

3) 미지급배당금과 예수보증금

미지급배당금(dividends payable)은 기업이 주주총회를 거쳐서 주주에게 지급할 배당을 결의하고 아직 배당금을 지급하지 않은 시점에 발생하게 된다.

(차) 배당금	×××	(대) 미지급배당금	×××

주주들에게 실제로 배당이 지급되는 시점에는 다음과 같이 분개한다.

(차) 미지급배당금	×××	(대) 현 금	×××

참고로 **배당금** 계정은 마감분개 시에 이익잉여금 계정을 차감하면서 마감된다.

(차) 이익잉여금	×××	(대) 배당금	×××

예수보증금(deposits received)은 기업이 계약체결 시 지급보증, 손실보전 등 계약이행을 목적으로 거래상대방으로부터 일정 금액을 사전에 수취하는 경우에 인식한다. 예수보증금은 계약이 만료되거나 계약이 이행된 시점에 해당 금액을 거래상대방에게 계약에 의해 반환하게 되므로 금융부채로 구분한다. 예수보증금의 대표적인 예로서 임대보증금과 대리점보증금 등이 있다.

4. 기타유동부채

매입채무와 기타금융부채는 거래나 계약의 결과 미래에 현금을 지급할 의무를 지게 되는 부채이다. 그러나 거래나 계약의 결과 미래에 지급하게 되는 경제적 효용이 반드시 현금인 것은 아니다. 미래에 현금 등 금융자산이 아니라 재화나 용역 등 다른 경제적 효용을 지급할 의무를 가지게 되는 대표적인 부채로 선수금, 선수수익, 예수금 등이 있다.

1) 선수금

선수금(customer advances)이란 기업이 상품, 제품 등 재화의 판매, 용역의 제공 등에 대하여 거래상대방과 약정하고 사전에 수취한 금액을 말한다. 매입채무 등 금융부채는 거래상대방에게 미래에 현금을 지급할 의무를 나타내는 반면 선수금은 거래상대방에게 미래에 현금이 아닌 재화나 용역을 제공할 의무를 가진다는 점에서 차이가 있다.

2) 선수수익

선수수익(unearned revenues)은 기중에 이미 현금을 수령하였지만, 기말까지 현금 수령의 대가인 용역의 제공 등이 이루어지지 않은 경우에 인식하게 된다. 대표적인 선수수익으로는 선수보험수익, 선수임대수익, 선수이자수익 등이 있다. 현금 수령시점에 수익으로 인식한 금액 가운데 기말까지 용역의 제공을 실시하지 않은 부분은 회계기간 말에 선수수익이라는 부채로 인식하고 수익금액을 감소시키는 수정분개를 실시한 후, 이후 용역의 제공 등을 실시하는 시기에 선수수익을 감소시키고 수익으로 인식한다.

예로서 20×1년 1월 1일에 3개월에 해당하는 임대수익 30,000원을 현금 수령한 경우에 다음과 같이 분개한다.

20×1. 1. 1.(현금 수령 시)

(차) 현 금	30,000	(대) 임대수익	30,000

20×1. 1. 31.

(차) 임대수익	20,000	(대) 선수임대수익	20,000

20×1. 2. 1.

(차) 선수임대수익	10,000	(대) 임대수익	10,000

20×1. 3. 1.

(차) 선수임대수익	10,000	(대) 임대수익	10,000

상기 선수수익의 분개와 관련, 현금 수령 시 전액을 선수수익으로 인식한 후 용역의 제공 등이 이루어진 부분을 해당 회계기간의 수익으로 인식할 수도 있다.

20×1. 1. 1.(현금 수령 시)

(차) 현　금	30,000	(대) 선수임대수익	30,000

20×1. 1. 31.

(차) 선수임대수익	10,000	(대) 임대수익	10,000

20×1. 2. 1.

(차) 선수임대수익	10,000	(대) 임대수익	10,000

20×1. 3. 1.

(차) 선수임대수익	10,000	(대) 임대수익	10,000

선수금과 선수수익은 미래에 재화나 용역 등의 경제적 효용을 제공할 의무가 있으므로 부채에 해당하지만, 현금을 지급할 의무는 아니므로 비금융부채에 해당한다.

3) 예수금

예수금(withholding taxes payable)이란 기업이 거래처 등 고객이나 종업원을 대신하여 연금, 보험료, 세금 등을 징수한 후에 회계기간 말까지 해당 징수와 관련된 기관에 징수한 금액을 지급하지 않은 경우에 인식한다. 대표적인 예수금 항목으로서 국민연금예수금, 건강보험예수금, 소득세예수금, 직장공제회예수금 등이 있다.

예로서 기업이 고객으로부터 부가가치세를 징수한 경우에는 다음과 같은 분개를 실시한다.

(차) 현 금	×××	(대) 매 출	×××
		부가가치세예수금	×××

또 다른 예로서 기업이 종업원에게 급여총액 가운데 국민연금과 건강보험료에 해당하는 금액을 제외하고 지급하는 경우에는 다음과 같은 분개를 실시한다.

(차) 급 여	×××	(대) 현 금	×××
		국민연금예수금	×××
		건강보험예수금	×××

다음은 기업의 예수금 분개와 관련된 예시이다.

예시 9.2

(주)서울상사는 20×1년 1월 20일에 급여총액 1,000,000원 가운데 국민연금, 건강보험료, 근로소득세 공제액을 제외한 800,000원을 현금 지급하였다. 공제금액 200,000은 국민연금 100,000원, 건강보험료 30,000원, 근로소득세 70,000원으로 나뉜다. (주)서울상사는 20×1년 2월 1일에 1월 급여 관련 징수된 금액인 200,000원을 담당기관에 지급하였다. (주)서울상사가 예수금과 관련하여 20×1년 1월 20일과 20×1년 2월 1일에 해야 할 분개를 하시오.

20×1. 1. 20.

(차) 급 여	1,000,000	(대) 현 금	800,000
		국민연금예수금	100,000
		건강보험예수금	30,000
		소득세예수금	70,000

20×1. 2. 1.

(차) 국민연금예수금	100,000	(대) 현 금	200,000
건강보험예수금	30,000		
소득세예수금	70,000		

5. 유동성장기부채

최초 부채 발생 시에 재무제표 작성일로부터 1년 이후에 현금 등의 지급의무가 있어 비유동부채로 인식하는 경우, 시간이 경과하면 언젠가는 재무제표 작성일로부터 1년 이내에 지급의무 시기가 도래하게 된다. 이와 같이 비유동부채를 인식한 후에 시간 경과에 따라 재무제표 작성일로부터 1년 이내에 만기가 도래하게 되는 경우에는 비유동부채를 유동부채로 재분류하게 되는데, 이와 같이 비유동부채가 유동부채로 대체되는 것을 **유동성장기부채**(current maturities of long-term debt)라고 한다. 대표적인 유동성장기부채로는 유동성장기차입금이 있다.

제3절 비유동부채

비유동부채(non-current liabilities)란 재무제표 작성일을 기준으로 1년 이후에 현금 지급 등 경제적 효용의 감소시기가 도래하는 의무이다. 대표적인 비유동부채로는 장기차입금, 사채, 충당부채, 이연법인세부채 등이 있다.

앞 절에서 살펴본 유동부채는 재무제표 작성일 기준으로 1년 이내에 경제적 효용의 감소시기가 도래하므로 미래 시점의 금액과 현재 시점의 금액 간의 차이가 크지 않다.

반면 비유동부채는 재무제표 작성일 기준으로 1년 이후에 경제적 효용의 감소시기가 도래하므로 미래 시점에 지급하게 될 금액을 그대로 현재의 의무로 평가할 경우에는 해당 부채가 현재 시점에 가지는 영향을 정확하게 평가할 수 없다. 따라서 비유동부채의 경우에는 미래 시점의 의무(지급금액)를 현재가치로 할인하여 평가할 필요가 있다.

1. 사 채

기업은 외부의 불특정 다수의 투자자들로부터 자금을 조달하기 위하여 **회사**

채(corporate bonds)를 발행할 수 있다. 기업이 외부로부터 자금을 조달하는 방법으로는 회사채 발행뿐만 아니라 금융기관에서 차입하는 방법과 주식을 발행하는 방법도 있다. 사채의 발행이 불특정 다수의 투자자를 대상으로 하는 대규모의 자금조달인 것과 달리 금융기관에서 차입하는 방법은 특정 금융기관을 대상으로 하므로 자금조달 규모가 상대적으로 작다는 차이가 있다. 그리고 사채의 발행과 주식의 발행은 다수의 불특정 투자자를 대상으로 한다는 유사한 점이 있지만, 사채 발행의 결과로 부채가 발생하는 반면 주식 발행의 결과로는 자본이 증가하게 된다는 차이점이 있다.[4]

기업의 사채 발행 시에는 해당 사채의 액면금액과 액면이자율, 만기일 및 이자지급방법 등에 대한 이사회의 결의가 이루어지게 된다. **액면금액**(face value)은 사채를 발행한 기업이 만기일의 사채 보유자에게 지급할 것을 약정한 금액을 의미하며 사채의 권면에 표기된다. **액면이자율**(stated interest rate)은 사채를 발행한 기업이 이자지급시기의 사채 보유자에게 지급할 것을 약정한 연이자율을 의미한다. **만기일**(maturity date)은 해당 사채의 만기시기를 뜻하며, 이자지급방법은 분기 1회, 연 1회 등 다양한 방법으로 결정이 가능하다.

실제 기업에서 사채를 발행할 때 사채의 발행금액은 사채의 만기까지 이자지급시기에 지급하는 액면이자와 사채의 만기일에 지급하는 액면금액을 발행시점의 유효이자율로 할인한 금액인 현재가치가 된다.[5] 상기 액면이자는 사채의 만기일에 지급하는 액면금액에 액면이자율을 곱하여 나온 이자를 의미한다. 사채의 발행 시에 발행금액이 액면금액과 동일한 액면발행이 이루어지는 경우에는 액면이자율과 동일한 유효이자율이 구해진다. 이와는 달리 사채의 발행 시에 발행금액이 액면금액보다 낮은 할인발행이 이루어지는 경우에는 액면이자율보다 높은 유효이자율이 구해지게 되며, 발행금액이 액면금액보다 높은 할증발행이 이루어지는 경우에는 액면이자율보다 낮은 유효이자율이 구해지게 된다. 본서의

4) 주식의 발행은 본서의 제10장에서 다룬다.

5) 여기에서 유효이자율은 사채의 만기까지의 액면이자율과 액면금액의 현재가치를 사채의 발행금액과 동일하게 맞추어주는 이자율이 된다.

제8장에서도 언급한 바와 같이 회사채 계약상의 최초 발행금액과 미래의 현금흐름에 대한 정보를 사전에 아는 상황에서 사후적으로 유효이자율을 구하는 것임에도 불구하고 이하의 내용에서는 독자들의 이해를 돕기 위해서 유효이자율을 사전에 인지한 상황에서 미래의 현금흐름에 대한 정보로부터 계약상의 최초 발행금액을 구하는 방식으로 진행하도록 한다. 이와 관련해서 독자들은 관련 내용을 숙지함에 있어 실제로는 회사채 계약상의 미래의 현금흐름과 회사채의 최초 발행금액을 사전에 아는 상황에서 사후적으로 유효이자율을 구하는 것임을 이해할 수 있기 바란다.

다음의 〈예시 9.3〉은 사채의 발행금액과 유효이자율 간의 관계를 보여준다.

예시 9.3

(주)서울상사는 20×1년 1월 1일에 액면금액 10,000원, 액면이자율 5%, 만기 3년인 회사채를 매년 말 이자지급조건으로 발행하였다. 아래의 각 질문은 독립적이다.

(1) 유효이자율이 7%일 때 회사채의 발행금액을 구하시오.

만기까지 액면금액과 액면이자의 현재가치는 다음과 같다.

10,000×0.8163(7%, 3년, 단일금액의 현가)+500×2.6243(7%, 3년, 정상연금 현가)=9,475원

(2) 회사채의 발행금액이 9,475원일 때 유효이자율(x%)을 구하시오.

유효이자율이란 회사채의 발행금액을 액면금액과 액면이자의 현재가치와 같아지도록 하는 이자율이다.

$$9{,}475=\underbrace{\frac{500}{(1+x)}+\frac{500}{(1+x)^2}+\frac{500}{(1+x)^3}}_{\text{액면이자의 현재가치}}+\underbrace{\frac{10{,}000}{(1+x)^3}}_{\text{액면금액의 현재가치}}$$

10,000×단일금액의 현가(x, 3년)+500×정상연금현가(x, 3년)=9,475

$x=7\%$(유효이자율)

(3) 회사채의 발행금액은 9,475원이며 이와는 별도로 사채 발행 관련 248원의 비용이 발생하였을 때 유효이자율을 구하시오.

앞서 살펴본 바와 같이 유효이자율이란 회사채의 발행금액을 액면금액과 액면이자의 현재가치와 같아지도록 하는 이자율이다.

회사채의 발행금액 = 9,475원 − 248원(사채발행비) = 9,227원*

10,000 × 단일금액의 현가(x, 3년) + 500 × 정상연금현가(x, 3년) = 9,227원

x = 8%(유효이자율)

* 회사채를 시장이자율로 할인한 금액으로 발행하지만, 실제 기업이 수취하는 금액을 고려할 때 발행금액은 사채 발행 관련 비용을 차감한 후의 금액이 된다.

1) 사채의 액면발행

사채의 액면이자율과 유효이자율이 동일한 경우에는 사채의 액면발행이 이루어진다.[6]

다음의 〈예시 9.4〉는 사채의 액면발행 시의 회계처리에 대한 예시이다.

예시 9.4

(주)서울상사는 20×1년 1월 1일에 액면금액 10,000원, 액면이자율 7%, 매년 말 이자지급조건으로 사채를 발행하였으며 해당 사채의 만기는 3년이다. (주)서울상사의 사채 발행시점의 유효이자율이 7%일 때, 20×1년 1월 1일, 20×1년 12월 31일, 20×2년 12월 31일, 20×3년 12월 31일에 해야 할 분개를 각각 하시오.

(주)서울상사가 사채 발행일로부터 사채 만기일까지 사채의 투자자에게 지급해야 할 금액은 다음과 같다(단위: 원).

일 자	20×1년 12월 31일	20×2년 12월 31일	20×3년 12월 31일
액면이자 지급	700	700	700
액면금액 지급	–	–	10,000

상기 (주)서울상사가 지급하는 액면이자와 액면금액을 유효이자율로 할인하여 나

6) 사채의 발행 시에 발행금액이 액면금액과 동일한 액면발행이 이루어지는 경우에는 액면이자율과 동일한 유효이자율이 구해지는 순서로 이해하기 바란다.

온 현재가치, 즉 발행금액은 다음과 같다.

$$\underbrace{\frac{700}{(1+0.07)}+\frac{700}{(1+0.07)^2}+\frac{700}{(1+0.07)^3}}_{\text{액면이자의 현재가치}}+\underbrace{\frac{10,000}{(1+0.07)^3}}_{\text{액면금액의 현재가치}}$$

$=700\times2.6243$(7%, 3년, 정상연금의 현가)$+100,000\times0.8163$(7%, 3년, 단일금액의 현가)

$=10,000$원

상기 결과는 액면이자와 액면금액을 유효이자율로 할인하여 나온 현재가치, 즉 발행금액이 해당 사채의 액면금액인 10,000원과 동일함을 보여주고 있다. 이와 같이 사채의 발행금액을 사채의 액면금액과 동일한 금액으로 하는 사채의 발행을 액면발행이라고 한다. 사채의 발행금액이 사채의 액면금액과 동일한 이유는 사채의 액면이자율과 유효이자율이 동일하기 때문이다.

(주)서울상사의 사채 발행과 관련한 분개는 다음과 같다.

20×1. 1. 1.

(차) 현 금	10,000	(대) 사 채	10,000

20×1년 1월 1일에 (주)서울상사는 사채를 발행하면서 사채의 투자자로부터 사채의 발행금액인 10,000원을 수령한다. 이와 관련하여 (주)서울상사가 사채의 발행 시에 수령하게 되는 10,000원은 사채와 관련된 미래 현금흐름을 유효이자율로 할인한 현재가치, 즉 발행금액으로서의 10,000원이며 사채의 액면금액인 10,000원이 아님에 유의하여야 한다.

20×1. 12. 31.

(차) 이자비용	700	(대) 현 금	700

20×2. 12. 31.

(차) 이자비용	700	(대) 현 금	700

(주)서울상사는 20×1년 12월 31일과 20×2년 12월 31일에 각각 액면금액에 액면이자율을 곱한 700원의 액면이자를 지급하게 된다.

20×3. 12. 31.

(차) 이자비용	700	(대) 현 금	10,700
사 채	10,000		

(주)서울상사는 20×3년 12월 31일, 즉 만기일에 액면금액에 액면이자율을 곱한 700원의 액면이자와 함께 액면금액인 10,000원을 지급하게 된다.

---

2) 사채의 할인발행

사채의 액면이자율이 유효이자율보다 낮은 경우에는 사채의 할인발행이 이루어진다.[7] 사채의 액면이자율이 해당 사채와 유사한 조건의 사채에서 기대되는 수익률, 예를 들어 시장이자율보다 낮을 경우에 투자자들은 액면이자율을 초과하는 수익률, 즉 시장이자율만큼의 수익률을 요구할 가능성이 있다.

이 경우에 실제로 사채를 발행하는 기업이 사채의 투자자에게 지급하는 이자금액은 사채권면에 표시된 액면이자율을 사채의 액면금액에 곱한 금액이 되므로, 이미 약정된 계약에 따라 현금으로 지급되는 액면이자금액을 조정하여 투자자들에게 시장이자율만큼의 요구수익률을 제공하는 것은 불가능하다. 이에 따라 사채를 발행하는 기업은 투자자들이 사채 구입이라는 투자를 통해 시장이자율만큼의 수익금을 얻을 수 있도록 최초 사채 발행 시의 발행금액을 할인하여 발행하게 된다.

다음의 〈예시 9.5〉는 사채의 할인발행 시의 회계처리에 대한 예시이다.

예시 9.5

(주)서울상사는 20×1년 1월 1일에 액면금액 10,000원, 액면이자율 7%, 매년 말 이자지급조건으로 사채를 발행하였으며 해당 사채의 만기는 3년이다. (주)서울상사의 사채 발행시점의 유효이자율이 10%일 때, 20×1년 1월 1일, 20×1년 12월 31일, 20×2년 12월 31일, 20×3년 12월 31일에 해야 할 분개를 각각 하시오.

(주)서울상사가 사채 발행일로부터 사채 만기일까지 사채의 투자자에게 지급해야 할 금액은 다음과 같다(단위: 원).

---

7) 사채의 발행 시에 발행금액이 액면금액보다 낮은 할인발행이 이루어지는 경우에는 액면이자율보다 높은 유효이자율이 구해지는 순서로 이해하기 바란다.

일 자	20×1년 12월 31일	20×2년 12월 31일	20×3년 12월 31일
액면이자 지급	700	700	700
액면금액 지급	–	–	10,000

상기 (주)서울상사가 지급하는 액면이자와 액면금액을 유효이자율로 할인하여 나온 현재가치, 즉 발행금액은 다음과 같다.

$$\underbrace{\frac{700}{(1+0.1)}+\frac{700}{(1+0.1)^2}+\frac{700}{(1+0.1)^3}}_{\text{액면이자의 현재가치}}+\underbrace{\frac{10,000}{(1+0.1)^3}}_{\text{액면금액의 현재가치}}$$

$=700\times2.4868$(10%, 3년, 정상연금의 현가)

$+10,000\times0.7513$(10%, 3년, 단일금액의 현가)$=9,254$원

상기 결과는 액면이자의 액면금액을 유효이자율로 할인하여 나온 현재가치, 즉 발행금액이 해당 사채의 액면금액인 10,000원보다 작음을 보여준다. 이와 같이 사채의 발행금액을 사채의 액면금액보다 낮은 금액으로 하는 사채 발행을 할인발행이라고 한다. 사채의 발행금액이 사채의 액면금액보다 낮은 이유는 사채의 액면이자율보다 시장이자율이 높은 경우에, 투자자들이 시장이자율(유효이자율)만큼의 수익률을 얻을 수 있도록 사채발생회사가 사채 발행 시에 액면금액보다 낮은 금액을 수취하기 때문이다.

(주)서울상사의 사채 발행과 관련한 분개는 다음과 같다.

20×1. 1. 1.

(차) 현 금	9,254	(대) 사 채	10,000
사채할인발행차금	746		

상기 분개에서 보여지는 바와 같이 (주)서울상사는 액면금액 10,000원의 사채를 발행하면서 9,254원의 현금을 받는 할인발행을 실시하였다. 사채의 할인발행 시에 사채 계정의 금액은 발행금액이 아닌 액면금액 10,000원으로 분개하고, 사채의 액면금액 10,000원과 수령한 현금, 즉 발행금액 9,254원 간의 차이인 746원은 **사채할인발행차금**(discount on bonds payable)이라는 계정과목으로 차변에 분개한다. 사채할인발행차금은 사채의 차감계정으로서 사채의 장부금액을 차감하는 효과가 있다. (주)서울상사가 20×1년 1월 1일에 재무상태표를 작성할 경우에 사채할인발행차금 계정은 다음 〈그림 9.1〉과 같이 사채에서 차감하는 형식으로 나타나게 된다.

그림 9.1

⋮		
사 채	10,000	
차감: 사채할인발행차금	(746)	9,254
⋮		

위의 〈그림 9.1〉과 같이 사채의 장부금액을 기록할 때에 사채할인발행차금 계정을 사용하는 이유는 회계정보이용자들에게 미래 시점에 사채 발행기업이 지급하게 될 실제 원금, 즉 사채권면에 명기된 사채의 발행금액과 재무제표 작성시점의 사채의 장부금액을 모두 정보로 제공하기 위한 것이다.

이와 관련하여 사채의 할인발행 시에 사채할인발행차금 계정을 사용하지 않고 다음과 같이 사채 계정의 금액을 순액으로 표시하는 방법도 가능하다.

20×1. 1. 1.

(차) 현 금	9,254	(대) 사 채	9,254

사채의 이자비용 인식시기에 이자비용의 산정은 유효이자율법(effective interest rate method)을 이용하여 실시한다. 유효이자율법은 해당 회계기간의 기초 시점의 사채의 장부금액에 유효이자율을 곱해서 사채 관련 이자비용을 계산하는 방법이다. 할인발행의 경우에는 사채의 기초 장부금액에 유효이자율을 곱해서 계산된 이자비용에서 현금지급이자를 차감한 금액만큼 사채할인발행차금을 감소시키게 되는데 이를 사채할인발행차금의 상각이라고 한다.

사채할인발행차금의 상각을 통해서 해당 기간에 발생한 사채이자비용(유효이자금액) 가운데 현금으로 지급되지 않은 이자비용 부분, 즉 미지급이자 부분만큼 사채의 장부금액이 증가하게 된다.

사채할인발행차금 상각표

일 자	사채이자비용* (유효이자 10%)	현금지급이자** (액면이자 7%)	사채할인발행 차금상각액***	사채할인발행 차금미상각액	사채장부 금액****
20×1. 1. 1				746	9,254
20×1. 12. 31	925	700	225	521	9,479

일 자	사채이자비용* (유효이자 10%)	현금지급이자** (액면이자 7%)	사채할인발행 차금상각액***	사채할인발행 차금미상각액	사채장부 금액****
20×2. 12. 31	948	700	248	273	9,727
20×3. 12. 31	973	700	273	0	10,000
	2,846	2,100	746		

* 사채이자비용＝해당 회계기간의 기초 장부금액×유효이자율

** 현금지급이자＝사채권면의 액면금액×액면이자율

*** 사채할인발행차금상각액＝사채이자비용－현금지급이자

**** 사채장부금액＝사채액면금액－사채할인발행차금미상각액
＝사채의 기초 장부금액＋해당 회계기간의 사채할인발행차금상각액

위의 사채할인발행차금 상각표에 근거한 20×1년과 20×2년의 이자비용 인식과 관련한 분개는 다음과 같다.

20×1. 12. 31.

(차) 이자비용	925	(대) 현 금	700
		사채할인발행차금	225

20×2. 12. 31.

(차) 이자비용	948	(대) 현 금	700
		사채할인발행차금	248

위의 이자비용 인식분개에서 20×2년을 기준으로 할 때, 이자비용인 948원과 현금지급이자인 700원 간의 차이인 248원만큼 사채할인발행차금을 상각하였음을 알 수 있다. 사채의 할인발행 시에 투자자들에게 유효이자율만큼을 보장하여 주기 위해 사채를 할인발행하면서 액면금액과 발행금액만큼의 차이를 사채할인발행차금으로 인식하였던 것을 기억할 것이다.

사채의 할인발행 시에 상대적으로 낮은 표시이자율에 의한 현금지급이자만큼을 이자비용으로 인식한다면, 시장이자율 측면에서 이자가 과소 계상된다. 이 때문에, 유효이자율에 의한 이자를 인식하며 이자비용금액 중 현금으로 지급되지 않은 금액은 사채할인발행차금의 상각을 통해서 사채(부채)의 장부금액을 증가시키는 효과가 나타나게 된다.

사채의 만기일인 20×3년 12월 31일의 이자비용과 사채 상환과 관련한 분개는 다음과 같다.

20×3. 12. 31.

(차) 이자비용	973	(대) 현 금	700
		사채할인발행차금	273
(차) 사 채	10,000	(대) 현 금	10,000

20×3년 12월 31일에 20×3년에 해당하는 이자비용 973원을 인식하고, 이자비용과 현금지급이자 700원 간의 차이인 273원만큼 사채할인발행차금을 상각하고 나면, 사채할인발행차금의 잔액은 0이 된다. 사채의 차감계정인 사채할인발행차금의 잔액이 0이 됨에 따라 사채의 장부금액은 액면금액인 10,000원이 되고, (주)서울상사는 사채의 장부금액인 10,000원을 지급함으로써 사채를 상환하게 된다.

상기 사채의 할인발행과 관련된 회계처리 시에 사채할인발행차금 계정을 사용하지 않고 다음과 같이 분개할 수도 있다.

20×1. 1. 1.

(차) 현 금	9,254	(대) 사 채	9,254

20×1. 12. 31.

(차) 이자비용	925	(대) 현 금	700
		사 채	225

20×2. 12. 31.

(차) 이자비용	948	(대) 현 금	700
		사 채	248

20×3. 12. 31.

(차) 이자비용	973	(대) 현 금	700
		사 채	273
(차) 사 채	10,000	(대) 현 금	10,000

3) 사채의 할증발행

사채의 액면이자율이 유효이자율보다 높은 경우에는 사채의 할증발행이 이루어진다.[8] 사채의 액면이자율이 해당 사채와 유사한 조건의 사채에서 기대되는 수익률, 예를 들어 시장이자율보다 더 높을 경우에, 투자자들은 사채 구입 시 반게 되는 액면이자율이 시장이자율보다 더 높기 때문에 사채의 액면금액 이상을 지급하더라도 해당 사채를 구입하고자 할 가능성이 있다.

반면 사채를 발행하는 기업의 입장에서는 시장에서 기대되는 이자율인 시장이자율을 초과하는 액면이자율을 부담할 상황에 놓인다. 이 경우에 사채를 발행하는 기업이 실제로 사채의 투자자에게 지급하는 이자금액은 사채권면에 표시된 액면이자율을 사채의 액면금액에 곱한 금액이 되므로, 액면이자금액을 조정하여 투자자들에게 시장이자율만큼의 이자를 지급하는 것은 불가능하다. 이에 따라 사채를 발행하는 기업은 투자자들에게 시장이자율만큼의 수익률을 제공하기 위해 최초 사채 발행 시의 발행금액을 할증하여 발행하게 된다.

다음 〈예시 9.6〉은 사채의 할증발행 시의 회계처리에 대한 예시이다.

예시 9.6

(주)서울상사는 20×1년 1월 1일에 액면금액 10,000원, 액면이자율 7%, 매년 말 이자지급조건으로 사채를 발행하였으며, 해당 사채의 만기는 3년이다. (주)서울상사의 사채 발행시점의 유효이자율이 5%일 때, 20×1년 1월 1일, 20×1년 12월 31일, 20×2년 12월 31일, 20×3년 12월 31일에 해야 할 분개를 각각 하시오.

(주)서울상사가 사채 발행일로부터 사채 만기일까지 사채의 투자자에게 지급해야 할 금액은 다음과 같다(단위: 원).

일 자	20×1년 12월 31일	20×2년 12월 31일	20×3년 12월 31일
액면이자 지급	700	700	700
액면금액 지급	–	–	10,000

상기 (주)서울상사가 지급하는 액면이자와 액면금액을 유효이자율로 할인하여 나온 현재가치, 즉 발행금액은 다음과 같다.

8) 사채의 발행 시에 발행금액이 액면금액보다 높은 할증발행이 이루어지는 경우에는 액면이자율보다 낮은 유효이자율이 구해지는 순서로 이해하기 바란다.

$$\underbrace{\frac{700}{(1+0.05)}+\frac{700}{(1+0.05)^2}+\frac{700}{(1+0.05)^3}}_{\text{액면이자의 현재가치}}+\underbrace{\frac{10,000}{(1+0.05)^3}}_{\text{액면금액의 현재가치}}$$

$= 700 \times 2.7232$(5%, 3년, 정상연금의 현가) $+ 10,000 \times 0.8638$(5%, 3년, 단일금액의 현가)

$= 10,544$원

상기 결과는 액면이자와 액면금액을 유효이자율로 할인하여 나온 현재가치, 즉 발행금액이 해당 사채의 액면금액인 10,000원보다 큰 것을 보여준다. 이와 같이 사채의 발행금액을 사채의 액면금액보다 큰 금액으로 하는 사채의 발행을 할증발행이라고 한다. 사채의 발행금액이 사채의 액면금액보다 큰 이유는 시장이자율보다 사채의 액면이자율이 높은 경우에, 투자자들이 시장이자율(유효이자율)만큼의 수익률만을 얻게 되도록 사채발행회사가 사채 발행 시에 액면금액보다 큰 금액을 수취하기 때문이다.

(주)서울상사의 사채 발행과 관련한 분개는 다음과 같다.

20×1. 1. 1.

(차) 현 금	10,544	(대) 사 채	10,000
		사채할증발행차금	544

상기 분개에서 보여지는 바와 같이 (주)서울상사는 액면금액 10,000원의 사채를 발행하면서 10,544원의 현금을 받는 할증발행을 실시하였다. 사채의 할증발행 시에 사채 계정의 금액은 발행금액이 아닌 액면금액 10,000원으로 분개하고, 사채의 액면금액 10,000원과 수령한 현금, 즉 발행금액 10,544원 간의 차이인 544원을 **사채할증발행차금**(premium on bonds payable)이라는 계정과목으로 대변에 분개한다. 사채할증발행차금은 사채의 가산계정으로서 사채의 장부금액을 가산하는 효과가 있다. (주)서울상사가 20×1년 1월 1일에 재무상태표를 작성한 경우에 사채할증발행차금 계정은 다음 〈그림 9.2〉와 같이 사채금액을 가산하는 형식으로 나타나게 된다.

그림 9.2

⋮		
사 채	10,000	
가산: 사채할인발행차금	544	10,544
⋮		

이와 관련하여 사채의 할증발행 시에 사채할증발행차금 계정을 사용하지 않고 다음과 같이 사채 계정의 금액을 순액으로 표시하는 방법도 가능하다.

20×1. 1. 1.

(차) 현 금	10,544	(대) 사 채	10,544

사채의 이자비용 인식시기에 이자비용의 산정은 할인발행의 경우와 마찬가지로 유효이자율법을 이용하여 실시한다. 할증발행의 경우에는 사채의 기초 장부금액에 유효이자율을 곱해서 계산된 이자비용과 현금지급이자의 차이 금액만큼을 사채할증발행차금을 감소시키게 되는데 이를 사채할증발행차금의 상각이라고 한다. 사채할증발행차금의 상각을 통해서 해당 기간에 발생한 사채이자비용(유효이자금액)을 초과하여 현금으로 지급된 부분만큼 사채의 장부금액이 감소하게 된다.

(주)서울상사의 사채 발행과 관련하여 각 시기에 인식할 이자비용은 다음의 상각표와 같다.

사채할증발생차금 상각표

일 자	사채이자비용* (유효이자 5%)	현금지급이자** (액면이자 7%)	사채할증발행 차금상각액***	사채할증발행 차금미상각액	사채장부 금액****
20×1. 1. 1				544	10,544
20×1. 12. 31	527	700	173	371	10,371
20×2. 12. 31	519	700	181	190	10,190
20×3. 12. 31	510	700	190	–	10,000
	1,556	2,100	544		

* 사채이자비용＝해당 회계기간의 기초 장부금액×유효이자율

** 현금지급이자＝사채권면의 액면금액×액면이자율

*** 사채할증발행차금상각액＝현금지급이자－사채이자비용

**** 사채장부금액＝사채액면금액＋사채할증발행차금미상각액
＝사채의 기초 장부금액－해당 회계기간의 사채할증발행차금상각액

위의 사채할증발행차금 상각표에 근거한 20×1년과 20×2년의 이자비용 인식과 관련된 분개는 다음과 같다.

20×1. 12. 31.

(차) 이자비용	527	(대) 현 금	700

사채할증발행차금	173		
20×2. 12. 31.			
(차) 이자비용	519	(대) 현 금	700
사채할증발행차금	181		

위의 이자비용 인식분개에서 20×1년을 기준으로 할 때, 현금지급이자인 700원과 이자비용인 527원 간의 차이인 173원만큼 사채할증발행차금을 상각하였음을 알 수 있다. 사채의 할증발행 시에 투자자들에게 유효이자율만큼의 수익이 제공되도록 사채를 할증발행하면서 액면금액과 발행금액만큼의 차이를 사채할증발행차금으로 인식하였던 것을 기억할 것이다.

사채의 할증발행 시에 상대적으로 높은 표시이자율에 따른 현금지급이자만큼을 이자비용으로 인식한다면, 시장이자율 측면에서 이자가 과대 계상된다. 이 때문에, 유효이자율에 의한 이자를 인식하며 이자비용금액을 초과해서 현금으로 지급된 금액은 사채할증발행차금의 상각을 통해서 사채(부채)의 장부금액을 감소시키는 효과가 나타나게 된다.

사채의 만기일인 20×3년 12월 31일의 이자비용과 사채 상환과 관련된 분개는 다음과 같다.

20×3. 12. 31.			
(차) 이자비용	510	(대) 현 금	700
사채할증발행차금	190		
(차) 사 채	10,000	(대) 현 금	10,000

20×3년 12월 31일에 20×3년에 해당하는 이자비용 510원을 인식하고, 현금지급이자 700원과 이자비용 510원 간의 차이인 190원만큼 사채할증발행차금을 상각하고 나면, 사채할증발행차금의 잔액은 0이 된다. 사채의 가산계정인 사채할증발행차금의 잔액이 0이 됨에 따라 사채의 장부금액은 액면금액인 10,000원이 되고, (주)서울상사는 사채의 장부금액인 10,000원을 지급함으로써 사채를 상환하게 된다.

4) 이자지급일 사이의 사채 발행

기업이 사채를 발행할 때 사채권면에 명기된 사채의 발행일, 다시 말해서 기업이 사채를 발행하려고 계획했던 시점에 사채를 취득하려는 투자자가 존재하지 않는다면 어떻게 될 것인가? 이 경우 실제로 사채의 매각 및 자금의 조달이 이루어지게 되는 시점은 최초 기업이 계획했던 시기보다 이후의 시점이 될 것이다.

이와 같은 경우에 사채권면에 명기된 사채의 발행일과 이후 이자지급일을 기준으로 본다면 사채의 매각이 이자지급일 사이에 이루어지는 것인데 이를 이자지급일 사이의 사채 발행이라고 한다.

이자지급일 사이에 사채가 발행되는 경우에는 실제 사채 발행일의 유효이자율을 이용해서 사채권면에 명기된 사채의 발행일 기준 사채의 발행가액을 구한 후 사채권면에 명기된 사채의 발행일로부터 실제 사채 발행일 사이의 기간 동안의 사채 가치 증가액(유효이자)만큼을 더한 금액을 현금으로 수취하게 된다. 그런데 이 총현금수취액 가운데에는 기발생한 액면이자금액이 포함되어 있으므로 총현금수취액에서 기발생 액면이자금액을 차감한 금액이 실제 사채 발행일의 순수한 사채의 발행금액이 된다. 이를 수식으로 정리하면 다음과 같다.

사채권면에 명기된 사채의 발행일 기준 사채의 발행금액
\+ 사채권면 기준 사채 발행일로부터 실제 사채 발행일 사이의 유효이자 발생액
= 총현금수취액
− 사채권면 기준 사채 발행일로부터 실제 사채 발행일 사이의 액면이자 발생액
= 실제 사채 발행일 기준 사채의 발행금액

다음의 예시를 통해서 이자지급일 사이의 사채 발행에 대하여 살펴보도록 한다.

예시 9.7

(주)서울상사는 20×1년 1월 1일에 액면금액 10,000원, 만기 3년, 액면이자율 7%, 매년 말 이자지급조건으로 사채를 발행할 계획이었지만, 실제 발행은 20×1년 10월 1일에 이루어졌다. 실제 사채 발행시점인 20×1년 10월 1일의 유효이자율이 5%, 7%, 10%인 경우 각각에 대하여 20×1년 10월 1일과 20×1년 12월 31일에 해야 할 회계처리를 각각 하시오.

(1) 20×1년 10월 1일의 유효이자율이 5%인 경우

20×1년 1월 1일 기준 발행금액	10,544*
(+) 20×1년 1월 1일 ~ 20×1년 10월 1일의 유효이자 발생액	395**
= 총현금수취액	10,939
(−) 20×1년 1월 1일 ~ 20×1년 10월 1일의 액면이자 발생액	525***
20×1년 10월 1일 기준 실제 발행금액	10,414

* 700×2.7232(5%, 3년, 정상연금의 현가)+10,000×0.8638(5%, 3년, 단일금액의 현가)
= 10,544원

** 10,544×5%(유효이자율) × 9/12 = 395원

*** 10,000×7%(액면이자율) × 9/12 = 525원

(주)서울상사의 사채 발행과 관련한 분개는 다음과 같다.

20×1. 10. 1.

(차)	현 금	10,939	(대) 사 채	10,000
			미지급사채이자	525
			사채할증발행차금	414

20×1. 12. 31.

(차)	이자비용	132*	(대) 현 금	700
	미지급사채이자	525		
	사채할증발행차금	43		

* 10,544×5%(유효이자율)×3/12 = 132원

(주)서울상사의 20×1년 12월 31일의 분개는 다음과 같이 나타낼 수도 있다.

20×1. 12. 31.

(차)	미지급사채이자	525	(대) 현 금	525
(차)	이자비용	132	(대) 현 금	175*
	사채할증발행차금	43		

* 20×1년 12월 31일에 (주)서울상사가 액면이자비용으로 700원을 지급한다고 생각할 수 있을 것이다. 이와 관련하여 20×1년 10월 1일에 기발생된 액면이자금액인 525원은 현금으로 수취하였던 것을 기억하기 바란다. 이에 따라 20×1년 12월 31일에 (주)서울상사가 현금지급이자(액면이자)로 인식하는 금액은 175원(700원-525원)이 된다.

(2) 20×1년 10월 1일의 유효이자율이 7%인 경우

20×1년 1월 1일 기준 발행금액	10,000*
(+) 20×1년 1월 1일 ~ 20×1년 10월 1일의 유효이자 발생액	525**
= 총현금수취액	10,525
(−) 20×1년 1월 1일 ~ 20×1년 10월 1일의 액면이자 발생액	525***
20×1년 10월 1일 기준 실제 발행금액	10,000

* 700×2.6243(7%, 3년, 정상연금의 현가)+100,000×0.8163(7%, 3년, 단일금액의 현가) =10,000원

** 10,000×7%(유효이자율)×9/12=525원

*** 10,000×7%(액면이자율)×9/12=525원

(주)서울상사의 사채 발행과 관련한 분개는 다음과 같다.

20×1. 10. 1.

(차) 현 금	10,525	(대) 사 채	10,000
		미지급사채이자	525

20×1. 12. 31.

(차) 이자비용	175*	(대) 현 금	700
미지급사채이자	525		

* 10,000×7%(유효이자율)×3/12=175원

(3) 20×1년 10월 1일의 유효이자율이 10%인 경우

20×1년 1월 1일 기준 발행금액	9,254*
(+) 20×1년 1월 1일 ~ 20×1년 10월 1일의 유효이자 발생액	694**
= 총현금수취액	9,948
(−) 20×1년 1월 1일 ~ 20×1년 10월 1일의 액면이자 발생액	525***
20×1년 10월 1일 기준 실제 발행금액	9,423

* 700×2.4868(10%, 3년, 정상연금의 현가)+10,000×0.7513(10%, 3년, 단일금액의 현가) = 9,254원

** 9,254×10%(유효이자율)×9/12=694원

*** 10,000×7%(액면이자율)×9/12=525원

(주)서울상사의 사채 발행과 관련한 분개는 다음과 같다.

20×1. 10. 1.

(차)	현 금	9,948	(대) 사 채	10,000
	사채할인발행차금	577	미지급사채이자	525

20×1. 12. 31.

(차)	이자비용	231*	(대) 현 금	700
	미지급사채이자	525	사채할인발행차금	56

* 9,254×10%(유효이자율)×3/12=231원

5) 사채의 조기 상환

사채를 발행한 기업은 사채의 만기일이 도래하기 이전에 사채권자에게 사채를 조기 상환할 수 있다. 사채를 조기 상환하는 경우에 사채권자에게 지급하는 금액은 상환일 기준 미래 현금흐름을 상환일의 유효이자율로 할인한 현재가치, 즉 상환일 기준 사채의 공정가치이다. 반면, 상환일 기준 사채의 장부금액은 상환일 기준 미래 현금흐름을 사채를 발행한 날의 유효이자율로 할인한 현재가치이다. 사채 발행일과 사채 상환일의 유효이자율이 상이함에 따라 사채 상환 시 지급금액과 장부금액 간에는 차이가 발생하게 되는데 이러한 차이에 따라 사채 상환손익이 발생하게 된다.

다음의 〈예시 9.8〉은 사채의 조기 상환에 대한 회계처리를 보여주고 있다.

예시 9.8

(주)서울상사는 20×1년 1월 1일에 액면금액 10,000원, 액면이자율 7%, 매년 말 이자지급조건으로 사채를 발행하였으며, 해당 사채의 만기는 3년이다. (주)서울상사의 사채 발행시점의 유효이자율은 10%이다.

(1) (주)서울상사는 사채의 액면금액 가운데 3,000원을 20×2년 4월 30일에 2,980원을 주고 조기 상환하고, 나머지 7,000원은 만기일에 상환하였다. 20×2년 4월 30일, 20×2년 12월 31일, 20×3년 12월 31일에 해야 할 분개를 하시오.

이자지급일 사이에 사채를 조기 상환할 경우에는 조기 상환 분개에 앞서서 직전

이자지급일로부터 상환일까지의 이자비용을 인식하여 상환일 기준 사채의 장부금액을 계산한다. 위의 예시에서 20×2년 1월 1일부터 20×2년 4월 30일까지 조기 상환되는 3,000원의 이자비용 인식 관련 분개는 다음과 같다.

20×2. 4. 30.

(차) 이자비용	95*	(대) 미지급이자**	70
		사채할인발행차금	25

* 9,479×10%×4/12×3/10=95원
** 10,000×7%×4/12×3/10=70원

20×2년 4월 30일 사채 액면금액 3,000원의 상환 시 회계처리는 다음과 같다.

20×2. 4. 30.

(차) 사 채	3,000*	(대) 현 금	2,980
미지급이자	70**	사채할인발행차금	131***
사채상환손실	41		

* 10,000(사채 액면금액)×3/10=3,000
** 위 예시에서 사채 액면금액 3,000원의 4개월 치에 해당하는 액면이자 미지급액은 사채의 조기 상환 시 모두 제거한다.
*** (20×2년 1월 1일 기준 사채할인발행차금 미상각액) 521×3/10−25(20×2년 4월 30일 이자비용 인식 시 사채할인발행차금 상각액)=131원

사채의 조기 상환 시에 지급한 현금 2,980원에는 조기 상환과 관련된 미지급이자 70원에 대한 지급도 포함되어 있으므로, 조기 상환되는 사채에 대하여 지급한 금액은 미지급이자에 대한 지급금액 70원을 제외한 2,910원이 된다. 본 예시에서 미지급이자 관련 지출을 제외하고 다음과 같이 사채상환손실을 계산할 수도 있다.

[사채의 장부금액(3,000−131)−조기 상환 지급금액(2,910)=(41)]

20×2년 12월 31일과 20×3년 12월 31일에는 조기 상환 부분을 제외한 사채의 액면금액 7,000원에 해당하는 부분에 대한 분개를 실시한다.

20×2. 12. 31.

(차) 이자비용	664	(대) 현 금	490
		사채할인발행차금	174

20×3. 12. 31.

(차) 이자비용	681	(대) 현 금	490
		사채할인발행차금	191
(차) 사 채	7,000	(대) 현 금	7,000

(2) (주)서울상사가 사채 전액을 20×2년 1월 1일에 조기 상환할 경우 회계처리를 하시오. 단 20×2년 1월 1일의 시장이자율은 8%이다.

사채를 조기 상환하는 경우에 지급하는 금액은 상환일 기준 미래 현금흐름을 상환일의 유효이자율로 할인한 현재가치, 즉 상환일 기준 사채의 공정가치이다. 본 예시에서 20×2년 1월 1일에 지급하는 금액은 다음과 같다.

700×1.7833(8%, 2년, 정상연금의 현가)+10,000×0.8573(8%, 2년, 단일금액의 현가) =9,821원

20×2년 1월 1일 사채의 조기 상환 시 회계처리는 다음과 같다.

20×2. 1. 1.

(차) 사 채	10,000	(대) 현 금	9,821
사채상환손실	342	사채할인발행차금	521*

* 20×1년 1월 1일 기준 사채할인발행차금 미상각액

2. 장기차입금, 장기성매입채무, 장기미지급금

장기차입금(long-term debt)은 자금조달 등의 목적으로 금융기관 등에서 차입한 금액 중 재무제표 작성일을 기준으로 만기가 1년 후에 도래하는 차입금을 의미한다. 장기성매입채무는 원재료나 상품의 구입과 같은 기업의 주된 영업활동과정에서 발생하는 외상거래에 따라 미래에 현금을 지급하기로 한 의무로서 미래 현금지급일이 재무제표 작성일을 기준으로 1년 후에 도래하는 경우를 뜻한다.

장기미지급금은 기업의 주된 영업활동 이외의 외상거래에서 발생한 지급채무로서 미래 현금 지급일이 재무제표 작성일을 기준으로 1년 이후에 도래하는 경우를 의미한다.

기업은 장기차입금, 장기성매입채무와 장기미지급금 발생 시에 공통적으로 앞

서 살펴본 사채의 경우와 동일하게 유효이자율을 이용하여 장기차입금, 장기성매입채무와 장기미지급금의 장부금액과 이자비용을 측정하게 된다.

다음의 〈예시 9.9〉는 장기미지급금 관련 회계처리를 보여주고 있다.

예시 9.9

(주)서울상사는 20×1년 1월 1일에 (주)부산물류로부터 토지를 구입하였는데 토지의 구입대가로 3년 뒤에 20,000원을 지급하기로 하였다. (주)서울상사의 토지 취득일인 20×1년 1월 1일의 유효이자율은 10%이다. 20×1년 1월 1일, 20×1년 12월 31일, 20×2년 12월 31일, 20×3년 12월 31일에 해야 할 분개를 각각 하시오.

본 예시에서 (주)서울상사는 3년 후 20,000원의 현금을 지급하게 된다.

상기 (주)서울상사가 지급하는 토지의 구입대가를 유효이자율로 할인하여 나온 현재가치, 즉 토지의 취득원가이자 장기미지급금의 현재가치는 다음과 같다.

$$\frac{20{,}000}{(1+0.1)^3}$$

$=20{,}000\times0.7513$(10%, 3년, 단일금액의 현가)

$=15{,}026$원

(주)서울상사의 토지 구입 시의 분개는 다음과 같다.

20×1. 1. 1.

(차) 토 지	15,026	(대) 장기미지급금	20,000
현재가치할인차금	4,974		

장기미지급금 분개 시에 장기미지급금 계정의 금액은 현재가치인 15,026원이 아닌 지급 시 금액인 20,000원으로 분개하고 지급 시 금액인 20,000원과 현재가치인 15,026원과의 차이인 4,974원은 현재가치할인차금이라는 계정으로 차변에 분개한다. 위 분개에서 현재가치할인차금은 장기미지급금의 차감계정으로서 장기미지급금의 장부금액을 차감하는 효과가 있다.

장기미지급금은 미래에 경제적 자원이 유출될 현재 의무이므로 이자비용을 인식하게 된다. 장기미지급금의 이자비용 인식 시에는 사채의 이자비용 인식과 마찬가지로 유효이자율법을 이용하여 실시한다.

다음의 상각표는 (주)서울상사가 장기미지급금과 관련하여 각 시기에 인식할 이자비용을 보여주고 있다(단위: 원).

현재가치할인차금 상각표

일 자	장기미지급금 이자비용 (유효이자 10%)	현금지급이자 (액면이자 0%)	현재가치할인 차금 상각액	현재가치할인 차금미상각액	장기미지급금 장부금액
20×1. 1. 1				4,974	15,026
20×1. 12. 31	1,503	–	1,503	3,471	16,529
20×2. 12. 31	1,653	–	1,653	1,818	18,182
20×3. 12. 31	1,818	–	1,818	–	20,000

위 예시에서는 장기미지급금의 기초 금액에 유효이자율을 곱해서 산정된 금액을 이자비용으로 인식한다. 그리고 장기미지급금의 차감계정인 **현재가치할인차금**을 상각함으로서 인식한 이자비용 가운데 현금으로 지급하지 않은 금액만큼 장기미지급금(부채)을 증가시키게 된다. 위의 현재가치할인차금 상각표에 근거한 20×1년과 20×2년의 이자비용 인식과 관련한 분개는 다음과 같다.

20×1. 12. 31.

(차) 이자비용	1,503	(대) 현재가치할인차금	1,503

20×2. 12. 31.

(차) 이자비용	1,653	(대) 현재가치할인차금	1,653

장기미지급금 지급일인 20×3년 12월 31일의 이자비용과 장기미지급금 상환과 관련한 분개는 다음과 같다.

20×3. 12. 31.

(차) 이자비용	1,818	(대) 현재가치할인차금	1,818
(차) 장기미지급금	20,000	(대) 현 금	20,000

20×3년 12월 31일에 20×3년에 해당하는 이자비용 1,818원을 인식하고, 동 금액만큼 현재가치할인차금을 상각하고 나면, 현재가치할인차금의 잔액은 0이 된다. 장기미지급금의 차감계정인 현재가치할인차금의 잔액이 0이 됨에 따라 장기미지급금의 장부금액은 액면금액인 20,000원이 되고, (주)서울상사는 장기미지급금의 장부금액인 20,000원을 지급함으로써 장기미지급금을 상환하게 된다.

3. 충당부채와 우발부채

충당부채(provisions)는 우발적인 상황에 따라 지급 시기와 금액이 확정되지 않은 부채를 의미한다. 여기서 우발적인 상황이란 미래의 특정 사건의 발생 여부에 따라 이익이나 손실의 발생이 결정되어 현재 시점에서 이익이나 손실의 발생 여부가 불확실한 상태를 의미한다.

예를 들어, 기업이 공사를 실시하면서 공사 완료 이후의 일정 기간 동안 하자가 발생하는 경우에 하자보수보증을 실시하는 경우가 많다. 기업은 이러한 하자보수보증으로 인해서 공사 실시 이후의 미래 일정 기간 동안 하자가 발생되는 경우 하자를 보수해야 하는 의무를 가지게 되는데 특정 시점에 향후 지출될 시기와 금액을 확정하는 것은 쉽지 않다.

위와 같은 경우가 충당부채에 해당하는데, 충당부채는 향후 자원의 유출가능성이 높고 미래에 유출될 자원의 금액을 신뢰성 있게 추정할 수 있는 경우, 재무제표에 부채로 인식하게 된다. 대표적인 충당부채로는 위에서 살펴본 하자보수충당부채와 함께 **제품보증충당부채**, **손해배상충당부채**, **반품충당부채**, **복구충당부채** 등이 있다.

다음의 〈예시 9.10〉에서는 충당부채와 관련한 분개를 보여주고 있다.

예시 9.10

(주)서울건설은 공사 완료 이후 1년 이내에 하자가 발생하는 경우에 하자보수보증을 실시하고 있다. (주)서울건설은 20×1년에 공사 관련 1,000,000원의 매출이 발생하였다. (주)서울건설의 과거 실적에 따르면 매출액 기준 약 2%의 하자보수비용이 보증기간 내에 지출되는 것으로 나타났다. 20×1년 말 현재 하자보수충당부채의 잔액은 0이며 20×2년 3월 31일에 15,000원의 하자보수 관련 지출이 발생하였다. (주)서울건설이 20×1년 12월 31일과 20×2년 3월 31일에 해야 할 분개를 각각 하시오.

20×1. 12. 31.

(차) 하자보수비	20,000	(대) 하자보수충당부채	20,000

20×2. 3. 31.

(차) 하자보수충당부채	15,000	(대) 현 금	15,000

위의 예시에서 공사는 20×1년에 이루어졌으며 하자보수는 20×2년에 이루어졌다. 그런데 하자보수와 관련된 지출이 20×2년에 발생하였음에도 하자보수비, 즉 비용은 20×1년에 인식하고 있다. 그 이유는 하자보수와 관련된 비용의 인식시기를 관련 수익, 즉 공사와 관련된 수익의 인식시기와 맞추어서 수익과 비용을 대응시킨다는 측면에서 이해할 수 있다. 그리고 20×1년 12월 31일 분개에서 대변에 충당부채를 인식함으로서 기업이 미래에 하자보수로 인한 경제적 자원이 유출될 의무가 있음을 보여주는 것이다. 이후 실제로 하자보수로 인한 지출이 발생하는 시점에는 다시 비용을 인식하는 것이 아니라 이전에 인식하였던 충당부채를 제거하는 분개를 실시하게 된다.

만약 상기 예시에서 20×2년 3월 31일에 하자보수비용 30,000원이 발생할 경우에는 다음의 분개와 같이 이전에 인식하였던 충당부채를 먼저 제거하고, 추가로 발생한 지출은 당기의 비용으로 인식하게 된다.

20×2. 3. 31.

(차) 하자보수충당부채	20,000	(대) 현 금	30,000
하자보수비	10,000		

충당부채는 경제적 자원의 지급 시기와 금액이 확정되지 않았지만 미래에 경제적 자원이 유출될 가능성이 높고 금액을 신뢰성 있게 추정할 수 있으면 부채로 인식하고 재무제표에 기록하게 된다.

반면, **우발부채**(contingent liabilities)는 기업이 가지는 의무가 기업이 통제할 수 없는 불확실한 미래 사건의 발생 여부에 따라서 그 존재 여부가 확인되는 잠재적 의무로서, 현재 의무이행을 위한 자원의 유출 가능성이 높지 않거나, 당해 의무이행을 위한 금액을 신뢰성 있게 측정할 수 없는 경우에 발생한다.

우발부채는 충당부채와는 달리 현재 자원의 유출 가능성이 높지 않거나, 자원의 유출 가능성이 높지만 금액의 신뢰성 있는 측정이 불가능한 경우로서, 재무제표에 인식하지 않고 주석으로 기재한다. 그리고 자원의 유출 가능성이 현저히 낮은 경우에는 해당 의무는 주석으로도 기재할 필요가 없다.

보 론 이연법인세부채

기업은 회계기간 동안에 발생한 성과에 근거하여 법인세라는 세금을 납부하게 된다. 그런데 기업이 회계기준에 따라 인식한 성과(수익과 비용)와 법인세법에서 기준으로 하는 성과(익금과 손금) 간에는 차이점이 존재한다.[9)] 이러한 차이점에 따라 기업의 포괄손익계산서에 나타나는 법인세비용의 금액과 기업이 해당 기간을 대상으로 하여 실제 납부하게 되는 법인세액(법인세 납부액) 간에는 차이가 발생하게 된다.

다음의 〈예시 9.11〉은 포괄손익계산서상의 법인세비용과 실제 납부하는 법인세액 간의 차이에 대한 예시이다.

예시 9.11 이연법인세부채

(주)서울상사는 20×1년 12월 1일에 (주)부산물류에게 12월 한 달간 토지를 임대하고, 그 대가로 20×2년 1월 1일에 1,000원을 받기로 하였다, (주)서울상사는 20×1년 12월 31일에 해당 회계기간에 발생한 임대수익을 다음과 같이 인식하였다.

20×1. 12. 31.

(차) 미수임대수익	1,000	(대) 임대수익	1,000

(주)서울상사는 20×2년 1월 1일에 (주)부산물류로부터 1,000원을 수령하였다. 20×1년과 20×2년에 상기 거래 이외의 거래는 없다고 가정한다.

위의 예시에서 (주)서울상사는 20×1년에 당기 성과로서 임대수익을 1,000원 인식하였다. 그런데 법인세법에서는 20×1년에 임대 관련 현금의 유입이 발생하지 않았기 때문에 당기 수익(익금)으로 인정하지 않는다. 만약 법인세율이 10%라고 한다면 (주)서울상사는 법인세법 기준으로 임대 관련 현금의 유입에 따라 수익(익금)이 발생한 20×2년에 100원[1,000(20×2년 익금금액)×10%(법인세율)]의 법인세를 납부하게

9) 법인세법에서 기준으로 하는 수익(익금)과 비용(손금)에 대한 구체적인 내용은 세무회계에서 다룬다.

된다.[10)]

(주)서울상사가 포괄손익계산서 작성 시에 각 회계기간의 법인세비용을 동일 회계기간에 납부하는 법인세 납부액으로 인식하는 경우에 20×1년과 20×2년의 법인세비용과 당기순이익(손실)은 다음과 같다(단위: 원).

	20×1년	20×2년
법인세비용차감전이익(손실)	1,000	0
법인세비용	0	100
당기순이익(순손실)	1,000	(100)

그런데, 포괄손익계산서를 작성할 때에 이처럼 법인세납부액, 즉 법인세액을 해당 기간의 법인세비용으로 인식한 경우에는 문제가 발생하게 된다.

먼저, 수익 · 비용의 대응이 원활하게 이루어지지 않는다. (주)서울상사는 20×1년에 1,000원의 임대수익이 발생하였지만 이에 대응하는 비용이 발생하지 않았으며, 20×2년에는 수익이 발생하지 않은 상태에서 100원의 법인세비용이 발생하였다. 이와 같이 수익 · 비용의 대응이 이루어지지 않음에 따라 20×1년에는 당기순이익의 과대 계상이, 20×2년에는 당기순손실의 과대 계상이 발생하게 된다.

다음으로, (주)서울상사는 20×1년에 1,000원의 임대수익 발생과 관련하여 20×1년에 법인세를 납부하지 않았고 20×1년 말 기준으로 20×2년에 법인세를 납부할 의무를 가지고 있다. 그런데 (주)서울상사는 20×1년 말 시점에 향후 20×2년의 법인세 납부와 관련하여 발생하게 되는 미래 경제적 효용의 감소에 대해 부채를 인식하지 않고 있다.

현행 회계기준에서는 이와 같은 문제점을 해결하기 위하여 기업의 법인세비용을 해당 기간에 실제 납부하는 법인세액으로 하지 않고, 해당 기간의 회계이익에 따라 계산된 법인세액을 당해 기간의 법인세비용으로 인식하고 관련된 미래의 법인세액 납부의무를 **이연법인세부채**(deferred income tax liabilities)라는 부채로 인식하도록 하고 있다.

이와 같은 회계기준을 본 예시에 적용하면 20×1년에는 1,000원의 임대수익에 대

10) 법인세법에서 기준으로 하는 수익(익금)과 비용(손금)에 대한 구체적인 내용은 세무회계에서 다룬다.

하여 20×1년에 납부하는 법인세액은 없지만 20×1년의 임대수익 인식으로 인하여 20×2년에 납부하게 될 100원을 20×1년의 법인세비용으로 인식하고, 이와 관련하여 20×2년에 100원을 납부해야 할 20×1년 말 시점의 의무를 이연법인세부채로 인식하게 된다.

20×1. 12. 31.

(차) 법인세비용	100	(대) 이연법인세부채	100

이와 같은 방법을 통해 당기에 납부하는 법인세액을 당해 기간의 법인세비용으로 할 경우에 발생할 수 있는 수익 · 비용의 대응이 이루어지지 않는 현상을 개선하게 된다.

(주)서울상사가 포괄손익계산서 작성 시에 각 회계기간의 법인세비용을 해당 회계기간의 회계이익에 따라 계산된 법인세액으로 할 경우에 20×1년과 20×2년의 법인세비용과 당기순이익(손실)은 다음과 같다(단위: 원).

	20×1년	20×2년
법인세비용차감전이익(손실)	1,000	0
법인세비용	100	0
당기순이익(순손실)	900	0

위에서 보여지는 바와 같이 각 회계연도의 법인세비용을 해당 연도에 납부한 법인세액이 아닌 해당 연도의 성과(수익)를 기준으로 계산한 값으로 할 경우에 수익 · 비용의 대응이 이루어지게 된다. 이와 관련하여 20×1년 말에 인식하였던 이연법인세부채는 20×2년 법인세 납부 시에 감소되며, 20×2년의 성과인 수익과 비용에 영향을 미치지 않는다.

20×2년 법인세 납부 시

(차) 이연법인세부채	100	(대) 현 금	100

다음의 〈예시 9.12〉는 앞서 살펴본 미래에 납부해야 할 법인세가 발생하는 경우와는 달리 미래에 법인세 절감효과가 발생하는 경우를 보여주고 있다.

예시 9.12 이연법인세자산

(주)서울상사는 20×1년 1월 1일에 (주)부산물류로부터 토지를 구입하고 현금 10,000원을 지급하였다. (주)서울상사는 20×1년 말에 토지 관련 손상징후의 발생에 따라, 손상검사를 실시하였고 토지의 회수가능액이 9,000원인 것을 밝혀냈다. 다음과 같이 (주)서울상사는 20×1년 12월 31일에 손상차손을 인식하였다.

20×1. 12. 31.

(차) 손상차손	1,000	(대) 손상차손누계액	1,000

(주)서울상사는 20×2년 1월 1일에 상기 토지를 회수가능액인 9,000원에 매각하고 다음과 같이 분개하였다.

20×2. 1. 1.

(차) 손상차손누계액	1,000	(대) 토 지	10,000
현 금	9,000		

20×1년과 20×2년에 상기 거래 이외의 거래는 없다고 가정한다.

위의 예시에서 (주)서울상사는 20×1년에 당기 비용으로 손상차손 1,000원을 인식하였다. 그런데 법인세법에서는 이와 같은 유형자산의 감액에 따른 손실을 발생시점인 20×1년의 비용(손금)으로 인정하지 않고 해당 자산이 매각되는 시점인 20×2년의 비용(손금)으로 인정하게 된다. 따라서 만약 법인세율이 10%라고 한다면 (주)서울상사는 법인세법 기준으로 비용(손금)이 발생한 20×2년에 100원[1,000(20×2년 손금금액)×10%(법인세율)]의 법인세 절감효과, 다른 말로 법인세수익이 발생하게 된다.[11)]

(주)서울상사가 포괄손익계산서 작성 시에 각 회계기간의 법인세비용(수익)을 동일 회계기간에 인식하는 법인세 납부액(법인세 절감효과)으로 인식하는 경우에 20×1년과 20×2년의 법인세비용(수익)과 당기순이익(손실)은 다음과 같다(단위: 원).

	20×1년	20×2년
법인세비용차감전이익(손실)	(1,000)	0
법인세비용(수익)	0	(100)
당기순이익(순손실)	(1,000)	100

11) 법인세법에서 기준으로 하는 수익(익금)과 비용(손금)에 대한 구체적인 내용은 세무회계에서 다룬다.

그런데, 포괄손익계산서를 작성할 때에 이처럼 당기 법인세납부액(법인세 절감효과)을 해당 기간의 법인세비용(수익)으로 인식할 경우에는 문제가 발생하게 된다.

먼저 법인세법에서는 손상차손을 손금으로 인정하지 않으므로 20×1년에는 법인세액이 0이고, 해당 자산을 매각하여 손실이 실현되는 20×2년에 법인세수익 100원이 발생한다. 이에 따라, (주)서울상사는 20×1년에 1,000원의 손상차손이 발생하였지만, 이로 인한 법인세 절감효과는 20×2년에 나타나게 되어 수익 · 비용 대응이 원활하게 이루어지지 않는다. 이에 따라 20×1년에는 당기순손실의 과대 계상이, 20×2년에는 당기순이익의 과대 계상이 발생하게 된다.

다음으로, (주)서울상사는 20×1년에 1,000원의 손상차손 발생과 관련하여 20×2년에 법인세 절감효과가 있음에도, 20×1년에 20×2년의 법인세 절감효과와 관련하여 발생하게 되는 미래 경제적 효용의 증가에 대하여 자산으로 인식하지 않고 있다. 현행 회계기준에서는 이와 같은 문제점을 해결하기 위해 손상차손으로 인한 법인세 절감효과 100원을 20×1년 말에 대변에 법인세비용 계정으로 분개함으로써 법인세수익을 인식하고, 차변에는 20×2년의 법인세 절감효과를 나타내는 **이연법인세자산**(deferred income tax asset)으로 인식하게 된다.

20×1. 12. 31.

(차) 이연법인세자산	100	(대) 법인세비용	100

(주)서울상사가 포괄손익계산서 작성 시에 각 회계기간의 법인세비용(수익)을 해당 기간의 회계이익(손실)에 따라 계산된 법인세액(법인세 절감효과)으로 할 경우에 20×1년과 20×2년의 법인세비용(수익)과 당기순이익(손실)은 다음과 같다(단위: 원).

	20×1년	20×2년
법인세비용차감전이익(손실)	(1,000)	0
법인세비용(수익)	(100)	0
당기순이익(손실)	(900)	0

상기 분개를 통하여 포괄손익계산서에서는 20×1년에 손상차손과 이에 따른 법인세 절감효과가 동일 기간에 대응되어 수익 · 비용의 대응이 이루어진다. 그리고 20×2년도의 법인세 절감효과는 20×1년 말에 재무상태표의 이연법인세자산으로 인식된다.

이상의 내용을 정리하면, 이연법인세부채는 현행 회계기준과 법인세법 간의 차이 때문에 당기에 발생한 수익과 비용과 관련하여 법인세의 효과를 당기에 반영하는 과정에서 미래에 납부할 법인세를 나타낸다. 반면 이연법인세자산은 현행 회계기준과 법인세법 간의 차이 때문에 당기에 발생한 수익과 비용과 관련하여 법인세의 효과를 당기에 반영하는 과정에서 미래의 법인세 절감효과를 나타낸다.

OX 문제

• **아래 문장이 맞으면 O, 틀리면 X로 답하고 틀린 곳은 바르게 고치시오.**

1. 현재 의무의 이행시기가 부채 발생일을 기준으로 1년 이내에 도래할 경우에는 유동부채로, 1년 이후의 기간에 도래할 경우에는 비유동부채로 구분한다.

2. 매입채무나 종업원 및 그밖의 영업원가에 대한 미지급비용과 같은 부채는 기업의 정상영업주기 내에 사용되는 운전자본의 일부로서, 보고기간 후 12개월 내에 결제일이 도래하는 경우에는 유동부채로, 보고기간 후 12개월 후에 결제일이 도래하는 경우에는 비유동부채로 분류한다.

3. 비금융부채는 거래상대방에게 현금 등 금융자산이 아니라 재화나 용역 등 다른 경제적 효용을 지급하기로 하는 의무를 의미하며, 대표적인 비금융부채로는 선수금, 선수수익, 예수금 등이 있다.

4. 기업이 당좌예금 개설은행과 당좌차월 계약을 체결한 이후에, 기업의 당좌예금 계좌에 잔고가 부족한데도 은행에서 당좌차월 계약에 따라 지급 요청된 당좌수표를 결제한 경우, 기업의 당좌차월금액은 은행에서 단기에 차입한 금액으로 단기차입금에 해당한다.

5. 미지급금은 기중에 이미 비용이 발생하였지만, 기말까지 현금 지급이 이루어지지 않아 기말에 수정분개를 통해 인식하게 되는 지급채무이다.

6. 예수보증금은 기업이 계약체결 시 지급보증, 손실보전 등 계약이행을 목적으로 거래상대방으로부터 일정 금액을 사전에 수취하는 경우에 인식한다.

7. 선수수익이란 기업이 상품, 제품 등 재화의 판매, 용역의 제공 등에 대하여 거래상대방과 약정하고 사전에 수취한 금액을 말한다.

8. 예수금이란 기업이 거래처 등 고객이나 종업원을 대신하여 연금, 보험료, 세금 등을 징수한 후에 회계기간 말까지 해당 징수와 관련된 기관에 징수한 금액을 지급하지 않은 경우에 인식한다.

9. 사채의 발행 시에 유효이자율이 액면이자율보다 낮은 경우에는 할인발행이, 유효이자율이 액면이자율보다 높은 경우에는 할증발행이 이루어지게 된다.

10. 사채를 조기 상환하는 경우에 사채권자에게 지급하는 금액은 상환일 기준 미래 현금흐름을 상환일의 유효이자율로 할인한 현재가치, 즉 상환일 기준 사채의 공정가치이다.

11. 우발부채는 충당부채와는 달리 현재 자원의 유출 가능성이 높지 않거나, 자원의 유출 가능성이 높지만 금액의 신뢰성 있는 측정이 불가능한 경우로서, 재무제표에 인식하지 않고 주석으로 기재하며, 자원의 유출 가능성이 현저히 낮은 경우에는 해당 의무는 주석으로도 기재할 필요가 없다.

연습문제

1. (주)세연메디컬은 20×1년 1월 1일에 비품을 구입하였고 구입대금 90,000원을 20×1년 2월 1일에 지급하기로 하였다. 비품의 내용연수는 5년이며 잔존가치는 취득원가의 10%이다. (주)세연메디컬은 비품에 대하여 정액법으로 감가상각을 실시한다. 그리고 (주)세연메디컬은 20×1년 1월 1일에 매장 건물을 2년간 임차하였다. 임차조건은 임차기간 동안 총 36,000원의 임차료를 매월 분할하여 지급하는 것이며, 첫 임차료 지급일은 20×1년 2월 1일이다. (주)세연메디컬은 매월 단위로 재무제표를 작성한다.

물음

(1) (주)세연메디컬이 20×1년 1월에 해야 할 분개를 하시오.
(2) (주)세연메디컬이 20×1년 2월 1일에 해야 할 분개를 하시오.

2. (주)세연메디컬은 20×1년 1월 1일에 매장 건물을 2년간 임대하고 2년간의 임대료에 해당하는 총 36,000원의 임대료 전액을 당일 현금 수령하였다. (주)세연메디컬은 매월 단위로 재무제표를 작성한다.

물음

(1) (주)세연메디컬이 20×1년 1월에 해야 할 분개를 하시오.
(2) (주)세연메디컬이 20×1년 2월에 해야 할 분개를 하시오.
(3) (주)세연메디컬이 20×1년 3월에 해야 할 분개를 하시오.

3. (주)세연메디컬은 20×1년 1월 23일에 급여총액 400,000원 가운데 국민연금, 건강보험료, 근로소득세 공제액을 제외한 290,000원을 현금 지급하였다. 공제금액 110,000원은 국민연금 45,000원, 건강보험료 33,000원, 근로소득세 32,000원으로 나뉜다. (주)세연메디컬은 20×1년 2월 1일에 1월 급여 관련 징수된 금액인 110,000원을 담당기관에 지급하였다.

물음

(주)세연메디컬이 예수금과 관련하여 20×1년 1월 23일과 20×1년 2월 1일에 해야

할 분개를 하시오.

4. (주)세연메디컬은 20×1년 1월 1일에 액면금액 1,000,000원, 액면이자율 7%, 만기 3년인 회사채를 매년 말 이자지급조건으로 발행하였다. 아래의 각 질문은 독립적이다.

물음

(1) 유효이자율이 9%일 때 회사채의 발행금액을 구하시오.

(2) 회사채의 발행금액이 949,391원일 때 유효이자율을 구하시오.

(3) 회사채의 발행금액이 949,391원이고 이와는 별도로 사채 발행 관련 47,132원의 비용이 발생하였을 때, 유효이자율을 구하시오.

5. (주)세연메디컬은 20×1년 1월 1일에 액면금액 10,000원, 액면이자율 5%, 매년 말 이자지급조건으로 사채를 발행하였으며 해당 사채의 만기는 3년이다.

물음

(주)세연메디컬의 사채 발행시점의 유효이자율이 7%일 때, 20×1년 1월 1일, 20×1년 12월 31일, 20×2년 12월 31일, 20×3년 12월 31일에 해야 할 분개를 각각 하시오.

6. (주)세연메디컬은 20×1년 1월 1일에 액면금액 10,000원, 액면이자율 5%, 매년 말 이자지급조건으로 사채를 발행하였으며 해당 사채의 만기는 3년이다.

물음

(주)세연메디컬의 사채 발행시점의 유효이자율이 2%일 때, 20×1년 1월 1일, 20×1년 12월 31일, 20×2년 12월 31일, 20×3년 12월 31일에 해야 할 분개를 각각 하시오.

7. (주)세연메디컬은 20×1년 1월 1일에 액면금액 1,000원, 액면이자율 5%, 매년 말 이자지급조건으로 사채를 발행하였으며, 해당 사채의 만기는 3년이다.

물음

(주)세연메디컬의 사채 발행시점의 유효이자율이 5%일 때, 20×1년 1월 1일, 20×1년 12월 31일, 20×2년 12월 31일, 20×3년 12월 31일에 해야 할 분개를 각각 하시오.

8. (주)세연메디컬은 20×1년 1월 1일에 액면금액 10,000원, 액면이자율 5%, 매년 말 이자지급조건으로 사채를 발행하였으며 해당 사채의 만기는 3년이다. (주)세연메디컬의 사채 발행시점의 유효이자율이 7%이다.

물음

(1) (주)세연메디컬은 사채의 액면금액 가운데 8,000원을 20×2년 8월 31일에 7,000원을 주고 조기 상환하고, 나머지 2,000원은 만기일에 상환하였다. 20×2년 8월 31일, 20×2년 12월 31일, 20×3년 12월 31일에 해야 할 분개를 하시오.

(2) (주)세연메디컬이 사채 전액을 20×3년 1월 1일에 조기 상환할 경우 회계처리를 하시오. 단, 20×3년 1월 1일의 시장이자율은 8%이다.

9. (주)세연메디컬은 20×1년 1월 1일에 (주)부산물류로부터 토지를 구입하였는데 토지의 구입대가로 3년 뒤에 50,000원을 지급하기로 하였다. (주)세연메디컬의 토지 취득일인 20×1년 1월 1일의 시장이자율은 7%이다.

물음

20×1년 1월 1일, 20×1년 12월 31일, 20×2년 12월 31일, 20×3년 12월 31일에 해야 할 분개를 각각 하시오.

10. (주)세연메디컬은 제품 판매 이후 1년 이내에 하자가 발생하는 경우에 제품수리보증을 실시하고 있다. (주)세연메디컬은 20×1년에 해당 제품 관련 500,000원의 매출이 발생하였다. (주)세연메디컬의 과거 실적에 따르면 매출액 기준 약 2%의 하자보수비용이 보증기간 내에 지출되는 것으로 나타났다. 20×1년 초 현재 제품보증충당부채의 잔액은 0이다. 다음의 각 질문은 독립적이다.

물음

(1) 20×2년 1월 31일에 7,000원의 제품수리보증 관련 지출이 발생하였다. (주)세연메디컬이 20×1년 12월 31일과 20×2년 1월 31일에 해야 할 분개를 각각 하시오.

(2) 20×2년 1월 31일에 12,000원의 제품수리보증 관련 지출이 발생하였을 때, (주)세연메디컬이 20×2년 1월 31일에 해야 할 분개를 각각 하시오.

제10장

자 본

제10장에서는

자본은 기업의 소유 주체가 가지는 기업에 대한 청구권을 의미하며, 크게는 주주와의 거래에서 발생하는 부분과 기업의 영업활동 등에서 발생한 부분으로 나뉜다. 재무분석의 측면에서 볼 때, 모두 자기자본에 해당한다.

본장에서는 자본의 개념과 회계처리에 대해 살펴본다.

제1절 자본의 의의

기업의 소유 주체는 기업의 경영에 대한 본원적인 책임을 가지게 되는데, 기업의 소유 주체가 가지는 기업에 대한 청구권을 **자본**(capital)이라고 한다. 자본이란 기업의 자산에서 모든 부채를 차감한 후의 잔여지분으로 정의된다.[1] 이와 같은 자본의 정의는 자본이 그 자체로 측정되는 것이 아니라 자산과 부채의 결정에 따라 그 값을 가지게 되는 것을 의미한다. 이러한 자본의 특징에 대해서 기업회계기준서에서는 재무상태표에 표시되는 자본의 금액이 자산과 부채 금액의 측정에 따라서 결정된다고 언급하고 있다. 따라서 재무상태표상의 자본총액은 해당 기업이 발행한 주식의 시가총액, 또는 순자산을 나누어서 처분하거나 계속기업을 전제로 기업 전체를 처분할 때 받을 수 있는 총액과 우연한 경우에만 일치하게 된다.[2] 자본의 세부 내역에 있어 재무상태표에 지배기업의 소유주에게 귀속되는 납입자본과 적립금을 표시하도록 하고 있으나, 실제 자본의 표시를 위한 세부 사항에 대한 내용을 다루지 않아 기업들은 다양한 방법으로 자본을 구분하여 표시하고 있다. 이와 관련하여 일반기업회계기준에서는 자본을 자본금, 자본잉여금, 이익잉여금, 기타포괄손익누계액과 자본조정으로 구분하도록 하고 있다.[3] 본장에서는 일반기업회계기준에서 구분한 세부 항목을 중심으로 자본의 구성항목들을 살펴본다.

---

1) 한국채택국제회계기준 재무보고를 위한 개념체계 4.4.

2) 한국채택국제회계기준 재무보고를 위한 개념체계 4.22.

3) 일반기업회계기준 제2장 재무제표의 작성과 표시 I 2.18.

제2절 자본금

1. 자본금의 정의와 종류

자본금(shared capital)이란 주식 1주당 액면금액에 발행주식수를 곱하여 나온 금액을 의미한다. 자본금은 채권자들을 보호하기 위해 기업이 보유해야 하는 최소 금액으로서 채권자 보호를 위해서 주주의 배당을 위한 재원에서 제외한다. 주식은 크게 **보통주**(common stock)와 **우선주**(preferred stock)로 구분된다. 보통주는 기업의 상이한 종류의 주식 가운데 기준이 되는 주식으로 기업의 기본적인 소유권을 의미하는 주식이다. 보통주는 의결권을 행사하며, 부채와 관련된 상환 및 우선주에 대한 배당 이후의 잔여지분을 가지게 된다. 반면 우선주는 보통주가 보유한 의결권을 가지지 않으며, 배당 및 기업청산으로 인한 잔여 재산의 분배에 있어서 보통주보다 우선하여 사전에 정하여진 범위 안에서 이익배당과 잔여재산의 분배를 수취할 우선권을 가진다. 우선주는 보통주에 우선하여 가지게 되는 우선권의 특성에 따라 누적적우선주, 참가적우선주, 상환우선주, 전환우선주 등으로 나뉜다.

누적적우선주(cumulative preferred stock)는 특정한 회계연도에 사전에 정하여진 이익배당을 전액, 또는 부분적으로 수령하지 못한 경우, 이후 회계연도에 보통주가 이익배당을 지급받기 전 우선적으로 이익배당을 지급받을 권리가 있는 우선주이다. 반면 비누적적우선주의 경우에는 특정한 회계연도에 사전에 정하여진 이익배당을 수령하지 못할 경우, 이후 연도에 전년도에 받지 못한 이익배당을 누적하여 받을 수 없다.

참가적우선주(participating preferred stock)는 사전에 정하여진 우선주에 대한 배당비율에 해당하는 배당을 초과해서 일정한 수준까지 보통주와 동일하게 잔여배당에 참가하는 우선주를 의미한다. 참가적우선주는 다시 완전참가적우선주와 부분참가적우선주로 구분된다. 완전참가적우선주는 보통주와 동일하게 잔여 배당에 제한없이 참가하는 반면, 부분참가적우선주는 참여할 수 있는 잔여 배당에 한도가 있다.

상환우선주(callable preferred stock)는 우선주를 발행한 기업이 미래 특정 시점에 사전에 정하여진 금액으로 해당 주식을 상환할 수 있는 우선주를 말한다. 상환우선주 발행기업은 우선주 발행 시에 다른 수단보다 편하게 자금을 조달한 이후 우선주를 상환할 여력이 생겼을 때 상환을 실시함으로써 배당의 부담을 줄일 수 있게 된다.

전환우선주(convertible preferred stock)는 해당 우선주를 보유한 주주가 사전에 정하여진 조건으로 보유하고 있는 우선주를 보통주로 전환할 수 있는 우선주를 말한다. 전환우선주를 소유한 주주는 보통주와 우선주 보유 시에 가지게 되는 경제적 효용 가운데 보통주로 전환하는 것이 더 유리한 경우에 보통주로 전환할 수 있는 권리를 가지게 된다.

2. 자본금의 변동

기업의 운영과정에서 자본금의 변동이 발생할 수 있다. 자본금이 증가하는 대표적인 예로는 유상증자와 무상증자가 있다. 자본금이 감소하는 대표적인 예로는 유상감자와 무상감자가 있다.

1) 유상증자

유상증자(seasoned equity offering)란 기업의 설립 이후에 기존의 주주나 새로운 주주들에게 주식을 발행하고 자금을 조달하는 것을 말한다.

유상증자의 진행은 먼저 발행되는 신주의 인수 여부에 대한 기존의 주주들의 의사를 득한 이후, 기존의 주주들이 인수하지 않는 주식인 실권주를 증권회사 등 유상증자를 주관하는 주체가 새로운 주주, 즉 일반투자자들에게 공모하는 순서로 이루어진다. 유상증자 시 주당 발행금액은 주당 액면금액이 아닌 주식시장에서의 시가 등에 근거하여 결정된다.

주식이 액면금액보다 높은 금액으로 할증발행되는 경우에는 다음과 같이 액면금액은 자본금으로, 액면금액을 초과하는 금액은 자본잉여금에 속하는 **주식발**

행초과금(shared premium) 계정에 기록한다.

(차) 현 금	×××	(대) 자본금	×××
		주식발행초과금	×××

반면 주식이 액면금액보다 낮은 금액으로 할인발행되는 경우에는 다음과 같이 액면금액은 자본금으로, 액면금액에 미달하는 금액은 자본조정에 속하는 **주식할인발행차금**(shared discount) 계정에 기록한다.

(차) 현 금	×××	(대) 자본금	×××
주식할인발행차금	×××		

주식의 할증발행 시에 이전 주식발행 시에 발생한 주식할인발행차금 계정이 있을 때에는 주식할인발행차금 계정을 먼저 상계한 이후에 주식발행초과금 계정에 기록한다. 반대로 주식의 할인발행 시에 이전 주식발행 시에 발생한 주식발행초과금이 있을 때에는 주식발행초과금 계정을 먼저 상계한 이후에 주식할인발행차금 계정에 기록한다.

다음의 〈예시 10.1〉은 주식의 유상증자와 관련된 회계처리를 보여주고 있다.

예시 10.1

(주)서울상사는 20×1년 1월 1일 설립 시에 보통주 1,000주(액면가 5,000원)를 주당 4,000원에 발행하고, 20×1년 9월 30일에 보통주 2,000주를 주당 5,700원에 발행하였다. (주)서울상사가 20×1년 1월 1일과 20×1년 9월 30일에 해야 할 분개를 각각 하시오.

20×1. 1. 1.

(차) 현 금	4,000,000	(대) 자본금	5,000,000
주식할인발행차금	1,000,000		

20×1. 9. 30.

(차) 현 금	11,400,000	(대) 자본금	10,000,000
		주식할인발행차금	1,000,000
		주식발행초과금	400,000

2) 무상증자

무상증자(bonds issue)란 주주에게 대가를 수취하고 주식을 발행하는 유상증자와 달리 주주에게 무상으로 주식을 발행하는 것을 말한다. 무상증자 시에는 신규로 발행하는 주식수에 주당 액면금액을 곱한 금액을 자본금으로 인식하고, 동일한 금액만큼 자본잉여금 중 주식발행초과금이나 이익잉여금 중 이익준비금을 차감하는 분개를 실시한다.

(차) 주식발행초과금(자본잉여금)	×××	(대) 자본금	×××
또는			
이익준비금(이익잉여금)			

무상증자 시 증가하는 자본금과 감소하는 주식발행초과금이나 이익준비금 모두 자본 계정에 속하기 때문에 자본총계의 변화는 없으며, 주주로부터 신규 자금이 유입되는 유상증자의 경우와는 달리 자산의 증가도 발생하지 않는다. 무상증자가 실시되는 대표적인 예로는 주당 가격이 너무 높아서 거래가 원활하게 이루어지지 않는 경우 등을 들 수 있다. 다음 〈예시 10.2〉는 무상증자와 관련된 회계처리를 보여준다.

예시 10.2

(주)서울상사는 20×1년 7월 1일을 기준일로 하여 보통주 주주들에게 1주당 10주씩의 신주를 무상으로 발행하기로 이사회에서 결의하였다. (주)서울상사의 보통주 1주당 액면금액은 5,000원이며 총발행주식수는 1,000주이다. 무상증자 시에는 이익잉여금 중 이익준비금으로 주식발행 재원을 충당하게 된다. (주)서울상사가 무상증자와 관련하여 해야 할 분개를 하시오.

20×1. 7. 1.

(차) 이익준비금	5,000,000	(대) 자본금	5,000,000

3) 유상감자

유상감자(capital reduction)란 주주들에게 대가를 받고 주식을 발행하는 유상증자와는 반대로 주주들에게 대가를 지급하고 주식을 취득한 후 소각시키는 것을 의미한다. 주식의 소각에 따라 기업의 자본금은 감소하게 된다. 유상감자는 유통주식수의 감소로 주당순이익 증가, 자사 주식의 시장성 제고, 타기업의 인수 합병 후 인수자금의 조기 회수 등 다양한 목적에 따라 실시된다.

유상감자 시에 주주들에게 지급한 대가가 최초 주식발행금액보다 큰 경우에는 손실이 발생한다. 손실금액은 기존에 감자차익 계정에 금액이 있는 경우에는 먼저 차감한 후, 잔액은 자본의 차감계정인 감자차손 계정으로 분개하는데 동 계정은 자본조정으로 분류된다.

(차) 자본금	×××	(대) 현 금	×××
주식발행초과금	×××		
감자차익	×××		
감자차손	×××		

반면 주주들에게 지급한 대가가 최초 주식발행금액보다 작은 경우에는 유상감자 시에 이익이 발생한다. 이익금액은 기존에 감자차손 계정에 금액이 있는 경우에는 먼저 차감한 후, 잔액은 감자차익 계정으로 분개하는데 동 계정은 자본잉여금으로 분류된다.

(차) 자본금	×××	(대) 현 금	×××
주식발행초과금	×××	감자차손	×××
		감자차익	×××

다음 〈예시 10.3〉은 유상감자와 관련된 분개를 보여준다.

예시 10.3

(주)서울상사의 20×1년 2월 1일 현재 자본내역은 다음과 같다.

- 보통주 1,000주(액면금액 5,000원)

- 주식발행초과금 500,000원
- 최초 주식발행 시 주당 발행금액은 5,500원임

(1) 20×1년 2월 1일에 보통주 100주를 주당 7,000원에 취득하여 소각한 경우에 필요한 분개를 하시오.

(차)	자본금	500,000	(대) 현 금	700,000
	주식발행초과금	50,000		
	감자차손	150,000		

(2) 20×1년 2월 1일에 보통주 100주를 주당 4,000원에 취득하여 소각할 경우에 필요한 분개를 하시오.

(차)	자본금	500,000	(대) 현 금	400,000
	주식발행초과금	50,000	감자차익	150,000

4) 무상감자

무상감자(capital reduction without refund)란 주주에게 무상으로 주식을 발행하는 무상증자와는 반대로 주주에게 대가를 지급하지 않고 주식을 소각하는 것을 의미한다. 무상감자는 기업의 성과가 좋지 않아 이익잉여금이 0보다 작은 경우, 즉 이월결손금이 나타나는 기업의 경우에 자본금을 감소시키면서 이월결손금을 감소시키는 경우에 주로 실시된다. 이 경우, 무상감자 시에는 감소하는 발행주식수에 주당 액면금액을 곱한 금액만큼 차변에서 자본금을 감소시키고, 대변에서는 자본의 차감계정인 이월결손금을 감소시키는 분개를 실시하게 된다.

무상감자를 통해 소각되는 최초 발행금액이 소각시점의 이월결손금 잔액보다 큰 경우에는 초과되는 금액은 감자차익으로 대변에 분개한다. 무상감자 시에 자본금이 감소하지만 동일 금액만큼 자본의 차감계정인 이월결손금이 감소하고, 초과되는 금액은 감자차익이 증가하므로 자본총계의 변화는 없으며, 주주에게 대가가 지급되는 유상감자와는 달리 자산의 감소도 발생하지 않는다.

(차) 자본금	×××	(대) 이월결손금	×××
주식발행초과금	×××	감자차익	×××

다음의 〈예시 10.4〉는 무상감자와 관련된 회계처리를 보여주고 있다.

예시 10.4

(주)서울상사의 20×1년 2월 1일 현재 자본내역은 다음과 같다.

- 보통주 1,000주(액면금액 5,000원)
- 주식발행초과금 500,000원
- 이월결손금 2,000,000원
- 최초 주식발행 시 주당 발행금액은 5,500원

(주)서울상사는 이월결손금의 보전을 위해 20×1년 2월 1일을 기준으로 2대 1의 무상감자를 실시하기로 하였다. (주)서울상사가 무상감자와 관련하여 해야 할 분개를 하시오.

(차) 자본금	2,500,000	(대) 이월결손금	2,000,000
주식발행초과금	250,000	감자차익	750,000

5) 자기주식

앞서 살펴본 유상감자와 무상감자는 기업이 주식을 취득함으로서 자본금을 감소시키는 효과가 있다. 이와는 달리 기업이 재발행을 목적으로 기존에 발행하였던 주식을 취득하는 경우가 있다. 이와 같이 기업에서 재발행목적으로 취득하는 주식을 **자기주식**(treasury shares)이라고 하며 자본총계를 줄이는 효과로 인해 자본의 차감계정이 된다.

자기주식의 취득 시에는 다음과 같은 분개를 실시한다.

(차) 자기주식(자본의 차감계정)	×××	(대) 현 금	×××

기업이 재발행을 목적으로 자기주식을 취득한 경우에 해당 주식은 기업의 발

행주식수에는 포함되지만 유통주식수에서는 제외된다. 그리고 자기주식은 의결권이 부여되지 않고, 배당을 받을 권리도 없다.

자기주식을 취득한 기업이 해당 주식을 재발행하는 경우에는 재발행 시 수취하는 금액과 자기주식의 취득 시 지급한 금액, 즉 자기주식의 취득원가 간의 차이에 따라 다음과 같은 분개를 실시한다.

(1) 재발행 시 수취금액 > 자기주식의 취득원가

(차) 현 금	×××	(대) 자기주식	×××
		자기주식처분이익 (자본잉여금)	×××

(2) 재발행 시 수취금액 < 자기주식의 취득원가

(차) 현 금	×××	(대) 자기주식	×××
자기주식처분손실 (자본 조정)	×××		

위와 같은 자기주식의 회계처리방법을 **원가법**(cost method)이라고 한다. 원가법은 자기주식의 취득목적을 해당 주식의 재발행으로 본다. 이에 따라 자기주식의 취득이 재발행을 전제로 이루어진다고 보고 자기주식의 취득과 재발행에 해당하는 분개를 실시한다.

이와는 달리 자기주식의 취득목적을 해당 주식의 재발행이 아닌 소각으로 보고 회계처리하는 방법을 **액면금액법**(par value method)이라고 한다. 이 경우에는 자기주식의 취득과 재발행이 독립적으로 이루어진다고 보고, 자기주식의 취득은 주식의 소각으로 보아 유상감자에 해당하는 분개를, 재발행은 신주의 발행으로 보아 유상증자에 해당하는 분개를 실시한다.

구체적으로 자기주식의 취득 시에 유상감자 시의 회계처리에 준해서 주식의 액면금액만큼 자기주식 계정의 차변에 분개하고 자본금 계정의 차감계정으로 한다. 이때 최초 발행 시에 할증발행을 하였다면 자기주식의 취득비율에 해당하는 주식발행초과금을 차감시킨다. 주식발행초과금을 고려한 후, 자기주식의 취득가액이 최초 발행금액보다 크면 차액만큼 감자차손을 인식하는 분개를 하게 되며, 자기주식의 취득가액이 최초 발행금액보다 작으면 차액만큼 감자차익을 인식하는 분개를 하게 된다.

(1) 자기주식의 취득가액이 최초 발행금액보다 큰 경우

(차) 자기주식(액면금액)	×××	(대) 현 금	×××
주식발행초과금	×××		
감자차손	×××		

(2) 자기주식의 취득가액이 최초 발행금액보다 작은 경우

(차) 자기주식(액면금액)	×××	(대) 현 금	×××
주식발행초과금	×××	감자차익	×××

상기 분개는 유상감자 시 자기주식의 취득 관련 분개와 유사함을 알 수 있다.

이후 취득한 자기주식의 재발행과 관련해서 액면금액법에서는 신주발행에 준하는 회계처리를 실시한다. 먼저 자기주식의 액면금액보다 큰 금액으로 재발행하게 되면 일반적인 신주발행 시와 마찬가지로 주식발행초과금을 인식한다.

(차) 현 금	×××	(대) 자기주식	×××
		주식발행초과금	×××

다음으로 자기주식의 액면금액보다 작은 금액으로 재발행하게 되면, 일반적인 신주발행 시에 주식할인발행차금을 인식하는 것과는 달리 감자차익을 감소시키는 분개를 하게 되며, 초과금액은 자기주식처분손실로 인식하게 된다.

(차) 현 금	×××	(대) 자기주식(액면금액)	×××
감자차익	×××		
자기주식처분손실	×××		

다음의 〈예시 10.5〉는 자기주식의 회계처리를 보여주고 있다.

예시 10.5

(주)서울상사의 20×1년 2월 1일 현재 자본내역은 다음과 같다.

- 보통주 100주(액면금액 5,000원)
- 주식발행초과금 100,000원
- 최초 주식발행 시 주당 발행금액은 6,000원

(주)서울상사는 20×1년 2월 1일에 보통주 10주를 주당 7,000원에 취득한 후 20×1년 3월 10일에 주당 7,500원을 받고 보통주 10주를 재발행하였다.

(1) (주)서울상사가 자기주식의 회계처리와 관련하여 원가법을 적용할 경우 20×1년 2월 1일과 20×1년 3월 10일에 해야 할 분개를 각각 하시오.

자기주식의 회계처리 시 원가법을 적용할 경우에는 자기주식의 취득 및 재발행을 연속된 거래로 보고 회계처리한다.

20×1. 2. 1.

(차)	자기주식	70,000	(대) 현 금	70,000

20×1. 3. 10.

(차)	현 금	75,000	(대) 자기주식	70,000
			자기주식처분이익 (자본잉여금)	5,000

만약 20×1년도 3월 10일에 자기주식 10주를 주당 6,700원씩 받고 재발행했다면 다음과 같이 회계처리한다.

20×1. 3. 10.

(차)	현 금	67,000	(대) 자기주식	70,000
	자기주식처분손실 (자본조정)	3,000		

(2) (주)서울상사가 자기주식의 회계처리와 관련하여 액면금액법을 적용할 경우 20×1년 2월 1일과 20×1년 3월 10일에 해야 할 분개를 각각 하시오.

자기주식의 회계처리 시 액면금액법을 적용할 경우에는 자기주식의 취득은 유상감자, 재발행은 신주발행의 분개에 준하여 각각 분개한다.

20×1. 2. 1.

(차)	자기주식	50,000	(대) 현 금	70,000
	주식발행초과금	10,000		
	감자차손	10,000		

20×1. 3. 10.

(차)	현 금	75,000	(대) 자기주식	50,000
			주식발행초과금	25,000

만약 20×1년 3월 10일에 자기주식 10주를 주당 4,700원씩 받고 재발행했다면 다음과 같이 회계처리한다.

20×1. 3. 10.

(차)	현 금	47,000	(대) 자기주식	50,000
	자기주식처분손실	3,000		

제3절 자본잉여금

자본잉여금은 자본과 관련하여 주주와의 거래에서 발생한 잉여금을 의미한다. 대표적인 자본잉여금으로 주식의 할증발행 시에 발생하는 주식발행초과금이 있고 그 외에도 주식의 감자 시에 발생하는 감자차익, 자기주식을 처분할 시에 발생하는 자기주식처분이익 등이 있다.

자본잉여금은 자본을 증가시키는 항목이라는 면에서 이익잉여금과 유사한 점이 있다. 그러나 이익잉여금은 영업활동과정에서 발생하여 손익계산서에 계상되는 이익이 결산 시에 재무상태표상의 자본에 가산되는 것인 반면, 자본잉여금은 주주와의 거래를 통해 손익계산서가 아닌 재무상태표의 자본에 바로 가산된다는 차이점이 있다.

1. 주식발행초과금

주식발행초과금(additional paid-in capital)은 기업이 유상증자를 실시할 시에 발행금액이 액면금액보다 커서 액면금액에 해당하는 자본금금액에 초과하여 주주들로부터 받게 되는 금액을 의미한다.

기업이 유상증자를 통해 신주를 발행할 때에 상장수수료 등 주식발행과 관련한 비용이 발생하게 된다. 이 경우에는 주식발행비는 별도의 계정으로 분개하지 않고, 지출된 금액만큼 주식발행초과금을 차감하여 해당 지출을 조정하게 된다.

위의 상황과는 달리 기업이 유상증자를 실시할 시에 발행금액이 액면금액보다 작은 경우, 즉 할인발행하는 경우가 발생할 수 있다. 이 경우에는 주식할인발행차금(share discount)이 발생하게 된다. 이 경우에 자본잉여금 내에 주식발행초과금이 존재하는 경우에는 주식발행초과금을 먼저 상계한 후 추가 금액에 대해서 주식할인발행차금을 인식하게 된다.

다음의 〈예시 10.6〉은 상장수수료 등 주식발행과 관련한 비용이 발행하는 경우의 회계처리를 보여주고 있다.

예시 10.6

(주)서울상사는 20×1년 1월 1일에 액면금액이 5,000원인 주식 10주를 주당 6,000원에 발행하였고 발행과정에서 상장수수료 500원이 지출되었다. (주)서울상사는 20×1년 2월 1일에 액면금액 5,000원인 주식 20주를 주당 4,000원에 발행하였고 발행과정에서 상장수수료 700원이 지출되었다. 20×1년 1월 1일과 20×1년 2월 1일에 해야 할 분개를 각각 하시오.

20×1. 1. 1.

(차) 현 금	59,500	(대) 자본금	50,000

		주식발행초과금	9,500*

* 상장수수료 등 주식발행 관련 비용을 별도의 계정으로 분개하지 않고 해당 금액만큼 주식발행초과금을 조정한다.

20×1. 2. 1.

(차) 현 금	79,300	(대) 자본금	100,000
주식발행초과금	9,500		
주식할인발행차금	11,200		

만약 (주)서울상사가 20×1년 3월 15일에 액면금액이 5,000원인 주식 30주를 주당 5,500원에 발행하고 발행과정에서 신주발행비 1,000원을 지출하였다면 (주)서울상사는 다음과 같은 분개를 실시하게 된다.

20×1. 3. 15.

(차) 현 금	164,000	(대) 자본금	150,000
		주식할인발행차금	11,200
		주식발행초과금	2,800*

* 주식발행초과금 인식 시에 기존에 주식할인발행차금이 존재하는 경우에는 주식할인발행차금을 먼저 상계한 후 초과금액을 주식발행초과금으로 인식하게 된다.

제4절 이익잉여금

이익잉여금(retained earings)이란 주주의 투자나 주주에 대한 배당 등 주주와의 거래를 제외하고, 기업의 영업활동 중에 발생한 수익이 비용을 초과한 금액인 당기순이익 가운데 배당 등의 사유로 기업 외부에 유출되지 않고 기업 내부에 유보되어 누적된 금액을 말한다.

주주의 몫인 자본의 변화는 먼저 기업과 주주 간의 거래에 의해 발생한다.

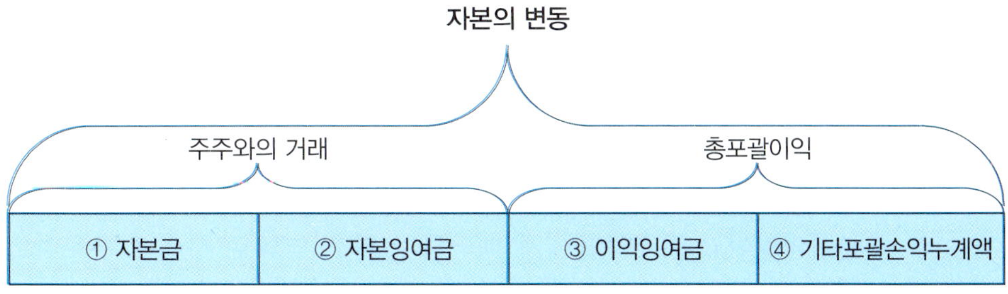

주식의 발행 시에 발행주식수에 액면금액을 곱한 금액이 자본금임을 이미 다룬 바 있고, 자본잉여금은 주식발행초과금과 같이 주주와의 거래 시에 발생한 잉여금을 의미한다.

자본의 총변동분 가운데 주주와의 거래를 제외한 변동분을 **총포괄이익**이라고 하는데, 이익잉여금은 총포괄이익 가운데 수익에서 비용을 제한 금액, 즉 당기순이익이 누적된 금액을 의미한다. 이와는 달리 **기타포괄손익누계액**은 주주와의 거래에 해당하지는 않지만, 자본의 증가 및 감소의 발생항목 가운데 수익과 비용 계정으로 인식하여 당기순이익의 계산 시에 포함시키는 것이 아니라 별도로 구분하여 관리하는 계정을 의미한다.[4]

이익잉여금은 크게 미처분이익잉여금, 법정적립금과 임의적립금으로 구분된다. 특정 회계기간 동안에 발생한 수익과 비용에 따라 당기순이익이 발생하게 되고, 회계순환과정 중 마감 단계에서 임시계정인 수익 계정과 비용 계정은 집합손익으로 마감되며, 집합손익 계정은 다시 이익잉여금으로 마감되는데, 이때 당기순이익이 자본 계정으로 이동하는 때에 사용되는 계정이 미처분이익잉여금 계정이다.

미처분이익잉여금은 이후 주주총회를 통해서 주주들에게 배당을 실시하게 될지, 사내에 유보하게 될지 결정된다. 주주들에게 배당을 실시한 이후, 사내에 유보되는 이익잉여금은 앞서 언급한 바와 같이 미처분이익잉여금, 법정적립금과 임의적립금으로 구분된다.

법정적립금은 미처분이익잉여금 중 당해 회계기간에 주주들에게 지급한 현금

4) 기타포괄손익누계액은 다음 절에서 자세히 상술한다.

배당액의 10% 이상을 **이익준비금** 계정에 대체하도록 상법에서 의무화하여 대체된 금액이 누적되어 있는 것이다. 이익준비금은 해당 기업의 자본금의 50%에 해당하는 금액이 적립될 때까지 의무적으로 적립하여야 한다. 상법에서 적립을 의무하고 있는 법정적립금과는 달리 **임의적립금**은 기업이 특정 목적을 위해 미처분이익잉여금을 주주들에게 배당하지 않고 임의로 사내에 유보하고 있는 금액을 의미한다. 기업은 기업 임의의 특정 목적을 위해 미처분이익잉여금을 임의적립금으로 대체한 후, 목적을 달성한 후에는 다시 임의적립금에서 미처분이익잉여금으로 대체하게 된다. 대표적인 임의적립금으로는 사업확장적립금, 결손보전적립금 등이 있다.

이익잉여금은 기업의 영업활동과정에서 당기순이익이 발생하면 증가하는 반면, 당기순손실이 발생하면 감소하게 된다. 당기순손실의 발생에 따라 이익잉여금이 음(-)의 값을 가지게 되는 경우가 발생할 수 있다. 이 경우에는 이익잉여금이 아닌 결손금으로 표시하고 괄호를 이용하여 잔액을 표시하게 된다.[5)]

다음의 〈예시 10.7〉은 이익잉여금과 관련된 예시이다.

예시 10.7

(주)서울상사는 20×1년 1월 1일에 1인 주주 김성실 씨가 1,000,000원을 출자하여 영업을 개시하였다. 영업 개시시점에 주식을 액면발행하였다. 20×1년에 (주)서울상사는 5,000,000원의 이익과 4,000,000원의 비용이 발생하였다. 주주총회에서 미처분이익잉여금의 20%를 현금배당하기로 결의하였다. (주)서울상사는 이익준비금을 최소의 금액만 적립하기로 하였으며. 재무구조개선적립금(임의적립금)으로 150,000원을 적립하기로 하였다. 상기 절차를 마친 후, 미처분이익잉여금, 이익잉여금, 자본총계의 금액을 각각 구하시오.

1. 미처분이익잉여금

$$\underbrace{(5{,}000{,}000\text{원}-4{,}000{,}000\text{원})}_{\text{당기순이익}} - \underbrace{(5{,}000{,}000\text{원}-4{,}000{,}000\text{원})\times 20\%}_{\text{현금배당}}$$

5) 회계에서 괄호 안의 금액은 음의 금액을 의미한다. 결손금은 이익잉여금의 측면에서 보면 음의 금액이 됨을 알 수 있다.

$$-\underbrace{\{(5{,}000{,}000원-4{,}000{,}000원)\times 20\%\}\times 10\%}_{\text{이익준비금(법정적립금)}}-\underbrace{150{,}000}_{\text{재무구조개선적립금(임의적립금)}}=630{,}000원$$

2. 이익잉여금

$$\underbrace{630{,}000원}_{\text{미처분이익잉여금}}+\underbrace{20{,}000원}_{\text{법정적립금}}+\underbrace{150{,}000원}_{\text{임의적립금}}=800{,}000원$$

3. 자본총계

$$\underbrace{1{,}000{,}000원}_{\text{자본금}}+\underbrace{800{,}000원}_{\text{이익잉여금}}=1{,}800{,}000원$$

제5절 기타포괄손익누계액

자본의 변동 가운데 주주와의 거래 이외의 거래에 의해 일어난 변동을 총포괄이익이라고 하고, 이 가운데 기업의 영업활동과정에서 수익과 비용의 발생으로 인해 당기순이익이 발생하고, 발생한 당기순이익이 누적된 것이 이익잉여금임을 살펴보았다.

총포괄이익을 구성하는 항목 가운데 당기 수익과 비용으로 인한 당기순이익 산출 시에 포함되지 않는 항목을 기타포괄손익이라고 한다. 수익과 비용 항목이 손익계산서를 거쳐 자본 중 이익잉여금에 포함되는 것과는 달리, 총포괄이익 항목은 손익계산서의 당기순이익을 구성하지 않고 별도의 기타포괄손익을 구성하고, 재무상태표의 자본 중 기타포괄손익누계액에 포함된다.

한국채택국제회계기준(K-IFRS)은 손익계산서상의 당기순이익, 기타포괄손익, 그리고 당기순이익과 기타포괄이익의 합계인 **총포괄이익**(comprehensive income)을 표시하도록 하였다. 총포괄이익을 작성하는 방법으로는 단일 재무제표로 총포괄이익을 표시하는 방법과 당기순이익과 총포괄이익을 순차적으로 2개의 별도 재무제표로 표시하는 방법이 있다.

단일 재무제표 표시방법

	수 익
−	비 용
	당기순이익
±	기타포괄손익
	총포괄이익

2개의 별도 재무제표 표시방법

	수 익		당기순이익
−	비 용	±	기타포괄손익
	당기순이익		총포괄이익

기타포괄손익은 이후 관련 자산이 사용되거나 제거됨에 따라 당기의 손익으로 재분류하여 해당 기간의 당기손익에 반영되는 기타포괄손익과 당기의 손익으로 재분류할 수 없는 기타포괄손익으로 구분된다.[6] 재분류 조정이 가능한 기타포괄손익으로는 FVOCI 금융자산평가손익, 현금흐름위험회피적립금, 해외사업환산손익 등이 있고, 재분류 조정이 불가능한 기타포괄손익으로는 재평가잉여금과 확정급여재측정요소 등이 있다.

재분류 조정이 가능한 기타포괄손익 가운데 FVOCI 금융자산평가손익을 예로 들고, FVOCI 금융자산으로 분류한 주식이나 회사채를 회계기간 말까지 보유하여 평가이익이나 평가손실이 발생한 경우를 가정해 보자. FVOCI 금융자산의 보유로 인한 평가이익이나 평가손실로 인한 자본의 변화는 주주와의 거래에 따른 결과가 아니므로, 자본금이나 자본잉여금의 변화가 아니라, 총포괄이익의 변화에 해당한다.

그리고 기업이 해당 금융자산을 FVPL 금융자산이 아닌 FVOCI 금융자산으로 분류한 것은 해당 자산을 보유하는 목적이 단기간에 매각을 통해 시세차익을 얻을 목적이 아님을 보여준다. 따라서 FVOCI 금융자산의 보유 시 시세변동에 따른 평가손익의 실현은 단기간에 이루어지지 않을 가능성이 크므로 해당 평가손익을 총포괄손익 중 당기순손익에 포함시키는 것은 적절치 않고, 기타포괄손익으로 분류하게 된다.

---

6) 당기의 손익으로 재분류할 수 없는 기타포괄손익이라도 자본 내에서 기타포괄손익누계액으로부터 이익잉여금으로의 대체는 가능하다.

예로서 기업이 기말 현재 보유하고 있는 FVOCI 금융자산과 FVPL 금융자산이 기초 시점 대비 각각 100원과 200원 상승한 경우를 가정하면 다음과 같은 평가손익 인식 분개를 실시한다.

(차) FVOCI 금융자산	100	(대)	금융자산평가이익–OCI (기타포괄이익)	100
(차) FVPL 금융자산	200	(대)	금융자산평가이익–PL (수　익)	200

상기 평가이익은 포괄손익계산서와 재무상태표상에 다음과 같이 포함된다.

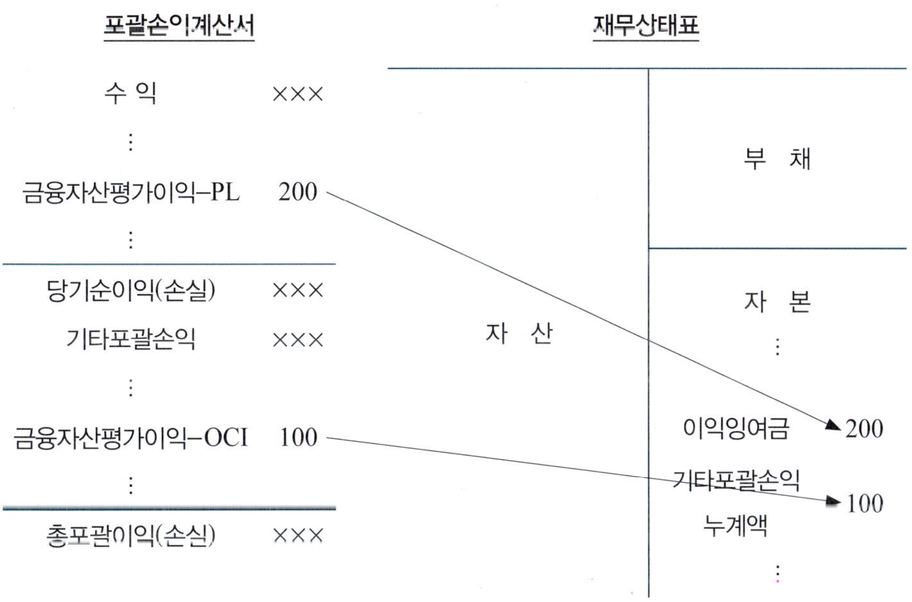

상기 예에서 당기순이익의 수익 항목에 포함되어 있는 금융자산평가이익–PL은 마감분개를 통해서 재무상태표의 자본 항목 가운데 이익잉여금을 증가시키게 되며 기타포괄손익에 포함되어 있는 금융자산평가이익–OCI는 마감분개를 통해서 재무상태표의 자본 항목 가운데 기타포괄손익누계액을 증가시키게 된다.

재분류 조정이 불가능한 기타포괄손익 가운데 재평가잉여금을 예로 들면 K–IFRS에서 공정가치 평가로 인해 증가되는 장부금액을 재평가잉여금으로 하여 기타포괄손익으로 인식하도록 하고 있다. 예로서 재평가모형을 선택한 기업이 기말 현재 보유하고 있는 토지가 직전 평가시기 대비 공정가치가 100원 상승했다면 다음과 같은 분개를 실시한다.

(차)	토 지 (유형자산)	100	(대) 재평가잉여금 (기타포괄이익)	100

이와 관련하여, 기업이 투자부동산으로 보유하고 있는 토지가 직전 평가시기 대비 공정가치가 200원 상승했다면 다음과 같은 분개를 실시한다.

(차)	토 지	200	(대) 투자부동산평가이익 (수 익)	200

상기 분개의 결과, 포괄손익계산서와 재무상태표상에 다음과 같이 표시된다.

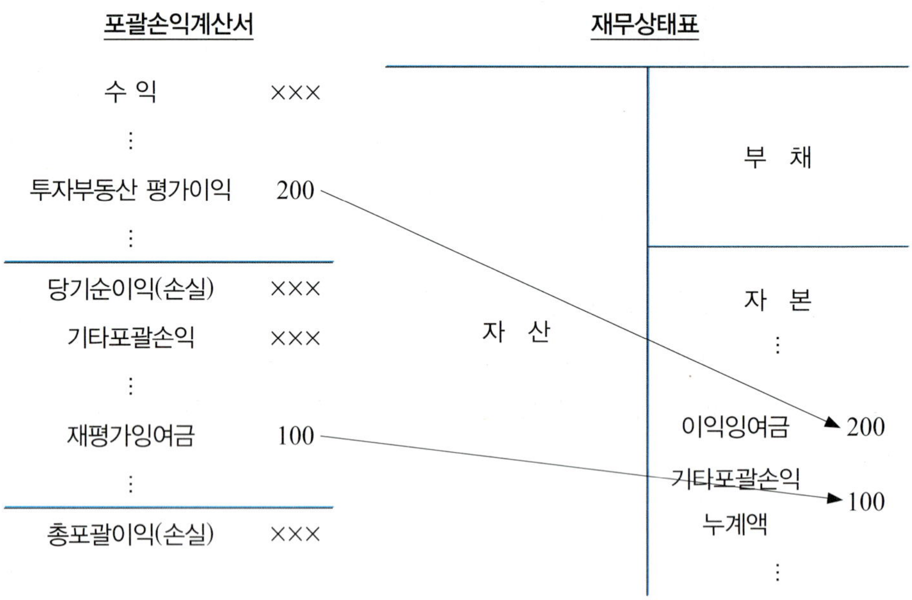

상기 예에서 시세차익 등의 목적으로 보유하고 있는 토지(투자부동산)의 경우에는 평가시점 현재 미실현상태인 평가이익 200원이 곧 실현될 가능성이 높으므로 당기의 성과인 당기순손익 항목인 수익에 포함된다. 반면 재평가모형을 통해

서 해당 토지(유형자산)의 장부금액을 공정가치로 평가한 기업의 상황은 공정가치를 반영하여 이해관계자들의 의사결정에 유용한 정보를 제공하는 것이 목적이다. 따라서 재평가를 통해 인식한 미실현이익인 재평가잉여금이 실현되는 것이 아니므로 당기순이익에 포함시키는 것이 아니라 기타포괄손익으로 인식하고 자본 중 기타포괄손익누계액을 증가시키게 된다.

제6절 자본조정

자본조정은 자본의 변동 가운데 자본금, 자본잉여금, 이익잉여금 및 기타포괄손익누계액으로 분류되지 않는 항목들을 의미한다. 대표적인 자본조정 항목으로는 **자기주식**(treasury stock), **주식선택권**(stock option), 주식할인발행차금, **감자차손**, 자기주식처분손실 등이 있다.

자본조정 가운데 주식선택권을 예로 들면, 주식선택권은 기업이 임직원들을 대상으로 하여 일정한 기간 동안 근무한 후, 사전에 약정을 통해 정해진 수량의 자사 주식을 정해진 행사가격에 구매할 수 있는 권리를 부여한 것을 의미한다.

주식선택권을 부여받은 임직원들은 사전에 정해진 행사가격으로 주식을 구매한 후 행사가격을 상회하는 기업의 주가에 매각함에 따라 양 금액 간의 차이만큼 이익을 얻게 된다. 이에 따라 주가가 상승하면 상승할수록 임직원의 이익은 점점 증가하게 되므로, 임직원들은 업무를 더 열심히 하게 되는 동기부여가 된다. 또한 주가의 상승은 곧 기업가치의 상승을 의미하므로 주식선택권은 임직원뿐만 아니라 기업에도 이익이 될 수 있다.

다음의 〈예시 10.8〉은 주식선택권과 관련한 회계처리를 보여준다.

예시 10.8

(주)서울상사는 20×1년 1월 1일에 임직원 10명에게 향후 3년간 근무하는 것을 조건으로 하여 임직원 1명당 1,000개의 주식선택권을 부여하였다. 20×1년 1월 1일 현

재 주식선택권의 가치는 1주당 2,250원으로 추정된다. 과거의 경험상 20%의 임직원이 3년 내에 퇴사할 것으로 추정된다. (주)서울상사는 매월 단위로 재무제표를 작성한다. 20×1년 1월 31일에 해야 할 분개를 하시오.

- 주식선택권의 가치: 1,000개×10명×2,250원=22,500,000원

임직원 가운데 20%는 퇴사가 예상되므로 기업의 입장에서 실제 주식선택권의 행사에 따라 발생할 것으로 예상되는 주식보상비용은 다음과 같다.

- 주식보상비용: 22,500,000원×80%=18,000,000원

기업은 상기 주식보상비용 18,000,000원을 3년의 기간 동안 비용으로 인식한다. 이 경우 매 기간(매월)의 주식보상비는 다음과 같다.

- 기간별 주식보상비: (18,000,000원÷3년)÷12개월=500,000원

이에 따라 1월 말에 다음과 같은 수정분개를 실시한다.

(차)	주식보상비	500,000	(대)	주식선택권 (자본조정)	500,000

OX 문제

• 아래 문장이 맞으면 O, 틀리면 X로 답하고 틀린 곳은 바르게 고치시오.

1. 자본이란 기업의 자산에서 모든 부채를 차감한 후의 잔여지분으로 정의되는데, 이와 같은 자본의 정의는 자본이 그 자체로 측정되는 것이 아니라 자산과 부채의 결정에 따라 그 값을 가지게 되는 것을 의미한다.

2. 재무상태표상의 자본총액은 해당 기업이 발행한 주식의 시가총액과 일치하는 값을 가진다.

3. 자본금이란 주식 1주당 액면금액에 발행주식수를 곱하여 나온 금액을 의미한다. 자본금은 채권자들을 보호하기 위해 기업이 보유해야 하는 최소 금액으로서 채권자 보호를 위해서 주주의 배당을 위한 목적 이외의 모든 재원에서 제외한다.

4. 유상감자란 주주들에게 대가를 지급하고 주식을 취득한 후 소각시키는 것을 의미한다. 주식의 소각에 따라 기업의 자본금은 감소하게 된다.

5. 기업에서 재발행목적으로 취득하는 주식을 자기주식이라고 하며 자본총계를 줄이는 효과로 인해 자본의 차감계정이 된다.

6. 자본잉여금은 자본을 증가시키는 항목이라는 면에서 이익잉여금과 유사한 섬이 있다. 그러나 영업활동과정에서 발생하여 손익계산서에 계상되는 이익이 결산 시에 재무상태표상의 자본에 이익잉여금으로 가산되는 것과는 달리 자본잉여금은 주주와의 거래를 통해 손익계산서가 아닌 재무상태표의 자본에 바로 가산된다는 차이점이 있다.

7. 이익잉여금은 크게 미처분이익잉여금, 법정적립금과 임의적립금으로 구분된다.

8. 자본의 변동 가운데 주주와의 거래 이외의 거래에 의해 일어난 변동을 이익잉여금

이라고 하는데 이는 당기순이익이 누적된 것을 의미한다.

9. 총포괄이익을 구성하는 항목 가운데 당기 수익과 비용으로 인한 당기순이익에 해당하지 않는 항목을 기타포괄손익이라고 한다.

10. 자본조정은 자본의 변동 가운데 자본금, 자본잉여금 및 이익잉여금으로 분류되지 않는 항목들을 의미한다.

연습문제

1. (주)세연메디컬은 20×1년 1월 1일 설립 시에 보통주 1,000주(액면가 5,000원)를 주당 5,500원에 발행하고, 20×1년 4월 30일에 보통주 2,000주를 주당 4,300원에 발행하였다. (주)세연메디컬이 20×1년 1월 1일과 20×1년 4월 30일에 해야 할 분개를 각각 하시오.

2. (주)세연메디컬은 20×1년 7월 1일을 기준일로 하여 보통주 주주들에게 1주당 20주씩 신주를 무상으로 발행하기로 이사회에서 결의하였다. (주)세연메디컬의 보통주 1주당 액면금액은 5,000원이며 총발행주식수는 3,000주이다. 무상증자 시에는 이익잉여금 중 이익준비금으로 주식발행 재원을 충당하게 된다. (주)세연메디컬이 무상증자와 관련하여 해야 할 분개를 하시오.

3. (주)세연메디컬의 20×1년 4월 1일 현재 자본내역은 다음과 같다.

- 보통주 2,000주(액면금액 5,000원)
- 주식발행초과금 1,400,000원
- 최초 주식발행 시 주당 발행금액은 5,700원
- 다음 각 문제는 독립적임

물음

(1) 20×1년 4월 1일에 보통주 100주를 주당 7,000원에 취득하여 소각한 경우에 필요한 분개를 하시오.

(2) 20×1년 4월 1일에 보통주 100주를 주당 4,000원에 취득하여 소각한 경우에 필요한 분개를 하시오.

4. (주)세연메디컬의 20×1년 4월 1일 현재 자본내역은 다음과 같다.

- 보통주 2,000주(액면금액 5,000원)
- 주식발행초과금 1,400,000원
- 이월결손금 5,500,000원

• 최초 주식발행 시 주당 발행금액은 5,700원

(주)세연메디컬이 이월결손금의 보전을 위해 20×1년 4월 1일을 기준으로 2대 1의 무상감자를 실시하기로 하였다.

물음

(주)세연메디컬이 무상감자와 관련하여 해야 할 분개를 하시오.

5. (주)세연메디컬의 20×1년 2월 1일 현재 자본내역은 다음과 같다.

• 보통주 100주(액면금액 5,000원)
• 주식발행초과금 50,000원
• 최초 주식발행 시 주당 발행금액은 5,500원

(주)세연메디컬은 20×1년 2월 1일에 보통주 10주를 주당 7,500원에 취득한 후 20×1년 2월 10일에 주당 8,000원을 받고 보통주 10주를 재발행하였다.

물음

(1) (주)세연메디컬이 자기주식의 회계처리와 관련하여 원가법을 적용할 경우 20×1년 2월 1일과 20×1년 2월 10일에 해야 할 분개를 각각 하시오.
(2) (주)세연메디컬이 자기주식의 회계처리와 관련하여 액면금액법을 적용할 경우 20×1년 2월 1일과 20×1년 2월 10일에 해야 할 분개를 각각 하시오.
(3) 상기 문항 (1)과 관련하여 20×1년 2월 10일에 주당 4,900원을 받고 보통주 10주를 재발행하였다고 가정할 때 20×1년 2월 10일에 해야 할 분개를 하시오.
(4) 상기 문항 (2)과 관련하여 20×1년 2월 10일에 주당 4,900원을 받고 보통주 10주를 재발행하였다고 가정할 때 20×1년 2월 10일에 해야 할 분개를 하시오.

6. (주)세연메디컬은 20×1년 1월 1일에 액면금액이 5,000원인 주식 10주를 주당 4,800원에 발행하였고 발행과정에서 상장수수료 500원이 지출되었다. (주)세연메디컬은 20×1년 2월 1일에 액면금액 5,000원인 주식 10주를 주당 7,000원에 발행하였고 발행과정에서 상장수수료 700원이 지출되었다.

물음

20×1년 1월 1일과 20×1년 2월 1일에 해야 할 분개를 각각 하시오.

7. (주)세연메디컬은 20×1년 1월 1일에 1인 주주 나근면 씨가 1,000,000원을 출자하여 영업을 개시하였다. 영업 개시시점에 주식을 액면발행하였다. 20×1년에 (주)세연메디컬은 8,000,000원의 이익과 5,500,000원의 비용이 발생하였다. 주주총회에서 미처분이익잉여금의 10%를 현금배당하기로 결의하였다. (주)세연메디컬은 이익준비금을 최소의 금액만 적립하기로 하였으며, 결손보전적립금(임의적립금)으로 450,000원을 적립하기로 하였다. 상기 절차를 마친 후, 미처분이익잉여금, 이익잉여금, 자본총계의 금액을 각각 구하시오.

8. (주)세연메디컬은 20×1년 1월 1일에 현금 1,000원을 지급하고 토지를 구입하였다. 아래의 각 질문은 독립적이다. 20×1년 12월 31일 현재 토지를 보유 중이며 토지의 공정가치는 1,100원이다.

물음

(1) (주)세연메디컬이 해당 토지를 유형자산으로 인식하고 재평가법을 적용할 시에 20×1년 12월 31일에 해야 할 분개를 하고 해당 분개가 포괄손익계산서와 재무상태표에 미치는 영향에 대하여 설명하시오.

(2) (주)세연메디컬이 해당 토지를 투자부동산으로 인식하고 공정가치법을 적용할 시에 20×1년 12월 31일에 해야 할 분개를 하고 해당 분개가 포괄손익계산서와 재무상태표에 미치는 영향에 대하여 설명하시오.

9. (주)세연메디컬은 20×1년 1월 1일에 임직원 10명에게 향후 2년간 근무하는 것을 조건으로 임직원 1명당 1,000개의 주식선택권을 부여하였다. 20×1년 1월 1일 현재 주식선택권의 가치는 1주당 1,350원으로 추정된다. 과거의 경험상 10%의 임직원이 2년 내에 퇴사할 것으로 추정된다.

물음

(1) (주)세연메디컬의 입장에서 실제 주식선택권의 행사에 따라 발생할 것으로 예상되는 주식보상비용을 구하시오.

(2) 20×1년 12월 31일에 해야 할 분개를 하시오. 단, (주)세연메디컬은 주식보상비용을 3년의 기간 동안 비용으로 인식한다.

제11장

회계순환과정

제11장에서는

기업은 각 회계기간 동안에 기업과 관련하여 발생하는 거래와 사건들을 분석하고 필요한 경우에는 회계정보로 인식하게 된다. 본서에서 여러 계정과목들을 통해 다루어 본 바와 같이 기업은 자사와 관련된 거래와 사건에 대하여 필요한 경우에 분개를 실시하고 총계정원장의 각 계정에 발생한 내용을 전기한다. 기중 거래가 완료된 후, 수정전시산표와 수정분개를 실시하고 수정후시산표를 작성하여 수정분개와 전기가 적절하게 이루어졌는가를 확인하게 된다. 이후, 총계정원장의 각 계정들에 대한 마감을 실시하고 재무제표를 작성함으로써 한 회계기간을 마치고, 다음 회계기간을 시작하게 된다.

이상의 회계순환과정과 관련된 내용은 회계원리를 공부하는 과정 가운데 이미 다루어 본 내용이다. 여러분들은 지금까지 본서를 통해서 회계원리 과정에서 습득한 지식을 더욱 향상시키고자 여러 주제들을 다루어 왔다. 제공된 회계정보의 의미를 이해하는 것과 회계정보를 실제로 만들어내는 것 간에는 차이가 있다고 생각한다. 회계정보제공자는 물론이고 회계정보이용자의 입장에서도 회계정보 생산역량을 갖출 때 회계정보에 대한 이해의 폭이 더욱 넓어질 수 있을 것이다.

본장에서는 재무회계에서 다루어 본 내용들을 이용하여 회계순환과정을 거쳐 재무제표 형태의 회계정보를 작성한다. 본장에서 여러분들이 작성한 회계정보는 다음 장부터 이어지는 재무회계의 활용 부분에서 여러분들을 포함한 회계정보이용자들이 의사결정에 이용하는 회계정보로서 활용될 것이다.

이러한 과정을 통해서 회계정보의 생산과 회계정보의 이용이라는 두 주제를 각각 독립적으로 이해하는 것이 아니라 재무회계라는 큰 틀 가운데 동일 선상에서 이해할 수 있게 되기를 기대한다.

제1절 회계순환과정의 의의

기업은 각 회계기간 동안에 기업과 관련하여 발생하는 거래와 사건들을 분석하고 필요한 경우에는 회계정보로 인식하게 된다. 조금 더 구체적으로 살펴보면, 앞서 여러 계정과목들을 통해 다루어 본 바와 같이 기업과 관련된 거래와 사건에 대하여 필요한 경우에 분개를 실시하게 된다. 분개를 실시한 이후에는 총계정원장의 각 계정에 발생한 내용을 전기한다. 기중 거래가 완료된 후, 수정전시산표를 작성하여 기중 발생한 분개와 전기가 적절하게 이루어졌는가를 확인한 후 수정분개를 실시하게 된다. 수정분개 실시와 해당 내용에 대한 전기가 이루어진 후에는 수정후시산표를 작성하여 수정분개와 전기가 적절하게 이루어졌는가를 확인하게 된다. 이후, 총계정원장의 각 계정들에 대한 마감을 실시하고 재무제표를 작성함으로써 한 회계기간을 마치고, 다음 회계기간을 시작하게 된다.

〈그림 11.1〉은 회계순환과정을 기중 실시과정과 기말 실시과정으로 나누어

그림 11.1 회계순환과정

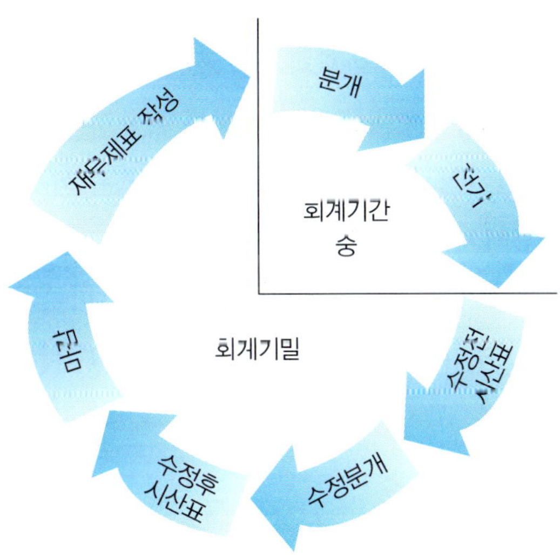

보여주고 있다.

상기 내용은 대부분의 회계원리 등 회계의 기본적인 과정에서 다루어지는 회계순환과정을 정리한 것이다. 본서를 읽고 있는 대부분의 독자들은 이미 회계원리 과정에서 회계순환과정을 다루어보았을 것으로 판단된다. 본장에서는 본서의 이전 내용에서 살펴보았던 여러 계정들의 내용을 이용하여 회계순환과정을 다루어본다.

본장의 내용은 본서의 독자들이 이전에 회계원리 등의 과정에서 다루어보았던 회계순환과정의 내용을 상기시켜 줄 것으로 예상한다. 그리고 본장에서 작성하게 되는 회계정보들은 본서의 이후 내용에서 다루는 재무분석 등의 내용에서 다시 이용하게 된다. 본서의 독자들이 기업의 경제적 거래와 사건으로부터 회계정보를 인식하고 측정하며, 재무제표 등을 작성하여 회계정보이용자들에게 유용한 정보를 제공하는 일련의 과정과 이어지는 재무분석 등의 과정을 통해서, 각자 회계에 대한 더 깊은 이해를 할 수 있게 되기를 기대한다.

제2절 20×1년 회계순환과정

앞서 언급한 회계순환과정을 연습하기 위하여 (주)세연테크의 20×1년과 20×2년의 거래내역과 관련된 사례를 이용한다.

회계순환과정과 관련된 기초적인 설명은 회계원리 등의 내용을 참조하기 바라며, 본장에서는 구체적인 내용의 전개를 중심으로 정리한다. 또한 개별 분개 관련, 구체 설명은 본서의 관련 내용을 참고하는 것으로 한다.

다음의 〈예시 11.1〉은 (주)세연테크의 20×1년 회계순환과정과 관련한 거래내역이다.

예시 11.1 회계순환과정((주)세연테크, 20×1년)

다음은 산업용 정밀기계 업종의 단일 상품을 매매하는 (주)세연테크의 20×1년 거래내역이다.

1) 1월 1일 주주 3인의 1,200만원 현금 출자로 (주)세연테크를 설립함. 설립 당시 액면금액 5,000원인 주식 1,000주를 주당 12,000원에 발행함.
2) 1월 1일 자금 확보를 위해 액면금액 100만원, 액면이자율 8%, 매년 말 이자지급조건으로 회사채를 발행하였으며, 해당 사채의 만기는 3년임.
3) 1월 1일 회사 사무실로 사용할 건물(잔존가치 0, 내용연수 10년)을 현금 500만원에 구입함.
4) 1월 1일 회사의 영업에 사용할 목적으로 토지를 구입함. 구입대가로 30만원을 구입일로부터 3년 뒤에 지급하기로 함.
5) 1월 1일 3년간 건물을 임차하기 위해 임차보증금 500만원을 현금으로 지급함. 임차료는 매년 초에 30만원씩 지급하며 첫 번째 지급일은 20×2년 1월 1일임. 임차한 건물은 판매 매장으로 사용할 예정임.
6) 2월 15일 상품 500개를 외상으로 500만원에 구입함.
7) 3월 10일 상품 400개를 외상으로 800만원에 판매함.
8) 4월 1일 판매 매장에서 사용할 기계(잔존가치 200,000원, 내용연수 5년)를 5월 3일에 200만원을 지급하는 조건으로 구입함. 기계에 대한 1년 치 화재보험료로 72만원을 현금으로 지급함. 5월 3일에 기계 구입대금 200만원을 현금으로 지급함.
9) 4월 10일, 3월 10일의 외상판매대금 800만원을 수령함.
10) 4월 15일, 2월 15일의 외상매입대금 500만원을 지급함.
11) 5월 1일 판매 매장에서 사용할 소프트웨어(잔존가치 4%, 내용연수 4년)를 현금 50만원을 지급하고 구입함.
12) 6월 1일 영업자금 확보를 위해 은행에서 800만원을 차입함. 차입기간은 1년이며 연이자율은 3%임.
13) 7월 1일 임대수익과 시세차익을 거둘 목적으로 토지를 현금 200만원에 구입함. 구입 당일에 전체 면적의 30%를 (주)서울상사에 1년간 임대하고 1년 치 임대수익 50만원을 현금으로 수령함.
14) 7월 1일 영업활동에 사용할 목적으로 차량운반구(잔존가치 5%, 내용연수 5년)를

현금 100만원을 주고 구입함.

15) 7월 22일 영업활동에 사용하기 위해 현금 100만원을 주고 소모품을 구입함.
16) 9월 5일 상품 500개를 외상으로 600만원에 구입함.
17) 9월 29일 상품 400개를 외상으로 1,000만원에 판매함.
18) 12월 31일 매장 직원과 사무직원의 20×1년도 급여로 200만원을 현금 지급함.
19) 12월 31일, 20×1년도 전기요금으로 35만원을 현금 지급함.
20) 12월 31일, 20×1년 12월 31일 현재 7월 1일에 구입한 토지(투자부동산)의 공정가치는 220만원임. 7월 1일에 구입한 토지 중 50%(20×1년 12월 31일 현재 임대하고 있지 않은 부분)를 (주)부산물류에게 110만원을 받고 매각함. 매각대금은 20×2년 1월 1일에 받기로 함.

〈추가 자료〉

① 20×1년 1월 1일 현재 유효이자율은 7%이다. 3년, 7%, 단일금액의 현가는 0.8163이고, 3년, 7%, 정상연금의 현가는 2.6243이다.
② 재고자산의 수량파악방법으로 계속기록법을, 입출흐름의 가정으로 선입선출법을, 재고자산 기록방법으로는 기중매출원가인식법(계속기록법)을 사용한다.
③ 재고자산에 대한 기말 실사결과, 수량은 190개이며 판매가격의 하락으로 인해 실제 보유 재고자산의 순실현가능가치는 171만원(개당 9,000원)인 것으로 나타났다. (주)세연테크는 재고자산의 감모손실과 평가손실 관련 발생 손익을 매출원가에서 가감한다.
④ 유형자산의 평가방법으로 기계장치, 토지와 차량운반구의 경우에는 원가법, 건물의 경우에는 재평가법을 적용한다.
⑤ 유형자산의 감가상각방법으로 기계장치와 건물의 경우에는 정액법, 그 이외의 감가상각 대상 유형자산의 경우에는 이중체감법을 적용한다. 감가상각 대상 유형자산을 재평가할 시에는 감가상각누계액을 비례 수정하는 방식을 적용한다.
⑥ 무형자산의 평가방법으로는 원가법을 적용한다. 무형자산의 상각과 관련하여 (주)세연테크의 경우에는 무형자산의 경제적 효익이 소비되는 형태가 명확치 않다.
⑦ 투자부동산의 평가방법은 공정가치법을 적용한다.
⑧ 소모품의 기말 실사금액은 27만원이다.
⑨ 기말 현재 기계장치에 대한 손상의 징후가 나타났다. 조사 결과 기계장치의 순

공정가치는 117만원, 사용가치는 122만원인 것으로 밝혀졌다.

⑩ 20×1년 12월 31일 현재 유형자산과 무형자산의 공정가치는 다음과 같다.

- 20×1년 1월 1일 구입 건물: 540만원
- 20×1년 1월 1일 구입 토지: 35만원
- 20×1년 4월 1일 구입 기계장치: 185만원
- 20×1년 5월 1일 구입 소프트웨어: 43만원
- 20×1년 7월 1일 구입 토지: 220만원
- 20×1년 7월 1일 구입 차량운반구: 88만원

⑪ (주)세연테크의 법인세율은 20%를 적용한다. (주)세연테크는 20×1년도의 법인세를 20×2년 3월 31일에 납부하였다.

⑫ (주)세연테크는 연 단위로 재무제표를 작성한다.

1. (주)세연테크의 20×1년도 기중 분개를 실시하시오.
2. (주)세연테크의 20×1년도 기중 전기를 실시하시오.
3. (주)세연테크의 20×1년도 수정전시산표를 작성하시오,
4. (주)세연테크의 20×1년도 결산수정분개를 실시하고 관련 내용을 전기하시오.
5. (주)세연테크의 20×1년도 수정후시산표를 작성하시오.
6. (주)세연테크의 20×1년도 마감분개를 실시하시오.
7. (주)세연테크의 20×1년도 재무제표(손익계산서, 재무상태표, 자본변동표)를 작성하시오.

1. 20×1년 기중 분개

분개(journalizing)는 기업과 관련된 거래와 사건의 내용을 최조로 기록하는 것을 의미한다. 구체적으로 시간순서에 따라 해당 거래와 사건으로 인한 자산, 부채, 자본의 변동과 수익, 비용의 발생내용을 파악하고 관련되는 계정 및 금액을 차변과 대변으로 나누어 분개장(journal)에 기록하게 된다.

다음은 (주)세연테크의 20×1년 기중 분개 실시내용을 보여주고 있다.

1) 주식의 발행

20×1. 1. 1.

(차) 현 금	12,000,000	(대)	자본금	5,000,000
			주식발행초과금	7,000,000

2) 회사채의 발행

20×1. 1. 1.

(차) 현 금	1,026,244*	(대) 사 채	1,000,000
		사채할증발행차금	26,244

* 1,000,000원×0.8163(7%, 3년, 단일금액의 현가)+80,000원×2.6243(7%, 3년, 연금현가) =1,026,244원

3) 건물의 구입

20×1. 1. 1.

(차) 건 물	5,000,000	(대) 현 금	5,000,000

4) 토지의 구입

20×1. 1. 1.

(차) 토 지	244,890	(대) 장기미지급금	244,890*

* 300,000원×0.8163(7%, 3년, 단일금액의 현가)=244,890원

5) 건물의 임차

20×1. 1. 1.

(차) 임차보증금	5,000,000	(대) 현 금	5,000,000

6) 상품의 구입

20×1. 2. 15.

(차) 상 품	5,000,000	(대) 매입채무	5,000,000

7) 상품의 판매

20×1. 3. 10.

(차) 매출채권	8,000,000	(대) 매 출	8,000,000
(차) 매출원가	4,000,000*	(대) 상 품	4,000,000

* 400개×10,000원=4,000,000원

8) 기계장치의 구입

20×1. 4. 1.

(차) 기계장치	2,000,000	(대) 미지급금	2,000,000
보험료	720,000	현 금	720,000

9) 판매대금 회수

20×1. 4. 10.

(차)	현 금	8,000,000	(대) 매출채권	8,000,000

10) 구입대금 지급

20×1. 4. 15.

(차)	매입채무	5,000,000	(대) 현 금	5,000,000

11) 소프트웨어의 구입

20×1. 5. 1.

(차)	소프트웨어	500,000	(대) 현 금	500,000

8-1) 미지급금의 지급

20×1. 5. 3.

(차)	미지급금	2,000,000	(대) 현 금	2,000,000

12) 은행 차입

20×1. 6. 1.

(차)	현 금	8,000,000	(대) 차입금	8,000,000

13) 투자부동산(토지)의 구입

20×1. 7. 1.

(차)	투자부동산	2,000,000	(대) 현 금	2,000,000
	현 금	500,000	임대수익	500,000

14) 차량운반구의 구입

20×1. 7. 1.

(차)	차량운반구	1,000,000	(대) 현 금	1,000,000

15) 소모품의 구입

20×1. 7. 22.

(차)	소모품	1,000,000	(대) 현 금	1,000,000

16) 상품의 구입

20×1. 9. 5.

(차)	상 품	6,000,000	(대) 매입채무	6,000,000

17) 상품의 판매

20×1. 9. 29.

(차) 매출채권	10,000,000	(대) 매 출	10,000,000
(차) 매출원가	4,600,000*	(대) 상 품	4,600,000

* 100개×10,000원+300개×12,000원=4,600,000원

18) 급여 지급

20×1. 12. 31.

(차) 급 여	2,000,000	(대) 현 금	2,000,000

19) 전력비 지급

20×1. 12. 31.

(차) 전력비	350,000	(대) 현 금	350,000

20) 투자부동산의 매각

20×1. 12. 31.

(차) 미수금	1,100,000	(대) 투자부동산	1,000,000*
		투자부동산처분이익	100,000

* 2,000,000원(장부금액)×50%=1,000,000원

2)-1 회사채 이자 지급

	기초 장부금액	유효이자	액면이자	회사채 조정액	기말 장부금액
20×1. 1. 1.					1,026,244
20×1. 12. 31.	1,026,244	71,837	80,000	(8,163)	1,018,081
20×2. 12. 31.	1,018,081	71,266	80,000	(8,734)	1,009,347
20×3. 12. 31.	1,009,347	70,653*	80,000	(9,347)	1,000,000

* 20×3년의 기초 장부금액인 1,009,347원에 유효이자율인 7%를 곱하면 70,654원이 나옴. 기말 장부금액인 1,000,000원을 일치시키기 위해 1원의 단수차이 조정을 실시하였음.

20×1. 12. 31.

(차) 이자비용	71,837	(대) 현 금	80,000
사채할증발행차금	8,163		

2. 20×1년 기중 전기

분개의 내용을 정리한 분개장을 이용하면, 거래와 사건의 발생순서에 따라 관련

내용을 확인할 수 있다. 그러나 분개 및 분개장의 내용을 이용해서 개별 계정과목과 관련된 잔액 등 상세 정보를 곧바로 파악하는 데에는 어려움이 있을 수 있다. 예로서, 앞서 살펴본 분개 및 분개장의 내용을 이용해서 20×1년 12월 31일에 (주)세연테크가 얼마만큼의 현금을 보유하고 있는지를 파악하기 위해서는 먼저, 20×1년의 현금 계정이 나타나는 분개를 파악한 후 차변과 대변으로 나누어 가감하여 잔액을 구해야 한다. 이러한 불편함을 개선하고, 특정 계정과목의 잔액을 필요한 시점에 바로 파악하기 위해서, 개별 계정과목별로 발생한 거래 내용과 금액을 정리하여 잔액을 파악하게 된다.

위와 같은 과정을 **전기**라고 하며, 발생시간 순서대로 거래내용을 정리하여 놓은 분개장으로부터 각 계정별로 원장이 있는 총계정원장으로 분개의 내용을 옮겨 적는 것을 의미한다. 분개장의 차변 금액은 총계정원장의 해당 계정의 원장의 차변에 기록되며, 분개장의 대변 금액은 총계정원장의 해당 계정의 원장의 대변에 기록된다.[1)]

다음은 (주)세연테크의 20×1년 기중 전기 실시내용을 보여주고 있다.

〈20×1년 기중 전기_자산〉

현 금

차변	금액	대변	금액
1) 자본금 등	12,000,000	3) 건 물	5,000,000
2) 사채 등	1,026,244	5) 임차보증금	5,000,000
9) 매출채권	8,000,000	8) 보험료	720,000
12) 차입금	8,000,000	10) 매입채무	5,000,000
13) 임대수익	500,000	11) 소프트웨어	500,000
		8)-1 미지급금	2,000,000
		13) 투자부동산	2,000,000
		14) 차량운반구	1,000,000
		15) 소모품	1,000,000
		18) 급 여	2,000,000
		19) 전력비	350,000
		2)-1 이자비용 등	80,000
잔 액	4,876,244		

1) 분개장의 내용을 총계정원장에 전기하는 방법은 여러 가지가 있는데, 본서에서는 교육목적상, 먼저 분개장에서 나타난 분개 번호를 기재하고, 이어서 분개 시 상대편 계정과목과 발생금액을 기재하는 방식을 이용한다.

건 물

3) 현 금	5,000,000		
잔 액	5,000,000		

토지(유형자산)

4) 장기미지급금	244,890		
잔 액	244,890		

임차보증금

5) 현 금	5,000,000		
잔 액	5,000,000		

상 품

6) 매입채무	5,000,000	7) 매출원가	4,000,000
16) 매입채무	6,000,000	17) 매출원가	4,600,000
잔 액	2,400,000		

매출채권

7) 매 출	8,000,000	9) 현 금	8,000,000
17) 매 출	10,000,000		
잔 액	10,000,000		

기계장치

8) 미지급금	2,000,000		
잔 액	2,000,000		

소프트웨어

11) 현 금	500,000		
잔 액	500,000		

투자부동산

13) 현 금	2,000,000	20) 미수금	1,000,000
잔 액	1,000,000		

차량운반구

14) 현 금	1,000,000		
잔 액	1,000,000		

소모품

15) 현 금	1,000,000		
잔 액	1,000,000		

미수금

20) 투자부동산 등	1,100,000		
잔 액	1,100,000		

〈20×1년 기중 전기_부채〉

사 채

		2) 현 금	1,000,000
		잔 액	1,000,000

사채할증발행차금

2)-1 현 금	8,163	2) 현 금	26,244
		잔 액	18,081

장기미지급금

		4) 토 지	244,890
		잔 액	244,890

매입채무

10) 현 금	5,000,000	6) 상 품	5,000,000
		16) 상 품	6,000,000
		잔 액	6,000,000

미지급금

8)-1 현 금	2,000,000	8) 기계장치	2,000,000
		잔 액	0

차입금

		12) 현 금	8,000,000
		잔 액	8,000,000

〈20×1 기중 전기_자본〉

자본금

		1) 현 금	5,000,000
		잔 액	5,000,000

주식발행초과금

		1) 현 금	7,000,000
		잔 액	7,000,000

〈20×1년 기중 전기_수익〉

매 출

		7) 매출채권	8,000,000
		17) 매출채권	10,000,000
		잔 액	18,000,000

임대수익

		13) 현 금	500,000
		잔 액	500,000

투자부동산처분이익

		20) 미수금	100,000
		잔 액	100,000

〈20×1년 기중 전기_비용〉

매출원가

7) 상 품	4,000,000		
17) 상 품	4,600,000		
잔 액	8,600,000		

보험료

8) 현 금	720,000		
잔 액	720,000		

급 여

18) 현 금	2,000,000		
잔 액	2,000,000		

전력비

19) 현 금	350,000		
잔 액	350,000		

이자비용

2)-1 현 금	71,837		
잔 액	71,837		

3. 20×1년 수정전시산표

회계기간 중에 발생한 거래와 사건에 대한 분개와 전기를 모두 마친 후에는 기중 분개와 전기가 정확하게 이루어졌는가를 확인하기 위해 수정분개를 실시하기 전 **시산표**를 작성하게 되는데, 이를 **수정전시산표**라고 한다.

시산표 작성 시에는 총계정원장의 각 계정별로 계정의 차변 잔액을 시산표의 차변에, 계정의 대변 차액은 시산표의 대변에 기록한 후, 시산표의 차변의 합계와 대변의 합계가 일치하는가를 확인한다. 복식부기의 원리에 따라 분개와 전기 실시 시에 기입상의 오류가 없었다면 수정전시산표의 차변의 합계와 대변의 합계는 일치하게 된다.[2)]

다음의 〈표 11.1〉은 (주)세연테크의 20×1년 수정전시산표를 보여주고 있다.

〈표 11.1〉의 수정전시산표상의 차변 잔액과 대변 잔액은 동일하게 45,862,971원으로 상호 일치하는 것으로 나타났다.

표 11.1 20×1년 수정전시산표

수정전시산표

20×1년 12월 31일

(주)세연테크 (단위: 원)

계정과목	차 변	대 변
현 금	4,876,244	
임차보증금	5,000,000	
상 품	2,400,000	
건 물	5,000,000	
토 지	244,890	
매출채권	10,000,000	
기계장치	2,000,000	

2) 이와 관련하여, 시산표의 차변의 합계와 대변의 합계가 일치한다는 사실이 반드시 분개와 전기 실시 시에 기입상의 오류가 없다는 것을 의미하지는 않는다. 예로서, 분개의 내용 중 한 건 이상을 차변과 대변에 전기하지 않았거나, 전기 시에 총계정원장의 차변과 대변에서 동일한 금액의 오류가 발생하는 경우에도 수정전시산표의 차변의 합과 대변의 합이 일치하게 되므로 주의를 기울여야 한다.

소프트웨어	500,000	
차량운반구	1,000,000	
미수금	1,100,000	
투자부동산	1,000,000	
소모품	1,000,000	
사　채		1,000,000
사채할증발행차금		18,081
장기미지급금		244,890
매입채무		6,000,000
차입금		8,000,000
자본금		5,000,000
주식발행초과금		7,000,000
매　출		18,000,000
임대수익		500,000
투자부동산처분이익		100,000
매출원가	8,600,000	
급　여	2,000,000	
이자비용	71,837	
보험료	720,000	
전력비	350,000	
합　계	45,862,971	45,862,971

4. 20×1년 결산수정분개와 전기

회계기간 중에 발생한 거래와 사건에 대한 분개와 전기, 그리고 수정전시산표를 작성한 후, 당해 회계기간에 해당하는 수익과 비용이 인식되지 않았거나 과다하게 인식되어 있는 경우 조정을 실시하며, 자산과 부채의 정확한 금액을 나타내기 위한 조정을 실시하게 된다. 이와 같이 기중에 이루어진 분개에 더해서, 기말에 수익과 비용, 자산과 부채의 정확한 금액을 나타내기 위해 추가적으로 실시하는 분개를 **결산수정분개**(adjusting entries)라고 한다.

다음은 (주)세연테크의 20×1년 결산수정분개 실시내용을 보여주고 있다.

〈20×1년 기말 수정분개〉

3)-1 건물 감가상각과 재평가

20×1. 12. 31.

(차) 건물감가상각비 500,000* (대) 건물감가상각누계액 500,000

* (5,000,000원 − 0(잔존가액)) × 1/10 = 500,000원

	재평가 전	재평가 처리	재평가 후
총장부금액	5,000,000	1,000,000	6,000,000
감가상각누계액	(500,000)	(100,000)	(600,000)
장부금액	4,500,000	900,000	5,400,000

20×1. 12. 31.

(차) 건 물 1,000,000 (대) 건물감가상각누계액 100,000
재평가잉여금 900,000
(기타포괄손익누계액)

4)-1 장기미지급금 이자비용 인식

〈상각표〉

	기초 장부금액	유효이자	액면이자	장기미지급금 조정액	기말 장부금액
20×1. 1. 1.					244,890
20×1. 12. 31.	244,890	17,142	−	17,142	262,032
20×2. 12. 31.	262,032	18,342	−	18,342	280,374
20×3. 12. 31.	280,374	19,626	−	19,626	300,000

20×1. 12. 31.

(차) 이자비용 17,142 (대) 장기미지급금 17,142

5)-1 임차료 인식

20×1. 12. 31.

(차) 임차료 300,000 (대) 미지급임차료 300,000

8)-1 기계장치의 감가상각과 손상차손

20×1. 12. 31.

(차) 기계장치감가상각비 270,000* (대) 기계장치감가상각누계액 270,000

* (2,000,000 − 200,000(잔존가치)) × 1/5 × 9/12 = 270,000원

20×1. 12. 31.

(차) 손상차손 510,000 (대) 손상차손누계액 510,000

* $\underbrace{(2{,}000{,}000-270{,}000)}_{\text{장부금액}} - MAX(\underbrace{\underbrace{1{,}170{,}000}_{\text{순공정가치}},\ \underbrace{1.220{,}000}_{\text{사용가치}}}_{\text{회수가능액}}) = 1{,}730{,}000 - 1{,}220{,}000 = 510{,}000$원

선급보험료 인식

20×1. 12. 31.

(차) 선급보험료 180,000* (대) 보험료 180,000

* 720,000 × 3/12 = 180,000원

11)-1 소프트웨어의 상각

20×1. 12. 31.

(차) 소프트웨어상각비 80,000* (대) 소프트웨어상각누계액 80,000

* (500,000 − 20,000(잔존가치)) × 1/4 × 8/12 = 80,000원

12)-1 이자비용 인식

20×1. 12. 31.

(차) 이자비용 140,000* (대) 미지급이자 140,000

* 8,000,000 × 3% × 7/12 = 140,000원

13)-1 투자부동산의 공정가치 평가

20×1. 12. 31.

(차) 투자부동산 100,000* (대) 투자부동산평가이익 100,000

* (2,200,000 − 2,000,000) × 50%(미판매분) = 100,000원
투자부동산의 공정가치 평가 시에는 감가상각을 실시하지 아니함.

선수임대수익 인식

20×1. 12. 31.

(차) 임대수익 250,000* (대) 선수임대수익 250,000

* 500,000 × 6/12(미경과 기간) = 250,000원

14)-1 차량운반구 감가상각

20×1. 12. 31.

(차)	차량운반구 감가상각비	200,000*	(대)	차량운반구 감가상각누계액	200,000

	기초 장부금액	감가상각비	감가상각누계액	기말 장부금액
20×1. 7. 1.				1,000,000
20×1. 12. 31.	1,000,000	200,000*	200,000	800,000
20×2. 12. 31.	800,000	320,000	520,000	480,000
20×3. 12. 31.	480,000	192,000	712,000	288,000
20×4. 12. 31.	288,000	115,200	827,200	172,800
20×5. 12. 31.	172,800	69,120	896,320	103,680
20×6. 6. 30.	103,680	53,680**	950,000	50,000

* 1,000,000×2/5(감가상각률)×6/12(월할계산)=200,000원

** 103,680(기초 장부금액)−50,000(잔존가치)=53,680원

15)-1 소모품비 인식

20×1. 12. 31.

(차)	소모품비	730,000*	(대)	소모품	730,000

* 1,000,000−270,000(기말 실사금액)=730,000원

17)-1 재고자산감모손실과 재고자산평가손실 인식

20×1. 12. 31.

(차)	재고자산감모손실 (매출원가)	120,000*	(대)	상 품	120,000
(차)	재고자산평가손실	570,000**	(대)	재고자산평가충당금	570,000

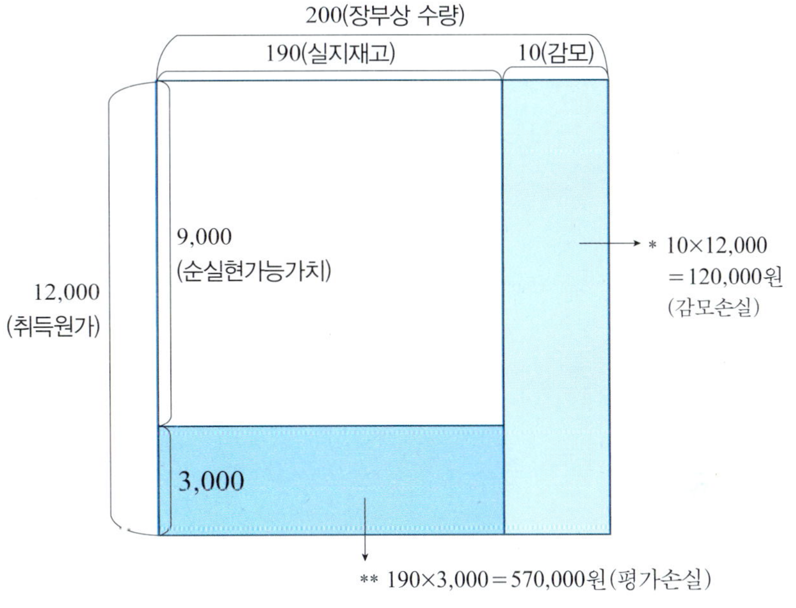

⑪ 법인세 인식

(차) 법인세비용	690,204	(대) 미지급법인세	690,204

결산수정분개를 마친 후에는 기중 회계처리와 마찬가지로 결산수정분개 내용을 총계정원장에 전기하게 된다. 전기 시에는 기중 회계처리과정에서 원장이 있는 계정은 해당 원장을 그대로 사용하며, 원장이 없는 계정은 신규로 원장을 작성하고 결산수정분개 내용을 전기한다.

다음은 (주)세연테크의 20×1년 기중 분개에 대한 전기와 기말 결산수정분개에 대한 전기 실시내용이 반영된 결과이다.

〈20×1년 기말 전기_자산〉

현 금

1) 자본금 등	12,000,000	3) 건 물	5,000,000
2) 사채 등	1,026,244	5) 임차보증금	5,000,000
9) 매출채권	8,000,000	8) 보험료	720,000
12) 차입금	8,000,000	10) 매입채무	5,000,000
13) 임대수익	500,000	11) 소프트웨어	500,000
		8)-1 미지급금	2,000,000
		13) 투자부동산	2,000,000

		14) 차량운반구	1,000,000
		15) 소모품	1,000,000
		18) 급 여	2,000,000
		19) 전력비	350,000
		2)-1 이자비용 등	80,000
잔 액	4,876,244		

건 물

3) 현 금	5,000,000		
3)-1 재평가 잉여금 등	1,000,000		
잔 액	6,000,000		

토지(유형자산)

4) 장기미지급금	244,890		
잔 액	244,890		

임차보증금

5) 현 금	5,000,000		
잔 액	5,000,000		

상 품

6) 매입채무	5,000,000	7) 매출원가	4,000,000
16) 매입채무	6,000,000	17) 매출원가	4,600,000
		17)-1 재고자산 감모손실	120,000
잔 액	2,280,000		

매출채권

7) 매 출	8,000,000	9) 현 금	8,000,000
17) 매 출	10,000,000		
잔 액	10,000,000		

기계장치

8) 미지급금	2,000,000		
잔 액	2,000,000		

소프트웨어

11) 현 금	500,000		
잔 액	500,000		

투자부동산

13) 현 금	2,000,000	20) 미수금	1,000,000
13)-1 투자부동산평가이익	100,000		
잔 액	1,100,000		

차량운반구

14) 현 금	1,000,000		
잔 액	1,000,000		

소모품

15) 현 금	1,000,000	15)-1 소모품비	730,000
잔 액	270,000		

미수금

차변	금액	대변	금액
20) 투자부동산 등	1,100,000		
잔 액	1,100,000		

건물감가상각누계액

차변	금액	대변	금액
		3)-1 건물감가상각비	500,000
		3)-1 건 물	100,000
		잔 액	600,000

기계장치감가상각누계액

차변	금액	대변	금액
		8)-1 기계장치감가상각비	270,000
		잔 액	270,000

소프트웨어상각누계액

차변	금액	대변	금액
		11)-1 소프트웨어상각비	80,000
		잔 액	80,000

손상차손누계액

차변	금액	대변	금액
		8)-1 손상차손	510,000
		잔 액	510,000

차량운반구감가상각누계액

차변	금액	대변	금액
		14)-1 차량운반구감가상각비	200,000
		잔 액	200,000

재고자산평가충당금

차변	금액	대변	금액
		17)-1 재고자산평가손실	570,000
		잔 액	570,000

선급보험료

차변	금액	대변	금액
8)-1 보험료	180,000		
잔 액	180,000		

〈20×1년 기말 전기_부채〉

사 채

차변	금액	대변	금액
		2) 현 금	1,000,000
		잔 액	1,000,000

사채할증발행차금

차변	금액	대변	금액
2)-1 현 금	8,163	2) 현 금	26,244
		잔 액	18,081

장기미지급금

차변	금액	대변	금액
		4) 토 지	244,890
		4)-1 이자비용	17,142
		잔 액	262,032

매입채무

차변	금액	대변	금액
10) 현 금	5,000,000	6) 상 품	5,000,000
		16) 상 품	6,000,000
		잔 액	6,000,000

미지급금

차변	금액	대변	금액
8)-1 현 금	2,000,000	8) 기계장치	2,000,000
		잔 액	0

차입금

차변	금액	대변	금액
		12) 현 금	8,000,000
		잔 액	8,000,000

미지급법인세

		⑪ 법인세	690,204
		잔 액	690,204

미지급임차료

		5)-1 임차료	300,000
		잔 액	300,000

선수임대수익

		13)-1 임대수익	250,000
		잔 액	250,000

미지급이자

		12)-1 이자비용	140,000
		잔 액	140,000

〈20×1년 기말 전기_자본 및 기타포괄손익〉

자본금

		1) 현 금	5,000,000
		잔 액	5,000,000

주식발행초과금

		1) 현 금	7,000,000
		잔 액	7,000,000

재평가잉여금(기타포괄손익)

		3)-1 건 물	900,000
		잔 액	900,000

〈20×1년 기말 전기_수익〉

매 출

		7) 매출채권	8,000,000
		17) 매출채권	10,000,000
		잔 액	18,000,000

임대수익

13)-1 선수임대수익	250,000	13) 현 금	500,000
		잔 액	250,000

투자부동산처분이익

		20) 미수금	100,000
		잔 액	100,000

투자부동산평가이익

		13)-1 투자부동산	100,000
		잔 액	100,000

〈20×1년 기중 전기_비용〉

매출원가

7) 상 품	4,000,000		
17) 상 품	4,600,000		
잔 액	8,600,000		

보험료

8) 현 금	720,000	8)-1 선급보험료	180,000
잔 액	540,000		

급 여

차변	금액	대변
18) 현 금	2,000,000	
잔 액	2,000,000	

이자비용

차변	금액	대변
2)-1 현 금	71,837	
4)-1 장기미지급금	17,142	
12)-1 미지급이자	140,000	
잔 액	228,979	

임차료

차변	금액	대변
5)-1 미지금임차료	300,000	
잔 액	300,000	

손상차손

차변	금액	대변
8)-1 손상차손누계액	510,000	
잔 액	510,000	

차량운반구감가상각비

차변	금액	대변
14)-1 차량운반구 감가상각누계액	200,000	
잔 액	200,000	

재고자산감모손실 (매출원가)

차변	금액	대변
17)-1 재고자산	120,000	
잔 액	120,000	

법인세비용

차변	금액	대변
⑪ 미지급법인세	690,204	
잔 액	690,204	

전력비

차변	금액	대변
19) 현 금	350,000	
잔 액	350,000	

건물감가상각비

차변	금액	대변
3)-1 건물감가상각누계액	500,000	
잔 액	500,000	

기계장치감가상각비

차변	금액	대변
8)-1 기계장치 감가상각누계액	270,000	
잔 액	270,000	

소프트웨어상각비

차변	금액	대변
11)-1 소프트웨어 상각누계액	80,000	
잔 액	80,000	

소모품비

차변	금액	대변
15)-1 소모품	730,000	
잔 액	730,000	

재고자산평가손실 (매출원가)

차변	금액	대변
17)-1 재고자산평가충당금	570,000	
잔 액	570,000	

5. 20×1년 수정후시산표

결산수정분개 내용에 대한 전기를 모두 마친 후에는 결산수정분개와 전기가 정확하게 이루어졌는가를 확인하기 위해 시산표를 작성하게 되는데, 이를 **수정후시산표**라고 한다.

수정전시산표에서 살펴본 바와 마찬가지로, 복식부기의 원리에 따라 결산수정분개와 전기 실시 시에 기입상의 오류가 없었다면 수정후시산표의 차변의 합계와 대변의 합계는 일치하게 된다.

다음의 〈표 11.2〉는 (주)세연테크의 20×1년 수정후시산표를 보여주고 있다.

〈표 11.2〉의 수정후시산표상의 차변 잔액과 대변 잔액은 동일하게 50,240,317원으로 상호 일치하는 것으로 나타났다.

표 11.2 20×1년 수정후시산표

수정후시산표

20×1년 12월 31일

(주)세연테크 (단위: 원)

계정과목	차 변	대 변
현 금	4,876,244	
임차보증금	5,000,000	
상 품	2,280,000	
재고자산평가충당금		570,000
건 물	6,000,000	
건물감가상각누계액		600,000
토 지	244,890	
매출채권	10,000,000	
기계장치	2,000,000	
기계장치감가상각누계액		270,000
손상차손누계액		510,000
소프트웨어	500,000	
소프트웨어상각누계액		80,000
차량운반구	1,000,000	

차량운반구감가상각누계액		200,000
미수금	1,100,000	
투자부동산	1,100,000	
소모품	270,000	
선급보험료	180,000	
사　채		1,000,000
사채할증발행차금		18,081
장기미지급금		262,032
매입채무		6,000,000
차입금		8,000,000
미지급임차료		300,000
선수임대수익		250,000
미지급이자		140,000
미지급법인세		690,204
자본금		5,000,000
주식발행초과금		7,000,000
매　출		18,000,000
임대수익		250,000
투자부동산처분이익		100,000
투자부동산평가이익		100,000
매출원가	8,600,000	
급　여	2,000,000	
이자비용	228,979	
보험료	540,000	
전력비	350,000	
건물감가상각비	500,000	
임차료	300,000	
기계장치감가상각비	270,000	
손상차손	510,000	
소프트웨어상각비	80,000	
차량운반구감가상각비	200,000	

소모품비	730,000	
재고자산감모손실	120,000	
재고자산평가손실	570,000	
법인세비용	690,204	
재평가잉여금(기타포괄손익)		900,000
합 계	50,240,317	50,240,317

6. 마감분개

수정후시산표를 작성한 후에는 총계정원장의 각 계정들을 **마감**하게 된다. **영구계정**인 자산, 부채 및 자본 계정은 해당 계정의 잔액을 차기로 이월시키는 방법으로 마감한다.[3] 현금 계정을 예로 들면 다음과 같이 4,876,244원이 있는 차변의 상대편인 대변에 동일 금액을 차기이월로 기입하여 마감을 하게 된다. 이와 관련하여 자산, 부채와 자본 계정을 마감한다는 의미는 해당 금액만큼을 재무상태표에 기입하는 의미가 된다.[4] 총계정원장의 각 영구계정에서 차기이월된 금액은 다음 회계연도 초에 동일한 계정에서 동일한 금액이 전기이월로서 그대로 존재하게 된다.

현 금

1) 자본금 등	12,000,000	3) 건 물	5,000,000
2) 사채 등	1,026,244	5) 임차보증금	5,000,000
9) 매출채권	8,000,000	8) 보험료	720,000
12) 차입금	8,000,000	10) 매입채무	5,000,000
13) 임대수익	500,000	11) 소프트웨어	500,000
		8)-1 미지급금	2,000,000
		13) 투자부동산	2,000,000
		14) 차량운반구	1,000,000

3) 예로서 20×1년 12월 31일의 총계정원장의 현금 잔액 4,876,244원은 다음 회계연도인 20×2년 1월 1일에도 여전히 동일한 금액이 존재한다. 이와 같이 회계연도가 바뀌는 시점 전후에 해당 계정의 잔액을 유지하는 계정을 영구계정이라고 하며, 자산, 부채 및 자본 계정이 이에 해당한다.

4) 실무에서는 회계기간 말에 자산, 부채와 자본 계정을 마감하면 기말 재무상태표 작성 시에 각 계정의 마감시점의 금액(잔액)이 재무상태표의 각 계정에 동일하게 기입되는 과정이 이루어진다.

		15) 소모품	1,000,000
		18) 급　여	2,000,000
		19) 전력비	350,000
		2)-1 이자비용 등	80,000
잔　액	4,876,244	차기이월	4,876,244

반면 **임시계정**인 수익 계정과 비용 계정은 회계기간 종료 시 해당 계정의 잔액을 차기로 이월시키지 않고 **집합손익** 계정을 이용하여, 최종적으로 0의 잔액으로 해당 회계기간을 마감하게 되는데 이와 같은 과정을 마감분개라고 한다.[5)]

다음은 (주)세연테크의 20×1년도 말 기준 수익과 비용 계정의 마감분개를 보여주고 있다.

㉮

(차)	매　출	18,000,000	(대) 집합손익	18,450,000
	임대수익	250,000		
	투자부동산처분이익	100,000		
	투자부동산평가이익	100,000		

㉯

(차)	집합손익	15,689,183	(대) 매출원가	8,600,000
			재고자산감모손실(매출원가)	120,000
			재고자산평가손실(매출원가)	570,000
			급　여	2,000,000
			보험료	540,000
			전력비	350,000
			임차료	300,000
			소모품비	730,000
			건물감가상각비	500,000

5) 예로서 20×1년 12월 31일의 총계정원장의 매출 잔액 18,000,000원은 (주)세연테크의 20×1년 동안의 매출액, 즉 20×1년의 경영성과를 의미한다. 따라서 20×2년의 매출 계정에는 20×2년의 매출액, 즉 20×2년의 경영성과가 나타나야 하므로 회계연도가 바뀌는 시점에 20×1년의 금액을 제거하여야 한다. 이와 같이 회계연도가 바뀌는 시점에 해당 계정의 잔액을 마감분개를 통해서 제거하는 계정을 임시계정이라고 하며, 수익과 비용 계정이 이에 해당한다.

기계장치감가상각비	270,000
차량운반구감가상각비	200,000
소프트웨어상각비	80,000
손상차손	510,000
이자비용	228,979
법인세비용	690,204

이와 같이 집합손익 계정을 이용하여 임시계정인 수익 계정과 비용 계정에 대한 마감분개를 실시하고 나면 총계정원장의 모든 수익 계정과 비용 계정은 0의 값을 가지게 되며 집합손익 계정은 대변에 2,760,817원의 잔액을 가지게 되는데 이 금액은 (주)세연테크의 20×1년도 당기순이익을 의미한다.

집합손익

㉯ 매출원가 등	15,689,183	㉮ 매출 등	18,450,000
		잔 액	2,760,817

앞서 살펴본 바와 같이 당기순이익은 주주의 몫을 증가시키게 되므로 집합손익 계정잔액인 2,760,817원에 대하여 자본 항목 가운데 이익잉여금 계정을 증가시키고 집합손익 계정잔액을 제거하는 분개를 실시한다.

㉰

(차) 집합손익	2,760,817	(대) 이익잉여금	2,760,817

집합손익

㉯ 매출원가 등	15,689,183	㉮ 매출 등	18,450,000
㉰ 이익잉여금	2,760,817		
		잔 액	0

이익잉여금

		㉰ 집합손익	2,760,817
		잔 액	2,760,817

상기 분개로 총계정원장의 이익잉여금 원장에 나타난 대변 잔액 2,760,817원은 재무상태표의 이익잉여금 항목의 금액인 2,760,817원을 의미한다. 이익잉여금은 자

본 계정으로서 영구계정이므로 기말 금액은 차기로 이월된다.

그리고, 기타포괄손익도 당기순이익과 마찬가지로 주주의 몫을 변동시키게 되므로 기타포괄손익 항목인 재평가잉여금(기타포괄손익) 계정의 잔액인 900,000원을 제거시키고 자본 항목 가운데 재평가잉여금(자본) 계정을 증가시키는 분개를 실시함으로써 마감분개를 마무리하게 된다. 재평가잉여금(자본) 계정은 자본 계정으로서 영구계정이므로 기말 금액은 차기로 이월된다.

라

(차) 재평가잉여금(기타포괄손익) 900,000 (대) 재평가잉여금(자본) 900,000

재평가잉여금(기타포괄손익)

라 재평가잉여금(자본)	900,000	3)-1 건 물	900,000
		잔 액	0

재평가잉여금(자본)

		라 재평가잉여금(기타포괄손익)	900,000
		잔 액	900,000

7. 재무제표 작성

이상의 회계순환과정을 거쳐 임시계정과 영구계정들을 마감하고 나면 재무제표를 작성하게 된다. 재무제표 가운데 먼저 포괄손익계산서는 재무제표 요소 중 임시계정인 수익 계정에서 비용 계정을 차감하여 당기의 경영성과인 당기순이익(순손실)을 나타내고, 기타포괄손익 항목을 가감하여 총포괄이익(손실)을 보여주게 된다.

〈표 11.3〉은 (주)세연테크의 20×1년 포괄손익계산서를 보여주고 있다.[6)]

(주)세연테크에서는 20×1년 경영을 통해 18,450,000원의 수익과 15,689,183원의 비용이 발생하였다. 수익이 비용을 초과하는 2,760,817원은 당기순이익으로서 당기에 경영을 통해서 주주의 몫인 자본이 해당 금액만큼 증가하였음을 의미한다. 당기순이익금액인 2,760,817원은 20×1년도의 마감 시 마감분개를 통해서 재무상태표의 자본 항목 가운데 이익잉여금을 증가시키게 된다. 또한 기타포괄손익금액인 900,000원은 자산(건물)의 재평가로 인해 기타포괄이익인 재평가잉여금 900,000원이 발생하였

---

6) (주)세연테크는 20×1년에 설립되었으므로 전년도의 회계정보가 존재하지 않는다.

표 11.3 20×1년 포괄손익계산서

포괄손익계산서 20×1년 1월 1일부터 12월 31일까지 (주)세연테크 (단위: 원)	
계정과목	2001년
매 출	**18,000,000**
매출원가	8,600,000
재고자산감모손실	120,000
재고자산평가손실	570,000
매출원가계	**9,290,000**
매출총이익	**8,710,000**
급 여	2,000,000
보험료	540,000
전력비	350,000
건물감가상각비	500,000
기계장치감가상각비	270,000
차량운반구감가상각비	200,000
소프트웨어상각비	80,000
소모품비	730,000
임차료	300,000
판매비와관리비계	**4,970,000**
영업이익	**3,740,000**
임대수익	250,000
투자부동산처분이익	100,000
투자부동산평가이익	100,000
영업외수익계	**450,000**
손상차손	510,000
이자비용	228,979
영업외비용계	**738,979**
법인세차감전순이익	**3,451,021**
법인세비용	690,204
당기순이익	**2,760,817**
재평가잉여금(기타포괄손익)의 증가	900,000
기타포괄손익계	**900,000**
총포괄이익	**3,660,817**

음을 의미한다. 기타포괄이익금액인 재평가잉여금(기타포괄손익) 계정의 900.000원은 20×1년도의 마감 시 마감분개를 통해서 재무상태표의 자본 항목 가운데 재평가잉여금(자본) 계정을 증가시키게 된다. 당기순이익금액인 2,760,817원에 기타포괄이익금액인 900,000원이 더해져서 20×1년의 총포괄이익은 3,660,817원이 된다.

다음으로 재무제표 가운데 재무상태표는 재무제표 요소 중 영구계정인 자산, 부채 및 자본 계정을 이용하여 재무상태표 작성시점의 해당 기업의 재무상태표를 나타낸다.[7)]

다음의 〈표 11.4〉는 (주)세연테크의 20×1년 말 재무상태표를 보여주고 있다.

〈표 11.4〉의 재무상태표에서 (주)세연테크의 20×1년 말 기준 자산, 부채 및 자본의 현황을 확인할 수 있다.

재무상태표의 내용 가운데 주의할 점은 첫째, 자본 항목에서 수정후시산표에 없었던 이익잉여금이라는 계정의 대변에 2,760,817원이 나타난다는 것이다. 이 2,760,817원의 이익잉여금은 앞서 살펴보았던 포괄손익계산서에서 나타난 당기순이익 2,760,817원이 주주의 몫, 즉 자본의 증가로 재무상태표의 자본 항목을 증가시킨 것이다. 상기 이익잉여금 계정금액의 증가는 20×1년의 마감분개를 통해서 이루어진다. 둘째, 자본 항목에서 수정후시산표에 없었던 재평가잉여금(자본)이라는 계정의 대변에 900,000원이 나타난다는 것이다. 이 900,000원의 재평가잉여금(자본)은 앞서 살펴보았던 포괄손익계산서에서 나타난 재평가잉여금(기타포괄손익) 900,000원이 주주의 몫, 즉 자본의 증가로 재무상태표의 재평가잉여금(자본) 항목을 증가시킨 것이다. 상기 재평가잉여금(자본) 계정금액의 증가는 20×1년의 마감분개를 통해서 이루어진다. 셋째, 수정후시산표에서 대변에 있었던 감가상각누계액 등의 계정들이 자산의 차감항목으로 차변에 있다는 것이다.

다음으로 재무제표 가운데 **지본변동표**는 해당 회계기간 동안 주주의 몫, 즉 자본의 변동 내용을 정리한 것이다. 주주의 몫은 주주가 출자를 함에 따라 증가할 수 있으며, 주주에게 현금 배당을 실시하는 경우에는 감소하게 된다. 또한 해당 회계기간 동안의

7) 재무제표 요소 가운데 임시계정인 수익 계정과 비용 계정의 경우에는 매 회계기간 말 시점의 잔액이 제거되는 반면, 영구계정인 자산, 부채 및 자본 계정의 경우에는 매 회계기간 말 시점의 잔액이 기말 재무상태표를 거쳐 다음 회계기간의 기초 재무상태표까지 유지된다. 이러한 점을 고려하면 회계순환구조는 기초 재무상태표에서 시작하여 기말 재무상태표로 끝나는 과정으로 생각해 볼 수 있다.

표 11.4 20×1년 말 재무상태표

재무상태표

20×1년 12월 31일

(주)세연테크 (단위: 원)

계정과목	20×1년 말
현 금	4,876,244
매출채권	10,000,000
미수금	1,100,000
선급보험료	180,000
상 품	2,280,000
재고자산평가충당금	(570,000)
소모품	270,000
유동자산계	**18,136,244**
토 지	244,890
건 물	6,000,000
건물감가상각누계액	(600,000)
기계장치	2,000,000
기계장치감가상각누계액	(270,000)
손상차손누계액	(510,000)
차량운반구	1,000,000
차량운반구감가상각누계액	(200,000)
소프트웨어	500,000
소프트웨어상각누계액	(80,000)
투자부동산	1,100,000
임차보증금	5,000,000
비유동자산계	**14,184,890**
자산총계	**32,321,134**
매입채무	6,000,000
미지급임차료	300,000
선수임대수익	250,000

미지급이자	140,000
미지급법인세	690,204
차입금	8,000,000
유동부채계	**15,380,204**
사 채	1,000,000
사채할증발행차금	18,081
장기미지급금	262,032
비유동부채계	**1,280,113**
부채총계	**16,660,317**
자본금	5,000,000
주식발행초과금	7,000,000
재평가잉여금(자본)	900,000
이익잉여금	2,760,817
자본총계	**15,660,817**
부채와자본총계	**32,321,134**

경영성과인 당기순이익(순손실)에 따라서도 자본은 변동된다.

〈표 11.5〉는 (주)세연테크의 20×1년 자본변동표를 보여주고 있다.

〈표 11.5〉의 자본변동표에서 (주)세연테크는 20×1년에 주주의 출자로 12,000,000원, 자산재평가로 900,000원, 그리고 당기순이익인 2,760,000원으로 인해, 주주의 몫인 자본이 15,660,817원만큼 증가한 것을 알 수 있다.[8)]

8) 재무제표 가운데 현금흐름표 관련 내용은 본서의 제13장에서 상세히 다룬다.

표 11.5 20×1년 자본변동표

자본변동표

20×1년 1월 1일부터 12월 31일까지

(주)세연테크 (단위: 원)

과 목	자본금	자본잉여금	재평가잉여금	이익잉여금	합 계
20×1. 1. 1.	0				0
주주의 출자	5,000,000	7,000,000			12,000,000
자산의 재평가			900,000		900,000
당기순이익				2,760,817	2,760,817
20×1. 12. 31.	5,000,000	7,000,000	900,000	2,760,817	15,660,817

제3절 20×2년 회계순환과정

다음의 〈예시 11.2〉는 (주)세연테크의 20×2년 회계순환과정과 관련한 거래내역이다.

예시 11.2

다음은 산업용 정밀기계 업종의 단일 상품을 판매하는 (주)세연테크의 20×2년 거래내역이다.

21) 1월 1일 20×1년 12월 31일에 발생한 토지 매각대금 110만원을 현금으로 수령함.

22) 1월 1일 (주)부산물류의 회사채를 만기까지 원금과 이자를 수취할 목적으로 구입함. (주)세연테크는 (주)부산물류로부터 20×2년부터 20×4년까지 매년 말에 6만원의 이자를 수령하며 20×4년 말에는 원금 100만원을 회수하기로 함.

23) 1월 15일 20×1년 9월 29일의 외상판매대금 1,000만원을 현금 수령하고,

20×1년 9월 5일의 외상매입대금 600만원을 현금 지급함.

24) 1월 31일 영업활동에 사용하기 위해 현금 50만원을 주고 소모품을 구입함.

25) 3월 5일 상품 1,000개를 외상으로 1,400만원에 구입함.

26) 3월 27일 상품 800개를 외상으로 1,760만원에 판매함.

27) 4월 1일 보유하고 있는 기계장치에 대한 1년 치 화재보험료 72만원을 현금으로 지급함.

28) 4월 15일 3월 27일의 외상매출대금 1,760만원을 현금 수령함.

29) 5월 31일 20×1년 6월 1일에 은행에서 차입하였던 800만원의 차입금 관련 원금 전액과 이자를 함께 지급함.

30) 6월 5일 3월 5일의 외상매입대금 1,400만원을 현금 지급함.

31) 7월 1일 임대수익과 시세차익을 거둘 목적으로 보유하고 있던 토지를 영업목적으로 사용하기로 결정하고, 즉시 사용하기 시작함. 20×2년 7월 1일 기준 해당 토지의 공정가치는 95만원임.

32) 10월 1일 보유하고 있던 차량운반구를 (주)서울상사가 보유하고 있는 선박과 교환함. 교환 시 (주)세연테크는 (주)서울상사에게 현금 50만원을 추가로 지급함. 교환시점에 차량운반구의 공정가치는 72만원으로 평가되었으며, 선박의 공정가치는 명확하지 않음. 교환시점 기준으로 선박의 내용연수는 4년이며, 잔존가액은 10만원임.

33) 10월 19일 상품 1,100개를 외상으로 1,650만원에 구입함.

34) 11월 5일 상품 1,400개를 외상으로 3,500만원에 판매함.

35) 11월 25일 주주들에게 100만원의 현금배당을 실시함.

36) 12월 1일 영업자금 확보를 위해 은행에서 450만원을 차입함. 차입기간은 6개월이며 연이자율은 4%임.

37) 12월 31일 매장 직원과 사무직원의 20×1년도 급여로 100만원을 현금 지급함.

38) 12월 31일 20×1년도 전기요금으로 30만원을 현금 지급함.

〈추가 자료〉

① 20×2년 1월 1일 현재 유효이자율은 7%이다. 3년, 7%, 단일금액의 현가는 0.8163이고, 3년, 7%, 기말연금의 현가는 2.6243이다.

② 재고자산의 수량파악방법으로 계속기록법을, 입출흐름의 가정으로 선입선출법을, 재고자산 기록방법으로는 기중매출원가인식법(계속기록법)을 사용한다.

③ 재고자산에 대한 기말 실사결과, 수량은 90개이며 판매가격의 회복으로 인해 실제 보유 재고자산의 순실현가능가치는 1,377,000원(개당 15,300원)인 것으로 나타났다. (주)세연테크는 재고자산의 평가손실 및 환입 관련 발생 손익을 매출원가에서 가감한다.

④ 유형자산의 평가방법으로 기계장치, 토지, 차량운반구와 선박의 경우에는 원가법, 건물의 경우에는 재평가법을 적용한다.

⑤ 유형자산의 감가상각방법으로 기계장치와 건물의 경우에는 정액법, 선박의 경우에는 연수합계법, 그 이외의 감가상각 대상 유형자산의 경우에는 이중체감법을 적용한다. 감가상각 대상 유형자산을 재평가할 시에는 감가상각누계액을 비례 수정하는 방식을 적용한다.

⑥ 무형자산의 평가방법으로는 원가법을 적용한다. 무형자산의 상각과 관련하여 (주)세연테크의 경우에는 무형자산의 경제적 효익이 소비되는 형태가 명확치 않다.

⑦ 투자부동산의 평가방법은 공정가치법을 적용한다.

⑧ 소모품의 기말 실사금액은 25만원이다.

⑨ 기말 현재 기계장치에 대하여 과거에 인식한 손상차손이 감소하는 징후가 나타났다. 조사 결과 기말 현재 기계장치의 순공정가치는 138만원, 사용가치는 135만원인 것으로 밝혀졌다.

⑩ 20×2년 12월 31일 현재 유형자산과 무형자산의 공정가치는 다음과 같다.

- 20×1년 1월 1일 구입 건물: 360만원
- 20×1년 1월 1일 구입 토지: 27만원
- 20×1년 4월 1일 구입 기계장치: 140만원
- 20×1년 5월 1일 구입 소프트웨어: 39만원
- 20×2년 10월 1일 교환취득 선박: 88만원

⑪ (주)세연테크의 법인세율은 20%를 적용한다. (주)세연테크는 20×2년도의 법인세를 20×3년 3월 31일에 납부하였다.

1. (주)세연테크의 20×2년도 기중 분개를 실시하시오.

2. (주)세연테크의 20×2년도 기중 전기를 실시하시오.

3. (주)세연테크의 20×2년도 수정전시산표를 작성하시오.

4. (주)세연테크의 20×2년도 결산수정분개를 실시하고 관련 내용을 전기하시오.
5. (주)세연테크의 20×2년도 수정후시산표를 작성하시오.
6. (주)세연테크의 20×2년도 마감분개를 실시하시오.
7. (주)세연테크의 20×2년도 비교재무제표(손익계산서, 재무상태표, 자본변동표)를 작성하시오.

1. 20×2년 기중 분개

다음은 (주)세연테크의 20×2년 기중 분개 실시내용을 보여주고 있다.

〈20×2년 기중 분개〉

기초) 미지급비용, 선급비용, 선수수익의 회계처리

20×2. 1. 1.

(차) 미지급임차료	300,000*	(대) 현 금	300,000

* 20×1년 수정분개 5)-1 참조

20×2. 1. 1.

(차) 보험료	180,000*	(대) 선급보험료	180,000

* 20×1년 수정분개 8)-1 참조

20×2. 1. 1.

(차) 선수임대수익	250,000*	(대) 임대수익	250,000

* 20×1년 수정분개 13)-1 참조

21) 미수금의 회수

20×2. 1. 1.

(차) 현 금	1,100,000	(대) 미수금	1,100,000

22) 상각후원가 측정 금융자산(AC 금융자산)의 구입

20×2. 1. 1.

(차) AC 금융자산	973,758*	(대) 현 금	973,758

* 1,000,000×0.8163(7%, 3년, 단일금액의 현가)+60,000×2.6243(7%, 3년, 연금현가)=973,758원

23) 판매대금의 회수와 구입대금의 지급

20×2. 1. 15.

(차) 현 금	10,000,000	(대) 매출채권	10,000,000
(차) 매입채무	6,000,000	(대) 현 금	6,000,000

24) 소모품의 구입

20×2. 1. 31.

(차) 소모품	500,000	(대) 현 금	500,000

25) 상품의 구입

20×2. 3. 5.

(차) 상 품	14,000,000	(대) 매입채무	14,000,000

26) 상품의 판매

20×2. 3. 27.

(차) 매출채권	17,600,000	(대) 매 출	17,600,000
(차) 매출원가	10,820,000*	(대) 상 품	10,820,000

* (190×12,000+610×14,000)=10,820,000원

⑪-1. 미지급법인세 지급

20×2. 3. 31.

(차) 미지급법인세	690,204	(대) 현 금	690,204

27) 화재보험료 지급

20×2. 4. 1.

(차) 보험료	720,000	(대) 현 금	720,000

28) 판매대금 회수

20×2. 4. 15.

(차) 현 금	17,600,000	(대) 매출채권	17,600,000

29) 차입금의 상환

20×2. 5. 31.

(차) 이자비용	100,000*	(대) 현 금	240,000
미지급이자	140,000		

20×2. 5. 31.

(차)	차입금	8,000,000	(대) 현　금	8,000,000

* 8,000,000×3%×5/12=100,000원

30) 구입대금 지급

20×2. 6. 5.

(차)	매입채무	14,000,000	(대) 현　금	14,000,000

31) 투자부동산의 유형자산 대체

20×2. 7. 1.

(차)	토지(유형자산)	950,000	(대) 투자부동산	1,100,000
	투자부동산평가손실	150,000		

32) 유형자산의 교환

교환시점까지의 기중 감가상각비 인식

20×2. 10. 1.

(차)	차량운반구감가상각비	240,000*	(대) 차량운반구감가상각누계액	240,000

* 320,000×9/12=240,000원

20×2. 10. 1.

(차)	선　박	1,220,000*	(대) 차량운반구	1,000,000
	차량운반구 감가상각누계액	440,000	현　금	500,000
			유형자산처분이익	160,000

* 720,000(지급자산의 공정가치)+500,000(현금지급액)=1,220,000원

33) 상품의 구입

20×2. 10. 19.

(차)	상　품	16,500,000	(대) 매입채무	16,500,000

34) 상품의 판매

20×2. 11. 5.

(차)	매출채권	35,000,000	(대) 매　출	35,000,000
	매출원가	20,610,000*	상　품	20,610,000

* (390×14,000+1,010×15,000)=20,610,000원

35) 배당금 지급

20×2. 11. 25.

(차) 배당금	1,000,000	(대) 현 금	1,000,000

36) 은행차입

20×2. 12. 1.

(차) 현 금	4,500,000	(대) 차입금	4,500,000

37) 급여 지급

20×2. 12. 31.

(차) 급 여	1,000,000	(대) 현 금	1,000,000

38) 전력비 지급

20×2. 12. 31.

(차) 전력비	300,000	(대) 현 금	300,000

22)-1 AC 금융자산 이자수취

〈상각표〉

	기초 장부금액	유효이자	액면이자	회사채 조정액	기말 장부금액
20×2. 1. 1.					973,758
20×2. 12. 31.	973,758	68,163	60,000	8,163	981,921
20×3. 12. 31.	981,921	68,734	60,000	8,734	990,655
20×4. 12. 31.	990,655	69,345*	60,000	9,345	1,000,000

* 20×4년의 기초 장부금액인 990,655원에 유효이자율인 7%를 곱하면 69,346원이 나옴. 기말 장부금액인 1,000,000원을 일치시키기 위해 1원의 단수차이 조정을 실시하였음.

20×2. 12. 31.

(차) 현 금	60,000	(대) 이자수익	68,163
AC 금융자산	8,163		

2)-2 회사채 이자 지급

20×2. 12. 31.

(차) 이자비용	71,266	(대) 현 금	80,000
사채할증발행차금	8,734		

2. 20×2년 기중 전기

다음은 (주)세연테크의 20×2년 기중 전기 실시내용을 보여주고 있다. 이와 관련하여 총계정원장의 계정 가운데 자산, 부채 및 자본 계정의 원장의 경우에는 기초 잔액이 전기로부터 이월된 금액을 보여주는 반면, 수익과 비용 계정의 원장의 경우에는 전기 말의 마감분개를 통해 잔액이 0이 되어, 20×2년의 시작시점에 계정의 잔액이 0으로 나타난다는 점을 주의하여야 한다.

〈20×2년 기중 전기_자산〉

현 금

전기이월	4,876,244	기초)미지급임차료	300,000
21) 미수금	1,100,000	22) AC 금융자산	973,758
23) 매출채권	10,000,000	23) 매입채무	6,000,000
28) 매출채권	17,600,000	24) 소모품	500,000
22)-1 이자수익	60,000	⑪-1 미지급법인세	690,204
36) 차입금	4,500,000	27) 보험료	720,000
		29) 이자비용 등	240,000
		29) 차입금	8,000,000
		30) 매입채무	14,000,000
		32) 선박 등	500,000
		35) 배당금	1,000,000
		37) 급 여	1,000,000
		38) 전력비	300,000
		2)-2 이자비용 등	80,000
잔 액	3,832,282		

임차보증금

전기이월	5,000,000		
잔 액	5,000,000		

상 품

전기이월	2,280,000	26) 매출원가	10,820,000
25) 매입채무	14,000,000	34) 매출원가	20,610,000
33) 매입채무	16,500,000		
잔 액	1,350,000		

소프트웨어

전기이월	500,000		
잔 액	500,000		

투자부동산

전기이월	1,100,000	31) 토지 등	1,100,000
잔 액	0		

건 물

전기이월	6,000,000		
잔 액	6,000,000		

토지(유형자산)

전기이월	244,890		
31) 투자부동산	950,000		
잔 액	1,194,890		

매출채권

전기이월	10,000,000	23) 현 금	10,000,000
26) 매 출	17,600,000	28) 현 금	17,600,000
34) 매 출	35,000,000		
잔 액	35,000,000		

기계장치

전기이월	2,000,000		
잔 액	2,000,000		

차량운반구

전기이월	1,000,000	33) 선박 등	1,000,000
잔 액	0		

미수금

전기이월	1,100,000	21) 현 금	1,100,000
잔 액	0		

기계감가상각누계액

		전기이월	270,000
		잔 액	270,000

소프트웨어상각누계액

		전기이월	80,000
		잔 액	80,000

재고자산평가충당금

		전기이월	570,000
		잔 액	570,000

AC 금융자산

22) 현 금	973,758		
22)-1 이자수익	8,163		
잔 액	981,921		

소모품

전기이월	270,000		
24) 현 금	500,000		
잔 액	770,000		

건물감가상각누계액

		전기이월	600,000
		잔 액	600,000

손상차손누계액

		전기이월	510,000
		잔 액	510,000

차량운반구감가상각누계액

32) 현금 등	440,000	전기이월	200,000
		32) 차량운반구 감가상각비	240,000
		잔 액	0

선급보험료

차변	금액	대변	금액
전기이월	180,000	기초) 보험료	180,000
잔 액	0		

선 박

차변	금액	대변	금액
32) 차량운반구 등	1,220,000		
잔 액	1,220,000		

〈20×2년 기중 전기_부채〉

사 채

차변	금액	대변	금액
		전기이월	1,000,000
		잔 액	1,000,000

장기미지급금

차변	금액	대변	금액
		전기이월	262,032
		잔 액	262,032

미지급임차료

차변	금액	대변	금액
기초) 현 금	300,000	전기이월	300,000
		잔 액	0

선수임대수익

차변	금액	대변	금액
기초) 임대수익	250,000	전기이월	250,000
		잔 액	0

사채할증발행차금

차변	금액	대변	금액
2)-2 현 금	8,734	전기이월	18,081
		잔 액	9,347

매입채무

차변	금액	대변	금액
23) 현 금	6,000,000	전기이월	6,000,000
30) 현 금	14,000,000	25) 상 품	14,000,000
		33) 상 품	16,500,000
		잔 액	16,500,000

차입금

차변	금액	대변	금액
29) 현 금	8,000,000	전기이월	8,000,000
		36) 현 금	4,500,000
		잔 액	4,500,000

미지급이자

차변	금액	대변	금액
29) 현 금	140,000	전기이월	140,000
		잔 액	0

미지급법인세

차변	금액	대변	금액
⑪-1 현 금	690,204	전기이월	690,204
		잔 액	0

〈20×2년 기중 전기_자본〉

자본금

차변	금액	대변	금액
		전기이월	5,000,000
		잔 액	5,000,000

재평가잉여금(자본)

차변	금액	대변	금액
		전기이월	900,000
		잔 액	900,000

배당금

차변	금액	대변	금액
35) 현 금	1,000,000		
잔 액	1,000,000		

주식발행초과금

차변	금액	대변	금액
		전기이월	7,000,000
		잔 액	7,000,000

이익잉여금

차변	금액	대변	금액
		전기이월	2,760,817
		잔 액	2,760,817

〈20×2년 기중 전기_수익〉

임대수익

차변	금액	대변	금액
		기초) 선수임대수익	250,000
		잔 액	250,000

유형자산처분이익

차변	금액	대변	금액
		32) 선박 등	160,000
		잔 액	160,000

매 출

차변	금액	대변	금액
		26) 매출채권	17,600,000
		34) 매출채권	35,000,000
		잔 액	52,600,000

이자수익

차변	금액	대변	금액
		22)-1 현금 등	68,163
		잔 액	68,163

〈20×2년 기중 전기_비용〉

보험료

차변	금액	대변	금액
기초) 선급보험료	180,000		
27) 현 금	720,000		
잔 액	900,000		

이자비용

차변	금액	대변	금액
29) 현 금	100,000		
2)-2 현 금	71,266		
잔 액	171,266		

차량운반구감가상각비

차변	금액	대변	금액
32) 차량운반구 감가상각누계액	240,000		
잔 액	240,000		

전력비

차변	금액	대변	금액
38) 현 금	300,000		
잔 액	300,000		

매출원가

26) 상 품	10,820,000	
34) 상 품	20,610,000	
잔 액	31,430,000	

투자부동산평가손실

31) 투자부동산	150,000	
잔 액	150,000	

급 여

37) 현 금	1,000,000	
잔 액	1,000,000	

3. 20×2년 수정전시산표

다음의 〈표 11.6〉은 (주)세연테크의 20×2년 수정전시산표를 보여주고 있다.

〈표 11.6〉의 수정전시산표상의 차변 잔액과 대변 잔액은 동일하게 93,040,359원으로 상호 일치하는 것으로 나타났다.

표 11.6 20×2년 수정전시산표

수정전시산표

20×2년 12월 31일

(주)세연테크 (단위: 원)

계정과목	차 변	대 변
현 금	3,832,282	
임차보증금	5,000,000	
상 품	1,350,000	
재고자산평가충당금		570,000
건 물	6,000,000	
건물감가상각누계액		600,000
토 지	1,194,890	
매출채권	35,000,000	
기계장치	2,000,000	
기계장치감가상각누계액		270,000

손상차손누계액		510,000
소프트웨어	500,000	
소프트웨어상각누계액		80,000
소모품	770,000	
AC 금융자산	981,921	
선 박	1,220,000	
사 채		1,000,000
사채할증발행차금		9,347
장기미지급금		262,032
매입채무		16,500,000
차입금		4,500,000
자본금		5,000,000
주식발행초과금		7,000,000
재평가잉여금		900,000
이익잉여금		2,760,817
배당금	1,000,000	
매 출		52,600,000
임대수익		250,000
유형자산처분이익		160,000
이자수익		68,163
매출원가	31,430,000	
급 여	1,000,000	
이자비용	171,266	
보험료	900,000	
전력비	300,000	
차량운반구감가상각비	240,000	
투자부동산평가손실	150,000	
합 계	93,040,359	93,040,359

4. 20×2년 결산수정분개와 전기

다음은 (주)세연테크의 20×2년 결산수정분개 실시 내용을 보여주고 있다.

〈20×2년 기말 수정분개〉

3)-2 건물 감가상각과 재평가

20×2. 12. 31.

(차) 건물감가상각비	600,000*	(대) 건물감가상각누계액	600,000

* (6,000,000 − 600,000(감가상각누계액) − 0(잔존가액)) × 1/9(잔존내용연수) = 600,000원

	재평가 전	재평가 처리	재평가 후
총장부금액	6,000,000	(1,500,000)	4,500,000
감가상각누계액	(1,200,000)	300,000	(900,000)
장부금액	4,800,000	(1,200,000)	3,600,000

20×2. 12. 31.

(차) 건물감가상각누계액	300,000	(대) 건 물	1,500,000
재평가잉여금(기타포괄손익)	900,000		
재평가손실	300,000		

4)-2 장기미지급금 이자비용 인식

20×2. 12. 31.

(차) 이자비용	18,342	(대) 장기미지급금	18,342

5)-2 임차료 인식

20×2. 12. 31.

(차) 임차료	300,000	(대) 미지급임차료	300,000

8)-2 기계장치의 감가상각과 손상차손환입

20×2. 12. 31.

(차) 기계장치감가상각비	240,000*	(대) 기계장치감가상각누계액	240,000

* (1,220,000 − 200,000) × 12(20×2년의 월 수)/51(잔존내용연수의 월 수) = 240,000원

20×2. 12. 31.

(차) 손상차손누계액	390,000	(대) 손상차손환입	390,000*

* MIN(회수가능액, 손상차손 미발생 시 장부금액) − 장부금액

$= \text{MIN}(1{,}380{,}000^{**}, 1{,}370{,}000) - (\underbrace{2{,}000{,}000}_{\text{취득원가}} - (\underbrace{270{,}000+240{,}000}_{\text{감가상각누계액}}) - \underbrace{510{,}000}_{\text{손상차손누계액}})$

$= 1{,}370{,}000 - 980{,}000 = 390{,}000$원

** 회수가능액은 순공정가치와 사용가치 중 큰 값으로 정한다.

27)-1 선급보험료 인식

20×2. 12. 31.

(차) 선급보험료	180,000	(대) 보험료	180,000

11)-2 소프트웨어의 상각

20×2. 12. 31.

(차) 소프트웨어상각비	120,000*	(대) 소프트웨어상각누계액	120,000

* (500,000 − 20,000(잔존가치)) × 1/4 = 120,000원

24)-1 소모품비 인식

20×2. 12. 31.

(차) 소모품비	520,000*	(대) 소모품	520,000

* $(\underbrace{270{,}000}_{\text{기초금액}} + \underbrace{500{,}000}_{\text{당기 매입금액}} - \underbrace{250{,}000}_{\text{기말 실사금액}}) = 520{,}000$원

32)-1 선박 감가상각

20×2. 12. 31.

(차) 선박감가상각비	112,000*	(대) 선박감가상각누계액	112,000

* (1,220,000 − 100,000(잔존가치) × 4/10(감가상각률) × 3/12(월할상각) = 112,000원

34)-1 재고자산평가손실환입 인식

20×2. 12. 31.

(차) 재고자산평가충당금	570,000	(대) 재고자산평가손실환입	570,000

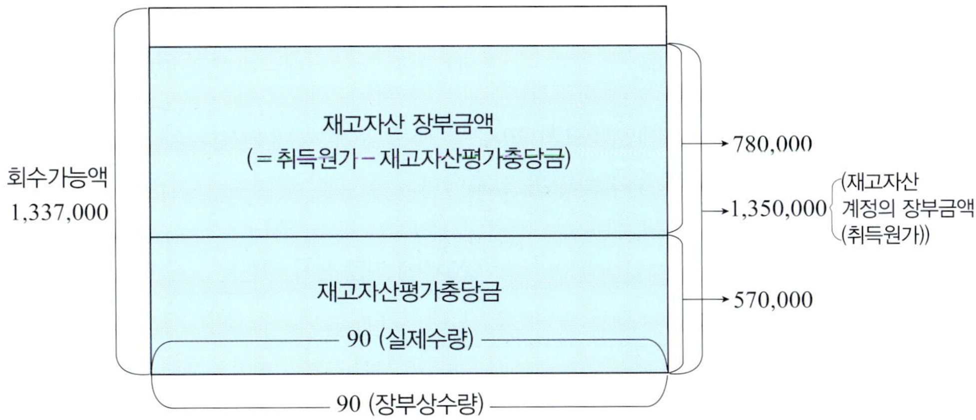

상 품		재고지산평가충당금	
1,350,000 (90×15,000)			570,000

재고자산평가손실환입 인식 이전에 상품의 장부금액은 상품 계정의 장부금액(취득원가)에서 재고자산평가충당금 계정의 장부금액을 제한 780,000원이다.

판매가격의 회복으로 재고자산평가손실환입을 인식할 때, 평가손실환입의 한도는 최초 취득금액이다. 따라서 본 예시에서는 회수가능액인 1,377,000원이 아니라 취득원가인 1,350,000원까지 회복하는 분개를 실시한다.

재고자산평가손실환입 인식 이후 상품의 장부금액은 다음과 같이 취득원가인 135만원이 된다.

상 품		재고자산평가충당금	
1,350,000 (90×15,000)		570,000	570,000

36)-1. 이자비용 인식

(차) 이자비용	15,000*	(대) 미지급이자	15,000

* 4,500,000×4%×1/12=15,000원

⑪-2. 법인세비용 인식

(차) 법인세비용 3,560,311 (대) 미지급법인세 3,560,311

다음은 (주)세연테크의 20×2년 기중 분개에 대한 전기와 기말 결산수정분개에 대한 전기 실시내용이 반영된 결과이다.

〈20×2년 기말 전기_자산〉

현 금

전기이월	4,876,244	기초)미지급임차료	300,000
21) 미수금	1,100,000	22) AC 금융자산	973,758
23) 매출채권	10,000,000	23) 매입채무	6,000,000
28) 매출채권	17,600,000	24) 소모품	500,000
22)-1 이자수익	60,000	27) 보험료	720,000
36) 차입금	4,500,000	29) 이자비용 등	120,000
		⑪-1 미지급법인세	690,204
		29) 차입금	8,000,000
		30) 매입채무	14,000,000
		32) 선박 등	500,000
		35) 배당금	1,000,000
		37) 급 여	1,000,000
		38) 전력비	300,000
		2)-2 이자비용 등	80,000
잔 액	3,832,282		

임차보증금

전기이월	5,000,000		
잔 액	5,000,000		

상 품

전기이월	2,280,000	26) 매출원가	10,820,000
25) 매입채무	14,000,000	34) 매출원가	20,610,000
33) 매입채무	16,500,000		
잔 액	1,350,000		

소프트웨어

전기이월	500,000		
잔 액	500,000		

투자부동산

전기이월	1,100,000	31) 토지 등	1,100,000
잔 액	0		

건 물

전기이월	6,000,000	3)-2 재평가손실 등	1,500,000
잔 액	4,500,000		

토지(유형자산)

전기이월	244,890		
31) 투자부동산	950,000		
잔 액	1,194,890		

매출채권

전기이월	10,000,000	23) 현 금	10,000,000
26) 매 출	17,600,000	28) 현 금	17,600,000
34) 매 출	35,000,000		
잔 액	35,000,000		

기계장치

전기이월	2,000,000		
잔 액	2,000,000		

차량운반구

전기이월	1,000,000	33) 선박 등	1,000,000
잔 액	0		

미수금

전기이월	1,100,000	21) 현 금	1,100,000
잔 액	0		

기계감가상각누계액

		전기이월	270,000
		8)-2 기계감가상각비	240,000
		잔 액	510,000

소프트웨어상각누계액

		전기이월	80,000
		11)-2 소프트웨어감가상각비	120,000
		잔 액	200,000

재고자산평가충당금

34)-1 재고자산평가손실환입	570,000	전기이월	570,000
		잔 액	0

AC 금융자산

22) 현 금	973,758		
22)-1 이자수익	8,163		
잔 액	981,921		

소모품

전기이월	270,000	24)-1 소모품비	520,000
24) 현 금	500,000		
잔 액	250,000		

건물감가상각누계액

3)-2 건 물	300,000	전기이월	600,000
		3)-2 건물감가상각비	600,000
		잔 액	900,000

손상차손누계액

8)-2 손상차손환입	390,000	전기이월	510,000
		잔 액	120,000

차량운반구감가상각누계액

32) 현금 등	440,000	전기이월	200,000
		32) 차량운반구 감가상각비	240,000
		잔 액	0

선급보험료

전기이월	180,000	기초) 보험료	180,000
27)-1 보험료	180,000		
잔 액	180,000		

선 박

32) 차량운반구 등	1,220,000		
잔 액	1,220,000		

선박상각누계액

		32)-1 선박감가상각비	112,000
		잔 액	112,000

〈20×2년 기말 전기_부채〉

사 채

		전기이월	1,000,000
		잔 액	1,000,000

장기미지급금

		전기이월	262,032
		4)-2 이자비용	18,342
		잔 액	280,374

미지급임차료

기초) 현 금	300,000	전기이월	300,000
		5)-2 임차료	300,000
		잔 액	300,000

선수임대수익

기초) 임대수익	250,000	전기이월	250,000
		잔 액	0

사채할증발행차금

2)-2 현 금	8,734	전기이월	18,081
		잔 액	9,347

매입채무

23) 현 금	6,000,000	전기이월	6,000,000
30) 현 금	14,000,000	25) 상 품	14,000,000
		33) 상 품	16,500,000
		잔 액	16,500,000

차입금

29) 현 금	8,000,000	전기이월	8,000,000
		36) 현 금	4,500,000
		잔 액	4,500,000

미지급이자

29) 현 금	140,000	전기이월	140,000
		36)-1 이자비용	15,000
		잔 액	15,000

미지급법인세

⑪-1 현 금	690,204	전기이월	690,204
		⑪-2 법인세비용	3,560,311
		잔 액	3,560,311

〈20×2년 기말 전기_자본 및 기타포괄손익〉

자본금

		전기이월	5,000,000
		잔 액	5,000,000

재평가잉여금(자본)

		전기이월	900,000
		잔 액	900,000

재평가잉여금(기타포괄손익)

3)-2 건 물	900,000		
잔 액	900,000		

배당금

35) 현 금	1,000,000		
잔 액	1,000,000		

주식발행초과금

		전기이월	7,000,000
		잔 액	7,000,000

이익잉여금

		전기이월	2,760,817
		잔 액	2,760,817

〈20×2년 기말 전기_수익〉

임대수익

		기초) 선수임대수익	250,000
		잔 액	250,000

유형자산처분이익

		32) 선박 등	160,000
		잔 액	160,000

매 출

		26) 매출채권	17,600,000
		34) 매출채권	35,000,000
		잔 액	52,600,000

이자수익

		22)-1 현금 등	68,163
		잔 액	68,163

손상차손환입			
		8)-2 손상차손누계액	390,000
		잔 액	390,000

재고자산평가손실환입			
		34)-1 재고자산평가충당금	570,000
		잔 액	570,000

〈20×2년 기말 전기_비용〉

보험료			
기초) 선급보험료	180,000	27)-1 선급보험료	180,000
27) 현 금	720,000		
잔 액	720,000		

이자비용			
29) 현 금	100,000		
2)-2 현 금	71,266		
4)-2 장기미지급금	18,342		
36)-1 미지급이자	15,000		
잔 액	204,608		

차량운반구감가상각비			
32) 차량운반구감가상각누계액	240,000		
잔 액	240,000		

전력비			
38) 현 금	300,000		
잔 액	300,000		

매출원가			
26) 상 품	10,820,000		
34) 상 품	20,610,000		
잔 액	31,430,000		

투자부동산평가손실			
31) 투자부동산	150,000		
잔 액	150,000		

급 여			
37) 현 금	1,000,000		
잔 액	1,000,000		

건물감가상각비			
3)-2 건물감가상각누계액	600,000		
잔 액	600,000		

재평가손실			
3)-2 건 물	300,000		
잔 액	300,000		

기계장치감가상각비			
8)-2 기계장치감가상각누계액	240,000		
잔 액	240,000		

소모품비

차변		대변
24)-1 소모품	520,000	
잔 액	520,000	

임차료

차변		대변
5)-2 미지급임차료	300,000	
잔 액	300,000	

소프트웨어상각비

차변		대변
11)-2 소프트웨어상각누계액	120,000	
잔 액	120,000	

선박감가상각비

차변		대변
32)-1 선박감가상각누계액	112,000	
잔 액	112,000	

법인세비용

차변		대변
⑪-2 미지급법인세	3,560,311	
잔 액	3,560,311	

5. 20×2년 수정후시산표

다음의 〈표 11.7〉은 (주)세연테크의 20×2년 수정후시산표를 보여주고 있다.

〈표 11.7〉의 수정후시산표상의 차변 잔액과 대변 잔액은 동일하게 97,706,012원으로 상호 일치하는 것으로 나타났다.

표 11.7 20×2년 수정후시산표

수정후시산표

20×2년 12월 31일

(주)세연테크 (단위: 원)

계정과목	차 변	대 변
현 금	3,832,282	
임차보증금	5,000,000	
상 품	1,350,000	
건 물	4,500,000	
건물감가상각누계액		900,000
토 지	1,194,890	
매출채권	35,000,000	

기계장치	2,000,000	
기계장치감가상각누계액		510,000
손상차손누계액		120,000
소프트웨어	500,000	
소프트웨어상각누계액		200,000
소모품	250,000	
선급보험료	180,000	
AC 금융자산	981,921	
선 박	1,220,000	
선박감가상각누계액		112,000
사 채		1,000,000
사채할증발행차금		9,347
장기미지급금		280,374
매입채무		16,500,000
차입금		4,500,000
미지급임차료		300,000
미지급이자		15,000
미지급법인세		3,560,311
자본금		5,000,000
주식발행초과금		7,000,000
재평가잉여금(자본)		900,000
이익잉여금		2,760,817
배당금	1,000,000	
매 출		52,600,000
임대수익		250,000
유형자산처분이익		160,000
이자수익		68,163
손상차손환입		390,000
재고자산평가손실환입		570,000
매출원가	31,430,000	
급 여	1,000,000	
이자비용	204,608	

보험료	720,000	
전력비	300,000	
건물감가상각비	600,000	
임차료	300,000	
기계장치감가상각비	240,000	
소프트웨어상각비	120,000	
차량운반구감가상각비	240,000	
소모품비	520,000	
투자부동산평가손실	150,000	
재평가손실	300,000	
선박감가상각비	112,000	
법인세비용	3,560,311	
재평가잉여금(기타포괄손익)	900,000	
합 계	97,706,012	97,706,012

6. 마감분개

다음은 (주)세연테크의 20×2년도 말 기준 수익과 비용 계정의 마감분개를 보여주고 있다.

㉮

(차)	매 출	52,600,000	(대)	집합손익	54,038,163
	임대수익	250,000			
	재고자산평가손실환입	570,000			
	손상차손환입	390,000			
	유형자산처분이익	160,000			
	이자수익	68,163			

㉯

(차)	집합손익	39,796,919	(대)	매출원가	31,430,000
				급 여	1,000,000
				보험료	720,000
				전력비	300,000

임차료	300,000
소모품비	520,000
건물감가상각비	600,000
기계장치감가상각비	240,000
차량운반구감가상각비	240,000
선박감가상각비	112,000
소프트웨어상각비	120,000
투자부동산평가손실	150,000
재평가손실	300,000
이자비용	204,608
법인세비용	3,560,311

이와 같이 집합손익 계정을 이용하여 임시계정인 수익 계정과 비용 계정에 대한 마감분개를 실시하고 나면 총계정원장의 모든 수익 계정과 비용 계정은 0의 값을 가지게 되며 집합손익 계정은 대변에 14,241,244원의 잔액을 가지게 되는데, 이 금액은 (주)세연테크의 20×2년도의 당기순이익을 의미한다.

집합손익

㉯ 매출원가 등	39,796,919	㉮ 매출 등	54,038,163
		잔 액	14,241,244

앞서 살펴본 바와 같이 당기순이익은 주주의 몫을 증가시키게 되므로 집합손익 계정잔액인 2,760,817원만큼을 자본 항목 가운데 이익잉여금 계정을 증가시키고 집합손익 계정잔액을 제거하는 분개를 실시한다.

㉰

(차) 집합손익	14,241,244	(대) 이익잉여금	14,241,244

그리고 20×2년에는 20×1년과 달리 배당금의 지급이 발생하였다. 이 경우에 총계정원장의 배당금 잔액만큼 이익잉여금 계정을 감소시키고 배당금 계정잔액을 제거하는 분개를 실시하게 된다.[9)]

9) 배당금의 지급은 주주에 대한 지급, 즉 주주와의 거래이므로 비용 항목에 해당하지 않는다.

라

(차) 이익잉여금 1,000,000 (대) 배당금 1,000,000

집합손익

㉯ 매출원가 등	39,796,919	㉮ 매출 등	54,038,163
㉰ 이익잉여금	14,241,244		
		잔 액	0

이익잉여금

라 배당금	1,000,000	전기이월	2,760,817
		㉰ 집합손익	14,241,244
		잔 액	16,002,061

배당금

35) 현 금	1,000,000	라 이익잉여금	1,000,000
잔 액	0		

그리고 기타포괄손익도 당기순이익과 마찬가지로 주주의 몫을 변동시키게 되므로 기타포괄손익 항목인 재평가잉여금(기타포괄손익) 계정의 잔액인 900,000원을 제거시키고 자본 항목 가운데 재평가잉여금(자본) 계정을 감소시키는 분개를 실시함으로써 마감분개를 마무리하게 된다.

마

(차) 재평가잉여금(자본) 900,000 (대) 재평가잉여금(기타포괄손익) 900,000

재평가잉여금(자본)

마 재평가잉여금(기타포괄손익)	900,000	전기이월	900,000
		잔 액	0

재평가잉여금(기타포괄손익)

3)-2 건 물	900,000	마 재평가잉여금(자본)	900,000
잔 액	0		

7. 재무제표 작성

다음의 〈표 11.8〉은 (주)세연테크의 20×2년 포괄손익계산서를 보여주고 있다.

표 11.8 20×2년 포괄손익계산서

포괄손익계산서

20×2년 1월 1일부터 12월 31일까지

20×1년 1월 1일부터 12월 31일까지

(주)세연테크 (단위: 원)

계정과목	20×2년	20×1년
매　출	**52,600,000**	**18,000,000**
매출원가	31,430,000	8,600,000
재고자산감모손실	-	120,000
재고자산평가손실	-	570,000
재고자산평가손실환입	(570,000)	-
매출원가계	**30,860,000**	**9,290,000**
매출총이익	**21,740,000**	**8,710,000**
급　여	1,000,000	2,000,000
보험료	720,000	540,000
전력비	300,000	350,000
건물감가상각비	600,000	500,000
기계장치감가상각비	240,000	270,000
차량운반구감가상각비	240,000	200,000
선박감가상각비	112,000	-
소프트웨어상각비	120,000	80,000
소모품비	520,000	730,000
임차료	300,000	300,000
판매비와관리비계	**4,152,000**	**4,970,000**
영업이익	**17,588,000**	**3,740,000**
임대수익	250,000	250,000

투자부동산처분이익	-	100,000
투자부동산평가이익	-	100,000
유형자산처분이익	160,000	-
이자수익	68,163	-
손상차손환입	390,000	-
영업외수익계	**868,163**	**450,000**
손상차손	-	510,000
이자비용	204,608	228,979
투자부동산평가손실	150,000	-
재평가손실	300,000	-
영업외비용계	**654,608**	**738,979**
법인세차감전순이익	**17,801,555**	**3,451,021**
법인세비용	3,560,311	690,204
당기순이익	**14,241,244**	**2,760,817**
재평가잉여금(기타포괄손익)의 증가	-	900,000
재평가잉여금(기타포괄손익)의 감소	900,000	-
총포괄이익	**13,341,244**	**3,660,817**

(주)세연테크에서는 20×2년 경영을 통해 54,038,163원의 수익과 39,796,919원의 비용이 발생하였다. 수익이 비용을 초과하는 14,241,244원은 당기순이익으로서 당기에 경영을 통해서 주주의 몫인 자본이 해당 금액만큼 증가하였음을 의미한다. 당기순이익금액인 14,241,244원은 20×2년도의 마감 시 마감분개를 통해서 재무상태표의 자본 항목 가운데 이익잉여금을 증가시키게 된다. 또한 기타포괄손익금액인 900,000원은 자산(건물)의 재평가로 인해 기타포괄손실로 재평가잉여금 900,000원이 감소하였음을 의미한다. 기타포괄손실금액인 재평가잉여금(기타포괄손익) 계정이 900,000원은 20×2년도의 마감 시 마감분개를 통해서 재무상태표의 자본 항목 가운데 재평가잉여금(자본) 계정을 감소시키게 된다. 당기순이익금액인 14,241,244원에서 기타포괄이익금액인 900,000원을 차감하여 20×2년의 총포괄이익은 13,341,244원이 된다.

다음의 〈표 11.9〉는 (주)세연테크의 20×2년 재무상태표를 보여주고 있다.

표 11.9 20×2년 재무상태표

재무상태표

20×2년 12월 31일

20×1년 12월 31일

(주)세연테크 (단위: 원)

계정과목	20×2년 말	20×1년 말
현 금	3,832,282	4,876,244
매출채권	35,000,000	10,000,000
미수금	–	1,100,000
선급보험료	180,000	180,000
상 품	1,350,000	2,280,000
재고자산평가충당금	–	(570,000)
소모품	250,000	270,000
유동자산계	**40,612,282**	**18,136,244**
토 지	1,194,890	244,890
건 물	4,500,000	6,000,000
건물감가상각누계액	(900,000)	(600,000)
기계장치	2,000,000	2,000,000
기계장치감가상각누계액	(510,000)	(270,000)
손상차손누계액	(120,000)	(510,000)
차량운반구	–	1,000,000
차량운반구감가상각누계액	–	(200,000)
선 박	1,220,000	–
선박감가상각누계액	(112,000)	–
소프트웨어	500,000	500,000
소프트웨어상각누계액	(200,000)	(80,000)
AC 금융자산	981,921	–
투자부동산	–	1,100,000
임차보증금	5,000,000	5,000,000

비유동자산계	**13,554,811**	**14,184,890**
자산총계	**54,167,093**	**32,321,134**
매입채무	16,500,000	6,000,000
미지급임차료	300,000	300,000
선수임대수익	-	250,000
미지급이자	15,000	140,000
미지급법인세	3,560,311	690,204
차입금	4,500,000	8,000,000
유동부채계	**24,875,311**	**15,380,204**
사　채	1,000,000	1,000,000
사채할증발행차금	9,347	18,081
장기미지급금	280,374	262,032
비유동부채계	**1,289,721**	**1,280,113**
부채총계	**26,165,032**	**16,660,317**
자본금	5,000,000	5,000,000
주식발행초과금	7,000,000	7,000,000
재평가잉여금	-	900,000
이익잉여금	16,002,061	2,760,817
자본총계	**28,002,061**	**15,660,817**
부채와자본총계	**54,167,093**	**32,321,134**

〈표 11.9〉의 재무상태표에서 (주)세빈테크의 20×2년 말 기준 자산, 부채 및 자본의 현황을 확인할 수 있다.

재무상태표의 내용 가운데 주의할 점은 첫째, 수정후시산표에서 2,760,817원이었던 이익잉여금 계정의 잔액이 재무상태표상에서 16,002,061원으로 증가하였다는 점이다. 이와 같은 변동은 이익잉여금의 기초 장부금액이었던 2,760,817원으로부터 앞서 살펴본 20×2년의 당기순이익 14,241,244원의 증가와 배당금 지급으로 인한 1,000,000원의 감소에 기인한 것이다. 상기 이익잉여금 계정금액의 변경은 20×2년의 마감분개를 통해 이루어진다. 둘째, 자본 항목에서 20×2년도 수정후시산표상에서 900,000원의 대변 잔액이 있었던 재평가잉여금(자본)이라는 계정의 금액이 전액 감소하였다는 것이다. 재평가잉여금(자본) 계정의 900,000원의 감소는 앞서 살펴보았던

표 11.10　20×2년 자본변동표

자본변동표

20×2년 1월 1일부터 12월 31일까지

(주)세연테크　(단위: 원)

과 목	자본금	자본잉여금	재평가잉여금	이익잉여금	합 계
20×2. 1. 1.	5,000,000	7,000,000	900,000	2,760,817	15,660,817
자산의 재평가			(900,000)		(900,000)
주주배당금				(1,000,000)	(1,000,000)
당기순이익				14,241,244	14,241,244
20×2. 12. 31.	5,000,000	7,000,000	0	16,002,061	28,002,061

포괄손익계산서에서 나타난 재평가잉여금(기타포괄손익)의 감소 900,000원이 주주의 몫, 즉 자본의 감소로 재무상태표의 재평가잉여금(자본) 항목을 감소시키는 것을 의미한다.

〈표 11.10〉은 (주)세연테크의 20×2년 자본변동표를 보여주고 있다.

〈표 11.10〉의 자본변동표에서 (주)세연테크는 20×2년에 자산재평가로 인해 900,000원, 주주배당으로 인해 1,000,000원의 자본 항목의 감소가 나타났고, 당기순이익으로 인해 14,241,244원의 자본 항목의 증가가 나타난 결과, 총 12,341,244원의 자본 증가가 발생했음을 알 수 있다.

OX 문제

• 아래 문장이 옳으면 O, 틀리면 X로 답하고 틀린 곳은 바르게 고치시오.

1. 분개는 기업과 관련된 거래와 사건의 내용을 최초로 기록하는 것을 의미한다. 구체적으로 시간 순서에 따라 해당 거래와 사건으로 인한 자산, 부채, 자본의 변동과 수익, 비용의 발생내용을 파악하고 관련되는 계정 및 금액을 차변과 대변으로 나누어 총계정원장에 기록하게 된다.

2. 전기란 발생시킨 순서대로 거래내용을 정리하여 놓은 분개장으로부터 각 계정별로 원장이 있는 총계정원장으로 분개의 내용을 옮겨 적는 것을 의미한다.

3. 수정전시산표의 차변의 합계와 대변의 합계가 일치한다는 것은 복식부기의 원리에 따라 분개와 전기 실시 시에 기입상의 오류가 없었다는 것을 의미한다.

4. 결산수정분개란 기중 이루어진 분개에 더해서, 기말에 수익과 비용, 자산과 부채의 정확한 금액을 나타내기 위해 추가적으로 실시하는 분개를 의미한다.

5. 복식부기의 원리에 따라 결산수정분개와 전기 실시 시에 기입상의 오류가 없었다면 수정후시산표의 차변의 합계와 대변의 합계는 일치하게 된다.

6. 수정후시산표를 작성한 후에는 총계정원장의 각 계정들을 마감하게 된다. 영구계정인 자산, 부채 및 자본 계정은 해당 계정의 잔액을 차기로 이월시키는 방법으로 마감한다.

7. 수정후시산표를 작성한 후에는 총계정원장의 각 계정들을 마감하게 된다. 영구계정인 수익 계정과 비용 계정은 해당 계정의 잔액을 차기로 이월시키는 방법으로 마감한다.

8. 임시계정인 수익 계정과 비용 계정은 회계기간 종료 시 해당 계정의 잔액을 차기

로 이월시키지 않고 집합손익 계정을 이용하여, 최종적으로 0의 잔액으로 해당 회계기간을 마감하게 되는데 이와 같은 과정을 마감분개라고 한다.

9. 재무제표 가운데 포괄손익계산서는 재무제표 요소 중 임시계정인 수익 계정에서 비용 계정을 차감하여 당기의 경영성과인 당기순이익(순손실)을 나타내고, 기타포괄손익 항목을 가감하여 총포괄이익(손실)을 보여주게 된다.

10. 재무제표 가운데 자본변동표는 해당 회계기간 동안 주주의 몫, 즉 자본의 변동내용을 정리한 것으로서 해당 회계기간 동안의 경영성과인 당기순이익(순손실)은 자본의 변동에 영향을 미치지 않는 항목에 해당한다.

연습문제

1. 다음은 의약품 업종의 단일 상품을 판매하는 (주)세연메디컬의 20×1년 1월의 거래 내역이다. 아래 물음에 답하시오.

① 1월 1일	20×1년 1월 1일에 주주 3인의 9,000만원 현금 출자로 (주)세연메디컬을 설립함. 설립 당시 액면금액 5,000원인 주식 10,000주를 주당 9,000원에 발행하였음.
② 1월 1일	건물의 임차를 위해 임차보증금 5,000만원과 월임차료 현금 250만원을 지급함. 임차한 건물은 판매 매장과 회사 사무실로 사용할 계획임.
③ 1월 2일	추가적인 자금조달을 위해 은행에서 현금 3,000만원을 대출함(만기 1년, 연이자율 3% 매달 초에 지급하며 첫 이자지급일은 2월 1일임).
④ 1월 2일	임대수익과 시세차익을 거둘 목적으로 토지를 현금 1,000만원에 구입하고 구입 당일에 전체 면적의 30%를 (주)A에 임대하고 3개월 치 임대료로 현금 300만원을 수령함.
⑤ 1월 3일	판매 매장에서 사용할 기계(잔존가치 10%, 내용연수 5년)를 현금 4,000만원을 지급하여 구입하고, 사무실에서 사용할 책상 등 480만원의 비품(잔존가치 0, 내용연수 5년)을 한 달 후 지급하는 조건으로 구입함.
⑥ 1월 3일	(주)세연메디컬은 거래처 (주)B에 현금 500만원을 빌려주었음(만기 6개월, 연이자율 6% 매달 초에 수령하며 첫 이자수령일은 2월 1일임).
⑦ 1월 4일	구입한 기계에 대한 1년 화재보험료로 120만원을 현금 지급함.
⑧ 1월 7일	상품 1,000개를 외상으로 1,000만원에 구입함.
⑨ 1월 10일	사무실에서 사용할 소모품 100만원어치를 현금으로 구입함.
⑩ 1월 29일	매장 직원과 사무직원의 급여로 500만원을 현금 지급함.
⑪ 1월 30일	1월 한 달간의 전기요금으로 33만원을 현금으로 지급함.
⑫ 1월 31일	의약품 380개를 K유통에 개당 25,000원에 외상으로 판매함.

⑬ 1월 31일 1월 2일에 구입한 토지 중 50%를 (주)C에 700만원을 받기로 하고 매각하였음. 매각대금은 3월 5일에 받기로 함. 1월 31일 현재 보유하고 있는 토지의 공정가치는 700만원임. (주)세연메디컬은 투자부동산의 평가방법으로 공정가치법을 적용함.

- (주)세연메디컬은 재고자산의 수량파악방법으로 계속기록법을, 입출흐름의 가정으로 선입선출법을 적용하고 있으며, 재고자산 기록방법으로는 기중매출원가인식법(계속기록법)을 사용한다. 1월 31일 현재 기말 미사용 소모품 잔액은 30만원이다.
- 1월 31일 현재 매출채권 잔액 가운데 30만원은 회수가 어려울 것으로 추정되었다.
- (주)세연메디컬은 월 단위로 재무제표를 작성하며 세금효과는 고려하지 않는다.

물음

(1) (주)세연메디컬의 20×1년 1월의 기중 분개를 실시하시오.
(2) (주)세연메디컬의 20×1년 1월의 기중 전기를 실시하시오.
(3) (주)세연메디컬의 20×1년 1월의 수정전시산표를 작성하시오,
(4) (주)세연메디컬의 20×1년 1월의 결산수정분개를 실시하고 관련 내용을 전기하시오.
(5) (주)세연메디컬의 20×1년 1월의 수정후시산표를 작성하시오.
(6) (주)세연메디컬의 20×1년 1월의 마감분개를 실시하시오.
(7) (주)세연메디컬의 20×1년 1월의 재무제표(손익계산서, 재무상태표, 자본변동표)를 작성하시오.

다음은 (주)세연메디컬의 20×1년 2월의 거래내역이다. 아래 물음에 답하시오.

① 2월 1일 월임차료 현금 250만원을 지급함
② 2월 1일 1월분 미지급이자 75,000원을 현금 지급함
③ 2월 1일 1월분 미수이자 25,000원을 현금 수령함
④ 2월 5일 의약품 500개를 K유통에 개당 30,000원씩 외상으로 판매함

⑤ 2월 7일　1월의 외상매출대금 950만원을 현금 수령함
⑥ 2월 10일　의약품 1,000개를 외상으로 1,200만원에 구입함
⑦ 2월 14일　1월의 외상매입대금 1,000만원을 현금 지급함
⑧ 2월 17일　2월 5일 의약품 외상매출대금 가운데 1,200만원을 현금 수령함
⑨ 2월 20일　사무실에서 사용할 소모품 200만원어치를 현금으로 구입함
⑩ 2월 27일　매장 직원과 사무직원 급여로 550만원을 현금 지급함
⑪ 2월 27일　2월 한 달간의 전기요금으로 40만원을 현금 지급함
⑫ 2월 27일　의약품 420개를 K유통에 개당 35,000원씩 현금으로 판매함
⑬ 2월 28일　현재 보유 토지의 공정가치는 580만원임
⑭ 2월 28일　현재 소모품 잔액은 50만원임
⑮ 2월 28일　현재 매출채권 잔액 가운데 20만원은 회수가 어려울 것으로 추정됨 (2월 중 대손 확정된 금액은 없음)

(8) (주)세연메디컬의 20×1년 2월의 기중 분개를 실시하시오.

(9) (주)세연메디컬의 20×1년 2월의 결산수정분개를 실시하시오.

(10) (주)세연메디컬의 20×1년 2월의 수정후시산표를 작성하시오,

(11) (주)세연메디컬의 20×1년 2월의 재무제표(손익계산서, 재무상태표, 자본변동표)를 작성하시오.

제 2 부

재무회계의 활용

제 12 장

재무회계와 재무분석

제12장에서는

재무회계는 원가회계, 관리회계, 세무회계, 회계감사 등 심화되는 회계의 모든 분야의 기초가 되지만, 또한 회계학뿐만 아니라 다른 경영학 분야에서도 다양하게 사용된다.

본서는 재무회계를 이용하는 많은 분야 중 특히 재무제표분석과 기업가치평가를 포함한 재무분석(이하 통칭하여 "재무분석"이라 부르겠다)에 주목한다. 재무회계를 재무분석에 이용하기 위해서는 첫째, 재무회계에 대한 충분한 이해가 필요하고, 둘째, 재무회계에서 생성된 재무제표를 재무분석에 적합하게 재구성할 수 있는 개념의 정리가 필요하다.

우리는 "1부 재무회계의 이해"에서 재무회계의 개념 및 회계처리방법과 그 결과물인 재무제표에 대한 충분한 이해를 했다. 이와 관련하여 우리가 재무분석(특히, 기업가치평가 분야)에서 이용하는 재무제표는 재무회계에서 공부한 재무제표와 완전하게 일치하는 것은 아니다. 즉, 재무분석에서는 1부에서 배운 재무제표에 약간의 변형을 주어서 이용하게 되는데, 이에 대한 이해가 없이 재무분석을 공부하다 보면 많은 오해와 혼돈을 갖게 된다. 따라서 이 장에서는 회계정보이용자들이 회계정보를 이용하는 주된 방식인 재무분석에서 이용되는 재무제표에 대하여 먼저 살펴본다.

제1절 재무상태표의 재구성

우리가 1부에서 배운 재무상태표의 전형적인 형태는 아래와 같다.

재무상태표	
(주)서울상사	20×1년 12월 31일
유동자산	**부 채**
당좌자산	유동부채
재고자산	비유동부채
기타의 유동자산	**자 본**
비유동자산	자본금
투자자산	자본잉여금
유형자산	자본조정
무형자산	이익잉여금
기타의 비유동자산	기타포괄손익누계액
자산총계	**부채와 자본총계**

재무상태표는 회계의 산물인 동시에 재무분석에서도 매우 중요하게 사용되는 분석도구이다. 그런데, 재무분석에서는 재무회계에서 작성된 재무상태표를 그대로 사용하지 않고 약간의 조정을 하여 사용하게 되는데, 이는 재무회계에 기초한 재무상태표와 재무분석이 바라보는 재무상태표의 관점에 차이가 있기 때문이다.

1. 자산의 재구성

자산의 경우, 재무회계에서는 자산의 유동성을 중요하게 생각한다. 그래서 재무회계에서는 자산을 유동성에 따라 기업의 정상영업주기 이내에 현금화가 가능한 유동자산과 기업의 정상영업주기 이내에 현금화되지 않는 비유동자산으로 구분하는 것이 일반적이다. 반면, 재무분석에서는 자산의 영업관련성을 중요하게 생각한다. 따라서 재무분석에서는 영업과 관련된 영업자산(Operating Assets)과 영업과 무관한 비영업자산(Non-Operating Assets)으로 구분하게 된다. 여기에서 '영업[1)]'이란 회사의 목적사업을 말하며, 회사의 사업자등록증이나 등기부등본상의 '사업목적'이 이에 해당한다.

회계상의 유동자산 중에도 영업에 이용되는 자산이 존재하고, 영업과 무관한 자산이 존재한다. 또한 비유동자산 중에도 영업자산과 비영업자산이 존재한다. 여기에서 영업과의 관련성은 어떻게 판단할 수 있을까?

가장 쉽게는 "만약 그 자산이 존재하지 않는다면, 회사의 목적사업 영위에 지장이 생기는가?"로 판단할 수 있다. 예를 들어 제조업이나 유통업에 있어서 재고자산은 전형적인 영업자산이다. 재고자산이 존재하지 않는다면 판매할 상품이나 제품이 없기 때문에 영업이 이루어질 수 없다. 또한 유형자산 중 건물(공장)의 경우, 공장이 없다면 '제조'라는 영업행위가 불가능하기 때문에 영업자산에 해당한다. 반면, 회사의 여유자금을 넣어둔 정기예금의 경우, 이 정기예금이 없다고 하여 회사의 목적사업에는 아무런 지장이 없으므로 비영업자산이라고 할 수 있다.

또 다른 판단기준으로는 "영업외수익"을 취할 목적으로 투자하고 있는 자산이라면 이를 비영업자산이라고 볼 수 있다. 즉, 이자수익, 배당수익, 자본이익 등을 취할 목적으로 보유하고 있는 정기예금, 적금, 유가증권, 투자부동산 등은 비영업자산으로 분류할 수 있고, 그런 영업외수익을 취할 목적이 아니라면 영업을 위해 보유하고 있다고 보게 된다.

회계를 공부하는 독자들이 영업관련성에 기초하여 자산을 구분할 때 하기 쉬운 전형적인 오해는 영업관련성이 마치 회계상의 계정구분이나 유동성에 대한 판단과 같이 절대적인 기준에 따라 이루어질 것이라는 생각이다. 그러나, 회계는 기업 간의 비교 가능성을 위하여 일정한 회계기준을 정하고 이에 따라 계정구분을 하는 반면, 재무분석상의 영업관련성이란 경제적 실질에 따른 구분이기 때문에 유사한 혹은 동일한 계정구분을 하는 회사들 간에도 그 업종, 규모, 전략에

1) 회계가 아닌 일반 상식에서 '영업'이라 함은 판매행위를 지칭할 때가 많지만, 회계에서의 영업의 개념은 이와 다르다.

따라 영업관련성에 대한 판단이 달라질 수 있다. 즉, 어떤 회사에서는 A라는 계정이 영업자산으로 구분되지만, 다른 회사에서는 똑같이 A라는 계정이라도 비영업자산으로 구분될 수 있다는 것이다. 아래에서는 다양한 회계계정들의 영업관련성 여부를 예시해 본다.

1) 현금과 수취채권

현금 및 현금성자산

과연 회사가 보유한 현금은 영업을 위한 것인가, 영업과 무관한 자산인가? 어느 한편으로 단정하기는 어렵다. 기본적으로 회사가 일상적인 영업활동을 위해 최소한으로 필요로 하는 자금, 소위 적정현금보유액은 영업과 관련된 것이라 할 수 있고, 이를 초과하는 현금, 즉 초과현금보유액은 비영업자산이라고 할 수 있을 것이다. 그렇다면 적정현금보유액은 얼마인가? 앞서 언급한 바와 마찬가지로 회계에 익숙한 독자들은 적정현금보유액을 정하는 절대적 기준이 존재한다고 믿고 이를 구하는 방법을 찾으려 하는 경향이 있다. 그러나, 회사의 적정현금보유액은 절대적 기준에 따라 무조건적으로 정해진다기보다는 오히려 회사가 속한 산업의 종류, 회사의 규모, 회사의 전략에 따라 회사마다 각각 다르게 결정된다고 볼 수 있다. 회사의 적정보유현금액은 다음의 방법으로 계산해 볼 수 있는데, 이것도 단지 하나의 예라고 할 수 있다.

적정현금보유액 = (연간매출액 ÷ 365) × 현금회수기간

예를 들어 어떤 회사의 연매출액이 총 3,650억원이고 현금회수기간이 50일이라면, 적정현금보유액을 500억원으로 보는 것이다. 이 회사의 총현금액이 900억원이라면, 이 경우 500억원은 영업자산으로 분류하고, 이를 초과하는 400억원은 비영업자산으로 분류하는 것이다. 하지만 이러한 구분이 절대적인 것은 아니며, 회사의 사정과 정책에 따라 적정보유현금액은 달라질 수 있다. 일반적으로 회사의 내부자가 아니라면 이러한 적정보유현금액을 정확히 알 수 없기 때문에, '회

사는 적정현금보유액을 초과하는 현금이 있을 경우에는 합리적인 판단으로 이자 등 수익이 발생 가능한 자산으로 투자할 것이다'라는 가정하에 회사가 보유한 모든 현금을 적정현금보유액으로 가정하여 현금 전체를 영업자산으로 보는 것도 일반적으로 이용되는 구분방법 중 하나이다.

매출채권

매출채권은 전형적인 영업자산이다. 매출채권은 기업의 주된 영업활동과정의 결과로 발생한 수취채권이므로 매출채권이 영업과 가장 직접적으로 연관된 자산임은 명확하다고 할 수 있다. 다만, 장기간 미회수된 매출채권이 과연 영업과 관련된 자산인가는 판단의 여지가 있다. 이와 관련하여 일반적으로 회계에서 자산성이 없는 매출채권은 대손상각을 통해 감액해 버리게 되므로 감액이 되지 않은 매출채권은 모두 영업자산으로 보아도 무방하다.

미수금

미수금은 기업의 주된 영업활동 이외의 외상거래로부터 발생하며, 주로 자산을 매각하고 그 대금을 아직 받지 못한 경우에 발생하는 수취채권이다. 그렇다면 미수금은 영업과 관련한 자산으로 볼 수 있을까? 영업관련성을 논리적으로 추론해본다면 어떤 자산을 매각한 것인가에 따라 영업관련성 여부가 결정된다고 생각할 수 있다. 만약, 영업자산을 양도하고 그 대금을 미수한 것이라면 영업과 관련된 것으로 볼 수 있을 것이고, 비영업자산을 양도하고 그 대금을 미수한 것이라면 이 또한 영업과 무관한 것으로 볼 수 있을 것이다. 그러나 현실적으로는 어떤 종류의 자산이든 매각이 이루어지고 그 매각대금이 수취채권 형태가 되면 이러한 채권의 회수는 영업활동으로 간주된다. 따라서 미수금은 이자를 수취하는 장기미수금이 아닌 이상 영업자산으로 보는 것이 일반적이다.

미수수익

미수수익은 수익인식거래에서 기중에 이미 수익이 발생하였지만, 기말까지 아직 현금 수취가 이루어지지 않아 발생한 수취채권이다. 그런데, 영업수익(매출)에서 발생한 수취채권은 매출채권이라고 하므로 미수수익은 영업외수익에서 발생한 수취채권인 경우가 대부분일 것이다. 따라서 논리적으로는 미수수익을 비영업용으로 분류하는 것이 합리적이라 생각할 수 있다. 그러나, 현실적으로는 미수수익 역시 이자 등 영업외수익을 수취할 목적으로 보유하는 자산이 아니므로 영업자산으로 보는 것이 일반적이다.

대여금

대여금은 회사의 자금을 제3자에게 금전소비대차계약에 의하여 빌려준 것이다. 이 대여금은 대부분 영업과 무관하고 대여금이 없다고 하여 회사의 영업에 영향을 미치지 않는다. 또한 대여금에서는 이자수익이 발생하는 것이 일반적이므로 이자수익을 얻을 목적으로 투자하고 있다고 보아 비영업자산으로 분류한다.

예치금

예치금은 기업이 계약체결 시 지급보증, 손실보전 등 계약이행을 목적으로 지급한 금액인데, 기간이 만료되거나 계약이 이행되면 돌려받는 수취채권이다. 대부분 영업을 위해 예치하며, 예치금에서 이자수익 등이 발생하는 것이 아니기 때문에 예치금도 영업자산으로 분류한다.

선급금

선급금은 기업의 상품, 제품 등 재화의 구입, 용역의 제공 등에 대해 거래상대방과 약정하고 사전에 지출한 금액으로서, 주로 자산을 구매하기 위해 미리 지급한 금액이다. 이 또한 논리적으로 재고자산과 같은 영업자산을 구매하기 위해 미리 선급한 경우라면 영업자산에 해당하고, 비영업자산을 구매하기 위해 미리 선급한 경우라면 해당 선급금은 비영업자산에 해당한다고도 생각할 수 있다. 그러나 일반적으로는 비영업자산의 구매를 위한 선급금이라 할지라도 해당 지급을 영업외수익을 위한 투자로 보기는 어렵기 때문에 모두 영업자산으로 분류한다.

선급비용

선급비용은 비용발생거래에서 현금을 미리 지급해 놓았으나 기말까지 현금지급의 대가인 용역의 제공 등이 이루어지지 않은 경우이다. 영업비용의 선급인가, 영업외비용의 선급인가에 따라 선급비용의 영업관련성을 판단할 수도 있다. 그러나 이 경우에도 선급비용을 영업외수익 수취목적으로 보유하지는 아니하므로 영업자산으로 보면 된다.

2) 재고자산

재고자산은 매출채권과 함께 전형적인 영업자산에 해당한다. 재고자산은 기업의 주된 영업과정에서 판매될 예정인 자산이므로 매출채권과 마찬가지로 영업자산임이 자명하다. 이와 관련하여 장기 미회수 매출채권과 마찬가지로 장기간 사용 내지 판매되지 아니하고 보관되어 있는 장기재고가 과연 영업과 관련된 자산인가의 문제는 있으나, 이 또한 회계에서 자산성이 없는 재고자산을 재고자산감모손실 내지 재고자산평가손실을 통해 감액하므로 감액이 되지 아니한 재고자산은 영업자산으로 볼 수 있다.

3) 유무형자산

유무형자산은 전형적인 영업용 비유동자산이다. 1년 이상의 시간 동안 회사에 존재하면서 회사의 영업활동에 기여한다. 따라서 유무형자산의 존속기간(회계적으로는 내용연수라고 한다) 동안 감가상각이나 무형자산상각을 통해 조금씩 비용화되는데, 영업과 관련되어 있기 때문에 영업수익에 대응하여 영업비용에 포함되게 된다.

4) 투자자산

대부분의 투자자산은 비영업자산일 가능성이 크다. 투자자산은 회사의 여유자금을 운용하여 임대나 매각을 통한 시세차익 획득 등의 방법으로 수익을 올릴 목적으로 투자해 놓은 자산들을 의미한다. 따라서 투자자산에서 발생한 수익은 영업외수익으로 분류되고 있다. 이따금씩 회계상으로는 투자자산에 속하지만 영업을 위해서 반드시 필요한 자산들이 드물게 있기도 하다. 예를 들어 어떤 업종의 영위에 필요한 라이선스 등의 취득을 위하여 법적으로 요구되는 국공채를

그림 12.1 자산의 재구성

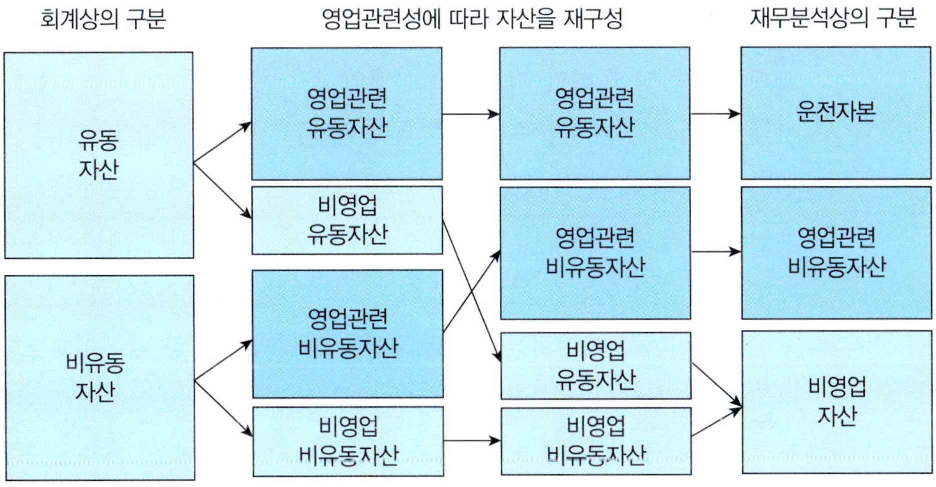

취득하는 경우가 있을 수 있다. 이러한 자산에서는 이자수익 등의 영업외수익이 발생함에도 불구하고 영업을 위해 반드시 필요한 자산이므로 영업용으로 분류하는 것이 합리적이겠지만, 이는 매우 드문 경우이기 때문에 일반적으로 모든 투자자산을 비영업자산으로 보아도 무방할 것이다.

5) 자산재구성의 정리

재무분석에서는 회계상의 유동자산 중 영업과 관련된 **영업자산**(예: **적정보유현금액**, 매출채권, 재고자산 등)을 "**운전자본**(working capital)"이라고 부른다. 또 회계상의 비유동자산 중 영업과 관련된 영업자산(예: 유형자산, 무형자산, 임차보증금 등)을 재무분석 시에는 "**영업관련 비유동자산**(operating fixed assets)"이라고 부른다. 반면, 유동자산과 비유동자산 가운데 영업과 무관한 자산(예: **초과현금보유액**, 장단기금융상품, 대여금, 투자자산 등)을 재무분석에서는 **비영업자산**(non operating assets)이라고 부른다.

2. 부채의 재구성

부채의 경우, 회계에서는 자산과 마찬가지로 유동성을 중요하게 생각한다. 그래서 유동성에 따라 기업의 정상영업주기 이내에 상환해야 하는 부채를 유동부채, 기업의 정상영업주기 이후에 상환하는 부채를 비유동부채로 구분한다. 반면, 재무분석에서는 지급시기의 구분보다 영업과 관련한 부채인지 재무적인 부채인지를 더 중요하게 생각한다. 이는 이자의 지급여부에 따라 구분이 가능한데, 재무분석 시에 이자를 지급하지 않는 무이자부부채는 영업과 관련한 부채로 볼 수 있고, 이자를 지급하는 이자부부채는 영업과 무관한 재무부채로 구분하게 된다. 따라서 부채의 재구성은 자산의 재구성보다 더 객관적이고 용이하게 이루어진다. 구체적으로 무이자부부채인 매입채무, 미지급비용, 선수금 등은 재무분석 시에 영업부채에 해당하고, 이자부부채인 장단기차입금, 사채 등은 재무부채에 해당하게 된다.

무이자부부채(영업부채)를 재무분석 용어로 **부의 운전자본**(negative working capital)이라고 하고, **이자부부채(재무부채)**를 타인자본(debt)이라고 부른다. 즉, 무이자부부채는 타인에게 경제적 효용을 지급해야 할 의무(liability)임에는 분명하

그림 12.2 부채의 재구성

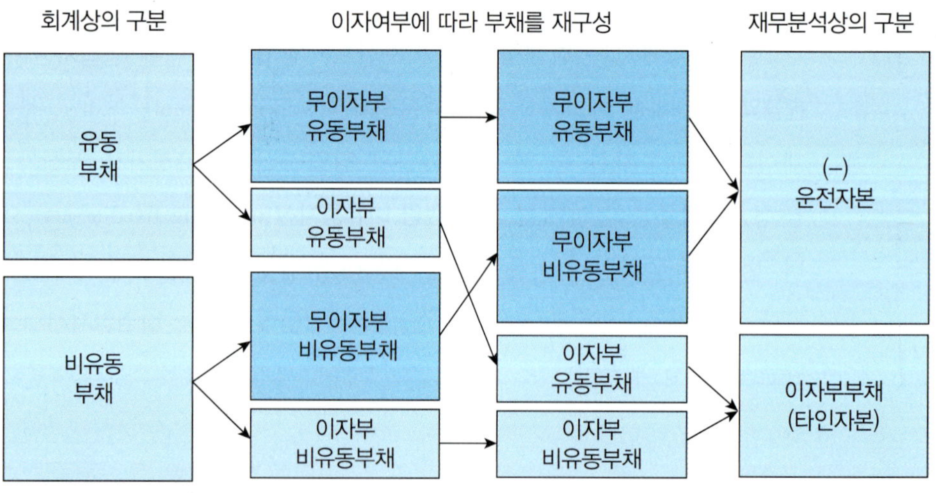

지만, 타인으로부터의 조달자금이 아니라 영업과정에서 발생한 운전자본의 감소분이라고 생각하는 것이다.

3. 자본의 재구성

회계상의 자본은 재무분석에서 자기자본이 된다. 다만, 회계상 부채 중에 일부를 유사자기자본이라고 하여 재무분석에서는 자기자본으로 분류한다. 각종 충당부채는 앞서 살펴본 부채의 재구성에 따른 구분상으로는 당연히 이자를 지급하지 않는 무이자부부채이다. 하지만 유사자기자본의 개념으로는 각종 충당부채들이 "경제적으로는 자기자본에 해당할 수 있으나, 법적으로 부채로 구분해 놓은 항목"이라는 것이다.

퇴직급여충당금을 예로 들자면, 퇴직급여충당금을 종업원에 대한 잠재적 부채로 보면 무이자부부채에 해당하겠지만, 이를 법적으로 강제되어 회사가 어쩔 수 없이 적립해 놓은 적립금으로 본다면, 법적 강제가 없었다면 부채로 될 필요가 없기 때문에 그만큼 이익잉여금이 증가했을 것이므로 자기자본에 해당하게 된다는 것이다.

다만, 이러한 충당부채가 자본의 특성보다 잠재적 부채의 성격이 지배적인 것으로 판단하여 (-)운전자본으로 분류하기도 한다.

4. 재무분석목적 재무상태표 정리

재무분석 시에 운전자본에서 부의 운전자본을 차감한 것을 순운전자본(Net working capital)이라고 한다.

순운전자본 = 운전자본(영업관련 유동자산) – 부의 운전자본(영업관련 부채)

순운전자본의 의미를 검색해보면 교과서들마다 다르게 정의하는 것을 볼 수 있다. 일부에서는 (유동자산 – 유동부채)라고 정의하고 있고, 일부는 (매출채권 + 재고자산 – 매입채무)라고 정의하고 있고, 일부에서는 (매출채권 + 재고자산 +

기타수취채권－매입채무－기타지급채무)라고 정의한다. 그러나, 외견상 상이한 위와 같은 다양한 정의들은 모두 순운전자본의 정의를 알기 쉽게 약식으로 표현하고자 한 것이라고 보면 된다.

한편, 순운전자본과 영업관련 비유동자산을 합쳐서 **투하자본**(invested capital)이라고 부른다.

> 투하자본 = 순운전자본 + 영업관련 비유동자산

투하자본은 회사의 영업과 관련된 모든 자산, 부채를 말하며, 투하자본의 활용을 통해 회사의 영업이익이 창출된다고 볼 수 있다. 투하자본을 제외한 자산, 즉 영업과 무관한 자산이 비영업자산이다. 투하자본과 비영업자산이 재무분석에서 사용하는 재무상태표의 차변을 구성한다. 재무분석 재무상태표의 대변은 차변의 구성을 위한 자본조달을 나타내고 있으며, 채권자로부터의 자본조달인 타인자본과 주주로부터의 자본조달인 자기자본으로 이루어진다.

그림 12.3 재무분석목적 재무상태표

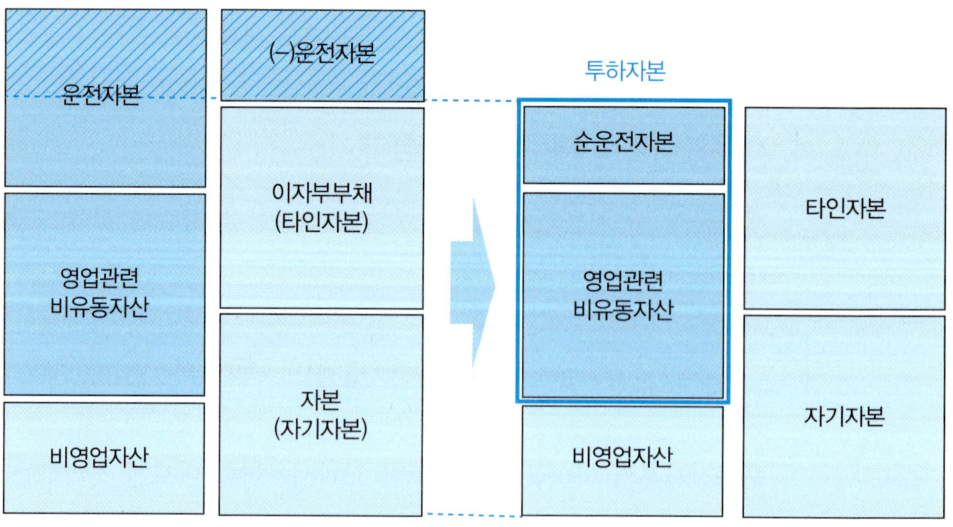

제2절 손익계산서의 재구성

우리가 재무회계에서 공부한 전형적인 손익계산서의 구성은 아래와 같다.

	매출액	×××
(−)	매출원가	×××
	매출총이익	×××
(−)	판매비와관리비	×××
	영업이익	×××
(+)	영업외수익	×××
(−)	영업외비용	×××
(+)	금융수익	×××
(−)	금융비용	×××
	법인세차감전순이익	×××
(−)	법인세비용	×××
	당기순이익	×××

회계상 손익계산서의 당기순이익을 크게 구분해보면 목적사업을 기준으로 목적사업에서 발생한 영업이익과 목적사업 이외에서 발생한 영업외손익,[2] 그리고 법인세비용으로 구성된다. 재무분석에서도 목적사업에 따라 영업이익과 영업외손익으로 구분하는 것은 동일하지만, 법인세비용은 영업이익에 따른 법인세비용과 영업외손익에 따른 법인세비용으로 구분한다는 점에서 회계상 손익계산서의 작성과 차이가 있다.

2) 손익계산서의 구성 시에 영업이익과 법인세차감전순이익 간의 차이에는 영업외수익, 영업외비용과 함께 금융수익, 금융비용도 포함된다. 이와 관련하여 본 논의에서는 손익계산서 재구성 시 분석의 편의를 위해 금융수익, 금융비용을 별도로 구분하여 다루지 않는다. 즉, 상기 구분에서 영업외손익은 큰 의미에서 영업외수익, 영업외비용, 금융수익, 금융비용을 모두 포괄하는 개념이다.

그림 12.4 **법인세비용의 구분**

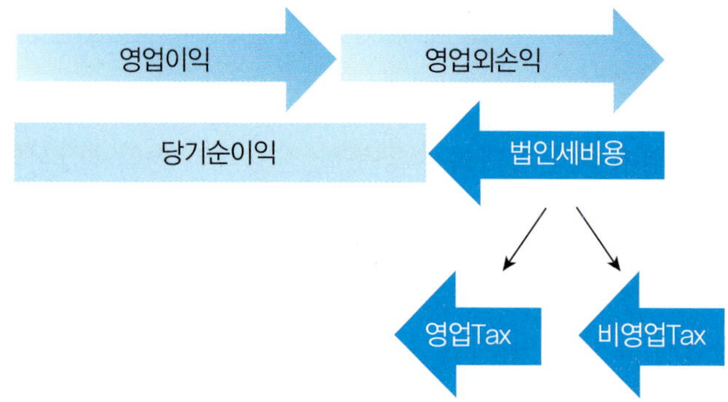

이와 같은 구분에 따라서, 재무분석상의 당기순이익은 영업이익에서 영업이익관련 법인세를 차감한 **세후영업이익**(NOPAT: Net Operating Profit after Tax 또는 NOPLAT: Net Operating Profit Less Adjusted Tax)과 영업외손익에서 영업외손익관련 법인세를 차감한 세후영업외손익으로 구분한다.

재무분석에서 세후영업이익을 NOPAT(Net Operating Profit after Tax)이라고도 하고 NOPLAT(Net Operating Profit Less Adjusted Tax)이라고도 하는데, NOPAT과 NOPLAT의 차이는 법인세비용을 영업법인세비용과 비영업법인세비용으로 구분하는 방식의 차이에 기인한다.

NOPAT을 계산할 때의 영업관련 법인세는 (영업이익×유효법인세율)을 적

그림 12.5 **손익계산서의 재구성**

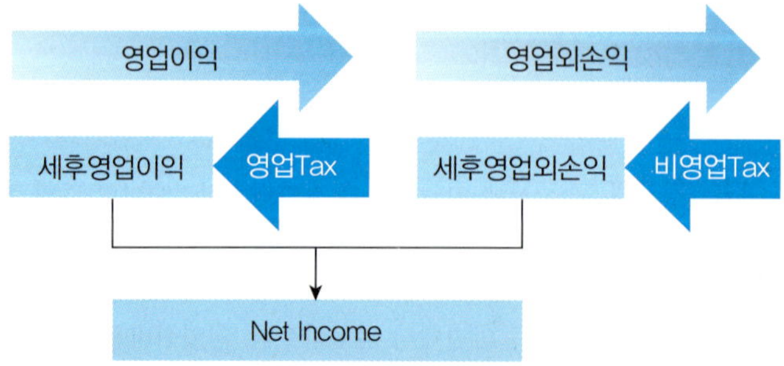

용하고 비영업관련 법인세는 (영업외손익×유효법인세율)로 계산한다. 따라서 NOPAT의 계산방식은 아래와 같다.

> NOPAT = 영업이익 × (1 − 유효법인세율)

여기에서 유효법인세율이란 (법인세비용÷법인세차감전순이익)을 말한다. 예를 들어 영업이익이 100이고 영업외손익이 20이고 법인세비용이 12인 경우 유효법인세율은 (12÷(100+20))=(12÷120)=10%라고 계산되는 것이다.

반면 NOPLAT을 계산할 때의 영업관련 법인세(이를 영업관련 조정법인세비용이라고 한다)는 전체 법인세비용에서 비영업관련 법인세를 차감한 후 이연법인세효과를 조정하여 계산된다.

> 영업관련 법인세 = 법인세비용 − (영업외손익 × 유효법인세율) − 이연법인세부채의 증가
> + 이연법인세자산의 증가

결국 NOPLAT의 계산은 아래와 같이 요약된다.

> NOPLAT = 영업이익 − 영업관련 법인세

위의 계산식을 자세히 살펴보면 NOPAT과 NOPLAT의 차이는 결국 이연법인세자산부채의 증감효과 때문에 발생한다고 볼 수 있다. 그러나 과거의 재무제표를 분석하는 것이 아니라 회사의 미래 손익을 추정하여 기업가치평가를 할 때에는 이연법인세를 따로 계산하는 일은 거의 없기 때문에 이 경우에는 NOPAT과 NOPLAT이 같아진다. 이로 인해 많은 기업가치평가 교과서에서는 NOPAT과 NOPLAT을 혼용하여 사용하고 있다.

제3절 재무상태표와 손익계산서의 대응

재무상태표와 손익계산서를 앞서 살펴본 바와 같이 재분류하게 되면 재무상태표와 손익계산서가 정확히 대응하게 된다. 재무상태표상 투하자본을 목적사업에 활용하여 창출된 이익이 세후영업이익이고 기타의 모든 손익은 세후영업외손익이 된다.

일반적으로 투하자본의 증감은 거의 대부분 세후영업이익에 영향을 미치게 되어 있다. 그러나, 투하자본과 관련된 손익이 영업목적의 증감이 아닌 경우에는 세후영업외손익으로 분류된다. 예를 들어 영업관련 비유동자산인 유형자산을 영업에 투입하면서 발생하는 감가상각비는 세후영업이익에 영향을 미치지만, 유형자산을 매각하여 발생한 유형자산처분손익은 비록 투하자본의 변동으로 발생한 손익임에도 불구하고, 유형자산의 처분이 목적사업에 해당하지 않으므로 세후영업외손익으로 분류되는 것이다.

그림 12.6 재무상태표와 손익계산서의 대응

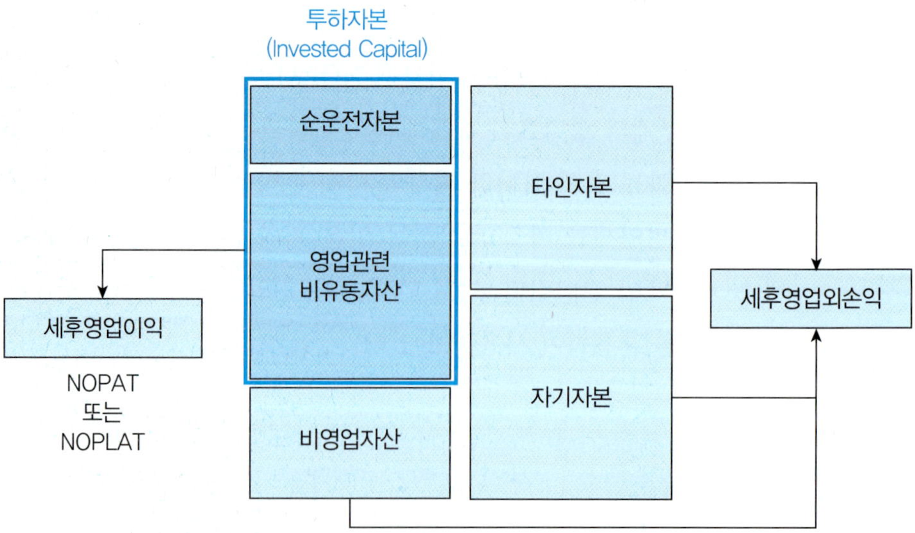

제4절 (주)세연테크의 예

본절에서는 제11장에서 작성해보았던 (주)세연테크의 재무제표를 이용하여 재무분석목적 재무제표로 재구성하여 보도록 한다. 다음은 (주)세연테크의 20×1년 12월 31일, 20×2년 12월 31일자 재무상태표이다.

표 12.1 재무상태표

재무상태표

20×2년 12월 31일
20×1년 12월 31일

(주)세연테크 (단위: 원)

계정과목	20×2년 말	20×1년 말
현 금	3,832,282	4,876,244
매출채권	35,000,000	10,000,000
미수금	–	1,100,000
선급보험료	180,000	180,000
상 품	1,350,000	2,280,000
재고자산평가충당금	–	(570,000)
소모품	250,000	270,000
유동자산계	**40,612,282**	**18,136,244**
토 지	1,194,890	244,890
건 물	4,500,000	6,000,000
건물감가상각누계액	(900,000)	(600,000)
기계장치	2,000,000	2,000,000
기계장치감가상각누계액	(510,000)	(270,000)
손상차손누계액	(120,000)	(510,000)
차량운반구	–	1,000,000
차량운반구감가상각누계액	–	(200,000)

선　박	1,220,000	-
선박감가상각누계액	(112,000)	-
소프트웨어	500,000	500,000
소프트웨어상각누계액	(200,000)	(80,000)
AC 금융자산	981,921	-
투자부동산	-	1,100,000
임차보증금	5,000,000	5,000,000
비유동자산계	**13,554,811**	**14,184,890**
자산총계	**54,167,093**	**32,321,134**
매입채무	16,500,000	6,000,000
미지급임차료	300,000	300,000
선수임대수익	-	250,000
미지급이자	15,000	140,000
미지급법인세	3,560,311	690,204
차입금	4,500,000	8,000,000
유동부채계	**24,875,311**	**15,380,204**
사　채	1,000,000	1,000,000
사채할증차금	9,347	18,081
장기미지급금	280,374	262,032
비유동부채계	**1,289,721**	**1,280,113**
부채총계	**26,165,032**	**16,660,317**
자본금	5,000,000	5,000,000
주식발행초과금	7,000,000	7,000,000
재평가잉여금	-	900,000
이익잉여금	16,002,061	2,760,817
자본총계	**28,002,061**	**15,660,817**
부채와자본총계	**54,167,093**	**32,321,134**

재무상태표의 계정을 하나씩 차례대로 재구분해 보자.

현금은 원칙적으로 적정보유현금액은 운전자본에 해당하고 초과보유현금액은 비영업자산에 해당하지만, 여기에서는 (주)세연테크의 모든 현금이 적정보유

현금액이라고 가정하여 운전자본으로 분류하겠다. 매출채권과 상품을 포함한 기타의 모든 유동자산은 영업활동에 필요한 자산으로서 운전자본이다.

비유동자산에서 유무형자산 및 임차보증금은 영업활동에 반드시 필요한 자산들로서 영업관련 비유동자산으로 분류할 수 있는 반면, AC 금융자산과 투자부동산은 영업을 위해 보유하는 것이 아니므로 비영업자산에 해당한다.

부채에서는 차입금과 사채 및 장기미지급금은 이자를 지급하는 이자부부채로서 타인자본에 해당하고, 기타의 부채들은 부의 운전자본으로 분류하게 된다.

이러한 구분을 바탕으로 (주)세연테크의 재무분석목적 재무상태표를 만들어 보면 아래와 같다.

표 12.2 재무분석목적 재무상태표

(재무분석목적) 재무상태표

20×2년 12월 31일
20×1년 12월 31일

(주)세연테크 (단위: 원)

계정과목	20×2년 말	20×1년 말
현 금	3,832,282	4,876,244
매출채권	35,000,000	10,000,000
미수금	–	1,100,000
선급보험료	180,000	180,000
상 품	1,350,000	2,280,000
재고자산평가충당금	–	(570,000)
소모품	250,000	270,000
매입채무	(16,500,000)	(6,000,000)
미지급임차료	(300,000)	(300,000)
선수임대수익	–	(250,000)
미지급이자	(15,000)	(140,000)
미지급법인세	(3,560,311)	(690,204)
순운전자본(A)	**20,236,971**	**10,756,040**
토 지	1,194,890	244,890

건　물	4,500,000	6,000,000
건물감가상각누계액	(900,000)	(600,000)
기계장치	2,000,000	2,000,000
기계장치감가상각누계액	(510,000)	(270,000)
손상차손누계액	(120,000)	(510,000)
차량운반구	–	1,000,000
차량운반구감가상각누계액	–	(200,000)
선　박	1,220,000	–
선박감가상각누계액	(112,000)	–
소프트웨어	500,000	500,000
소프트웨어상각누계액	(200,000)	(80,000)
임차보증금	5,000,000	5,000,000
영업관련 비유동자산(B)	**12,572,890**	**13,084,890**
투하자본(C=A+B)	**32,809,861**	**23,840,930**
AC 금융자산	981,921	
투자부동산		1,100,000
비영업자산(D)	**981,921**	**1,100,000**
총자산(C+D)	**33,791,782**	**24,940,930**
차입금	4,500,000	8,000,000
사　채	1,000,000	1,000,000
사채할증차금	9,347	18,081
장기미지급금	280,374	262,032
타인자본(E)	**5,789,721**	**9,280,113**
자본금	5,000,000	5,000,000
주식발행초과금	7,000,000	7,000,000
재평가잉여금	–	900,000
이익잉여금	16,002,061	2,760,817
자기자본(F)	**28,002,061**	**15,660,817**
총자본(E+F)	**33,791,782**	**24,940,930**

다음으로 (주)세연테크의 20×1년과 20×2년의 손익계산서는 다음과 같다.

표 12.3 손익계산서

손익계산서

20×2년 1월 1일부터 12월 31일까지
20×1년 1월 1일부터 12월 31일까지

(주)세연테크 (단위: 원)

계정과목	20×2년	20×1년
매 출	**52,600,000**	**18,000,000**
매출원가	31,430,000	8,600,000
재고자산감모손실	–	120,000
재고자산평가손실	–	570,000
재고자산평가손실환입	(570,000)	
매출원가계	**30,860,000**	**9,290,000**
매출총이익	**21,740,000**	**8,710,000**
급 여	1,000,000	2,000,000
보험료	720,000	540,000
전력비	300,000	350,000
건물감가상각비	600,000	500,000
기계장치감가상각비	240,000	270,000
차량운반구감가상각비	240,000	200,000
선박감가상각비	112,000	–
소프트웨어상각비	120,000	80,000
소모품비	520,000	730,000
임차료	300,000	300,000
판매비와관리비계	**4,152,000**	**4,970,000**
영업이익	**17,588,000**	**3,740,000**
임대수익	250,000	250,000
투자부동산처분이익	–	100,000
투자부동산평가이익	–	100,000
유형자산처분이익	160,000	–

이자수익	68,163	–
손상차손환입	390,000	–
영업외수익계	**868,163**	**450,000**
손상차손	–	510,000
이자비용	204,608	228,979
투자부동산평가손실	150,000	–
재평가손실	300,000	–
영업외비용계	**654,608**	**738,979**
법인세차감전순이익	**17,801,555**	**3,451,021**
법인세비용	3,560,311	690,204
당기순이익	**14,241,244**	**2,760,817**

(주)세연테크의 20×1년과 20×2년 법인세비용은 각각 690,204원과 3,560,311원이다. 이는 법인세차감전순이익의 20%로서 이 비율이 (주)세연테크의 유효법인세율이 된다. 영업이익에 유효법인세율을 적용하면 영업관련 법인세비용이 되고, 영업외손익에 유효법인세율을 적용하면 세후영업외손익이 된다.[3] 이를 바탕으로 재무분석목적 손익계산서를 정리해보면 다음과 같다.

표 12.4 재무분석목적 손익계산서

(재무분석목적) 손익계산서
20×1년 2월 1일부터 2월 28일까지
20×1년 1월 1일부터 1월 31일까지

(주)세연테크 (단위: 원)

계정과목	20×2년	20×1년
매 출	**52,600,000**	**18,000,000**
매출원가	31,430,000	8,600,000

3) 실제 기간별 법인세비용의 산출과 관련된 비용은 세무회계에서 자세히 다룬다. 본 예시에서는 논의의 편의를 위해 20×1년과 20×2년에는 20%의 법인세비용이 적용되는 것으로 하였다.

재고자산감모손실	–	120,000
재고자산평가손실	–	570,000
재고자산평가손실환입	(570,000)	–
매출원가계	**30,860,000**	**9,290,000**
매출총이익	**21,740,000**	**8,710,000**
급 여	1,000,000	2,000,000
보험료	720,000	540,000
전력비	300,000	350,000
건물감가상각비	600,000	500,000
기계장치감가상각비	240,000	270,000
차량운반구감가상각비	240,000	200,000
선박감가상각비	112,000	–
소프트웨어상각비	120,000	80,000
소모품비	520,000	730,000
임차료	300,000	300,000
판매비와관리비계	**4,152,000**	**4,970,000**
영업이익	**17,588,000**	**3,740,000**
영업이익관련법인세	3,517,600	748,000
세후영업이익	**14,070,400**	**2,992,000**
임대수익	250,000	250,000
투자부동산처분이익	–	100,000
투자부동산평가이익	–	100,000
유형자산처분이익	160,000	–
이자수익	68,163	–
손상차손환입	390,000	–
영업외수익계	**868,163**	**450,000**
손상차손	–	510,000
이자비용	204,608	228,979
투자부동산평가손실	150,000	–

재평가손실	300,000	-
영업외비용계	**654,608**	**738,979**
영업외손익	**213,555**	**(288,979)**
영업외손익관련법인세	42,711	(57,796)
세후영업외손익	**170,844**	**(231,183)**
당기순이익	**14,241,244**	**2,760,817**

제5절 재무분석목적 재무제표의 활용

이렇게 재조정된 재무분석목적 재무제표는 기업가치평가를 포함한 재무분석 분야에 다양하게 활용된다. 다음은 재무분석목적 재무제표가 어떻게 활용되는지에 대한 예이다.

1. 현금흐름표에서의 활용

현금흐름표의 작성과 관련하여 영업활동, 투자활동, 재무활동을 구분할 때, 재무분석목적 재무제표의 영업관련성에 대한 구분이 유용하게 활용된다. 현금흐름표의 작성 등에 대한 내용은 본서 제13장에서 자세히 다룬다.

2. 가중평균자본비용(WACC: Weighted Average Cost of Capital)

재무관리에서 자주 등장하는 가중평균자본비용(WACC)은 회사가 자본을 조달하기 위한 평균비용을 말하는데, 아래와 같이 계산된다.

$$\text{WACC} = \text{Kb} \times (1 - \text{Tc}) \times \frac{\text{B}}{\text{V}} + \text{Kp} \times \frac{\text{P}}{\text{V}} + \text{Ks} \times \frac{\text{S}}{\text{V}}$$

• Kb＝타인자본의 만기수익률에 대한 시장의 기대치, 즉 세전타인자본비용

- Tc = 해당 기업의 한계법인세율
- B = 타인자본의 시장가치
- Kp = 우선주의 자본비용
- P = 우선주의 시장가치
- Ks = 자기자본(보통주)의 자본비용
- S = 자기자본의 시장가치
- V = 해당 기업의 시장가치 (V = B + P + S)

가중평균자본비용은 회사가 조달한 재원에 대한 비용의 평균치이다. 위의 식에서 보면 타인자본과 자기자본 이외에 우선주가 중간에 끼어 있다. 우선주는 타인자본과 자기자본의 중간형태이기 때문에 우선주로 자금을 조달한 경우 이에 대한 자본비용은 타인자본 및 자기자본과는 다를 것이므로 별도로 고려한다는 뜻이다.

세전타인자본비용은 당연히 조달된 이자부부채에 지급되는 이자율이다. 여기에 (1 − Tc)를 곱해준 이유는 이자비용의 절세효과 때문에 실질적으로는 회사가 부담하는 타인자본비용이 그만큼 줄어들기 때문이다. 예를 들어, 1,000원을 타인자본을 통해 조달한 기업이 5%의 이자비용을 지급한다면, 세전으로는 50원만큼의 비용이 발생하는 것이지만, 이자비용만큼 세금이 절감되므로 이것을 반영하여 50원에서 이자비용의 절세효과만큼 차감해준다. 만약 법인세율이 10%라면, 50원에서 5원만큼을 차감한 45원이 세후타인자본비용이 된다.

우선주의 자본비용과 자기자본비용은 타인자본비용처럼 기업 외부의 다른 이해당사자들과의 일정한 약정이 있는 것은 아니다. 따라서, 우선주의 자본비용과 자기자본비용은 우선주와 보통주에 투자한 주주들의 기대수익률을 계산하여 구하게 되며, 구체적으로 CAPM이나 APM 같은 방식을 사용한다.[4]

앞서 살펴본 자본비용들은 각 자본조달 구성액의 크기에 따라 가중평균하게 된다. 타인자본의 가치나 자기자본의 가치를 산출할 때 타인자본, 자기자본은 회계상의 부채와 자본을 의미하는 것이 아니라 재무분석상의 개념인 것이다.

---

4) 우선주의 자본비용과 자기자본비용 도출에 대한 구체적인 내용은 재무분석 또는 재무관리 교과서들을 참조하기 바란다.

가중평균자본비용은 경제적부가가치와 기업가치평가 등에 이용된다. 몇 가지 가정을 가지고 (주)세연테크의 20×2년 말의 가중평균자본비용을 구해보자. (주)세연테크의 타인자본비용은 연 3%이고, 20×2년의 법인세율이 20%이다. 자기자본비용을 6%라고 가정하고, 타인자본 및 자기자본의 시장가치가 장부가치와 동일하고 (주)세연테크는 20×2년 말의 자본구조를 향후에도 계속 유지할 목적이라고 가정할 때, (주)세연테크의 20×2년 말의 가중평균자본비용은 다음과 같이 계산된다.

$$\begin{aligned} WACC &= Kb \times (1 - Tc) \times \frac{B}{S+B} + Ks \times \frac{S}{S+B} \\ &= 3\% \times (1 - 20\%) \times \frac{5,789,721}{33,791,782} + 6\% \times \frac{28,002,061}{33,791,782} \\ &= 5.4\% \end{aligned}$$

3. 경제적부가가치(EVA: Economic Value Added)

경제적부가가치는 기업의 성과평가에 매우 많이 이용되는 재무비율로서 다음과 같이 계산된다.

$$\text{경제적부가가치(EVA)} = \text{세후영업이익(NOPLAT)} - [\text{투하자본(IC)} \times \text{가중평균자본비용(WACC)}]$$

즉 EVA는 회사의 세후영업이익에서 이를 창출하기 위해 투하자본 조달 시에 필요한 자본비용을 차감한 것이다. 타인자본과 자기자본을 통해 조달된 재원으로 투하자본과 비영업자산을 구성했고, 이 중 투하자본에서 1년간 발생한 이익이 세후영업이익이다. 이 세후영업이익이 투하자본을 구성하기 위한 재원조달비용을 얼마나 초과했는지가 경제적부가가치의 개념이다.

20×2년 (주)세연테크의 경제적부가가치는 다음과 같이 계산된다.

$$
\begin{aligned}
EVA &= NOPLAT - IC \times WACC \\
&= 14{,}070{,}400 - [(23{,}840{,}930 + 32{,}809{,}861)/2] \times 5.4\% = 12{,}545{,}589
\end{aligned}
$$

여기에서 투하자본은 기초와 기말의 평균액을 이용하였다. 왜냐하면 어떤 회계기간의 세후영업이익을 창출한 투하자본이란 기초에 존재했던 투하자본만으로 창출했다고 보기 어렵고, 그렇다고 기말의 투하자본으로 창출했다고 보는 것도 논리적으로 맞지 않다. 그 기간 동안의 평균적인 투하자본으로 세후영업이익을 만들어냈다고 보는 것이 가장 타당할 것이다. (주)세연테크의 경우 기초 투하자본은 23,840,930원이었고, 기말 투하자본이 32,809,861원이므로 평균투하자본은 28,325,396원이다. 그리고 앞서 산출한 5.4%의 가중평균자본비용을 적용하여 EVA를 구하면 12,545,589원이 된다. 이 계산에서 볼 수 있듯이 (주)세연테크의 20×2년의 세후영업이익은 14,070,400원이지만, 주주와 채권자의 기대수익인 자본비용을 차감하면 경제적부가가치는 세후영업이익보다 더 낮게 나오게 된다.

4. 투하자본이익률

재무비율에서 회사의 수익성을 보여주는 대표적인 수익성비율은 총자산영업이익률과 자기자본순이익률이다. 총자산영업이익률은 영업이익을 평균총자산으로 나눈 것이고, 자기자본순이익률은 당기순이익을 평균자본총계로 나눈 것이다. 이들은 모두 회계상의 재무제표를 이용한 재무비율들이다. 그러나, 회계상 재무제표를 이용한 재무비율뿐만 아니라 우리가 배운 재무분석목적 재무제표를 이용하여 산출한 수익성비율도 있는데 대표적인 것이 투하자본이익률이다.

$$
\text{투하자본이익률} = \text{세후영업이익} \div \text{평균투하자본}
$$

이는 회사의 투하자본이 얼마나 많은 세후영업이익(NOPAT 또는 NOPLAT)을 창출하는가를 보여주는 재무비율로서 총자산영업이익률에 비하여 회사의 영업수익성을 정확하게 보여준다. 총자산영업이익률은 분자에 영업이익을 사용하므로 회사의 세금부담을 고려하지 않고 있고, 분모에 비영업자산이 포함되어 있으므로 분자와 분모의 개념적 대응이 정확히 이루어지지 않는다. 예를 들어 똑같이 100원의 영업이익을 창출하는 A와 B라는 기업이 존재하고 둘 다 투하자본은 1,000원으로 동일하다면 두 기업의 목적사업에서의 수익성은 같다고 할 수 있다. 그러나, A는 비영업자산이 0원인 반면 B는 투하자본 이외에 비영업자산이 500원만큼 존재한다면, 영업에서의 수익성이 동일함에도 불구하고, B의 총자산영업이익률은 100÷(1,000+500)=6.7%로서 A의 총자산영업이익률 100÷1,000=10%보다 낮게 나오는 단점이 있다.

(주)세연테크의 20×2년의 투하자본이익률을 계산하면 아래와 같다.

투하자본이익률 = 세후영업이익 ÷ 평균투하자본
= 14,070,400 ÷ [(23,840,930 + 32,809,861)/2] = 49.7%

5. 기업잉여현금흐름(FCF: Free Cash Flow)

기업잉여현금흐름(이하 "FCF")은 DCF(Discount Cash Flow)법을 사용하여 기업가치를 평가할 때 추정하는 미래 현금흐름이다. FCF는 자본비용을 고려하지 않고 영업에서만 발생한 현금흐름이라 Free라는 말을 붙인다. 즉, Capital Cost Free라는 뜻이다. 우리가 FCF의 개념을 보다 이해하기 쉽게 풀어서 설명한다면, "투하자본이 창출한 현금흐름에서 투하자본을 위해 소요되는 현금흐름을 차감한 순현금흐름"이라고 할 수 있다. FCF를 구하는 방식은 아래와 같다.

FCF = 세후영업이익 + 감가상각비와 무형자산상각비 − 순운전자본의 증가 − 자본적 지출

우리는 기업이 영업을 통해 세후영업이익만큼의 회계이익을 얻는다는 것을 이미 배웠다. 그러나 세후영업이익만큼 현금이 유입되는 것은 아니다. 그래서 세후영업이익에 몇 가지 조정을 해주게 된다.

첫 번째가 감가상각비와 무형자산상각비를 더해주는 것이다. 감가상각비와 무형자산상각비는 영업비용으로서 영업이익에 영향을 미치고 있지만, 이들은 현금의 유출이 없는 비용들이다. 그래서 세후영업이익에 가산해준다. 우리는 세후영업이익에 이들 이외에도 현금의 유출이 없는 비용들이 영향을 미치고 있음을 알고 있다. 대손상각비나 재고자산평가손실, 각종 충당금 설정비용 등이 그것이다. 그러나, 이들을 세후영업이익에 가산하지 않는 것은 우리가 미래를 추정할 때, 대손상각이나 재고자산평가손실이 발생하는 것을 가정하지 않기 때문이기도 하고, 또 이들 비용의 효과가 아래에 설명하는 순운전자본의 증가를 통해 충분히 반영되기 때문이기도 하다.[5)]

두 번째가 순운전자본의 증가를 차감하는 것이다. 순운전자본은 투하자본의 일부로서 영업을 위해 필요한 자산과 부채이다. 그런데, 이 순운전자본이 증가하면 그만큼 현금 감소의 효과가 나타난다. 예를 들어 재고자산이 기초에 100원이었는데, 기말에 200원이 되었다면 재고자산을 100원만큼 추가로 확보하기 위해 100원만큼의 현금이 지출되었을 것이라는 이야기다. 반면 매입채무가 30에서 50으로 증가하였다면, 현금을 20만큼 매입처에 지급하지 않고 있는 것이므로 그만큼 현금이 증가하는 것이다. 따라서 순운전자본의 증가분만큼 현금이 감소하게 되어 있다. 다만, FCF를 계산할 때 고려하는 순운전자본에서는 현금은 제외된다.

세 번째가 **자본적 지출**(CAPEX: Capital Expenditure)인데, 이는 영업관련 비유동자산에 대한 순투자액을 의미한다. 순투자액이란 구매를 위해 지출한 금액에서 매각으로부터 회수한 금액을 차감한 것을 말한다.

이 세 가지의 조정을 하게 되면 정확하게 투하자본으로부터의 현금흐름이 계산된다. 요약하자면 투하자본에서 창출된 이익이 세후영업이익인 반면 투하자본에서 창출된 현금이 FCF라고 생각하면 된다.

(주)세연테크의 20×2년의 FCF는 다음과 같이 계산될 수 있다.

---

5) 자세한 것은 제13장 현금흐름표 부분을 참조하면 보다 쉽게 이해될 수 있다.

FCF = 세후영업이익 + 감가상각비와 무형자산상각비 − 순운전자본의 증가 − 자본적 지출
= 14,070,400 + 1,312,000 − 10,524,893 − 500,000
= 4,357,507

(주)세연테크의 20×2년의 감가상각비와 무형자산상각비는 총 1,312,000원이다. 이는 건물감가상각비, 기계장치감가상각비, 차량운반구감가상각비, 선박감가상각비 및 소프트웨어상각비를 모두 더한 금액이다.

건물감가상각비	600,000
기계장치감가상각비	240,000
차량운반구감가상각비	240,000
선박감가상각비	112,000
소프트웨어상각비	120,000
합 계	**1,312,000**

(주)세연테크의 순운전자본(현금제외)의 증감액은 아래와 같이 계산된다.

구 분	20×2년	20×1년	증 가
순운전자본	20,236,971	10,756,040	9,480,931
현 금	3,832,282	4,876,244	(1,043,962)
현금제외 순운전자본	16,404,689	5,879,796	10,524,893

한편 (주)세연테크의 20×2년의 자본적 지출은 선박구매를 위하여 500,000원을 지출한 것이 전부이다. 따라서 FCF를 구하기 위하여 이를 차감하였다.

OX 문제

• 아래 문장이 옳으면 O, 틀리면 X로 답하고 틀린 곳은 바르게 고치시오.

1. 회계상 모든 유동자산은 운전자본에 해당한다.

2. 비영업자산으로부터 발생하는 이익과 손실은 영업이익에 포함된다.

3. 투자부동산은 비영업자산에 해당한다.

4. 투하자본은 순운전자본과 영업관련 비유동자산의 합계이다.

5. 재무관리에서 가중평균자본비용을 구할 때 타인자본은 회계상의 부채총계에 해당한다.

연습문제

1. (주)서울상사의 20×1년 말 재무상태표를 영업관련성에 따라 아래와 같이 구분했을 때, 물음에 답하시오.

재무상태표

(주)서울상사 20×1년 12월 31일

계정과목	기 말	기 초	계정과목	기 말	기 초
유동자산	4,000	3,000	**유동부채**	2,500	2,000
영업관련 유동자산	3,000	2,000	무이자부부채	2,000	1,600
비영업유동자산	1,000	1,000	이자부부채	500	400
비유동자산	5,500	5,000	**비유동부채**	3,000	3,500
영업관련 비유동자산	3,500	3,500	무이자부부채	2,500	3,000
비영업비유동자산	2,000	1,500	이자부부채	500	500
			자 본	4,000	2,500
			자본금	2,500	2,200
			이익잉여금	1,500	300
자산총계	9.500	8,000	**부채와 자본총계**	9,500	8,000

물음

(1) (주)서울상사의 순운전자본은 얼마인가?

(2) (주)서울상사의 투하자본은 얼마인가?

(3) (주)서울상사의 타인자본은 얼마인가?

2. 한편, (주)서울상사의 20×1년 손익계산서가 다음과 같다. 문제 1에 제시된 재무상태표와 아래의 손익계산서를 이용하여 물음에 답하시오.

	매출액	8,800
(−)	매출원가	4,000
	매출총이익	4,800
(−)	판매비와관리비	3,500
	영업이익	1,300
(+)	영업외수익	500
(−)	영업외비용	300
	법인세차감전순이익	1,500
(−)	법인세비용	300
	당기순이익	1,200

물음

(1) (주)서울상사의 20×1년 세후영업이익은 얼마인가? (단, 세후영업이익은 영업이익에 (주)서울상사의 유효법인세율을 적용하여 계산한다.)

(2) (주)서울상사의 20×1년 투하자본이익률은 얼마인가?

(3) (주)서울상사의 타인자본비용이 3%이고, 자기자본비용이 6%라고 할 때, (주)서울상사의 20×1년 말 현재의 가중평균자본비용은 얼마인가? (단, 타인자본과 자기자본의 시장가치는 장부가치와 동일하다.)

(4) 위에서 구한 가중평균자본비용을 이용하여 (주)서울상사의 20×1년의 경제적 부가가치(EVA)를 구하시오.

3. 다음은 (주)세연메디컬의 20×1년 1월 31일, 2월 28일자 재무상태표와 20×1년 1월과 2월의 손익계산서이다. (주)세연메디컬은 매월 단위로 재무제표를 작성한다.

재무상태표

20×1년 2월 28일
20×1년 1월 31일

(주)세연메디컬 (단위: 원)

계정과목	2월 28일	1월 31일
유동자산	**48,445,000**	**36,795,000**
현　금	23,720,000	7,970,000

매출채권	3,000,000	9,500,000
대손충당금	(200,000)	(300,000)
상　품	8,400,000	6,200,000
선급보험료	1,000,000	1,100,000
미수수익	25,000	25,000
미수금	7,000,000	7,000,000
소모품	500,000	300,000
단기대여금	5,000,000	5,000,000
비유동자산	**99,240,000**	**101,120,000**
기　계	40,000,000	40,000,000
기계감가상각누계액	(1,200,000)	(600,000)
비　품	4,800,000	4,800,000
비품감가상각누계액	(160,000)	(80,000)
임차보증금	50,000,000	50,000,000
투자부동산	5,800,000	7,000,000
자산총계	**147,685,000**	**137,915,000**
유동부채	**47,875,000**	**46,875,000**
단기차입금	30,000,000	30,000,000
매입채무	12,000,000	10,000,000
미지급비용	75,000	75,000
미지급금	4,800,000	4,800,000
선수임대료	1,000,000	2,000,000
비유동부채	–	–
자　본	**99,810,000**	**91,040,000**
자본금	50,000,000	50,000,000
자본잉여금	40,000,000	40,000,000
이익잉여금	9,810,000	1,040,000
부채와자본총계	**147,685,000**	**137,915,000**

손익계산서

20×1년 2월 1일부터 2월 28일까지

20×1년 1월 1일부터 1월 31일까지

(주)세연메디컬 (단위: 원)

계정과목	2월	1월
매출액	**29,700,000**	**9,500,000**
매출원가	**9,800,000**	**3,800,000**
매출총이익	**19,900,000**	**5,700,000**
판매비와관리비	**10,980,000**	**9,610,000**
급 여	5,500,000	5,000,000
전력비	400,000	330,000
임차료	2,500,000	2,500,000
소모품비	1,800,000	700,000
보험료	100,000	100,000
감가상각비-기계	600,000	600,000
감가상각비-비품	80,000	80,000
대손상각비	–	300,000
영업이익(손실)	**8,920,000**	**(3,910,000)**
영업외수익	**1,125,000**	**5,025,000**
임대수익	1,000,000	1,000,000
투자부동산평가이익	–	2,000,000
투자부동산처분이익	–	2,000,000
이자수익	25,000	25,000
대손충당금환입	100,000	–
영업외비용	**1,275,000**	**75,000**
이자비용	75,000	75,000
투자부동산평가손실	1,200,000	–
법인세차감전순이익	**8,770,000**	**1,040,000**
법인세비용	–	–
당기순이익	**8,770,000**	**1,040,000**

물음

(1) (주)세연메티컬의 20×1년 1월 31일, 2월 28일자 재무분석목적 재무상태표를 작성해보시오.

(2) (주)세연메디컬의 20×1년 1월과 2월의 세후영업이익을 구하시오.

(3) (주)세연메디컬의 타인자본비용은 연 3%이고, 분석기간에 법인세가 없으므로 한계법인세율은 0%이다. 자기자본비용을 6%라고 기정하고, 타인자본 및 자기자본의 시장가치가 장부가치와 동일하다고 가정할 때, (주)세연메디컬의 20×1년 1월 말과 2월 말의 가중평균자본비용은 얼마인가?

(4) 20×1년 2월의 (주)세연메디컬의 경제적부가가치는 얼마인가?

(5) (주)세연메디컬의 20×1년 2월의 월 투하자본이익률은 얼마인가?

제13장

현금흐름표

제13장에서는

현금흐름표는 주요 재무제표의 하나로서, 재무상태표나 (포괄)손익계산서 등에서 쉽게 얻을 수 없는 현금의 유입과 유출에 대한 정보를 제공한다. 즉, 다른 재무제표가 발생주의에 의해 작성되는 반면, 현금흐름표는 현금주의에 의해 작성되는 재무재표이다.

현금흐름표는 현금의 발생 원천에 따라 영업활동 현금흐름, 투자활동 현금흐름, 재무활동 현금흐름으로 나누어서 표시되는데 이는 재무분석목적 재무제표상에서 설명 가능하다. 즉, 영업활동 현금흐름은 순운전자본의 증감과 이에 따른 손익에서 발생하는 현금흐름이고, 투자활동 현금흐름은 영업관련 비유동자산과 비영업자산의 증감과 이로 인한 손익에서 발생하는 현금흐름이며, 재무활동 현금흐름은 타인자본 및 자기자본의 증감과 이로 인한 손익에서 발생하는 현금흐름이다. 따라서, 재무분석목적 재무제표를 잘 이해하고 있다면, 현금흐름표의 작성과 이해에 큰 도움이 될 것이라 생각한다.

이 장에서는 현금흐름표의 작성원리를 설명하고, 실제 작성의 예를 제시한다.

제1절 현금이란?

현금의 개념은 현금과 예금 및 현금등가물을 말한다. 그리고 현금흐름표도 이러한 개념을 기준으로 작성되기 때문에 현금흐름표를 통해 파악하는 "현금"은 곧 "현금과 예금 및 현금등가물"의 합계를 의미한다. 참고로, 현금등가물(cash equivalents)이란 "여유현금을 단기적으로 이용할 목적에서 취득한 유동성이 높은 유가증권"을 말한다. 구체적으로는 큰 거래비용을 들이지 않고 현금으로 전환이 용이하고 이자율 변동에 따른 가치변동의 위험이 중요하지 않은 유가증권 및 단기금융상품으로서 취득 당시 만기가 3개월 이내에 도래하는 것을 말한다.

제2절 현금흐름표란?

손익계산서는 한 회계기간 동안의 이익잉여금의 증감(손익)을 자세히 표시하는 재무제표이다. 반면, 현금흐름표(statement of cash flow)는 한 회계기간 동안의 현금의 증감을 자세히 표시한 재무제표이다. 재무제표의 작성, 나아가 회계의 근간이 발생주의임에도 불구하고 이처럼 현금의 증감을 별도의 재무제표로 작성하는 것은 그만큼 현금이 기업의 입장에서 중요하기 때문이다.[1] 현금은 기업의 유동성과 직결되어 부족할 경우 기업의 도산으로 이어지는데, 이익을 내고 있음에도 불구하고 현금은 들어오지 않아 흑자 도산하는 경우조차 있다.[2] 즉, 이익(발생주의)과 현금(현금주의)의 유입과 유출이 일치하지는 않으므로 현금주의에

1) 현금흐름표 이외에 재무상태표, 손익계산서와 자본변동표는 모두 현금주의가 아닌 발생주의에 근거한 회계정보를 제공한다.

2) 예로서 20×1년 1월에 외상으로 상품 100원어치를 판매하고 매출채권을 2월 초에 회수할 경우 1월의 수익인 매출 100원은 1월의 현금 지급능력 100원과는 아무 상관이 없다. 만약에 1월에 지급해야 할 차입금이 50원이 있는 경우, 수익 50원이 아니라 현금 50원이 있어야 한다.

근거한 회사의 현금 변화를 보여주는 현금흐름표가 중시될 수밖에 없는 것이다. 현금흐름표는 현금의 유입(원천)과 현금의 유출(운용), 그리고 이에 따른 결과에 관한 정보를 제공한다. 구체적으로 현금의 유입과 유출을 그 발생원천에 따라 영업활동, 투자활동, 재무활동으로 구분하여 표시하고 있다.

제3절 현금흐름의 발생원천

현금흐름표에서는 기업의 현금흐름을 발생원천별로 구분해서 영업활동으로 인한 현금흐름, 투자활동으로 인한 현금흐름, 재무활동으로 인한 현금흐름의 세 가지로 나타내고 있다. 따라서 영업활동, 투자활동, 재무활동에 대한 내용을 먼저 살펴본다.

1. 영업활동

영업활동이란 기업의 주된 목적사업에서 발생하는 거래를 말한다. 제조업의 경우 원재료를 구매하고, 이를 생산하고 판매하고 관리하는 모든 행위가 영업활동이 된다. 유통업의 경우에는 상품을 매입하고 이를 판매하고 관리하는 활동이 영업활동이 된다. 회사마다 목적사업이 다르기 때문에 영업활동이 다르지만, 회사의 손익계산서에서 영업이익을 만들어내는 모든 활동을 영업활동이라고 할 수 있다. 본서의 제12장에서 살펴본 재무분석목적 재무상태표상 순운전자본에 해당하는 자산, 부채들이 증감을 계속하면서 회계적으로는 영업이익을 창출하고, 경제적으로는 영업활동 현금흐름을 창출한다.

2. 투자활동

투자활동이란 본서의 제12장 재무분석목적 재무상태표에서 영업관련 비유동자산을 사고파는 행위와 비영업자산을 사고파는 행위를 통칭한다. 영업관련 비

그림 13.1 영업활동 현금흐름

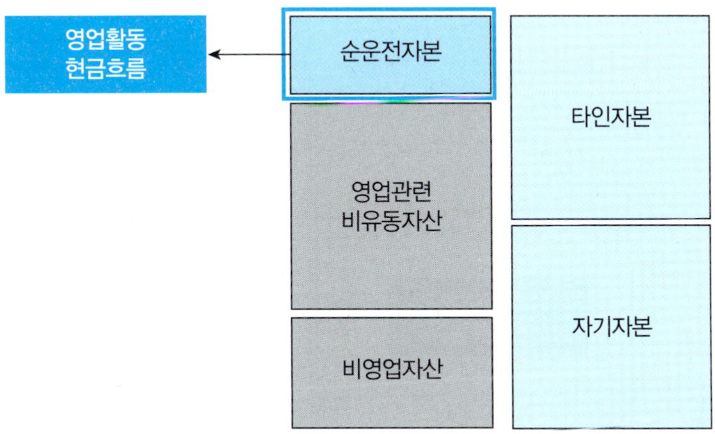

유동자산은 회사의 영업(목적사업)에 투입되지만, 순운전자본과는 달리 장기적으로 보유되면서 영업이익의 창출에 기여한다. 토지나 건물, 기계장치나 비품 등의 유형자산이나 영업권, 상표권 등의 무형자산이 대표적이다. 반면, 비영업자산은 회사의 영업과는 무관하고, 보통 여유자금을 운용할 목적으로 보유한 자산이다. 투자목적의 부동산이나 유가증권, 예금 및 적금 등이 대표적인 예이다.

이들을 사고파는 행위로 인해 회계적인 이익이나 손실이 발생할 경우에는 손익계산서상 모두 영업외수익이나 영업외비용에 기록하게 된다.[3] 반면 영업관련 비유동자산과 비영업자산을 사고파는 거래로 인해 발생하거나 소요된 현금흐름은 현금흐름표상에서는 투자활동 현금흐름으로 기록된다. 개인적으로는 현금흐름표에서 영업관련 비유동자산을 사고파는 활동과 비영업자산을 사고파는 행위를 구분하여 표시하는 것이 보다 유용한 정보를 제공할 것이라고 생각한다.

3) 영업관련 비유동자산을 사고파는 것은 영업활동에 해당하지 않느냐고 질문할 수 있다. 그러나 영업관련 비유동자산은 팔아서 이익을 남길 목적으로 존재하는 것이 아니고, 사용과정에서 감가상각되면서 영업에 기여하는 것이 존재의 이유이므로, 매각에서 발생한 손익은 영업외손익에 해당한다.

그림 13.2 **투자활동 현금흐름**

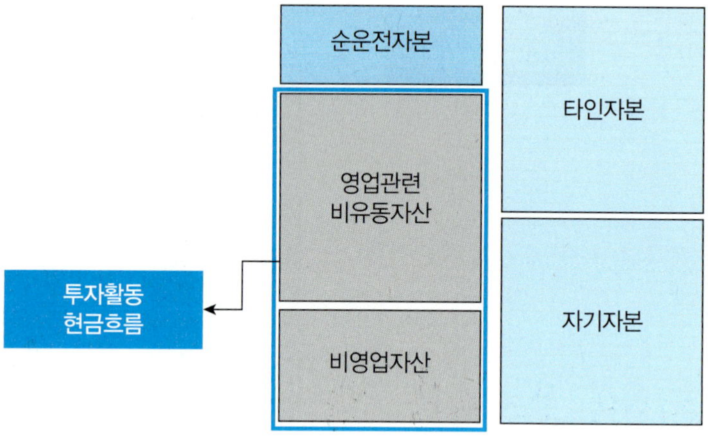

3. 재무활동

재무활동이란 영업활동과 투자활동을 수행하는 과정에서 필요한 자금을 조달하는 활동이다. 재무분석목적 재무상태표로는 이자부부채(타인자본)를 늘리거나 줄이는 활동, 또는 자기자본을 늘리거나 줄이는 활동이다. 자금이 필요할 때에는 채권자들로부터 타인자본을 조달하거나, 주주들로부터 자기자본을 조달하고, 자금의 여유가 생기면 타인자본을 갚거나 감자나 자기주식 취득을 통해 자기자본을 줄인다.

타인자본을 사용함으로 인해 채권자들에게 주는 대가가 이자비용이므로 손익계산서상 이자비용은 당연히 재무활동에 해당한다. 그런데, 상당히 오랜 기간 이자비용을 영업활동으로 분류하고 있었고, 아직도 영업활동으로 할 수 있도록 되어 있다. 그러나, 논리적으로는 이자비용을 재무활동으로 분류하는 게 타당할 것으로 판단된다. 또한 자기자본의 대가로 지급하는 배당금 지급 역시 재무활동에 해당한다.

그림 13.3 **재무활동 현금흐름**

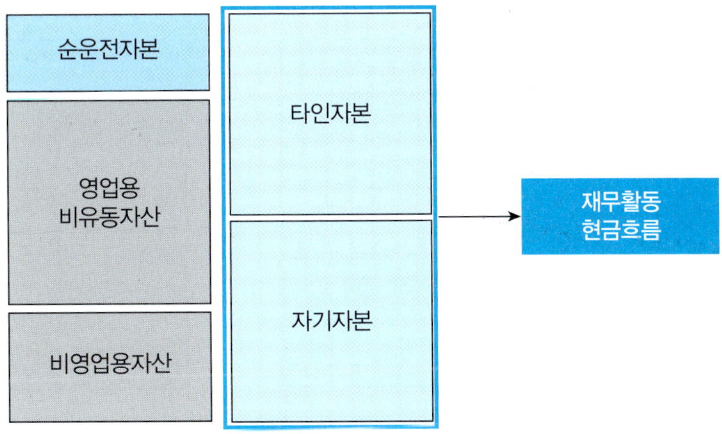

제4절 현금흐름표 작성의 원리

1. 현금흐름을 파악하는 두 가지 방법

일정 기간 동안의 현금의 흐름을 설명하는 첫 번째 방법은 계정분석법이다. 이는 현금 이외의 계정별 원장을 보면서 어떤 계정의 증감의 상대계정이 현금일 경우 이를 통해 현금 증감을 파악하는 방법이다. 예를 들어 매출채권이 감소하였는데, 그 상대계정이 현금이라고 한다면, 매출채권의 회수로 현금이 증가한 것으로 설명한다. 이는 가장 상세하게 현금흐름을 설명하는 방법이긴 하지만 회계기간 동안의 현금 계정의 증감건수가 워낙 많기 때문에 실제로 모든 현금의 증감을 계정분석법으로 파악하여 표시하는 것은 거의 불가능하다.

두 번째 현금흐름 설명방법은 증감분석법이다. 이를 이해하기 위해서 아래의 그림을 보자.

어떤 회사의 기초와 기말 재무상태표를 비교해보자. 이 회사 재무상태표의 대변(부채와 자본)은 기초와 기말에 아무런 변화가 없었고, 차변에서 현금 이외의 자산만 〈그림 13.4〉처럼 감소했다면, 대차평균의 원리에 의해 자산이 감소한 만

그림 13.4 **자산의 감소와 현금의 증가**

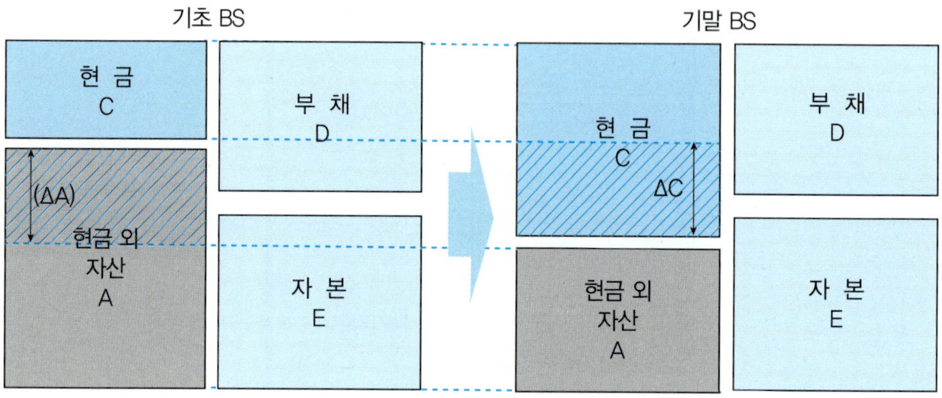

큼 현금이 증가할 수밖에 없다. 이를 수식으로 표시하면 아래와 같다.

$$\Delta C = -\Delta A \tag{식 1}$$

이제는 기초와 기말 재무상태표에서 현금 외 자산과 자본은 전혀 변동하지 않았고, 오직 부채만 증가했다면, 이 또한 대차평균의 원리에 의해 그만큼 현금

그림 13.5 **부채의 증가와 현금의 증가**

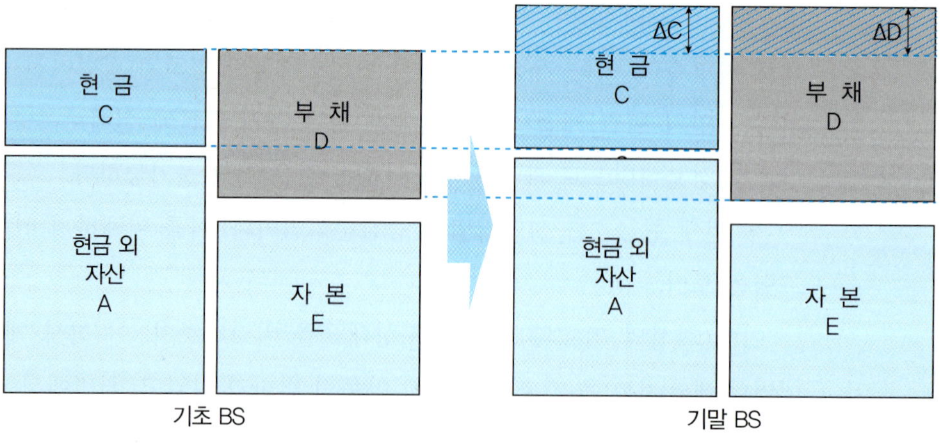

그림 13.6 자본의 증가와 현금의 증가

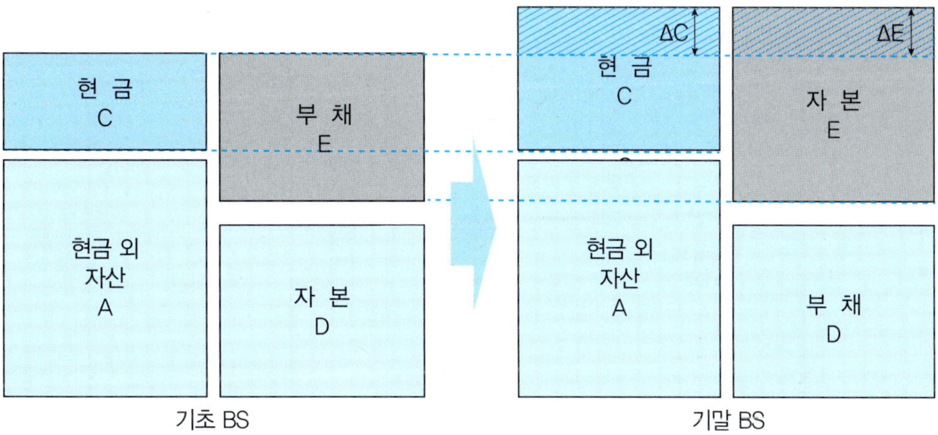

이 증가했을 것이다.

$$\Delta C = \Delta D \qquad \text{(식 2)}$$

이번엔 기초부터 기말까지 현금 외 자산과 부채는 일정하고 오직 자본만 증가한 경우다. 이해를 편하게 하기 위해 〈그림 13.6〉에서는 대변의 부채와 자본의 위치를 바꾸어 표시했다. 단, 자본이 당기 이익잉여금의 증가, 즉 당기순이익으로 인해 증가한 것이 아니라 기타의 자본(자본금이나 자본잉여금 등)이 증가한 것이라고 가정하자. 이 경우 기타의 자본이 증가한 만큼 현금이 증가한 것을 볼 수 있다.

$$\Delta C = \Delta E \qquad \text{(식 3)}$$

마지막으로 기초와 기말을 비교했을 때 현금 외 자산, 부채, 자본(이익잉여금 이외의 자본)은 모두 변동이 없었고, 오직 이익잉여금만 당기순이익만큼 증가했다고 가정해 보면 현금은 당기순이익(P)만큼 증가한다.[4)]

4) 당기순이익은 손익계산서 계정으로서 그 의미가 이미 당기 중의 이익잉여금의 증가를 말하기

그림 13.7 **당기순이익과 현금의 증가**

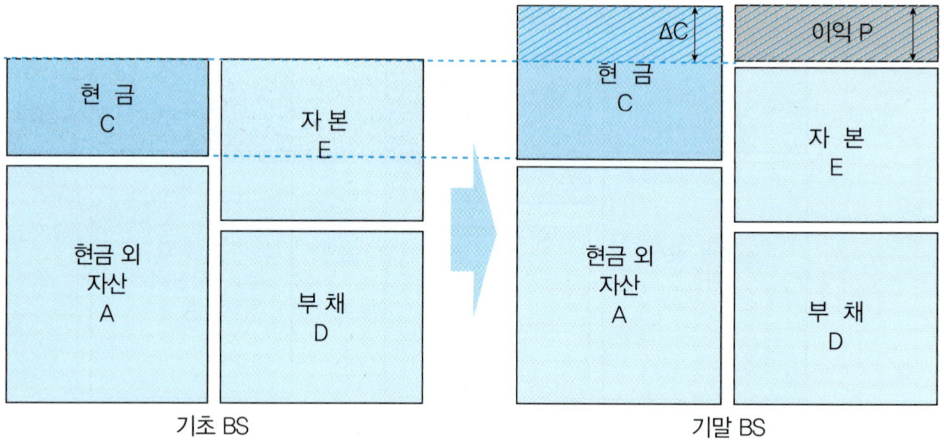

$$\Delta C = P \qquad \text{(식 4)}$$

이제 (식 1)부터 (식 4)까지를 모두 합해보면 일정 기간 동안의 현금의 증감이 어떻게 설명되는지 알 수 있다.

$$\Delta C = P - \Delta A + \Delta D + \Delta E \qquad \text{(식 5)}$$

즉, 현금은 당기순이익만큼 증가하고, 자산의 증가만큼 감소하고, 부채의 증가만큼 증가하며, 이익을 제외한 자본의 증가만큼 증가한다. 이렇게 설명하는 것이 증감분석법이다. 증감분석법은 간편하게 현금의 흐름을 설명하기는 하지만 지나치게 포괄적인 방법이기도 하다.

2. 계정분석법과 증감분석법의 결합

실제 현금흐름표의 작성 시에는 두 방법을 결합시킨다. 구체적으로 영업활동

때문에 변동분의 표시(Δ) 없이 그대로 P로 표시하도록 한다.

현금흐름은 증감분석법으로 표시하고, 투자활동과 재무활동 현금흐름은 계정분석법으로 표시한다. 투자활동과 재무활동은 회계기간 동안 지속적으로 발생하기는 하지만, 영업활동만큼 많이 발생하는 것은 아니다. 따라서, 충분히 계정분석법으로 표시할 만하다. 따라서, 영업관련 비유동자산, 비영업자산, 타인자본, 자기자본에 해당하는 계정의 경우 그 증감이 현금의 증감으로 이어질 경우를 원장에서 파악하여 일일이 현금흐름표에 기재한다. 따라서, 투자활동 현금흐름에서는 "토지의 매입," "투자부동산의 매도," "기계장치의 매입" 등으로 현금흐름을 표시하고, 재무활동 현금흐름에서는 "증자," "자기주식의 매입," "배당의 지급" 등으로 현금흐름을 표시하게 된다.

반면, 영업활동 현금흐름은 일정 회계기간 동안 투자활동과 재무활동 현금흐름에 비하여 훨씬 더 많은 횟수의 거래가 이루어지므로 거래마다 일일이 계정분석법에 의해 표시하기 어렵고, 따라서 증감분석법으로 표시하게 된다.

영업활동과 관련된 현금, 이익, 자산, 부채, 자본을 각각 Co, Po, Ao, Do, Eo라고 표시한다면 영업활동 현금흐름을 증감분석법에 의해 (식 5)에 적용하면 아래와 같다.

$$\Delta Co = Po - \Delta Ao + \Delta Do + \Delta Eo \qquad (식\ 6)$$

위에서 영업활동과 관련된 자본이라는 것은 존재하지 않으므로 실질적으로는 아래와 같다.

$$\Delta Co = Po - \Delta Ao + \Delta Do \qquad (식\ 7)$$

위의 식에서 Po는 영업과 관련된 이익, ΔAo는 영업과 관련된 자산(운전자본)의 증감, ΔDo는 영업과 관련된 부채(부의 운전자본)의 증감이다.

3. 영업활동 현금흐름(직접법과 간접법)

위의 (식 7)에 의하여 영업활동 현금흐름을 구하는데 영업활동 현금흐름을 구하는 방법은 다시 직접법과 간접법으로 나뉜다. **직접법**은 Po를 영업활동을 구성하는 몇 가지 세부활동으로 구분하고 (Po1, Po2, Po3…) 이와 대응되는 순운전자본도 구분하여 (Ao1, Ao2, Ao3..... Do1, Do2, Do3…) 현금의 증감도 이에 따라 세부적으로 나누는 방법이다.

$$\Delta Co1 = Po1 - \Delta Ao1 + \Delta Do1$$
$$\Delta Co2 = Po2 - \Delta Ao2 + \Delta Do2$$
$$\Delta Co3 = Po3 - \Delta Ao3 + \Delta Do3 \quad \text{(식 8)}$$

반면 **간접법**은 Po, 영업활동으로 인한 이익을 간접적으로 구한다. 즉, 전체 당기순이익(P)에서 투자활동으로 인한 이익(Pi)과 재무활동으로 인한 이익(Pf)을 차감하여 구하는 것이다.

$$Po = P - Pi - Pf \quad \text{(식 9)}$$

이익은 수익(R) − 비용(X)이므로 (식 9)는 아래와 같이 다시 쓸 수 있다.

$$Po = P - (Ri - Xi) - (Rf - Xf) \quad \text{(식 10)}$$

(식 10)에서 괄호를 없애고 수익과 비용끼리 다시 합치면 다음과 같다.

$$Po = P - (Ri + Rf) + (Xi + Xf) \quad \text{(식 11)}$$

(식 11)을 (식 7)의 Po 부분에 대입하여 완성하면 아래와 같다.

$$\Delta Co = P - (Ri + Rf) + (Xi + Xf) - (\Delta Ao - \Delta Do) \quad \text{(식 12)}$$

풀어서 해석하자면 당기순이익(P)에서 투자 및 재무 활동과 관련된 수익(Ri+Rf)을 차감하고 투자 및 재무 활동으로 인한 비용(Xi+Xf)을 가산한 후 영업활동과 관련된 순운전자본의 증가분(ΔAo−ΔDo)을 빼주면 된다. 그리고 영문 현금흐름표에서는 투자 및 재무 활동으로 인한 수익의 차감과 투자 및 재무 활동으로 인한 비용의 가산(−(Ri+Rf)+(Xi+Xf)) 부분을 통틀어서 Non-operating items라고 부른다.

이론적으로 본다면, 투자 및 재무 활동으로 인한 수익은 영업외수익일 것이고, 투자 및 재무 활동으로 인한 비용은 영업외비용일 것이다. 그렇다면 당기순이익에서 영업외수익을 차감하고 영업외비용을 가산하면 영업활동으로 인한 이익이 될까? 여기에는 두 가지의 문제가 존재한다.

첫째는 법인세비용이다. 본서의 제12장에서 보았듯이 재무분석목적 손익계산서에서는 법인세비용도 영업활동으로 인한 법인세비용과 비영업활동으로 인한 법인세비용을 나뉠 수 있으므로 비영업활동으로 인한 법인세비용도 (Xi+Xf)에 포함시켜야 함이 분명하다. 그러나, 회계에서는 법인세비용을 영업관련성에 따라 구분하지 않으므로 현금흐름표 작성 시 영업관련성 여부에 따른 법인세비용의 구분은 쉽지 않다. 따라서, 현금흐름표에서는 모든 법인세비용을 영업과 관련한 것으로 가정하기 때문에 (Xi+Xf)에 포함시키지 않는다.

둘째는 감가상각비와 무형자산상각비이다. 이들은 영업활동에 기여한 비용이므로 영업비용에 속함에는 분명하지만, 투자활동과 관련한 자산(영업관련 비유동자산)으로부터 발생한 비용이다. 따라서 현금흐름표에서는 (식 12)의 Xi 부분에 감가상각비와 무형자산상각비를 포함시킨다. 감가상각비와 무형자산상각비를 Xi에 포함하지 않을 경우, 감가상각비와 무형자산상각비는 Xo에 귀속되는 것으로 의제되기 때문에, 영업관련 비유동자산으로 인한 손익은 영업활동으로, 영업관련 비유동자산의 변동 부분은 투자활동으로 분류되어 적절한 대응이 되지 않는다. 감가상각비와 무형자산상각비가 Xi에 포함됨에 따라 영미권의 현금흐름표에서는 (식 12)의 −(Ri+Rf)+(Xi+Xf)의 부분을 표현할 때 Non-operating items라는 용어에 Non-cash items라는 표현을 덧붙이고 있다.[5] 감가상각비와 무형자산상각비가 현금의 유출이 없는 비용이기 때문이다. 그런데, 우리나라에서 공시되는 현금흐름표에서는 Non-operating items라는 표현은 아예 없고 "현금의 유입이 없는 수익의 차감, 현금의 유출이 없는 비용의 가산"이라고만 표현하는 경우가 많다. 그러나, 영업활동 현금흐름을 증감분석법에 의해 간접법으로 구하는 원리를 생각해 본다면 $-(Ri+Rf)+(Xi+Xf)$의 부분을 그렇게만 표현하는 것은 적절하지 않다고 생각하며, 이러한 표현이 현금흐름표의 작성과 해석에 불필요한 많은 오해를 불러일으키고 있다.

제5절 현금흐름표의 작성

1. 현금흐름표 양식

현금흐름표는 회계기간 중 현금 계정의 증감내역을 상세하게 보여주는 재무제표이다. 현금흐름표의 양식은 기본적으로는 다음과 같다.

영업활동으로 인한 현금흐름	₩2,200 증가
투자활동으로 인한 현금흐름	1,700 증가
재무활동으로 인한 현금흐름	3,000 감소
당기 중 현금의 증가	900
기초의 현금	700
기말의 현금	₩1,600

2. 현금흐름표 작성사례

본격적인 현금흐름표의 작성과정을 설명하기 위해 아래 사례기업의 재무제

---

5) 결과적으로 영미권의 현금흐름표에서 (식 12)의 $-(Ri+Rf)+(Xi+Xf)$의 부분은 "Non-operating items & Non-cash items"라고 부른다.

표를 보자. 기초와 기말 재무상태표와 이 기간의 손익계산서가 제시되어 있다. 기본적으로는 이 재무제표들이 현금흐름표를 작성하기 위해 필요하지만, 이들만 갖고 현금흐름표를 작성하기는 어렵다. 왜냐하면 위에서 설명한 증감분석법(영업활동 현금흐름을 파악하는 방법)을 위해서는 기초와 기말 재무상태표와 손익계산서만 있으면 되지만, 계정분석법(투자활동 및 재무활동 현금흐름을 파악하는 방법)을 위해서는 실제의 현금지출내역을 알아야 하기 때문이다. 따라서 이를 위한 참고자료가 예시로 함께 주어져 있다.

재무상태표

20×1년 12월 31일 (단위: 백만원)

과 목	기 말	기 초
현금과 예금	1,600	700
매출채권	1,900	2,000
재고자산	3,400	3,000
토 지	8,300	10,000
기 계	9,800	9,300
(감가상각누계액)	(5,000)	(3,000)
자산합계	**20,000**	**22,000**
매입채무	3,000	3,200
차입금	5,000	9,500
자본금	10,000	8,000
이익잉여금	2,000	1,300
부채와 자본합계	**20,000**	**22,000**

손익계산서

20×1년 1월 1일부터 20×1년 12월 31일까지 (단위: 백만원)

과 목	금 액
매출액	23,500
(−)영업비용	22,000

영업이익	1,500
(+) 토지처분이익	500
법인세차감전이익	2,000
(−) 법인세비용	800
당기순이익	1,200

참고자료

- 차입금 4,500백만원을 상환하였음
- 보통주를 신규 발행하여 2,000백만원을 조달하였음
- 주주에게 500백만원의 현금배당을 지급하였음
- 당기 중에 500백만원에 해당하는 기계를 취득하였음
- 감가상각비 2,000백만원은 영업비용에 포함되어 있음
- 장부가액 1,700백만원인 토지를 2,200에 매각하였음

3. 작성절차

현금흐름표를 작성하기 위해서 영업활동, 투자활동, 재무활동으로 인한 현금흐름을 산출해야 하는데, 이에 대해서 차례대로 설명한다.

1) 영업활동 현금흐름

기업의 현금흐름 중에서 영업활동으로 인한 현금증감액을 구하는 방법에는 직접법과 간접법 두 가지 방법이 있음은 위에서 설명하였다. 먼저 직접법으로 영업활동 현금흐름을 구하는 방법을 예시해 본다.

직접법

직접법은 영업활동을 몇 개의 하위 활동으로 나눈 후 각 하위 활동에서 발생하는 현금유출입을 증감분석에 의해 구하는 방법이다. 일단 손익계산서상에서 영업활동에 해당하는 손익을 몇 개의 카테고리로 구분한다. 위의 예는 매우 단순하여 많은 카테고리로 구분하기 어렵기 때문에 (1) 매출 등 영업관련 수익활

동과 (2) 매입 등 영업관련 지출활동, 그리고 (3) 법인세 지출활동 이렇게 세 가지의 활동으로 나누겠다. 법인세 지출활동이 영업활동에 포함된다는 사실은 위에서 기술하였다.

(단위: 백만원)

과 목	활 동	금 액
매출액	매출 등 영업관련 수익활동	23,500
(−) 영업비용_감가상각비 제외	매입 등 영업관련 지출활동	20,000
(−) 영업비용_감가상각비		2,000
영업이익		1,500
(+) 토지처분이익		500
법인세차감전이익		2,000
(−) 법인세비용	법인세 지출활동	800
당기순이익		1,200

상기 영업비용 중에 감가상각비가 포함되어 있는데, 감가상각비는 Non-cash item이므로 매입 등 영업관련 지출활동에서 제외하였다. 다음으로는 재무상태표의 자산/부채 계정 중 영업활동과 관련된 자산/부채를 위의 세 가지 하위 활동 중 어떤 것과 관련 있는지 파악해 놓아야 한다.

(단위: 백만원)

과 목	기 말	기 초
현금과 예금	1,600	700
매출채권(매출 등 수익활동관련)	1,900	2,000
재고자산(매입 등 지출활동관련)	3,400	3,000
토 지	8,300	10,000
기 계	9,800	9,300
(감가상각누계액)	(5,000)	(3,000)
자산합계	**20,000**	**22,000**
매입채무(매입 등 지출활동관련)	3,000	3,200
차입금	5,000	9,500

자본금	10,000	8,000
이익잉여금	2,000	1,300
부채와 자본합계	20,000	22,000

아래는 본장 4절에서 보았던 직접법으로 영업활동 현금흐름을 구하는 (식 8)이다.

$$\Delta Co1 = Po1 - \Delta Ao1 + \Delta Do1$$
$$\Delta Co2 = Po2 - \Delta Ao2 + \Delta Do2$$
$$\Delta Co3 = Po3 - \Delta Ao3 + \Delta Do3 \quad \text{(식 8)}$$

(식 8)에 따라 예시된 회사의 영업활동 현금흐름을 나누어 계산하면 다음과 같다.

① 매출 등 수익활동으로 인한 현금흐름(23,600) = 매출액(23,500) − 매출채권의 증가(−100)
② 매입 등 지출활동으로 인한 현금흐름(−20,600) = 영업비용_감가상각비 제외(−20,000) − 재고자산의 증가(400) + 매입채무의 증가(−200)
③ 법인세지출활동으로 인한 현금흐름(−800) = 법인세비용(−800)

영업활동으로 인한 현금흐름 = 2,200

간접법

간접법은 본장 4절에서 설명하였듯이 영업활동 현금흐름 전체를 증감분석법에 의해 구하는 방법이다. 본장 4절에서 보았던 간접법에 의한 영업활동 현금흐름을 구하는 (식 12)를 다시 보자.

$$\Delta Co = P - (Ri + Rf) + (Xi + Xf) - (\Delta Ao - \Delta Do) \quad \text{(식 12)}$$

위의 식에 따라 영업활동 현금흐름을 구하려면 손익계산서에서 (Ri + Rf)나 (Xi + Xf)에 해당하는 수익이나 비용을 파악해내야 하고, 재무상태표에서 영업활동과 관련된 자산, 부채를 파악해 놓아야 한다.

(단위: 백만원)

매출액		23,500
(−) 영업비용_감가상각비 제외		20,000
(−) 영업비용_감가상각비	Xi	2,000
영업이익		1,500
(+) 토지처분이익	Xi	500
법인세차감전이익		2,000
(−) 법인세비용		800
당기순이익		1,200

상기 손익계산서상 영업비용_감가상각비는 회계상 영업비용에 속하며 비용의 성격도 영업을 위하여 투입되는 것은 분명하다. 그러나 감가상각비로 비용화되는 자산인 유형자산 자체가 투자활동자산으로 구분되어 있고, 감가상각비는 현금의 유출이 없는 비용이므로 Xi에 해당한다. 또한 토지처분이익은 유형자산의 매각으로 인한 수익이므로 영업과 무관한 항목으로서 영업현금흐름에서 제외됨이 타당하다.

(단위: 백만원)

과 목	기 말	기 초
현금과 예금	1,600	700
매출채권(영업활동관련)	1,900	2,000
재고자산(영업활동관련)	3,400	3,000
토 지	8,300	10,000
기 계	9,800	9,300
(감가상각누계액)	(5,000)	(3,000)
자산합계	**20,000**	**22,000**
매입채무(영업활동관련)	3,000	3,200
차입금	5,000	9,500
자본금	10,000	8,000
이익잉여금	2,000	1,300
부채와 자본합계	**20,000**	**22,000**

재무상태표에서 영업과 관련된 자산, 부채는 직접법에서 파악한 바와 같다. 직접법에서는 영업활동 중 어떤 하위 활동에 속하는지 구분하지만, 간접법에서는 이를 구분할 필요는 없다. 손익계산서와 재무상태표에서 파악된 사항들을 근거로 (식 12)에 대입하여 간접법에 의한 현금흐름표 영업활동 현금흐름을 구해보면 아래와 같다.

(단위: 백만원)

과 목	금 액	
1. 당기순이익(P)		1,200
2. 현금유출이 없는 비용 가산(Xi+Xf)		2,000
감가상각비	2,000	
3. 현금유입이 없는 수익 차감(Ri+Rf)		(500)
토지처분이익	(500)	
4. 영업활동으로 인한 자산부채의 변동(ΔAo−ΔDo)		(500)
매출채권의 감소	100	
재고자산의 증가	(400)	
매입채무의 감소	(200)	
5. 영업활동으로 인한 현금흐름(ΔCo)		2,200

본장의 4절에서 설명하였듯이 (Xi+Xf)와 (Ri+Rf)는 영업활동이 아닌 활동으로부터의 비용과 수익을 이야기한다. 따라서 영문으로 표기된 현금흐름표에서는 이들을 기본적으로 Non-Operating Items라고 표시하고 있다. 다만, 감가상각비는 Non-Operating Items라고 하기에는 오해가 있을 수 있어서 Non-Cash Items로 표현하고 있다.

그런데, 우리나라에서 공시되는 많은 현금흐름표에서는 이 모두를 "현금의 유출이 없는 비용, 현금의 유입이 없는 수익"이라고만 표시하고 있어서 오해를 불러 일으킨다. 예를 들어 위의 예에서도 토지처분이익은 토지를 장부가액보다 500백만원 비싸게 매각함으로써 이익이 발생했다는 것인데 그렇다면 이 토지처분이익은 현금의 유입이 없는 수익이라고 할 수 있는가? 토지처분이익만큼 추가적인 현금유입이 발생한 것 아닌가?

토지처분이익은 현금의 유입이 없는 수익이라서 차감되는 것이 아니라 영업활동과 관련이 없는 수익이기 때문에 차감된 것이다.

2) 투자활동과 재무활동으로 인한 현금흐름

투자활동과 재무활동에 관련된 내용은 계정분석법에 의하여 구체적인 내용을 일일이 표시한다. 각 활동에 따른 현금유입액과 현금유출액을 나타내고 그 차액을 현금흐름표에 표시한다. 예시의 내용을 각각 살펴보면 아래와 같다.

- 투자활동으로 인한 현금유입: 토지의 매각(2,200백만원)
- 투자활동으로 인한 현금유출: 기계장치의 취득(500만원)
- 재무활동으로 인한 현금유입: 보통주의 발행(2,000백만원)
- 재무활동으로 인한 현금유출: 차입금 상환(4,500백만원) 배당금의 지급(500백만원)

투자활동 현금흐름과 재무활동 현금흐름은 위의 내용들을 열거하는 방식으로 표시된다. 실무적으로는 투자활동이나 재무활동과 관련된 계정별 원장의 증감내역에서 현금의 유입이나 유출을 일으킨 부분을 정리한 것이라고 보면 된다.

4. 현금흐름표의 작성

영업활동 현금흐름, 투자활동 현금흐름, 재무활동 현금흐름을 종합하여 아래와 같이 현금흐름표를 작성하게 된다. 일반적으로 기업들은 간접법에 의한 현금흐름표를 더 많이 작성하여 사용하기 때문에 아래에서도 영업활동 현금흐름을 간접법에 의해 작성한 것을 제시한다.

현금흐름표 20×1년 1월 1일부터 20×1년 12월 31일까지 (단위: 백만원)		
과 목	금 액	
(1) 영업활동으로 인한 현금흐름		
1. 당기순이익	1,200	
2. 현금유출이 없는 비용 가산		
가. 감가상각비	2,000	
3. 현금유입이 없는 수익 차감		
가. 토지처분이익	(500)	
4. 영업활동으로 인한 자산, 부채의 변동		
가. 매출채권의 감소	100	
나. 재고자산의 증가	(400)	
다. 매입채무의 감소	(200)	2,200
(2) 투자활동으로 인한 현금흐름		
1. 토지의 처분	2,200	
2. 기계장치의 취득	(500)	1,700
(3) 재무활동으로 인한 현금흐름		
1. 보통주의 발행	2,000	
2. 차입금의 상환	(4,500)	
3. 배당금의 지급	(500)	(3,000)
(4) 현금의 증가(감소)		900
(5) 기초의 현금		700
(6) 기말의 현금		1,600

5. 현금흐름표 완전성 검사표(Check Sheet)

현금흐름표의 완전성을 검사하기 위하여 실무적으로는 현금흐름표를 작성하기 전에 아래와 같은 표를 사전에 작성한다.

(단위: 백만원)

구 분	금 액	영업활동		투자활동	재무활동	체 크
		손 익	자산부채증감			
자산의 증가	**(2,000)**					
현 금	900					**900**
매출채권	(100)		100			
재고자산	400		(400)			
토 지	(1,700)	(500)		2,200		
기계장치	(1,500)	2,000		(500)		
부채 및 자본의 증가	**(2,000)**					
매입채무	(200)		(200)			
차입금	(4,500)				(4,500)	
자본금	2,000				2,000	
이익잉여금	700	1,200			(500)	
합 계		**2,700**	**(500)**	**1,700**	**(3,000)**	**(900)**

위의 검사표는 재무상태표의 모든 계정과목의 증감을 간접법에 의한 현금흐름표로 완전하게 설명하는지 체크하는 표이다. 이 표의 좌측에서 두 번째 열은 자산, 부채, 자본의 당기 중 변동분을 표시하고 있고, 머릿행을 보면 현금흐름표의 영업활동, 투자활동, 재무활동 현금흐름 어느 부분에서 이를 설명하게 되는지를 구분하고 있다.

본장 4절의 (식 5)는 현금의 변동을 손익과 자산, 부채, 자본의 변동으로 설명하는 식이다.

$$\Delta C = P - \Delta A + \Delta D + \Delta E \qquad \text{(식 5)}$$

이 식을 이항을 통해 정리하면 다음과 같다.

$$\Delta A - \Delta D - \Delta E = \Delta C - P \qquad \text{(식 13)}$$

이 식이 의미하는 것은 모든 자산, 부채, 자본의 변동은 현금의 증감과 손익으로 설명가능하다는 뜻이며, 각 계정별로도 그러하다. 따라서, 투자활동 및 재무활동과 관련된 자산, 부채, 자본의 증감액이 현금흐름 및 손익으로 완전히 설명되는지 체크하는 표가 위의 표이다. 이렇게 할 경우 현금흐름 부분은 현금흐름표의 투자활동 및 재무활동 현금흐름으로 표시하고, 손익 부분은 영업활동 현금흐름의 −(Ri+Rf)+(Xi+Xf) 부분에 포함시키게 되는 것이다.

위의 체크리스트를 자세히 하나씩 설명해 보면 다음과 같다.

① 현금의 증가는 현금을 제외한 다른 계정들의 증감과 같다. 이는 (식 5)의 내용과 같다.

(단위: 백만원)

구 분	금 액	영업활동		투자활동	재무활동	체 크
		손 익	자산부채증감			
자산의 증가	**(2,000)**					
현 금	900					900
매출채권	(100)		100			
재고자산	400		(400)			
토 지	(1,700)	(500)		2,200		
기계장치	(1,500)	2,000		(500)		
부채 및 자본의 증가	**(2,000)**					
매입채무	(200)		(200)			
차입금	(4,500)				(4,500)	
자본금	2,000				2,000	
이익잉여금	700	1,200			(500)	
합 계		**2,700**	**(500)**	**1,700**	**(3,000)**	**(900)**

② 영업활동과 관련된 자산과 부채의 증감은 모두 영업활동 현금흐름에 포함된다.

(단위: 백만원)

구 분	금 액	영업활동		투자활동	재무활동	체 크
		손 익	자산부채증감			
자산의 증가	**(2,000)**					
현 금	900					**900**
매출채권	(100)		100			
재고자산	400		(400)			
토 지	(1,700)	(500)		2,200		
기계장치	(1,500)	2,000		(500)		
부채 및 자본의 증가	**(2,000)**					
매입채무	(200)		(200)			
차입금	(4,500)				(4,500)	
자본금	2,000				2,000	
이익잉여금	700	1,200			(500)	
합 계		**2,700**	**(500)**	**1,700**	**(3,000)**	**(900)**

③ 투자활동 및 재무활동과 관련된 자산, 부채의 증감은 손익과 현금액 증감으로 구분된다. 이 중 손익은 영업활동 현금흐름에 반영되고, 현금 증감은 투자활동 현금흐름이나 재무활동 현금흐름에 반영된다.

(단위: 백만원)

구 분	금 액	영업활동		투자활동	재무활동	체 크
		손 익	자산부채증감			
자산의 증가	**(2,000)**					
현 금	900					**900**
매출채권	(100)		100			
재고자산	400		(400)			
토 지	(1,700)	(500)		2,200		
기계장치	(1,500)	2,000		(500)		
부채 및 자본의 증가	**(2,000)**					
매입채무	(200)		(200)			

차입금	(4,500)				(4,500)	
자본금	2,000				2,000	
이익잉여금	700	1,200			(500)	
합 계		**2,700**	**(500)**	**1,700**	**(3,000)**	**(900)**

우리가 살펴본 예시는 간단한 예이므로 이런 체크리스트 없이도 작성에 문제가 없다. 그러나, 실제 회사의 현금흐름표를 작성할 때에는 수많은 계정과 거래가 존재하므로 이런 체크검사표를 작성하지 않으면 자칫 현금흐름표에 누락되는 정보가 생겨서 오류가 발생하게 된다.

제6절 (주)세연테크의 현금흐름표

본서의 제11장에서 재무제표를 만들어보았던 (주)세연테크의 20×2년 현금흐름표를 작성해 보자. 현금흐름표를 작성하려면 기초와 기말의 재무상태표와 당기 손익계산서, 그리고 투자활동, 재무활동 관련 계정들의 증감내용들이 필요하다. 여기에서는 본서의 제12장에서 공부한 재무분석목적 재무제표를 이용하여 현금흐름표를 작성해보자.

표 13.1 재무분석목적 재무상태표

(재무분석목적) 재무상태표
20×2년 12월 31일
20×1년 12월 31일
(주)세연테크 (단위: 원)

계정과목	20×2년 말	20×1년 말
현 금	3,832,282	4,876,244
매출채권	35,000,000	10,000,000
미수금	–	1,100,000

선급보험료	180,000	180,000
상 품	1,350,000	2,280,000
재고자산평가충당금	-	(570,000)
소모품	250,000	270,000
매입채무	(16,500,000)	(6,000,000)
미지급임차료	(300,000)	(300,000)
선수임대수익	-	(250,000)
미지급이자	(15,000)	(140,000)
미지급법인세	(3,560,311)	(690,204)
순운전자본	**20,236,971**	**10,756,040**
토 지	1,194,890	244,890
건 물	4,500,000	6,000,000
건물감가상각누계액	(900,000)	(600,000)
기계장치	2,000,000	2,000,000
기계장치감가상각누계액	(510,000)	(270,000)
손상차손누계액	(120,000)	(510,000)
차량운반구	-	1,000,000
차량운반구감가상각누계액	-	(200,000)
선 박	1,220,000	-
선박감가상각누계액	(112,000)	-
소프트웨어	500,000	500,000
소프트웨어상각누계액	(200,000)	(80,000)
임차보증금	5,000,000	5,000,000
영업관련 비유동자산	**12,572,890**	**13,084,890**
투하자본	**32,809,861**	**23,840,930**
AC 금융자산	981,921	-
투자부동산	-	1,100,000
비영업자산	**981,921**	**1,100,000**
총자산	**33,791,782**	**24,940,930**
차입금	4,500,000	8,000,000
사 채	1,000,000	1,000,000
사채할증차금	9,347	18,081

장기미지급금	280,374	262,032
타인자본	**5,789,721**	**9,280,113**
자본금	5,000,000	5,000,000
주식발행초과금	7,000,000	7,000,000
재평가잉여금	–	900,000
이익잉여금	16,002,061	2,760,817
자기자본	**28,002,061**	**15,660,817**
총자본	**33,791,782**	**24,940,930**

표 13.2 재무분석목적 손익계산서

(재무분석목적) 손익계산서

20×2년 1월 1일부터 12월 31일까지

20×1년 1월 1일부터 12월 31일까지

(주)세연테크 (단위: 원)

계정과목	20×2년	20×1년
매 출	**52,600,000**	**18,000,000**
매출원가	31,430,000	8,600,000
재고자산감모손실	–	120,000
재고자산평가손실	–	570,000
재고자산평가손실환입	(570,000)	–
매출원가계	**30,860,000**	**9,290,000**
매출총이익	**21,740,000**	**8,710,000**
급 여	1,000,000	2,000,000
보험료	720,000	540,000
전력비	300,000	350,000
건물감가상각비	600,000	500,000
기계장치감가상각비	240,000	270,000
차량운반구감가상각비	240,000	200,000
선박감가상각비	112,000	–
소프트웨어상각비	120,000	80,000

소모품비	520,000	730,000
임차료	300,000	300,000
판관비계	**4,152,000**	**4,970,000**
영업이익	**17,588,000**	**3,740,000**
영업이익관련법인세	3,517,600	748,000
세후영업이익	**14,070,400**	**2,992,000**
임대수익	250,000	250,000
투자부동산처분이익	–	100,000
투자부동산평가이익	–	100,000
유형자산처분이익	160,000	–
이자수익	68,163	–
손상차손환입	390,000	–
영업외수익계	**868,163**	**450,000**
손상차손	–	510,000
이자비용	204,608	228,979
투자부동산평가손실	150,000	–
재평가손실	300,000	–
영업외비용계	**654,608**	**738,979**
영업외손익	**213,555**	**(288,979)**
영업외손익관련법인세	42,711	(57,796)
세후영업외손익	**170,844**	**(231,183)**
당기순이익	**14,241,244**	**2,760,817**

본서의 제11장에서 (주)세연테크의 재무제표와 관련하여 제시되었던 20×2년 1년간의 (주)세연테크의 거래내역은 다음과 같다.[6)]

6) 현금흐름표 작성목적으로는 투자활동 및 재무활동과 관련된 거래내역만 파악하면 된다. 여기에서는 독자들이 제11장의 내용과 비교를 하기 쉽도록 제11장에서 제시된 모든 거래내역을 열거한다

다음은 산업용 정밀기계 업종의 단일 상품을 판매하는 (주)세연테크의 20×2년 거래내역이다.

1) 1월 1일 20×1년 12월 31일에 발생한 토지 매각대금 110만원을 현금으로 수령함.
2) 1월 1일 (주)부산물류의 회사채를 만기까지 원금과 이자를 수취할 목적으로 구입함. (주)세연테크는 (주)부산물류로부터 20×2년부터 20×4년까지 매년 말에 6만원의 이자를 수령하며 20×4년 말에는 원금 100만원을 회수하기로 함.
3) 1월 15일 20×1년 9월 29일의 외상판매대금 1,000만원을 현금 수령하고, 20×1년 9월 5일의 외상매입대금 600만원을 현금 지급함.
4) 1월 31일 영업활동에 사용하기 위해 현금 50만원을 주고 소모품을 구입함.
5) 3월 5일 상품 1,000개를 외상으로 1,400만원에 구입함.
6) 3월 27일 상품 800개를 외상으로 1,760만원에 판매함.
7) 4월 1일 보유하고 있는 기계장치에 대한 1년 치 화재보험료 72만원을 현금으로 지급함.
8) 4월 15일 3월 27일의 외상매출대금 1,760만원을 현금 수령함.
9) 5월 31일 20×1년 6월 1일에 은행에서 차입하였던 800만원의 차입금 관련 원금과 이자를 함께 지급함.
10) 6월 5일 3월 5일의 외상매입대금 1,400만원을 현금 지급함.
11) 7월 1일 임대수익과 시세차익을 거둘 목적으로 보유하고 있던 토지를 영업목적으로 사용하기로 결정하고, 즉시 사용하기 시작함. 20×2년 7월 1일 기준 해당 토지의 공정가치는 95만원임.
12) 10월 1일 보유하고 있던 차량운반구를 (주)서울상사가 보유하고 있는 선박과 교환함. 교환 시 (주)세연테크는 (주)서울상사에게 현금 50만원을 추가로 지급함. 교환시점에 차량운반구의 공정가치는 72만원으로 평가되었으며, 선박의 공정가치는 명확하지 않음. 교환시점 기준으로 선박의 내용연수는 4년이며, 잔존가액은 10만원임.
13) 10월 19일 상품 1,100개를 외상으로 1,650만원에 구입함.
14) 11월 5일 상품 1,400개를 외상으로 3,500만원에 판매함.
15) 11월 25일 주주들에게 100만원의 현금배당을 실시함.
16) 12월 1일 영업자금확보를 위해 은행에서 450만원을 차입함. 차입기간은 6개월이며 연이자율은 4%임.

17) 12월 31일 매장 직원과 사무직원의 20×1년도 급여로 100만원을 현금 지급함.
18) 12월 31일 20×1년도 전기요금으로 30만원을 현금 지급함.

추가 자료

1) 20×2년 1월 1일 현재 유효이자율은 7%이다. 3년, 7%, 단일금액의 현가는 0.8163이고, 3년, 7%, 기말연금의 현가는 2.6243이다.
2) 재고자산의 수량파악방법으로 계속기록법을, 입출흐름의 가정으로 선입선출법을, 재고자산 기록방법으로는 기중매출원가인식법(계속기록법)을 사용한다.
3) 재고자산에 대한 기말 실사 결과, 수량은 90개이며 판매가격의 회복으로 인해 실제 보유 재고자산의 순실현가능가치는 1,377,000원(개당 15,300원)인 것으로 나타났다. (주)세연테크는 재고자산의 평가손실 및 환입 관련 발생 손익을 매출원가에서 가감한다.
4) 유형자산의 평가방법으로 기계장치, 토지, 차량운반구와 선박의 경우에는 원가법, 건물의 경우에는 재평가법을 적용한다.
5) 유형자산의 감가상각방법으로 기계장치와 건물의 경우에는 정액법, 선박의 경우에는 연수합계법, 그 이외의 감가상각 대상 유형자산의 경우에는 이중체감법을 적용한다. 감가상각 대상 유형자산을 재평가할 시에는 감가상각누계액을 비례 수정하는 방식을 적용한다.
6) 무형자산의 평가방법으로는 원가법을 적용한다. 무형자산의 상각과 관련하여 (주)세연테크의 경우에는 무형자산의 경제적 효익이 소비되는 형태가 명확치 않다.
7) 투자부동산의 평가방법은 공정가치법을 적용한다.
8) 소모품의 기말 실사금액은 25만원이다.
9) 기말 현재 기계장치에 대하여 과거에 인식한 손상차손이 감소하는 징후가 나타났다. 조사 결과 기말 현재 기계장치의 순공정가치는 138만원, 사용가치는 135만원인 것으로 밝혀졌다.
10) 20×2년 12월 31일 현재 유형자산과 무형자산의 공정가치는 다음과 같다.
    - 20×1년 1월 1일 구입 건물: 360만원
    - 20×1년 1월 1일 구입 토지: 27만원
    - 20×1년 4월 1일 구입 기계장치: 140만원
    - 20×1년 5월 1일 구입 소프트웨어: 39만원
    - 20×2년 10월 1일 교환취득 선박: 88만원

1. 영업활동 현금흐름

1) 직접법

직접법은 영업활동을 세부적인 몇 개의 하위 활동으로 구분하여 각각의 현금흐름을 표시하는 방법이다. (주)세연테크의 경우에는 (1) 매출 등 수익활동으로 인한 현금흐름, (2) 매입 등 구매활동으로 인한 현금흐름, (3) 기타 판매 및 관리활동으로 인한 현금흐름, (4) 법인세 납부활동으로 나누어 보겠다. 재무상태표의 순운전자본과 손익계산서의 영업이익 부분에서 각 계정이 어떤 하위 활동에 해당하는지 먼저 구분한다.

표 13.3 영업활동의 구분

재무상태표 순운전자본	매출채권	매출 등 수익활동
	미수금	기타 판매 및 관리활동
	선급보험료	기타 판매 및 관리활동
	상 품	매입 등 구매활동
	재고자산평가충당금	매입 등 구매활동
	소모품	매입 등 구매활동
	매입채무	매입 등 구매활동
	미지급임차료	기타 판매 및 관리활동
	선수임대수익	기타 판매 및 관리활동
	미지급이자	기타 판매 및 관리활동
	미지급법인세	법인세 납부활동
손익계산서 영업이익	매출액	매출 등 수익활동
	매출원가	매입 등 구매활동
	재고자산감모손실	매입 등 구매활동
	재고자산평가손실	매입 등 구매활동
	재고자산평가손실환입	매입 등 구매활동

	급 여	기타 판매 및 관리활동
	보험료	기타 판매 및 관리활동
	전력비	기타 판매 및 관리활동
	건물감가상각비	Non-Cash Item
	기계장치감가상각비	Non-Cash Item
	차량운반구감가상각비	Non-Cash Item
	선박감가상각비	Non-Cash Item
	소프트웨어상각비	Non-Cash Item
	소모품비	매입 등 구매활동
	임차료	기타 판매 및 관리활동
	법인세비용	법인세 납부활동

이를 바탕으로 직접법에 의한 영업활동 현금흐름을 작성하면 다음과 같다.

매출 등 영업활동으로 인한 현금흐름

=매출 등 수익활동으로 인한 손익+매출 등 수익활동으로 인한 자산(부채)의 감소(증가)

=매출액−매출채권의 증가

=52,600,000−25,000,000

=27,600,000

매입 등 구매활동으로 인한 현금흐름

=매입 등 구매활동으로 인한 손익+매입 등 구매활동으로 인한 자산(부채)의 감소(증가)

=((−)매출원가+재고자산평가손실환입−소모품비)+(재고자산의 감소−재고자산평가충당금의 감소+매입채무의 증가+소모품의 감소)

=((−)31,430,000+570,000−520,000)+(930,000−570,000+10,500,000+20,000)

=(−)20,500,000

기타 판매 및 관리활동으로 인한 현금흐름

= 기타 판매 및 관리활동으로 인한 손익 + 기타 판매 및 관리활동으로 인한 자산(부채)의 감소(증가)

= ((−)급여 − 보험료 − 전력비 − 임차료) + (미수금의 감소 − 선수임대수익의 감소 − 미지급이자의 감소)

= ((−)1,000,000 − 720,000 − 300,000 − 300,000) + (1,100,000 − 250,000 − 125,000)

= (−)1,595,000

법인세 납부활동으로 인한 현금흐름

= 법인세 납부활동으로 인한 손익 + 법인세 납부활동으로 인한 자산(부채)의 감소(증가)

= (−)법인세비용 + 미지급법인세의 증가

= (−)3,560,311 + 2,870,107

= (−)690,204

총영업활동으로 인한 현금흐름 = 4,814,796

2) 간접법

한편 영업활동 현금흐름을 간접법에 의해 작성하면 아래와 같다.

표 13.4 간접법에 의한 영업활동 현금흐름 (단위: 원)

과 목	금 액	
1. 당기순이익(P)		14,241,244
2. 현금유출이 없는 비용 가산(Xi + Xf)		1,966,608
건물감가상각비	600,000	
기계장치감가상각비	240,000	
차량운반구감가상각비	240,000	
선박감가상각비	112,000	

소프트웨어상각비	120,000	
재평가손실	300,000	
투자부동산평가손실	150,000	
이자비용	204,608	
3. 현금유입이 없는 수익 차감(Ri+Rf)		(868,163)
임대수익	250,000	
유형자산처분이익	160,000	
손상차손환입	390,000	
이자수익	68,163	
4. 영업활동으로 인한 자산, 부채의 변동(ΔAo−ΔDo)		(10,524,893)
매출채권의 증가	(25,000,000)	
미수금의 감소	1,100,000	
상품의 감소	930,000	
재고자산평가충당금의 감소	(570,000)	
소모품의 감소	20,000	
매입채무의 증가	10,500,000	
선수임대수익의 감소	(250,000)	
미지급이자의 감소	(125,000)	
미지급법인세의 증가	2,870,107	
5. 영업활동으로 인한 현금흐름(ΔCo)		4,814,796

2. 투자활동 현금흐름

투자활동 현금흐름은 재무분석목적 재무상태표의 영업관련 비유동자산과 비영업자산으로부터 발생한 현금흐름을 말한다. 20×2년의 투자활동 현금흐름은 (주)세연테크의 1년간의 거래내역을 통해서 알 수 있는데, 다음과 같이 총 1,473,758원의 현금유출이 발생했다.

- 선박의 구입: 500,000
- AC 금융상품 투자: 973,758

한편 다음과 같이 총 310,000원의 현금유입이 발생했다.

- 임대수익: 250,000
- 이자수익: 60,000

따라서 투자활동 현금흐름에서는 총 1,163,758원의 현금유출이 발생하였다.

3. 재무활동 현금흐름

재무활동 현금흐름은 재무분석목적 재무상태표 중 타인자본과 자기자본의 변동으로부터 발생한 현금흐름인데, 20×2년 중에는 총 9,195,000원의 현금유출이 발생하였다.

- 단기차입금의 상환: 8,000,000
- 배당금 지급: 1,000,000
- 이자비용 지출: 195,000

한편, 다음과 같이 4,500,000원의 현금유입이 발생하였다.

- 단기차입금의 차입: 4,500,000

따라서 재무활동 현금흐름에서는 총 4,695,000원의 현금유출이 발생하였다.

4. 현금흐름표의 작성

영업활동 현금흐름, 투자활동 현금흐름, 재무활동 현금흐름을 종합하여 (주)세연테크의 20×2년의 현금흐름표를 작성하면 아래와 같다. 일반적으로 기업들은 실무에서 간접법에 의한 현금흐름표를 더 많이 작성하여 사용하는 것을 감안하여 본서에서도 영업활동 현금흐름을 간접법에 의해 작성한 것을 제시한다.

표 13.5 간접법에 의한 현금흐름표

현금흐름표 20×2년 1월 1일부터 20×2년 12월 31일까지 (단위: 원)		
과 목	금 액	
영업활동으로 인한 현금흐름		**4,814,796**
1. 당기순이익		14,241,244
2. 현금유출이 없는 비용 가산		1,966,608
건물감가상각비	600,000	
기계장치감가상각비	240,000	
차량운반구감가상각비	240,000	
선박감가상각비	112,000	
소프트웨어상각비	120,000	
재평가손실	300,000	
투자부동산평가손실	150,000	
이자비용	204,608	
3. 현금유입이 없는 수익 차감		(868,163)
임대수익	250,000	
유형자산처분이익	160,000	
손상차손환입	390,000	
이자수익	68,163	
4. 영업활동으로 인한 자산, 부채의 변동		(10,524,893)
매출채권의 증가	(25,000,000)	
미수금의 감소	1,100,000	
상품의 감소	930,000	
재고자산평가충당금의 감소	(570,000)	
소모품의 감소	20,000	
매입채무의 증가	10,500,000	
선수임대수익의 감소	(250,000)	
미지급이자의 감소	(125,000)	
미지급법인세의 증가	2,870,107	
투자활동으로 인한 현금흐름		**(1,163,758)**

1. 투자활동으로 인한 현금의 유입		310,000
임대수익	250,000	
이자수익	60,000	
2. 투자활동으로 인한 현금의 유출		1,473,758
선박의 구입	500,000	
AC 금융상품 투자	973,758	
재무활동으로 인한 현금흐름		**(4,695,000)**
1. 재무활동으로 인한 현금의 유입		**4,500,000**
단기차입금의 차입	4,500,000	
2. 재무활동으로 인한 현금의 유출		**(9,195,000)**
단기차입금의 상환	8,000,000	
배당금 지급	1,000,000	
이자비용 지출	195,000	
현금의 증가		**(1,043,962)**
기초현금		**4,876,244**
기말현금		**3,832,282**

직접법에 의한 현금흐름표는 위의 영업활동 현금흐름이 직접법에 의해 작성된 것으로 대체된다.

5. 현금흐름표의 작성 검사표

표 13.6 현금흐름표 작성검사표

계정과목	증 감	영업활동		투자활동	재무활동	비현금 거래	검 증
		비영업손익	자산부채증가				
현 금	(1,043,962)						(1,043,962)
매출채권	25,000,000		(25,000,000)				-
미수금	(1,100,000)		1,100,000				
선급보험료							-
상 품	(930,000)		930,000				-
재고자산평가충당금	570,000		(570,000)				-

소모품	(20,000)		20,000				-
매입채무	(10,500,000)		10,500,000				-
미지급임차료							-
선수임대수익	250,000		(250,000)				-
미지급이자	125,000		(125,000)				-
미지급법인세	(2,870,107)		2,870,107				-
토 지	950,000					(950,000)	-
건 물	(1,500,000)	300,000				840,000	-
건물감가상각누계액	(300,000)	600,000				(440,000)	-
기계장치							-
기계장치감가상각누계액	(240,000)	240,000					-
손상차손누계액	390,000	(390,000)					-
차량운반구	(1,000,000)	160,000				840,000	-
차량운반구감가상각누계액	200,000	240,000				(440,000)	-
선 박	1,220,000			(500,000)		(720,000)	-
선박감가상각누계액	(112,000)	112,000					-
소프트웨어							-
소프트웨어상각누계액	(120,000)	120,000					-
임차보증금							-
AC 금융자산	981,921	(8,163)		(973,758)			-
투자부동산	(1,100,000)	150,000				950,000	-
차입금	3,500,000				(3,500,000)		-
사 채							-
사채할증차금	8,734	(8,734)					-
장기미지급금	(18,342)	18,342					-
자본금							-
주식발행초과금							-
재평가잉여금	900,000					(900,000)	-
이익잉여금	(13,241,244)	14,241,244			(1,000,000)		-
임대수익		(250,000)		250,000			-
이자비용		195,000			(195,000)		-
이자수익		(60,000)		60,000			-
합 계	-	15,339,689	(10,524,893)	(1,163,758)	(4,695,000)	-	(1,043,962)

전 절에서 설명한 현금흐름표 체크리스트를 (주)세연테크 현금흐름표 작성을 위해 만들어보면 위와 같다. 특이한 점은 점검표의 우측 두 번째 열이 '비현금거래'인데 이는 20×2년 중 발생한 거래 중 현금의 유입과 유출이 없이 계정 간의 대체 등에 의해 계정의 증감이 발생한 경우이다. 이는 재무제표의 주석사항으로 공시된다. 단, 이러한 비현금거래는 기중에 발생한 모든 비현금거래를 반영하는 것이 아니고, 투자활동과 재무활동과 관련된 비현금거래만 반영한다.[7)]

예를 들어, 20×2년 7월 1일에 다음과 같은 투자부동산의 토지로의 대체거래가 있었고, 이로 인하여 다음과 같은 분개가 이루어졌다.

(차)	토 지	950,000	(대) 투자부동산	1,100,000
	투자부동산평가손실	150,000		

투자부동산은 1,100,000원이 줄어들었는데, 이는 현금으로 처분된 것이 아니고, 950,000원은 토지로 대체되고 차액인 150,000원은 평가손실로 처리되었다. 따라서 비현금거래 열에 투자부동산과 토지가 950,000원씩 변동된 것으로 표시한다.

또한 20×2년 10월 1일에는 차량운반구와 선박을 교환한 거래가 발생하여 아래와 같은 분개가 이루어졌다.

(차)	선 박	1,220,000	(대) 차량운반구	1,000,000
	차량운반구감가상각누계액	440,000	현 금	500,000
			유형자산처분이익	160,000

이 거래는 현금거래와 비현금거래가 섞여 있다. 즉 차량운반구를 선박으로 교환하면서 현금을 추가로 지급한 경우이다. 이 경우에는 이 분개를 현금거래와 비현금거래로 분리하여 생각하는 것이 좋다.

---

7) 투자활동과 재무활동 현금흐름은 계정분석법에 의해 표시되기 때문에 현금의 유입과 유출이 없이 계정이 변동한 경우 1년간의 계정변동액이 손익과 현금거래만으로는 설명되지 않기 때문이다. 반면 영업활동 현금흐름은 증감분석법에 의해 표시되므로, 계정의 변동총액 자체를 현금흐름표에 반영하므로 이를 현금거래로 인한 것인지 비현금거래로 인한 것인지 구분하지 않는다.

(비현금거래)

(차)	차량운반구감가상각누계액	440,000	(대) 차량운반구	1,000,000
	선 박	720,000	유형자산처분이익	160,000

(현금거래)

(차)	선 박	500,000	(대) 현 금	500,000

그래서 비현금거래는 체크리스트상 비현금거래 열에 적고, 현금거래는 투자활동 열에 반영한다.

또, 연말에 건물을 재평가하면서 감가상각누계액을 조정하고 재평가잉여금과 재평가손실을 계상한 거래가 있었는데, 그 분개는 다음과 같다.

(차)	건물감가상각누계액	300,000	(대) 건 물	1,500,000
	재평가잉여금	900,000		
	재평가손실	300,000		

건물 중 1,200,000에서 건물감가상각누계액 300,000원을 차감한 900,000원은 재평가잉여금과 상계되고, 이는 비현금거래에 해당한다. 나머지 300,000원은 재평가손실로 감액되었다.

OX 문제

• 아래 문장이 옳으면 O, 틀리면 X로 답하고 틀린 곳은 바르게 고치시오.

1. 영업활동 현금흐름은 직접법과 간접법의 두 가지 방법으로 작성할 수 있다.

2. 현금흐름표에서 투자활동 현금흐름과 재무활동 현금흐름은 증감분석법으로 작성한다.

3. 영업과 무관한 투자부동산의 매각에서 발생한 투자자산처분이익은 간접법으로 작성하는 영업활동 현금흐름에서 당기순이익에 가산하는 항목 중의 하나가 된다.

4. 매출채권이나 재고자산의 증가는 영업활동 현금흐름을 감소시키는 효과가 있다.

5. 이자수익은 영업활동 현금흐름으로 구분하기도 하고, 투자활동 현금흐름으로 구분할 수도 있다.

연습문제

1. (주)서울상사의 20×1년 기초와 기말 재무상태표의 일부분과 20×1년 손익계산서가 아래와 같다. 이를 이용하여 직접법과 간접법하의 영업활동 현금흐름을 구하시오.

부분 재무상태표

20×1년 12월 31일
20×0년 12월 31일

(주)서울상사 (단위: 원)

계정과목	20×1년 12월 31일	20×0년 12월 31일
유동자산		
현 금	×××	×××
단기매매금융자산	3,000	2,000
대여금	1,000	600
순매출채권	5,000	3,000
재고자산	1,000	2,000
선급임차료	2,000	1,000
비유동자산		
토 지	×××	×××
기계장치	5,000	5,000
(감가상각누계액)	(1,000)	(500)
	:	:
총자산	×××	×××
유동부채		
단기차입금	2,000	1,000
매입채무	1,000	400
미지급급여	800	600
미지급이자	100	300
미지급법인세	400	–
선수이자	–	600

비유동부채		
	:	:
자 본		
	:	:
부채와자본 총계	×××	×××

손익계산서

20×1년 1월 1일부터 12월 31일까지

(주)서울상사 (단위: 원)

계정과목	20×1년
매출액	**10,000**
매출원가	**6,000**
매출총이익	**4,000**
판매비와관리비	**2,500**
급 여	1,000
임차료	1,000
감가상각비	500
기타수익	**2,000**
유형자산처분이익	2,000
금융수익	**1,000**
이자수익	1,000
금융비용	**500**
이자비용	500
법인세비용차감전순이익	**4,000**
법인세비용	**1,000**
당기순이익	**3,000**

2. (주)세연메디컬의 20×1년 1월과 2월의 재무분석목적 재무제표와 2월의 거래내용은 다음과 같다. 이를 이용하여 (주)세연메디컬의 20×1년 2월의 현금흐름표를 작성해 보자.

재무분석목적 재무상태표

20×1년 2월 28일
20×1년 1월 31일

(주)세연메디컬 (단위: 원)

계정과목	2월 28일	1월 31일
투하자본	**119,010,000**	**109,040,000**
순운전자본	**25,570,000**	**14,920,000**
현 금	23,720,000	7,970,000
매출채권	3,000,000	9,500,000
대손충당금	(200,000)	(300,000)
상 품	8,400,000	6,200,000
선급보험료	1,000,000	1,100,000
미수수익	25,000	25,000
미수금	7,000,000	7,000,000
소모품	500,000	300,000
매입채무	(12,000,000)	(10,000,000)
미지급비용	(75,000)	(75,000)
미지급금	(4,800,000)	(4,800,000)
선수임대료	(1,000,000)	(2,000,000)
영업관련 비유동자산	**93,440,000**	**94,120,000**
기 계	40,000,000	40,000,000
기계감가상각누계액	(1,200,000)	(600,000)
비 품	4,800,000	4,800,000
비품감가상각누계액	(160,000)	(80,000)
임차보증금	50,000,000	50,000,000
비영업자산	**10,800,000**	**12,000,000**
단기대여금	5,000,000	5,000,000
투자부동산	5,800,000	7,000,000
총자산	**129,810,000**	**121,040,000**
타인자본	**30,000,000**	**30,000,000**
단기차입금	30,000,000	30,000,000

자기자본	**99,810,000**	**91,040,000**
자본금	50,000,000	50,000,000
자본잉여금	40,000,000	40,000,000
이익잉여금	9,810,000	1,040,000
총자본	**129,810,000**	**121,040,000**

재무분석목적 손익계산서

20×1년 2월 1일부터 2월 28일까지
20×1년 1월 1일부터 1월 31일까지

(주) 세연메디컬 (단위: 원)

계정과목	2월	1월
매출액	**29,700,000**	**9,500,000**
매출원가	**9,800,000**	**3,800,000**
매출총이익	**19,900,000**	**5,700,000**
판매비와관리비	**10,980,000**	**9,610,000**
급 여	5,500,000	5,000,000
전력비	400,000	330,000
임차료	2,500,000	2,500,000
소모품비	1,800,000	700,000
보험료	100,000	100,000
감가상각비-기계	600,000	600,000
감가상각비-비품	80,000	80,000
대손상각비	–	300,000
영업이익	**8,920,000**	**(3,910,000)**
영업관련법인세		–
세후영업이익	**8,920,000**	**(3,910,000)**
영업외수익	**1,125,000**	**5,025,000**
임대수익	1,000,000	1,000,000
투자부동산평가이익	–	2,000,000
투자부동산처분이익	–	2,000,000
이자수익	25,000	25,000
대손충당금환입	100,000	–

영업외비용	**1,275,000**	**75,000**
이자비용	75,000	75,000
투자부동산평가손실	1,200,000	-
영업외손익	**(150,000)**	**4,950,000**
영입외손익관련법인세	-	-
세후영업외손익	**(150,000)**	**4,950,000**
당기순이익	**8,770,000**	**1,040,000**

(2월의 거래)

① 2월 1일 월임차료 현금 250만원을 지급함.

② 2월 1일 1월분 미지급이자 75,000원을 현금 지급함.

③ 2월 1일 1월분 미수이자 25,000원을 현금 수령함.

④ 2월 5일 의약품 500개를 K유통에 개당 30,000원씩 외상으로 판매함.

⑤ 2월 7일 1월의 외상매출대금 9,500,000원을 현금 수령함.

⑥ 2월 10일 의약품 1,000개를 외상으로 1,200만원에 구입함.

⑦ 2월 14일 1월의 외상매입대금 10,000,000원을 현금 지급함.

⑧ 2월 17일 2월 5일 의약품 외상매출대금 가운데 12,000,000원을 현금 수령함.

⑨ 2월 20일 사무실에서 사용할 소모품 200만원어치를 현금으로 구입함.

⑩ 2월 27일 매장 직원과 사무직원 급여로 550만원을 현금 지급함.

⑪ 2월 27일 2월 한 달간의 전기요금으로 40만원을 현금 지급함.

⑫ 2월 27일 의약품 420개를 K유통에 개당 35,000원씩 현금으로 판매함.

⑬ 2월 28일 현재 보유 토지의 공정가치는 580만원임.

⑭ 2월 28일 현재 소모품 잔액은 50만원임.

⑮ 2월 28일 현재 매출채권 잔액 가운데 20만원은 회수가 어려울 것으로 추정됨 (2월 중 대손 확정된 금액은 없음).

제14장

재무분석 실습 (재무제표분석과 기업가치평가)

제14장에서는

재무분석이란 기업의 이해관계자들이 경제적 의사결정에 필요한 정보를 얻기 위해서 회계정보를 비롯한 각종 재무적 정보를 분석하는 것을 말하며, 재무분석을 통하여 기업의 특성과 상태를 파악하고, 기업의 가치를 평가하기도 한다.

재무분석에는 다양한 분석방법들이 존재하지만, 가장 널리 알려져 있고 가장 많이 이용되는 분야는 '재무제표분석'과 '기업가치평가'이다. 재무제표분석은 회사의 과거 및 현재의 재무제표를 바탕으로 회사의 재무적 특성을 객관적으로 판단하는 기법이고, 기업가치평가는 회사의 현재의 재무제표 및 미래의 추정재무제표에 근거하여 회사의 가치를 산정하는 다양한 방법들을 말한다.

즉, 재무제표분석은 "이 회사 좋은 회사야?"라는 질문에 대한 답을 주기 위한 분석인 반면, 기업가치평가는 "이 회사 얼마야?"라는 질문에 대한 답을 주기 위한 방법론이다. .

본장에서는 재무회계를 이용하여 산출된 회계정보에 근거하여 재무제표분석과 기업가치평가의 개념을 간단히 살펴본다. 본장에서 다루는 내용은 재무제표분석과 기업가치평가 분야에서 매우 기초적인 부분에 해당하며, 자세한 내용은 재무분석 책에서 다루도록 한다.

제1절 재무제표분석

재무제표분석은 회사의 과거와 현재의 재무제표에 근거하여 회사의 재무적 특성을 분석하는 기법이다. 대표적인 것이 재무비율분석인데, 회사의 재무제표상의 각종 계정의 비율을 통해 회사의 안전성, 수익성, 활동성, 성장성 등을 파악하는 방법이다. 재무비율분석 이외에도 부도위험평가, 신용평가 등 다양한 기법들이 존재하는데, 본장에서는 그중 대표적인 기법인 재무비율분석을 중심으로 다룬다.[1)]

1. 안전성비율

안전성비율(safety ratio)이란 회사가 보유하고 있는 채무를 변제할 능력이 어느 정도인가, 또는 회사가 채무변제에 실패해 파산할 가능성이 어느 정도인가를 나타내는 비율이다. 대표적인 비율이 유동비율과 부채비율인데 아래와 같이 계산된다.

$$\text{유동비율}(\%) = \frac{\text{유동자산}}{\text{유동부채}} \times 100$$

$$\text{부채비율}(\%) = \frac{\text{부채}}{\text{자본}} \times 100$$

유동비율(current ratio)은 유동자산을 유동부채로 나눈 비율로서 1년 이내에 현금화되는 유동자산이 1년 이내에 상환해야 하는 유동부채의 상환에 얼마나 충분

1) 본서는 재무분석과 기업가치평가를 위한 재무회계의 내용을 중심으로 구성되어 있다. 부도위험평가, 신용평가와 같은 다양한 재무제표분석 기법들은 재무분석과 기업가치평가를 주제로 하는 교재 등에서 다룬다.

히 대응할 수 있는가를 보여주는, 단기 부채상환능력을 측정하는 지표이다. 일반적으로 200% 이상이면 매우 좋은 유동비율이라고 할 수 있는데, 2019년 말 기준으로 우리나라 상장회사의 평균 유동비율은 약 137% 정도의 수준을 보여주고 있다. 본서의 제11장에서 작성해 보았던 (주)세연테크의 20×2년 말의 유동비율을 위의 식에 대입하여 구해보면 다음과 같다.

$$\text{유동비율} = \frac{40,612,282}{24,875,311} \times 100 = 163.3\%$$

일반적으로 이러한 재무비율은 비교대상이 되는 표준비율과 비교하게 되는데, 표준비율의 예로는 이상적인 재무비율(예를 들면 위에서 제시한 200%)이나 업계평균(예를 들면 상장회사 평균인 137%), 혹은 해당 기업의 과거 재무비율 등을 들 수 있다. (주)세연테크의 유동비율은 이러한 기준으로 볼 때 다소 좋지 않은 것으로 판단할 수 있다.

부채비율(debt to equity ratio)은 부채를 자본으로 나눈 비율로서 기업의 재무구조를 파악하는 데 가장 많이 이용되는 지표이다. 일반적으로는 200% 이하이면 양호한 것으로 판단할 수 있는데, 2019년 말 기준으로 우리나라의 상장회사 평균 부채비율은 약 113% 정도이다. (주)세연테크의 20×2년 말의 부채비율을 위의 식에 대입하여 구해보면 다음과 같다.

$$\text{부채비율} = \frac{26,165,032}{28,002,061} \times 100 = 93.4\%$$

표준비율과 비교했을 때, (주)세연테크의 부채비율은 상당히 양호한 것으로 볼 수 있다.

2. 활동성비율

활동성비율(activity ratio)이란 회사가 보유 자산을 얼마나 활발하게 이용하였는가를 나타내는 비율이다. 일반적으로 매출액을 각 자산 항목으로 나누어 다양한 활동성비율을 산출하고, 이를 회전율(turnover)이라고 부른다. 대표적인 활동성비율이 **총자산회전율**인데 일반적으로 1회(혹은 100%) 이상이면 양호한 것으로 평가된다. 한편 2019년 기준 우리나라 상장회사의 평균 총자산회전율은 약 73% 정도를 기록하고 있다.

$$\text{총자산회전율(회)} = \frac{\text{매출액}}{\text{평균총자산}}$$

총자산회전율의 산식을 보면 분모의 경우 "평균"이라는 단어가 앞에 붙어있다. 이는 분자에 있는 매출액이 한 회계기간 동안 발생한 금액이기 때문에 분모가 그 회계기간 중 어떤 한 시점의 자산을 대입하는 것보다는 그 기간 동안의 평균적인 자산금액을 넣는 것이 합리적이기 때문이다. 이처럼 일정 기간 동안에 발생한 금액을 표시하고 있는 손익계산서나 현금흐름표에서 갖고 온 계정금액과 특정 시점의 금액을 표시하고 있는 재무상태표에서 갖고 온 계정금액이 모두 사용되는 재무비율에서는 재무상태표 계정과목금액의 경우 그 기간의 평균액을 사용하는데, 평균액을 구하기 위하여 일반적으로는 기초와 기말 금액의 평균액을 사용한다.

(주)세연테크의 20×2년 총자산회전율을 위의 식에 대입하여 구해보면 다음과 같다.

$$\text{총자산회전율} = \frac{52,600,000}{(32,321,134 + 54,167,093)/2} = 1.22\text{회}$$

위의 계산을 보면 분자는 20×2년 1년간의 매출액을 가져왔고, 분모는 기초의 총자산금액과 기말의 총자산금액의 평균액을 적용하였다. (주)세연테크의 총자산회전율은 1.22로서 1보다 크므로 양호하다고 판단할 수 있다.

한편 활동성비율에는 세부적인 계정과목의 활동성을 보여주는 비율도 존재하는데, 대표적인 세부 계정 활동성비율로는 **매출채권회전율**, **재고자산회전율**, **매입채무회전율** 등을 들 수 있다. 여기서는 매출채권회전율을 중심으로 다루어본다.

$$\text{매출채권회전율} = \frac{\text{매출액}}{\text{평균매출채권}}$$

매출채권회전율은 회사의 매출채권이 얼마나 빨리 현금화되는가를 나타내는 지표로서, 이상적인 표준비율은 업종에 따라 다양하다. 2019년 기준 우리나라 상장회사의 매출채권회전율은 약 8.5회 정도가 된다. (주)세연테크의 20×2년의 매출채권회전율을 계산해 본다면 아래와 같이 계산된다.

$$\text{매출채권회전율} = \frac{52{,}600{,}000}{(10{,}000{,}000+35{,}000{,}000)/2} = 2.34\text{회}$$

분자는 20×2년 1년간의 매출액을 가져왔고, 분모는 기초의 매출채권금액과 기말의 매출채권금액의 평균액을 적용하였다. 이렇게 계산된 매출채권회전율은 2.34회이다. 이는 매출채권이 1년에 2.34회 회전한다는 뜻인데, 이를 좀 더 이해하기 쉬운 개념으로 바꾸어 설명한다면 매출채권회수기간을 계산해 볼 수 있다.

$$\text{매출채권회수기간} = \frac{365}{\text{매출채권회전율}} = \frac{365}{2.34} = 156\text{일}$$

매출채권회수기간은 365일을 매출채권회전율로 나눈 것으로서 매출채권이 평균적으로 며칠 만에 회수되는지를 보여준다. (주)세연테크의 경우 매출채권회전율이 2.34이므로 매출채권회수기간은 156일이다.

3. 수익성비율

수익성비율(profitability ratio)은 회사의 일정 기간의 영업성과가 매출액이나 투자자본의 단위금액당 어느 정도의 비율이 되는가를 나타내는 지표인데, 일반적으로 1년의 기간 동안 나타난 영업성과를 가지고 산출한다. 대표적인 비율이 매출액영업이익률과 총자산영업이익률이다. 전자는 매출액 단위금액당 영업성과를 보여주는 것이고, 후자는 투자자본 단위금액당 영업성과를 나타내는 비율인데, 비교대상인 표준비율은 업종에 따라 다르다. 매출액영업이익률의 경우 부가가치가 큰 산업은 크고, 단순한 작업에 의해 영업이 이루어지는 경우에는 낮을 수밖에 없다. 또한 총자산영업이익률의 경우에는 자산규모가 큰 장치산업의 총자산영업이익률은 크기 어려운 반면, 자산보다 인력에 의존하는 서비스업의 총자산영업이익률은 분모가 되는 총자산이 작기 때문에 상대적으로 클 수밖에 없다.

$$\text{매출액영업이익률(\%)} = \frac{\text{영업이익}}{\text{매출액}} \times 100$$

$$\text{총자산영업이익률(\%)} = \frac{\text{영업이익}}{\text{평균총자산}} \times 100$$

(주)세연테크의 20×2년의 매출액영업이익률과 총자산영업이익률을 각각 계산해보면 다음과 같다.

$$\text{매출액영업이익률} = \frac{17,588,000}{52,600,000} \times 100 = 33.4\%$$

$$\text{총자산영업이익률} = \frac{17,588,000}{(32,321,134 + 54,167,093)/2} \times 100 = 40.7\%$$

매출액영업이익률과 총자산영업이익률은 업종마다 그 기준이 다르기는 하지만, (주)세연테크의 20×2년 매출액영업이익률과 총자산영업이익률은 일반적으로 매우 높은 수준이라고 할 수 있다.

4. 성장성비율

성장성비율(growth ratio)은 일정 기간 중에 회사의 규모나 경영성과가 얼마나 성장하였는가를 나타내는 비율이다. 재무제표의 각 항목을 기준으로 전년 대비 얼마나 증가하였는가를 증가율로 측정하므로, 모든 계정별로 전기 대비 당기의 증가율을 구할 수 있다. 증가율의 경우에 업종에 따른 성장률의 차이는 있겠지만 일반적으로 증가율이 양수인 경우에는 성장하고 있는 기업이고 음수인 경우에는 후퇴하는 기업이므로 0을 기준으로 성장성비율의 좋고 나쁨을 판단할 수 있다.

$$\times\times\times\text{증가율}(\%) = \frac{\text{당기 계정액} - \text{전기 계정액}}{\text{매출액}} \times 100$$

대표적인 성장률로서 총자산증가율과 매출액증가율을 꼽을 수 있다. (주)세연테크의 두 성장률을 구해보면 아래와 같다.

$$\text{총자산증가율} = \frac{54,167,093 - 32,321,134}{32,321,134} \times 100 = 67.6\%$$

$$\text{매출액증가율} = \frac{52,600,000 - 18,000,000}{18,000,000} \times 100 = 192.2\%$$

위에서 보듯이 총자산증가율, 매출액증가율 모두 (주)세연테크의 성장률은 매우 가파르다. 즉, (주)세연테크는 자산규모나 영업규모 모두 매우 빠르게 성장하고 있는 기업이다.

5. 기타의 재무비율

안전성, 수익성, 활동성, 성장성비율 이외에도 부가가치비율이나 주가 관련

비율, 현금흐름 관련 비율 등 다양한 재무비율들이 존재한다. 대부분의 재무비율들은 재무회계를 통해 생산된 재무제표를 갖고 산출하지만, 우리가 본서의 제12장에서 공부한 재무분석목적 재무제표에서 계산되는 재무비율도 존재하는데, 대표적인 것이 투하자본이익률이다. 이는 본서의 제12장 5절의 내용을 참조하기 바란다.

제2절 기업가치평가

기업가치평가는 기업의 자산가격 혹은 지분가격을 산출하는 작업을 말한다. 기업가치평가에 있어서는 본서 제12장에서 공부한 재무분석목적 재무제표를 적극적으로 사용하게 된다.[2)]

1. 기업가치평가의 개요

기업가치평가라는 말은 주식가치평가와 혼용하여 사용된다. 왜냐하면 기업가치가 평가되면 주식가치가 계산될 수밖에 없고, 주식가치를 계산하면 기업가치가 평가될 수밖에 없는 구조이기 때문이다. 본서의 제12장에서 공부한 재무분석목적 재무상태표상 기업가치는 차변의 가치라고 보면 되고, 주식가치평가는 대변에 있는 자기자본의 가치라고 보면 된다.

타인자본가치는 타인자본을 투자한 채권자에게 지불할 원리금의 현재가치이고, 이는 재무상태표 장부상의 금액과 거의 일치하기 때문에 계산상의 이슈가 크지 않다. 따라서, 차변의 가치(기업가치)를 구한 후 타인자본가치를 차감하면 자기자본의 가치가 나오고, 자기자본의 가치를 구한 후 타인자본가치를 더하면 기업가치가 되는 관계이다.

---

2) 재무제표를 이용한 기업가치평가 실습은 재무분석과 기업가치평가를 주제로 하는 교재 등에서 다루어진다.

그림 14.1 기업가치와 주식가치

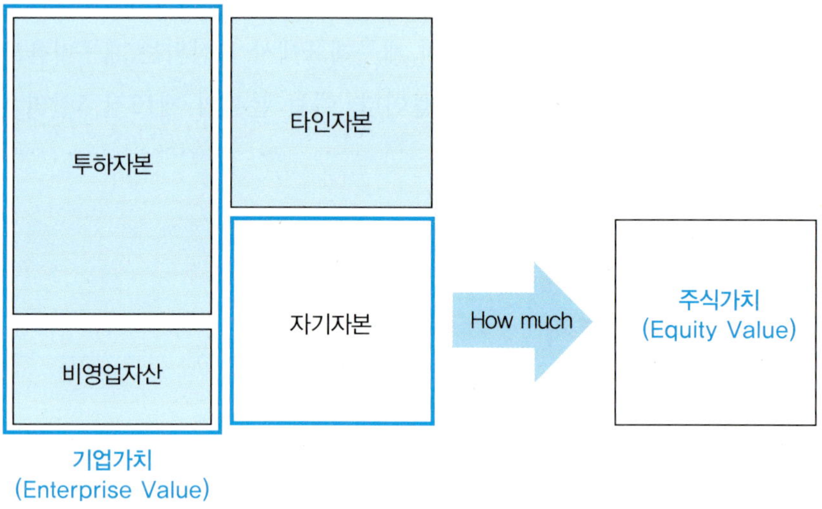

2. 가치평가방법의 종류

이론적으로 가치평가의 방법은 크게 본질가치접근법과 시장가치접근법으로 나뉜다. 기업가치를 먼저 구하고 여기서 타인자본의 가치를 차감하여 자기자본의 가치를 구하는 방식, 즉 가치평가절차의 방향이 차변으로부터 대변의 방향으로 흘러가는 것을 본질가치접근법이라고 부른다. 반면, 자기자본의 가치를 먼저 구하고 여기에 타인자본의 가치를 가산하여 기업가치를 구하는 방식, 즉 가치평가절차의 방향이 대변으로부터 차변으로 흘러가는 것을 시장가치접근법이라고 부른다.

1) 본질가치접근법

본질가치접근법은 다시 **자산가치접근법**과 **수익가치접근법**으로 나뉘는데, 자산가치접근법은 재무상태표상의 장부가액을 근거로 차변의 가치를 구하는 방법이고, 수익가치접근법은 재무상태표상의 투하자본을 운용하여 미래에 얻게 되는 회계상의 이익 또는 현금흐름을 근거로 차변의 가치를 계산해내는 방법이다.

2) 시장가치접근법

반면 **시장가치접근법**은 자기자본의 가치를 먼저 구하는 방식인데, 상장회사는 주식이 시장에서 거래되는 가격이 형성되어 있으므로 그 가격을 이용하여 자기자본의 가치를 구한다. 그러나 비상장회사는 자기자본의 시장가격이 형성되어 있지 않으므로 자기자본의 가치를 바로 구하기는 어렵고, 비슷한 업종의 상장회사의 자기자본가치와 비교하여 자기자본의 가치를 추정하는 방식을 택하는데, 이를 상대가치접근법이라고 한다.

3) 법적으로 규정된 평가방법

본질가치접근법과 시장가치접근법은 모두 이론상의 기업가치 내지 이론상의 주식가치 평가방법이다. 그러나, 법을 적용할 때에는 이론적인 가치평가방법이 아닌 매우 객관적인 기준에 의해 평가해야 할 필요가 있다. 우리나라에서는 세법과 자본시장법 등에서 주식가치평가에 대한 구체적인 방법을 규정해 놓고 있다. 법적으로 규정된 평가방법도 평가의 신뢰성을 위해서는 견고한 이론적 근거를 갖출 필요가 있다.

3. 자산가치접근법

자산가치접근법(asset approach)은 **원가접근법**(cost approach)이라고도 부른다. 그 이유는 자산가치접근법은 재무상태표에 있는 자산을 장부가액에 근거하여 평가하는데, 재무상태표에 기재된 자산가액이 기본적으로 취득원가로 표시되어 있기 때문이다. 자산가치접근법에서의 자산가치를 어떠한 기준으로 평가하는가에 따라 장부가치법, 시장가치법, 청산가치법으로 구분된다.

1) 장부가치법

장부가치법은 기본적으로 재무상태표에 있는 숫자를 그대로 인정하는 것이다. 따라서, 회계상 재무상태표에 자산을 표시하는 기준, 즉 K-IFRS나 일반기업회계기준에 근거하여 자산가액을 평가한다고 할 수 있다.

2) 시장가치법

시장가치법은 재무상태표에 표시된 자산을 시장가치로 재평가하는 방법이다. 여기서 "시장"이란 위에서 본질가치접근법과 시장가치접근법을 구분할 때의 "시장"과는 다르다. 본질가치접근법의 상대어인 시장가치접근법에서 말하는 시장은 주식이 거래되는 "자본시장"을 의미하는 것이고, 자산가치접근법의 하나인 시장가치법에서 말하는 "시장"은 재무상태표상의 자산들을 사고팔 수 있는 매매시장으로서의 "일반시장"을 의미한다.

3) 청산가치법

청산가치법은 바로 회사를 청산한다는 가정하에 회사가 보유한 자산을 평가하는 방법이다. 장부가치법이나 시장가치법에 비해 더 금액이 낮게 나오는 특징이 있다. 청산이라는 과정은 단기간 내에 회사가 보유한 자산을 처분한다는 가정이 깔려 있으므로, 취득원가나 시장에서의 시세보다도 낮은 가격으로 평가될 수밖에 없다.

4) 자산가치접근법의 한계와 활용

자산가치접근법은 재무상태표의 자산이나 부채 항목들을 개별항목의 성격을 고려해서 적당한 가치로 반영한 후 그 결과를 이용하여 기업가치를 구하는 방법이다. 그러나, 자산가치접근법은 계속기업의 가정하의 평가가 아니기 때문에 일반적인 기업을 평가할 때, 기업가치나 자기자본가치로 준용하기에 적합하지는 않다. 따라서, 청산기업을 평가하는 경우에 사용하거나, 다른 기업가치평가방법을 사용하기 전, 회사의 재무상태 현황을 파악하고 재무상 위험요소를 파악하기 위한 Financial Due Diligence의 일환으로 이용된다고 보면 된다.

4. 수익가치접근법

1) 개 요

수익가치접근법은 계속기업의 가정하에 기업이 미래의 영업에서 지속적으로 얻어들이는 경제적 부의 가치(이하 "영업가치"라 부른다)를 근거로 기업가치를 평가하는 방법이다. 구체적으로 재무분석목적 재무상태표상 투하자본으로부터 생성되는 미래 수익 또는 미래 현금흐름의 현재가치를 영업가치라고 보고, 여기에 비영업자산의 현재 시장가치를 합산하여 기업가치를 산출하게 된다.

영업가치를 산출할 때 "기업이 미래의 영업에서 지속적으로 얻어들이는 경제적 부"를 어디에 근거하여 구하느냐에 따라 다양한 수익가치접근법이 존재한다. 이 중 가장 이론적으로 합리적이고 우수한 것으로 여기지는 방법은, 미래의 현금흐름에 근거하여 영업가치를 산출하는 현금흐름할인법(discounted Cash flow method: DCF법)이다.

DCF법을 한마디로 요약하면 "미래의 현금흐름의 현재가치로 영업가치를 산출"하는 방법이다. 따라서, DCF법은 (1) 미래의 현금흐름을 추정하는 절차와 (2) 추정된 현금흐름을 현재가치로 할인하는 절차로 구분된다고 할 수 있다.

그림 14.2 **수익가치접근법**

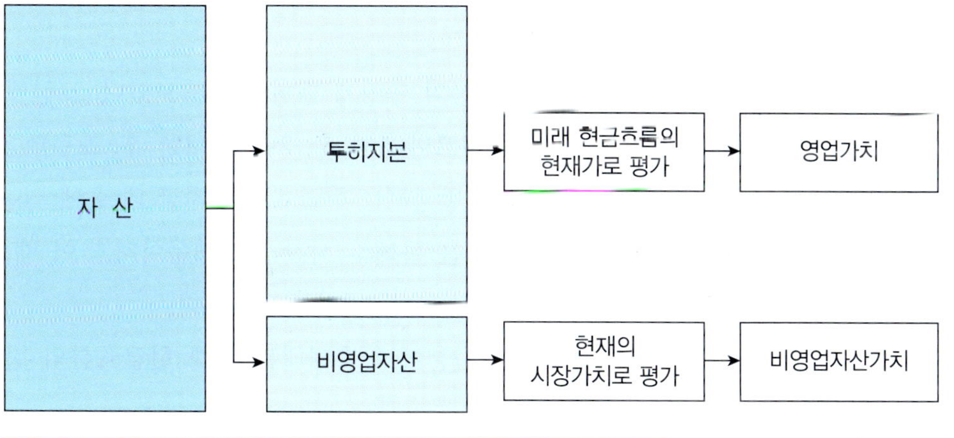

2) 미래 현금흐름의 추정

DCF법에서 현재가치 할인대상이 되는 현금흐름을 **순현금흐름**(net cash flow) 내지는 **기업잉여현금흐름**(free cash flow)이라고 부르며. 이 가운데 후자가 좀 더 많이 사용되는 용어이다. FCF는 다음과 같이 구한다.

	세후영업이익(NOPLAT)
(+)	감가상각비 & 무형자산상각비
	총현금흐름(GCF: Gross Cash Flow)
(−)	순운전자본증가
(−)	자본적지출(CAPEX)
	기업잉여현금흐름(FCF: Free Cash Flow)

Free Cash Flow의 개념에 대해서는 본서의 제12장 5절 재무분석목적 재무제표의 활용편에서 설명하고 있으니 이를 참조하기 바란다. 기업가치평가 시에는 대상 기업이 창출해내는 미래 현금흐름을 가급적 장기간 추정하게 되는데 미래 현금흐름을 영구히 추정할 수는 없다. 그래서 일정 미래 기간의 구체적 금액을 추정하고 그 이후의 기간은 일정한 가정하에 현금흐름이 지속된다고 추정한다. 구체적 현금흐름을 추정하는 기간을 "추정기간"이라고 하고, 추정기간 이후에 일정한 패턴의 현금흐름이 영구히 지속되는 기간을 "잔존기간"이라고 부른다.

3) Free Cash Flow의 할인

앞 절에서는 미래 현금흐름의 추정에 대하여 살펴보았다. 그런데, 미래의 현금흐름은 발생시점이 모두 다르다. 1년 후, 2년 후, 3년 후. 그런데 1년 후에 발생하는 현금흐름과 2년 후에 발생하는 현금흐름은 지금 내 손에 있는 현금과 비교했을 때 가치가 다르다. 이는 화폐의 시간가치 때문이다.[3)] 이 때문에 미래의 현금흐름은 현재 시점에서 볼 때에는 가치가 낮아진다.

기업의 영업가치는 투하자본이 창출해내는 미래 현금흐름의 현재가치라고

---

3) 화폐의 시간가치에 대한 자세한 내용은 본서 제3장의 내용을 참조하기 바란다.

하였다. 미래 현금흐름을 추정기간과 잔존기간으로 나누어 두 기간의 미래 현금흐름의 현재가치를 다음과 같이 계산한다. 기업의 영업가치는 이 두 숫자의 합이다.

추정기간의 현재가치

$$PV = \Sigma \frac{FCF_n}{(1+\text{할인율})^n}$$

잔존기간의 현재가치

$$PV = \frac{\left[\dfrac{FCF_{n+1}}{(\text{할인율}-\text{영구성장률})}\right]}{(1+\text{할인율})^n}$$

PV: 현재가치

FCFn: n년 후의 순현금흐름

영구성장률: 구체적 추정기간 이후 영구히 지속되는 현금흐름이 매년 성장하는 성장률

4) 할인율

위의 식에 있는 할인율은 무엇을 써야 할까? DCF법에서는 해당 기업의 가중평균자본비용을 할인율로 사용한다. 가중평균자본비용의 개념에 대해서는 본서의 제12장 5절 재무분석목적 재무제표의 활용편을 참조하기 바란다.

5) 기업가치의 산출

DCF법에서 측정한 순현금흐름(기업잉여현금흐름)을 가중평균자본비용으로 할인하여 현재가치를 구하면 바로 기업의 영업가치가 되고, 이 영업가치에 비영업사산의 시장가치를 더하면 기업가치가 된다.

5. 시장가치접근법

시장가치접근법(market approach)은 수익가치접근법과 함께 가장 빈번하게 사용되는 평가기법이다. 시장가치접근법에서는 평가대상 기업이 상장회사라면 상장주식의 거래가격을 주식가치(자기자본가치)로 그대로 인정한다. 반면, 평가대상 기업이 비상장회사라면 주식가치(자기자본가치)를 산출할 때 이미 시장에서 거래가격이 형성되어 있는 유사 상장기업의 자료를 이용하여 추정한다. 단, 여기서 말하는 시장이란 유가증권시장(혹은 코스닥시장)을 의미하며, 거래가격이란 주식가격을 말하는 것이다. 이렇듯 유사 상장기업과의 비교를 통해 비상장기업의 주식가치나 기업가치를 산출하는 방법을 상대가치평가라고 부른다. 이는 유사 상장기업의 기업가치 혹은 자기자본가치와 회계적 수치와의 비율(이를 "시장승수"라고 부른다)이 비상장기업에도 그대로 적용된다는 가정을 갖고, 비상장기업의 회계적 수치로부터 자기자본가치를 추정하는 방법이다. 이때 어떤 시장승수를 사용하느냐에 따라 다양한 상대가치평가법이 존재하게 되는데, 대표적인 시장승수로는 EV/EBITDA 승수가 있다.

그림 14.3 U-Shape Approach

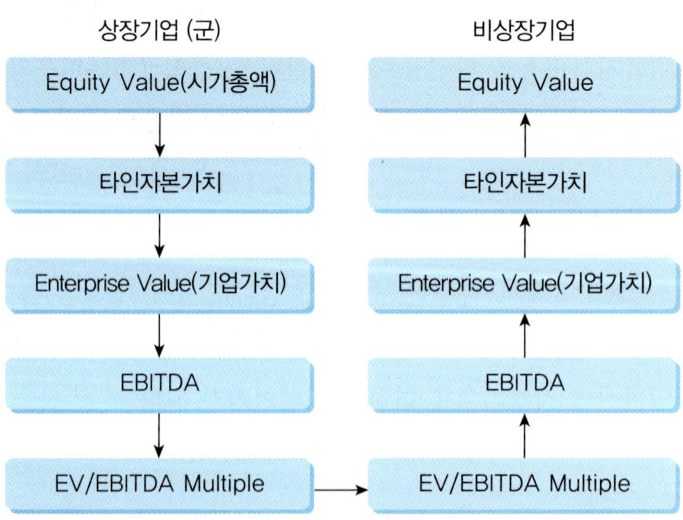

EV/EBITDA 승수를 시장승수로 이용하여 평가대상 기업의 자기자본가치를 산출하기 위하여 〈그림 14.3〉에서 보여주고 있는 U-Shape Approach를 따르면 편리하다. 먼저 유사 상장기업(군)을 선정한 후 이 상장기업(군)의 EV/EBITDA를 산출한다. 그리고 산출된 EV/EBITDA를 평가대상 비상장기업에 그대로 적용하여 비상장기업의 기업가치를 산출하고 여기에서 비상장기업의 타인자본가치를 차감하여 자기자본가치를 구하는 것이다.

상장기업(군)의 EV/EBITDA를 계산하기 위해서는 EV와 EBITDA의 개념을 이해해야 한다.

EV는 상장기업(군)의 자기자본가치에 타인자본가치를 더하여 계산하는데, 자기자본가치는 그 상장기업(군)의 시기총액(주식가격×거래주식수)이고, 타인자본가치는 그 기업(군)의 이자부부채 총액이다.

반면 EBITDA는 EBIT(Earnings Before Interest and Tax)에 기업의 감가상각비(Depreciation)와 무형자산상각비(Amortization)를 더한 금액이다. 여기에서 EBIT를 글자 그대로 해석하자면 기업의 이자비용과 법인세비용을 차감하기 전 순이익이므로 당기순이익에 이자비용과 법인세비용을 더한 금액이 되지만, 일반적으로 EBIT에는 영업외수익과 비용은 포함하지 않는 것으로 본다. 즉, 많은 교과서에 소개된 EBIT 계산공식에서는 회사의 회계상 영업이익에서 (1) **영업이익에 포함된 영업과 무관한 손익**을 차감하고, (2) **영업외손익에 포함된 영업과 관련된 손익**을 가산하며, (3) **이자비용과 법인세비용은 차감**하여 구한다고 되어있다. 일반적으로 정상적인 재무제표에서 (1)과 (2)가 없다고 가정하면 EBIT는 회사의 영업이익과 같아진다고 볼 수 있다. 따라서 EBITDA는 영업이익에 감가상각비와 무형자산상각비를 더한 셈이 되는데, 감가상각비와 무형자산상각비는 현금의 유출이 없는 개념적인 비용이므로, EBITDA의 의미는 '현금화된 영업이익'이라고 해석할 수 있다.

EV와 EBITDA의 비율이 EV/EBITDA Multiple이다. EV/EBITDA Multiple은 회사의 기업가치와 매우 연관성이 높은 것으로 밝혀져 시장승수로 가장 많이 이용되는 것 중 하나이다.

여기에서 한 가지 의문이 들 수 있다. EBITDA와 연관성이 높은 것은 기업가치가 아니라 영업가치가 아닌가 하는 생각이다. 기업가치는 영업가치와 비영업자산의 가치의 합인데, EBITDA는 현금화된 '영업이익'이므로 비영업자산의 가치와는 상관성이 높을 이유가 없기 때문이다. 예를 들어 영업규모는 작지만 엄청난 규모의 비영업자산을 보유한 회사의 시가총액은 이 가치가 반영되어 매우 크겠지만, EBITDA는 영업규모가 작기 때문에 얼마 되지 않을 것이다. 그렇다면 이 경우의 EV/EBITDA는 의미가 있겠는가?

이러한 문제를 보완하기 위하여 EV/EBITDA Multiple을 계산할 때 EV는 용어상으로는 기업가치임에도 불구하고 회사가 보유한 비영업자산의 일부인 현금, 예금, 투자증권 등의 현금등가물을 차감해준다.[4] 비영업자산 전체를 차감하지 않는 것은 외부에 공시되는 회사의 재무상태표만으로는 비영업자산의 규모를 정확하게 파악하기 어렵기 때문이다.

6. (주)세연테크의 예

이제 본서의 제11장에서 살펴본 (주)세연테크의 기업가치평가를 몇 가지 가정을 갖고 살펴보도록 하자.

1) 자산가치접근법

자산가치접근법에서는 회사의 기업가치를 평가할 때 회사의 재무제표를 바탕으로 한다. 20×2년 말 (주)세연테크의 기업가치 및 주식가치를 자산가치접근법으로 산정하기 위해서 (주)세연테크의 재무상태표를 보도록 하자.

---

4) 보통 교과서에서는 EV를 구할 때 자기자본가치에 더해지는 타인자본가치를 '회사의 차입금-현금, 예금, 현금등가물'로 계산한다고 되어 있는데, 풀어서 보면 결국 EV/EBITDA 계산 시의 EV는 (자기자본+타인자본)에서 현금, 예금, 현금등가물(비영업자산의 일부)을 차감한다는 이야기와 같다.

표 14.1 재무상태표

(재무분석목적) 재무상태표

20×2년 12월 31일

(주)세연테크 (단위: 원)

계정과목	20×2년 말
현 금	3,832,282
매출채권	35,000,000
선급보험료	180,000
상 품	1,350,000
소모품	250,000
매입채무	(16,500,000)
미지급임차료	(300,000)
미지급이자	(15,000)
미지급법인세	(3,560,311)
순운전자본(A)	**20,236,971**
토 지	1,194,890
건 물	4,500,000
건물감가상각누계액	(900,000)
기계장치	2,000,000
기계장치감가상각누계액	(510,000)
손상차손누계액	(120,000)
선 박	1,220,000
선박감가상각누계액	(112,000)
소프트웨어	500,000
소프트웨어상각누계액	(200,000)
임차보증금	5,000,000
영업관련비유동자산(B)	**12,572,890**
투하자본(C=A+B)	**32,809,861**
AC 금융자산	981,921
비영업자산(D)	**981,921**
총자산(C+D)	**33,791,782**

차입금	4,500,000
사　채	1,000,000
사채할증차금	9,347
장기미지급금	280,374
타인자본(E)	**5,789,721**
자본금	5,000,000
주식발행초과금	7,000,000
이익잉여금	16,002,061
자기자본(F)	**28,002,061**
총자본(E+F)	**33,791,782**

위의 재무상태표에서 자산가치를 어떤 기준으로 평가하는지에 따라 자산가치가 달라진다.

먼저 장부가치로 한다면 (주)세연테크의 재무제표가 회계기준에 따라 적정하게 작성되었다는 가정하에 20×2년 말 자산가치는 33,791,782원이 되고 타인자본가치 5,789,721원을 차감하면 자기자본가치는 28,002,061원이 된다. 이는 재무상태표에 제시된 바와 정확히 일치한다.

만약 시장가치로 평가한다면 (주)세연테크의 자산 중 장부가와 시가가 다른 자산들이 시가로 반영된다. 본서 제11장에 제시된 자료에서 (주)세연테크의 자산 중 시가가 변동한 자산의 기말 시장가치 내역은 아래와 같다.

- 20×1년 1월 1일 구입 건물: 360만원
- 20×1년 1월 1일 구입 토지: 27만원
- 20×1년 4월 1일 구입 기계장치: 140만원
- 20×1년 5월 1일 구입 소프트웨어: 39만원
- 20×2년 10월 1일 교환취득 선박: 88만원
- 20×2년 12월 31일 현재 재고자산의 순실현가치: 137만 7천원

여기에 본서 제11장에서는 언급되지 않았지만 추가로 자산 중 시가가 장부가와 다른 경우가 다음과 같다고 가정한다.

- AC 금융자산의 시장가치가 1,000,000만원으로 변동했다.

이러한 가정하에 시가로 평가된 재무상태표를 작성해보면 아래와 같다.

표 14.2 장부가치와 시장가치

(주)세연테크 (단위: 원)

계정과목	장부가치	시장가치
현 금	3,832,282	3,832,282
매출채권	35,000,000	35,000,000
선급보험료	180,000	180,000
상 품	1,350,000	1,377,000
소모품	250,000	250,000
매입채무	(16,500,000)	(16,500,000)
미지급임차료	(300,000)	(300,000)
미지급이자	(15,000)	(15,000)
미지급법인세	(3,560,311)	(3,560,311)
순운전자본(A)	**20,236,971**	**20,263,971**
토 지	1,194,890	1,220,000
건 물	3,600,000	3,600,000
기계장치	1,370,000	1,400,000
선 박	1,108,000	880,000
소프트웨어	300,000	390,000
임차보증금	5,000,000	5,000,000
영업관련 비유동자산(B)	**12,572,890**	**12,490,000**
투하자본(C=A+B)	**32,809,861**	**32,753,971**
AC 금융자산	981,921	1,000,000
비영업자산(D)	**981,921**	**1,000,000**
총자산(E=C+D)	**33,791,782**	**33,753,971**
타인자본(F)	**5,789,721**	**5,789,721**
자기자본(E−F)	**28,002,061**	**27,964,250**

위의 시가기준 재무상태표에서 볼 수 있듯이 시장가치기준으로 평가한 (주)세연테크의 20×2년 말 자산가치는 33,753,971원이고, 자기자본가치는

27,964,250원이 된다.

마지막으로 청산가치로 자산가치를 평가할 경우에 다음과 같은 가정을 해 보자.

- 금융자산의 청산가치는 시장가치와 같다.
- 임차보증금을 제외한 유형자산의 청산가치는 시장가치의 60%이고, 재고자산과 소모품의 청산가치는 시장가치의 50%이다.
- 청산 시에는 선급보험료는 환급되지 않고, 양도도 불가하다.

이러한 가정하에 청산가치로 평가된 재무상태표를 작성해 보면 아래와 같다.

표 14.3 시장가치와 청산가치

(주)세연테크 (단위: 원)

계정과목	시장가치	청산가치
현 금	3,832,282	3,832,282
매출채권	35,000,000	35,000,000
선급보험료	180,000	-
상 품	1,377,000	688,500
소모품	250,000	125,000
매입채무	(16,500,000)	(16,500,000)
미지급임차료	(300,000)	(300,000)
미지급이자	(15,000)	(15,000)
미지급법인세	(3,560,311)	(3,560,311)
순운전자본(A)	**20,263,971**	**19,270,471**
토 지	1,220,000	732,000
건 물	3,600,000	2,160,000
기계장치	1,400,000	840,000
선 박	880,000	528,000
소프트웨어	390,000	234,000
임차보증금	5,000,000	5,000,000

영업관련 비유동자산(B)	**12,490,000**	**9,494,000**
투하자본(C=A+B)	**32,753,971**	**28,764,471**
AC 금융자산	1,000,000	1,000,000
비영업자산(D)	**1,000,000**	**1,000,000**
총자산(E=C+D)	**33,753,971**	**29,764,471**
타인자본(F)	**5,789,721**	**5,789,721**
자기자본(E−F)	**27,964,250**	**23,974,750**

위의 재무상태표에서 볼 수 있듯이 청산가치기준으로 평가한 (주)세연테크의 20×2년 말 자산가치는 29,764,471원이고, 자기자본가치는 23,974,750원이 된다.

2) 수익가치접근법

수익가치접근법 중 대표적인 방법이 현금흐름할인법(DCF법)이다. 이를 위해서는 먼저 (주)세연테크의 미래 현금흐름(Free Cash Flow)을 추정해야 한다. 다음의 가정하에 (주)세연테크의 향후 미래 현금흐름을 추정해보자.

- 회사의 매출액은 매년 10%씩 5년간 성장한다.
- 회사의 매출액 대비 매출원가율은 20×2년의 비율이 계속 유지된다. 단, 20×2년 매출원가율 산정 시 재고자산평가손실환입은 매출원가에서 차감 반영하지 않는다.
- 회사의 판매비와 관리비(감가상각비와 무형자산상각비 포함)는 모두 고정비성 성격으로 향후 5년간 변동하지 않는다.
- 회사의 영업외손익 중 미래에도 발생하는 것은 없다.
- 순운전자본 중 매출채권의 경우 매출액 대비 기말잔액 비율이 20×2년과 같이 계속 유지된다.
- 순운전자본 중 매입채무와 재고자산의 경우 매출원가 대비 기말잔액 비율이 20×2년과 같이 계속 유지된다. 단, 매출원가 대비 기말잔액 비율 산정 시 재고자산평가손실환입은 매출원가에서 차감 반영하지 않는다.
- 현금, 매출채권, 재고자산, 매입채무를 제외한 나머지 순운전자본은 향후 5

년간 변동하지 않는다.

- 회사는 영업을 위해 매년 감가상각비 및 무형자산상각비에 해당하는 만큼의 재투자(자본적 지출)가 필요하다.
- 타인자본비용은 연 3%이고, 20×2년의 법인세율이 20%이다.
- 자기자본비용은 6%이고, 타인자본 및 자기자본의 시장가치가 장부가치와 동일하고 20×2년 말의 자본구조를 향후에도 계속 유지할 것이다.
- 6년 차의 FCF는 5년 차의 FCF로부터 1%씩 영구히 성장한다.

위의 가정을 갖고 향후 5년간의 Free Cash Flow를 추정해보자. 일단 위의 가정으로부터 5년 치의 세후영업이익을 추정하면 아래와 같다.

표 14.4 세후영업이익의 추정

계정과목	20×3년	20×4년	20×5년	20×6년	20×7년
매출액	57,860,000	63,646,000	70,010,600	77,011,660	84,712,826
(−)매출원가	34,573,000	38,030,300	41,833,330	46,016,663	50,618,329
(−)판관비	4,152,000	4,152,000	4,152,000	4,152,000	4,152,000
영업이익	19,135,000	21,463,700	24,025,270	26,842,997	29,942,497
(−)영업관련 법인세비용	3,827,000	4,292,740	4,805,054	5,368,599	5,988,499
세후영업이익	15,308,000	17,170,960	19,220,216	21,474,398	23,953,997

위의 가정에 따라 순운전자본의 변동은 매출채권, 재고자산, 매입채무의 변동분만을 추정한다.

표 14.5 순운전자본증감의 추정

계정과목	20×3년	20×4년	20×5년	20×6년	20×7년
매출채권	38,500,000	42,350,000	46,585,000	51,243,500	56,367,850
재고자산	1,485,000	1,633,500	1,796,850	1,976,535	2,174,189
(−)매입채무	18,150,000	19,965,000	21,961,500	24,157,650	26,573,415

순운전자본	21,835,000	24,018,500	26,420,350	29,062,385	31,968,624
순운전자본증가분	1,985,000	2,183,500	2,401,850	2,642,035	2,906,239

감가상각비와 무형자산상각비는 20×2년에 발생한 1,312,000원만큼이 계속 발생한다. 자본적 지출은 감가상각비와 무형자산상각비만큼 계속 재투자되므로 그만큼 차감된다. 이를 종합하여 FCF를 구해보면 다음과 같다.

표 14.6 FCF의 추정

계정과목	20×3년	20×4년	20×5년	20×6년	20×7년
세후영업이익	15,308,000	17,170,960	19,220,216	21,474,398	23,953,997
+DA	1,312,000	1,312,000	1,312,000	1,312,000	1,312,000
(−)NWC증가	1,985,000	2,183,500	2,401,850	2,642,035	2,906,239
(−)CAPEX	1,312,000	1,312,000	1,312,000	1,312,000	1,312,000
FCF	13,323,000	14,987,460	16,818,366	18,832,363	21,047,759

이렇게 추정된 Free Cash Flow를 할인하기 위한 가중평균자본비용은 아래와 같이 계산된다.

$$
\begin{aligned}
\text{WACC} &= \text{Kb} \times (1-\text{Tc}) \times \frac{\text{B}}{\text{S}+\text{B}} + \text{Ks} \times \frac{\text{S}}{\text{S}+\text{B}} \\
&= 3\% \times (1-20\%) \times \frac{5{,}789{,}721}{33{,}791{,}782} + 6\% \times \frac{28{,}002{,}061}{33{,}791{,}782} \\
&= 5.4\%
\end{aligned}
$$

이제 본장 제4절에서 제시되었던 현금추정기간과 잔존기간의 기치를 식에 따라 계산하면 다음과 같다.

표 14.7 영업가치의 추정

계정과목	20×3년	20×4년	20×5년	20×6년	20×7년
FCF	13,323,000	14,987,460	16,818,366	18,832,363	21,047,759
현가계수	0.949	0.900	0.854	0.810	0.769
현재가치	12,640,417	13,491,083	14,363,556	15,259,572	16,180,905
추정기간가치					71,935,534
잔존기간가치					285,540,982
영업가치					357,476,515

DCF법에 따라 추정된 (주)세연테크의 영업가치는 357,476,515원이다. 여기에 20×2년 말 현재의 비영업자산의 가치를 공정가치(시장가치)로 평가하면 1,000,000원이므로 영업가치에 이를 가산한 358,476,515원이 총기업가치가 된다. 여기에서 타인자본가치인 5,789,721원을 차감하면 자기자본가치는 352,686,794원이 된다.

자기자본가치 = (영업가치 + 비영업자산가치) − 타인자본가치
= (357,476,515 + 1,000,000) − 5,789,721
= 352,686,794

3) 시장가치접근법

(주)세연테크는 비상장회사이다. 동종업을 영위하고 있는 상장법인인 (주)서울테크에 대한 정보가 아래와 같다고 가정하고, (주)세연테크의 자기자본가치를 EV/EBITDA승수법으로 구해보자.

- 주식수: 60,000주
- 주가: 10,000주
- 타인자본: 240,000,000원
- 영업이익: 30,000,000원
- 감가상각비와 무형자산상각비의 합: 10,000,000원

• 현금, 예금 및 현금등가물: 40,000,000원

상장회사인 (주)서울테크의 정보를 바탕으로 (주)세연테크의 자기자본가치를 구하기 위하여 위에서 공부한 U-Shape를 따라가 보자.

표 14.8 상대가치법에 의한 주식가치평가

구 분	(주)서울테크	(주)세연테크
시가총액(주가×주식수)	600,000,000	376,042,561
타인자본	240,000,000	5,789,721
현금, 예금, 현금등가물	40,000,000	3,832,282
기업가치	800,000,000	378,000,000
EBITDA	40,000,000	18,900,000
EV/EBITDA승수	20	20

위의 표에서도 보여주듯이 상장회사 (주)서울테크의 EV/EBITDA를 바탕으로 추정한 (주)세연테크의 시가총액은 376,042,561원이다.

OX 문제

• 아래 문장이 옳으면 O, 틀리면 X로 답하고 틀린 곳은 바르게 고치시오.

1. 부채비율이 높을수록 회사의 안전성이 높다고 할 수 있다.

2. A라는 회사의 2022년의 총자산회전율을 계산할 때, 분자에는 A사의 2022년 매출액, 분모에는 A사의 2022년 말 자산총계를 대입하여 구한다.

3. 회사의 기업가치나 주식가치를 평가하는 방법은 크게 본질가치접근법과 시장가치접근법으로 구분된다.

4. 수익가치법으로 기업가치를 평가하는 경우, 비영업자산의 가치는 기업가치에 포함시키지 않는다.

5. DCF법을 이용하여 영업가치를 산출할 때, 미래 현금흐름을 할인하는 할인율로는 그 기업의 가중평균자본비용을 사용한다.

연습문제

1. 다음은 (주)세연메디컬의 20×1년 1월 31일, 2월 28일자 재무상태표와 20×1년 1월과 2월의 손익계산서이다.

재무상태표

20×1년 2월 28일
20×1년 1월 31일

(주)세연테크 (단위: 원)

계정과목	2월 28일	1월 31일
유동자산	**48,445,000**	**36,795,000**
현　금	23,720,000	7,970,000
매출채권	3,000,000	9,500,000
대손충당금	(200,000)	(300,000)
상　품	8,400,000	6,200,000
선급보험료	1,000,000	1,100,000
미수수익	25,000	25,000
미수금	7,000,000	7,000,000
소모품	500,000	300,000
단기대여금	5,000,000	5,000,000
비유동자산	**99,240,000**	**101,120,000**
기　계	40,000,000	40,000,000
기계감가상각누계액	(1,200,000)	(600,000)
비　품	4,800,000	4,800,000
비품감가상각누계액	(160,000)	(80,000)
임차보증금	50,000,000	50,000,000
투자부동산	5,800,000	7,000,000
자산총계	**147,685,000**	**137,915,000**
유동부채	**47,875,000**	**46,875,000**
단기차입금	30,000,000	30,000,000

매입채무	12,000,000	10,000,000
미지급비용	75,000	75,000
미지급금	4,800,000	4,800,000
선수임대료	1,000,000	2,000,000
비유동부채	–	–
자 본	**99,810,000**	**91,040,000**
자본금	50,000,000	50,000,000
자본잉여금	40,000,000	40,000,000
이익잉여금	9,810,000	1,040,000
부채와자본총계	**147,685,000**	**137,915,000**

손익계산서

20×1년 2월 1일부터 2월 28일까지
20×1년 1월 1일부터 1월 31일까지

(주)세연테크 (단위: 원)

계정과목	2월	1월
매출액	**29,700,000**	**9,500,000**
매출원가	**9,800,000**	**3,800,000**
매출총이익	**19,900,000**	**5,700,000**
판매비와관리비	**10,980,000**	**9,610,000**
급 여	5,500,000	5,000,000
전력비	400,000	330,000
임차료	2,500,000	2,500,000
소모품비	1,800,000	700,000
보험료	100,000	100,000
감가상각비-기계	600,000	600,000
감가상각비-비품	80,000	80,000
대손상각비	–	300,000
영업이익(손실)	**8,920,000**	**(3,910,000)**
영업외수익	**1,125,000**	**5,025,000**
임대수익	1,000,000	1,000,000
투자부동산평가이익	–	2,000,000

투자부동산처분이익	-	2,000,000
이자수익	25,000	25,000
대손충당금환입	100,000	-
영업외비용	**1,275,000**	**75,000**
이자비용	75,000	75,000
투자부동산평가손실	1,200,000	-
법인세차감전순이익	**8,770,000**	**1,040,000**
법인세비용	-	-
당기순이익	**8,770,000**	**1,040,000**

물음

(1) (주)세연메티컬의 20×1년 1월 말과 2월 말의 유동비율과 부채비율을 구하시오.

(2) (주)세연메디컬의 20×1년 2월의 총자산회전율과 매출채권회전율을 구하시오.

(3) (주)세연메디컬의 20×1년 2월의 매출액영업이익률과 총자산영업이익률을 구하시오.

(4) (주)세연메디컬의 20×1년 2월의 총자산증가율과 매출액증가율을 구하시오.

2. 다음은 동일한 영업을 영위하는 상장회사 서울과 비상장회사 부산의 20×1년 재무상태표이다.

(단위: 천원)

계정과목	서 울	부 산	계정과목	서 울	부 산
유동자산	1,900	1,500	유동부채	1,000	900
당좌자산	1,200	1,000	비유동부채	3,000	2,000
재고자산	700	500	부채총계	4,000	2,900
비유동자산	2,900	1,800	자본금	500	500
유형자산	400	300	자본잉여금	300	100
무형자산	2,500	1,500	이익잉여금	1,000	400
투자자산	1,000	600	자본총계	1,800	1,000
자산총계	5,800	3,900	부채와자본총계	5,800	3,900

또한 다음은 상장회사 서울과 비상장회사 부산의 20×1년 재무제표 및 주식시장에

서 발췌한 양사에 관한 몇 가지 재무자료들이다.

계정과목	상장회사 서울	비상장회사 부산
손익계산서(단위: 천원)		
매출액	5,500	4,000
매출원가	3,000	2,000
매출총이익	2,500	2,000
판매비와관리비	1,000	1,200
영업이익	1,500	800
현금흐름표(단위: 천원)		
감가상각비	300	400
무형자산상각비	200	250
주식관련 정보		
주식의 시장가격	1,000원	N/A
주식수	6,000주	200주

물음

(1) 상장회사 서울의 EV/EBITDA Multiple을 구하시오. (단, 상장회사 서울의 모든 부채는 타인자본에 해당함)

(2) 위에서 구한 시장승수를 이용하여 비상장회사 부산의 추정 주식가격을 산출하시오. (단, 비상장회사 부산의 모든 부채는 타인자본에 해당함)

부 록

미래가치표와 현재가치표

단일금액 1원의 미래가치표
단일금액 1원의 현재가치표
정상연금의 미래가치표
정상연금의 현재가치표

〈단일금액 1원의 미래가치표〉

$$FVIF(r, n) = (1 + r)^n$$

기간이자율(r) / 기간수(n)	1%	2%	3%	4%	5%	6%	7%	8%	9%	10%
1	1.0100	1.0200	1.0300	1.0400	1.0500	1.0600	1.0700	1.0800	1.0900	1.1000
2	1.0201	1.0404	1.0609	1.0816	1.1025	1.1236	1.1449	1.1664	1.1881	1.2100
3	1.0303	1.0612	1.0927	1.1249	1.1576	1.1910	1.2250	1.2597	1.2950	1.3310
4	1.0406	1.0824	1.1255	1.1699	1.2155	1.2625	1.3108	1.3605	1.4116	1.4641
5	1.0510	1.1041	1.1593	1.2167	1.2763	1.3382	1.4026	1.4693	1.5386	1.6105
6	1.0615	1.1262	1.1941	1.2653	1.3401	1.4185	1.5007	1.5869	1.6771	1.7716
7	1.0721	1.1487	1.2299	1.3159	1.4071	1.5036	1.6058	1.7138	1.8280	1.9487
8	1.0829	1.1717	1.2668	1.3686	1.4775	1.5938	1.7182	1.8509	1.9926	2.1436
9	1.0937	1.1951	1.3048	1.4233	1.5513	1.6895	1.8385	1.9990	2.1719	2.3579
10	1.1046	1.2190	1.3439	1.4802	1.6289	1.7908	1.9672	2.1589	2.3674	2.5937
11	1.1157	1.2434	1.3842	1.5395	1.7103	1.8983	2.1049	2.3316	2.5804	2.8531
12	1.1268	1.2682	1.4258	1.6010	1.7959	2.0122	2.2522	2.5182	2.8127	3.1384
13	1.1381	1.2936	1.4685	1.6651	1.8856	2.1329	2.4098	2.7196	3.0658	3.4523
14	1.1495	1.3195	1.5126	1.7317	1.9799	2.2609	2.5785	2.9372	3.3417	3.7975
15	1.1610	1.3459	1.5580	1.8009	2.0789	2.3966	2.7590	3.1722	3.6425	4.1772
16	1.1726	1.3728	1.6047	1.8730	2.1829	2.5404	2.9522	3.4259	3.9703	4.5950
17	1.1843	1.4002	1.6528	1.9479	2.2920	2.6928	3.1588	3.7000	4.3276	5.0545
18	1.1961	1.4282	1.7024	2.0258	2.4066	2.8543	3.3799	3.9960	4.7171	5.5599
19	1.2081	1.4568	1.7535	2.1068	2.5270	3.0256	3.6165	4.3157	5.1417	6.1159
20	1.2202	1.4859	1.8061	2.1911	2.6533	3.2071	3.8697	4.6610	5.6044	6.7275
21	1.2324	1.5157	1.8603	2.2788	2.7860	3.3996	4.1406	5.0338	6.1088	7.4002
22	1.2447	1.5460	1.9161	2.3699	2.9253	3.6035	4.4304	5.4365	6.6586	8.1403
23	1.2572	1.5769	1.9736	2.4647	3.0715	3.8197	4.7405	5.8715	7.2579	8.9543
24	1.2697	1.6084	2.0328	2.5633	3.2251	4.0489	5.0724	6.3412	7.9111	9.8497
25	1.2824	1.6406	2.0938	2.6658	3.3864	4.2919	5.4274	6.8485	8.6231	10.835
26	1.2953	1.6734	2.1566	2.7725	3.5557	4.5494	5.8074	7.3964	9.3992	11.918
27	1.3082	1.7069	2.2213	2.8834	3.7335	4.8223	6.2139	7.9881	10.245	13.110
28	1.3213	1.7410	2.2879	2.9987	3.9201	5.1117	6.6488	8.6271	11.167	14.421
29	1.3345	1.7758	2.3566	3.1187	4.1161	5.4184	7.1143	9.3173	12.172	15.863
30	1.3478	1.8114	2.4273	3.2434	4.3219	5.7435	7.6123	10.063	13.268	17.449
35	1.4166	1.9999	2.8139	3.9461	5.5160	7.6861	10.676	14.785	20.414	28.102
40	1.4889	2.2080	3.2620	4.8010	7.0400	10.286	14.974	21.725	31.409	45.259
45	1.5648	2.4379	3.7816	5.8412	8.9850	13.765	21.002	31.920	48.327	72.891
50	1.6446	2.6916	4.3839	7.1067	11.467	18.420	29.457	46.902	74.358	117.39
60	1.8167	3.2810	5.8916	10.520	18.679	32.988	57.946	101.26	176.03	304.48

기간이자율(r) / 기간수(n)	11%	12%	13%	14%	15%	16%	17%	18%	19%	20%
1	1.1100	1.1200	1.1300	1.1400	1.1500	1.1600	1.1700	1.1800	1.1900	1.2000
2	1.2321	1.2544	1.2769	1.2996	1.3225	1.3456	1.3689	1.3924	1.4161	1.4400
3	1.3676	1.4094	1.4429	1.4815	1.5209	1.5609	1.6016	1.6430	1.6852	1.7280
4	1.5180	1.5735	1.6305	1.6890	1.7490	1.8106	1.8739	1.9388	2.0053	2.0736
5	1.6851	1.7623	1.8424	1.9254	2.0114	2.1003	2.1924	2.2878	2.3864	2.4883
6	1.8704	1.9738	2.0820	2.1950	2.3131	2.4364	2.5652	2.6996	2.8398	2.9860
7	2.0762	2.2107	2.3526	2.5023	2.6600	2.8262	3.0012	3.1855	3.3793	3.5832
8	2.3045	2.4760	2.6584	2.8526	3.0590	3.2784	3.5115	3.7589	4.0214	4.2998
9	2.5580	2.7731	3.0040	3.2519	3.5179	3.8030	4.1084	4.4355	4.7854	5.1598
10	2.8394	3.1058	3.3946	3.7072	4.0456	4.4114	4.8068	5.2338	5.6947	6.1917
11	3.1518	3..4785	3.8359	4.2262	4.6524	5.1173	5.6240	6.1759	6.7767	7.4301
12	3.4985	3.8960	4.3345	4.8179	5.3503	5.9360	6.5801	7.2876	8.0642	8.9161
13	3.8833	4.3635	4.8980	5.4924	6.1528	6.8858	7.6987	8.5994	9.5964	10.699
14	4.3104	4.8871	5.5348	6.2613	7.0757	7.9875	9.0075	10.147	11.420	12.839
15	4.7846	5.4736	6.2543	7.1379	8.1371	9.2655	10.539	11.974	13.589	15.407
16	5.3109	6.1304	7.0673	8.1372	9.3576	10.748	12.330	14.129	16.172	18.488
17	5.8951	6.8660	7.9861	9.2765	10.761	12.468	14.427	16.672	19.244	22.186
18	6.5436	7.6900	9.0243	10.575	12.375	14.463	16.879	19.673	22.901	26.623
19	7.2633	8.6128	10.197	12.056	14.232	16.777	19.748	23.214	27.252	31.948
20	8.0623	9.6463	11.523	13.743	16.367	19.461	23.106	27.393	32.429	38.338
21	8.9492	10.804	13.021	15.668	18.822	22.574	27.034	32.324	38.591	46.005
22	9.9336	12.100	14.714	17.861	21.645	26.186	31.629	38.142	45.923	55.206
23	11.026	13.552	16.626	20.362	24.891	30.376	37.006	45.008	54.648	66.247
24	12.239	15.179	18.788	23.212	28.625	35.236	43.297	53.109	65.032	79.497
25	13.586	17.000	21.231	26.462	32.919	40.874	50.658	62.669	77.388	95.396
26	15.080	19.040	23.991	30.167	37.857	47.414	59.270	73.949	92.092	114.48
27	16.738	21.325	27.109	34.390	34.535	55.000	69.345	87.260	109.56	137.37
28	18.580	23.884	30.634	39.204	50.066	63.800	81.134	102.97	130.41	164.84
29	20.624	26.750	34.617	44.693	57.575	74.009	94.927	121.50	155.19	197.81
30	22.892	29.960	39.116	50.950	66.212	85.850	111.06	143.37	184.67	237.38
35	38.575	52.800	72.068	98.100	133.18	180.31	243.56	327.99	440.70	590.67
40	65.001	93.051	132.78	188.88	267.86	378.72	533.86	750.38	1051.6	1469.8
45	109.53	163.99	244.64	363.68	538.77	795.44	1170.5	1716.7	2509.6	3657.3
50	184.56	289.00	450.74	700.23	1083.7	1670.7	2566.2	3927.4	5988.9	9100.4
60	524.06	897.60	1530.1	2595.9	4384.0	7370.2	12335.	20555.	34105.	56347.

〈단일금액 1원의 현재가치표〉

$$PVIF(r, n) = \frac{1}{(1+r)^n}$$

기간이자율(r) / 기간수(n)	1%	2%	3%	4%	5%	6%	7%	8%	9%	10%
1	.9901	.9704	.9709	.9615	.9524	.9434	.9346	.9259	.9174	.9091
2	.9803	.9612	.9426	.9246	.9070	.8900	.8734	.8573	.8417	.8264
3	.9706	.9423	.9151	.8890	.8638	.8396	.8163	.7938	.7722	.7513
4	.9610	.9238	.8885	.8548	.8227	.7921	.7629	.7350	.7084	.6830
5	.9515	.9057	.8626	.8219	.7835	.7473	.7130	.6806	.6499	.6209
6	.9420	.8880	.8375	.7903	.7462	.7050	.6663	.6302	.5963	.5645
7	.9327	.8706	.8131	.7599	.7107	.6651	.6227	.5835	.5470	.5132
8	.9235	.8535	.7894	.7307	.6768	.6274	.5820	.5403	.5019	.4665
9	.9143	.8368	.7664	.7026	.6446	.5919	.5439	.5002	.4604	.4241
10	.9053	.8203	.7441	.6756	.6139	.5584	.5083	.4632	.4224	.3855
11	.8963	.8043	.7224	.6496	.5847	.5268	.4751	.4289	.3875	.3505
12	.8874	.7885	.7014	.6246	.5568	.4970	.4440	.3971	.3555	.3186
13	.8787	.7730	.6810	.6006	.5303	.4688	.4150	.3677	.3262	.2897
14	.8700	.7579	.6611	.5775	.5051	.4423	.3878	.3405	.2992	.2633
15	.8613	.7430	.6419	.5553	.4810	.4173	.3624	.3152	.2745	.2394
16	.8528	.7284	.6232	.5339	.4581	.3936	.3387	.2919	.2519	.2176
17	.8444	.7142	.6052	.5134	.4363	.3714	.3166	.2703	.2311	.1978
18	.8360	.7002	.5874	.4936	.4155	.3503	.2959	.2502	.2120	.1799
19	.8277	.6864	.5703	.4746	.3957	.3305	.2765	.2317	.1945	.1635
20	.8195	.6730	.5537	.4564	.3769	.3118	.2584	.2145	.1784	.1486
21	.8114	.6598	.5375	.4388	.3589	.2942	.2415	.1987	.1637	.1351
22	.8034	.6468	.5219	.4220	.3418	.2775	.2257	.1839	.1502	.1228
23	.7954	.6324	.5067	.4057	.3256	.2618	.2109	.1703	.1378	.1117
24	.7876	.6217	.4919	.3901	.3101	.2470	.1971	.1577	.1264	.1015
25	.7798	.6095	.4776	.3751	.2953	.2330	.1842	.1460	.1160	.0923
26	.7720	.5976	.4637	.3604	.2812	.2198	.1722	.1352	.1064	.0839
27	.7644	.5859	.4502	.3468	.2678	.2074	.1609	.1252	.0976	.0763
28	.7568	.5744	.4371	.3335	.2551	.1956	.1504	.1159	.0895	.0693
29	.7493	.5631	.4243	.3207	.2429	.1846	.1406	.1073	.0822	.0630
30	.7419	.5521	.4120	.3083	.2314	.1741	.1314	.0994	.0754	.0573
35	.7059	.5000	.3554	.2534	.1813	.1301	.0937	.0676	.0490	.0356
40	.6717	.4529	.3066	.2083	.1420	.0972	.0668	.0460	.0318	.0221
45	.6391	.4102	.2644	.1712	.1113	.0727	.0476	.0313	.0207	.0137
50	.6080	.3715	.2281	.1407	.0872	.0543	.0339	.0213	.0134	.0085
60	.5504	.3048	.1697	.0951	.0535	.0303	.0173	.0099	.0057	.0033

기간이자율(*r*) / 기간수(*n*)	11%	12%	13%	14%	15%	16%	17%	18%	19%	20%
1	.9009	.8929	.8850	.8772	.8696	.8621	.8547	.8475	.8403	.8333
2	.8116	.7972	.7831	.7695	.7561	.7432	.7305	.7182	.7062	.6944
3	.7312	.7118	.6931	.6750	.6575	.6407	.6244	.6086	.5934	.5787
4	.6587	.6355	.6133	.5921	.5718	.5523	.5337	.5158	.4987	.4323
5	.5935	.5674	.5428	.5194	.4972	.4761	.4561	.4371	.4190	.4019
6	.5346	.5066	.4803	.4556	.4323	.4104	.3898	.3704	.3521	.3349
7	.4817	.4523	.4251	.3996	.3759	.3538	.3332	.3139	.2959	.2791
8	.4339	.4039	.3762	.3506	.3269	.3050	.2848	.2660	.2487	.2326
9	.3909	.3606	.3329	.3075	.2843	.2630	.2434	.2255	.2090	.1938
10	.3522	.3220	.2946	.2697	.2472	.2267	.2080	.1911	.1756	.1615
11	.3173	.2875	.2607	.2366	.2149	.1954	.1773	.1619	.1476	.1346
12	.2858	.2567	.2307	.2076	.1869	.1685	.1520	.1372	.1240	.1122
13	.2575	.2292	.2042	.1821	.1625	.1452	.1299	.1163	.1042	0935
14	.2320	.2046	.1807	.1597	.1413	.1252	.1110	.0985	.0876	.0779
15	.2090	.1827	.1599	.1401	.1229	.1079	.0949	.0835	.0736	.0649
16	.1883	.1631	.1415	.1229	.1069	.0930	.0811	.0708	.0618	.0541
17	.1696	.1456	.1252	.1073	.0929	.0802	.0693	.0600	.0520	.0451
18	.1523	.1300	.1103	.0946	.0803	.0691	.0592	.0508	.0437	.0376
19	.1377	.1161	.0981	.0829	.0703	.0596	.0506	.0431	.0367	.0313
20	.1240	.1037	.0863	.0723	.0611	.0514	.0433	.0365	.0303	.0261
21	.1117	.0926	.0768	.0633	.0531	.0443	.0370	.0309	.0259	.0217
22	.1007	.0326	.0680	.0560	.0462	.0382	.0316	.0262	.0218	.0181
23	.0907	.0738	.0601	.0491	.0402	.0329	.0270	.0222	.0183	.0151
24	.0817	.0659	.0532	.0431	.0349	0284	.0231	.0188	.0154	.0126
25	.0736	.0588	.0471	.0378	.0304	.0245	0197	.0160	.0129	.0105
26	.0663	.0525	.0417	.0331	.0264	.0211	.0169	.0135	.0109	.0087
27	.0597	.0469	.0369	.0291	.0230	.0182	.0144	.0115	.0091	0073
28	.0538	.0419	.0325	.0255	.0200	.0157	.0123	.0097	.0077	.0061
29	.0485	.0374	.0289	.0224	.0174	.0135	.0105	.0082	.0064	.0051
30	.0437	.0334	.0256	.0196	.0151	.0116	.0090	.0070	.0054	.0042
35	.0259	.0189	.0139	.0102	.0075	.0055	.0041	.0030	.0023	.0017
40	.0154	.0107	.0075	.0053	.0037	.0026	.0019	.0013	.0010	.0007
45	.0091	.0061	.0041	.0027	.0019	.0013	.0009	.0006	.0004	.0003
50	.0054	.0035	.0022	.0014	.0009	.0006	.0004	.0003	.0002	.0001
60	.0019	.0011	.0007	.0004	.0002	.0001	.00008	.00005	.00003	.00002

〈정상연금의 미래가치표〉

$$FVIFA(r, n) = \frac{(1+r)^n - 1}{r}$$

기간이자율(r) / 기간수(n)	1%	2%	3%	4%	5%	6%	7%	8%	9%	10%
1	1.0000	1.0000	1.0000	1.0000	1.0000	1.0000	1.0000	1.0000	1.0000	1.0000
2	2.0100	2.0300	2.0300	2.0400	2.0500	2.0600	2.0700	2.0800	2.0900	2.1000
3	3.0301	3.0604	3.0909	3.1216	3.1525	3.1836	3.2149	3.2464	3.2781	3.3100
4	4.0604	4.1216	4.1836	4.2465	4.3101	4.3746	4.4399	4.5061	4.5731	4.6410
5	5.1010	5.2040	5.3091	5.4163	5.5256	5.6371	5.7507	5.8666	5.9847	6.1051
6	6.1520	6.3081	6.4684	6.6330	6.8019	6.9753	7.1533	7.3359	7.5233	7.7156
7	7.2135	7.4343	7.6625	7.8983	8.1420	8.3938	8.6540	8.9228	9.2004	9.4872
8	8.2857	8.5830	8.8923	9.2142	9.5491	9.8975	10.260	10.637	11.028	11.436
9	9.3685	9.7546	10.159	10.583	11.027	11.491	11.978	12.488	13.021	13.579
10	10.462	10.950	11.464	12.006	12.578	13.181	13.816	14.487	15.193	15.937
11	11.567	12.169	12.808	13.486	14.207	14.972	15.784	16.645	17.560	18.531
12	12.683	13.412	14.192	15.026	15.917	16.870	17.888	18.977	20.141	21.384
13	13.809	14.680	15.618	16.627	17.713	18.882	20.141	21.495	22.953	24.523
14	14.947	15.974	17.086	18.292	19.599	21.015	22.550	24.215	26.019	27.975
15	16.097	17.293	18.599	20.024	21.579	23.276	25.129	27.152	29.361	31.772
16	17.258	18.639	20.157	21.825	25.657	25.673	27.888	30.324	33.003	35.950
17	18.430	20.012	21.762	23.698	25.840	28.213	30.840	33.750	36.974	40.545
18	19.615	21.412	23.414	25.645	28.132	30.906	33.999	37.450	41.301	45.599
19	20.811	22.841	25.117	27.671	30.539	33.760	37.379	41.446	46.018	51.159
20	22.019	24.297	26.870	29.778	33.066	36.786	40.995	45.762	51.160	57.275
21	23.239	25.783	28.676	31.969	35.719	39.993	44.865	50.423	56.765	64.002
22	24.472	27.299	30.537	34.248	38.505	43.392	49.006	55.457	62.873	71.403
23	25.716	28.845	32.453	36.618	41.430	46.996	53.436	60.893	69.532	79.543
24	26.973	30.422	34.426	39.083	44.502	50.816	58.177	66.765	76.790	88.497
25	28.243	32.030	36.459	41.646	47.727	54.865	63.249	73.106	84.701	98.347
26	29.526	33.671	38.553	44.312	51.113	59.156	68.676	79.954	93.324	109.18
27	30.821	35.344	40.710	47.084	54.669	63.706	74.484	87.351	102.72	121.10
28	32.129	37.051	42.931	49.968	58.403	68.528	80.698	95.339	112.97	134.21
29	33.450	38.792	45.219	52.966	62.323	73.640	87.347	103.97	124.14	148.63
30	34.785	40.568	47.575	56.085	66.439	79.058	94.461	113.28	136.31	164.49
35	41.660	49.994	60.462	73.652	90.320	111.43	138.24	172.32	215.71	271.02
40	48.886	60.402	75.401	95.026	120.80	154.76	199.64	269.06	337.88	442.59
45	56.481	71.893	92.720	121.03	159.70	212.74	285.75	386.51	525.86	718.90
50	64.463	84.579	112.80	152.67	209.35	290.34	406.53	573.77	815.08	1163.9
60	81.671	114.05	163.05	237.99	353.58	533.13	813.52	1253.2	1944.8	3034.8

기간이자율(r) / 기간수(n)	11%	12%	13%	14%	15%	16%	17%	18%	19%	20%
1	1.0000	1.0000	1.0000	1.0000	1.0000	1.0000	1.0000	1.0000	1.0000	1.0000
2	2.1100	2.1200	2.1300	2.1400	2.1500	2.1600	2.1700	2.1800	2.1900	2.2000
3	3.3421	3.3744	3.4069	3.4396	3.4725	3.5056	3.5389	3.5724	3.6061	3.6400
4	4.7097	4.7793	4.8498	4.9211	4.9934	5.0665	5.1405	5.2154	5.2913	5.3680
5	6.2278	6.3528	6.4803	6.6101	6.7424	6.8771	7.0144	7.1542	7.2966	7.4416
6	7.9130	8.1152	8.3230	8.5355	8.7537	8.9775	9.2068	9.4420	9.6830	9.9299
7	9.7830	10.089	10.405	10.730	11.067	11.414	11.772	12.142	12.523	12.916
8	11.859	12.300	12.757	13.233	13.727	14.240	14.773	15.327	15.902	16.499
9	14.163	14.776	15.416	16.085	16.786	17.519	18.285	19.086	19.923	20.799
10	16.722	17.549	18.419	19.337	20.304	21.321	22.393	23.521	24.709	25.959
11	19.561	20.655	21.814	23.045	24.349	25.733	27.199	28.755	30.404	32.150
12	22.713	24.133	25.650	27.271	29.002	30.850	32.823	34.931	37.180	39.581
13	26.211	28.029	29.984	32.089	34.352	36.786	39.404	42.219	45.244	48.497
14	30.095	32.393	34.883	37.581	40.505	43.672	47.103	50.818	54.841	59.196
15	34.405	37.280	40.418	43.842	47.580	51.660	56.110	60.965	66.261	72.035
16	39.199	42.753	46.672	50.980	55.717	60.925	66.649	72.939	79.850	87.442
17	44.501	48.884	53.739	59.118	65.075	71.673	78.979	87.068	96.022	105.93
18	50.396	55.750	61.725	68.394	75.836	84.141	93.406	103.74	115.26	128.12
19	56.939	63.440	70.749	78.969	88.212	98.603	110.29	123.41	138.16	154.74
20	64.203	72.052	80.947	91.025	102.44	115.38	130.03	146.63	165.42	186.69
21	72.265	81.699	92.469	104.77	118.81	134.84	153.14	174.02	197.85	225.03
22	81.214	92.503	105.49	120.44	137.63	157.41	180.17	206.34	236.44	271.03
23	91.148	104.60	120.20	138.30	159.28	183.60	211.80	244.49	282.36	326.24
24	102.17	118.16	136.83	158.66	184.17	213.98	248.81	289.49	337.01	392.48
25	114.41	133.33	155.62	181.87	212.79	249.21	292.10	342.60	402.04	471.98
26	127.99	150.33	176.85	208.33	245.71	290.09	342.76	405.27	497.43	567.38
27	143.08	169.37	200.84	238.50	283.57	337.50	402.03	479.22	571.52	681.85
28	159.82	190.70	227.95	272.89	327.10	392.50	471.38	566.48	681.11	819.22
29	178.39	214.58	258.58	312.09	377.17	456.30	552.51	669.45	811.52	984.07
30	199.02	241.33	293.19	356.79	434.75	530.31	647.44	790.95	966.71	1181.9
35	341.59	431.66	546.68	693.57	881.17	1120.7	1426.4	1816.7	2314.2	2948.3
40	581.83	767.09	1013.7	1342.0	1779.1	2360.8	3134.5	4163.2	5529.8	7343.9
45	986.64	1358.3	1874.2	2590.6	3585.1	4965.3	6879.2	9531.6	13203.	18281.
50	1668.7	2400.0	3459.5	4994.5	7217.7	10436.	15089.	21813.	31515.	45497.
60	4755.1	7471.6	11762.	18535.	29220.	46057.	72555.	114189.	179494.	281737.

〈정상연금의 현재가치표〉

$$PVIFA(r, n) = \left[\frac{1}{r} - \frac{1}{r(1+r)^n}\right] = \frac{(1+r)^n - 1}{r(1+r)^n}$$

기간이자율(r) / 기간수(n)	1%	2%	3%	4%	5%	6%	7%	8%	9%	10%
1	0.9901	0.9804	0.9616	0.9615	0.9524	0.9434	0.9346	0.9259	0.9174	0.9091
2	1.9704	1.9416	1.9165	1.8861	1.8594	1.8334	1.8080	1.7833	1.7591	1.7355
3	2.9410	2.8839	2.8286	2.7751	2.7232	2.6730	2.6243	2.5771	2.5313	2.4868
4	3.9020	3.8077	3.7171	3.6299	3.5460	3.4651	3.3872	3.3121	3.2397	3.1699
5	4.8534	4.7135	4.5797	4.4518	4.3295	4.2124	4.1002	3.9927	3.8897	3.7908
6	5.7955	5.6014	5.4172	5.2421	5.0757	4.9173	4.7665	4.6229	4.4859	4.3553
7	6.7282	6.4720	6.2303	6.0021	5.7864	5.5824	5.3893	5.2064	5.0330	4.8684
8	7.6517	7.3255	7.0197	6.7327	6.4632	6.2098	5.9713	5.7466	5.5348	5.3349
9	8.5660	8.1622	7.7861	7.4353	7.1078	6.8017	6.5152	6.2469	5.9952	5.7590
10	9.4713	8.9826	8.5302	8.1109	7.7217	7.3601	7.0236	6.7101	6.4177	6.1446
11	10.368	9.7868	9.2526	8.7605	8.3064	7.8869	7.4987	7.1390	6.8052	6.4951
12	11.255	10.575	9.9540	9.3851	8.8633	8.3838	7.9427	7.5361	7.1607	6.8137
13	12.134	11.348	10.635	9.9856	9.3936	8.8527	8.3577	7.9038	7.4869	7.1034
14	13.004	12.106	11.296	10.563	9.8986	9.2950	8.7455	8.2442	7.7862	7.3667
15	13.865	12.849	11.938	11.118	10.380	9.7122	9.1079	8.5595	8.0607	7.6061
16	14.718	13.578	12.561	11.652	10.838	10.106	9.4466	8.8514	8.3136	7.8237
17	15.562	14.292	13.166	12.166	11.274	10.477	9.7632	9.1216	8.5436	8.0216
18	16.398	14.992	13.756	12.659	11.690	10.828	10.059	9.3719	8.7556	8.2014
19	17.226	15.679	14.324	13.134	12.085	11.158	10.336	9.6036	8.9501	8.3649
20	18.046	16.351	14.877	13.590	12.462	11.470	10.594	9.8181	9.1285	8.5136
21	18.857	17.011	15.415	14.029	12.821	11.764	10.835	10.017	9.2922	8.6487
22	19.660	17.658	15.937	14.451	13.163	12.042	11.061	10.201	9.4424	8.7715
23	20.456	18.292	16.444	14.857	13.489	12.303	11.272	10.371	9.5802	8.8832
24	21.243	18.914	16.935	15.247	13.799	12.550	11.469	10.529	9.7066	8.9847
25	22.023	19.524	17.413	15.622	14.094	12.783	11.654	10.675	9.8266	9.0770
26	22.795	20.121	17.877	15.983	14.375	13.003	11.826	10.810	9.9290	9.1609
27	23.560	20.707	18.327	16.330	14.643	13.210	11.987	10.935	10.027	9.2372
28	24.316	21.281	18.764	16.663	14.898	13.406	12.137	11.051	10.116	9.3066
29	25.066	21.844	19.188	16.984	15.141	13.591	12.278	11.158	10.198	9.3696
30	25.808	22.397	19.600	17.292	15.373	13.765	12.409	11.258	10.274	9.4269
35	29.409	24.999	21.487	18.665	16.374	14.498	12.948	11.655	10.567	9.6442
40	32.835	27.356	23.115	19.793	17.159	15.046	13.332	11.925	10.757	9.7791
45	36.095	29.490	24.519	20.720	17.774	15.456	13.605	12.108	10.881	9.8628
50	39.196	31.424	25.730	21.482	18.256	15.762	13.801	12.233	10.962	9.9148
60	44.955	34.761	27.676	22.623	18.929	16.161	14.039	12.376	11.048	9.9671

기간이자율(r) / 기간수(n)	11%	12%	13%	14%	15%	16%	17%	18%	19%	20%
1	0.9009	0.8929	0.8850	0.8772	0.8696	0.8621	0.8547	0.8475	0.8403	0.8333
2	1.7125	1.6901	1.6681	1.6467	1.6257	1.6052	1.5852	1.5656	1.5465	1.5278
3	2.4437	2.4018	2.3612	2.3216	2.2832	2.2459	2.2096	2.1743	2.1399	2.1065
4	3.1024	3.0373	2.9745	2.9137	2.8550	2.7982	2.7432	2.6901	2.6386	2.5887
5	3.6959	3.6048	3.5172	3.4331	3.3522	3.2743	3.1993	3.1272	3.0576	2.9906
6	4.2305	4.1114	3.9975	3.8887	3.7845	3.6847	3.5892	3.4976	3.4098	3.3255
7	4.7122	4.5638	4.4226	4.2883	4.1604	4.0386	3.9224	3.8115	3.7057	3.6046
8	5.1461	4.9676	4.7988	4.6389	4.4873	4.3436	4.2072	4.0776	3.9544	3.8372
9	5.5370	5.3282	5.1317	4.9464	4.7716	4.6065	4.4506	4.3030	4.1633	4.0310
10	5.8892	5.6502	5.4262	5.2161	5.0188	4.8332	4.6586	4.4941	4.3389	4.1925
11	6.2065	5.9377	5.6869	5.4527	5.2337	5.0286	4.8364	4.6560	4.4865	4.3271
12	6.4924	6.1944	5.9176	5.6603	5.4206	5.1971	4.9884	4.7932	4.6105	4.4392
13	6.7499	6.4235	6.1218	5.8424	5.5831	5.3423	5.1183	4.9095	4.7147	4.5327
14	6.9819	6.6282	6.3025	6.0021	5.7245	5.4675	5.2293	5.0081	4.8023	4.6106
15	7.1909	6.8109	6.4624	6.1422	5.8474	5.5755	5.3242	5.0916	4.8759	4.6755
16	7.3792	6.9740	6.6039	6.2651	5.9542	5.6685	5.4053	5.1624	4.9377	4.7296
17	7.5488	7.1196	6.7291	6.3729	6.0472	5.7487	5.4746	5.2223	4.9897	4.7746
18	7.7016	7.2497	6.8399	6.4674	6.1280	5.8178	5.5339	5.2732	5.0333	4.8122
19	7.8393	7.3658	6.9380	6.5504	6.1982	5.8775	5.5845	5.3162	5.0700	4.8435
20	7.9633	7.4694	7.0248	6.6231	6.2593	5.9288	5.6278	5.3527	5.1009	4.8696
21	8.0751	7.5620	7.1015	6.6870	6.3125	5.9731	5.6648	5.3837	5.1263	4.8913
22	8.1757	7.6446	7.1695	6.7429	6.3587	6.0113	5.6964	5.4099	5.1486	4.9094
23	8.2664	7.7184	7.2297	6.7921	6.3988	6.0442	5.7234	5.4321	5.1668	4.9245
24	8.3481	7.7843	7.2829	6.8351	6.4338	6.0726	6.7465	5.4509	5.1822	4.9371
25	8.4217	7.8431	7.3300	6.8729	6.4641	6.0971	5.7662	5.4669	5.1951	4.9476
26	8.4881	7.8957	7.3717	6.9061	6.4906	6.1182	5.7831	5.4804	5.2060	4.9563
27	8.5478	7.9426	7.4086	6.9352	6.5135	6.1364	5.7975	5.4919	5.2151	4.9636
28	8.6016	7.9844	7.4412	6.9607	6.5335	6.1520	5.8099	5.5016	5.2223	4.9697
29	8.6501	8.0218	7.4701	6.9830	6.5509	6.1656	5.8204	5.5093	5.2292	4.9747
30	8.6938	8.0552	7.4957	7.0027	6.5660	6.1772	5.8294	5.5168	5.2347	4.9789
35	8.8552	8.1755	7.5856	7.0700	6.6166	6.2153	5.8582	5.5386	5.2512	4.9915
40	8.9511	8.2433	7.6344	7.1050	6.6418	6.2335	5.8713	5.5482	5.2582	4.9966
45	9.0079	8.2825	7.6609	7.1232	6.6543	6.2421	5.8773	5.5523	5.2611	4.9986
50	9.0417	8.3045	7.6572	7.1327	6.6605	6.2463	5.8801	5.5541	5.2623	4.9995
60	9.0736	8.3240	7.6873	7.1401	6.6651	6.2491	5.8819	5.5553	5.2630	4.9999

찾아보기

국 문

[기타]

영 문

[A]

[B]

[C]

[저자 약력]

김경태

현 서울시립대학교 경영대학 교수
서울대학교 경영대학 경영학과 졸업(1996)
연세대학교 대학원, 경영학석사(1998)
LG경제연구원 근무
서울대학교 대학원, 경영학박사(2006, 회계학 전공)
강의우수교수상, 서울시립대학교, 2012, 2014, 2017, 2019
벽소학술상 우수논문상, 한국기업경영학회, 2022
회계 · 세무와 감사연구 논문 현상공모전 최우수상, 한국공인회계사회, 2013
한국회계학회 학위논문상 공모 최우수상, 2006
The Vernon Zimmerman Best Paper Award, the 16th Asian-Pacific Conference on International Accounting Issues, 2004

김세연

현 초록뱀그룹 부회장
현 (주)초록뱀이앤엠 대표이사
서울대학교 경영대학 경영학과 졸업(1995)
서울대학교 대학원, 경영학석사(1998)
Drexel University 정보공학대학원, 정보공학석사(2004)
숭실대학교 회계학과, 경영학박사(2012, 회계학 전공)
2014~2020년: 주식회사 아이오케이컴퍼니(코스닥상장법인) 대표이사
2016~2018년: 더블유투자금융 주식회사(신기술사업금융회사) 대표이사
2009~2014년: 더블유홀딩컴퍼니 주식회사(코스닥상장법인) 대표이사
2006~2009년: 회계법인 리안 설립. Partner, TS/FAS본부 대표
2015~2017년: 대한중재인협회 부회장
2010~2017년: 대한상사중재원 중재인. 대한중재인협회 이사
2012~2016년: 숭실대학교 경영대학 겸임교수
2008~2011년: 서울시립대학교 상경대학 겸임교수
1998~2006년: 삼일회계법인 TS/FAS
경희대학교, KT&G사내 MBA과정, 우리은행 구조조정 전문가 과정, 기술거래소 M&A 전문가과정, 효성그룹 사내 교육프로그램 등 강의 진행

(제2판) 재무분석을 위한 **재무회계**

2020년 2월 24일 초판 발행
2023년 2월 24일 2판 발행

저　자 김경태 · 김세연
발행인 윤 동 구
발행처 **창 민 사**
주　소 서울시 마포구 창전로 46 4층 401호
등　록 1999. 10. 28/제10-1846호
전　화 3272-1243~4
팩　스 3272-1245
e-mail cmbooks@hanmail.net

정가 30,000원　　ISBN 979-11-92272-09-2　93320